华文世界第一部关于《易经》智慧应用于现代管理的扛鼎之作

易经与管理

陈明德　著

上海三联书店

图书在版编目（CIP）数据

易经与管理 / 陈明德著 .—上海：上海三联书店，2015.8

ISBN 978-7-5426-5243-0

Ⅰ.①易…　Ⅱ.①陈…　Ⅲ.①《周易》– 应用 – 企业管理

Ⅳ.① F270

中国版本图书馆 CIP 数据核字（2015）第 162496 号

易经与管理

著　　者 / 陈明德

责任编辑 / 陈启甸
特约编辑 / 龙若飞
装帧设计 / 肖晋兴
监　　制 / 吴　昊

出版发行 / 上海三联书店
　　　　　（201199）中国上海市都市路 4855 号 2 座 10 楼
　　　　　http://www.sjpc1932.com
邮购电话 / 021-24175971
印　　刷 / 三河市兴达印务有限公司
版　　次 / 2015 年 9 月第 1 版
印　　次 / 2015 年 9 月第 1 次印刷
开　　本 / 1000mm×710mm　1/16
字　　数 / 520 千字
印　　张 / 36.5

ISBN 978-7-5426-5243-0

F·716 / 定价：68.00 元

王精文序

人类面临经济的困境，大自环境引发的金融危机，如1929年～1933年的经济大萧条、2000年网络泡沫、2008年的金融海啸。小至企业内部员工道德伦理所引起的危机，如霸菱银行员工舞弊造就公司倒闭事件及台湾理律事务所员工卷款潜逃造就事务所背负巨额负债事件。每次的冲击都迫使企业家、管理学者重新思考面对新环境的脱困之道。从这一连串的事件中，企业逐渐知觉除了追求硬件设施的升级外，也应纳入关于企业软件方面——人的思考、企业文化等组织中心思想，作为企业构造之基石。在过去，西方的管理思想主宰了近百年来的经济市场，然而当大国的崛起，市场已由西方逐渐转向东方时，东方的管理哲学也渐渐地被重视。在此时，陈明德老师所出的《易经与管理》一书，有助于管理者及学术界人士以东方的思维来了解管理的新意。

陈老师是我交大管理科学研究所的同学，他毕业于台大电机，硕博士时主修资讯管理，在美国任教多年。直至六年前我才得知他热衷于东方的哲学思想且长期研读四书五经及史书，因此几年前起他每次从美国回台湾时，就会邀请他到中兴大学EMBA班"组织理论与管理"的课程上为同学演讲《易经》与管理，他将中国的《易经》观念和西方的现代管理理论相结合，重新诠释各种管理内涵，并与同学相互讨论目前面临的管理议题。每次的上课，不论是老师或同学都是收获良多、欲罢不能。

在这个混沌的世界，大家都想找到一个中心思想的模式，以作为运作企业的方式。现代的环境，诡谲而多变、企业的模式多元且复杂，仅思考基本的管理功能已不足够，企业必须因应环境趋势，转而更深入地思索企业变革、文化构造、创新模式等新兴的管理议题。陈明德老师所著之《易经与管理》一书，将《易经》卦象和西方管理相连接，重新诠释各卦中的管理意涵。此书内容包罗万象、涵盖层面广，不仅可了解企业主管所需具备之态度、观察力、领导力，亦可知道企业内各部门的运作重点和搭配、企业各阶段的规划和策略、组织文化、企业责任、顾客关系管理及变革管理等管理重点，更甚者可由消息盈虚之全新观点审视环境景气消长之道理。内容精辟且丰富，相信可为现代管理者与学术工作者提供一个崭新的思维及工具。

王精文　序于台中 2009 年 12 月
（王教授自 2014 年 8 月起任中兴大学管理学院院长）

郭立人序

《易经》作为世上最古老的书籍，亦是五经中之显学，纵使古今学习注解者众，但其艰深难懂的哲理，也最引人争论误解。加以新世代教育舍繁就简，轻文言重白话，这本解开人生智慧的宝典，更需透过智者旁征博引、系统阐释，方能一窥天地、阴阳之秘，参透有无相生、难易相成之理，掌握高下相倾、前后相随之势。因宇宙自然之奥义对照人生周天运转，悟生生不息之大义，妙不可言。

明德兄研究国学与资讯管理三十载，并潜修《大易》多年，将其印证于中西方管理之实务与理论，近年来经常返台讲《易经与管理》于上庠，并屡受企业之邀做专题演说，其演讲融合了中华文化道统和现代系统式的思维，并以古今案例佐证引喻，分析了企业管理的成败，赋予吾人古老智慧时代的生命，提供忙碌的专业经理人实用的经营哲理和思维指引，丰富了现代海内外华商的视野和能力。

企业经营和人生之变易不可测，然有其不变之道和简易之理，切不可以无常视之！《易经》通天地之变，化宇宙之奇，帮助吾人以"时、位、势"等维度来分析情势、决定策略，故能与时俱进，庶几无咎。古人云："半部《论语》治天下，一部《孙子》打江山。"读才知道每卦的六爻乃六个时与位，可代表人生或企业的不同阶段所应持的态度（如本书第五章乾卦所言），研析六爻间之互动和卦与卦之间错综复杂的关系（见本书第二章），而将其转换运用于企业经营上，许多难题自可迎刃而解。观卦知时、由爻知变，《易经》的智慧含金量绝不低于《论语》和《孙子》，《易经与管理》一书正是打开此金矿之门的钥匙。

愚资质鲁钝，偶因卜筮命卦接触《易经》，经明德兄以谦卦赞我做人处事之风格，虽有过誉之愧，然观其所言谦卦之境界（见本书第十三章），实乃真心向往，使我透过易理在经营管理和人生的困惑上，颇有豁然开朗之通彻，始得《易经》圣言之妙用，而不诬于卜筮矣！

今在众人的期待鼓舞之下，明德兄终于决定集结已解析六十四卦之部分心血，先行付梓成书，以飨有缘人，相信志于学者，必有大利益焉！学贯中西腹有诗书的明德，能将西方人定胜天、科学万能，与东方成事在天、顺势而为、时势造英雄的融会贯通而著书立说，相信有缘者参详此书智慧珠玑之时，能领略"剥极必复、否极泰来"之道，和"福，祸之所倚；祸，福之所致"之理，而知时时以诚待人、敬慎其事，方能持盈保泰，吉祥如意。

郭立人　恭序于台北 2009 年 12 月 7 日

（永丰纸业股份有限公司　总经理）

玄朗序

"作《易》者,其有忧患乎?"韩康伯对《易经·系辞》这句注如下:"无忧患则不为而足也。"孔颖达疏曰:"若无忧患,何思何虑?不须营作。"这说明了《易经》从制器、占卜到系以文辞,才真正成了应付忧患、防避忧患,以及解决忧患之书。孔子以后,"儒分为八",各有长短,《易经》的流派众多,体例驳杂,相信失传的也不少。大抵先秦诸子不仅理论有高度,想象力尤其丰富,近取诸身,远取诸物(包括自然界),既显才华,又解决问题。

汉儒治《易》,对《易》有逻辑问题上的贡献,但夹杂以阴阳五行之说,不只思维能力低落,实在也是想象力之贫乏。宋儒在佛学威胁下,以《中庸》、《易传》为体,高扬心性,《论》、《孟》为用,构建道德,终于造就了一个只见内圣,不见外王的怪胎。明儒仍在其中打转,号称重视外王的黄宗羲,在宋、明两朝接踵覆亡于少数民族之手后,还说:"盈天地间皆心也。"并称有明一代,讲学能超越前代。对一个曾经产生孔、墨、老、庄的民族,这是多么悲哀。

近代西力东侵,西学挟其泰山压顶之势汹涌而来,中学崩溃之际,有所谓的新儒家在西化派和俄化派之夹攻下,又走回宋、明理学的老路子。为首者如熊十力,极力推崇《易经》,以倡其体用不二,即用显体之宇宙论和本体论。虽然他说《大易》与《春秋》相表里,但是如何相表里?《大易》与《春秋》究竟是什么关系?一点也没说清楚。外王能不谈《易》?熊谈《春秋》,勉强提个三世义;《周礼》是其所谓外王学的重要经典(熊尊称为《周官经》),勉强提个"均"与"联",虽然"联"义深刻,却没有任何发挥。

熊十力是有原创力的哲人，但是一碰到外王，就不行了。西化派捡人皮毛，俄化派冒进无知，外王学被两派玩弄于指掌间，所造之业有目共睹。秦以后，中华民族之思想衰微可堪浩叹！

二十世纪之西方，大哲渐凋，小家辈出。哲学不论，科学界亦有三种方法论：系统论、控制论，以及信息论。我尝戏称"现代三论宗"。现代三论言不及玄义，但有凭有据，对现代科技与产业管理多有贡献。明德兄于西方管理学有专精，今又有志于《易经》，我本于对外王学之关注与期待，力劝其以管理学及现代三论来印证阐释《易经》，不空谈心性玄理。我也希望"注《易》者，其有忧患乎？"有问题要解决，才是作《易》者与注《易》者所该致力之处。先秦思想之活泼、富有生命力及想象力，就在对问题之提出、分析与解决上。生于忧患，不管是乘势以利用还是造势以致用，言不虚夸，行可验证，明德兄发心注《易》，勉乎哉，是为序！

曹玄朗序于美国加州　2009 年 3 月

自昭明德　未占有孚

　　拜读陈明德教授所著的《易经与管理》专书,实令后生晚辈有一种隔空灌顶的舒畅,特别是在新年期间,这种"闲坐小窗读《周易》,不知春去已多时"的感觉格外令人兴奋,相信在虎年这是一个好兆头——"大人虎变,未占有孚"。此书中的字字、句句、篇篇都是经过"上穷碧落下黄泉"的"巽""入"功夫,整本书都是宝贝,处处融合东西方管理理论与实务应用。

　　本书以《易经》为核心、辅以学术架构为根基,旁征博引策略管理观点、东西方文化差异、《道德经》、四书五经与史籍,甚至是佛学与禅宗的思维,巧妙地与现代管理学理论相互激荡共振,"萃思"更精妙的智慧火花。此外,书中引用许多经典的历史人物故事,贯穿于经文的解释之中,并贴心地将关键字标明,增加了本书的可读性。如前所述本书跨领域涵盖了《易经》、管理、历史、兵法、佛学等多元观点,因此很适合以下人士阅读:

　　一、对于《易经》有兴趣,但不知从何开始的读者,本书从多元的观点进行义理的阐述与融合,想一窥《易经》智慧之海的人士来说,只要精读本书的前三章,即有扎实的易理基本功力。

　　二、企业主、上班族,欲从东方古老哲学思想萃取出创新的智慧火花,作者上究经文原意、下寻现代管理学说,将八卦与企业功能整合,从策略规划到执行面皆有精辟案例,有助于将易理内化,体悟"为变所适"的经营哲学。

　　三、各界教师、业师,想要知道最佳的激励故事,何谓"屡败屡战"、"成功"与"失败"?本书借由许多则名人逸事,阐述"态度"的重要,不啻是最佳的心灵鸡汤，而对"错综复杂"的卦象之解读，更值得一再品味体悟。

四、对于历史、东西方文化有兴趣的读者，所谓"以铜为镜，可以正衣冠，以古为镜，可以知兴替，以人为镜，可以明得失"，本书精妙的古、今、中、外例子，可任您遨游上下五千年。

《易经》第三十五卦晋卦《大象》辞曰："明出地上，晋君子以自昭明德"，"明出地上"表示一轮红日冉冉上升之象，而明德表示内在本性、光明自在，众生有佛性、人人都有良知、止于至善，孔子研《易》"观其德义"，这正是读《易经与管理》此书得到的收获。

杨天龙　恭序于台中 2010 年 1 月
（彰化师范大学商业教育学系博士）

自　序

　　余自大学时曾从毓鋆师习四书、五经及先秦诸子之学，当时年轻、经验尚浅，对《易经》虽稍有涉猎，然而似懂非懂。自 1984 年来美后钻研管理资讯系统之学，在 1995 年左右因为研究企业再造而涉猎变革管理的理论与实务，读到一本名为《更好的变革》（*Better Change*）的英文书，该书在第一章的首页即大力推崇中国的《易经》为开变革管理之学先河的著作，禁不住感叹国人不重视自己文化中的经典，而外国人却视之为至宝，当时曾取出手边朱熹的《周易本义》研读乾卦和革卦之义，而稍有所悟，然诸事纷扰未能继续深入研究。2003 年受大学同窗张忆里之激励重新研读《易经》，2004 年间又因好友曹玄朗之鼓舞，建议我依托管理之学以解《易》，此正合我心。故笔者开始较有系统的研究《易经》，并执笔为文，希望能融合古今之说，而建立中国管理哲学的基础。

　　研究的过程中曾多次以"《易经》与管理"、"《易经》与领导"、"《易经》与变革管理"、和"《易经》与客户关系管理"为题在各大学与企业做专题演讲，获得学界和商界不错的回响。于是一鼓作气，开始选取《易经》六十四卦中与管理息息相关的数卦加以深入研读，并且根据古今研究《易经》的注解和著作，依照《易经》之经文逐一加以解释，求其前后连贯一致；还从历史事件和现代管理论的个案中择其精要，参合于其中，以企业管理的角度来介绍《易经》，一则能将《易经》与古今中外管理学的精华相互发明，一则希望能以《易》为本，"以古人之智慧，启发今人之智慧"，而建立中国管理哲学之架构。此书可视为笔者近三十年来学习中国经世致用之学与西方管理学的心得报告。

本书第一章"《易经》的结构与内涵"先将卦画、卦辞爻辞和解释经文的十翼加以介绍，并说明太极、两仪、八卦至六十四卦的形成，以及其内涵。继而在第二章"《易经》的多维分析法"，提出了"时、势、位、中、性情、道德、承乘应与、错综交互"等情势分析的重要观念，这是读懂《易经》的根本，并冀望能以此启发企业主管多维度思考的智慧。第三章"三才管理说"，是由天地人三才来介绍西方经营管理的概论，并融入中国管理之智慧。第四章"经营八卦解"，借由八卦来阐述企业各部门和功能的重点，及其相辅相成的对应关系。本书前四章对《易经》的基本观念做了详细而系统化的解说，希望作为读者将来自行研究、应用《易经》时的基础。

第五章至第二十三章则是从六十四卦中择选与现代经营管理切近的十九个卦，依次予以解释发挥。其中乾、坤两卦篇幅较长，因为乾、坤两卦是了解《易经》的主要门径。乾卦谈的是人生或企业各阶段的规划和策略，并以自强不息勉人。坤卦以柔克刚，观微知著，有容乃大，是成就事业必须有的执行力。屯卦言始生之难，研讨创业的过程和困难。蒙卦谈到启蒙教育，强调组织学习的重要性。需卦教人休养生息，待时而动。履卦强调恭行实践，故能履险如夷。泰卦泰而不骄，故能持盈保泰。否卦鼓励正面思考，否极自然泰来。谦卦六爻皆吉，满招损，谦受益。随卦教人如何选择值得追随的老板，择良木而栖。临卦知道临事以敬，论领袖群伦之道。观卦学习如何观察人事物，作为切磋琢磨的对象。贲卦重视本质，也不忽略装饰，探究组织文化文质之间的利弊。剥卦从消息盈虚的观点，分析景气之循环。复卦讲的是复性归仁，重视商业道德和企业责任。无妄卦没有妄想，但问耕耘，不计收获。损卦由损益看盈虚，不能因奉上而损及在下的根本。益卦谈论顾客关系管理，损上益下，以客为尊，乃企业得以成功之根本。最后一章的革卦研究变革管理的方法，强调顺天应人的重要性，以及"穷则变，变则通，通则久"的变易之理。

本书著述时尽量依据学术著作的格式引用所研读之资料，以便查阅，也让读者知道笔者论述之所本。书中引用多种经典之原文时，有时并未多加注解，盼读者能静心澄虑、有耐心地多读几遍，则必能有所悟。研究《易经》有不同之学派及师承，有以文字训诂为业者，有依卦爻之象解《易》者，有据数术卜筮为宗者，有本义理而明《易》者。此书之作，以义理之学为本，而兼取诸家之长，追本溯源，上体先圣之本怀，从经营管理的角度来阐扬《易经》中"内圣外王"思维之精义，由《大象》"君子以"之警语而阐述企业家应有的内修功夫，以"承、乘、应、与"之应对而发明组织里上下相处之道，以卦爻之时位而解释与时偕行、素位而行之理，以"错综交互"之卦变，而表明阴阳变化之妙和反者道之动的原则。

《易经》及前贤之注解是中国人两三千年以来累积下来的智慧结晶，研究《易经》好像是解读古人留下来的智慧密码。解此密码是一种挑战，是一种训练，解出密码时常有一种能与古人神交的"成就感"。在解读的过程中以探求《易》道真实义为准，但也加上了一些自己的见解，希望能将我们这个时代的智慧溶入其中，非妄为臆说也，盼读者知之。笔者于本书中也尝试用较为系统化的方式来解《易经》，欲使《易》道大明于今世，而切于时用。

本书尝试以"管理"的角度来解释《易经》，是写给欲从中国文化中寻找管理之道的政商界人士，以及研究《易经》的同好。此书行文时夹注夹议，在训读经文和解释义理时，或文言或白话。文言虽非吾之所长，然而爱其"词旨渊懿，神味隽永"，给予人无限想象之空间；用白话，则以达意为主。在列举事证之时，或引历史或说时事，以贴切经义为主，意在引起读者兴趣。希望此书能有益于企业经理人才与有志于经世济民者，冀其能法乾坤之德，"自强不息、厚德载物"，秉承中国文化"正德、利用、厚生"的责任感，创造出可大可久的事业。

此书之写作历经六年之久，笔者虽然敬慎其事，然而由于远居海外资料查证不便，而且公私两忙校订不精，是以书中难免有谬误之处，若读者有任何指正，烦请以电子邮件（minderchen@gmail.com）告知。

笔者在交通大学读企管硕士时受杨孟晋教授之启发，学得系统思考之法和规划分析之方，杨老师引我入资讯管理学之门，受益至今。本书在写作过程中得到不少好友之助，包括有曹玄朗兄、张忆里博士、王精文教授、黄启江教授、季延平教授、郭立人总经理、王其文教授、张金马教授、辛玉兰教授、粟四维教授、林有土教授、朱钦浩兄、黄丙喜董事长和陈焕昌副社长，在此感谢他们的激励、指正、邀请演讲或赠送相关书籍。本书蒙同窗及好友王精文教授、郭立人总经理、曹玄朗兄和杨天龙兄在百忙中赐序，及大姊夫郭先伦（湛然）手书封面书名，皆为本书增色不少。内人刘宜华博士的勉励、批评和善持家务，使我能心无旁骛地专心写作，更是由衷感激。多年来虽常往返台湾，与企业界和学术界交流获益良多，然未能多一些时间承欢膝下，幸有两位姐姐和弟弟侍奉双亲，让我能安心在外为生计忙碌，如今此书已成，盼于世道人心、文化承传及企业经营能有所助益，而不负父母教我育我之恩，是为之序。

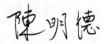

于美国加州州立大学（California State University Channel Islands）

2010 年 1 月

目　　录

第一章 《易经》的结构与内涵

一、建立《易经》管理学之刍议

商业活动自古有之，然而中国人受"士、农、工、商"传统士大夫及以农为本的观念影响，未能重视工商业之发展，因而也未发展出一套中国人固有的工商理论。在传统经、史、子、集中，多偏重于君臣间治理国家之理想，于人着墨较多，于事则多有所偏废。司马迁独具慧眼在《史记》中著有《货殖列传》，直接将大企业家与君王相比，并赞其不靠分封世袭而能成功，有其深义存焉[①]。试观当今国际企业体之佼佼者，其经济之实力[②]，组织之严密，人才之茂盛，而又各具有其独特之企业文化及对社会之责任感，或有过于一般之国家，此管理之功也。杰出的企业家对社会的贡献绝不少于从政之人。故曰："造福员工，服务客户，富民富国，是亦为政，奚其为为政？"[③]

---

① 司马迁《史记·货殖列传》曰："千金之家比一都之君，巨万者乃与王者同乐。岂所谓'素封'者邪？非也？"

② 根据 2003 年《Fortune Magazine》美国前 500 大公司的资料，以全年收入（revenues）来比较（来源：http：//www.usatoday.com/money/companies/2004-03-22-fortune-500-list x.htm），全美球排名第 46 的 Microsoft Corp.（微软公司）的收入是美金 32，187，000，000 元；若以世界银行所统计全球各国家的总生产毛额（GDP）为准（来源：http：//www.worldbank.org/data/databytopic/GDP.pdf），微软可列名世界第 58 大国。而《Fortune》排名第一，全年收入为 258，681，000，000 美元的 Mal-Mart Stores Inc.，则可排名全球第 20 大国，仅次于瑞典。

③ 此言仿孔子之语。《论语·为政》或谓孔子曰："子奚不为政。"子曰："《书》云：'孝乎惟孝，友于兄弟，施于有政。'是亦为政，奚其为为政？"

不论从政或经商，其管理之心法是一样的。

《史记·货殖列传》对范蠡的事迹有很深入的记载，范蠡为越王句践效力①，洗雪了会稽兵败于吴王天差之耻，乃喟然叹曰："我的老师计然有七种策略，越国用了其中五种策略而得胜，剩下的二策我得用在建立我的家业上。"乃乘扁舟浮于江湖，去了齐国并改名换姓，号为鸱夷子皮，又自称为朱公，后世则尊称他为"陶朱公"。他自齐国写一封信给他的同事及好友，当时位居大夫之位的文种，他在信中说："飞鸟尽，良弓藏；狡兔死，走狗烹。越王为人长颈鸟喙，可与共患难，不可与共乐。子何不去？"②然而文种没听他的劝告，文种终为被句践所害。陶朱公后来选择定居于定陶（今山东定陶县），因为此地位居当时天下的中枢位置，与诸侯各国四通八达，是货物往来交易的重要集散地。陶朱公于是在定陶治产、积存、买卖货物，他看准时机，从事货物买卖之利，而不责备于人。他认为善于治理生意的人，先要能抓住商机，然后善选人才，再利用趋势和时机去推广业务。陶朱公"致仕而从商"，但却不靠政治上的关系谋利，他在陶地的十九年之中三次赚到千金的利润，却能散尽其财，分给贫穷的朋友和亲戚。陶朱公被尊为商人的祖师爷和典范，是因为他善于掌握货物供需之消长及价格之变动，并抓住时机进行交易以得利，又能疏财仗义③。现今世上仍传有《陶朱公理财要言》（见附录一），被历代中国商人奉为经营商业的圭臬。

孔子的学生子贡（端木赐）"不受命，而货殖焉；亿则屡中"。子贡不任公职，能"与时转货赀"，看准时机从事贸易，累积了千金之家产。他在奉孔子之命为鲁国办外交时，做到"子贡一出，存鲁，乱齐，破吴，强晋而霸越。子贡一使，使势相破，十年之中，五国各有变。"④可见子贡在孔子弟子中是能经商，也能办理事外交的一等一人才。中国商人中不乏豪杰之士，

① 句，音沟，常误写成勾。见王书辉《句践 vs. 勾践——孰是孰非？》，（《历史月刊》第257 期，2009 年 6 月）。

②《史记·越王句践世家》

③《史记·货殖列传》。

④《史记·仲尼弟子列传》。

古时有范蠡和子贡等人，清朝末年则有徽商胡雪岩、晋商乔致庸差堪比拟，只不过在才识和谋略上可是略为逊色。

欧美各国之政要有不少是商而优则仕，1995 年～1999 年任美国总统克林顿（Clinton）的前财政部长罗伯特·鲁宾（Robert E.Rubin）就是一个成功的例子，他在任公职前，是华尔街高盛（Goldman Sachs & Co.）的主席，任公职之间年收入少了数千万美元，在任内与联邦储备银行总裁格林斯潘（Alan Greenspan）联手促成了美国有史以来经济最繁荣的时光。2008 年美国由次级房贷，及其相关的金融衍生产品，因为房地产价格暴跌，而引发了全球性的金融海啸，股市大跌，失业率大幅上升，造成了经济萧条（recession）。自 2000 年前后，金融业已形成了一个复杂的产业链，其中每一环节的企业，皆认为可以获利而又可以转手将风险转嫁（transfer the risk），所以在贷款的审核上就特别宽松，以头几年低利率，或是只要付利息的房贷产品，贷款给根本还不起钱的人，2008 年房价下跌，造成了许多人缴不出房贷，而房子被银行收回。房地产市场上待售屋因而大增，就造成房价进一步下跌的恶性循环，于是引起了美国 1929 年经济大萧条以来最大的金融海啸，此乃公司内部或整个产业缺乏有效的治理机制（governance）所造成的后果。于是有人开始批评格林斯潘当年低利率的措施，及对金融业采放任式的政策。2009 年之际，加强对金融界的管制之声四起。经济政策一收一放、一张一弛，循环不已，乃是《易经》中"消息盈虚、终而复始"的理道。政经之道，事事相倚，变变相因，知其事变之转机，则能掌握其契机之妙用，而旋乾转坤。研究《易经》能让我们知变而御变，并对经营之道有全面性和系统性的观察和掌控。

近代有不少人尝试于故籍中寻找企业经营管理的理论与经验，然而皆不外乎儒家修齐治平之术，道家老子无为而治之法，兵家孙子之竞争策略分析，以及法家的法治与权术之用。儒家重视道德和修身，《大学》所言"诚意、正心、修身、齐家、治国、平天下"的次第，实为当今西方企业唯利是尚而弊端丛生之际的清凉剂。《老子》"无为而无不为"与近代管理学提倡的授权理论（delegation、empowerment）相通。《孙子兵法》以"道、天、地、将、法"来分析敌我的竞争优势，并详述战略与战术，可直接用于企业经营上，其学说比 Michael Porter 的竞争分析理论早了两千多年。法家有《管子》、《商君书》、《韩非子》等著作，强调制度、奖惩、法令的公正严明，乃管理会计、绩效管理和现代法律之先驱。中国诸子百家的学说虽有不少可供今人参考引用者，然而大多只见经营管理之一端，未能将现代管理所需的各项知识与理念整合起来，是故中国的管理之学至今仍以西方之学说马首是瞻，经常是随着外国之风潮而起舞，生吞活剥、消化不良，不但未能掌握西学之精义，反而是邯郸学步①，丧失了自家原有的宝藏。《易经》为五经之首，经历三代之汇篇（夏朝的《连山易》、商朝的《归藏易》和周朝的《周易》）及后来诸先贤注解之发挥，内容丰富，结构完整，思维系统化，上演天道，下言人事，足以整合诸子百家之理，融通现代西方管理之学。以《易经》为基，应可建立起一套有系统的中国管理哲学。

《论语·述而》子曰："加我数年，五十以学《易》，可以无大过矣。"孔子在近五十岁才认真地研究《易经》，孔子勤读《易经》时反复参究各卦，出门时必将《易经》带在身边，居家时也必将此书置于案头（"夫子老而好《易》，居则在席，行则在囊。"②）翻断了三次绑《易经》书简的绳子，可见孔子在《易经》上所下的功夫，也因此可以推想《易经》在孔子晚年思想中的重要性。在四书五经中，《易经》居五经之首，是其来有自的。

唐太宗时为宰相的虞世南推崇《易经》说："不读《易》不可为将相。"这是说没把《易经》学通的人，在朝廷内没法做好统领百官的宰相，出外作战也不可能成为领导群雄的将领。明朝万历首辅张居正非常喜欢南宋杨万里所著以历史验证《易经》之理的《诚斋易传》，他认为："六经所载无非格言，至圣人涉世妙用，全在此书（指《易经》）。自起居言动之微，至经纶天下之大，无一事不有微权妙用，无一事不可至命穷神。乃其妙，即白

① 见《庄子·秋水》中庄子用的寓言。相传战国时期，燕国有个人到赵国的都城邯郸，看到赵国人走路姿势很美，就跟着学。结果不但没有学好，连自己原来的走法也忘掉了，便爬着回家。后用来比喻仿效他人未成，反而失却自己本来的能力。

② 《马王堆汉墓帛书易》。

首不能殚也，即圣人不能尽也。"①

《四库易经总目·易经·小序》曰："又《易》道广大，无所不包，旁及天文、地理、乐律、兵法、韵学、算术，以逮方外之炉火，皆可援《易》以为说，而好异者又援以入《易》，故《易》说愈繁。"《易经》的抽象性，使其理论能被用来解释各种中国传统的学说，此乃"援《易》以为说"，这是指借用《易经》的思维方式和系统学说来统合、解释兵法、中医和道家气功炼丹等学问。同时也有人援用各种学说来解释《易经》，此乃"援以入《易》"。

《易经》的研究有象数与义理两大流派，这两派学者经常如水火之不容。数是数字、数学，《系辞传》曾提到"天地之数"、"大衍之数"，用蓍草起卦就是数的运用。在起卦的过程中是先有数，而成卦之后则有象②。取象的原则，最早见于《说卦传》，如以"乾为天、为圜、为君、为父、为玉、为金……"等原则，后来经汉《易》学者如京房、荀爽和虞翻加以扩充。卦象生，则义理自现。数学家华罗庚曰："数缺形时少直觉，形少数时难入微。数形结合百般好，隔裂分家万事非。"形者（visualization），象也。数（number）与象是相辅相成的，故《易经》研究将象数合而言之视为同一流派。"义理"的"义"是意义，"理"是道理。《易经》是古人对人生与社会经验，乃至宇宙生命流行之体会的智慧结晶，此乃以义理解《易》者之所本。义理是讲做人处世的道理，其实义理也只是象之一端而已。离义理则象数流于空泛之理论，舍象数则义理缺乏理论之基根。象数与义理二者对诠释《易经》各有贡献，实不可偏废。

笔者三十多年前初读《易经》，二十多年来深入研究管理与《易》道，发觉二者之间息息相关，故欲借《易经》发展出一套结合中西管理理论与实务而且适宜中国人思维的管理理念，将中国"经世致用、内圣外王"的

---

① 明张居正《张太岳集》卷三五《答胡劔西太史》第 450 页，上海古籍出版社 1984 年。

② 宋李纲认为"《易》本于数……有数而后有象"，出自《易传外篇序》（李纲著、昌彼得主编《梁溪先生全集》第 7 册卷 134 第 3979 页，台北：汉华出版社 1970 年影印版）。

经史之学和现代经营管理之说"援以入《易》",以经营管理的观点来解释《易》,冀能发前人所未发之理,扩充《易经》义理之学,然而笔者也兼采象数家之言,冀能免于"野文"之讥。此书同时也运用《易经》欲将纷杂的中外管理学说和案例统摄于《易》理之中,以贯通经营管理之学,这是一种新的"援《易》以为说"的尝试。

此书最终之目的是希望透过这种结合古今中外的方法,让吾人能于固有文化的根基上,有效地吸取转化现代西方管理学之长,建立起"通经致用"的管理架构(framework),希望企业经营者受到《易经》之启发,而能灵活运用,为中国式的管理和企业文化开辟出一条新的道路。

二、《易》卦的形成及其要义

有些人认为人类最早的一本书,应该是中国的《易经》。《易经》是一本谈变革的书,此书在今天仍具有其时代的意义。《易经》是由八卦相重叠为六十四卦(八乘八)所组成的一部奇书,这六十四卦代表了天地间及人事上六十四种不同情境,并且建议人们在不同情境下应持何种心态、采取何种行动及如何提升自身的修养,以趋吉避凶,化险为夷。《易经》虽源于卜筮之书,但更可视为人类首次尝试发展出一套有关变革的科学。

《易经》所传授之美德有:观微知著、有弹性和坚忍不拔的韧性,及在各种情势下,都能警觉到其他人所持的立场,能易地而处(attentiveness, flexibility, perseverance, awareness of where other stands in a given circumstance)[1]。这些修为在经营管理一个现代的企业时,更显得重要。《易经》的六十四卦是六爻共六十四种不同排列组合所形成的情境,某些卦之间可互相转变,随时转移,而产生错综复杂的变化,我们可以想见古人当时所处环境之复杂。在现今瞬息万变的时代经营一个企业,其主管更需要

---

[1] 此段文章意译自, The Price Waterhouse Change Integration Team, "Chapter 1 : The Basics of Change", *Better Change : Best Practices for Transforming Your Organization*, p.1., McGraw Hill 1995.

领悟运用《易经》传授给我们有关识变、知变及应变的教诲，将此转化为自身思维和行动的能力，进而应用于企业的管理与经营。

现代的商业受到科技推陈出新，在全球化、信息化、及通讯技术的影响之下，其经营环境变化日剧，竞争不已。英特尔（Intel）的前执行长（CEO）Andy Grove 强调现代企业的主管要有戒慎恐惧的精神，才能在剧变的环境下生存①。《系辞传》曰："作《易》者其有忧患乎？"② 又曰："《易》之兴也，其当殷之末世，周之盛德邪？当文王与纣之事邪？是故其辞危。危者使平，易者使倾。其道甚大，百物不废。惧以终始，其要无咎。此之谓《易》之道也！"易理中认为世间没有平坦而无波折的道路③，故《易经》经文中常有警世之语，劝人居安思危，要人们提高其危机意识，才不会犯下重大的过失。孔子认为《易经》读通了可以不犯大的过错，宋朝李纲曾说："不学《易》而涉世，其蹈祸固宜。"④ 清朝的焦循也说《易》是"寡过之书"⑤。不过《易经》又以"危者使平"劝勉在困难危险中的人，要有积极正面的思考，相信易理中"否极泰来"和"剥极必复"的道理。《易经》一书的重点之一，便是教人不论在逆境或是顺境都要"惧以终始，其要无咎"。"惧"不是恐惧，而是在做一件事的结束和开始之时都要敬慎其事，这样才能善于补过，减少因过失而造成的损害。

研读《易经》能训练吾人抽象思考的能力，培养我们分析复杂情境的方法，并提供一套完整的练心、养生、修身及经营管理的基本架构。

---

① Andrew S.Grove, *Only the Paranoid Survive*：*How to Exploit the Crisis Points That Challenge Every Company*，DoubleDay，1999.此书的简体字版书名译为《只有偏执狂才能生存》，而繁体字版则意译为《10倍速时代》，其实译为"唯忧患得生存"最为贴切。

② 《易经》作者历代说法不一，一般学者认为八卦、甚至六十四卦的卦画为伏羲氏所创作，卦辞及爻辞为周文王所整理，而十翼则为孔子或其后之儒家学者所著。

③ 复卦"九三"爻辞："无平不陂，无往不复。"

④ 林义正《李纲〈易〉说研究：兼涉其〈易〉与〈华严〉合辙论》，《台大文史哲学报》第57期第67-98页，2002年12月。

⑤ 焦循曰："《易》之道，大抵教人改过，即以寡天下之过，改过全在变通，能变通即能行权，所谓使民宜之，使民不倦，穷则变，变则通，通则久，圣人格致诚正，修齐治平，全于此一以贯之。"《雕菰集》卷13《与朱椒堂兵部书》。

《易经·系辞传》曰:"《易》有太极,是生两仪,两仪生四象,四象生八卦。"本节根据上述八卦形成过程中的重要观念与治世之道相结合,而阐述其义。

1. 太极两仪:阴阳刚柔

太极是中国思想中的一项重要概念,朱子在《易学启蒙》中说:"太极者,象数未形,而其理已具之称……在河图、洛书皆虚中之象也。"太极一般是指宇宙阴阳未分的混沌状态之时,也代表了万事万物之本体。如图–1所示的太极图,据说是宋朝道士陈抟据道家的传授所创制,周敦颐得此图而著有《太极图说》曰:"自无极,而为太极。太极动而生阳,动极而静,静而生阴。静极复动,一动一静,互为其根。分阴分阳,两仪立焉……"邵雍曰:"道为太极、心为太极。"太极就是乾元、坤元之元。是万物的根源和原动力。天地为一大宇宙,人身为一小宇宙;所以天地间有一太极,人身之内也有一太极。企业的太极就是其使命(mission),企业使命之体现乃是其组织文化(organizational culture),有正确的使命感和良好的企业文化,是企业经营可大可久的关键。故曰:"万物含阴阳,处处皆太极。"

图–1　太极图

如图–2所示乃八卦生成之过程,是由下而上,先有太极,分成阴阳两爻,谓之两仪。"仪",训为匹配,即一双、一对的意思。二爻相叠,而成为四象。四象之上再各加或阴或阳的一爻,便形成八卦。这就是形成八卦的过程。在卦画上,我们以一中空而断成二节的线(▬ ▬)来代表阴爻(Yin, broken line),以一实线(▬▬▬)来代表阳爻(Yang, solid line)。

易经与管理

8

两仪即是阴爻和阳爻，阴爻和阳爻是形成伏羲八卦和《易经》六十四卦的基本元素。"爻"音摇，其甲骨文写成𝕏，是两个斜交的直线上下相叠。《说文》将爻训为"交"，即是取其两线交错的象形之义。《易经·系辞传》曰："爻者，言乎变者也"，"爻也者，效天下之动者也"，"爻也者，效此者也。"两物相交流、交易、交通，则会有变动，阴阳两爻即是仿效这种变动生成原因的二个符号。

图–2 八卦生成图

《庄子·天下篇》曰："《易》以道阴阳。"[①] 认为阴阳的观念是《易经》之基础，由太极所生的两仪即是阴与阳。阳和阴以数字而论，则为奇数和偶数。以其性质而论，可代表刚健和柔顺、动和静。由大自然界来看，可与天和地、日和月相比拟。以人际关系而言，可表父和母、男和女、主和从。从兵法和谋略学来看，可引申为正和奇、实和虚。就方位言，可分上和下、左和右。以颜色光线来分则是白与黑、明与暗。以变化而言，则可分为息和消（增加与减少）、盈和虚。以人生事业而言，可代表进与退、出与处。表–1即是常见由阴阳来表达的各种相对应之观念。

<hr />

① 《庄子·天下篇》："《诗》以道志，《书》以道事，《礼》以道行，《乐》以道和，《易》以道阴阳，《春秋》以道名分。"

表 –1 阴阳所表达的各种相对应观念①

▬▬▬	▬ ▬
阳	阴
刚	柔
健	顺
动	静
天	地
日	月
男	女
奇	偶
进	退
出	处
息	消
实	虚
正	奇
上	下
白	黑
开、辟	关、阖
变	化
气	形
抽象	具象
生命心灵	物质能力
Yang，Solid Line	Yin，Broken Line

《系辞传》曰："一阴一阳之谓道，继之者善也，成之者性也。"阴和阳是道的一体之两面，人继承于道的即是其善，而成其善的则是人性。阴阳是很抽象的观念，然而阴阳学说深深了影响了中国人的思维方式。《老子》曰：

---

① 以乾为生命心灵，以坤为物质能力，乃熊十力先生之创见，熊氏以此解乾坤二卦，并建立其"体用不二"的哲学思维体系。详见熊十力《乾坤衍》，台北：台湾学生书局影印再版 1976 年5 月。

"万物负阴而抱阳。"便指出了任何事物"阳中必有阴，阴中必有阳"的现象，正如太极图中阳（白色）的半边中有一黑点，代表阳中有阴；阴（黑色）的半边中有一白点，代表阴中有阳。根据这个道理去思考事情时，便不会只往好处或坏处想，会遵循"有利必有弊"的原则（Every advantage has its disadvantage），客观地去权衡利害。有阴有阳就会生变化，中国人的阴阳观念，不是相对抗的二分法（dichotomy）。《系辞传》曰："阴阳合德，而刚柔有体。"中国文化强调阴阳要调和了才会发挥相辅相成的作用，并且能推陈出新而有所成，太极图应是一个不断旋转前进的图像。

太极图又中有"阳极生阴，阴极生阳"的含义，所谓"孤阴不生，独阳不长"[1]，代表阴阳二股势力随时互为消长，而产生了盈虚之变化。韩国的国旗又称为太极旗，如图 -3 所示，上面只有八卦中的"乾、坤、坎、离"四个卦，而其中央太极图以红色为阳仪而在上，以蓝色为阴仪而在下，太极图内少了阴阳两点，其中差异可是"失之毫厘，谬以千里[2]"。

图 -3　韩国国旗（太极旗）

四象是由两个阴阳爻相叠而成，故有四种可能的排列组合，可以用来代表四种不同的现象、四个方向或是二维平面的四个象限（quadrants），四象分别是：太阳、少阴、少阳、太阴，如图 -4 所示。四象命名取决于阴阳爻成分的多少和所在位置之上下。在下位的爻比重大，在上位的爻比重轻。以少阳为例，一阴在下，一阳在上，下重为多，上轻为少，故以"少阳"名之。在管理策略分析上，我们常用这种二乘二的矩阵（2×2 matrix），将策略上

---

① 蔡策《揭开黄历的秘密》，台北：老古出版社 1992 年。

② 《礼记·经解》云："《易》曰：'君子慎始，差若毫厘，谬以千里。'"此句不见于今本《易经》之中。

二项重大因素分列为纵横二个维度，将不同的策略依此二维的正反二极，分成四类，作为分析评估之依据（Alex）[①]。

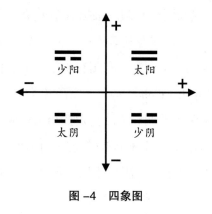

图 -4　四象图

2. 八卦的意义和取象

《易经·系辞传》曰："古者包牺氏之王天下也，仰则观象于天，俯则观法于地，观鸟兽之文，与地之宜。近取诸身，远取诸物。于是始作八卦，以通神明之德，以类万物之情。"上古时代伏羲氏掌理天下，他向上仰观天象，向下则俯察地势，观察鸟兽的花纹，和各地适宜蓄养的牲畜。伏牺就近取之于自己身体的各个部位，向外及远处则取法于大自然的现象，而创作了八卦。八卦与神明的德性相通，并将万物之性情加以分门别类。伏羲仰观俯察，效法大自然的现象，作为我们修身行事的准则，这是八卦及中国人生和政治哲理发展的根源。《老子》曰："人法地，地法天，天法道，道法自然。"亦本于此法天地自然的思维方式。

二个爻上下排列而成为四象，四象之上再加上一爻就形成了八卦（trigrams）。八卦是三画成卦，以三个或阴或阳的爻排列组合而成，故共有八种卦象（$2^3=8$），又称为"小成卦"。正如阴阳可代表不同的事物，八卦也采用多重取象的手法，《易经》十翼中的《说卦传》对八卦所形成及其所象

---

①　Lowy and Phil Hood, *The Power of the 2×2 Matrix : Using 2x2 Thinking to Solve Business Problems and Make Better Decisions*, Jossey-Bass（May 4, 2004）.

征的意义有详尽的说明。如表 –2 所示，八卦可以大自然取象，并可以其德性及其他各种观点来解读、分析。

表 –2　八卦多重取象的角度

卦画	☰	☷	☳	☴	☵	☲	☶	☱
卦名	乾	坤	震	巽	坎	离	艮	兑
取象歌口诀	三连	六断	仰盂	下断	中满	中虚	覆碗	上缺
大自然	天	地	雷	风	水、月	火，日	山	泽
性情	健	顺	动	入	陷	丽	止	悦
人伦	父	母	长男	长女	次男	次女	少男	少女
五行	金	土	木	木	水	火	土	金
数字	1	8	4	5	6	3	7	2
先天八卦方位	南	北	东北	西南	西	东	西北	东南
后天八卦方位	西北	西南	东	东南	北	南	东北	西
人身	首	腹	足	股	耳	目	手	口

三、《易经》经和传之结构

《易经》的六十四卦（hexagram）是重叠二个八卦而形成的，一为上卦、又称为外卦、贞卦；一为下卦，又称为内卦、悔卦。每卦共六个爻，即所谓六画成卦，又称为"大成卦"[①]。六爻可阴可阳，故共有六十四种排列组合，因而形成六十四卦（2^6=64 或 8×8=64）。八卦相重而生成六十四卦，可以代表六十四个药方、六十四种情境，推而广之则可代表了万事万物。六十四卦的卦名、顺序和简单的说明，请参见"附录二"。

---

① 《老子》有云："道生一、一生二、二生三、三生万物。万物负阴而抱阳，冲气以为和。"与《易经》"太极生两仪，两仪生四象，四象生八卦"有相通之处。

《易经》的经文便是在解释这六十四卦，是五经中最有结构的一部经书。每一卦的经文中，依序有卦画、卦名、卦辞和爻辞。卦画即由六个或阴或阳的爻排列组合而成。卦名以单字居多，亦有两个字的。卦名之后为卦辞（hexagram statement），每一卦皆有卦辞断一卦之吉凶，如乾卦之"元、亨、利、贞"即是其卦辞，卦辞大都非常简短。每一卦的六爻又各有其爻辞（line statement），全部《易经》有六十四卦，每卦六爻，共三百八十四爻，其中乾坤两卦各多出了"用九"和"用六"两条爻辞，故整部《易经》共有三百八十六条爻辞。卦画、卦名、卦辞和爻辞是原始《易经》经文的部分。图–5为《马王堆帛书简易经》中乾卦之经文[①]，其中乾的卦名写成"键"，除了一些异体字外，其乾卦之经文与传至今日的版本大致相同。

键：元亨，利貞。
初九，濡龍勿用。
九二，見龍在田，利見大人。
九三，君子終日鍵鍵，夕沂若，厲，无咎。
九四，或䠊在潚，无咎。
九五，蜚蠪在天，利見大人。
尚九，抗龍有悔。
迵九，見羣龍无首，吉。

图 –5 《帛书易》的乾卦经文

① 廖名春《马王堆帛书简易经传释文》（《续修四库全书》第一册），上海古籍出版社 1995年。《易学集成》第三册，成都：四川大学出版社 1998 年。（此乃最原始的经文版本）

《易纬·乾凿度》曰："故《易》始于一（初），分（成）于二，通于三，［革］于四，盛于五，终于上。[①]"此乃以六爻应之于"时"的观念。又曰："初为元士，二为大夫，三为公，四为诸侯，五为天子，上为宗庙。凡此六者阴阳所以进退，君臣所以升降，万人所以为象则也。"此则以古代阶级中的爵位来说明六爻中"位"的观念。

从微观的角度，则六十四卦的每一卦都有六个爻，爻有阴爻与阳爻之别，爻之位由下至上算起是：初、二、三、四、五、上，如表–3所示。六爻由下到上可代表一个人在其组织中的地位，或代表事物发展的阶段，乾卦六爻的爻辞最具代表性。"一爻俱时与位。初以时言，上以位言。"一卦之六爻兼具时间和空间双重的意义：位于最下面的第一个爻，以用"初"代表爻有"时"的意思；位于最上面第六爻，以"上"代表爻有"位"的意思。后人在爻辞之前加上爻题（又称为爻位）以标注一爻在一卦之中由下至上的位置（初、二、三、四、五、上），并以九或六标示该爻是阴爻或阳爻。若是阳爻则以九来代表，阴爻则以六来代表[②]，其原则归纳如表–3。并于表–4举谦卦为例，说明爻题、爻辞和小象的关系。从经文中爻辞的顺序而言，初爻在先，故依例排列之，以后各卦皆仿此。

表 –3　一卦之中六爻的爻题

爻的位置	阳爻爻题	阴爻爻题
上	上九	上六
五	九五	六五
四	九四	六四
三	九三	六三
二	九二	六二
初	初九	初六

---

① 徐芹庭《细说易经》第 119–120 页，新北：圣环图书股份有限公司 1987 年。括号中的"初"字为笔者所加，"成"字为徐芹庭所增，［革］字原缺，徐芹庭依文意加入。

② 曹福敬《谈〈周易〉爻题的形成时间及相关诸问题》，参见 http://zhouyi.sdu.edu.cn/jianboyi yanjue/051010caofujing.htm

表 –4　爻辞的爻题以谦卦（☷☶）为例，经文中爻辞的顺序是由最下的初爻开始

爻题	爻辞	小象辞（小象）
初六	谦谦君子，用涉大川，吉。	谦谦君子，卑以自牧也。
六二	鸣谦，贞吉。	鸣谦贞吉，中心得也。
九三	劳谦君子，有终吉。	劳谦君子，万民服也。
六四	无不利，撝谦。	无不利，撝谦，不违则也。
六五	不富，以其邻，利用侵伐，无不利。	利用侵伐.征不服也。
上六	鸣谦，利用行师，征邑国。	鸣谦，志未得也；可用行师，征邑国也。

　　孔颖达在《周易正义》中引先儒之说谓："用著以求数，得数以定爻，累爻而成卦，因卦以生辞，则著为爻卦之本，爻卦为著之末。"说明了占筮过程中著、数、爻、卦的关系。用著草起卦，首先要按照"大衍之数"用五十根著策，依一定的"随机程序"，四次经营策数成一变，三变而后得二十四、二十八、三十二、三十六这四个数字之一，将此数除以四后得六、七、八、九这四个数字之一。七为少阳，九为老阳，是奇数而为阳爻；八为少阴，六为老阴，是偶数而为阴爻。沈括引旧说曰："阳以进为老，阴以退为老。"[1] 阳是进，从七到九，再进就要变了，所以称九为老阳。阴是退，从八到六，再退就要变了，所以称六为老阴。老代表其势已穷，穷则变也。九和六为容易生变化之爻，称为变爻；七和八则是不变之爻。爻题中以六和九来代表阴爻和阳爻，是取其变化之义。用著草起卦需经过"四营三变"才得一爻，重复此程序六次，则依序得到由初至上共六个爻而成一卦，共计十八变。所谓"女大十八变"，或许是取占卦时经由十八变才能成卦之义。

　　一至九中"一、三、五、七、九"的"九"乃阳数之至；"二、四、六、八、十"的"六"乃阴数之中[2]。所以说"九、六"乃至中之道；九是至，六是中。阳之至，必得体阴之中，然后才能生物[3]。一卦中之六爻的爻题，以

---

① 沈括《梦溪笔谈·象数一》。

② 《汉书·律历志》："天之中数五，地之中数六。"

③ 据毓鋆师之说（1978 年）。

九代表阳爻，以六代表阴爻，取"至中"与"变易"之义。

《易经》有传，是最早解读《易经》经文之作，统称"十翼"或《易大传》。有些学者将六十四卦之卦画、卦名、卦辞和爻辞视为狭义的《易经》，而将经和传合在一起的称为《周易》。《周易》之"周"为周遍义，亦可训为"周朝"。本书中用《易经》一词之时包括经和传，"十翼"包括有下面七种著作：

1.《彖辞》：《彖辞》（Judgement）依经文的上下而分为上下两篇。上经始于乾、坤两卦卦而终于坎、离两卦，共三十卦。下经始于咸、恒两卦卦而终于既济、未济两卦，共三十四卦。"彖，断也。断定一卦之义，所以名为彖。"《彖辞》是用来解释卦名、卦辞的，而且对各卦之大义做了全面的解说。

2.《象辞》：《象辞》（Image）也依经文的上下而分为上下两篇。其中《大象辞》解释全卦整体的含义，《小象辞》是对每一卦六个爻的爻辞分别加以解释。

3.《系辞》：是《易经》导读之作，因篇幅较长，被分成分上下两篇。《系辞》哲理玄妙，将《易经》提升到哲学和玄学的境界。

4.《文言》：详细解释乾、坤二卦的卦辞和爻辞，因为乾坤两卦是了解《易经》的门户，又可分成《乾文言》和《坤文言》。马融曰："经纬天地曰'文'。"《文言》寓意深远，《乾文言》解乾卦极为详尽，可为解卦之范例。

5.《说卦》：解说八卦的意义，保存有许多古老的八卦取象原则。

6.《序卦》：解释六十四卦的顺序和所以如此排列的因果关系，这些卦序之的因果不见得有其必然性，然而其思维的方式，仍值得参考。

7.《杂卦》：韩康伯认为《杂卦》乃"杂糅众卦，错综其义"，标明出六十四卦中每两卦一组（第一卦和第二卦，第三卦和第四卦……第六十三卦和第六十四卦一组）共有32组，强调其相综或相错的关系[1]，使上下经互易，不与卦序同。

宋朝吕祖谦将这七部著作各加上"传"字，故自宋朝之后经常以《彖传》、《象传》、《系辞传》、《文言传》、《说卦传》、《序卦传》、《杂卦传》称之。这七种著作中《彖辞》、《象辞》和《系辞》各分上下两篇，合计共为十篇，皆有辅翼、帮助我们了解《易经》的功用，故通称为"十翼"。古本《易经》的经、传原本是完全分别开来排印的，其次序为：1. 上经（乾卦至离卦），2. 下经（咸

---

[1] 详见本书中第二章中对综卦和错卦的解释。

卦至未济卦），3.彖辞上，4.彖辞下，5.象辞上，6.象辞下，7.系辞上，8.系辞下，9.文言，10.说卦，11.序卦，12.杂卦；共十二篇。汉朝的费直、郑玄、和曹魏的王弼将十翼中的《彖辞》《象辞》附在于上下经各卦之经文中。其中《彖辞》和《大象辞》分别移置于于卦辞之后，并加上"彖曰"、"象曰"二字；而《小象辞》则逐条分附于所属的爻辞之后，并加上"象曰"二字，《乾文言》和《坤文言》也分别附在乾坤二卦的后面，以便学习时参阅。后世通行的本子（称今本），皆依此方式排列，如图 –6 所示。今本中只有乾卦仍将经（卦画、卦名、卦辞、爻辞）和传（彖辞、大象、小象）分列，顾炎武认为其目的是"以见旧本之样式①"。《周义本义》原依古本十二篇之次第，南宋时为董楷将其改成与郑玄、王弼的版本相同②。现今多数的《易经》注解皆循此方式排印，《周易折中》和《周易述义》是少数仍依照古本《易经》次序印行之版本。

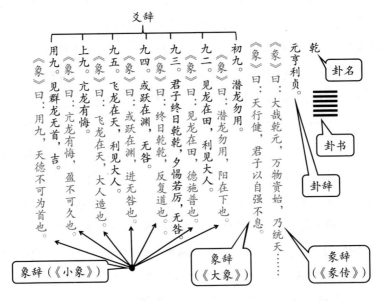

图 –6 《易经》卦辞、爻辞与彖辞和（大、小）象辞③

---

① 王弼、韩康伯《周易王韩注》"出版说明"，台北：大安出版社 1999 年。

② 徐芹庭《细说易经》。

③ 今本《易经》中的乾卦仍将经（卦画、卦名、卦辞、爻辞）和传（彖辞、大象、小象）分列与此图的排列不同。此图中以乾卦为例，因为其经文为一般人熟知，取其方便而已，今本中其他六十三卦的排列皆依此格式。

唐朝陆明德认为伏羲观察天文地理而画八卦，并且重叠八卦，而形成了六十四卦；文王被纣王关在羑里时作了卦辞，而周公则创作了爻辞，孔子则是十翼的作者。但宋代的欧阳修和近代学者则认为十翼乃成于孔子之后，经多人之手。不论其作者为何人，十翼是解读《易经》的最早著作之一，是研究《易经》大义和经文时最重要的参考资料。

四、《易经》模型的运用

于肖吾依韩宣子出使鲁国"见《易象》与《鲁春秋》"，以其称《易》为《易象》而证明《易》之为书是以象为主，"辞由象生，故《易》无象外之辞。"[①]《系辞传》曰："《易》者，象也；象也者，像也。"《易经》卦画是极其抽象的符号语言，因而给我们许多想象和创意的空间。从宏观角度来看，《象传》的《大象》皆取上下卦的这两个八卦所对应于大自然之现象，而将易理回归、反应到做人、处事、修身、治世上。如乾卦（☰）《大象》曰："天行健，君子以自强不息。"鼓励我们要效法天之刚健的行为，而发愤图强，努力不懈。又如屯卦（☳）《大象》曰："云雷，屯。君子以经纶。"屯卦上卦为坎为水，水上升而为云，故在此卦以云取象。下卦是震，为雷。云雷交加，有草创之时充满了能量的现象。有作为的人，要能在此动乱之中经纶万端、理出一个头绪才能成功创业。再如蒙卦（☶）上卦为艮卦、代表山；下卦为坎、代表水。水出于山下为泉，故以山泉取象。蒙卦《大象》曰："山下出泉，蒙。君子以果行育德。"以泉水刚从山下流出来取象，鼓励君子要以果断的行动来培育其德性。蒙卦象辞曰："蒙以养正，圣功也。"则明白指出，启蒙教育应从小培养正确的道德观念，保持其"在山泉水清"的良知良能，并以"果行"继之，以防止"出山泉水浊"。

象就是模型（model），易学是一种抽象思考和创造力思考（abstract

---

① 于肖吾《周易尚氏学序言》（见尚秉和《周易尚氏学》），台北：老古文化事业公司1981年。

and conceptual thinking）的训练。朱熹认为《易》是"空底物事"①，便指出《易经》的抽象性。在遇到问题时，应先将现实状况抽象化，以与《易经》中六十四卦所代表的抽象模式做对比，然后透过筮法或对卦义的了解，找到最适合的一卦。此时可将实际的情境对应到该卦的六爻之中的某一爻，然后再分析此爻与其他各爻之间互动，以推演未来可能的变化，作为决策之参考。

高阶经理人员经常面对非常态和非结构性（non-routine and unstructured problems）的问题，所以必须具有处理模糊状况（fuzzy situation）的功力，能够在混乱中看出事物发展的趋势，此乃《系辞传》所谓"探赜索隐，钩深致远"的功力。《易经》的卦辞和爻辞本来是卜筮用的占验之辞，故其用语句常常模棱两可，在可与不可之间。读《易》者依所处的情境和问题，可以将易理对应到许多不同的事物上；又因时位之不同，而会有不同的感受和解读，此所谓"仁者见仁，智者见智"②是也。

《易经》中的爻辞一般而言较卦辞为具体。例如乾卦爻辞："初九，潜龙勿用"、"九二，见龙在田"、"九五，飞龙在天"和"上九，亢龙有悔"。皆以龙来比喻乾卦各爻所居之位、所处之时和所乘之势，是极其具象的比喻手法。然而在此比喻中，自有其抽象之含义，值得读《易经》者再三玩味。卦辞和《象传》是以巨观之眼，根据时势的大环境来讨论各卦整体之大义。爻辞是依全卦之大义为其情境（context），再根据各爻所居之时位、爻本身的阴阳之性、该爻与卦中其他各爻的互动关系，而判断各爻在微观之下的变动之义。《大象辞》则是以法天、法地为出发点，从而引申出应用于个人身心修养上的意义。卦辞和解释卦辞的象辞、爻辞和解释爻辞的小象辞及

---

① 朱熹在《易五赞·警学》中说："理定既实，事来尚虚。用应始有，体该本无。稽实待虚，存体应用。执古御今，由静制动。絜静精微，是之谓《易》。体之在我，动有常吉。"暗指此种抽象和具象之间交互作用的关系。

② 见《系辞传》。

大象辞三者所取之义经常不同，甚至相反^①。我们在解读时，不必强求其同，而应去了解其义所以相异之原因。

朱子在《朱子语录》中说："卦要看得亲切，须是兼象看，但象失其传了。"明儒来知德则不认为象失传了，他在《来注易经图解·易经字义》一文中说："殊不知圣人立象，有卦情之象，有卦画之象，有大象之象，有中爻之象，有错卦之象，有综卦之象，有爻变这象，有占中之象。正如释卦名义。有以卦德释者，有以卦体释者，有以卦综释者，皆言象也。所以说'拟诸其形容，象其物宜。'但形容物宜可拟、可象，即是象矣。"来氏综合象术和义理，擅长以错综之义解卦。

西方学术界于1960年代有见于专门学科分工愈来愈细而无法互相沟通，"恐道术为天下裂"^②，因而发展出一般系统理论（General System Theory），欲以一般系统理论作为统合各学科之共同语言及观念。《易经》可视为中国固有文化中，由一套极其抽象的符号与观念而建立的一个一般系统理论^③，因其有相当的抽象性和一般性，故能用以解释各家之学，这就是所谓"援《易》以为说"的现象。

班固在《汉书·艺文志》中提到："六艺之文，《乐》以和神，仁之表也；《诗》以正言，义之用也；《礼》以明体，明者着见，故无训也；《书》以广听，知之术也；《春秋》以断事，信之符也。五者，盖五常之道，相须而备，而《易》为之原。"以《易经》为六艺（即六经）之源头^④。司马迁曰："《易》本隐以之显。"^⑤认为《易经》是根据卦画和卦象的抽象观念来推演，而应用于具体显明的现实世界中。在经世致用上若遇到复杂的问题时，要先入乎其内，深入了解当时的情势及各方势力之消长，然后能出乎其外，建立一

---

① 尚秉和《周易尚氏学》。

② 借用《庄子·天下篇》"道术恐为天下裂"一语

③ 王师复《全般系统理论与易经》第2页，台北：广华书局1984年。

④ 有《易经》为五经之首的说法，因为《乐经》已散失，仅残存一小部分于《礼记·乐记》。

⑤ 《史记·司马相如列传》太史公曰："《春秋》推见至隐，《易》本隐之以显。"

个反应此情势的观念性或是数量化的模型（conceptual model or quantitative model）。

《易经》的思维与学习方式，是先建构一个模型巨观之结构，再推演分析其各个相关微观元件（model elements）之互动，而将事理了然于胸中，成为管理者内心所蕴涵之心智模型（mental models）①，从而对现实之趋势和变化有更深入的了解与掌握，以此作为企业策略发展及重要决策之指引。然而管理者受日常琐碎之事所扰，经常见树而不见林，只知短近之利，而不识长远之影响，故难有大成。若能得意忘言，驰心于抽象之境而思之，并反诸于实相之界以虑之②，则必能先以宏观而识其大，再辅之以观微而知其妙，继而从关键处适度调整之，以四两拨千斤，运变化于无形之中，故其成功可期。卦为整体之模型、爻为模型之元件，图−7略示将《易经》视为模拟天道、人事之理的观念。

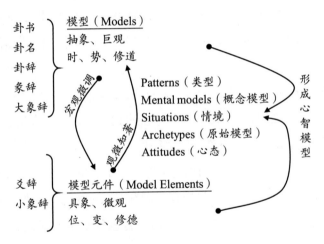

图−7 《易经》的思维模式

清朝陈澹然于《寤言二迁都建藩议》中有言曰："不谋万世者，不足谋

---

① 西方管理与者近年来才开始重视管理者的内心蕴涵之模式，而称之为 mental model。详见 Peter M.Senge《*Chapter* 10：*Mental Model*》The Fifth Discipline：The Art & Practice of the Learning Organization，Doubleday，New York，pp.174 ~ 204.

② 《说文》："虑，谋思也。"段注："虑难曰谋"，有"计划之纤悉必周"之义。

一时；不谋全局者，不足谋一域；远谋方有深韬略。"万世者，六十四卦之时序也；一时者，一卦之时也。全局者一卦之全体也，一域者，一爻之义也。远谋者，知事有先后、物有本末，能先本而后末。深于韬略之人，必须站在制高点，顾及全局；为子孙谋，也为万世谋。

李乡浏认为"《易》中有归纳、分析、抽象，也有联想、演绎"，他对《易经》的道理有如下之精辟的说明①：

《易》是观物取象，以物象去穷理尽性至命，以立天道、地道、人道。然后，人们依据天地人的道理去办事，是从事实出发的，从物而观，取象为判断，属于唯物的，具有很高理性思维。古人仰观天象，俯察地理，远取诸物，近取诸身，从中抽象出天地万物的运动规律。古代中华先祖，懂得万物联系，交感变化，运动发展，物极必反，"生生之谓易"的道理。从而认识到阴阳、天地、日月、男女、水火、刚柔、金木、泰否、吉凶、盛衰、进退、因果、动静、同异等之间的并立贞一，对立统一，相辅相成，相互作用，互相转化，运动变化的道理。认识到事物从量的积累到质的变化，波浪起伏，螺旋发展，无平不陂，无往不复，物极必反，否极泰来，周流反复的规律。《易》中有归纳、分析、抽象，也有联想、演绎，思维形式发展到很高阶段。孙凯飞先生《中华文化和科技发展》强调观物取象，穷理尽性是抽象，是联想，也是归纳。从个别到一般，从《易》道去分析具体事物，运筹帷幄，办事处世，就是分析、演绎，从一般到个别。八卦就是高度归纳、抽象，由阴阳二仪代表《易》道最高概括。现在我们认识到的辩证法规律，普遍联系，相互转化，对立统一，量变质变，肯定否定等在《易经》中都可找到它的中国古代表述的形式。

元朝梁寅曰："夫《易》者，洁净精微之教也。故其取象，皆假托其物，

---

① 李乡浏《一套关于易学的百科全书——读〈易学研究基础与方法〉及其系列（二）》，http：//www.xyiz.com.tw/xyiz ll 1.htm。

而未涉于事，包含其意，而各随所用。"学习《易经》，可以说是一种抽象性思考（abstract thinking）的训练。《易经》的应用则又是一种将实际事务状况加以抽象化（abstraction），经由对此抽象的模式的解析，然后再应用到实务上（realization）。六十四卦可视为天道与人事中常见的六十四种类型或模型（patterns or models）或六十四种解决问题的药方子，以为吾人思考问题时的资助。

六十四卦的每一卦之卦辞是解释一卦之大意，而爻辞则解释各爻在一卦之中，因所处之时位之不同，应如何因应变化的方法。一个卦便是以某一特定情境为实例，来演示《易》道的通则。这好比哈佛大学商学院常以个案的研讨来从事教学（case teaching），让学生由实体的个案研讨中去学习商业管理的一般理论及思考问题的方法。

五、《易》之义：变易、不易、简易、交易

"易"字有多重意义，《参同契》取"易"（𦝨）之字形，曰："日月为易。"以日月阴阳释"易"。《易纬·乾凿度》曰："孔子曰：'易者：易也（简易）、变易也、不易也。'"郑玄依此义作《易赞》及《易论》云："易一名而含三义：易简，一也；变易，二也；不易，三也。"《易程传》序曰："易，变易也。随时变易，以从道也。"强调三易中变易之义，及"以从道"者的"不易"之理。许慎《说文解字》解释"易"字时引《秘书》说："日月为易，象阴阳也。"在陈抟所著、邵雍所述的《河洛理数》则曰："'易'有二义：交易者，阴阳之对待；变易者，阴阳之流行。"万物皆有阴即有阳，阴阳之间必有互动与交流，因而相辅、乃至相反，而流转变化以相成，"交易、变易"本于阴阳之对待与流动。朱子《周易本义》曰："易……有交易、变易之义。"《易经》的"易"字，综合上述各家之说至少有"变易、不易、简易、交易"四义。若深究之，则"易"实有无量义。

希腊哲学家赫拉克利特（Heraclitus）常以"万物流转，无物常住"来

解释现象界的生成与变化，并在万物纷杂中，追问现象界万物背后的本体①。此即《系辞传》"形而上者谓之道，形而下者谓之器"的本体论。赫拉克利特里特斯有一句名言："人不可能踏进同一条河流两次。"因为今日之河水，已非往昔之河水，过河之人的心态可能也变了。变易有变化、演进、动态诸义，所谓"变动不居"是也。不易的是道，道即是"周流六虚"，无所不在而不易的本体。不易是本体性德之常，有如大海水；变易是大用流行之变，有如众多的海浪。若没有大海水的存在，海浪亦无由而起；若不是看过众多的海浪，也不能识大海水之全。熊十力认为《易》的不易和变易有相容互摄的关系，熊氏认为"不易即变易，变易即不易"，因而体会出"由体成用，即用识体"，也就是"体用不二"的道理②。

王弼《周易略例》曰："故处璇玑以观大运，则天地之动未足怪也；据会要以观方来，则六合辐辏未足多也。"深得简易之旨。若能了解变易和不易的道理，能依不易之理，而了解变化的原则，掌握世间变化的枢机，则自然能提纲挈领、化繁为简。以简易之道应万物的变化，特别为道家所重视而有所发挥，太史公司马迁曰："道家使人精神专一，动合无形，赡足万物。其为术也，因阴阳之大顺，采儒墨之善，撮名法之要，与时迁移，应物变化，立俗施事，无所不宜，指约而易操，事少而功多。"③又曰："《易》着天地阴阳四时五行，故长于变……《易》以道化。"他认为《易经》是谈"化"的道理，以研究天地阴阳的互动，四时的更替，五行的相生相克，而用以经世致用。读《易》有得者，能知变而应变，进而能在变化之中乘势造势，化被动为主动。

《系辞传》曰："初率其辞，而揆其方。既有典常，苟非其人，道不虚行。"然而又曰："《易》之为书也不可远，为道也屡迁。变动不居，周

---

① 陈幼慧《现代与后现代之争——李欧塔（Jean-Francois Lyotard）对后现代知识状态的反省》，台湾哲学学会 2001 年会暨学术研讨会。来源：http://www.sinica.edu.tw/asct/tpa/committee/tpaseminar/2001/200102.pdf。

② 熊十力《乾坤衍》，台北：台湾学生书局 1976 年。

③ 司马迁《史记·自序第七十》。

流六虚，上下无常，刚柔相易，不可为典要，唯变所适。""有典常"是常态下之思维，"不可为典要"是变动中的应对。真正不易的道理是"唯变所适"，也就是能根据变化而有所改变和调适。孔颖达曰："千变万化，不可为典要……皆唯变所适，是其典常也。"《皇极经世书》邵雍曰："体无定用，惟变是用；用无定体，惟化是体。"西谚曰："唯一不变者，改变而已矣！（The only thing that does not change is change itself.）"亦有此义。

马一浮以佛教理论对"变易、不易、简易"有一段很生动的解说："心灭是断，物在是常。不知心本无常，物亦不住。前念灭已，后念续生，方死方生，岂待命断，是汝妄心，自为起灭。智者观之，一切诸法，以缘生故，皆是无常，是名变易。而汝真心，能照诸缘，不从缘有，灵光独耀，迥脱根尘，缘起不生，缘离不灭。诸法无常，于中显现。犹如明镜，物来即照，物去仍存，是名不易。离此不易之心，亦无一切变易之物，喻如无镜，象亦不生，是知变易故非常，不易故非断。非常非断，简易明矣。"[①]

"易"又有交易之义，交乃指交流、交会有互动义（interaction），易乃贸易、互换有互易（exchange）的意思。万事万物都是道的显现，道有阴有阳，阴阳虽互相对立，但同时又能在互动下互补，故能"和合而生成万物"。了解一个组织中各成员互动和互补的关系，及其互动后所造成的变化，是了解变化之理和控制变化的妙方。商业的往来，也是一种交易。我们常称经商为"做买卖"，交易即包括在此卖和买的过程中之互动，如图-8所示。从商者要深入了解商业上买卖双方互动之行为，先分析买、卖双方在其买和卖的程序中之各项活动，及其对应关系，再探讨这些活动下双方的动机、所需要之资讯和决策行为，此乃营销学之要点。若能确切掌握住交易产品或服务之品质、价格和市场之供需（demand and supply），则必能将企业经营得很成功。

---

① 马一浮《复性书院讲录·观象卮言二》卷六，台北：夏学社出版事业有限公司1980年。

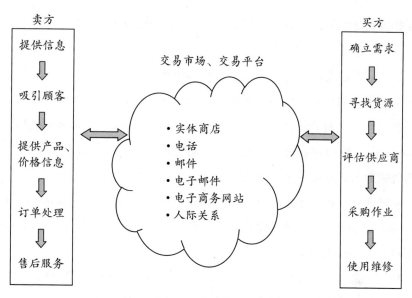

图 –8　交易时买卖双方在买和卖的程序中各项活动之互动

《几何原本》前六卷由明朝徐光启与利马窦在 1607 年翻译成中文，徐光启对《几何原本》的精髓体会很深。他认为书中的逻辑推理严谨，认为此书"有三至、三能：似至晦，实至明，故能以其明，明他物之至晦；似至繁，实至简，故能以其简，简他物之至繁；似至难，实至易，故能以其易，易他物之至难。易生于简，简生于明，综其妙在明而矣。"用徐光启这段评语来说明《易经》之特性也非常恰当。《汉书·律历志》就有"自伏羲画八卦，由数起"之说，《易经》原来就是数在象先，再依象而言义理。

世界万物有阴就有阳，阴阳交易互动则产生变易，变易生则错综复杂之事物兴矣，此时只有以抽象的思维找出事物关键之处，才能化繁杂之森然万象为简易之模式，再将一些不易的原理原则应用到此简易之模式上，则自然能知来者之动态而驾御之。"交易、变易、简易、不易"此四"易"之理一气呵成，不可分开来看。

六、结论

《易》道广大，本书是尝试以《易经》来结合现代管理之学，希望二者能互相发明。《易经》是谈变革管理之书，故在此以笔者在学《易》过程中对"变"一字体会出的心得总结如下：

1. 不变者惟变而已矣！（Change is the only constant！）天下事物变动不居，真正不变的只是"变动是常态"这个定律。

2. 知变之兆而能觉之。（Sense the change is coming and is alerted by some subtle signs.）既然事物时势必有变化，而变化又必有其先兆，吾人应培养观微知著的能力，故能尽早觉知变化之来，而预做准备。

3. 知变之常而能革之。（Knowing that change is a common phenomenon and is willing to change.）既然变化是常态，吾人就不应抗拒变革，而应积极地不断革新，以与时代潮流并进。

4. 知变之势而能乘之。（Take advantages of the trends.）观变化必须预见其趋势，若能乘势而起，则力少而功多。

5. 知变之机而能决之。（Be able to control the major levers for changes in a timely manner.）在变化的过程中，必有其重大转变的关键时机和枢机，能当机而决断、掌握要点，才不至于错失良机。

6. 知变之剧而能化之。（Reduce the dramatic changes with a smooth implementation plan.）在进行重大变革之时，若能循序渐进，化阻力为助力，则终能化成之，而无所名焉。

7. 知变之妙而能通之。（Master all the intricacies throughout the change process.）变化的过程中有许多微妙之处，尤其是人心之向背，我们必须通达人情和事理，才能减少阻碍。

8. 通变者君子之智也！（Have the wisdom to become a change master！）要具备君子的智慧，深识经权之理，既能守常道之经，也能善用变化之权。

9. 居变者君子之德也！（Maintain the virtue and ethical standards during changing time and crisis！）在变动之际，最是考验吾人操守、德行之时，唯有君子才能在变动不安的环境下，有守有为。

《易经》乃演"穷变通久，和节生生"①之理，儒家的"永生观"，是

---

① 毓鋆师语，这一段论述乃根据毓鋆师讲课之笔记加以推演而写成。

由《易经·系辞传》"穷则变、变则通、通则久"的观念所衍生出来的，所以中国文化中没有末日之说。"穷、变、通、久"乃时势之递嬗，而"穷、变、通、久"之际的标准，则是"和节生生"。《易经》最后一卦未济卦的最后一爻，"上九"爻的《小象》曰："饮酒濡首，亦不知节也。"是说人不能过于自信，放纵自己饮酒把头都弄潮湿了，这是形容不知道节制欲望而过了头，所以变得狼狈不堪。行中庸、中"和"之道，知所"节"制，不做"过与不及"的事，方能细水长流，"生生"不息，故曰："和节生生。"

《论语·学而篇》有子曰："礼之用，和为贵。先王之道斯为美，小大由之。有所不行，知和而和，不以礼节之，亦不可行也。"和是礼之用，是"喜怒哀乐之发而皆中节"的结果。要知道中和之道并且以礼来节制之，才能做到"生生之谓易"。"生生之谓易"第一个"生"字是动词，作生成、创造解；第二个"生"字是名词，作苍生万物解。"生生"即是"知周万物，道济天下"之意。"生生"是能生养苍生万物，依其时而尽其自然之性，这就是《易》道的精神。

《礼记·经解》孔子曰："入其国，其教可知也……絜①静精微，《易》教也……《易》之失，贼……絜静精微而不贼，则深于《易》者也。②"古代以六经来教育人民，孔子到了一个国家，观察其人民的行为教养，便知其所受的教育为何。孔子认为《易经》之教是"絜静精微"四字。"絜"字义深，即是《大学》中所谓的"絜矩之道"③，是指能随时审查度量自己所在之时位、所修之德，以同理心去了解他人在其时位上的想法。故人我之间相处时，能将心比心，推己及人，各尽其能，各得其所。"静"，是指冷静的观察和自省。"精"是指精进深入，自强不息。"微"是观象会意的功夫，故能观微知著，

---

① 《武英殿十三经注疏》的《礼记正义》作"絜静精微"，他本或写作"洁静精微"。

② 孔颖达《礼记正义》曰："言深者，既能以教，又防其失。"

③ 《大学》："所恶于上，毋以使下；所恶于下，毋以事上；所恶于前，毋以先后；所恶于后，毋以从前；所恶于右，毋以交于左；所恶于左，毋以交于右，此之谓絜矩之道"。

图难于易①。然而学《易》的人一不小心，便会流于计算太精，奸诈狡猾，有所谓"失之贼"的弊病；要不然就是事事问卜，踌躇不决，流于"迷信"。

岳飞云："阵而后战，兵法之常。运用之妙，存乎一心。"②中医学者则说："医者，意也。药不执方，合宜而用，全在医者圆融变通，活法以行之。必要神以明之，心以会之，投机应病，方为济世婆心。"③学《易》者应"得《易》忘言"，活学活用，才能得益。中医看病有"望闻问切"四诊之程序，用药处方有"君臣佐使"之组合。王符曰："上医医国，其次医疾。夫人治国，固治身之象。疾者，身之病；乱者，国之病也。"④《吕氏春秋·察今》曰："世易时移，变法宜矣。譬之若良医，病万变，药亦万变；病变而药不变，向之寿民，今为殇子矣。"六十四卦是六十四个药方，用药时要先知病情，再对症下药，时势、病症不同，药方子也应随之增减其成分与分量，才能药到病除。

良相治国，良医医人，其理一也。杰出的企业家能像医生一样地将有问题的企业整治好，像良相一般地将好的企业经营得更上层楼，兵法、治术、医术和经营管理皆《易》理之一端也。善用《易》者，应详细分析一个情境的时、势、位等（参见本书第二章），则解决当下问题的方法，可不卜而知。君子若能效法天地乾坤之德：本着"自强不息，厚德载物"⑤的精神，做到"己立而立人，己达而达人"的境界，以廓然大公之胸襟待人⑥，以絜静精微的思虑来经营事业，则何事不成？

---

① 《老子》第六十三章："图难于易，为大于其细；天下难事，必作于易；天下大事，必作于细。"指处理困难之事，应在其未萌之时，抓住纲要去做，就很容易处理。

② 《宋史·岳飞传》。

③ 《齐氏医案》，为清代四川名医齐秉慧所撰。全书共六卷，卷一以六经学说论述伤寒、温病和内伤杂病，主张分经论治。

④ 汉王符《潜夫论·思贤第八》。

⑤ "自强不息，厚德载物。"此乃清华大学之校训。语出《易经》乾、坤二卦之《大象辞》"天行健，君子以自强不息"和"地势坤，君子以厚德载物"。

⑥ 宋程明道《定性书》说："天地之常，以其心普万物而无心；圣人之常，以其情胜万物而无情。故君子之学，莫若廓然而大公，物来而顺应。"

附录一：陶朱公理财要言（笔者摄自鹿港民俗文物馆）

陶朱公理財要言

（戒言）

勿浮華　勿猥鄙　勿貪賒　勿畏還　勿固執　勿昧時　勿優柔　勿強梗　勿懶收　勿輕出　勿爭趄　勿薄蓄

節用度，無端文至，沽名價高，還繪通淺，賣道散振，人免力有，出虧超少，蓄速。
用度無節必竭，破接交易必速。
價莫常果，不待以患，討目物本，利賤復賊，獲貨恢。
貨財血本必虧，恢復必遲。
賒欠要識人，濫出則血本虧。
拘貽依各，胸經暴禍，取賬貨血，貨恢。

（十二能）

能識人　能用人　能倡率　能辯論　能知機　能安業　能討帳　能還賬　能整理　能接納　能敏捷　能置貨

知人善惡，賬目不負。
因材器使，任事有賴。
躬行率主道，蒙時哲新。
生財有道，言詞辯明。
售貯隨時，可稱明哲。
病多端，行齊，不自寬而整。
心相待者，不無不便，眾決成苟輕。
勤謹不怠，取討自多。
貨物整齊，奪人心目。
禮文相待，交關者眾。
猶豫不決，終歸無成。
置貨不苛，蝕本便宜。

附录二: 六十四卦卦序与卦名表

西方学者研究《易经》六十四卦时，常以某个卦在卦序中的顺序之数字标明该卦。故先列出六十四卦的次序如下，其中上经共三十卦，下经共三十四卦。

上经三十卦

乾1，坤2，屯3，蒙4，需5，讼6，师7，比8，小畜9，履10，泰11，否12，同人13，大有14，谦15，豫16，随17，蛊18，临19，观20，噬嗑21，贲22，剥23，复24，无妄25，大畜26，颐27，大过28，坎29，离30。

下经三十四卦

咸31，恒32，遁33，大壮34，晋35，明夷36，家人37，睽38，蹇39，解40，损41，益42，夬43，姤44，萃45，升46，困47，井48，革49，鼎50，震51，艮52，渐53，归妹54，丰55，旅56，巽57，兑58，涣59，节60，中孚61，小过62，既济63，未济64。

卦名多为单字，如乾和坤；两个字的卦名则有"小畜、大畜；小过、大过；既济、未济；明夷、家人；同人、大有；噬嗑、无妄、大壮、归妹、中孚"这十五个卦。朱熹的《周易本义》中有《卦名次序歌》有助记忆:

乾坤屯蒙需讼师，比小畜兮履泰否。

同人大有谦豫随，蛊临观兮噬嗑贲。

剥复无妄大畜颐，大过坎离三十备。

咸恒遁兮及大壮，晋与明夷家人睽。

蹇解损益夬姤萃，升困井革鼎震继。

艮渐归妹丰旅巽，兑涣节兮中孚至。

小过既济兼未济，是为下经三十四。

　　下表中的卦名英译是以 Richard Wilhelm［卫礼贤（1873–1930）］所著的 *The I Ching or The Book of Changes*，此书原为德文著作，出版于1934年，于1950年再经 Cary F.Baynes 再转译为英文，由 Princeton University Press 出版。卫理贤师从曾任京师大学堂总监督的清末大儒劳乃宣，其译文以《周易折中》为主要的根据。Cary F.Baynes 为瑞士心理学家荣格（Carl Jung）的学生，此书有荣格写的一篇很长的序文。方括号"［　　］"内为 Baynes 不同之英译，圆括号"（　　）"内为笔者之传译。

卦名	卦画	简明卦义	英文翻译
1. 乾（音前）	䷀	乾为天、天行刚健、自强不息、万物资始	The Creative（Sky, Initiating, Planning）
2. 坤	䷁	坤为地、地势柔顺、厚德载物、万物资生	The Receptive（Earth, Implementing, Execution）
3. 屯（音尊）	䷂	万物始生之时、创业维艰	Difficulty at the Beginning（Startup, Sprouting）
4. 蒙	䷃	启蒙教育	Youthful Folly（Education, Learning）
5. 需	䷄	等待、伺机而动、饮食	Waiting（Nourishment）
6. 讼	䷅	诉讼	Conflict（Argument, Lawsuit）
7. 师	䷆	军事、兵众、聚众兴师	The Army（Crowd）
8. 比（音避）	䷇	相亲比、相辅	Holding Together［Union］（Intimate or Close Relationship）
9. 小畜（音旭）	䷈	积蓄、畜养、畜止	The Taming Power of the Small（Farming）
10. 履	䷉	履践行事、礼也	Treading［Conduct］（Do）
11. 泰	䷊	通达安泰	Peace（Prosperity）
12. 否（音痞）	䷋	闭塞不通	Standstill［Stagnation］（Stoppage）

卦名	卦画	简明卦义	英文翻译
13. 同人	䷌	和同于人	Fellowship with Men
14. 大有	䷍	所有者大，以寡柔而御众刚	Possession in Great Measure
15. 谦	䷎	谦虚、谦让、谦退	Modesty（Humility）
16. 豫（音育）	䷏	安逸、悦乐、预备	Enthusiasm（Joy，Prepare）
17. 随	䷐	随从、随顺、跟随	Following（Go with the Flow）
18. 蛊（音古）	䷑	蛊惑、蛊害、蛊乱	Work on What Has Been Spoiled［Decay］（Corrupted，Misled）
19. 临	䷒	临下御众、高下相临、雨霖、临界点	Approach（Supervise，Critical Mass）
20. 观（音贯）	䷓	观察、观礼、参观、灌（盥）洗，为人表率	Contemplation［View］（Benchmarking）
21. 噬嗑（音适合）	䷔	咬合、刑狱	Biting through（Judging in the Legal Sense）
22. 贲（音闭）	䷕	文饰、文化	Grace（Decorate，Beautify，Superficial）
23. 剥	䷖	剥落、剥极必复、剥蚀	SplittingApart（Peel off，Erode）
24. 复	䷗	回复、来复、一元复始、无往不复，天地之心	Return［The Turning Point］（Remorse，Return to the Heart of the Universe）
25. 无妄	䷘	不妄为、不妄想、至诚无妄（无，同无字）	Innocence［The Unexpected］（Honesty，Be Honest and Realistic）
26. 大畜（音旭）	䷙	畜牧、畜养	The Taming Power of the Great
27. 颐（音宜）	䷚	口中之牙齿、颐养	Corners of the Mouth［Providing Nourishment］（Cheek）

卦名	卦画	简明卦义	英文翻译
28. 大过	䷛	大祸、大害	Preponderance of the Great（Big Disaster, Major Mistake）
29. 坎	䷜	危险、水、陷、月	The Abysmal［Water］（Dangers）
30. 离	䷝	丽、火、明、附丽、日	The Clinging, Fire（Bright, Light, Attaching to）
31. 咸（音贤）	䷞	交感、感应、亲吻	Influence［Wooing］（Feeling, Kissing, Compassion）
32. 恒	䷟	恒久	Duration（Long Lasting）
33. 遁（音盾）	䷠	隐退、退避、迁移	Retreat（Hermitage, Hiding）
34. 大壮	䷡	阳气强盛壮大	The Power of the Great（Yang Becomes Stronger）
35. 晋	䷢	进也、明出地上（日出）	Progress（Advancing, Sunrise）
36. 明夷	䷣	明入地中、昏暗、贤人受伤	Darkening of the Light（Sunset, Wise Men Are Hurt）
37. 家人	䷤	家庭、家族	The Family［The Clan］
38. 睽（音葵）	䷥	睽违、求大同存小异	Opposition（Finding Common Causes）
39. 蹇（音简）	䷦	险阻困难	Obstruction
40. 解（音谢）	䷧	解除艰险，事缓则圆	Deliverance
41. 损	䷨	损失、减少、损下益上、与上共体时难	Decrease（Loss）
42. 益	䷩	增益、损上益下、以民为主	Increase（Gain, Profitable）
43. 夬（音怪）	䷪	决定、决策、果决	Breakthrough［Resoluteness］（Decision）
44. 姤（音构）	䷫	遇合	Coming to Meet（Encounter）

第一章　《易经》的结构与内涵

卦名	卦画	简明卦义	英文翻译
45. 萃（音粹）	䷬	萃聚、聚集	Gathering Together［Massing］（Gathering）
46. 升	䷭	上升、进升	Pushing Upward（Ascending, Rising）
47. 困	䷮	困厄	Oppression［Exhaustion］（In the Trench, Trapped）
48. 井	䷯	水井、汲水、核心能力	The Well（Core Competence）
49. 革	䷰	改革、革命、变革	Revolution［Molting］（Change, Revolution）
50. 鼎	䷱	制器立法、鼎新	The Caldron（Cooking Pot）
51. 震	䷲	震动、雷、地震、创新	The Arousing［Shock, Thunder］（Earthquake）
52. 艮（音亘）古恨切。	䷳	山、止、静止	Keeping Still, Mountain
53. 渐	䷴	循序渐进	Development［Gradual Progress］（Evolving, Incremental）
54. 归妹	䷵	少女出嫁	The Marrying Maiden
55. 丰	䷶	丰盛	Abundance［Fullness］
56. 旅	䷷	旅行、羁旅在外	The Wanderer（Traveling）
57. 巽（音逊）	䷸	深入、风、木、教化	The Gentle［Penetrating, Wind］
58. 兑（音对）	䷹	悦、湖、泽	The Joyous, Lake（Swamp）
59. 涣	䷺	涣散、如何聚集涣散的人心	Dispersion［Dissolution］（Losing Public Support）
60. 节	䷻	节制、限制	Limitation［Moderation］（Regulation, Refrain）
61. 中孚（音服）	䷼	心中有诚信	Inner Truth（Honesty, From Bottom of My Heart）

卦名	卦画	简明卦义	英文翻译
62. 小过	䷽	小有过度、矫枉过正	Preponderance of the Small（Bent over Slightly to Make Things Right）
63. 既济	䷾	事业已成功，功德圆满。	After Completion（Mission Accomplished）
64. 未济	䷿	事业未成，仍须努力。	Before Completion（Mission Incomplete）

第二章 《易经》的多维分析法

一、《易经》条例与多维分析法

《易》道是一种多维度的思考训练，能让我们对事物的看法多元、活泼、而深入。不论象术派或义理派在诠释《易经》时，都会遵循一些统称之为条例的观念和原则。这些观念和原则不但能帮助我们解读《易经》，更可以转换而应用于企业经营管理。本章对《易经》的情境分析之方法和原则加以整理发挥，使其切近于现代管理之所需。希望此多维分析之架构能丰富管理者之心智模式，使其在应世之时，对人、事、物之互动与变化都能观看得远大、联想得广扩、并且思虑得深入。

十翼中的《系辞传》是最早阐释《易经》重要哲理之文献，其中归纳出一些解读卦爻之义的条例，显而易见者如《系辞传下》："《易》之为书也，原始要终，以为质也。六爻相杂，唯其时物也。其初难知，其上易知，本末也。初辞拟之，卒成之终。若夫杂物撰德，辨是与非，则非其中爻不备。噫！亦要存亡吉凶，则居可知矣。知者观其彖辞，则思过半矣。二与四，同功而异位，其善不同；二多誉，四多惧，近也。柔之为道，不利远者，其要无咎，其用柔中也。三与五，同功而异位；三多凶，五多功，贵贱之等也。其柔危，其刚胜邪？"这些原则言简意赅，若不加说明则不知所云为何，今试解其义如下：

1. "《易》之为书也，原始要终，以为质也。"深入研究了解事物之本质及其起始之源头，而推演事物可能变化演进之终极目标。我们在开始规划一件事、推动一个计划时，要先决定其最终的目标为何，并想到在最坏的情况之下，应如何收拾残局 [①]，然后再根据此目的，反推回去以设计"如何实施此一计划的方法和程序"。

2．"六爻相杂，唯其时物也。"六爻交互作用、相互影响。除了乾、坤两卦是纯阳、纯阴之卦外，其他六十二卦的六爻都是阴阳相杂。六爻除了代表位之外，我们还要加上时的观念来评估事物发展之趋势及其可能的变动。了解各爻时位之不同与变化，方知各爻间互动的关系与其对局势之影响。

3．"其初难知，其上易知，本末也。"初爻处事物变化之始，代表事物之本质，是最难了解的。发展到了最上面的第六爻，已经是事物终结之时，故比较容易去理解。

4．"初辞拟之，卒成之终。"因为"其初难知"，所以初爻之爻辞大都用的是假设拟定的语气，当事务初始之时应小心谨慎地去做规划，并将规划时所做的假设（assumption）表列出来，随时检讨这些假设是否成立，最后才能顺势发展到最终之上爻（即第六爻）而能有所成就，有始有终、"慎始诚终"才能成大业。

5．"若夫杂物撰德，辨是与非，则非其中爻不备。"人在与复杂事物接触时，应该秉持什么样的态度和德性，应该如何去辨别事情的是非，则需要借助二、三、四、五，在初爻和上爻中间的这四个"中爻"来了解事物可能发展的过程，方能做出完备的分析。在下之初爻代表事物初生之本质，是阴阳未分之际；最上面的上爻代表事物的终极，为阴阳和合之时，"中爻"代表了事物发展时可能的过程与轨迹。

6．"噫！亦要存亡吉凶，则居可知矣。"唉！一个人要是能将一卦和其六爻在不同时位之下的"存、亡、吉、凶"分析清楚，就会很清知道自己在某一大环境，应该居处在那一个位置（positioning）、掌握什么时点（timing）。

7．"知者观其象辞，则思过半矣！"象辞论一卦六爻的主旨。有智慧的

---

① 在规划事物时我们应先想清楚"结局为何？"

人观看彖辞的解释，就能将一卦的大意了解过半了。先识大体，掌握住大方向，即是成功的一半。

8. "二与四，同功而异位，其善不同；二多誉，四多惧，近也。柔之为道，不利远者，其要无咎，其用柔中也。" 二与四爻都是属于阴位的爻，其功能相同，但所居之位的性质相异，所以其善恶得失也不同。二爻居下卦之中位，若能广结善缘，则大多会得到赞誉，四爻接近五爻的君位，伴君如伴虎，所以应戒慎恐惧，小心翼翼。阴柔的功用，若是离得太远就无法发挥，所以"不利远者"。想要不犯错，需用柔顺的手腕，行中庸之道。

9. "三与五，同功而异位；三多凶，五多功，贵贱之等也。其柔危，其刚胜邪？" 三与五爻都是居阳位的爻，其功能相同，但所居之位的性质相异。三爻之位在下卦之极而又好动，故多凶险。五爻居君位及上卦的中位，容易有功劳，这是因为职位高低贵贱有等差所造成的。三和五的爻位属阳位，若以阴柔之爻居阳位则是不正、不当位，所以容易有危险。阳刚之爻居阳位则属正位、当位，比较容易胜任，所以大多会得到吉祥的结果。

王弼在《周易略例》中也提出了一些精简的原则，《周易略例》共分七章，每一章的章名和重点如下：

1. "明象"：解释彖辞的意义，彖辞是用来"统论一卦之体，明其所由之主者也"。王弼用"物以稀为贵"的原则来决定某些卦中主要的爻为何。

2. "明爻、通变"："卦以存时，爻以示变。" 说明爻是从变的角度来分析事情，而变化经常是与爻的刚柔，以及爻与爻相互之间感情的真假所造成的。

3. "明卦、适变、通爻"："夫卦者，时也；爻者，适时之变者也。" 解释卦爻之时，要能"唯变所适"，不同的卦，所用的原则就有可能不同。王弼提出了"应、位、承乘、远近、内外、初上"等观念，但只是简单地说明："夫应者，同志之象也；位者，爻所处之象也。承乘者，逆顺之象也；远近者，险易之象也。内外者，出处之象也；初上者，终始之象也。"

4. "明象"：提出"意、象、言"三个层次的观念，卦的含义有赖卦画所象征之事物来传达其义，而象又需依靠文字语言来描述。研究《易经》的目的在于"得意在忘象，得象在忘言"。王弼在此章中对象数派的缺失有所批判。

5. "辩位"：本章反复引证，说明初爻和上爻"是事之终始，无阴阳定位也。"

6. "略例下"：最先提出"卦主"观念，并举了一些例子。

7. "卦略"：此章选出六十四卦中的十一个卦，对这十一个卦做了精简的解释。

除了《系辞传》和《周易略例》之外，历代皆有学者提出了一些条例，供我们在分析卦爻之时做参考，其中较著名的有：

1. 来知德《易经来注图解》一书的"来知德易经字义"，说明了"象、错、综、变、中爻"的意义。来知德特别重视错卦、综卦、和交互卦。

2. 李光地《周易折中》的"义例"中对"时、位、德、应比、卦主"做了解释，其中"卦主"一条对六十四卦的卦主都做了说明，并将卦主分为成卦之主和主卦之主。

探讨条例的现有文献大多只知其然，不知其所以然。本文将解说《易经》重要的观念和解经之原则，并演绎其在经营管理上之应用。运用这些条例能帮助我们读通《易经》，更可以加强我们观察分析问题之能力。笔者根据文献归纳出几项主要的观念和条例：时、位、中、势、机、性、情、德、承乘应与和错综交互之法。若能明白这些问题分析的方法而善用之，则可以训练我们从多维度、多重的观点（perspectives）和面向（aspects）去思考企业经营时所面对的挑战。

二、时：知时用时，学而时习

《易经》的六十四卦就是六十四种"时"的类型，每一卦中的六爻亦各有其时、位。从时的观念入手来研究《易经》才能学以致用，中国文化是"穷则变，变则通，通则久"，也就是因时而变，故能通久而不穷，所以《系辞传》曰："不可为典要，唯变所适。"时势变易，典范也会随之转移（paradigm shift）。程颐曰："知时、识势，学《易》之大方也。"[1] 一个人要是懂得时代的变化，掌握得住事情关键所在的枢机和要点，知道如何利用环境之趋势，并且能抓住时机（a window of opportunity），就能不战而克。

契嵩和尚是宋代"援儒入佛，援佛入儒"的代表人物，在其名著《辅教篇》中，他认为最宝贵的智慧就是识时。契嵩曰："发而不时逆，理也；为而不宜失，义也。是故事贵合宜，智贵识时，器贵适用，法贵折中。中也者，道义之端也；用也者，器效之端也；时也者，动静之端也；宜也者，事制之端也。四端者君子之道之至者也，善学者不得其端不尽也，善为者不得其端不举也。[2]"研究《易经》正是训练我们适时应变的智慧和能力。

《论语》首篇《学而》的第一节，开宗明义，就引孔子之言曰："学而时习之，不亦说乎？有朋自远方来，不亦乐乎？人不知而不愠，不亦君子乎？""学而时习之"就是说学到了知识，要能随时找机会去应用，以印证所学。学了技能之后要时时练习，才会熟能生巧、精益求精。明白道德的规范，也要身体力行，才算是成德之人。学者，觉也。觉后不起修，非真觉也。习者，行也；时习者，因时而应用实践其所学。学管理要能"学而时习之"，做到知行合一、因时而用。全本《易经》就是讲一个"时"字，孟子称赞孔子是"圣之时者也"[3]。我们应学孔子，不但要培养解决当时问题之能力，更应有为万世开太平之气魄。

道家的老子曰"知其白，守其黑"，这是说看到白的正在流行，不去凑热闹，而先去研究发展黑色的产品，因为风水轮流转，过一阵子黑色很可能就会流行起来，此时我已居他人之先，故能力少而功多，此先时者也。然而先时的先知，其所为很难被当时之人所认同，故少有助缘。时至而不失之，能与时偕行，乘势而兴，此适时者也。然而适时之流弊乃见风转舵，缺乏

---

② 滕州镡津沙门契嵩《镡津文集卷七》，http：//www.cbeta.org/result/normal/T52/2115 006.htm。

③ 《孟子·万章篇下》孟子曰："伯夷，圣之清者也；伊尹，圣之任者也；柳下惠，圣之和者也；孔子，圣之时者也。"

定见和定力。治理当下之问题，拨乱反正、为民除害，此治时者也。治时者若眼光短浅，则兴近利之际，长久之弊已随之。因其旧章并且承袭其时代的需要，在稳定中求变化和发展，此因时者也。因时之弊端是因循苟且，但知守旧，而无力创新①，孔子曰："因不失其亲，亦可宗也。"《文子·上礼》云："夫圣人非能生时，时至而不失也。"英雄造时势，乃指善于造势的英杰；时势造英雄，乃不失时的豪雄。在投资一个新兴产业或一项新产品时，能否掌握住时机，是成败之关键。太早了就成了烈士，太晚了就做了跟班，众人皆知的机会已经不再是机会了。

乾卦《彖》曰："大哉乾元！万物资始，乃统天。云行雨施，品物流形。大明终始，六位时成，时乘六龙以御天。乾道变化，各正性命，保合太和，乃利贞。首出庶物，万国咸宁。""终始"者时也，终而复始，生生不息。六爻的位要能配合时，才能成功。掌握了"时"，就可加强"位"的价值；站对了"位"，才能得到当"时"之利。时位兼备，就能驾御在不同时位之人与事，以统领天下。

王弼注曰："'大明'乎'终始'之道，故六位不失其时而成。升降无常，随时而用。处则乘潜龙，出则乘飞龙，故曰'时乘六龙'也。乘变化而御大器，静专动直，不失大和，岂非正性命之情者邪？"不论所处之位之贵贱，能不失时，就能成功；能掌握时代的变化，就能随时而用世。随时和不失时的关键就在乎能利用"时、势、位"三者及其变化，以掌握时代的脉动。

《易经》中只言"终始"不言"始终"，取其"终而复始"之深义，言"终始"者共三处：

1. 乾卦《彖》曰："大明终始，六位时成。"

2. 归妹卦《彖》曰："天地不交而万物不兴；归妹，人之终始也。"

3.《系辞传》曰："危者使平，易者使倾，其道甚大。百物不废，惧以终始，其要无咎。此之谓《易》之道也。"

《乾凿度》曰："物有始、有壮、有究，故三画而成干，乾坤相并俱生，

① 《论语·学而》"因不失其亲，亦可宗也。"亲，训为新。

物有阴阳，因而重之，故六画而成卦。"八卦三爻成画，由下到上代表"始、壮、究"三个时。有似佛教"成住坏空"的成立、发展、衰败、到破灭这四个劫数。成住坏空是否有定数，不得而知[①]，历史经常重复演出倒是事实（History often repeats itself）。找出时空之下常见而可循的模式，是学《易》的目的之一。六十四卦共六个爻，下卦为现在，上卦为未来。上下两卦各有其"始、壮、究"的三个阶段，如图-1所示，三爻居下卦之上，乃究之时，此"贞下启元"之机，把握此契机方能开启第四爻的始生之意，"究际谋始"才能"贞下启元"。我们在当前这一个周期（如产品周期、经济景气的周期）还没结束之际，就要早早想到下一个周期应如何开始。

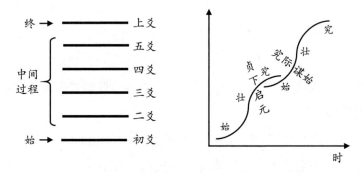

图-1 六爻中"时"的观念

重视"终始之道"，并非"坐一山望另一山高"，不脚踏实地。终始之道必须济之以"慎始诚终"、"有始有终"的态度。《大戴礼记》曰："《易》曰：'正其本，万物理；失之毫厘，差之千里。'故君子慎始也。《春秋》之元，《诗》之关雎，《礼》之冠婚，《易》之乾乾，皆慎始敬终云尔。"慎始，则大本立的正，万物皆因其正而自理。《易经》始于乾卦，"九三"爻以"君子终日乾乾"勉人慎其始。终于未济卦（䷿），六爻所居皆非正位，《象》曰："小狐汔济，未出中也。濡其尾，无攸利，不续终也。"戒人以诚其终。小狐狸渡河，已快要渡到彼岸时，若后续无力，则尾巴会弄湿，结果就不利。一

---

① 爱因斯坦曾说过："上帝不和宇宙玩骰子游戏。"（God does not play dice with the universe.）似有命定论之倾向。

个人在快成功的最后关头，仍应诚心诚意把事情做好，不然很容易就"功亏一篑"①。《老子》曰："民之从事，常几于成而败之。慎终如始，则无败事。"讲的是同一个道理。

《中庸》曰："诚者自成也，而道自道也。诚者物之终始，不诚无物。是故君子诚之为贵。诚者非自成己而已也，所以诚物也。成己，仁也；成物，知也；性之德也，合内外之道也，故时措之宜也。"自始至终皆能以诚待人、以敬处事，并且综合内外环境，再依时而采取最适宜之措施，自然能够成功。《说苑》曰："凡司其身，必慎五本：一曰柔以仁，二曰诚以信，三曰富而贵毋敢以骄人，四曰恭以敬，五曰宽以静。"此乃诚终之道。

《易经》六十四卦中每一卦都在谈"时"和"变"，这是告知我们在时变之下趋吉避凶之道。然而应变之道乃随时而异，"不可以为典要"。所以应用《易经》的第一步在识时，也就是要认真地去了解时势和自身所处的环境，以及所处情境下之人事物的动态，进而推演其中各种可能变化之原因和未来可能的趋势。

许多卦的象辞中皆提到"时"，来知德对《象传》中各卦用到"时"字的区别，有如下深入的分析："六十四卦时而已矣！事若浅而有深意，曰'时义大矣哉'，欲人思之也。非美事，有时或用之，曰'时用大矣哉'，欲人别之也。大事大变，曰：'时大矣哉'，欲人谨之也。"②六十四卦谈的就是"时"。"豫、姤、遁、旅"这几卦看似浅近，但是有很深的含义，所以其象辞皆曰"时义大矣哉"，要人好好去思考其义。"坎、睽、蹇"三卦都是困顿之时，非美事也，有时候可以善用此困难之时机，其象辞皆曰"时用大矣哉"，要人去分辨用时之道。"颐、大过、解、革"是重大事故和变革，其象辞皆曰"时大矣哉"，是要人谨慎小心。《易经》中不同的卦的象辞讲的是"时"、"时之用"或是"时之义"，都要深入去研究，方能"知时识势"。与"时"有关的名词和观念有："知时、识时、待时、及时、适时、治时、因时；时势、

---

① 《尚书·旅獒》："不矜细行，终累大德。为山九仞，功亏一篑。"
② 来知德《易经来注图解》豫卦《象传》注解，台北：夏学社1981年。

时义、时机、时至、时用。"

三、位：素位而行，所入皆得

爻兼具时、位两个观念，一卦之六爻由下至上的顺序，以位而言为：初、二、三、四、五、上。其中初、三、五这三个奇数的位置是阳位；二、四、上这三个偶数的位置是阴位。如图 –2 所示，若阴爻居阴位、阳爻居阳位，则是居"正位"或"当位"，不然则为不正或不当位。居正位多吉，反之，则多凶。

图 –2　爻位之阴阳与当位（正位）与否，以谦卦为例

《易纬·乾凿度》曰："初为元士，二为大夫，三为三公，四为诸侯，五为天子，上为宗庙。"古今体制不同，在应用时可视组织的实际编制对应到六爻。初爻为民众、顾客、或基层员工，二爻为低阶干部，三爻为中阶主管，四爻为高层主管，五爻为最高主管（依不同的体制可以是总经理、董事长或执行长），上爻为不太管事的董事会或是已退位的最高主管，在古制里亦可指太上皇。

王弼认为初爻与上爻不可以阴阳来定其位，王弼于《周易略例·辩位》一文中论曰："《象》无初、上得位、失位之文。又《系辞》但论三五、二四同功异位，亦不及初、上，何乎？唯乾上九《文言》云'贵而无位'，需上六云'虽不当位'。若以上为阴位邪？则需上六不得云'不当位'也；若以上为阳位邪？则乾上九不得云'贵而无位'也。阴阳处之，皆云非位；而初亦不说当位、失位也。然则初、上者，是事之终始，无阴阳定位也。故乾初谓之潜，过五谓之无位位，未有处其位而云潜，上有位而云无者也。历观众卦，尽亦如之。初、上无阴阳定位，亦以明矣。"

《易经》六十四卦中只有一个卦其六个爻皆当正位，这一卦就是既济卦 ䷾，此卦是三阴三阳之卦。其三阳爻皆当阳位（初、三、五之位），其三阴爻皆当阴位（二、四、上之位）。既济卦《象辞》曰："刚柔正而位当也。"《杂卦传》曰："既济，定也。"阳刚阴柔，不同的位要用个性适合其位的人才能济事。

《中庸》曰："致中和，天地位焉，万物育焉。"要达到中和的境界，天地也得各位其位，万物才能得以生长养育。天地不到位，万物不得育。"位"在中国文化中是很重要的观念。位的意义很广，可应用到"天、地、人、事、物"五者，试申其义如下：

1. 天位：《孙子兵法》对天的解释是"阴阳寒暑时制也"是指气候而言。广义而言天指的是经营的大环境，及影响此环境之社会、政治、经济、科技的状态与变化。

2. 地位：指地利、地形和当地之各项资源。经商选择地点时应着重分析一个地方交通之便利与否，以及当地物产、资源、人文和文化之特色。选择住家或商店的店面其要点是：位置、位置、还是位置。选住家要交通便利（如近地铁站），又要闹中取静，还得注意学区好坏和附近的生活机能。选店面则以交通方便，靠近能吸引人群的场所（如靠近知名的商店）。有大量的人潮往来，生意自然容易兴旺。然而若是店面是租来的，则应防着房东无理地上涨房租，所以有些企业不得不在房地产上投资，不然房租不断上涨，赚的钱就都给房东赚走了。

3. 人位：人的位，不只是其在一个组织内正式职位的高低，还包括了此人正式与非正式的影响力。一个人所在之位，给予了他一定的权力和义务。才能不足以担当重责大任之位，则最好有自知之明，切莫妄想争取不该得之位。若自不量力，居非其德能所胜任之位，经常会弄得灰头土脸。

4. 事位：一个企业体要了解于其所处之产业链（industry value chain）中

所扮演之角色和价值，善与上游供应商结盟，下与顾客结好。分析其产品服务与竞争者所提供的相比如何？与替代的新产品之间又有何优劣？由此种竞争之分析，则能找到企业及其产品最佳之定位，此乃哈佛商学院教授Michael Porter竞争分析（competitive analysis）之大意。

5. 物位：一个东西的位决定其价值，物之位受其周遭环境的影响，因为红花虽好，也要有绿叶陪衬。以产品而言，产品之定位决定于其品牌印象、价格、品质、性能和其锁定之市场区隔（market segmentation）。另外产品在其整个生命周期的那一个阶段，乃是此物之位。

我们可以"上、下、左、右、内、外"来定六位，以人位而言，上下指主管与部属，左右指同一层级的同僚。内外则以组织的界限来分，可以是公司外的竞争者、企业伙伴或是顾客，以及内部的员工。此"上下、左右、内外"六位也可以用来分析事之位和物之位。儒家经典中对人和位的关系和态度特别重视，今将其重要的思想归纳如下：

1. 不在其位，不谋其政。子曰："不在其位，不谋其政。"[①] 我们不在他那个位上，就不应该"越职侵权"[②]地去干预他的施政方针和政策。然而"不谋"不是不关心，不去思考。从自我训练和学习的观点，我们虽然不在其位，也应从他人的位置和角度来模拟事情发展的趋势，并评估各项措施之可行性。有智慧的人能借他人的经验来累积自己的历练，故能在临危受命之时，从容应付。《大学》曰："未有学养子而后嫁者也。"学者切不可以"不在其位，不谋其政"为借口，而不关心政治、经济和社会上之时事和大趋势。我们不只要在自己所居的位置上，尽心尽力地运用智慧将自己职责之内的事做好；并且努力潜修，故天降大任时，自然得以从容不迫。身已修、家已齐；则治国、平天下"虽不中，亦不远矣"。

2. 思不出其位。《论语·宪问篇》曾子曰："君子思不出其位。"此语出自《易经》艮卦（☶）的大象辞："兼山，艮。君子以思不出其位。"艮为

---

① 语出《论语·泰伯》及《论语·宪问》。
② 蒋伯潜《广解四书读本：论语》第113页，香港：启明书局。

山，又有"止"的意思；故有不动如山和静止之义。艮卦的《彖辞》曰："艮，止也。时止则止，时行则行。动静不失其时，其道光明。艮其止，止其所也。""动静不失其时"与乾卦《文言》"知进退存亡，而不失其正者"义同。"思不出其位"不是故步自封、画地自限，而是在其位，谋其政。"思不出其位"并非消极没有作为。

3. 素位而行。《中庸》曰："君子素其位而行，不愿乎其外。素富贵，行乎富贵；素贫贱，行乎贫贱；素夷狄，行乎夷狄；素患难，行乎患难，君子无入而不自得焉。"君子应根据其当时所处的位和环境而决定他应如何去做事，不会做出分外之想。不论是在富贵或贫贱中，在夷狄之邦或患难中，都能依当下的时位，将自己的能力发挥出来，而有所收获。只知抱怨环境不如人意或是因成功而得意自满，都不是素位而行的态度。《书经·仲虺之诰》曰："德日新，万邦惟怀；志自满，九族乃离。"素位之道，非故守本位的本位主义，而是有刚健自强，日新其（己）德，生生不息之深义。君子"无入而不自得焉"，故能乐山乐水、坦坦荡荡。

4. 无入不自得。《中庸》曰："无入而不自得。"传统解释皆以"位"释"人"字，即指环境。《易经》卦之六爻具时、位二义。在不同时、位下，应有适合时宜的做事方法，而产生最佳的作用，这是"无'时'而不自得、无'势'不自得、无'位'而不自得"，"自得者"尽己之性而已。

5. 无所不用其极。《大学》曰："君子无所不用其极。""所"可指处所或事物，可训为自己；亦可训为指物之辞，作"他的"解。"极"有极尽之义，然亦可训为中道①。中道者，即天命之性也。"无所不用其极"不是指不论何时、何事、何地都不择手段，而是说君子无论在什么地方、职位，都能将一己"日新又新"之明德发挥到极致，不只是尽己之性，更能将这个地方的人和物之潜能也发挥到极致。

鼎卦"九四"之爻辞曰："九四。鼎折足，覆公餗，其形渥，凶。"是指一个鼎的力量不足，却勉强装过重的东西，于是有折断鼎足，将鼎内食物

---

① 《尚书·洪范》云："皇建其有极。"孔颖达《疏》"人君为民之主，大自立其有中之道。"

倾覆出来的下场。《易经·系辞传下》子曰："德薄而位尊，知小而谋大，力小而任重，鲜不及矣。《易》曰：'鼎折足，覆公餗，其形渥，凶。'言不胜其任也。"孔子认为一个人要找到适合自己德行、智慧和能力所胜任之位，去发挥自己之德能。若是"德薄而位尊，知小而谋大，力小而任重，不胜其任"，就会有鼎折足的下场。鼎代表大位，而"大位不可以智巧取，唯有德者居之。"欲争大位者，于此不可不深思。

初在下而位卑，然为根本之所在，画卦是由初至上，以示君子贵建本而重立始。《易》曰："建其本而万物理，失之毫厘，差以千里。"[①] 在《易经》中以在下之初爻代表民众，屯卦"初九"《小象》曰："以贵下贱，大得民也。"益卦《象》曰："自上下下，其道大光。"《尚书》曰："民惟邦本，本固邦宁。"[②]皆重民固本之义。

熊十力曰："孔子之道，内圣外王，其说具在《易》、《春秋》二经，余经皆此二经之羽翼。《易经》备明内圣之道，而外王赅焉；《春秋》备明外王之道，而内圣赅焉。"[③]孔子的内圣外王之道，乃一以贯之。《中庸》是《易经》的简明版[④]，《大学》是《春秋》的简明版（concise edition）。《易经》和《春秋》互相发明内圣外王之道，《中庸》和《大学》亦互为体用，《学》《庸》者乃吾人立身行道之所本。

《中庸》曰："君子无入而不自得焉。"《大学》曰："君子无所不用其极。""无入不自得、无所不用其极"这两句话合在一起来解释，就是说君子不论到哪里都能发挥其明德而能自得，故无论居于何位、处何时，都能将自己和他人的潜能发挥到极致。此乃《中庸》所言"尽己之性，尽人之性，尽物之性"的修行次第，使天地人三才各尽其责，达到"赞天地化育而与天地参"的境界。孟子曰："君子深造之以道，欲其自得之也。自得之则居

① 《说苑·建本》，今本《易经》无此语。
② 《尚书·五子之歌》古文逸，晚出古文有。
③ 熊十力《十力语要》，台北：广文书局1962年。
④ 熊十力在《读经示要》中说《中庸》为说《易》之书"。

之安,居之安则资之深,资之深则取之左右逢其原。故君子欲其自得之也。"[①]
深入研究体行至极之道,造次颠沛皆安于仁,所凭借的是深入之自性,见
性则进而悟得万物智慧得相,而左右逢源,此乃孟子自得之体悟。

四、中:保合太和、执两用中

二爻与五爻各居下卦与上卦的中间,故为"中位"。居中位的二、五爻,
吉多于凶。《系辞传》曰"二多誉",因为在下亲民,容易结善缘。"五多功"
因居上卦,功多归于上的缘故。在图–3中,"六二"乃阴爻居阴位为正位,
"既中且正"故为"中正"。"六五"乃阴爻居阳位"故不正",故"六五"爻"中
而不正",不能视为中正。卦爻中只有"九五"爻和"六二",即阳爻居五、
阴爻居二之时,方得称为"正中"或"中正"。"正中"和"中正"一词大
多出现于《象传》或《小象传》中,《小象传》中言"位正中也"时皆是"九五"
爻(随卦、巽卦、比卦);《小象传》中言"以中正也"者有需、姤两卦之
"九五"爻和豫、晋两卦之"六二"爻;井卦"九五"《小象传》仅言"中正
也"。艮卦六五爻中而不正而其《小象传》仍曰"以中正也",不知何故?

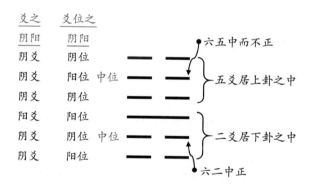

图–3 中位与"正中"、"中正",以谦卦为例

广而言之,"正"之义于内修而言,在乎"诚意正心";于治国而言,则
在能"恭己正南面而已",正南面指向明而治。在上位者帅之以正,谁敢不

---

① 《孟子·离娄下》。

正？① 孟子曰："上有好者，下必有甚焉者矣；君子之德，风也；小人之德，草也；草上之风必偃。"②《韩非子·二柄》曰："楚灵王好细腰，而国中多饿人。"③ 做主管的人不可不重视自身之言行好恶对属下乃至社会之影响，因为"上有所好，下必甚焉"④。

《易经》中的"正中、中行、中道"，以及"保合太和"⑤ 的观念，后来变演变成中庸之道的思想。《中庸》一书，英译为"The Doctrine of the Mean"或"The Golden Mean"，取"执其两端，而用其中"之义。辜鸿铭则译为"The Central Harmony"，取中和、和谐之义⑥。事物之间相生相成，相克相制；各种力量之间相互依存，又相互制约；中庸之道就是在各种势力之间取得一种最佳的动态平衡。

《论语·子路》子曰："不得中行而与之，必也狂狷乎！狂者进取，狷者有所不为也。"行中庸之道的人，时机对则如狂者之进取，而欲有所为；时机不对则如狷者之隐遁，而有所不为。乾卦《文言》曰："知进退存亡而不失其正者，其唯圣人乎！"艮卦《象》曰："时止则止，时行则行，动静不失其时。"进退、行止、动静能因其时，而不失其正，即是中道。

中庸用之于修身则戒人以"敖不可长，欲不可从，志不可满，乐不可极⑦"，也就是知所节制（moderation）。在养生上则是求"阴平阳秘，精神乃

---

① 《论语·颜渊》季康子问政于孔子。孔子对曰："政者，正也。子帅以正，孰敢不正？"

② 《孟子·滕文公上》。

③ 《后汉书·马援列传》曰："吴王好剑客，百姓多创瘢；楚王好细腰，宫中多饿死。"长安语曰："城中好高髻，四方高一尺；城中好广眉，四方且半额；城中好大袖，四方全匹帛。"

④ 《礼记·缁衣》子曰："下之事上也，不从其所令，从其所行。上好是物，下必有甚者矣。故上之所好恶不可不慎也，是民之表也。"

⑤ 语出乾卦《彖传》，亦作"保合大和"，"大"音泰，通"太"。

⑥ *The Wisdom of Confucius*, edited and translated by Lin Yutang（林语堂），Random House, New York, 1938, pp.102～103.Chapter III：Central Harmony《中庸》一章，林语堂采用辜鸿铭之英译为底本。

⑦ 语出《礼记·曲礼》。"敖"，指傲慢。

治[1]，阴气平和，阳气内守"。邵雍《二月吟》云："占下故无知，唯知二月期。酒尝新熟后，花赏半开时。只有醺酣趣，殊无烂熳悲。谁能将此景，长贮在心脾。"则代表了中庸之道的生活情趣。洪自诚曰："月盈则亏，履满者戒。花看半开，酒饮微醉，此中大有佳趣。若至烂漫酕醄[2]，便成恶境矣。履盈满者，宜思之。"则以盈满为戒，并将中庸之道用在人事兴衰上。

程颐解释《中庸》为："不偏之谓中，不易之谓庸。中者，天下之正道；庸者，天下之定理。""中"是不偏，不偏就是正。中亦有阴阳调和，刚柔并济之义。"庸"是平常的意思[3]，不故意标新立异，不素隐行怪，行其所当行，也就是本着良知，去做合乎常理的事。这与佛教禅宗所言的"直心是道场"[4]和"平常心是道"[5]是相通的。洪应明曰："醲肥辛甘非真味，真味只是淡；神奇卓异非至人，至人只是常。"[6]"真味只是淡，至人只是常"正反映了"儒、释、道"三家共通的一种中道人生哲学。

中也可代表人内心的良知良能，是一种心性修为的境界。《中庸》曰："君子戒慎乎其所不睹，恐惧乎其所不闻。莫见乎隐，莫显乎微。故君子慎其独也。"君子在日用之间，声色交接之际，若能返听返视[7]，慎其独有之性，则或可悟其天命之性。君子慎其独，故能"独与天地精神往来，而不敖倪于万物"[8]。道家的河上公曰："知人者智，能知人好恶，是为智。自知者明。人能自知贤与不肖，是为反听无声，内视无形，故为明也。"与佛教《心经》"观自在菩萨……照见五蕴皆空。"《楞严经·观世音菩萨耳根圆通章》观世音菩萨自道其耳根圆通之修行法曰："初于闻中，入流亡所，所入既寂，动静二相，了然不生。"文殊菩萨赞观音耳根圆通曰："反闻闻自性，性成无上

---

① 《黄帝内经·素问·生气通天论》。

② 酕醄，音毛陶，极醉貌。

③ 朱熹《中庸章句》。

④ 《维摩结经·菩萨品第四》维摩结居士答光严童子之语。

⑤ 唐朝马祖道一禅师之语。

⑥ 明洪应明《菜根谭》。

⑦ 《老子·辩德第三十三》河上公注。

⑧ 《庄子·天下第三十三》庄周自道其学。

第二章 《易经》的多维分析法

道，圆通实如是。"皆慎独而修"性中之天"的方法。

"中"的观念可追溯到上古的政治理念，朱熹认为"允执厥中"是尧传给舜的执政经验谈[①]，"人心惟危，道心惟微，惟精惟一，允执厥中"[②]则是舜传给禹的十六字政治哲学和人生修养的心法。其大意是说人心很容易受外物的诱惑，是很危险的；道心因此隐而不见，是很微弱的，但道心也是很微妙的[③]；只有精进不已，专一向道，才能够掌握住中道。

世上能行中道的人太少了，是故孔子有"不得中行而与之，必也狂狷乎"的感叹。《中庸》更强调了"中和"的重要性，而将其应用在吾人性情的修为上："喜怒哀乐之未发，谓之中；发而皆中节，谓之和。中也者，天下之大本也；和也者，天下之达道也。致中和，天地位焉，万物育焉。""中"是人人本具之自性，将此自性发挥出来的情感，如"喜怒哀乐"等，若都能恰到好处，就是"和"。若能更进一步能使天地万物各得其所，而教化养育之，这才算达到了"中和"的境界。

人若能效法天地大公无私之德，就是"诚"。故《中庸》曰："诚者，不勉而中，不思而得，从容中道，圣人也。"至诚者之中庸可不是乡愿式的好好先生[④]，《中庸》曰："中立而不倚，强哉矫！"不依赖他人，自立自强，才是中庸之道的真精神。

用《易经》变化创新的观点，以及兵法上"胜于易胜者"的思维来看，与其硬碰硬来竞争求胜，不如求变创新，生生不息，开创出一片海阔天空。近代商业策略中有"蓝海策略"[⑤]一说，其实蓝海策略只是兵法上"避实击虚"思维之发挥与应用，所以能以石击卵、以寡胜众。然而"胜于易胜者"的想法仍有胜负之心，还是缺乏《易经》"保合太和"的中道思想。

---

① 朱熹《中庸章句·序》。

② 《尚书·大禹谟》。

③ 宣化老和尚《贤圣篇·吾道一以贯之》(《水镜回天录白话解》)，http∶//www.drbachinese.org/online reading/others/WaterMirror2/ch10 12.htm

④ 《论语·阳货篇》子曰："乡原，德之贼也。"

⑤ W.Chan Kim and Renée Mauborgne，*Blue Ocean Strategy*∶*How to Create Uncontested Market Space and Make the Competition Irrelevant*，Harvard Business School Press，2005.

成功的企业家不单贪求自己的胜利，而是要让合作伙伴，甚至竞争者都有利润可图，用双赢的策略（win-win strategy），以求和气生财。若只是以暂时之胜负为念，穷追猛打，则其对手虽弱，仍会困兽犹斗，反而容易两败俱伤。

五、承乘应与：承以损益，应而不流

一卦的六爻之间有相应和相比这两种重要的互动关系，"应"又可分为"与"和"不与"这两种情况，"比"则可分为"承"和"乘"这两种相对的关系，一部《易经》就是讲"承、乘、应、与"的关系。

下卦三爻与上卦三爻有两两相应的关系，初与四应、二与五应、三与上应。相应的两爻若是一阴一阳，异性相吸故称为"相与"。若两爻为皆为阴或皆为阳，同性相斥故称为"应而不与"或称为"敌应"，例如艮卦（☶☶）上下爻皆不相与，是故其《象》曰："艮……上下敌应，不相与也。"在上卦与下卦之间，二与五之间的相应尤其重要。阴阳二体异性相吸，这是因为有互补（complementary effect）而相乘的效果。同性之间相斥，即使因相应或相比而合作，则最多只有相加的效果。图 –4 是以谦卦为例，说明六爻之间"承乘应与"的关系。

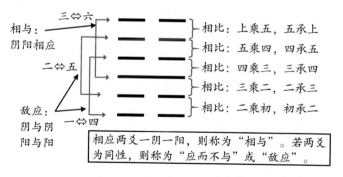

图 –4　六爻之间"承乘应与"的关系，以谦卦为例

邻近相连的两个爻，有相比的关系。比是亲比（holding together or next to each other）的意思，一卦的六爻中，初与二、二与三、三与四、四与五、五与上皆有相比的关系。在相比的二爻间又可分为乘与承两种情况：下爻承上爻，上爻乘下爻。以第三爻与第四爻这相比的两爻为例，第三爻则是"承"命于在其上的第四爻，一则受其控制，而又有辅佐第四爻之责；而第四爻则是"乘"在第三爻之上，而有驾御领导之责。一般而言阳乘阴为顺、为吉。阴乘阳为逆、为凶。

李光地认为五与四之间的乘承关系最为重要[1]，五在尊位，四因为靠近五而承受之，要恭顺小心，所以在下的阴爻以其柔而承在上阳爻的刚健，是吉、是善的。反之，相比两爻若是阴上阳下，则多凶。《周易折中·义例》一文中对"比和应"做了如下的详尽分析和整理：

1. 比与应，必一阴一阳，其情乃相求而相得。

2. 六十四卦之中比应之义，惟四与五之间的比，二与五之间的相应为最重。

3. 四与初有时候会取其相应之义，三与上则很少取相应之义。

4. 五与上或取相比之义。其他相邻二爻很少取相比之义。

5. 五为尊位，《系辞传》中孔子曰："二与四同功而异位，二多誉，四多惧。"四近而承之，贵乎恭顺小心，故刚不如柔之善。二远而应之，贵乎强毅有为，故柔不如刚之善。

6. 以"六四"承"九五"者，凡十六卦，皆吉。

7. 以"九四"承"六五"者，凡十六卦，不能皆吉。

8. 以"九二"应"六五"者，凡十六卦，皆吉。

9. 以"六二"应"九五"者，凡十六卦，不能皆吉。

10. 若其爻为"卦主"[2]，则其他各爻大多以是否与卦主相比或相应来判断其吉凶。

---

① 李光地《周易折中·义例》。

② 卦主即一卦之中的主角，也称为主爻。见本节末对卦主之解释。

这些统计只是作为参考，应用时要斟酌卦爻之义与所分析之事为何，而灵活解读，不可将条例视为一成不变的"典要"。朱子曰：《易》不可为典要，《易》不是确定硬本子……有阳居阳爻而吉底，又有凶底；有阴居阴爻而吉底，又有凶底；有有应而吉底，有有应而凶底；是不可为典要之书也。是有那许多变，所以如此。"①

"承乘应与"是以《易经》用世之时的重要观念。"承乘应与"不只是注意不同职位的相对位置，同时也要考虑不同人物阴柔或阳刚之个性是否能相互配合。我们在与上面的主管和在下的部属互动时，应持有如下的态度②：

1. 承以损益：在下位者虽承上之志，却不应该只是"一个口令，一个动作"。要运用自己的智慧，加以损益，使上志能符合下情。

2. 乘勿失体：居上位的领导人在驾御部属时，应让属下将其能力和智慧充分地发挥出来，而不是以强制的手段去约制部下，使其失去自主的原动力，成为不知变通的愚忠之臣。以乘势而言，要先能识势，才能乘势。以用人而言，要先能识人，方能用人。

3. 应而不流：在上下卦相同的相对位置上之二爻为相应，但却不是做应声虫而已，要能提供客观的意见，甚至逆耳的忠言。《中庸》曰："和而不流，强哉矫。"自立自强，故能相和、相应，但却不同流合污。

4. 与而不倚：相应而又阴阳互补的两爻，是"与"的关系。《中庸》曰："中立而不倚，强哉矫。"相与的两爻应该互相配合，有合作的诚意，不应太坚持己见，但也不能过度依赖、顺从对方，应保持不偏不倚的中道精神，有随时独立作战的心理准备。

六爻所居之时位，可应用于组织层级、人事应对，及时势之发展上，其要点归纳如表–1。

---

① 见《朱子语类》。
② 根据毓鋆师所言而申论之。

表 –1　六爻时位应世之道

爻位	解释
上爻	以职位而言，上爻是已退位的最高主管，或是从外面请来居客卿地位的高级顾问。就时来说，这是事情的发展已到终极结束之时，但也是换跑道的时机。能够守敦厚之道谨言慎行，则或者可以在人生或事业上划下一个美好的句号。
五爻	五爻，居上卦的中位，一般而言是君位，代表居于最高位置的主管。五爻居大位，做起事业来，容易有功劳，是"多功"之位，但仍需承上爻之教，近则靠四爻之辅，远则赖二爻之助，才能成事。
四爻	四爻以位言，居上卦之下，是靠近君位的大臣，有调和上下的功能，但由于太逼近君主了，有"篡位"的可能，而引起在上位者的猜忌，所以需要小心谨慎，此乃"多惧"之位。以时而论，四爻是形势转变之初期，能否转型成功，仍在未定之天，要多方面尝试，不可以居上位而自满。五乘四，四承五，若四与五是一阴一阳，则君臣刚柔相济，是吉祥的征兆。
三爻	三爻以位言，居下卦之上，在上下、内外交接之际，是由中阶主管将要进升到高阶主管的不上不下阶段，需要不断地努力，开拓自己的胸襟和视野。以时而论，三爻为衰退期，但也是转型的机会，做事时要勤勤恳恳，不能掉以轻心，先稳住基本面，再求突破，才能更上层楼。
二爻	以位而言，第二爻，居下卦的中位，代表位于第一线的主管，为坐镇一方的大将，或是基层中的意见领袖，此乃"多誉"之位，与在五之君位最能相应。以时而论，二爻是开始壮大的成长期。
初爻	以位而论，初爻代表在最基层的位置，要有贞正有守之的能耐。以时而言，初爻代表事情开始之际，是韬光养晦之时，亦是事业起头的开创期。

人不能离群而居，故必有"承、乘、应、与"等人际关系的存在。虽然我们所处的时、位会影响到我们对事物的观点和与相关人士之间互动的态度。在上位应尊重在下位之人，并鼓励他们发挥其所长。在下位者则应保持其独立自强的精神，不靠向上之攀援而求升迁，更不可逢迎居上位者之恶。古人以"匡君之过"或"逢君之恶"而辨君子与小人，在现代企业中"君"字可泛指在上位的主管，一个好的部属有义务纠正其主管的错误，不可只知逢迎其所好。

六爻兼具时位之义，我们在分析爻位时应参合爻时。在"时"上，我们应重视"终始"，又能"慎始敬终"，在事物的开端之始，要警觉和慎重；

在事物将结束之际，仍能兢兢业业，不敢稍有懈怠。《大学》曰："物有本末，事有终始，知所先后，则近道矣。"此之谓也。做事时要首尾兼顾，不能虎头蛇尾。

王弼《周易略例》曰："故观变动者，存乎应；察安危者，存乎位；辩逆顺者，存乎承乘；明出处者，存乎外内。远近终始，各存其会；辟险尚远，趣时贵近……观爻思变，变斯尽矣。"他以"应、位、承乘、外内、远近终始"来分析爻的变化。王弼认为观察变动时要看爻之间相"应"与否，相应是因为大家志向、目标一致。"承乘"则会生出顺从或反抗的情况（阳乘阴为顺，阴乘阳为逆）。二爻距离的"远近"，可代表危险和容易；避险要走得越远越好，如遁卦（☶）中的"上九爻"："肥遁，无不利。"要赶上时势则应就近才能观察清楚有影响力的人，如观卦（☶）中的"六四"爻："观国之光，利用宾于王。"

"应"又要和"初上"所代表的始和终综合在一起来分析，时势上已落后，但因为能与新兴的力量相应，则还有追上的机会。大家都在互相竞争时，我能够安静独处，是因为我比别人早几步看到事物发展的最终结果，故能"后人发，先人至。"领导者个性柔弱，但却不致寡断，这是因为能用有刚毅之志和有判断力的部属。卦的"内外"则代表应该沉潜自处或是出来冲刺。

吴汝纶在《易说》中指出："《易》中凡阳爻之行，遇阴爻则通，遇阳爻则阻。故大畜（☶）初、二两阳皆不进，因前临阳爻受阻；九三利往，以前行遇阴路通。"[1]此为阳上行遇阴则通之例。

爻之间的互动不能只从"承、乘、应、与"来分析。还得看情伪、远近、爱恶，以及其所造成的相感、相取、相攻结果。来知德曰："卦以变为主，故以利言。其言吉者，利人也。其言凶者，人若能避之[2]，亦利也。爱相攻，家人九五是也。恶相攻，同人九三是也。远相取，恒之初六是也。近相取，豫之六三是也。情相感，中孚九二是也。情者，情实也。对伪而言，伪相感，

---

① 黄寿祺、张善文《周易译注》，上海古籍出版社 1990 年。
② "人若能避之"原文作"人则避之"，笔者依上下文意改之。

渐之九三是也。曰相感、曰相取、曰相攻，即情也。感者，情之始动，利害之开端也。取则情已露，而悔吝着矣。攻则情至极，而吉凶分矣！"① 相感、相取、相攻就是情，情是诚实以待之情，与虚伪相反。相感是情之始动，是利害的开端。相取是情已显露，而生出了悔吝之心。相攻是情到了极处，向对方有所求取、期待。有所取而未得到所期待的回应，就会有所不足，不足则将由爱生恨，此时是吉、是凶已经可以分别地很清楚了。人与人相处若虚情假意，最后必然互相攻击。然而若能真心付出，却不求回报，反而能保持长久的情谊。

分析时位必得看其动态的变化，这些变动经常是由于情感之真伪和改变而造成的。《易经·系辞传》："爻者，言乎变者也。"强调在一卦的态势之下，爻代表各种可能变化的人与事，以及其时和位。《易经·系辞传》又曰："变动以利言，吉凶以情迁。是故爱恶相攻而吉凶生，远近相取而悔吝生，情伪相感而利害生。凡《易》之情，近而不相得则凶，或害之，悔且吝。"在变动的过程中，一定有利有害，有正道，有邪道。变动结果的好坏，是随着我们面对世事的心态和情绪而会有所变迁。王弼在《周易略例》中更进一步提出了下列的观点："夫爻者，何也？言乎变者也。变者何也？情伪之所为也……是故，情伪相感，远近相追；爱恶相攻，屈伸相推……非天下之至变，其孰能与于此哉！是故，卦以存时，爻以示变。""情"代表人性之善的流露，而"伪"则是虚假造作的态度。人与人相处相感，日久见真情，以真情对待，距离再远也会追随过来。有一首逸诗："唐棣之华，偏其反而！岂不尔思？室是远尔！"这是说："唐棣这种花朵开得翩翩动摇、反转，我不是不想念你，我没去看你，是因为你住得太远了。"《论语·子罕》中孔子批评这首诗的作者说："未之思也，夫何远之有？"孔子认为真心地思念，则再远的距离，都阻挡不住。孔夫子对感情真伪的研究之深入，由其诗评可见。

爻辞及小象辞，便是在宏观的卦义下解释各爻的局部性质，有所谓"全面思考，在地行动（Think globally and act locally）"的意思。爻是各卦组成

---

① 明来知德《易经来注图解》，台北：夏学社 1981 年。

的元件，爻又代表变化，此局部之变，将影响大局。我们也可以各爻的微观之义，尤其是以为"卦主"的"主爻"来推求全卦之主旨，此乃以小见大的意思。王弼《周易略例》曰："凡彖者，通论一卦之体者也。一卦之体，必由一爻为主，则指明一爻之美，以统一卦之义。"首先提出卦主之说。即一卦之中的主角，又称为主爻。王弼曰："夫少者，多之所贵也；寡者，众之所宗也。一卦五阳而一阴，则一阴为之主矣；五阴而一阳，则一阳为之主矣。"他用"物以稀为贵"的原则来决定下面这几卦的主爻。一阴五阳之卦有六：姤（䷫）、同人（䷌）、履（䷉）、小畜（䷈）、大有（䷍）、夬（䷪），这六卦中的阴爻为其卦主。一阳五阴之卦亦有六：复（䷗）、师（䷆）、谦（䷍）、豫（䷏）、比（䷇）、剥（䷖），这六卦中的阳爻为其卦主。

卦主即是指一卦之中主要的爻，李光地在《周易折中》中将卦主分为"成卦之主"和"主卦之主"，并对六十四卦的卦主都做了说明。成卦之主是指一卦之义因此爻而立，主卦之主是主宰、掌控一卦其他各爻的主爻。主卦之主以第五爻居多，因为"主卦之主，必皆德之善，而得时、得位者为之"。简而言之，我们要学会在一个复杂情境中，体察其时代的意义为何，能分别不同人或组织所处的位和所储蓄的势，然后能找出在此势位之下，最具影响力的主要之人、事、物。了解其宗旨和根源，因势而利导之，则可轻易地掌控全局。

爻辞的意义未必与卦辞一致，各爻因为所居之时与位不同，对一卦中其他五爻的观点就会有异，其他爻对此爻之评价也与其自视者有差别。例如大过卦（䷛）的"初六"爻，自视为至洁至柔的白茅草，可以用来放在下面用来保护置于其上的珍贵器物[①]。"九四"爻处栋隆之时，则视自己为栋梁之材，而看不起"初六"，认为它只是低贱的茅草。自视和人视的观点经常会有所不同，这是由于观察者和被观察者的时位不同所造成的。能体认到此不同之观点，人我相处自然能较和顺。

分析事物若以观察者为何人，则可有人、己之别，即自视和人视。自视是由自己的观点去看人事物，较为主观；人视是由他人的观点来看人事物，

---

① 大过卦"初六"爻辞："初六。藉用白茅，无咎。"《小象》曰："藉用白茅，柔在下也。"

较为客观。若以观察"人事物"的对向来分，亦有人、己之异，即知己与知彼。知己是去了解自己或自身企业的人、事、物。知彼的彼，因对象之不同，可以是顾客、竞争者、合作伙伴、部属或主管。如图 –5 所示，由自视、人视之法以知己、知彼，就有如下的四种组合：

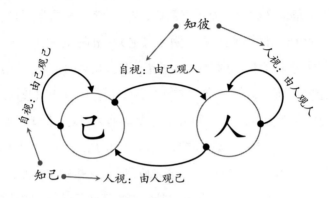

图 –5　自视、人视与知己、知彼

1. 自视 + 知己：此乃由己观己的知己功夫，是指能观察自己的时位，而自我反省之内观的功夫。

2. 人视 + 知己：此乃由人观己的知己功夫，这是从他人的角度来省视自己的行为，此由外观内之法。

3. 自视 + 知彼：此乃由己观人的知彼功夫，此乃由内观外、推己及人之法。

4. 人视 + 知彼：此乃由人观人的知彼功夫，设身处地的从别人的立场去了解他们对自己的行为有何看法。

《易经》的精髓便是在培养我们"自视、人视"以"知己、知彼"的能力。我们常说："一个人换了位置，就换了脑袋。"这是因为位不同，观点自然有异。除了位之外，时间之缓急、先后顺序、感情之轻重、经验之有无、个性偏悲观或乐观、都会影响我们看事情的观点。一般人总是习惯从其所在位置的角度去看事情，而缺乏由他人的观点来看事情的训练，许多误解和冲突都是因此而产生。

卦代表某一个状态情境（situation or scenario）下的时，六爻则是此时态下，事物发展的六个阶段（phases），或是一个人或组织所处的位置，以及这些人、事、物在不同时、位上可能的变化。在实用上，时和位是不可分的。站在一个爻位的立场来看，造成变化之因素和与因应的方法，可分为下列三种：

1. 受大环境之影响，处于某一爻位之人，在心态上或行动能做适当之调整，故能够待时而乘势，这是识时务的俊杰①。

2. 与系统内部其他人、事、物之间（即某爻与一卦之中其他五爻），能有良性的互动，有所相感，而求同存异。这是能按照自己所在的时和位去奋斗，故能结群力而成功。这是修道有得于己，且有功于世，却不居功的士君子也。

3. 与大环境互动而主动地去改变所处之环境，这是懂得造势，虽无文王犹兴的豪杰之士②。

六、错综交互：表里视之，相反相成

每一卦有其错综交互之演变，形成卦与卦之间的各种关系，如综卦、错卦和交互卦。这些关系皆各有深义，值得我们做进一步的研究。综卦是将一卦之六爻上下颠倒而形成另一卦，故又称为反对卦或覆卦。孔颖达认为："覆者，表里视之，遂成两卦。屯（䷂）、蒙（䷃）；需（䷄）、讼（䷅）；师（䷆）、比（䷇）之类是也。"③

图 –6 即是以谦卦为例，列出与其综卦与错卦。屯、蒙二卦，原为一个卦，先从里到表正着看是屯卦，再由表到里反着看是蒙卦，就形成了两个互综的卦。

孔颖达提出来"表里视之"的观念来解读综卦，有非常深远的意义。一般人看问题大都是以自我为中心，由内里向外表看，综卦的目的是要训练我们能反过来，由外表向内里看，由外在的角度来反省自己，即"由人视己"之道，学《易》者应养成以对方的角度乃至其他各种观点来看问题的习惯。

---

① 孟子引齐国人的俗话说："虽有智慧，不如乘势；虽有镃基，不如待时。"语见《孟子·梁惠王章句下》。

② 《孟子·尽心章句上》孟子曰："待文王而后兴者，凡民也。若夫豪杰之士，虽无文王犹兴。"

③ 孔颖达《周易正义》。

在经营管理上，企业的员工应以顾客的观点来了解客户之需求，以提供最贴切的服务；主管应以其部属之角度来评估所欲推行计划可能的难行之处，而为之设想；为人部属者亦因从主管宏观的视野来看政策之本意，而与上同心协力。上下皆能如此，则事情自然能做得圆融而容易推动。《老子》曰："反者，道之动。"或是得自综卦之启发。

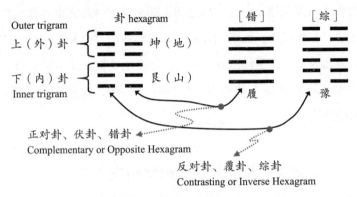

图-6　错卦与综卦之形成方式，以谦卦为例

"错卦"是将一卦六爻之"阳爻变阴爻，阴爻变阳爻"所成，故又称为"正对卦"或"对卦"，其实亦可称为"互补卦"。相错之二卦，多有互补的效果。笔者认为"错卦应取其阴阳互补、中和之义。"学《易》者应知"福兮祸所倚，祸兮福所倚。"同时了解"有无相生、难易相成、长短相形、高下相倾、音声相和、前后相随。[①]"学会看任何事情的正反两面（pros and cons），再进一步了解事物相生相克、相反相成、相对互补之特性和作用。知道如何截长补短，因而在处事时能面面俱到，使得诸事圆融。

《易经》共有六十四卦，始"乾"、"坤"而终"既济"、"未济"。依六十四卦之卦序，每相邻的两卦为一组，如第 1 卦和第 2 卦、第 3 卦和第 4 卦……第 63 卦和第 64 卦。孔颖达从卦画的角度，看出这六十四卦"两两相偶，非覆即变"，每一组相邻的两卦以互为综卦为基本原则，如第 3 和第 4 的屯（䷂）、蒙（䷃）两卦即互为综卦。在序卦中每一组相综的卦，可

---

① 语出《老子》第二章。

视为一个卦，由内里向外表看是本卦，从外表向内里看则形成本卦之综卦。六十四卦中有八个卦"反覆惟成一卦"[①]，也就是说其综卦与本卦相同，这八个卦是：乾（☰）、坤（☷）；坎（☵）、离（☲）；颐（䷚）、大过卦（䷛）；中孚卦（䷼）、小过卦（䷽）。因为只能取其错卦与其相偶，故共有四组八个相错而不相综的卦。另外还有四组互为综卦，而且互为错卦的八个卦：随（䷐）和蛊（䷑）；泰（䷋）和否（䷋）；渐（䷴）和归妹卦（䷵）；既济卦（䷾）与未济卦（䷿）。六十四卦的排序方式，其思路于《序卦传》中可见。《序卦传》将六十四卦视为一整体，去探讨事物发展的因果关系。

在文王的卦序中以两两相综之卦为排序的基本原则，相综不成则相错之[②]。图–7是上经三十卦，图–8是下经三十四卦，这二个图中的卦依序是从左到右、再由上到下，并且用"天泽火雷风水山地"代表"乾兑离震巽坎艮坤"来辨别一卦之中上卦和下卦之大象，然后才标明其卦名。例如蒙卦（䷃），上卦为艮、为山，下卦为坎、为水，所以称之为山水蒙。《易经》六十四卦分成上经三十卦，下经三十四卦，似乎没有平均分配。然而若将互综的一组卦视为一卦，则上经为十八卦，下经亦为十八卦，上下经之卦数正好相等[③]。

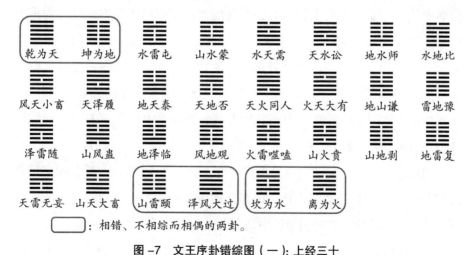

☐：相错、不相综而相偶的两卦。

图 –7　文王序卦错综图（一）: 上经三十

---

① 孔颖达《周易正义》。
② 出自来知德对"伏羲文王错综图"的解释，参见来知德《易经来注图解》，夏学社。
③ 同上。

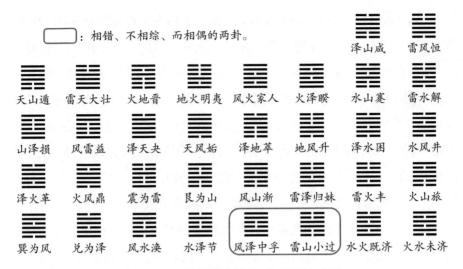

泽山咸　雷风恒

天山遁　雷天大壮　火地晋　地火明夷　风火家人　火泽睽　水山蹇　雷水解

山泽损　风雷益　泽天夬　天风姤　泽地萃　地风升　泽水困　水风井

泽火革　火风鼎　震为雷　艮为山　风山渐　雷泽归妹　雷火丰　火山旅

巽为风　兑为泽　风水涣　水泽节　风泽中孚　雷山小过　水火既济　火水未济

图 –8　文王序卦错综图（二）：下经三十四

　　我们又可以取六爻中的二、三、四三个爻形成一个新的下卦为互卦，再以三、四、五三个爻形成一个新的上卦为交卦，合并这二个新的上下卦而形成的一个新的卦，称之为"交互卦"。交互卦的上卦和下卦皆重"复"取居人位的三爻和四爻而组成，上卦只取近人而居天位之五爻，下卦只取近人而居地位之二爻，故有上符天心，下合地意，而中以人为本、以人为重的意义。如此交互之法，"下中有上，上中有下。"加强上下之间的联系，亦有上下相"杂"之深意。交互卦是取"复杂"之义，三、四两爻重复取两次以成交卦和互卦是"复"，上下卦各取一或二爻夹杂以成卦是"杂"，好像《你侬我侬词》中所说："你的泥中有我，我的泥中有你。"成语"错综复杂"一语应代表了错卦、综卦和交互卦这三种"错综交互"的观念。

　　现以谦卦为例，说明交互卦形成的方式。如图 –9 所示，谦卦的交互卦为解卦，一个人对外能够谦让，内部又能改革重组，自然能够舒"解"所遭遇"蹇"难之境，蹇卦于卦序中是在解卦之前。

　　六十四卦所能形成的互卦只有 16 个，因为互卦是取中间四爻而成（$2^4=16$）。这十六卦是：乾、坤、剥、复、大过、颐、姤、夬（以上八卦的中间四爻为重叠的太阴或重叠的太阳）；渐、归妹、解、蹇、睽、家人、既济、未济（以上八卦的中间四爻为重叠的少阴或重叠的少阳）。这十六个卦的互卦只有乾、坤、既济、未济四卦。乾、坤、既济、未济这四卦，是由分别由太阳（⚌）、太阴（⚏）、少阴（⚍）、少阳（⚎），这四象自身三叠（重覆三次）而成之。《易经》六十四卦之序卦，始于乾、坤二卦，而终于既济、未济二卦，故有以此四卦统摄《易》道终始之意。

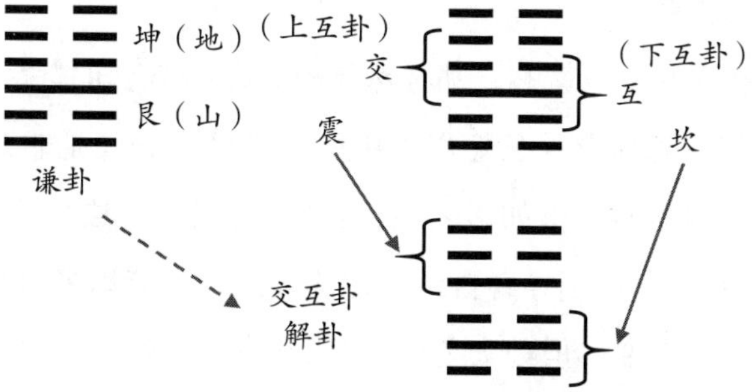

图 –9　交互卦取卦法，以谦卦为例

在形成交互卦的重组过程之中，加强了本卦原有之组织上下之间的联系，此一观念可供企业在组成任务性团队时之参考。交互之道也可以应用到企业重整和改组上，我们随时随地都要思考，企业内部的人事与制度，应如何将上下相杂而重整。企业内外的资源、人力应如何去组合，重要的资源是否应该有所重复以互为备援（backup）。改组时应考虑不同的组合：可以采用母子公司之形式、转投资控股之方法，或是与他人结盟之策略。

除了交互卦之外，将上下两卦互相交换的卦而形成另一卦，叫做"互易卦"，例如大壮卦（䷡）和无妄卦（䷘）。大壮卦上震下乾，有创意又有计划故能"大壮"也。有计划而又有创意，则是"无妄"，没有虚妄。

在卜卦时不论是以蓍草或钱币起卦，都是经由一定的程序算出 6、7、8、9 这四个数而决定一个爻为阴爻或为阳爻，并判断此爻是不是变爻：6 和 8 为阴爻，7 和 9 为阳爻。其中 6 为老阴，9 为老阳，其势已极而必变，故为变爻。卦中有变爻时，若将卦中之变爻由老阴变阳，老阳变阴，即形成本卦之"变卦"。

《易经》分析一卦，可倒反为综、可互补为错，可取中间四爻而交互之、可以上下卦互易之，或将为老阴、老阳的卦爻分别变成阳爻和阴爻，故可得到综卦、错卦、交互卦、互易卦和变卦，可与其本卦相互参照。企业家要用这种卦变的思维方向，学习从不同的角度来看问题，才能从与此问题有利害关系者（stakeholders）的观点来看问题，从而找到解决问题的方法。错、综、互卦，及序卦传中卦序之关系，分别代表了互补、相反、重叠交互和时序先后的关系。

任何管理观念和企业策略，都必然有利有弊；唯有知其弊，方能得其利而避其害。唐朝赵蕤所著《长短经》中的《反经》和《是非》两章对此看法发挥得最为淋漓尽致。例如诸葛亮曰："威之以法，法行则知恩；限之以爵，爵加则知荣。"强调领导者自己应知法守法，方能以名器来制众，这是强调"严赏法"之重要。但姜太公曰："明罚则人畏慑，人畏慑则变故出。"则指出在管理上只知明察属下之过而严惩之，则员工皆趋于被动，有少做少错的心态。如果属下一旦不小心犯过，则可能因为惧怕严重的后果，反而心一横，犯下更大的过错，造成重大的变故，此"察察之明、奖惩过当"的流弊。

七、性德：刚柔相济，德行相辅

卦之爻有阴阳之性，阴阳之性在人是其个性之刚柔，在企业则是其组织文化之软硬（人性管理或军事管理）。在企业经营上，我们不但要了解自己和组织的时与位，更要分析自我分析其性情。同时也要深入了解所属员工刚柔的个性、办事的能力、及品德操守，是否能和其职位相配，如此才能择人而任事。西元四百多年前的古希腊哲学家赫拉克利特（Heraclitus）有句名言："个性决定命运。(Character is destiny)"强调个性对人的影响之深远。在企业中，其文化即是其个性，企业的文化是决定企业命运的重要因素。《论语·子路》子曰："南人有言曰：'人而无恒，不可以作巫医。'善夫！""'不恒其德，或承之羞。'"子曰："不占而已矣。"孔子引用南方人的俗话："人要是没恒心，连巫医都做不成。"恒卦"九三"爻辞也说："做事修德若没恒心，大都会遭受羞辱。""在这种情况下，不占就已经知道结果了。"这便是以人的个性之有恒与否，来判断其所做事情之成败，没有恒心的人，难以成事，由此可见人格特质在判断一个人做事之成败的重要性。

子曰："君子不器。"① 这不是不重视"形而下"的事务，而是鼓励我们要有开阔的胸襟，不要局限了自我的发展。个性和文化常常决定了一个人或企业的格局，而格局也经常决定了结局，有些人便将此归于命运。我们若能知道自己在个性上的缺陷，态度上的偏颇，和思路上的局限，则可以找到弥补个性上缺失的方法，例如找到个性上能与自己互补的合作伙伴。以积极进取的态度和开放活络的思路去面对问题，则能以旺盛的企图心，打开事业的版图，改变我们的命运。

马王堆汉墓《帛书易·要》曰："故《易》，刚者使知惧，柔者使知刚。"《易经》能使刚强的人知道"过刚易折"过分刚强、硬碰硬，则容易折损，故应补之以柔性的手腕。柔弱的人知道"过柔易靡"，过分柔弱容则易流于萎靡不振，故当补之以刚健之精神。

荀悦曰："夫立策（按：指策略）决胜之数，其要有三：一曰形、一曰势、一曰情。形者，言其大体得失之数也。势者，言其临时之宜，进退之机也。情者，言其心志可否之实也。故策同、事等而用殊者，三术不同也。"② 荀悦此说将人（包括领导者、其部属及其竞争对手）的情与形势之分析综合起来考虑。性情即俗称的脾气，天下第一等人是有能力而且有好脾气，"喜怒哀乐发而皆中节"，便是处事待人圆融的最佳脾气。

《尚书·洪范》中谈到"三德"，其实谈的是三种个性，其文曰："三德：一曰正直，二曰刚克，三曰柔克。平康正直，强弗友刚克，燮友柔克；沉潜刚克，高明柔克。"③ 德是内得于己、外得于人之谓。"三德"是指人的气禀不同，共有三类。正直的人，喜怒哀乐之显现于外者皆恰到好处。刚克是指个性较刚强之人，柔克是指个性较柔弱的人。子曰："不得中行而与之，必

---

① 《论语·为政篇》。

② 语出《资治通鉴》卷十。

③ 克、胜也。友、亲也。燮、和也。见曾运乾《尚书正读》，台北：宏业书局 1973 年。

也狂狷乎！狂者进取，狷者有所不为也。"① 中行、狂、狷即〈洪范〉的三德。正直的人，不刚不柔，性情中正和平而康泰；有刚强的人有个性和脾气较难让人亲近；有柔弱个性的人不跟我们唱反调，比较协和可亲。人的性情要以柔治刚、以刚治柔，使其刚柔相济，不偏不倚。

刘备曾对自己和其对手曹操的个性分析如下："今与吾水火相敌者，曹操也。操以急，吾以宽；操以暴，吾以仁；操以谲，吾以忠，每与操相反，事乃可成。"（《三国演义》第六十回）加上对形势利害的分析，认为"当时，曹（操）强而孙（权）弱，刘（备）更弱。如果助曹灭孙，旋踵而亡的就是刘备自己。如果联孙抗曹，等灭曹之后，刘的力量也壮大了，还有胜孙的机会。"② 是故刘备遵从诸葛亮之谋，联吴抗曹。

瑞士分析心理学家荣格对《易经》有所研究，曾为德人卫理贤所著之《易经》作了一篇长序③。他早在 1920 年代就提出了人格特质的分类，将人格分别为外向（extraversion）和内向（introversion）两型，这很可能是荣格受《易》理中乾坤刚柔之性这种观念的影响。如今常为企业界在用人时所用的人员性格量表（如 Meyers-Briggs Type Indicator，简称 MBTI），大都本于此。西方管理学能将抽象的观念，转化成可操作性的工具或方法，故容易为人所用，而收实效，这是中国管理学未来发展时值得借镜者。中国管理学以经验为本，哲思深邃，发人深省，可为应世之张本，又岂可轻视之！

孔子研究《易经》是从"我观其德义耳也"④ 为切入点，德行代表一个人的品德，广义而言则包括了透过实践内在之德而有益于人的行为。《周

---

① 语出《论语·子路》，包咸注："狂者进取于善道，狷者守节无为。"朱熹《孟子集注·尽心下》："狂，有志者也；獧（狷），有守者也。有志者能进于道，有守者不失其身。"

② 吴稼祥《入世心法》（原名《智慧算术：加减谋略论》），北京：中国友谊出版公司 2007 年。

③ Cary F.Baynes（将德文原著译成英文的译者，此人为著名瑞士心理学家荣格 Carl Jung 的学生），Richard Wilhelm（德国人卫理贤的原著是德文的著作），The I Ching or Book of Changes, Princeton University Press；3rd edition, October 1, 1967. 卫理贤师从曾任清末京师大学堂总监督的清末大儒劳乃宣，其译文以《周易折中》为主要的依据，是德文、英文《易经》译本的传世之作。此书有荣格写的一篇很长的序文。

④ 《马王堆汉墓帛书易·要》。

礼·地官·师氏》曰："敏德以为行本。"郑玄注曰："德行内外，在心为德，施之为行。"以德行并称，故知道德虽为行之本，亦有赖于行而显其德。《左传·襄公二十四年》有三不朽之说，以德为先，其言曰："'太上有立德，其次有立功，其次有立言'，虽久不废，此之谓不朽。"

孟子曰："贤者在位，能者在职。"将贤德的人摆在有监督权的位置，而有才能的人，则任用于能发挥其办事功能的职位上。德、才并重企业才会进步，而又不至于出大乱子。是故马一浮认为"六经总为德教"[①]。隋炀帝和唐太宗，皆雄才大略之皇帝，前者亡国灭家；后者，以其文韬武略开大唐开国后之盛世。其不同之处，在乎其人是不是有德，能否察纳雅言、体恤民情。

孔子"老而好《易》，居则在席，行则在囊"[②]，也曾试过占卦，但却不迷信，据他自己的统计他占测事情只有百分之七十的准确度。孔子过分热衷《易经》曾被学生子贡当面批评过，认为孔子以前教弟子"敬鬼神而远之"，也曾说过："德行亡者，神灵之趋；智谋远者，卜筮之察（没德行的人常求神灵保祐，不善用智慧和谋略的人，常用卜筮来察验未来）。"怎么年纪大了却迷信起来了。孔子回应说："我观其德义耳也……吾求其德而已，吾与史巫同途而殊归者也。君子德行焉求福？故祭祀而寡也；仁义焉求吉？故卜筮而希也。"孔子辩解说他是从道德的观点来研究《易经》，其方法与卜筮的史巫相似，而目的却不同。君子重德行、讲仁义，所以很少去拜神求吉祈福，也很少用卜筮来断事。

《论语·雍也》子曰："人之生也直，罔之生也幸而免。"皇侃《论语义疏》引李充的解释曰："君子无幸而有不幸，小人有幸而无不幸。"君子做事正直、努力，成功了不只是靠幸运气，失败了则是运气不佳。小人投机取巧不走正道，成功是幸运，失败则是咎由自取、理所当然，不是不幸造成的。

除了时、位、性格之外，一个人的"德"行，也会影响到此人在某种情势下吉、凶、悔、吝的结果。所以在用一个爻的爻辞判断之吉凶之时，要

---

① 马一浮《复性书院讲录·洪范约义序说》，台北：夏学社出版事业有限公司 1981 年。

② 本段所有引言皆本于《马王堆汉墓帛书易·要》。

先对占卜对象之个性和德行有所了解。例如剥卦（䷖）"上九"的爻辞是："上九，硕果不食。君子得舆，小人剥庐。"其《小象》曰："君子得舆，民所载也；小人剥庐，终不可用也。"占得此爻者，若有君子之德，则受民众的爱戴，而小人占得之，则连最后得以遮风避雨的屏障也将被剥除于上。履卦（䷉）"九二"的爻辞曰："履道坦坦，幽人贞吉。""贞吉"是指要能守住正道，才会吉。"贞"在此便是一种道德行为上的先决条件。荀子曰："以贤易不肖，不待卜而后知吉。以治伐乱，不待战而后知克。"① 以用贤德之人为吉也。

在《左传》里有关卜筮的记载中，就有以占卜之人以自己的德行来判断卦的占辞是否适用的例子，见《左传·襄公九年》如下：

穆姜薨于东宫。始往而筮之，遇艮之八。史曰："是谓艮之随。随其出也，君必速也。"姜曰："亡！是于《周易》曰：'随。元亨利贞，无咎。'元，体之长也；亨，嘉之会也；利，义之和也；贞，事之干也。体仁足以长人，嘉德足以合礼，利物足以和义，贞固足以干事。然，故不可诬也，是以虽随'无咎'。今我妇人而与于乱，固在下位，而有不仁，不可谓元；不靖国家，不可谓亨；作而害身，不可谓利；弃位而姣，不可谓贞。有四德者，随而无咎。我皆无之，岂随也哉？我则取恶，能无咎乎？必死于此，弗得出矣。"

这则事例是说，鲁国成公之母穆姜与叔孙侨私通，欲废除成公，阴谋败露，在事情揭发将要被押往东宫囚禁之前，穆姜曾让人占卜预测其前程。结果得的是艮卦（䷳），其变卦为随卦（䷐），解卦者对穆姜说"随，其出也。"认为她很快就会获释出来。然而穆姜以随卦的卦辞："元亨利贞，无咎"来解释，她认为卜到随卦要"元亨利贞"四德皆备，才能无咎。她反省自己的德行，皆与四德相违背，所以她判定自己罪责难逃，必死于东宫，后来果然如此。故曰："占者有是德，方应是占矣。"而"占者无其德，则不应其占矣"。

六个爻与时、位、三才、"承、乘、应、与"等不同观念之关系，可归

---

① 《荀子·大略》。

纳于表 –2，我们在分析、运用卦爻之时，可参照此表。

表 –2《易经》六爻多维分析表

爻位	位性	时	始终	三才	正位	中位	吉凶	应与	承乘(比)	上下卦	交互
上	阴	究	终	天(阴)	上六			下应三	乘五	上卦(外卦)(悔卦)	
五	阳	壮	盛	天(阳)	九五	中	多功	下应二	承上乘四		交卦(上互卦)
四	阴	始	革	人(仁)	六四		多惧	下应初	承五乘三		
三	阳	究	极	人(义)	九三		多凶	上应上	承四乘二	下卦(内卦)(贞卦)	互卦(下互卦)
二	阴	壮	成	地(柔)	六二	中	多誉	上应五	承三乘初		
初	阳	始	始	地(刚)	初九			上应四	承二		

八、形势：知机乘势，形格势禁

"时、势、位"三者乃《易经》中三个息息相关的重要观念，《孙子兵法》中有《形》、《势》两篇，在此借用这两个名词，以"形"代表一种静止的状态（state or status），为图的纵轴，形有盈虚之分。"时"代表时间的横轴，由大始而至无穷尽，其中有"始、壮、究"三个阶段终而复始，如图 –10 所示。图中所标示的位，是指职位的高低和内外，代表不同人在不同的角度和位来观察形势，可由内观外或是从外观内。"势"则是形之变化，可以

$$势 = \frac{\triangle 形}{\triangle 时}$$

的公式代表，其△符号代表差异。势为形的差异除以观察到此差异的时间差，因此势代表了变化的速度和方向（向上为息、为升；向下为消、

为降）。《孙子》曰："激水之疾，至于漂石者，势也。"即是以速度来诠释势。

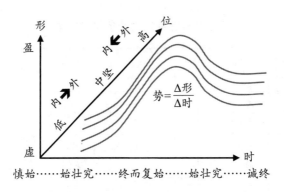

图-10　时位与形势之关系

拉长时间轴来观察形的变动之轨迹则是趋势（trend）。形的变化则是因为社会变迁、政治和经济环境改变、市场和产业的变动、文化风潮之起浮和科技创新等驱动力量（driving forces）所造成的。本书剥卦一章中对经济上景气循环及变动的趋势，有进一步的解析。识时审势，观其变、察其所以变之因，方能知当下之情况及未来之发展，而及早做准备。

孟子引用齐国的俗语说："虽有智慧，不如乘势；虽有镃基，不如待时。"①强调时和势的重要性。《孙子兵法·势篇》中对"势"这一个观念有一个很生动的比喻："故善战者，求之于势，不责之于人，故能择人而任势。任势者，其战人也，如转木石；木石之性，安则静，危则动，方则止，圆则行。故善战人之势，如转圆石于千仞之山者，势也。""转圆石于千仞之山者，势也"，这句话只点出了一个"势"字，实际上则包括了"时、势、位"这三个观念。这是说从千仞高山上滚下来的圆形巨石，有锐不可当之气势与动能（momentum），这就是势。将巨石放在山顶上这是移形变位，代表将资源配置于战略上的制高点。居高的巨石一旦动起来，则可由位能转成动能，而产生作用。决定何时当静、当动，即"进、退、出、处"之道，乃时机（timing）也，然而时机必得根据敌我双方之形与势而定。势又可分为有形与

①《孟子·公孙丑篇上》"镃基"是种田的器具，"待时"是等待农耕播种之时机。

无形者，有形者如地势，无形者如气势，一鼓作气者，即气势之用，气势者乃心理之作用，以无形胜有形，乃善造势者也。《增韵》以"气焰"来解释势，即是从心理层次而言。

《孙子兵法·形篇》的结语曰："若决积水于千仞之溪者，形也。"这句话中其实也包括了"形、势、机"三者。千仞之水，形之盛也；未战之前能积千仞之高的水，集形造势也；决积水，则时机也；积水一泻千里其猛不可挡，势之发也。历来解《孙子》者，皆未会得此意。世人经常将"形势"二字合为一词，代表所处之情境（situation），皆应未能明辨形与势之差别。

《易经》中只有一处用到"势"字，故常为人所轻忽。坤卦《大象》曰："地势坤，君子以厚德载物。"宋衷曰："地有上下九等之差，故以形势言其性也。"这是以地形之起伏来形容势，代表趋势及其变化。"地势坤"有顺势而行的意思，《庄子·逍遥游》中大鹏鸟得"抟扶摇而上者九万里"①，乃利用上升的气旋而高飞，乃善乘势者也，故用力少而功效大。庄子曰："风之积也不厚，则其负大翼也无力。"强调势之成在于"积"的功夫，即坤卦"厚德载物"之义，喻累积实力要厚，才能累积势力而产生作用。虞翻曰："势，力也……老子曰：'胜人者有力也。'"虞翻认为引起、推动变化的力量是势。坤卦"初六"《小象》曰："履霜坚冰，阴始凝也；驯致其道，至坚冰也。"驯，顺也。"始于微霜，终至于坚冰，以明渐顺至也。"②"坚冰者，阴功成也。"③这是指势是在暗中逐渐形成的，故不易为人所察觉，等见到坚冰之时，则大势已去。坤卦以"微"霜示警，欲人细察形势之变化。庄子以风喻势，表势之无形而有力。坤者，因地之势，顺而行之；是故知坤之能在"因其势也"。

《韩非子·难势》引慎到之言曰："飞龙乘云，腾蛇游雾，云罢雾霁，而龙蛇与蚯蚓同矣，则失其所乘也。贤人而诎于不肖者，则权轻位卑也。不肖而能服于贤者，则权重位尊也。尧为匹夫，不能治三人，而桀为天子能

---

① 扶摇乃指上升之气旋，
② 李鼎祚《周易集解》，台北：台湾商务印书馆 1996 年。宋衷和虞翻之注皆出自此。
③ 《九家易》（出自李鼎祚《周易集解》）。

乱天下，吾以此知势位之足恃，而贤智之不足慕也。"慎到以权位为势，韩非批评说："夫释贤而专任势，足以为治乎？"法家文献中之势是指权位[①]，权位包括了位以及随位而来的权力，与《易经》和兵家所谓之势不同，故不在此做深入之探讨。

《孙子》乃孙武所作，孙膑乃其后世子孙。魏伐赵，赵急，请救于齐威王。齐王派遣大将田忌出兵援救赵国，并以孙膑为军师，田忌原来计划直奔赵国以救其危，孙膑出了个"围魏救赵"之计策，孙膑的理论是："夫解杂乱纷纠者不控卷，救斗者不搏撠，批亢捣虚，形格势禁，则自为解耳。"[②]要解开杂乱纠纷的事情时，自己要先冷静下来，不能冲动地握起拳头。要化解开打群架的人，不能带了兵器下去参加打斗，若是出手就要攻击到害之处，打击其薄弱的环节。善于移形变位，摆出一个最佳的态势，则自然能够解除其受到的阻碍，打开困难的局面。孙膑者，乃兵法上善用形势者也，不愧为孙武之后。

在企业经营要位其位，即注意企业在策略上的定位（strategic positioning），以及产品在市场上的定位（product positioning），这都是广义的"位"。"位其位"的第一个"位"字是动词、第二个"位"字是名词，是指决定事物之位的功夫和过程。包括了如何增强企业、品牌和产品在顾客心中的影响力（mind share），进而增加市场的占有率（market share），此乃造"势"也。随市场和技术之变化，以及顾客之需求而推出新产品，此乃掌握"时"机也。

明了势之后还要能辨识几微之机，以知势之变。几和机二字相通，几是动之微，是细微（subtle）而不易察知之征兆（omen），乃吉凶之先见者也（foretelling signs）[③]。陆赞曰："《虞书》曰：'兢兢业业，一日、二日万几。'唐、虞之际，主圣臣贤，虑事之微，日至万数。然则微之不可不重也。"[④]机

---

① 《韩非子·难势》之外，《管子·形势解》亦中权位训"势"。
② 《史记·孙子吴起列传》。控，抓紧。批，用手攻击。亢，咽喉，比喻要害之处。搏，打。格，受阻碍。
③ 《系辞传》曰："几者，动之微，吉之先见者也。君子见几而作，不俟终日。"
④ 司马光《资治通鉴》卷二三〇。陆赞为唐德宗时之贤相，有《陆宣公集》（又名《陆宣公奏议》或《陆宣公翰苑集》）传世。"兢兢业业，一日、二日万几。"语出《尚书·皋陶谟》。

是转机，可转吉或转凶，在企业经营上重大的转机被称之为策略转折点（a strategic inflection point），如图 –11 所示[①]。转为凶则成危机（crisis），企业可能因此而没落；转为吉则是机会（opportunity），企业可因此而再创新高。凶之先见者是警讯（early warning signal），若见之不早，则凶兆可不声不响地漫延，而逐渐酿成大祸。吉之先见者是机会，我们见到好的机会，若能迅速采取行动，则能占到先机，图难于其易，故可以力少而功多。

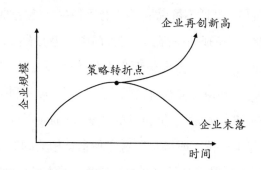

图 –11　策略转折点

起卦的程序中不论是用筮草或硬币都是有几率（probability）的成分在内，《系辞传》曰："极数知来之谓占，通变之谓事，阴阳不测之谓神。"数指数据、资料（data），收集、整理、分析各种资讯，用来预测未来是"占"。未来会有变化，故应变通以通变，这就是"事"。阴阳互动就生变化，有变化就测不准了，所以称之为"神"。譬如掷硬币时，是正面或是反面（head or tail）是没法准确猜中，我们只能说出现正反的几率各半。孔子曾说他用《易经》的筮法来预测事情也只有百分之七十左右的准确度，故知孔子可能已经用到了一些基本的几率和统计方法[②]。我们在分析形势之时要考虑各种相关变数的变化之几率，才能做出适当的风险评估（risk assessment），因而采取适当的防险措施（risk mitigation）。预测未来必定会有某种程度的不准确性，也不可能将所有相关的变数都考虑到。变数太多则模型过于复杂，

　　① 　Andrew S.Grove, "Only the Paranoid Survive : Book Preface" .http : // www.intel.com/pressroom/kits/bios/grove/paranoid.htm

　　② 《马王堆汉墓帛书·要》子曰："吾百占而七十当。"

因而难解、难懂。何况未来也可能因为我们的努力，而改变其原有的轨迹。遇事之时是危机还是转机，经常系于一念之间。危机中必有机会，机会中也必有风险。世事之变，其机甚微，其变神速。成大事者，先要知机，于几微之时，见机而作，掌握稍纵即逝的时机，故能乘势而兴。

宋朝佛果圆悟禅师的师父法演禅师，在他要到舒州大平寺任住持时送给他四个戒句，称为"法演四戒"。"法演四戒"是："势不可使尽，福不可享尽，规矩不可行尽，好话不可说尽。"①势不使尽，是给别人，也给自己留有余地，不仗势欺人，不孤注一掷。此乃禅门中对势的看法，近乎中庸之道。

易道从无极而生太极，由太极而生出代表阴阳之两仪。阴阳之互动，则絪蕴而生成万物，万物既成则有消长生灭。我们可用科技采用生命周期（technology adoption lifecycle②）和变革的过程（change management process）这两种观点综合起来解读"时势位"这三种息息相关的观念。此周期可以是产品之生命周期，也可以是任何创新的制度、方法或观念之推行过程。

以科技产品采用生命周期为例，在变化初萌之时就介入者乃创新者也（innovator）。在产品流行之初就采行，为引领风潮的早期采纳者（earlier adopter）。由始而盛乃典范转变时期（paradigm shift），此时切入者，为先期的主流大众（early majority）。流行已至顶峰之后才加入者，乃后期之主流大众（late majority）。流行末期才改变者，则是后知后觉迟钝的模仿者而已。新事物一旦为多数人所接受，反而将会成为下一波革新之阻力。唯有新旧相因，新新相续，才是"生生"之易道。"时"有时间（time）和时机（timing）之义，表引进或推出产品之时机。"势"有趋势（trends）和势力（driving forces）之义，了解造成趋势之因，才能掌握大势之所趋，而顺势而为。"位"有位置（position）和定位（positioning）之义，企业应根据其价位、品质和流行性而做市场之定位。如图-12所示，即是将"时、势、位"与科技产品采用生命周期整合在一起的运用分析。

---

① 圣严法师《圣严说禅》第138-146页，台北：法鼓文化1999年。

② Rogers，Everett M.，*Diffusion of Innovations*，5th ed.，New York，NY，Free Press，2003.

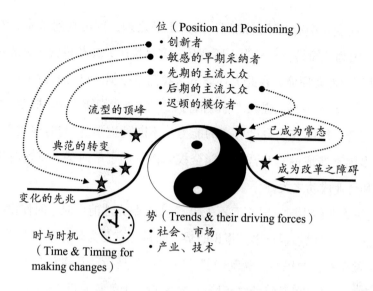

位（Position and Positioning）

• 创新者
• 敏感的早期采纳者
• 先期的主流大众
• 后期的主流大众
• 迟顿的模仿者

流型的顶峰

典范的转变

变化的先兆

已成为常态

成为改革之障碍

势（Trends & their driving forces）
• 社会、市场
• 产业、技术

时与时机
（Time & Timing for
making changes）

图-12 "时、势、位"与科技产品采用生命周期

六十四卦中的每一个卦，就代表一个动态的时局和形势，《易经》是一门形势分析的学问。我们在做情势分析时，先考虑卦体、卦象、卦德、卦序、卦变，以及卦与卦间错综交互的关系，再详细研究一卦之内爻与爻之间互动变化、承乘应与的关系。综合"时、势、位、性情、德行"各种观点来分析整体和局部的情势，并从不同利害相关人的角度来看问题，综合正反各方面的意见，拟订一些可行之方案，并对这些方案做深入之评估，然后选择一个可以令人接受满意的方案去推动，自然会增加成功的机会。

九、结语

《易经》的"易"字有"变易、不易、简易、交易"诸义，"时、势、位"会随时而变化，性情和德行也因环境的影响和自身的修为而有所不同。分析情势不只是要了解外在环境可能的变化，更要掌握到组织内部各项应该改变和可变的因素。这些可变之因素包括有组织的结构、企业的程序、人员的技能和素质、产品之组合、市场的区隔、技术的开发和应用等。在变革的过程之中，这些因素息息相关，要做出整体性的考量才容易达到变革的成效。在变易中有其不易之理，秉持不易之理，则可找到以简御繁的简易方法。因为其简易，故易为人所遵从，容易推广，变革也就容易成功。

"时"代表大环境，在此大环境下，我们应根据一己之时位决定进退出处之道。《易经》中再三强调"与时偕行"[1]，是要我们能"深观群变"[2]感知时代的变迁，能够充实自己应变的能力，不断地进步，"与时俱进"。大环境乃众多因素造成的，非吾人所能全权掌控，但了解时势、掌握时机，则是个人和企业成功之关键。

"夫圣人非能生时，时至而不失也。"[3]有眼光才能识时，时候没到、时机没成熟，不可以勉强行事。审识时势、时机之宜乃为政、为商之要，其要有三："顾左右，察民心，观动静。""顾左右"是指顾及到左右干部或员工的士气和忠诚度，以及经营之环境；"察民心"于为政而言，是指考察民意；于商而言，则是去了解顾客的喜好和需求；"观动静"是指细察民心和左右之动静与变化。《尚书·洪范》曰："稽疑……汝则有大疑，谋及乃心，谋及卿士，谋及庶人，谋及卜筮。"强调决疑之法在先问问自己的良心安否、询问身边的谋士大臣、并探访民意，最后才考虑用卜筮的方法，让自己跳出惯性的思考模式，用不同的角度来分析所面对的难题。

企业家或是一般人在立身处事之际，面对千变万化、错综复杂的环境之时，若能了悟《易经》中"时、势、位"的观念，加强其警觉性，并且深入之了解阴阳刚柔之别，于自我道德之修养有所讲求，则自然能对环境和组织的变化做出精确的观察和掌握，而趋吉避凶。学《易》若能得意忘言，而不为其所缚，才能应用自如，荀子曰："善为《诗》者不说，善为《易》者不占，善为《礼》者不相，其心同也。"[4]达《诗》义者在乎心意相通，不在言说；明《易》者心知意解，不卜而知未来；懂《礼》者在乎心中之诚敬，不着于表相；故曰："其心同也。"

---

① 语出乾卦《文言》。
② 熊十力《复性书院开讲示诸生》（见《十力语要》卷二）。
③ 《文子·上礼》。
④ 《荀子·大略》。

以个人而言位，一个人应了解其在组织内外所处的职位和功能。以企业而言位，则应知该企业在整个产业或某种技术的发展应用上所处的阶段。在不同的位置，对自己和对别人的看法就会不同。能站在他人的角度看问题，设身处地地为他人着想，是化解许多冲突的秘方。我们不论在站在什么位置、居住在什么地方，都应发挥一己之德能，在其本位上尽一己之力，以实践其道德之理想。

王通《文中子》有言："北山黄公善医，先寝食而后针药。汾阴侯生善筮，先人事而后说卦。"在北山的黄公是个好医生，他替人治病一定先想法子让人睡得好、吃得正确，如果病情不见改善，他才会施以针药。居住在汾阴的侯生善于卜筮，他总是先以人情、事理和形势去了解和分析来问卜者所提出的问题，若仍有疑惑不决之处，才以卜卦所得之卦象来做进一步的研判。所谓"卜以决疑，不疑何卜"①，遇到问题时若懂得运用《易经》的多维分析法，则时势之所趋和各种方略之利弊得失自明，于是能很理智地做出决定，故不必凡事求神问卜。《易经》的卦辞和爻辞对事情之吉凶所下的断语，从吉至凶共有九个等次："吉、亨、利、无咎、悔、吝、厉、咎、凶。"②悔是有小偏差而知反悔，吝是有小毛病受到羞辱，厉是危险，咎是过失，凶则是险恶已极。

《易经》的多维分析方法和观念包括了"时、势、位、中、机、事、性、德、易"，可供我们在分析判断各种情势时，能从多方面的来思考问题，并理清这些维度之间的关联性。《礼记·经解》："絜③静精微，《易》教也……《易》之失，贼。"静下心来揣度人、事、物的精微之处是《易经》的训练，但若算计太精，且只为一己之私，则容易偏离正道。《春秋繁露·精华》曰："《诗》无达诂，《易》无达占，《春秋》无达辞，从变从义。"起卦容易、解卦难，因而读《易》时总是见仁见智。本章归纳了解读卦辞爻辞的多维分析法，在此总结其重点如下，作为本章之结语：

---

① 语出《左传》恒公十一年。

② 祖行编著《图解易经》第86~87页，西安：陕西师范大学出版社2007年。

③ "絜静精微"的"絜"即《大学》中的"絜矩之道"，也就是忖度人心、衡量事物的方法。

时间：时有终始、先后、缓急。

形势：势可虚实、盈虚、顺逆。

地位：位居上下、内外、贵贱。

中庸：中取两端、不偏、不倚。

机微：机表几微、危机、转机。

事物：事辨本末、轻重、险易。

性情：情判阴阳、刚柔、真伪。

道德：德分贤能、德业、知行。

易义：易含变易、简易、不易。

附录一：王弼《周易略例·明卦、适变、通爻章》

夫卦者，时也；爻者，适时之变者也。夫时有否泰，故用有行藏；卦有小大，故辞有险易。一时之制，可反而用也；一时之吉，可反而凶也。故卦以反对，而爻亦皆变。是故用无常道，事无轨度，动静屈伸，唯变所适。故名其卦，则吉凶从其类；存其时，则动静应其用。寻名以观其吉凶，举时以观其动静，则一体之变，由斯见矣。

夫应者，同志之象也；位者，爻所处之象也。承乘者，逆顺之象也；远近者，险易之象也。内外者，出处之象也；初上者，终始之象也。是故，虽远而可以动者，得其应也；虽险而可以处者，得其时也。弱而不惧于敌者，得所据也；忧而不惧于乱者，得所附也。柔而不忧于断者，得所御也。虽后而敢为之先者，应其始也；物竞而独安静者，要其终也。故观变动者，存乎应；察安危者，存乎位；辩逆顺者，存乎承乘；明出处者，存乎外内。

远近终始，各存其会；避险尚远，趣时贵近。比复好先，干壮恶首；明夷务闇，丰尚光大。吉凶有时，不可犯也；动静有适，不可过也。犯时之忌，罪不在大；失其所适，过不在深。动天下，灭君主，而不可危也；悔妻子，用颜色，而不可易也。故当其列贵贱之时，其位不可犯也；遇其忧悔吝之时；其介不可慢也。观爻思变，变斯尽矣。

第三章 管理三才说

一、前言：管理与文化

领导者的管理作风会影响组织文化，然而领导者之管理风格和行为亦受其文化背景之影响。组织文化学者 Edgar Schein 根据人类学家之研究将文化定义为[①]："一组基本约定成俗的假设，并根据这些假设提供了一些现成的方法用来解决常见的问题，尤其是如何因应外在变化、与时俱进以求生存，又能凝聚内部共识、同心协力以应付变局。文化之递嬗[②]代代相因相承，而有所损益。"由此定义来看《易经》正是中国文化的代表作，亦是中国文化的根源。"文化"一词语出贲卦《象传》："贲，亨，柔来而文刚，故亨；分刚上而文柔，故小利有攸往，天文也；文明以止，人文也。观乎天文，以察时变；观乎人文，以化成天下。"文化有以人文而化成天下之义，化成者变革与创新也。有为的管理者，大都有相当程度的人文素养。

组织文化包括了不同层次的元素：上层有形之物（artifacts and behavior），中间之信念与价值观（beliefs and values），与深层的约定成俗之

[①] Edgar H.Schein, *Organizational Culture and Leadership*, third edition, Jossey-Bass, Sep.1, 2004. 其原文为：A set of basic assumptions-shared solutions to universal problems of external adaptation（how to survive）and internal integration（how to stay together）-which have evolved over time and are handed down from generation to the next. 笔者之中文翻译乃取其大意。

[②] 嬗，音善，是更替、演变的意思。

假设（assumptions）[1]。中国历史文化是影响到中国企业家经营理念的深层元素，因而左右其思考方式与行事作风。虽然这些企业家未必熟悉四书、五经、诸子百家之说，和历史典故，但这些思想早已融入我们的生活、行为、和用语之中，近来流行的一些历史剧，广受企业界人士之喜爱，即可于此见其端倪。在全球化的浪潮下，跨越文化的管理和沟通日形重要，对本国和自己公司文化的理解，是融合和塑造企业文化的第一步。

影响组织文化深层的假设包括人与自然的关系、人生的目的、人际关系（任务导向或关系导向）、对人性的看法（性善或性恶），以及对时间和空间的观念等[2]。以人与自然的关系而言：有"人定胜天、天工人代、顺其自然"这三种不同的哲理，因而会对管理的理念与实践产生一定程度的影响。本章先详析《易经》中的三才之道，追溯中华文化之源，整理近代管理学之重点，并以三才之理贯通管理学，进而详论中国传统管理学中的应事用人之方。

二、话说三才

《系辞传下》曰："古者包牺氏之王天下也，仰则观象于天，俯则观法于地，观鸟兽之文与地之宜，近取诸身，远取诸物。于是始作八卦，以通神明之德，以类万物之情。"仰观俯察、法天法地与老子"人法天、天法道、道法自然"之思想是一致的。八卦的三爻由上至下分别与"天、人、地"三才对应，三才中的人包括了"人、事、物"三者，如图-1所示。人在天地之中，法天之自强不息，效地之厚德载物，故能顶天立地，参与天地之造化。

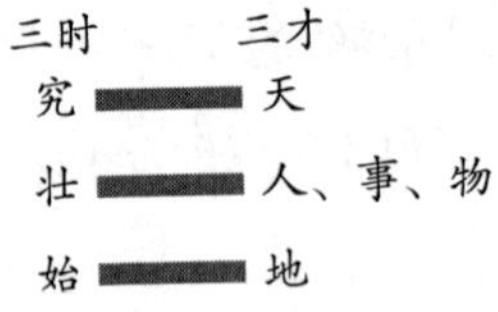

```
三时      三才
究  ▇▇▇▇  天
壮  ▇▇▇▇  人、事、物
始  ▇▇▇▇  地
```

图-1 八卦中三爻与三才和三时的对应，以乾卦为例

---

① Edgar H.Schein, *Organizational Culture and Leadership*, third edition, Jossey-Bass, Sep.1, 2004.

② Susan C.Schneider and Jean-Louis Barsoue, *Managing Across Cultures*, 2nd edition, Pearson Education Limited, 2003.

《黄帝四经·十大经·前道》曰："上知天时，下知地利，中知人事。"《帛书易·谬和》中有一段吕昌向其老师提出的问题①，更进一步阐述了"天、地、人"三才的观念，吕昌问曰："夫古之君子，其思虑举错也，内得于心，外度于义。外内和同，上顺天道，下中地理，中适人心。②"这是说君子在思考其行为决策时，要能先在内心中能会通而有所得，并且审度外在环境看适不适宜。如果内心与外境能和同一致，则必然于上能顺天道的阴阳变化，于下能中和地理之刚柔起伏，于中能适于人心之仁与义。孟子曰："天时不如地利、地利不如人和。"③人和者，得道而得民心也，此乃三才之微言大义。

《孙子·始计》云："兵者，国之大事，死生之地，存亡之道，不可不察也。故经之以五，校之以计，而索其情：一曰道，二曰天，三曰地，四曰将，五曰法。"天是指气候，地是指地形地势。孙子认为能让民意与在上位者相同者为得"道"，将是指具备智、信、仁、勇、严五种才德的将帅，法是人事、制度与组织。道、将、法三者皆人的范畴。《孙子》中的五经，乃天地人三才之延伸。

《说卦传》曰："昔者圣人之作《易》也，将以顺性命之理。是以立天之道，曰阴与阳；立地之道，曰柔与刚；立人之道，曰仁与义。兼三才而两之，故《易》六画而成卦；分阴分阳，迭用柔刚，故《易》六位而成章。"八卦相重叠而成六十四卦，六十四卦中的六爻仍与天、地、人三才相对应，如图–2所示。初、二居地位，三、四居人位，五、上居天位。《论语·泰伯篇》孔子曰："大哉，尧之为君也，巍巍乎！唯天为大，唯尧则之。荡荡乎，民无能名焉；巍巍乎，其有成功也；焕乎，其有文章！"唯，训为独、只有。"则"是效法之义，"则之"即是则天，也就是效法天。是故"唯天为大，唯尧则之"乃将天人合一观念应用于政事之始。

---

① 原文用先生，应当不是孔子。
② 廖名春《马王堆帛书周易经传释文》"谬和章"（《续修四库全书》，经部易类第1册）。
③ 《孟子·公孙丑下》

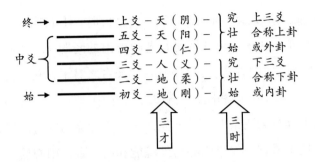

图-2 六爻的位置与三才和三时的关系

画八卦时都是由下往上画，依序为下、中、上三爻，由下到上可分为"始、壮、究"这三个时，分别代表事物"开始发展、成长壮大和衰退而终究"的三个阶段。此阶段性的观点可应用于分析一个人和组织发展的过程，或是产品生命的周期[①]。在图-3中我们以产品生命周期的为例，将其分为"始、壮、究"三个阶段，并以销售金额对时间的横轴来绘图，一般而言会呈现钟形曲线图（bell curve）。同样的资料若以累积之销售金额来绘图，则会呈现S形曲线（S-curve）。

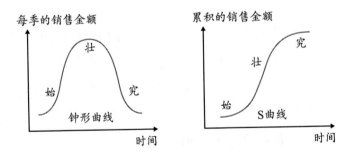

图-3 产品生命始、壮、究的周期与销售之关系曲线

其实万事万物皆有类似之周期，《易经》的哲理建议我们在不同的阶段应采取不同的策略，才能与时俱进。《易纬略义》曰："物有始、有壮、有究，故三画而成乾，乾坤相并俱生，物有阴阳，因而重之，故六画而成卦。"上、下卦各有下、中，上三个爻，分别与时势发展的三个时程"始、壮、究"

---

① Geoffrey A.Moore，*Crossing the Chasm*：*Marketing and Selling High-Tech Products to Mainstream Customers*，HarperBusiness；Revised edition，July 1，1999.

相对应。下卦的第三爻是属于要衰退终究之时，若能更新、蜕变，则可转进至上卦之"始"的第四爻，八卦相重代表了易道"新新不停，生生相续"以及"终（究）而复始、贞下启元"之奥义。上下两卦可以视为事物发展的两个阶段，"下卦为小成阶段，上卦为大成阶段。"[①] 产品衰退时若能革新技术或是改进生产过程，则有可能突破困境，而进入另一个新的产品周期，这正如图 –4 所示，用来分析产品生命周期的双重 S 曲线（double S-curve），能不断地推陈出新是永续经营的关键。

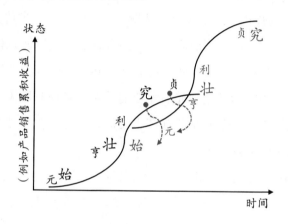

图 –4　双重 S 曲线

三、管理功能概论

《韩非子》有言："下君尽己之能，中君尽人之力，上君尽人之智。"[②] 西方管理学说也认为："管理乃借他人之智力以成就事业的艺术。"[③]（The art of getting things done through people.）故有管理长才的人，皆为善用他人之智与力者。然而在用人之先，必须知道管理的功能及其内涵，方能"量材器使"。

许多管理学家，如法国人费尧（Henri Fayol），将管理活动分为五大功

---

① 　黄寿祺、张善文《周易译注》第 45 页，上海古籍出版社 1989 年。

② 　《韩非子·八经第四十八》。

③ 　Mary Parker Follett（1868–1933）之言。

能（functions），今以中国传统经世之学的内涵来阐述这些功能之要点如下：

1. 规划（Planning）：《孙子》第一篇《计篇》讨论的即是规划，规划的基础在乎知己知彼，故竞争力分析是规划的第一步。在规划之初，要先了解你自己、你的企业与员工、产业之动态、竞争对手，然后实事求是，根据彼此之强弱和所面临的机会与威胁（SWOT 分析：Strength，Weakness，Opportunity，Threat），设定出明确之目标与优先顺序。姜太公在《六韬》中说："先谋后事者昌，先事后谋者亡。"强调谋定而后动。老子曰："为之于未有，治之于未乱。"则强调谋划要及早，计划要深入，才能事半功倍。规划之成果是"计划（plans）"，计划的内容应包括有目标，达成此目标所应采取的各项相关活动（activities），这些活动的开始和结束时间，各活动所需投入的人力和其他资源，活动之间先后相依的关系、启动时所需的条件和输入和所应产出之结果，以及衡量各项产出及活动程序之关键绩效指标（如品质、成本、周期时间等）。

2. 组织（Organizing）：《孙子·计篇》曰："法者，曲制、官道、主用也。"指的是组织的编制，人员的运用和后勤补给。《中庸》曰："其人存，则其政举；其人亡，则其政息。"是指出没有制度和组织的团体（如一个企业或国家），因人设事，若能得英才，或许可因人而成事。然而人去楼空，又缺乏后起之秀，则难以为继。孔子以《周官》建立一套完整严密的制度，欲为新王立法，我们在进行组织设计时，仍可参考《周官》建立组织及制度之精神。组织的架构，大都是以阶层式的部门别为其形式，难免会有见树不见林之弊病和本位主义之倾向。二十世纪末管理界多认为跨部门的程序，才是使企业有效地运作起来的原动力。是故广义的组织，应包括了核心程序的设计与运作，以传统的组织为经，以跨部门的程序（processes）为纬，方能内外上下兼顾。重大的案件，则应以专案（projects）的形式来执行，才容易收到功效。然而"徒法不足以自行"，有了好的制度，还得延揽贤德的人才。制度与人才双管齐下，才是经营成功的长久之策。

3. 领导（Leading）：管理之精义在乎运用他人的智与力以成事，曾国藩曰："办大事者，以选接班人为第一要义。"去其短处，用其长处，使各得其所，此为用人的不二法门。根据《尚书》记载，尧听说舜这个人不错，经了解他的才能后，决定培养他为继承人，而"历试诸难"，交给他许多艰难的任务，以考验他的智慧、能力和品德，并且训练他干事之才能和处事之经验。近代领导理论则强调领袖人物应激励部属，提出愿景（vision），并且在必要时能拿出魄力推动组织和程序之变革与转型。领导方式各家说法不同：道家提倡无为而治之方，兵家强调身先士卒的观念，儒家讲究修齐治平之道，而法家则赖权势与法条以御下。各种领导理论自有其理，因情境之不同，参合运用，方为上策。

4. 协调 / 指导（coordinating/directing）：协调与指导乃执行力之核心，管理乃"管百官，理众事"，是故必得有调和鼎鼐的协调手腕，及善用各方资源的能力。管有管教、指导之义，故管理者应时时传授经验于其部属，以提升员工之能力。汉高祖的成功在于能运用众谋士的策略和众人的力量，故扬雄《法言》曰："汉屈群策，群策屈群力（按：汉指楚汉相争时之刘邦阵营。屈，训为尽）。"各种策略要互相配合，在执行时也要协调来自不同单位的人员，更要去其本位主义，才能同心协力、相辅相成。协调工作始于规划之时，而在后续的执行阶段时，细部的协调工作更是不可或缺。善于沟通，并能折冲于樽俎之间，争取对方的配合，是善于协调者之能事。

5. 控制（controlling）：管有负起责任之义，有责在身，故必须"综核名实"。名者，职位之责任及计划中所预订之目标也；实者，实际执行后之成果与绩效。故控制之机能，即在乎"综"合各种管道，去考"核"计划执行之"名"义与其"实"绩是否相符，以为奖惩的根据。法家有法、术、势三派，而以韩非集其大成。法家长于制订法律，并且强调不论职位高低（上至天子、下至庶人）皆应遵守法令。然而要法律、制度、程序能确实地被执行，则要有"术"。术有防止属下舞弊做假的作用，与今日审核和稽查的功能相似。广而言之，"公司治理"（corporate governance）的兴利防弊之道，亦属控制之范围。简而言之，控制之要是在规划、执行之后，勤于追踪后续之成效，以论功过而行赏罚。

法家分为三派：慎到重"势"，申不害重"术"，商鞅重"法"。韩非曰：

"今申不害言术，而公孙鞅为法。术者，因任而授官，循名而责实，操杀生之柄，课群臣之能者也，此人主之所执也。法者，宪令著于官府，赏罚必于民心，赏存乎慎法，而罚加乎奸令者也，此人臣之所师也。君无术则弊于上，臣无法则乱于下，此不可一无，皆帝王之具也。"[①] 法律之外，法还包括了组织、规章制度与绩效之管理，术则有控制的功能。广义而言，法还包括做事的方法和程序，下一节即以管理程序来探讨管事之法。

四、管事之法：程序管理

中国史书中对人际的勾心斗角，着墨甚多，近代媒体中的古装电视剧与一些电视上的"讲坛"节目也推波助澜，一时之间"厚黑之学"跃为显学，实在令人担忧。这或许也是因为历代经典中对做事的方法很少有系统化之论述，只能从零星的篇章中，想见其方略。本节略言西方管事之法的程序管理、专案管理及系统开发周期，并融入经学之要，以为攻错。管理活动的五大功能，从程序改善（process improvement）的角度来看，可分为规划、执行、检查（Plan、Do、Check）三个步骤：

1. 规划（Plan）：包括规划及组织。规划之同时即应考虑如何运用组织的力量去执行，可以协调功能部门来推动，或是成立专案小组来执行。规划出来之方案和目标，即为执行时之蓝图，以作为控制计划执行进度和绩效之基准。

2. 执行（Do）：执行乃依据计划而实行之，由行中知，由做中学，其中包括了领导和协调的功能。领导是透过他人来完成事情，协调是沟通各单位来推动计划。执行时不仅要亲身涉局，更要能善于沟通，使各方参与者，能了解"为何要做？如何去做？利弊得失为何？何时该做什么和完成什么？以及该由那些人或单位来执行？"

3. 检查（Check）：检查即控制、考核也，执行之成效需加以衡量，并与

---

① 《韩非子·定法》。

计划之预定目标相比较，一则稽核以防弊，二则作为绩效评估及奖惩之参考。检查之后必根据检查的结果，提出改正或改善行动（Action），使各项指标趋近期望值，此乃品质管制中程序控制（process control）的概念。若依查核之结果，发掘问题症结之所在，因而找出改善生产之程序或产出之品质的方法。

品质管理大师戴明（Edward Deming），在检查之后加上了行动一节，如图 –5 所示，而以"规划→执行→检查→行动"（PDCA：Plan → Do → Check → Act）为一循环。最后一阶段的行动指的是改正之行动，此行动可视为控制查验的一部分，也可能启动下一个规划、执行、和检查循环的开始，是故以规划、执行、检查来看一般程序管理的步骤足矣。此三者首尾相连、密不可分，如循环之无端，不断向前推进。中国一向重视对人与事的考核，程序管理学说则更强调对执行事务之程序，必须在锲而不舍的实践中不断地予以考核，进行小幅度的改善或是从事彻头彻尾的企业再造（business transformation），以适应时时变动的企业环境。

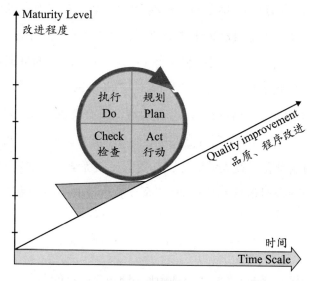

图 –5　品质程序改进的步骤（来源 IBM）

在《执行力》一书中，对"执行"定义如下：执行是一套系统化流程，严谨地探讨"要做什么、为何要做、如何去做"等问题，不厌其烦地追踪进度，确保权责分明。流程中包含对企业环境提出假设、评估组织能力，把策略、营运，以及预定执行策略的人员连接起来，让这些人员能在执行各项任务时能遵行纪律、同步运作，并将奖惩与成效连接在一起。此外，在执行流程中还应包含能随环境变迁而改革的机制，以提升企业实力，让企业有能力因应外来的挑战[1]。

"是什么？如何？为何？何时？"是规划的范畴，而"追踪进度"则是控制的层次，问的是"做了多少？还要多久才能完成？有没有什么问题？还缺什么？是否是照既定计划进行？"规划与控制二者相辅相成。好的管理者乃善问者也，问要问到人事物之关键之处，而不是时时耳提面命而已；同时也要是个善答问的智者，能循循善诱，训练属下去思考问题，不要只他们给答案。

子曰："舜其大知也与！舜好问而好察尔言，隐（遏）恶而扬善，执其两端，用其中于民，其斯以为舜乎！"[2] 不耻下问，执两用中是舜的智慧。子曰："吾有知乎哉？无知也。有鄙夫问于我，空空如也；我叩其两端而竭焉。"[3]孔子说："我有什么知识吗？我没有什么知识！要是有个见识浅薄的人来问我问题，我先放空自己，不预设立场。我旁敲侧击要他自己去深思一件事情或决策之下，各种方案的利和弊（pros and cons），而且把各方面的问题都追根究底的弄清楚（exhaust all aspects of the situation）。"《论语补疏》释此章曰："鄙夫来问，必有所疑，惟有两端，斯有疑也。故先叩发其两端，谓先还问其所疑，而后即其所疑之两端，而穷尽其意，使知所向焉。"[4]空空如也，扣其两端是孔子教人的妙法，其用意在训练学生和部属的思考能力。六祖惠能在快圆寂时传授其徒弟说："吾今教汝说法……动用三十六对；出

---

① 赖利·包熙迪、瑞姆·夏蓝（Larry Bossidy and Ram Charan）《执行力》，台北：天下文化出版 2003 年。

② 《中庸》。

③ 《论语·子罕》。

④ 清焦循《论语补疏》。焦循作此书，意在补邢昺之注疏，故称《论语补疏》。

没即离两边……出语尽双，皆取对法，来去相因。"① 亦有执两用中，以答所问之义。我们在解决规划分析问题时，要做到下面几个重点：

1. 根据各方意见，考虑各种可行方案："《诗》云：'鸢飞戾天，鱼跃于渊。'言其上下察也。君子之道，造端乎夫妇；及其至也，察乎天地。"② 提出方案时，不可先自我设限，要能海阔天空，既要有鸢飞鱼跃的创意，又能不落于空想。

2. 分析各种方案的利与害：孙子曰："智者之虑，必杂于利害。杂于利，而务可信也；杂于害，而患可解也。"这是说："智谋之人之于事也，必错杂于利害之间而酌量之。盖兵无常形，利中或有所患，害中或可为功；使惟见其害，而不知其利，则一于退缩，而无济事之能；抑惟见其利，而不知其害，则一于进取，恐致意外之变，皆非智谋之所为也。惟能以所害参其所利，则虽事务盘错，可得而伸理也。能以所利，参其所害，则虽患难纷投，可得而解散也。"③ 唯有利弊相参，方能权衡时势，做出最佳之判断，取其利而避其害。

3. 利害的分析要广博：一个复杂之问题，必须从各种角度去分析，多听各利害相关人（stakeholders）的意见，此韩非"众端参观"之义④。

4. 利害的分析要深入：找出利害之因时，要追根究底。找出并挑战各种立论背后的假设（Surface and challenge the assumptions behind each argument）⑤，并且不断地问为什么（Keep asking why）。

在专案管理上或任何企划案中，我们要斟酌取舍（trade off）的是下列三个相关的事项（如图 –6 所示）：

---

① 《六祖大师法宝坛经·付嘱品第十》。

② 《中庸》。

③ 夏振翼纂订《孙吴兵法太公六韬》（即《增订武经注解：孙子》）第 981 页，台北：夏学社。

④ 《韩非子·内储说上》："主之所用也七术，所察也六微。七术：一曰众端参观，二曰必罚明威，三曰信赏尽能，四曰一听责下，五曰疑诏诡使，六曰挟知而问，七曰倒言反事。此七者，主之所用也。"

⑤ Mason，R.O.and Mitroff，I.I.，*Challenging Strategic Planning Assumptions*：*Theory*，*Cases and Techniques*，Wiley，NY：New York，1981.

图 -6　资源（成本）、时间（时程）、规模（功能）间的三角关系

1. 资源（resource）：包括财力、人力、物力、人际关系、信誉等，即成本面。

2. 时间（time）：决定何时应开始和完成某一件任务的时程（schedule）。

3. 规模（scope）：规模包括了规划系统的功能、范围，乃至于品质，等等。

以上资源、时间和规模这三个面，向有极其密切的关联性，及某种程度的替代性。例如要缩短完工的期限，我们必须增加投入的资源，或是缩减规划产品、方案的规模和功能。然而资源和时间二者之间，并没有绝对的替代性。俗话说："一个和尚挑水喝，两个和尚抬水喝，三个和尚没水喝。"一个人 30 天可完成的事，用两个人未必能在 15 天之内完成。因为增加人手，也同时增加了沟通的困难度 [例如 50 个人的团队中就有 $50 \times（50-1）/2=1225$ 可能的沟通管道]，以及人事上的冲突，有时后反而延误了时程。布鲁克斯（Frederic Brooks）在负责开发 IBM System 360 的过程中即发现了此一现象，他在其著作中详细分析了人力和时程不得完全互补之迷思[①]。

推动重大政策时要体会〈系辞传〉所云："化而裁之谓之变，推而行之谓之通。""化而裁之谓之变"，规划也。规划之本质乃是预测未来，进而求变革，以因应未来之形势。"推而行之谓之通"，执行也。执行之要诀，在乎顺势而

---

① Frederick P.Brooks, *The Mythical Man-Month：Essays on Software Engineering, second edition*, Addison-Wesley Professional, 1995. 此书中文译名为：《人月神话：软体专案管理之道》。钱——译，经济新潮社出版，2004 年 4 月 4 日。人月（man-month）是估算专案所需人力的单位。Mythical Man-Month 应译为人月的迷思。

推动，以通天下之志，使得实施时能够顺利。至于控制之机制，即在规划和执行之中矣。马一浮曰："乾知大始，故主乎知，而为乐；坤作成物，故主乎行，而为礼。"[1]乾即海阔天空的规划，要具有创意，是"知"也；坤是脚踏实地地去执行计划，忍辱负重，是"行"也。然而规划不能完全脱离现实，执行时也不能不知变通，要能乾坤并用、知行合一，这才是管理的最高境界。

《大学》曰："物有本末，事有终始，知所先后，则近道矣！"强调做事时要详加规划，应有先后、轻重、本末、缓急之分，不可倒置。推动任何新事物时都可依其开发之生命周期（lifecycle）而进行之，一般而言生命周期可大略划分为以下四个阶段（见图–7）：规划、分析、设计和实施（planning, analysis, design, and implementation）。规划时要了解各方势力之所需、资源之多寡、时程之限制、政策和策略之方向，以决定是否该做，若决定推动时，则进而订出下面各阶段所需之各项人力、财力资源和开发之时程。分析阶段要了解问题之所在和实际之需求，需求分析应先确定是针对那些"使用者"，再从他们的观点来订出需求。设计阶段则是依需求而找出可能的解决方案，设计时提出一个完整的架构，以统合所设计系统之下的各个次系统和元件，有一个完整的架构为蓝图，可以让我们在实施时分进合击。实施阶段则是照着设计规格，及施工的先后顺序按部就班地去实现。

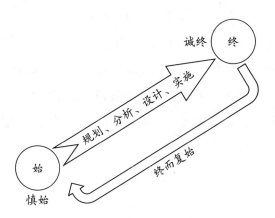

图 –7　物有本末，事有终始

---

① 马一浮《复性书院讲录·观象卮言二》，台北：夏学社出版事业有限公司 1981 年。

规划时要看得远、看得广，从大处着眼；而实践时则要由基础做起，由小处着手（top-down planning and bottom-up implementation），有时还得做一些能得近利的事业，先站稳脚步，以建立上下之信心，而为长远计划立下根基。实施结束后便进用作业阶段，此时应注重异常状况之出现，并谋求程序和方法上不断地去改进。

规划之道有如下棋，唐朝玄宗开元、天宝年间的"棋待诏"①王积薪总结出围棋"十诀"："一、不得贪胜。二、入界宜缓。三、攻彼顾我。四、弃子争先。五、舍小就大。六、逢危须弃。七、慎勿轻速。八、动须相应。九、彼强自保。十、势孤取和。"②这"十诀"可为企业在拟定经营策略时之参考。规划竞争之策略，要顾及自己的布局和竞争者的反应，至少看三步才走一步，看得远才能占到先机、先驰得点。

五、企业经营活动

价值链分析（value chain analysis）模型中（如图 –8 所示）③，将一个企业的活动按其对附加价值之贡献而分为：主要的活动和支援性的活动。主要的活动有进货物流、生产服务作业、行销与销售、售后服务等，支援性的活动有企业基础建设、人力资源管理、科技开发、采购等。不同的产业和公司其核心能力（core competence）会有所不同，其价值链就可能有异。以科技公司为例，新科技的研究开发应该是其主要活动之一。软件公司以人才为其最重要的资源，是故人力资源管理应该是主要活动的一环。若能反思企业之所长，而着重发展高附加价值的企业活动，才能在商场上与人争胜。

---

① 棋待诏是陪皇帝下棋的专业棋士。

② 《中国围棋史话》，来源：http : //go.yenching.edu.hk/chhis.htm。

③ Porter, M.E., *Competitive Advantage : Creating and Sustaining Superior Performance*, Free Press, 1998.

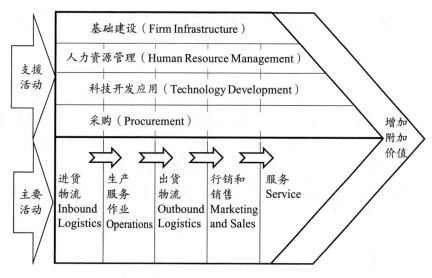

图 -8　价值链分析的模型

《系辞传》曰："举而措之天下之民，谓之事业。"能创举一件事物而为天下人所接受就是事业。经营事业俗称做生意，取其生生不息之意。生生者，善于利用人、事、物之资源以生财也。做生意又称做买卖，一买一卖之间，若是靠二地之差价以谋利，此贸易业也。若是经过制造、加工、或装配，以提高买进货物的附加价值，以获取利润，此制造业或服务业也。《系辞传》曰："乾以易知，坤以简能。易则易知，简则易从。易知则有亲，易从则有功。有亲则可久，有功则可大。可久则贤人之德，可大则贤人之业。"事业要有德，方能常久；事业要有成，才可做大。在商言商，有利而不失其义（宜也），才能成大业。《系辞传》又曰："富有之谓大业，日新之谓盛德。"日日求新求变，方能才德日进而有所得。

管理者中有善于谋略及规划的人（planner），如协助汉高祖刘邦出谋划策、"运筹策帷幄之中"的张良是也。有长于行政、有执行力的行政专才（administrator），如能安排后勤补给、"给馈饷、不绝粮道"的萧何是也。有善于用人的领袖人物（leader），如有能力领袖群伦、"善将将"的刘邦是也。"善将将"指的是能领导人才，语出《史记·淮阴侯列传》：

上（刘邦）常从容与信（韩信）言诸将能不（否），各有差。上问曰："如我能将几何？"信曰："陛下不过能将十万。"上曰："于君何如？"曰："臣多多而益善耳。"上笑曰:"多多益善,何为为我禽^①?"信曰:"陛下不能将兵,而善将将,此乃信之所以为陛下禽也。且陛下所谓天授,非人力也。"

用人之际,需"任材使能",不可求全于一人。张商英在《素书》注解中对"任材使能"的解释是:"应变之谓材,可用之谓能。材者,任之而不可使;能者,使之而不可任。此用人之术也。"他将人才区分为:有出谋划策能力的理想家(dreamer)和有执行能力的实践者(doers)。一个领导者很难能够集规划、执行和控制这些才干于一身,但在其领导的团队中,则必须有这三方面之人才。

六、三才相贯

八卦是三画成卦,由上到下的三个爻分别代表天、人、地三才。中国人常说一件事情要能办得顺利,则必须有"天时、地利、人和",三才之道的相互配合,如图 −9 所示。

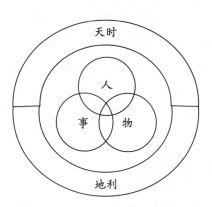

图 −9　结合三才:天时、地利、人和

企业经营与管理也是要上应天时,下顺地利,且能于天地之中得人才而用之,方能成功。以管理的内涵而言,三才中的"人"包括了天地之间"人、事、物"的管理。《孙子兵法》的五计"道、天、地、将、法"之中,天地

---

① "禽"通"擒","为我禽"指为什么受制于我。

之外的道和将都是人的因素。道是"令民与上同意也"，这是人和；将则是负责管理的干部，孙子特别指出了"智、信、仁、勇、严"这五种领导者所应有的人格特质和素养。法是组织和制度，属于"人和事"的安排和建制。善应天时者，要了解市场与客户及技术发展所带来的冲击，并且掌握社会趋势之变迁，故能因应企业经营环境的变化，看准变动中的时机。欲顺地利者，能因地制宜，要深入了解企业所在之处的文化背景和风土人情，以调整企业经营的策略和产品组合，并且善用当地的人力和物力资源。

　　管人、管事和管物乃管理的重点，图-10 显示了这三者之细目。"人事物"中的"物"是产品，也包括了较为抽象的服务，以及能提供适当之产品或服务时所需的其他资源，如原材料（materials）、机器设备（machine）、和资金（money）等。广义的企业资源则包括了制度、方法（methodology）、信息（message）、人力（manpower）、顾客、市场（marketing）、品牌、和企业信誉等。传统管理活动有：人事管理、物料管理、生产管理、财务管理、市场管理这五管。我们在此再加上了方法管理和信息管理[①]而成为七管。这七管的英文皆 M 起首（Man，Material，Machine，Money，Marketing，Methodology，& Message），此图中人才和顾客归属人的部分。

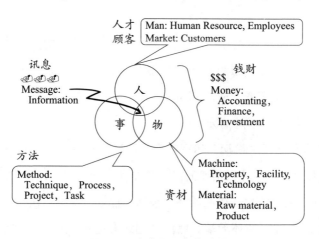

图 -10　人事物之间的关联

----

　　①　信息管理亦称为资讯管理（Information Management），为了以 M 起首，在此以 Message（信息）代替 Information。

"人事物"中的"事"包括了动态的企业程序、方法、专案、工作任务、事件和管理的各项活动。企业之存在是因为客户的需求而存在，企业之成功是因为能够提供服务或产品有效、及时地满足客户之所需。因为顾客之需要而产生事，办事就要运用不同的资源。对于这些资源管理的活动可按其生命周期分为四个阶段（resource management life cycle）：需求之预估（requirements）、取得（acquisition）、控制（stewardship）及最后在其已无用时如何报废处理（disposition）。西方企业的管理重视做事：建立制度、讲究方法、依靠组织，故能因事而任人，不至于"人存政举，人亡政息"。孔子认为周朝的政治典籍都还在，但不得其人，政策就无法推行。孔子说"人存政举，人亡政息"有"为政在人"之义，但更有可能是感叹制度之不健全。"人存政举，人亡政息"一语出自《中庸》，其原文如下：

> 哀公问政。子曰："文武之政，布在方策，其人存，则其政举；其人亡，则其政息。人道敏政，地道敏树。夫政也者，蒲卢也。"故为政在人，取人以身，修身以道，修道以仁。仁者，人也，亲亲为大；义者，宜也，尊贤为大。亲亲之杀，尊贤之等，礼所生也。

"人事物"中的"人"，是指对员工部属之管理及对顾客和供应商之掌握。中国传统的管理学强调谋事在人，事成与否，虽有天时地利之影响，归根究底仍在于人。在实务上管理者面对的是一个复杂的系统，对人、事、物三者都要管理得当，不可偏废。

企业主虽有奖惩之权柄，然现在现今职场流动性大的趋势下，带人需带心，才能留住真正的人才，俗谚云："一样米养百样人。"又云："羊羔虽美，众口难调。"此管人之难也。事有始终，包括了计划、抉择、执行、控制和协调等一贯相连之事务，循环无端。然而计划终究赶不上变化，要能运筹帷幄，因事择人，方能成事，此管事之难也。物者，资源也。货源之管理包括原材料之获得和管理，产品之生产和服务之提供，资源和技术之取得和运用。科技日新月异，产品生命周期日益短促，货物之供需瞬息万变，此管物之困难也。

在现代日趋复杂的环境下，要能做到即时管理（real-time management），必善用资讯这项资源，才能有效地管理运用其他资源。然资讯无形无迹，若有若无，其处理和应用，非智者不能识其要。人、事、物三者相互为用，理事始于用物（运用资源），成事则在得人。事理明，则人适其职，而物得其用。"人事物"之用，须应天时之机而因地利之宜。人事物之管理，要根据不同地点的特色和当时的环境与状况来思考所遇之挑战。"人、事、时、地、物"五者，管理之核心也。信息（资讯）之管理，则为贯穿整合企业之各项功能之关键。

不论是管人、管事或管物，管理者都可用"六何之法"（英文称5W1H）作为解决问题、发掘机会之思考架构：

1. 何事、何物（What-Things/Data/Information）：了解事务之大小、难易与其本质，及所有相关之信息与知识。

2. 何人（Who-People/Stakeholder/Organization）：问清楚谁应参与此事？他们扮演的角色为何？会受到此事影响及能影响此事的利害相关人或组织（stakeholder）是谁？除了人员之外，此事需要哪些资源？

3. 何时（When-Time/Schedule/Timing）：要详加计划什么事应该在何时进行，明辨各项任务之轻重缓急和先后顺序，然后按时程进行，并加以监控。

4. 何地（Where-Network/Geographic/Location）：决定资源和组织应分散于何地，各地之活动又应如何相互联系，以发挥集中规划、分散处理之功能。

5. 为何（Why-Motivation/Performance Measure/Strategy）：了解企业各项事务的动机和目标，才能拟定好策略。再以目标为基础，订出适当的绩效评估标准。

6. 如何（How-Process/Procedure/Method）：做事要讲究方法和程序，方法详尽，则稍经训练，员工就能照方行事。

六何之中包括了"人（who）、事（what）、时（when）、地（where）、物（what）"，再加上"为何（why）"及"如何（how）"，其中"人事物"即是三才中"人和"的范畴，时为天时，地乃地利，故"六何"之中"天时、地利、人和"三才皆备。"为何"一问，即"知止"之义，即了解目标是什么。"物有本末，事有终始，知所先后，则近道矣。"即是"如何"的入手处，其中也包括了规划时程及管理资源的功夫。此"六何"者，虽名为六，实则息息相关，缺一不可。

管理之道与传统的帝王之术有互通之处，但于所谓的"帝王之术"要善加分辨抉择。马一浮曰："皇帝一名已被秦始皇用坏。"[①]认为"古义须还他古义，不得以今名致疑。"我们不可将"帝王之术"视为专制体制下之统御术。什么是帝王之术呢？《白虎通义》曰："德合天者称帝。"《尚书·尧典》云："昔在帝尧，聪明文思，光宅天下。"《疏》曰："帝者，天之一名，所以名帝。帝者，谛也。言天荡然无心，忘于物我，公平通远，举事审谛，故谓之帝也。"

《说文》解释"王"字曰："王，天下所归往也。董仲舒曰：'古之造文者，三画而连其中谓之王。三者，天地人也，而参通之者王也。'孔子曰：'一贯三为王。'"甲骨文的王字写作 ♦[②]（上天下一），象征人顶天立地，赤手空拳，开天辟地，替天行道，有"天工人代"之志。《春秋》的外王之学，对"王"有几种解释：（1）王者，从字形来看，其三横象征天、地、人之三才；一竖贯连三横，代表王者是能够贯通天地人三才之道的经世干才。（2）王者，往也，归往义。是指能够贯穿天地人三才之道的人，而为天下所归往者，可称之为王。象征以德服人，为众人所钦仰而愿意接受其领导。以力服人者，谓之"霸"，不可称为"王"，此"王、霸"之分。（3）何休认为王者"当继天奉元，养成万物。"[③]帝王之学即以大公无私之心管理众人之事，故为众人所归顺服从。

读古书而寻求其管理理念时，可将君、王等视为在上之主管，臣则是指

---

① 马一浮，《复性书院讲录·论语大义二》，台北：夏学社出版事业有限公司1981年。

② 见《校正甲骨文编·卷一·八》。又根据交通大学黄镇刚教授，甲骨文中的王字写做 ♦，金文则写做 ♦，其字型为一向下的釜，代表以王室的武力和权威。徐中舒对王字的解释是"象刃部向下之斧形，以主刑杀之斧钺，象征王者之权威。"（见徐中舒主编《甲骨文字典》，成都：四川辞书出版社1990年）。可见《说文》所引孔子和董仲舒的解释已将王字的字义理想化了。王字的甲骨文和金文有许多不同写法可参考 http：//www.chineseetymology.org/CharacterASP/CharacterEtymology.aspx？characterInput=%E7%8E%8B&submitButton1=Etymology

③ 何休《公羊解诂》。全文为"惟王者然后改元立号，《春秋》托新王受命于鲁，故因以录即位，明王者当继天奉元，养成万物。"见《春秋·鲁隐公元年》何休注。

在下之部属，民则是顾客。古代的帝王有绝对的生杀大权，是故君臣、君民之关系皆遭扭曲，现代企业中主从之关系必然会与其有所不同。欲鉴古观今者，于此不可不明辨，而善于转换，才不至于沦为"不学有术"之末流。法家以"法和术"为管理的两项要点。法是法律，立法单位制订法律，司法单位执行法律，法律应公布于民使其知之，而不至于误触法网。"术者，藏于胸中，以偶众端，而潜御群臣者也。"[①]韩非将君臣看成是对立的，为君者的刑赏之权不可旁落，所以经常故作神秘，让在下者难以揣摩上意，然而这种做法并非正统的南面之术[②]。

七、三才的用人之道

中国管理之道，最重视三才中"人"的管理，但却缺乏有系统的介绍。在此就中国人力资源的管理哲学做一个整理。人的管理可分如图–11所示的几个息息相关的阶段与观念：知人、责人任事、考验考核、奖惩升迁及人才的培育。图中带箭头的线，代表各项人资活动间的先后关系，以及回馈的机制。

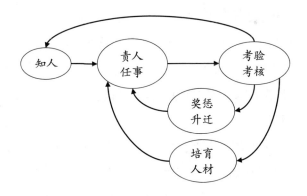

图–11　知人用人之道

---

① 《韩非子·难三》："人主之大物，非法则术也。法者，编著之图籍，设之于官府，而布之于百姓者也。术者，藏于胸中，以偶众端而潜御群臣者也。故法莫如显，而术不欲见。是以明主言法，则境内卑贱莫不闻知也，不独满于堂。用术，则亲爱近习莫之得闻也，不得满室。"

② "南面之术"在此是指领导的艺术和管理的方法。《论语·卫灵公》子曰："无为而治者，其舜也与！夫何为哉？恭己正南面而已矣。"《论语·雍也》子曰："雍也可使南面。"

（一）知人之道

知人善任是领导者必备的能力。清朝阎循观曾说过："知人有三：知人之短，知人之长；知人短中之长；知人长中之短。"分别解释如下：

1."知人之短，知人之长"：一个人一定有他的长处和短处。我们在交友之中，或是与同僚、部属相处之际，应随时留心对方的为人处世，了解其在个性、观念、道德修养，以及能力各方面的优点知缺点。如果我们只看到一个人的长处而忽略了其短处，或是只看到其短处而没能发觉其长处，这都是有偏颇之心。凭个人的好恶来择人，是不能公正地去识人、用人。与人相处应学会多欣赏他人的长处，知道他人的短处。唐太宗认为："君子用人如用器，各取所长。"要能取人之所长而用之，不可以因其所短而舍其所长而不予任用。要能避免人之所短，使其所短者不害其所长。

2."知人短中之长"：一个人的短处和长处往往是相对的，在乎领导人是否能用之得当。又如一个人做事一板一眼又不善与相处，既不能做行销工作，也不能领导他人，是其短也。但要他负责产品测试的工作，他便能克尽其责，此"短中之长"也。

3."知人长中之短"：一个人的成功必有其长处，例如某人因为雄心万丈，敢做敢当，因而开创了一番事业。在成功之后，得意志满，好大喜功，不知保本固元，盲目投资未经深入研究之新兴行业，冲过了头，以致一蹶不振，这便是"长中之短"的例子。

一个好的领导者在用人方面，要能知人之长处，也要能知人之短处，因而能用其所长、避其所短。一个人的缺点往往也是他的优点，而其优点也经常是造成其成功和成功之后失败的共同原因。领导者更进一步要能知道如何化他人的短处为长处，并且避免个人或部属之长处所可能产生的弊端。

辨别人才要"审于才德之分，先德而后才"，司马光在《资治通鉴·周纪一》强调才和德之不同，他认为："聪察强毅之谓才，正直中和之谓德。才者，德之资也；德者，才之帅也。"有德之人来领导有才者，方能使其不离正道。有德者获得有才之士的资助，方能成其大业。只有才而无德的人，挟其才以为恶，可以把一个成功的企业在一夜之间摧毁掉了。美国安然公司（Enron）在2001年底的破产事件，便是败在少数几个有才而无德、贪得无厌、自以为是的高级主管的手中。

司马光将人才分为四个等级：才德兼备的圣人，德胜才的君子，没有才也没有德的愚人，以及才胜德的小人。小人多能言善道，讨人欢喜，在上位者易为其所蒙蔽，一个组织在愚人手中会渐渐衰败，若是落在小人的手中便会迅速灭亡。世界首富之一的投资理财专家巴菲特（Warren Buffett）在一次对哈佛大学学生演讲时，指出了他提拔人才的三个要件：智慧、精力和正直（intelligence，energy and integrity）。正直在此处有诚实不欺的意思，只能说是德的一部分。巴菲特判断一个人是否正直时，是看他到底是喜欢其工作的责任和挑战，还是为了钱金与地位。智慧与"才"不完全相等，有智慧而不学则为狂慧。力学而养成之才，虽非上等人才，亦可为中坚的干部。"精力"，有近于中国人所谓的吃得了苦和忍得住身心的劳累，也就是要有"能耐"。"能耐"还多了一层心性之修养，不止是体能上的精力充沛而已。

《老子》曰："知人者智，自知者明。"一个人有自知之明，了解自己的短处，方能以知人之明，截他人之长以补己之短。除了了解所属之员工外，广义的知人还包括有：

（1）了解自己的长官：认识自己的顶头上司是否有才干？是否能善待、善用部属？能跟对人，长官高升了，自己也多了晋升的管道。长官若是无能之士，则经常会压抑下属。故曰："良禽择木而栖，良臣择主而仕。（可参看本书中第十四章对随卦的解释）"

（2）了解竞争对手：《孙子兵法》曰："知己知彼，百战百胜。"知彼者，知敌也，亦知人也。知己知彼，才能避其实而击其虚，此与敌相竞的制胜之道。

（3）了解合作伙伴：包括公司内的同侪或是公司外合作的伙伴。

（4）了解顾客：了解顾客的需求和心理，是企业行销和服务成功之要件。

所谓"知人知面不知心"，是感叹知人之难，例如一个人看到五十万元的非分之财可以不动心，但是面对五千万元的诱惑时就可能开始动摇了。

有人可以不被钱财所动，但却易为酒色所迷，一旦迷于酒色，则必然贪念非分之财，以满足其于酒色上之所需。真正的人才的旺盛企图心，是由"淡泊明志、宁静致远"的修养而来，而非由一己之私欲所驱使。将自己之私利、名声置于企业员工利益之上者，绝非一个成功的领导人。

（二）责人任事

《管子·形势解》曰："明主之官物也，任其所长，不任其所短，故事无不成，而功无不立。"用人之道在乎"用人之长；避人之短"[①]，因为"人无完人，金无足赤"，天下没有完美的人，也没有百分之百的纯金。清代顾嗣协在一首《杂兴》中写道：

> 骏马能历险，犁田不如牛。坚车能载重，渡河不如舟。
> 舍长以就短，智者难为谋。生才贵适用，慎勿多苛求。

如何安排适当的职位与任务，而得以用人之所长于其所长之处，且避其所短，是领导人在人事安排和升迁上必须用心的。清末的红顶商人胡雪岩认为用人之道在乎"用人之长，容人之短，不求完人，但求能人"，是实际可行的用人之道。

"贤者在位，能者在职。"贤者有德，使其居督导的地位；能者有才，命其司执事之职。有善与人交往者，有耐于事之烦琐者；有见识远大者，有不遗细节者；有能守成固本之才，有善于开疆辟土之士。了解不同人的个性、品德、才干和学习能力，则可责人以任事，任事以发挥其所长，或借事磨炼以去其短。能否用人得当，与主管人员的领导风格有密切的关系。《韩非子·八经》有言："下君尽己之能，中君尽人之力，上君尽人之智。"最下一等的领导者以为自己的智慧和能力皆高人一等，不相信部属之能力，亲自下海操盘，事事躬亲，自己累得半死，部属反而闲得没事干。中等的领导者

---

① 清魏源《默觚下·冶篇》。

以为自己的智慧高人一等，凭一己之智谋划未来，然后才责成部属去执行，只用到其手下的人力。最上等的领导者，知道用众人之智，能以群智策划之，以群力分工合作去执行，故能尽人之智。《老子》曰："善用人者，为之下。"能虚己下人方能善用人才。

《淮南子》曰："人主之术，责成而不劳。"刘劭在其所著《人物志》的自序中说："圣人兴德，孰不劳聪明于求人，获安逸于任使者哉！"强调企业高阶主管要将精力集中于求得人才，一旦能得人，就应派任他们做适合其才德的工作，以分担责任，于是自己便可以很安逸地享受无为而治的闲趣。《人物志》中对人才做了很详尽的分类和分析。该书在《材能第五》中便对人才能大小、个性宽急、和不同之专长加以分辨，并陈述其所适任之职。刘劭注曰："材能大小，其准不同；量力而授，所任乃济。"可为我们责人任事时之参考。

（三）考验和考核人才

考验人才在于"如有所用，必有所试"[①]：要考量人才，不能只从直觉上去判断。孔子的学生宰予，口才锐利善于辩论言辞，但德行不佳，最后从政时因为参加政变而亡，孔子引以为耻。孔子另一个弟子是澹台灭明，字子羽，他的相貌很丑，孔子认为他的才德不够，但是子羽在孔子门下受业后，退而修行，做事不走捷径，公私分明，有不少追随他的弟子，在诸侯之间很有名望，所以孔子有"吾以言取人，失之宰予；以貌取人，失之子羽"[②]的感叹，认为只凭着相貌和便捷的口才来选拔人才，必定会看走眼。遴选人才要用多方面的标准，有以德行择人，可以沟通能力取才，或是以办事之才选取。录用之后，"如有所用，必有所试"，在将欲有所重用之先，应该给予不同的挑战、试炼和训练，以评鉴其人是否名副其实，一则考察其德行、

---

① 《三国志·魏志·杜夔传》注中引用傅玄的话。

② 《史记·仲尼弟子列传》：澹台灭明，武城人，字子羽。少孔子三十九岁，状貌甚恶，欲事孔子，孔子以为材薄。既已受业，退而修行，行不由径，非公事不见卿大夫。南游至江，从弟子三百人，设取予去就，名施乎诸侯。孔子闻之，曰："吾以言取人，失之宰予；以貌取人，失之子羽。"

才干与能力，一则培养激发其潜能，或补其所学不足之处。在通过不同的磨炼之后，才赋予重任。

考核人才之方：人才的绩效考核不能只看绩效报表或是听信一人之评论，应该"众端参观"，从360度各方面去观察比较，包括实地考察"以目正耳"，考察他做事的成效和方法，以及其与人相处之道。一个人的表现和能力与其如何与上面长官应对，如何跟同僚合作，如何领导部属（how to work with manager, peer, and subordinate），都有密切的关系，《人物志·七缪》称此为"三周"，认为三者缺一不可。传统的从政者，常以民众的风评来衡量自己的政绩，此即《尚书·泰誓》"天视自我民视，天听自我民听"之意。笔者认为在现在以客为尊的企业文化下，民就是企业的顾客，我们应该从内部或外部顾客的角度来考核员工的表现，加上原有的"三周"而成为"四周"。一个人如果很得上层主管的欢喜，却不知善待部下，最后很可能因为下面员工之掣肘而失败。考核之道在乎"循名责实"，根据属下之职位，以及所负之任务之难易和任务之目标，以考核其实效。考核时不但要看绩效的高低，还要看绩效是否有所改进，并考量其绩效是否与公司的策略符合，如此才能评估此人是否有真才实学。

西方管理中的"目标管理"便是循名责实的方法，设定目标最好能有客观的度量标准，管理学中有句名言："你不能管理你不能衡量的人、事、物。"[1] 然而建立有效的衡量指标，则有赖于管理者的智慧。管理学家又警告我们"小心你所设的绩效指标，因为你很可能会得到你要的衡量结果。"[2] 这是指员工会根据绩效指标来做事以期奖赏，结果舍弃其他方面之成效而不顾。是故若所衡量的指标有所偏颇，最后反而可能弄巧成拙。最近流行的平衡记分卡（Balanced Scorecard）则是在传统财务报表之外，再加上顾客、企业内部程序、和创新学习，从这四个构面来衡量企业之绩效[3]。财务报表

---

① "If you can't measure it, you can't manage it."

② "You get what you measure！"

③ Kaplan, R.S.and Norton, D.P., "Use the Balanced Scorecard as a Strategic Management Tool", Jan.–Feb., 1996, pp.75–85.

是衡量过去，创新学习则是评估未来的潜力；从顾客的角度是由外向内观，由企业内部程序则是由内向外看。每个构面都设立一组目标、衡量这些目标的指标、应达成的指标百分比、和达成指标所应采取的行动方案。

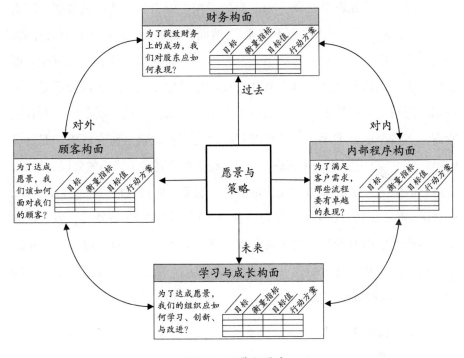

图 -12　平衡记分卡

"疑人莫用，用人莫疑"的原则是理论，然而"知人知面，不知心"，在实务上要修正为"疑人莫轻用，用人须稽核。"理律律师事务所在 2003 年遭到内部一位资深员工盗侵客户款项近新台币 30 亿元，让理律受到严重的打击，即是受到"用人不疑"之害。英国有 233 年历史的巴林（Barings）银行在 1995 年，因为在新加坡分行的一位年仅 27 岁的行员 Nick Leeson，以不当手法操作股市，造成达 13 亿美元的损失，超过银行的资本和储备金，使得百年老店毁于一旦。荷兰 ING 银行后来以一英镑的价钱买下了巴林银行，并承担其大多数的损失[①]。这是制度不当，稽核不实所造成的。美国总

---

① "Nick Leeson and Barings Bank"，http：//www.bbc.co.uk/crime/caseclosed/nickleeson.shtml

第三章　管理三才说

109

统里根在冷战期间与前苏联总统戈巴乔夫进行中止核武谈判时，每次都说："Trust，but verify.（互信，但是仍要小心求证。）"可供我们在用人和与人合作时参考。

管理上虽然强调分层负责和适当的授权，但也要有适度的节制，因为"害人之心不可有，防人之心不可无。"然而管制过当，则成为掣肘之障碍，兵法上有"将在外，君命有所不受"之明训，商场如战场，瞬息万变，即使信息十分完备和快速，也没有办法反应临场之变化，故必须授予适度之权限，使站在第一线的员工，能因应紧急的状况，当机立断以回应顾客之所需，不然事事要请示，不是延误对客户之服务，就是错失商机。五星级的丽思卡尔顿酒店（Ritz-Carlton Hotel）是从尊重其员工进而做到以客为尊，其座右铭是："我们的淑女绅士为淑女绅士服务（We are ladies and gentlemen serving ladies and gentlemen.）。"每一位员工可不经主管事先核准，就可以动用二千美元之内的金额，去解决造成顾客不满的事故，这个政策正是实践了"将在外，君命有所不受"的理念，授权第一线的员工使其在第一时间就能立即解决顾客的问题。

（四）激励人才

传统中国式管理的激励理论皆本于赏、罚两个权柄。如果有人提出好的建议案，管理者便根据其所言而授权他去推动之，然后在一定的时间内考核其绩效。其绩效合乎或超出预期之成果，则应该加以奖赏，不然则应当加以惩罚[①]。绩效评估是奖惩的基础，利之所在，风险随之。绩效之衡量，应分辨短期之利与长期之效。奖赏功劳若只以近利为准，则易招来唯近利是图之小人。

奖赏的方式非名即利，细分之则包括有：金钱物品上的奖励、名誉的授予或是职位上的升迁。陆贽曰："夫诱人之方，惟名与利，名近虚而于教为重，利近实而于德为轻。专实利而不济之以虚，则耗匮而物力不给。专

---

① 见《韩非子·二柄第七》。

虚名而不副之以实，则诞谩而人情不趋。"① 名为礼教而重其义，利为实惠而轻其德。有功而无才德，则可以奖之以利，而不可授之名位。人员的升迁，应根据考绩和能力是否适任来决定，不然高升其职位，适足以害之。赏罚的规矩订立之后，要能做到"信赏必罚"。赏罚的分明，则在乎考核人才有其方，不能只凭自己的好恶来决定赏罚。

（五）培育人才

培育材之道在于"成人之长，去人之短"。一个人虽然在某些方面有长才，却不可恃才傲物，仍要在行事中历练，以内化已学之知识，方能持续成长。有道是"见人挑担不吃力，事非经过不知难"，因为学之、行之然后知不足，故能激励吾人不断地追求新的知识和学习新的技能。

培育之道包括有正式的教育训练，在职位上由有经验的前辈随时指导，轮调不同职位，以培养有全方位视野和经验的人才。企业在不同发展的阶段，要用不同性质的人才，是故一则要鼓励现有的人才去学习新的知识技能，一则要向外求取人才以为当前转型时之所需。

八、结语：中西管理之异同

传统的中国管理学中重视人，西方管理则着重于事和物。实则中西管理各有所长，亦各有所短，而管理学说与方法之适用性也会受到国家和组织文化底蕴之影响，若不研究其间的关系，而欲以方枘入圆凿②，则必遭"橘逾淮而为枳"之讥。

齐相晏婴出使楚国，楚王想羞辱晏婴，于是在晏婴来访时，绑了一个犯人过堂，故意问左右："犯人是哪国人？所犯何罪？"臣下回答说："是齐人，

---

① 司马光《资治通鉴》卷二三〇。

② 《楚辞·宋玉·九辨》："圜凿而方枘兮，吾固知其龃龉而难入。"枘，音瑞，榫头；凿，榫眼。方枘是很难装进圆凿中的。喻格格不入，不能互相配合。

犯了窃盗罪。"楚王就看着晏子说:"这是因为齐国人善于偷盗吗?"晏子避席回答说:"婴闻之,橘生淮南则为橘,生于淮北则为枳,两者叶子很相似,其果实味道却不同。所以会如此是什么原因能?是水土不同。今民生长于齐不盗,入楚则盗,得无楚之水土使民善盗耶?"楚王不好意思地笑说:"下次不敢再和圣人开玩笑了,不然只是自取其辱。"①所谓"一方水土,一方人",水土者,三才之地道也,文化、风气、和法律规章皆可视为水土。我们在引进管理理念、制度、和方法的过程中应考虑该国家、区域和组织之差异,而加以调适使其"在地化"(localization),才能发挥最佳的效果。

近代管理学者 Hofstede 曾提出几个文化上差异的向度(dimensions)②:上下权威的距离、避免不确定之倾向、重个人或集体主义、阴阳刚柔之性(男性或女性)及长远导向(Power distance; Uncertainty avoidance; Individualism-collectivism; Masculinity-femininity; Long term orientation)。最后一个向度"长远性"在研究亚洲一些国家才发现的,故又被称为儒家的力度(Confucian dynamism)。西方管理文化中欧洲各国和美国也有明显之不同,亚洲的中、日、韩之管理方式亦有异。一国之中因产业,领导者之理念和区域之不同,其管理方式也会有很大的差异。是故在应用这些理论时,应该知道这种分类只代表各国之平均值,不可一概而论。

试以烹饪为例来突显中西文化之差异,中式烹饪的学习都是母亲传女儿,师傅传徒弟。母传女大都不会藏私,但是徒弟学手艺时则经常备受折磨,而不得师傅之真传,只能在一旁偷看偷学,用料分量多少和煎煮炒炸之序,都得自行去琢磨,很少有食谱供其参考。西方人做菜必有食谱以明示用料之斤两,调味之多少则以大小之容器来度量,加热久暂则用码表计时,故容易学成。然而通过这种方式学习,大多是知其然而不知其所以然,所以一旦没有食谱就会手足无措,故西式烹饪可说是"易成而难通"。中式烹饪

---

① 此故事出自《晏子春秋》第六卷《内篇·杂下第六》。

② Hofstede, Geert and Hofstede, Gert-Jan, *Cultures and Organizations : Software of the Mind*, New York : McGraw-Hill, 2004.

不易学成，然而在长期的磨炼之下累积经验而深思其理，久而自通。一旦会通，则能因食材之有无而料理，创意挥洒而自成佳肴。

在知识管理中有所谓：内隐知识（tacit knowledge）与外显知识（explicit knowledge）[①]之别。内隐知识包含两个层面，一是技术层面的技能或手艺，因为难以明确描述其然及所以然，故常常被视为秘诀。此类知识多来自亲身之体验、主观的洞察力、直觉和灵感。另一个是认知层面，包括信念、理想、价值观及心智模式。具有内隐知识者大都不知如何将经验有系统地传授他人，有时候即使写成"秘籍"也不够详尽，更不愿轻易传授外人，在古代的中国甚至有传子不传女之陋习，这可能是在以前缺乏"智慧财产权"保护法的时代下不得已之做法，然而历代中国人许多宝贵的经验却因此而失传，甚为可惜。

中式管理之学有如中式烹饪，多属内隐知识，重经验及体会；西式管理之学则有如西式烹饪，尚分析与方法，多属外显知识，图-13 为内隐与外显知识间传递与转换的方式。管理学理论与实务发展之重点是：如何将内隐知识外显之（externalization），使其易于传授；如何将外显知识内化（internalization），使人知而能行。中西管理各有所长及所短，若能相互截长补短，则可相得益彰。

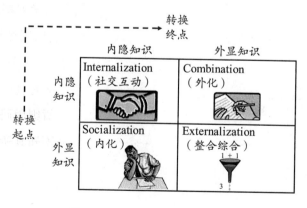

图 -13　知识的传递与转换方式

---

①　Ikujiro Nonaka and Hirotaka Takeuchi, *The Knowledge-Creating Company*: *How Japanese Companies Create the Dynamics of Innovation*, Oxford University Press, May 18, 1995.

表 –1 尝试大略地比较中西管理理念之不同，虽难免以偏概全，然而其目的在彰显管理理念之两端，不论古今中外，唯有执两而用中，方能截长以补短。企业、政府的管理能上轨道，实为员工之福，人民之幸。

表 –1　中西管理理念之比较

中式管理	西式管理
讲关系	重实力
重视诚信、一言为定	重视法律、合约
重视经验累积和窍门（tacit knowledge-oriented）	讲究分析方法和制度（explicit knowl-edge-oriented）
重人治	讲法治
讲义气	重利益
靠直觉	精计算
永续经营	短线取胜
专讲为人之道	着重处事之方
尚忠诚	凭本领
选贤、重德	举能、惜才
故作神秘	重视沟通
重变化	讲规划
重视内圣功夫	崇尚外王事业
重农（生产）轻商（行销）	重商（行销）轻农（生产）
擅长制造	注重营销
传子	传贤
强调守成而守成不易	鼓励创业而创业维艰
着重天人合一	强调人定胜天
长于内斗	善与外争
重群体	重个人

第四章　经营八卦解

一、前言

　　《易经》中的八卦可以从多方面来取象，本书第一章中对此已有初步之介绍。本书在第三章中将三才与基本管理理念加以说明，本章则是将企业经营管理的重要功能与八卦结合在一起，作为企业主管建立其管理哲学及经营之道的基础架构。管理之道，经纬万端，唯有建立一个完整但又精简的架构，将管理学之精要深植于企业家的脑海中，方能使其临机应变、运用自如、发挥作用。

　　近代研究《易经》之学者，亦曾将八卦与管理相对应，然而其取象各异，莫衷一是，难免遭牵强附会之讥。笔者上究经文原义，下寻现代管理学说，将八卦与企业之功能加以结合，一则阐扬《易经》在管理上之应用，一则介绍基本的现代企业经营管理之要点。

　　八卦可以先天的伏羲八卦和后先文王八卦来表示其方位，宋儒邵雍认为先天八卦（如图-1所示）是来自《说卦传》："天地定位，山泽通气，雷风相薄，水火不

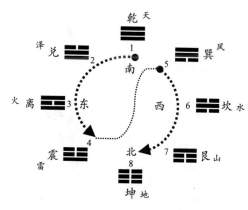

图-1　先天八卦方位

相射，八卦相错。"现代地图的方位是右东、左西、上北、下南，与传统的先天与后天八卦图在方位的配置上恰恰相反。

后天八卦则是根据《说卦传》中的另一段描述："帝出乎震，齐乎巽，相见乎离，致役乎坤，说言乎兑，战乎干，劳乎坎，成言乎艮。万物出乎震，震，东方也。'齐乎巽'，巽，东南也。齐也者，言万物之絜齐也。离也者，明也，万物皆相见，南方之卦也；圣人南面而听天下，向明而治，盖取诸此也。坤也者，地也，万物皆致养焉，故曰'致役乎坤'。兑，正秋也，万物之所说也，故曰'说言乎兑'。'战乎乾'，乾，西北之卦也，言阴阳相薄也。坎者，水也，正北方之卦也；劳卦也，万物之所归也，故曰'劳乎坎'。艮，东北之卦也，万物之所成终而所成始也，故曰'成言乎艮'。"所绘制而成（如图 –2 所示），先天和后天八卦图是在易理学习和应用上很重要的两个图。

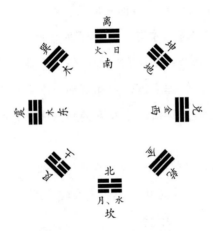

图 –2　后天八卦方位与五行

八卦取象中以其与大自然之对应和各卦的德性最为重要，今分别归纳如下：

1. 乾卦☰，三个阳爻，代表天，有刚健的德性。

2. 坤卦☷，三个阴爻，代表大地，有柔顺的美德。

3. 震卦☳，一阳在下，象征春雷初动，有震动、发明创造之义。

4. 巽卦☴，一阴出生于下，代表风，风顺而无形，有无所不入之义。

5. 坎卦☵，一阳陷于二阴之中，如水之外柔内刚，有陷、险之义。

6. 离卦☲，一阴居中，有火外明而内暗之象，有光明，附丽之义。

7. 艮卦☶，一阳在上，不动如山，有静止之义。

8. 兑卦☱，一阴在上，代表沼泽、湖泊，有愉悦、润泽和学习之义。

二、八卦的管理功能

笔者认为八卦与经营管理的重要功能之间有对应的关系，在发展此关系时大多依据传统取象的方法，而赋予新的意义。笔者在取象时是以《易经·说卦传》（见"附录一"）为主，而兼采历代各《易》学家所收集散失的"逸象"[1]，以避免牵"强附会"之讥。西方管理学中亦常用图形勾画重要管理观念之间的关系，这是因为图胜于文（A picture is worth more than a thousand words.）。

图-3 显示了笔者所独创的八卦"乾、兑、离、震、巽、坎、艮、坤"与经营管理功能之间的对应关系，并解释如下：

图-3　八卦与经营管理功能之对应

1. 乾卦：计划、领导、和创造。《易经·系辞传》曰："乾知大始，坤作

---

① 张其成《易道主干》第 89-94 页，北京：中国书店出版社 1999 年。

成物"此处"知"字是管理控制、主导、主宰之义。"乾知大始"万物都因乾元而开始，故乾可以统理天。乾的功能，在一个企业之中而言便是建立其愿景（vision），根据其愿景而制订策略（strategies），依照其策略而拟出计划（plans）。乾卦爻辞曰："用九，群龙无首，吉。"象征能以团队为基础，群策群力，用无为而治的方式共同努力（即英文 self-managed team、teamwork and empowerment 等观念）。领导人物的重要能力之一是善于激发每一个员工的潜力，团队成员在不同情境下，能共同推举最适合的人出来领导。《易经》六十四卦以乾卦为首，乾卦刚健自强，不断地创新，故孔子自问自答曰："夫《易》何为者也？夫《易》开物成务，冒天下之道，如斯而已者也。"[①] 此正是现代企业家创业的精神（entrepreneurship）之最佳的注脚。

2. 兑卦：人才、人力资源。兑为悦，愉悦也。经营一个企业天时与地利虽然重要，但人和才是其成功的关键，所谓"家和万事兴"，人和则事业兴。人和不是指大家都和气相处而已，和是代表阴阳和合，代表各类人才的相互配合。人才虽然重要，若是没有人和，人才亦难以发挥。兑又代表泽，要能德泽于员工才能获得其向心力。泽是湖泊、沼泽，湖泊中有各种动植物生长其中，代表企业要能容纳各种人才。兑又有讲习、学习的意思[②]，故企业对人才要能善加培育，使其各得其所，能在适当的职位上磨炼其心志，培养其经验。企业的组织应是一个不断学习成长的有机体，如此方能孕育出人才。

3. 离卦：赏罚、升迁、制度。《说卦传》曰："离也者，明也，万物皆相见，南方之卦也；圣人南面而听天下，向明而治，盖取诸此也。"离有罗网之义，象征企业内的法令规章、奖惩升迁制度（incentive system）和如网络般的组织架构。离为日，又代表这些制度要明明白白，赏罚分明，使员工知所勉励和警惕。企业之复杂可谓千头万绪，因此必须建立处理各项事务

---

① 见《易经·系辞传》

② 《序卦传》曰："兑者说也。"虞翻曰："兑为讲习，故'学而时习之不亦说乎。'"引自李鼎祚《周易集解》。

的程序与规则（standard business operating procedures and rules）及组织章程，使得运作起来有条不紊。一个企业若能建立一套合时而适宜的制度和组织，则领导者自然可以南面而听天下，垂拱而治①。不过企业的制度和组织要能与时俱进，不然企业很快就会受到旧制之束缚而僵化。然"徒法不足以自行"，还要"制数度，议德行"②，建立一套均衡的绩效度量系统（a balanced performance measuring system），从各方面来评估企业的财务状况、顾客满意度、发明创新与企业程序（business process），并以组织中各单位整体之绩效与个人之表现（包括德与行）作为奖惩的标准。法家一向视奖惩为御下之柄③，然而奖惩之罗网亦不可太密，若太严密则处下位者动辄得咎，人才无从发挥其所长。

4.震卦：震动、创新。震以一阳在下，欲突破在上面二阴所代表的陈旧势力（如旧有的产品和程序），代表企业内一鼓创新的力量。以部门别而言，震卦则可以代表研发部门。《易经》中有着很强烈的创新哲理，此创新的力量是来自观察社会环境变动不居的事实。我们若不进步，很快就会被竞争者超过，所以一个企业不能一成不变，要能够随时代环境和市场的变化而求变，才能成为适者而生存。④创新乃适变的唯一途径，故《系辞传》曰："日新之谓盛德，生生之谓易。"每天不断地求新求变是企业文化中最重要的一环，能将创新运用到企业的各个层面，才能使企业生生不息而得以永续经营。

5.巽卦：风行、行销。巽卦一阴爻在下，有渐渐改变在上二个阳爻之象。巽为风，风有用移风易俗和教化的意义。⑤《庄子》曰："夫大块噫气，其名

---

① 《尚书·武成》："谆信明义，崇德报功，垂拱而天下治。"垂拱而治有无为而治之义。
② 节卦《大象》曰："泽上有水，节。君子以制数度，议德行。"
③ 《韩非子·有度第六》云："故舍己能，而因法数，审赏罚。"《韩非子·二柄第六》云："明主之所导制其臣者，二柄而已矣。二柄者，刑、德也。何谓刑德？曰：'杀戮之谓刑，庆赏之谓德。'"
④ 《易经·系辞传》曰："《易》之为书也不可远，为道也屡迁。变动不居，周流六虚，上下无常，刚柔相易，不可为典要，唯变所适。"
⑤ 《诗经·毛诗序》："风，风也，教也；风以动之，教以化之。"

为风。"风虽无形，然而所到之处鼓动万物，天下无不为之所感化，如君子之德，风行草偃，此风气之善者。风又象征行销手法的无孔不入[①]，传统行销组合（Marketing Mix）包括了产品、价格、通路和推广（Product，Price，Place and Promotion）这四个 Ps。《说卦传》以做买卖要能获得三倍以上的利润来解释巽[②]，企业若能推出适时的产品，同时降低成本、提升品质，并采取合理之价位，再以高明的行销手法去推广之，则必可使企业获得应有的利润。巽又有商人在旅行的意思，代表行销人员要勤跑客户，经常拜访旧有的客户，并开发新的客源和寻找新的销售通路（place，即 distribution channel）。行销的目的是在教育消费者或顾客，使其了解公司产品之价值[③]，此教化推广之功，与巽卦之意正好相合。

6. 坎卦：运输和后勤作业（logistics）。坎为水，为舟车，有运输货物，使货畅其流之象。在商业上这便是后勤补给的功能，是相当复杂、繁琐、而劳累的事。与供应商密切配合，整合物流之信息，此乃供应链管理（Supply Chain Management）。坎卦一阳居于上下二阴之中，有外柔内刚之象。代表在与供应商的联系合作上，要刚柔并济、软硬兼施。要有互惠的精神，让与我交往的供应商有利可图，但要在品质和交货的时效上严格地要求供应商。坎又有险、陷的含意，代表在后勤支援、供应链的整合上，需要环环相扣，若稍微有所闪失，则整个企业的营运便会陷入危险的境地。我们在供应链管理上，应运用作业研究或运筹学（operations research）的方法精打细算，以减少营运之风险、增加其效率。

7. 艮卦：财务、财富和资源。艮为山，又有多、厚、宫室和硕果等意义。艮为财，"有贝之财指的是钱财，无贝之才指的是人才"，故艮可解释为企业的各种资源。在财务管理上首重分散投资之风险，不要把鸡蛋放在一个篮子里，并以合理的资源分配来反应企业策略之重点（strategic focus）。重

---

① 孔颖达《周易正义》曰："巽象风，风行无所不入，故为入也。"

② 《说卦传》："巽为近利市三倍。"

③ Marketing is to communicate values.

视财务管理不是当守财奴，而是善用资源才能以战养战，要用累积的资源去投资新的项目，以换取更多的资源。做生意时"创造财富"是经营的最高准则之一，而钱财又是创业之初和扩展企业时所不可或缺的，此艮卦"万物之所成终而所成始也"①之深义②。理财一词，始见于《易经·系辞传》："理财正辞，禁民为非曰义。"这是说攻府在财政金融政策上要有一套正当的理论和说辞，禁止企业为富而不仁，运用其财富而为非作歹，这才是最合宜的理财之道。《尚书·洪范》中论述五福："一曰寿，二曰富，三曰康宁，四曰攸好德，五曰考终命。"③五福中寿居首，接着就是富。在《大学》有好几处重要的理财论述，例如："君子先慎乎德。有德此有人，有人此有土，有土此有财，有财此有用。德者本也，财者末也。外本内末，争民施夺。是故财聚则民散，财散则民聚。"阐述德为理财之本和藏富于民的道理。《大学》曰："生财有大道，生之者众，食之者寡，为之者疾，用之者舒，则财恒足矣。"强调开源节流的生财之道，重视"生产"，节约消费，资源的累积在于量入为出和积少成多。先哲有言："《洪范》五福先言富，《大学》十章半理财。"表明了中国人对财富和理财的重视。

8. 坤卦：执行（execution）、实施（implementation）和作业（operations 包括生产和服务）。《系辞传》中"坤作成物"的"作"是功能、作用，有实施、实践（implementation）的意思。唯有实地去做才能成就事物。坤为地，有生养万物之义，故可以代表企业作业管理的功能，作业则包括了制造产品或提供服务的过程。坤以性情而言，代表柔顺，强调现代产品需要有弹性（flexibility），能够做到大量的客制化（mass customization），能根据客户之需求，迅速地改变产品的性能（features）。以服务业而言，尤其应效法坤的柔

---

① 见《易经·说卦传》。

② 《周易折中》解释《说卦传》中"成乎艮"一语，引用俞琰的注解："艮，止也。不言止而言成，盖止则生意绝矣。成终而复成始，则生意周流。故成乎艮。"

③ "攸好德"的"攸"训为长远，考终命的"考"训为成。培养好的善行，能享其天成，得到善终。参见曾运乾《尚书正读》，台北：宏业书局 1973 年。

顺之德^①，以客为尊，重视服务之细节，如此才能提高服务之水准、水平。

三、八卦间的互动：激发组织中活活泼泼的生机

前一节以八卦对应管理的功能，是要突显这些功能的重要性。这八种功能实则相联属，有互补、互助及互为制衡的特性。《易经·系辞传》曰："是故刚柔相摩，八卦相荡。鼓之以雷霆，润之以风雨。"八卦中的各卦互相影响，就好像组织中各部门和各项功能之间有不同的互动关系。有时相辅相成，有时又有互相冲突、排斥的状况，是故协调各部门之活动、化解其间的冲突，是高层管理人员的重要功能之一。《说卦传》曰："天地定位，山泽通气，雷风相薄，水火不相射，八卦相错。"尤其着重八卦图中在两个对角线上相对的两个卦，这四组两两相对的卦（乾与坤、震与巽、坎与离、艮与兑），皆是阴阳相错互补的卦，此节将对八卦相错的管理深义做进一步的探讨。

1. 乾、坤：规划宏远，执行有度

〈系辞传〉曰："乾知大始，坤作成物。乾以易知，坤以简能。易则易知，简则易从。易知则有亲，易从则有功。有亲则可久，有功则可大。可久则贤人之德，可大则贤人之业。易简而天下之理得矣，天下之理得而成位乎其中矣。"乾和坤分别代表组织中规划与执行这两大功能，乾能知变而主导变革，坤能承乾之旨，以简驭繁，顺势而执行之。有好的领导者则能有所创新，然仍须有辅佐之能臣，才能助其建立功业，创造出可大可久之德业。"易、简"即乾、坤，乾、坤乃创新精进和简易摄受之精神（坤有忍辱包容之心，故以摄受形容之），故天下之理可得，中庸之道可行。

孔子认为乾元和坤元是同出于一元，规划和执行也是一体的两面。没

---

① 坤卦《象》曰："至哉坤元，万物资生，乃顺承天。坤厚载物，德合无疆。含弘光大，品物咸亨。牝马地类，行地无疆，柔顺利贞。君子攸行，先迷失道，后顺得常。西南得朋，乃与类行；东北丧朋，乃终有庆。安贞之吉，应地无疆。"

有规划则执行只是盲目的，没有执行力则规划是空洞的。"乾以易知，坤以简能"，乾是以《易经》不易之理和变易之道，来规划事物之终始，有了计划之后，坤就能很简易的顺承着乾所主导之规划来实践推动事务，以启发万物之功能与德行。坤能顺承乾元大始的计划去实行，故能提纲挈领、以简御繁[①]。"易则易知，简则易从"，掌握了阴阳变易的道理，则能够很轻易地来主导规划事物。事情的规划简单明了，则很容易让人顺从而执行其任务。"易知则有亲，易从则有功"，规划若能简易近人，则会取得他人的认同感和亲切感，而为人所遵从，所以得以成功。"有亲（新）则可久，有功则可大"，以乾的创新精神，则事物可以维持长久。以坤的执行力而实现有可见的功绩，则事业可以做大。企业应将眼光放远，不可只知追求无限的扩张和成长，应该寻求可以永续经营发展（sustainable development）之道。

乾、坤又代表企业文化中的精神面和物质面，企业的若一直赔钱、没有实际的成就，其精神无从发挥；企业若只有物质上的成功，而未能由文化精神来引导，则企业体也只是一部会赚钱的机器而已。乾是企业文化的精神，而坤是企业经营的实体，二者乃一体之两面。

孔子曰："学而时习之。"学是求知，习是实践其所学。"乾知大始，坤作成物"，知与行也。乾坤同出于元，故有知行合一之义，经营管理乃知行合一之学。所谓"书到用时方恨少，事非经过不知难"，只有在不断地实践和学习中，才能培养出优秀的管理人才，发展成一流的企业。

2. 艮、兑：人才钱财，才德兼备

人才和钱财是企业发展所需的两项重要资源，人力资源（human resource）是现代管理的重要一环，尤其是在知识经济体系下，人才乃掌握知识的关键，被视为智慧财产（intellectual capital）的一部分。中国的经世致用之学一向是以人的管理为本，《尚书·皋陶谟》曰："知人则哲"哲者，

---

① 坤卦《文言》："至哉坤元。万物资生，乃顺承天。"坤元很伟大，坤有顺从天的智慧，能资助万物之生长，故能承天之运而与时偕行。

明智之谓也。曾文正公有言："阅历事变，但觉除得人外，无一事可恃。"①
又曰："办大事者，以多选替手为第一要义。"选替手，要有知人之明，知人善任，方能使其分层负责，此即《尚书》"能官人"之义。选替手也可解释为选择继承人，西方人事管理上非常重视"继任人选的安排"（succession）。一个明智的当政者或管理者应有知人之明，知人而后任之以适当的职位和事务，从而给予适当的历练以培育人才。所以孟子说："为天下得人者谓之仁，是故以天下与人易，为天下得人难。"② 其中之深意，应详细参究。

在《论语》中孔子曰："才难，不其然乎！"③ 孔子感叹人才难得，若能得五个、十个治世辅佐的人才，就能成就王霸之业。司马光在《资治通鉴·周威烈王二十三年》将贤能之人的特质分为德与才（道德与才干）。司马光论曰："智伯（晋国大夫）之亡也，才胜德也。夫才与德异，而世俗莫之能辨，通谓之贤，此其所以失人也。夫聪察强毅之谓才，正直中和之谓德。才者，德之资也，德者，才之帅也。云梦之竹，天下之劲也；然而不矫揉，不羽括，则不能以入坚。棠溪之金，天下之利也；然而不镕范，不砥砺，则不能以击强。是故才德全尽谓之圣人，才德兼亡谓之愚人；德胜才谓之君子，才胜德谓之小人。凡取人之术，苟不得圣人、君子而与之，与其得小人，不若得愚人。何则？君子挟才以为善，小人挟才以为恶。挟才以为善者，善无不至矣；挟才以为恶者，恶亦无不至矣。愚者虽欲为不善，智不能周，力不能胜，譬如乳狗搏人，人得而制之。小人智足以遂其奸，勇足以决其暴，是虎而翼者也，其为害岂不多哉！夫德者人之所严，而才者人之所爱；爱者易亲，严者易疏，是以察者多蔽于才而遗于德。自古昔以来，国之乱臣，家之败子，才有余而德不足，以至于颠覆者多矣，岂特智伯哉？故为国为

---

① 曾国藩曰："信人力足以补天事之穷，孟子言治乱兴衰之际，皆由人事主之，初不关乎天命。"见张锡勤《曾国藩思想简论》，《中国哲学史研究》1983 年第 2 期。

② 语出《孟子·滕文公章句上》。

③《论语·泰伯》舜有臣五人，而天下治。武王曰："予有乱臣十人。"孔子曰："才难，不其然乎，唐虞之际，于斯为盛，有妇人焉，九人而已。三分天下有其二，以服事殷，周之德，其可谓至德也已矣。"按："乱"字作治解，相反为训。

家者苟能审于才德之分而知所先后，又何失人之足患哉？"

《论语》严于君子与小人之分辨，《易经》中以"君子道长、小人道消"为吉。《礼记·礼运大同篇》称"选贤举能，使贤者在位，能者在职"。任贤德的人于督导之位，再用有才干者而予以办事之职，企业之经营才能成功而传之久远。

人才、钱财是创业的两项重要资源，其中又以"无贝之才"（人才）最为重要。有钱而无人才，则事业难成，然而没钱财也很难成就大事，所谓："世路难行钱为马"，一分钱也可以逼死英雄好汉。《易经》屯卦有创业维艰之义，创业虽艰，仍应做向下扎根的长远工作，对将来可辅助我建设发展之人才，应做长期之培养使其成为未来共成大业的班底。真正的人才，不是有钱就可以请得动，刘备三顾茅庐才将诸葛亮请出山，刘备因为得了诸葛亮之助，而得以据巴蜀汉中，与魏、吴三分天下。求才者得有礼贤下士、以贵下贱的谦恭，才可能请出不世之英才。

大老板常常感叹才难，而有志之人才则经常因缺乏资金，无法进一步推动研发和开拓市场而受限。创投基金（Venture capital）是现代产业环境下结合钱财和人才的一种机制，有效地解决了这个人才两难的问题。有的大公司内部也设有内部创投的机制，以鼓励人才留在公司内发展。

3. 震、巽：创造价值，开拓市场

震为雷，是动，是创新、研发；巽为风，是风行，深入人心，是行销。"雷风相薄"是指雷与风互相摩擦，产生的能量。管理学大师杜拉克（Peter Drucker）有言："一个企业能创造价值的两个功能是创新（innovation）和营销（marketing），其他的活动都是成本。"营销与创新研发部门的互动特别重要，正有如雷风之相薄。营销是企业走入群众，了解客户和市场需要，及其变化的主要手段。营销部门应根据市场的信息，提供研发部门开发新产品的意见和顾客对现有产品服务的新需求。研究部门不能闭门造车为研究而研究，而忽视了市场的实际需要，研究单位若有新的想法和技术，可以通过营销部门尽早试探顾客的接受程度。不断地创新，才有推陈出新的产品供营销部门去推广，因为"只有创新和营销才能创造价值、开拓市场。"

《易经·系辞传》中将渔猎和农耕的网罗和耕耘器具之发明，甚至将交易的市场机制，都视为创新。《系辞传》曰："日中为市，致天下之民，聚天下之货，交易而退，各得其所。"即规定中午的时候，为市集交易的时间，让四方的民众都把他们所生产的货物都聚在一起进行交易。能将新制度的建立视为创新，在中国乃至于世界思想史中可是一项观念上的重大突破。在近代电子商务中，priceline.com 首创了逆向拍卖的交易方法（reverse auction），由买方出价而由众多卖方来决定是否愿意出售其产品或服务，此方法已申请并取得专利，可见交易机制之设计和发明的重要性。中国的阿里巴巴网站（Alibaba.com）是企业与企业间（B2B）交易的电子商务市集之平台，因为抢得先机，人气旺盛，是 B2B 网站中之佼佼者。创意经常是来自结合了不同领域的知识和技术，苹果电脑设立了 iTune 网站贩售可以下载到 iPod 播放的数位音乐，在几年之内已经成为全美最大的音乐销售公司。此项创新结合了软件、硬件、网络、交易机制、音乐数位化和歌曲授权等而形成的"生态系统（ecosystem）"，已成为网络创新的典范之一。

作《易》者深观历史演变，因而得出了"穷则变、变则通、通则久"的规则。《易》道生生不已、健行不息的精神和人生理念，《尚书·禹贡》"天工人其代之"的责任感，与《中庸》"赞天地之化育"的雄心，皆是中国文化中一脉相承的创新思想和动力，其深意在勉励人们不断地创新进步，运用其创意发明新的产品、工具和制度，来弥补天地间之缺憾，自助助人以赞助天地化育之功能，这些观念都是中国人创新哲理之源头。

易道中用类比的思维（analogical reasoning）方式（如乾卦以龙喻乾之刚健和六爻时位之变化）和"仰观于天、俯察于地"的观察力，因而有"察于民之故，兴神物以前民用"的作用，这是说考察民众的喜好与行为的缘故，发明奇妙的东西来满足人民潜在的需求，以为其谋福利。现代企业及组织在全球化和信息化的潮流下，其经营环境瞬息万变，若能有正面思考的心态，"穷则变"，则能将危机化为转机。但是这种在穷途末路之下才去改革创新的思维，显然不够积极。天下事物变动不居，真正不变的是"变动是常态"这个定律。《大学》曰："苟日新，日日新，又日新。"是说仅仅做到一日的革新是不够的，要能每天都去求进步，日积月累不断地创新才能够永续经营。《大学》曰："周虽旧邦，其命维新。"周朝虽然是一个老旧的国家，但是它有一个不断创新的文化，故能维持国家的生命力和活力，时时推陈出新。既然变化是常态，我们就不应抗拒变革，要有积极创新、持续改革的心态，与时代潮流并进。《易经》所开示的创新之观念，即使在今日，仍然值得我们去玩味。

时势与事物必有变化，而变化又必有其先兆，吾人应培养"观微知著"之能力，故能及早警觉到变化将至之机，而预作准备。成功的企业家要能防患于未然，还要能更进一步造势以兴利，以创意开拓新的市场和商机。朱熹《观书有感》诗：

半亩方塘一鉴开，天光云影共徘徊。

问渠那得清如许？为有源头活水来。

这首诗的大意是说：这半亩大的池塘像一面展开的镜子般，天上的日光与云彩都照显运行在其中；为何你能如此清澈含蕴无限的生机呢？因为这池塘的源头是生生不息的活水。

创造力即是企业生存、创新和突破的"源头活水"，要将创造力落实为新的产品、服务、和制度，还要有独立不惧的精神和坚韧不拔的执行力。Richard Florida 在其《*The Rise of the Creative Class*》书中强调多元的文化和对异类的包容（cultural diversity and tolerant attitude）是一个地区所以能吸引有创意的族群之因素。他认为经济之发展及创业之驱动力来自三个以 T 起首的英文字：技术（Technology）、人才（Talent）及包容力（Tolerance）。从企业的角度而言，我们深信要得人才方知如何善用新技术，而有包容力才能给有创意的人才挥洒的空间[1]。在日形重要的服务业我们要的是广且深的 T 型人才：T 上的一横代表一个人有广博的兴趣；T 下的一竖代表此人同时具有专业的能力。广博则善联想而融会贯通，专精则能发前人之所未发而有

---

[1] 王精文、陈明德《创造力：创造性问题解决方法与工具》，台北：鼎茂书局 2006 年。

所突破。通才常被讥笑是"样样通，样样松（Jack of all trades and master of none.）"，英国生物学家赫胥黎曾说："什么领域都得知道一些，但是某个领域却得精通其中任何事（Try to learn something about everything and everything about something）。"胡适则说："为学要如金字塔，要能广大要能高。"[①]他认为"高"是对专门学问的深入，"广大"是能旁搜博览。博大要几乎无所不知，精深要几乎无人能及。这些论点，皆与 T 型人才之说相应。

4. 离、坎：奖惩有序，供应无缺

离为火，坎为水。水火是既济卦，外卦是坎水，内卦是离火，三阴爻皆处阴位，三阳爻皆居阳位，表示里里外外皆各正其位，所以代表企业能够内部制度文明而与外部其他公司的往来通顺。"水火不相射"是指内部的团结与外部的策略联盟互不相害，能内外相辅相成。内部制度建立完善，程序运作流畅，自然能得到外面供应商与顾客的信任，因而能内外合一，提供顾客最佳的服务。

《孙子》曰："善用兵者，役不再籍，粮不三载；取用于国，因粮于敌，故军食可足也。"一个企业若能与合作厂商间互相共享资源，共同分担研发、生产制造、和行销的成本，则可以减轻企业在研发产销上的负担。一则加强自己的核心能力，一则将"因粮于敌"的策略转化成"因粮于友"，通过"委外（外包）"（outsourcing）的模式，建立完整的策略联盟，运用合作伙伴的资源去扩大营业之规模，故能以小搏大，力少而功多也。

《孙子》曰："凡用兵之法，驰车千驷，革车千乘，带甲十万，千里馈粮，则内外之费，宾客之用，胶漆之材，车甲之奉，日费千金，然后十万之师举矣。"形容战争时后勤支援的困难，以及战争成本的高昂。现代企业可通过完善的供应链管理系统来改善后勤支援，例如我们可以利用格式化的电子档案（如 EDI 或是 XML 的格式）与供应商交换库存和销售的资料，以即时了解市场需求之变化，随时调整生产排程，故能降低不必要的

---

① 魏邦良《胡说：胡适的智慧》，北京：新星出版社 2010 年。

库存量。

法家特别重视法制和赏罚的激励作用，并且强调奖惩的权力要掌握在领导人的手上，《韩非子》曰："功名所生，必出于官法；法之所外，虽有难行，不以显焉；故民无以私名。设法度以齐民，信赏罚以尽民能，明诽誉以劝沮。名号、赏罚、法令三隅，故大臣有行则尊君，百姓有功则利上，此之谓有道之国也。"[①] 一些成霸业的企业和组织皆是职位、赏罚和法令这三者分明，敢于要求员工拼命，但也不吝于奖赏有功的部下及合作的企业伙伴。

四、结语

企业即是一种组织的形态，其功能五花八门，上述八卦与企业功能和管理活动的对照，即须透过组织之协调和程序之连贯，将其整合起来。《孙子》兵法的《九地篇》用"常山之蛇"来比喻弹性的组织，各部门之间要能迅速的相互呼应，齐心协力对付外来之变化与挑战，其文曰："故善用兵者，譬如率然。率然者，常山之蛇也。击其首则尾至，击其尾则首至，击其中则首尾俱至。敢问：'兵可使如率然乎？'曰：'可。夫吴人与越人相恶也，当其同舟而济，遇风，其相救也，如左右手。是故方马埋轮，未足恃也。齐勇如一，政之道也。刚柔皆得，地之理也。若善用兵者，携手若使一人，不得已也。'"

如何打破组织中各部门的本位主义，使其不得不相救援，有如左右手，则必须在策略规划、组织结构、制度设计、程序整合和绩效评估及奖惩上加以留意。在管理上我们可运用跨部门的企业程序（cross-functional business processes）和整合型的团队（integrated teams），来加强各部门之间的协调合作，使其更有弹性，有如"常山之蛇"。

[①] 《韩非子·八经第四十八》

《周官》是中国周朝政府组织设计的蓝本①，熊十力认为此书以职官为经，以事义为纬；以均为体，以联为用。强调各部门相互协助、协调，却又互相制衡之理，而设计出经纶国家之制度②。有志于研究组织设计者，可参考西方组织设计之文献及《周官》中对国家制度设计的原则③，并运用八卦相错相生之理于企业组织之设计和改造。

管理大师杜拉克（Peter Drucker）在他的自传《旁观者》（*Adventures of a Bystander*，1979 年版）中写道："我和其他奥地利维也纳的小孩一样，都是胡佛总统（美国第三十一任总统 Herbert Hoover）救活的。他推动成立的救济组织，提供学校每天一顿午餐。这顿午餐的菜色，清一色是麦片粥与可可粉冲泡的饮料，直到今天我仍然对这两样东西倒尽胃口。不过一战后的整个欧洲大陆，当然也包括我在内的数百万饥饿孩童的性命，都是这个组织救活的。"杜拉克以其活生生的童年经历，体认到一个"组织"居然能发挥这么大的功用，这是他提出"通过组织这种工具，尽量发挥人类创造力"这种观念之根源④。

一个组织须要兼顾其利害关系人或单位（stakeholders）的需求和期望，从决策权（decision rights）、责任（accountability）和奖惩等各方面来设计其企业程序、资讯流程和组织结构，经由整合与协调各部门之活动，以降低生产成本、提高品质（质量）、并且缩短其处理事情的周期时间（cycle time），此乃企业再造之精义。

组织中各部门之关系有如五行（金木水火土）之间的相生相克，生克的力量是一体两面、相互为用。没有生的力量就没有事物的活动、成长和变化，然而成长必有其极限和风险，所以要有一种克制的力量加以约束之，以避

---

① 据《四库提要》："考汉志（按：《汉书·艺文志》）载《周官经》六篇、传四篇。故杜子春、郑兴、郑众、贾逵、卫宏、张衡所注，皆称《周官》。马融、郑玄所注，犹称《周官礼》。迨唐贾公彦作疏，始沿用省文，称为《周礼》，实非本名。今仍题曰《周官》。"

② 林世荣《熊十力春秋外王学研究》，台北：中研所博士论文 2000 年 5 月。

③ 熊十力《论六经》，英文为笔者所加。

④ "与众不同的教育背景"，来源：http://www.bookzone.com.tw/drucker/drucker.htm

免某一单位独大。组织各单位之间必然是互为生克（生中有克，克中有生），有了这种生克相互为用的"制化"（克制、化成）关系，才能保持着事物的均衡发展。

八卦的抽象观念（乾刚、坤柔、震动、巽入、坎陷、离明、兑悦、艮止）和八卦之间相互激荡、相辅相成的原则，可用来思考组织各功能之间的关系，若以代表中华文化底蕴的八卦来构思企业的经营运作，必能开扩管理者之眼界和思维。

附录一：《易经·说卦传》

昔者圣人之作《易》也，幽赞于神明而生蓍，参天两地而倚数，观变于阴阳而立卦，发挥于刚柔而生爻，和顺于道德而理于义，穷理尽性以至于命。

昔者圣人之作《易》也，将以顺性命之理。是以立天之道，曰阴与阳；立地之道，曰柔与刚；立人之道，曰仁与义。兼三才而两之，故《易》六画而成卦；分阴分阳，迭用柔刚，故《易》六位而成章。

天地定位，山泽通气，雷风相薄，水火不相射，八卦相错。数往者顺，知来者逆，是故《易》逆数也。

雷以动之，风以散之，雨以润之，日以烜之，艮以止之，兑以说之，乾以君之，坤以藏之。

帝出乎震，齐乎巽，相见乎离，致役乎坤，说言乎兑，战乎乾，劳乎坎，成言乎艮。

万物出乎震，震，东方也。"齐乎巽"，巽，东南也。齐也者，言万物之絜齐也。离也者，明也，万物皆相见，南方之卦也；圣人南面而听天下，向明而治，盖取诸此也。坤也者，地也，万物皆致养焉，故曰"致役乎坤"。兑，正秋也，万物之所说也，故曰"说言乎兑"。"战乎乾"，乾，西北之卦也，言阴阳相薄也。坎者，水也，正北方之卦也；劳卦也，万物之所归也，故曰"劳乎坎"。艮，东北之卦也，万物之所成终而所成始也，故曰"成言乎艮"。

神也者，妙万物而为言者也。动万物者莫疾乎雷，桡万物者莫疾乎风，燥万物者莫熯乎火，说万物者莫说乎泽，润万物者莫润乎水，终万物始万物者莫盛乎艮。故水火相逮，雷风不相悖，山泽通气，然后能变化既成万物也。

乾，健也；坤，顺也；震，动也；巽，入也；坎，陷也；离，丽也；艮，止也；兑，说也。

乾为马，坤为牛，震为龙，巽为鸡，坎为豕，离为雉，艮为狗，兑为羊。

乾为首，坤为腹，震为足，巽为股，坎为耳，离为目，艮为手，兑为口。

乾，天也，故称乎父；坤，地也，故称乎母；震一索而得男，故谓之长男；巽一索而得女，故谓之长女；坎再索而得男，故谓之中男；离再索而得女，故谓之中女；艮三索而得男，故谓之少男；兑三索而得女，故谓之少女。

乾为天、为圜、为君、为父、为玉、为金、为寒、为冰、为大赤、为良马、为老马、为瘠马、为驳马、为木果。

坤为地、为母、为布、为釜、为吝啬、为均、为子母牛、为大舆、为文、为众、为柄、其于地也为黑。

震为雷、为龙、为玄黄、为旉、为大涂、为长子、为决躁、为苍筤竹、为萑苇、其于马也为善鸣、为馵足、为作足、为的颡、其于稼也为反生、其究为健、为蕃鲜。

巽为木、为风、为长女、为绳直、为工、为白、为长、为高、为进退、为不果、为臭、其于人也为寡发、为广颡、为多白眼、为近利市三倍、其究为躁卦。

坎为水、为沟渎、为隐伏、为矫輮、为弓轮、其于人也为加忧、为心病、为耳痛、为血卦、为赤、其于马也为美脊、为亟心、为下首、为薄蹄、为曳、其于舆也为多眚、为通、为月、为盗、其于木也为坚多心。

离为火、为日、为电、为中女、为甲胄、为戈兵、其于人也为大腹、为乾卦、为鳖、为蟹、为蠃、为蚌、为龟、其于木也为科上槁。

艮为山、为径路、为小石、为门阙、为果蓏、为阍寺、为指、为狗、为鼠、为黔喙之属、其于木也为坚多节。

兑为泽、为少女、为巫、为口舌、为毁折、为附决、其于地也为刚卤、为妾、为羊。

第五章　乾卦：元亨利贞，自强不息

（Creative，Diligent，Planning）

☰ 卦名：乾［为天］——第1卦

一、经文

卦辞：乾：元、亨、利、贞。

《彖》曰：大哉乾元。万物资始，乃统天。云行雨施，品物流形。大明终始，六位时成，时乘六龙以御天。乾道变化，各正性命，保合太和，乃利贞。首出庶物，万国咸宁。

《象》曰：天行健，君子以自强不息。

《序卦传》：有天地，然后万物生焉。

《杂卦传》：乾刚，坤柔。

爻题	爻辞	小象辞
初九	潜龙勿用。	潜龙勿用，阳在下也。
九二	见龙在田，利见大人。	见龙在田，德施普也。
九三	君子终日乾乾，夕惕若，厉，无咎。	终日乾乾，反复道也。
九四	或跃在渊，无咎。	或跃在渊，进无咎也。
九五	飞龙在天，利见大人。	飞龙在天，大人造也。
上九	亢龙有悔。	亢龙有悔，盈不可久也。
用九	见群龙无首，吉。	用九，天德不可为首也。

二、前言

乾是卦名,《易纬》曰:"卦者,挂也。挂万物,视而见之。"孔颖达曰:"卦者,挂也。言悬挂物象以示于人,故谓之卦。"卦是用来代表人世间事物的模型、形象和符号,有助于人们对其所看到的复杂之事物,做一种系统化和抽象式的思考,而有更深入的见解。

《释名·释天》云:"月令曰:天气上腾,地气下降,《易》谓之乾。乾健也,健行不息也。"孔颖达认为乾是用来模拟天,因为天是累积众多的阳气而形成,但是卦名不用"天"字,而用"乾"字,是因为"天者定体之名,乾者体用之称。故《说卦》云:'乾,健也。'言天之体,以健为用也。健为用者,运行不息、应化无穷。此天之自然之理,故圣人当法此自然之象,而施人事。亦当应物成务,云为不已。终日乾乾,无时懈倦。所以因天象以教人事。"[1]

天是乾的体,健是乾的用,乾有体和用的双重意义。体是内圣的精神层面之修养,用是外王的应世之道。中国人的观念中,内圣和外王是不可分割成二片,因为"体用不二"。天体的运动健行不已,故乾卦取健为乾之"卦德"。德者,得也。有得于心,博施于外。邵康节曰:"不知乾,无以知性命之理。"乾有体用二义,因为"天命之谓性"为体,"率性之谓道"为用[2]。〈系辞传〉曰:"乾以易知,坤以简能。易则易知,简则易从。"乾代表了人

<hr>

① 唐孔颖达《周易正义》卷二。
② 《中庸》:"天命之谓性,率性之谓道,修道之谓教……喜怒哀乐之未发,谓之中;发而皆中节,谓之和;中也者,天下之大本也;和也者,天下之达道也。致中和,天地位焉,万物育焉。"

因与生俱来天命所赋予的"性"而得的根本智慧，此即禅宗所谓的本来面目，亦即人的本性。能"率性"即顺着本性去做人做事，不节外生枝，则"道不远人"，故云"易则易知"。《中庸》曰："喜怒哀乐之未发谓之中"即本来面目也。然而与人相处共事时，必有喜怒哀乐，这些情绪发出来，只要恰到好处"发而皆中节"，则能"致中和，天地位焉，万物育焉。"

《系辞传》曰："乾知大始。"朱熹曰："知，主之意也，如知县、知州。"又曰："知者，管也。乾管却大始，大始即物生之始。乾始物而坤成之也。[①]"是故乾有规划、领导之义。有心于治道的企业主管，于乾卦可不再三研读乎？

作者在解释乾坤两卦的卦辞与爻辞时，将《彖传》、《小象传》与十翼中的《文言》相参合，以见其全貌。乾卦《文言》(全文见"附录一")较坤卦《文言》详细。梁朝刘勰《文心雕龙·原道第一》曰："人文之元，肇自太极，幽赞神明，《易》象惟先。庖牺画其始，仲尼翼其终。而乾、坤两位，独制《文言》。言之文也，天地之心哉！"对《文言》推崇备至。今人谓"古文"为"文言文"，不知是否与《易经》之《文言》有关？《文言》应为孔子所作，乾卦《文言》从多方面解释爻辞，可作为解释《易经》之范例，坤卦《文言》则较精简。《文言》为天下之妙文，可视为以义理解《易》卦爻的精详范本。

三、经文解释

【卦辞】乾：元、亨、利、贞。

【彖辞】大哉乾元，万物资始，乃统天。云行雨施，品物流形。大明始终，六位时成，时乘六龙以御天。乾道变化，各正性命，保合大和，乃利贞。首出庶物，万国咸宁。

"乾：元、亨、利、贞"的第一个字"乾"是卦名，而"元、亨、利、贞"

---

① 《朱子语类》卷第七十四。

这四字才是乾卦的卦辞①，"元亨利贞"代表乾之四德。朱熹《周易本义》："元，大也。亨，通也。利，宜也。贞，正而固也。""乾道大通而至正。""言其占者当得大通，而必利在正固，然后可以保其终也。"强调见识要远大，行事时对人和事有深切地了解，分析关键人物的立场和各种方案的利弊得失，而找出利多、弊少、风险低，且较为可行的方案，因此在执行时才能亨通无阻。丁达刚以"元者，创意；亨者，通达；利者，实用；贞者，正道"②解此四德，真妙解也。

四德中的"利"是指要有利于顾客、公司的员工、企业合作伙伴，和国家社会。还要能合时合宜，寻求双赢的策略，谋取共同的利益。利不是狭义的利润而已，虽然"在商言商，将本求利"，但我们不可置个人或企业的社会责任不顾。一个人和一个企业，若见利而忘义，不能守住正道，则难有善终。要能固守正道，才能得到员工、客户、供应商之信赖，"诚信"二字是个人和企业成功的最重要资产。

"乾坤者，《易》之门"乾、坤两卦若能明白，也就打开了了解《易经》道的门户。《系辞传》曰："夫乾，其静也专，其动也直，是以大生焉。夫坤，其静也翕，其动也辟，是以广生焉。"熊十力依此指出乾坤有"翕辟成变"之义，并曰："翕势收凝，万象森然；辟势开发，浑全无畛。"③孔子对乾卦和坤卦特别重视，十翼中的《文言》④是单独对此二卦加以发挥的详细解释。

乾卦《文言》曰："元者，善之长也；亨者，嘉之会也；利者，义之和也；贞者，事之干也。君子体仁，足以长人；嘉会，足以合礼；利物，足以和义；贞固，足以干事；君子行此四德者。故曰：'乾，元亨利贞。'"⑤元，是善中之最，即至善也。"元者，善之长也"可释为"元是善中之善。"廖名春认为"元是亨的条件，当训为善。"元之始善与《大学》的"止于至善"相呼应⑥。训

---

① 朱子又称卦辞为"彖辞"，与彖传之彖辞相混淆，实不相宜。

② 丁达刚乃笔者大学同窗，精研易理。

③ 熊十力《体用论》，台北：学生书局 1976 年。

④ 《周义正义》引庄氏曰："以乾、坤德大，故特文饰以为《文言》。"

⑤ 此段原文乃乾卦《文言》第一节中对乾卦卦辞中"元、亨、利、贞"四德的解释。

⑥ 廖名春《周易经得十五讲》，北京大学出版社 2012 年。

为善，不会太形而上，较易体而用之。亨，是美好的相会，故能亨通。利，是适宜而调和。贞，是行事之主干。一个君子人因为能够随时体会反省，自己的行为是否合乎做人最高标准的"仁"，自然就会增长培养其天命赋予我们的至善之性[①]。人们若能珍惜人与人相聚会的机缘，则在与他人相处时，自然能够合乎礼节。心存利人利物之心，不求一己之私，能使众人万物皆将其所长发挥出来，就足以合和于义。在困境和诱惑中仍能居正，固守于道，最终能将事情做成功。《集韵》曰："德，行之得也。""君子行此四德者。故曰：'乾，元亨利贞。'"强调要能"行"乾之四德，才能够得到"元亨利贞"的结果。

乾之四德"元、亨、利、贞"，可以四季比拟之，代表了春生、夏长、秋收、冬藏。"元"代表万物之源起，好像春天的万物发芽初生的生命力。"亨"代表事物的成长，好像植物在夏天快速生长壮大的冲劲。"利"代表事物成熟而有收获，好像万物在秋天结得成功的果实而获得实利。"贞"代表坚守人事之正道，好像储藏秋天的果实，作为过冬（渡过不景气）的准备，这是一种沉潜和忍耐的力量。冬天到了，冰天雪地，是万物潜藏之时，若能收敛精神，还本归原，则能以定静的功夫，为"贞下启元"的张本。虽身处严冬，而心知春天应该不远了，故对未来抱着无限的希望。

曾国藩与其弟的家书中写道："贞字即硬字诀，弟当此难危之际，若能以硬字法、冬藏之德、以悔字启春生之机。"用此勉励其弟要知道悔过以逢凶化吉，能够有"硬""挺"的精神渡过难关，要能自我反省，则可以找到生机。传说曾国藩生前的一部未完成的压案之作，名为《挺经》，"挺"字在湖南话中有坚韧不拔之意，曾帅初组湘军时屡战屡败，但能屡败屡战，就是靠着"好汉打掉了牙，和血吞下去"的"挺"劲。

《易经》判断得失、好坏的判断辞不外乎"吉、凶、悔、吝"这四个占辞。《易经·系辞传》曰："圣人设卦观象，系辞焉而明吉凶，刚柔相推而生变化。是故吉凶者，失得之象也。悔吝者，忧虞之象也。变化者，进退之象也。刚柔者，昼夜之象也。"朱熹又将四季与"吉、凶、悔、吝"的占辞

---

① 《大方广佛华严经·宝王如来性起品》曰："欲令众生长养诸善根故"与"长人"之义相通。

关联在一起："悔字如春，万物蕴蓄初发；吉字如夏，万物茂盛已极；吝字如秋，万物始落；凶字如冬，万物枯凋。"《朱子语类》中对此做了更进一步地引申："吉凶悔吝四者，正如刚柔变化相似。四者循环，周而复始，悔了便吉，吉了便吝，吝了便凶，凶了便悔。正如'生于忧患，死于安乐'相似。盖忧苦患难中必悔，悔便是吉之渐；及至吉了，少间便安意肆志，必至做出不好、可羞吝底事出来，吝便是凶之渐矣；及至凶矣，又却悔；只管循环不已。正如刚柔变化，刚了化，化了柔，柔了变，变便是刚，亦循环不已。吉似夏，吝似秋，凶似冬，悔似春。"

《易经·系辞传》曰："吉凶者，言乎其失得也。悔吝者，言乎其小疵也。无咎者，善补过也。"朱熹解释说："得则吉，失则凶。忧虞虽未至凶，然亦是以致悔而取羞矣。盖吉凶相对，而悔吝居其中间。悔自凶而趋吉，吝自吉而向凶也。"[1] 如图 –1 所示，吉、凶是得、失，乃结果。吉、凶让人们生出吝、悔的心态。吝是因胜而骄，不能施舍，不知改过，于是"自吉而向凶"。悔是败而不馁，勇猛精进，知道反省，于是"自凶而趋吉"。知悔则可逢凶化吉，骄吝则由吉转凶。详细分《易经》的卦辞和爻辞对事情之吉凶所下的断语，从吉至凶共有九个等次："吉、亨、利、无咎、悔、吝、厉、咎、凶。"悔是有小偏差而知反悔，吝是有小毛病受到羞辱，厉是危险，咎是过失，凶则是凶险已极。

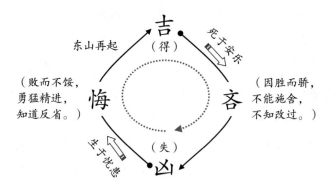

图 –1　吉凶悔吝的循环

①　朱熹《周易本义》。

华为集团的总裁任正非在一篇名为《华为的冬天》的文章中自道其于成功之际的心态，他说："十年来我天天思考的都是失败，对成功视而不见，也没有什么荣誉感、自豪感，而是危机感。也许是这样才存活了十年。我们大家要一起来想，怎样才能活下去，也许才能存活得久一些。失败这一天是一定会到来，大家要准备迎接，这是我从不动摇的看法，这是历史规律。"这种在"亨"通之时想到如何守"贞"以渡过将来的严冬之心态是企业家中少见的。他参观日本时看到"松下电工就把自己的企业比作是冰海里的一条船。在松下电工，我们看到不论是办公室，还是会议室，或是通道的墙上，随处都能看到一幅张贴画，画上是一条即将撞上冰山的巨轮，下面写着：'能挽救这条船的，惟有你。'其危机意识可见一斑。"[1]悔是由凶转吉的方法，然而积极性的"悔"不是天天去懊恼过去的错误，而是在胜利当头时，仍能不断地虚心反省，存有兢兢业业的忧患意识，故能持盈保泰。所以洪自诚在《菜根谭》中说：

> 恩里由来生害，故快意时须早回首；
> 败后或反成功，故拂心处莫便放手。

战国时魏文侯问李克曰："吴王夫差为何灭亡？"李克回答说："吴王是因为数战数胜而亡。"魏文侯曰："数战数胜是国家的福气和好事啊！为何会导致灭亡呢？"李克曰："数战则人民疲惫，数胜则君主骄傲，以骄主驾驭疲惫的人民，则国家必然会走上灭亡的道路。领导人骄傲就会恣意妄为，走极端。人民疲惫就会抱怨，怨恨到了极点，就会想要起义推翻当政者。上下都走极端，吴国的灭亡还算是晚了点！"[2]所谓"骄兵必败，哀兵必胜"，此之谓也。许多企业主在功成名就之后，就骄傲自大，不听

---

① 任正非《北国之春》，源于 http://info.news.hc360.com/html/001/002/009/002/9484.htm。
② 出自《淮南子·道应训》。

劝诫，慢易^①行事，最后必然因重大决策的错误，乃至非法之行为，而将事业毁于一旦，甚至身系牢狱。唯有"失败而不气馁，胜利而不骄傲者"能常存。

试以 IBM 为例，IBM 从二十世纪六十年代到二十世纪八十年代末是电脑业的巨人，其产品线有上万种的硬件、软件和周边设备，行销至全球一百三十多国。在 1990 年的全年收入为 68，505，000，000 美元。其大型主机占有全球 44% 的占有率，收入为 12，091，000，000 美元（约占其总收入的 20%），其毛利率高达 65.5%，是 IBM 各项产品中最高的。然而资讯产业正在起一个暗潮汹涌的巨大变革，主从架构（Client/Server）技术正在兴起，标准化的软硬元件逐渐流行起来，逐渐侵蚀了（encroaching）IBM 的主流产品市场和利润，然而居资讯科技龙头的 IBM 因为独领风骚 40 多年，已呈现骄兵之态，当时的执行长（CEO）在 1985 年刚接执行长这个位置时曾说过："我们的成功，超出了我们最大的梦想之外。"此"吉而吝，吝转凶"的必然之势。从 1991 年到 1993 年初 IBM 裁减了超过四万个员工，裁员等行动的成本高达 116 亿美元，企业从盛而衰何其速也。

《系辞传》曰："是故吉凶者，失得之象也。悔吝者，忧虞之象也。"虞，乐也、安也^②，即"狃于安，溺于乐"^③之义。"未形而忧之，则悔吝不生。"从人事的结局而言，得则吉；失则凶。从做事时的心态而论，忧则知悔；虞则有吝。得失者，成功与失败也。面对成功与失败时的心态能决定成败之后的吉凶^④：

1. 失败为成功之母（Failure is the mother of success）。俗话说："吃一堑，长一智^⑤（A fall into the pit, a gain in your wits）。"失败了而知道自我检讨，能

---

① "慢"是指傲慢，"易"是指将事情看得太容易了，因而掉以轻心。

② 来知德《米注易经图解》。

③ 见《周易折中》引赵玉泉注。

④ 此段分析受萧瑞麟教授演讲之启发，并借用其讲义中的一些英文原文。详见萧瑞麟《不用数字的研究：锻炼深度思考力的质性研究》（Research without Numbers），台北：台湾培生教育出版股份有限公司（Pearson Education 台湾分公司）2007 年。

⑤ 堑是壕沟，比喻困难、挫折。"吃一堑，长一智"是指受一次挫折，能增长一分智慧。

以失败为师，在失败中记取教训，不断改进，败而不馁，则终能成功。所谓"不经一事，不长一智"。我们应反省过去，积极向前看，只为未来的成功找新的方法，不为过去的失败找借口。

2. 成功为失败之父。成功使人掉以轻心，掉以轻心是失败的温床（Success breeds complacency, Complacency breeds failure）。《论语·泰伯》子曰："如有周公之才之美，使骄且吝，其余不足观也已。"Andy Grove 曾说过："失败的种子，往往是埋在成功的土壤之中（Business success contains the seeds of its own destruction）。"胜而骄，自认为有超人之智慧和能力，不知察纳雅言，不会善用人才，则终将失。

3. 失败为失败之祖（Failure only breeds more failures）。忽视失败为失败之祖，一个企业最大的失败原因是根本不在意过去失败的经验，无法忘记过去成功的滋味，不敢去认真检讨失败之根源，只知为失败找借口，是故一错再错，至死不悟。

4. 成功为成功之本（Build your success on your previous successes）。一次的成功是暂时的，切不可守株待兔。唯戒慎恐惧，存忧患意识，而与时俱进者得以生存。胜而不骄，借力使力，再接再厉，更上层楼。老子曰："果而勿矜，果而勿伐，果而勿骄，果而不得已，果而勿强；物壮则老，是谓不道，不道早已。"此乃持盈保泰之法。

有了面对成败时的正确态度，我们可以打破如图–1中"吉吝凶悔"之循环。根据成功失败（吉凶）时之心态，图–1可以修正成如图–2所示的情况。

"变化者，进退之象也。"阴变为阳、阳化为阴。阳为进、阴为退；故有变是进，化是退的现象。"刚柔者，昼夜之象也。"刚为日、柔为夜。故刚柔两者代表了昼夜的现象。朱子《周易本义》曰："柔变而趋于刚者，退极而进也；刚化而趋于柔者，进极而退也。既变而刚，则昼而阳矣；既化而柔，则夜而阴矣。"进退义深，《易经·文言》孔子总结乾卦六爻之义曰："知进退存亡而不知其正者，其为圣人乎！"由此可知进退的重要性。

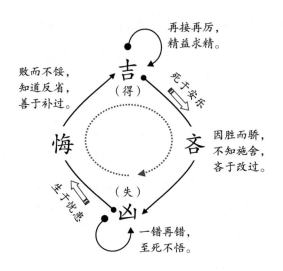

图 -2　打破吉吝凶悔之循环

象辞是用来解释卦名和卦辞的，"象"有裁决审度之义。《系辞传》曰："知者观其象辞，则思过半矣。""知"，训为智。是说智者将象辞研究明白后，对一个卦的了解也就超过一半了。读《易经》时应特别注重象辞，尤其是乾坤二卦之象辞。熊十力先生于《乾坤衍》中广演乾卦及坤卦之象辞，认为干乃生命、心灵之总称，而坤乃物质、能力之总称。认为占卜数术以阳气、阴气释乾坤，非孔子之本义。熊十力认为《周易》多为小儒窜乱，惟乾坤两象传，特保留孔子之《易经》的本义，是"内圣学之渊奥"，熊氏本此而"创明体用不二之论"。

乾卦象辞解释了卦辞中所标明的乾之四德："元、亨、利、贞"。象辞："大哉乾元，万物资始，乃统天。云行雨施，品物流形。大明始终，六位时成，时乘六龙以御天。乾道变化，各正性命，保合大和，乃利贞。首出庶物，万国咸宁。"象辞是对卦辞最早和最佳的解释，故本书在解释《易经》时，将卦辞和象辞综合在一起加以解析。

"元"："大哉乾元，万物资始，乃统天。"孔子盛赞乾元的伟大，万物皆资取借助乾元的原动力，而立定自己大始的基础，最后能达到统理天的境界，统是统御领导的意思。熊十力曰："乾元潜在于万物中而主导之，决不可求乾元于万物以外。"①认为乾元即万物之实体，而此实体又潜存于万物之中，并非独自存在万物之外。

"元"字，从二从人。元的甲骨文为 示，而人的甲骨文为 人。人之上以会意而训为首，是"元"字的本义。《孟子·滕文公》："勇士不忘丧其元。"即用其本义。元的引申义为始、为大。例如，称国家最高领导人为"元首"，称正月初一为"元旦"，称每个年号的第一年为"元年"，称主将为"元戍"②。《精蕴》曰："天地之大德，所以生生者也。元字从二从人，仁字从人从二。在天为元，在人为仁，在人身则为体之长。"杭辛斋认为"元超乎无始，以立乎天地之先者也。"③乾元是天之元，坤元是地之元，"元者善之长也"则是人元。杭辛斋曰："仁从二、从人，元亦从二、从人，故仁为人之元。"④

《春秋》一书，从鲁隐公元年开始。其第一句的经文是："元年。春，王正月。"孔子整理鲁国的断代史从鲁隐公一元开始，至鲁哀公十四年"西狩获麟"为止，共二百四十二年的历史，编著成《春秋》一书。孔子曰："丘作《春秋》，始于元，终于麟，王道成也。"⑤《春秋》中孔子借用了鲁国的历史，对当时的政治加以批判，并将其政治之理想寓意于其中。孔子有云："吾志在《春秋》。"并有"知我者《春秋》，罪我者《春秋》"之叹。《春秋经》中的一句，乃至一字，皆寓有深义。传《春秋经》之微言大义者，首推《公羊春秋》。《公羊传》何休注曰："变一为元，元者，气也。无形以起，有形以分，造起天地，天地之始也。"⑥《春秋》"变一为元"的深意，实来自《易经》视乾坤（天地）皆源自"元"。董仲舒在《春秋繁露》的《玉英篇》中也强调了"变一为元"的观点，其文曰："是以《春秋》变一谓之元。元，犹原也。

---

① 同前书。

② 《说文解字话甲骨》，来源：http://www.anyang.gov.cn/yswh/ys/jagu/swjz/

③ 杭辛斋《易学笔谈初集》卷一《元字之精义》。

④ 同上。

⑤ 《春秋元命包》或见之于《昭明文选·答宾戏》的注。

⑥ 汉何休《春秋公羊传何氏解诂》第1页，台北：台湾中华书局1970年。

其义以随天地终始也。故人唯有终始也，而生不必应四时之变。故元者为万物之本。而人之元在焉！安在乎？乃在乎天地之前。"元是原，元者为万物之本，也就是万事万物的原动力。

《易经·文言》有"大哉乾元"和"至哉坤元"之赞语，万物中乾坤俱备，可以知万物皆有其元。道家以宇宙为一大天地，而以人身为一小天地。天地者，乾坤是也，而乾坤者元之体现也。乾坤、阴阳也，阴阳两仪絪缊交感，而生变化。《春秋》的改一为元，一字之差，代表了哲理上的不同。《春秋》之元与《易经》"大哉乾元"、"至哉坤元"的"元"是同一个观念。《易经》以内圣之功夫见长，而《春秋》则多言外王之道。内圣功夫首重潜修，故乾卦初爻以"潜龙勿用"为戒，经文中多以"贞吉"鼓励吾人应坚定守正，方能逢凶化吉。不论成功或失败，作《易》者皆劝诫吾人应戒慎、警惕、精进，故能无咎、无悔。《春经秋》"一字之褒，荣于华衮；一字之贬，严于斧钺。"① 亦本于《易经》戒慎恐惧之道，欲为政者无咎无悔也。《大戴礼记·保傅》曰："《易》曰：'正其本，万物理；失之毫厘，差之千里。'② 故君子慎始也。《春秋》之元,《诗》之关雎,《礼》之冠婚,《易》之乾巛（坤）③，皆慎始敬终云尔。"故知《易经》与《春秋》互为表里。

亨："云行雨施，品物流形。"云在天上运行，形成雨水而降甘霖于下，地上的品物得到润泽，阳气亨通，能生长万物，使其流动而有形式上的变化，此生生不息之义。子曰："未知生，焉知死。"知是主宰义。孔子强调如果我们不能主宰我们的今生，又怎能主宰死后之来生。而今世生命之意义，需要我们以此一生不断地去追寻，人要能在其时、位上去实践其超乎其小我的理想，在宇宙生生之大化流行中尽一份力。

利："大明终始，六位时成，时乘六龙以御天。"明白最终的目的，便知道该如何开始。其实事物的结束，便是下一阶段的开始。从头到尾每个阶

---

① 范宁《春秋谷梁传序》："一字之褒，宠踰华衮之赠；片言之贬，辱过市朝之挞。"程登吉《幼学琼林》中则曰："荣于华衮，乃《春秋》一字之褒；严于斧钺，乃《春秋》一字之贬。"

② 今本《易经》中无此段文字。

③ 巛是坤的古字。

段的时与位，我们都能素位而行，发挥在此时位之下一己之德能，最后才能驾乘象征六个时位的六龙来统御天下。

毓鋆师将"大明"之"明"作动词解，认为："大明终始者，是明终始之德"，此即《大学》所云："在明明德，在亲民，在止于至善。""在明明德"是为天地立心，"在亲民"是为生民立命，"止于至善"是为万世开太平。宋儒张载之名言："为天地立心，为生民立命，为往圣继绝学，为万世开太平。"乃此观念进一步之阐释。

熊十力在《乾坤衍》中解释此段象辞曰："大者，赞美辞。明者，昭明。言精神本是昭明性、无迷暗性也……'大明终始'者何？万物之初生、曰始。万物发展将毕、曰终。"熊氏将"明"作名词解，并进一步说明"大明终始"之义："此言乾道昭明之性，是万物生生所资之以始，亦是万物发展所资以成其终也。万物进化到人类出现，已达于最高度，其发展庶几完成矣。今不曰完成，而云将毕者，人类之道德、智慧、勇力与其经纬天地、改造世界之一切事业、当进进不息，何可以遽说完成乎？将之为言、近于完毕而实无已止也。"熊氏鼓励人类强力发展自身内在的生命心灵之原，做到：

腾生命之热力于大宇，
耀心灵之光明于苍穹。

毓鋆师亦有一联语与熊氏之言相辉映，然而更简短有力：

达德光宇宙
生命壮自然

贞："乾道变化，各正性命，保合太和，乃利贞。"乾卦便是在研究事物变化的整个过程和道理，使在此过程所遇之人和物皆能归根复命，得其性

第五章 乾卦：元亨利贞，自强不息

命之正，就像植物开花结果，雌雄相配，阴阳合和，保合太和，生成果实中之种子，种子外有坚硬的壳保护，内有可以长成大树的果仁。这果仁便是来年下种，传续性命的生机所在。"贞下启元"的"元"乃开启乾元与坤元之元，此元即"天地之心"。"贞下启元"①不可视为单纯的循环论，而是在严冬的困境中，能贞正而不改其初心，则冬尽春来，必另有一番新的境界。试参悟寒山子之诗：

高高峰顶山，四顾极无边。独坐无人知，孤月照寒泉。

泉中且无月，月自在青天。吟此一曲歌，歌终不是禅。

《文言》中对此卦辞有如下的赞叹："乾元者，始而亨者也。利贞者，性情也。乾始能以美利利天下，不言所利，大矣哉！大哉乾乎！刚健中正纯粹精也。六爻发挥，旁通情也。时乘六龙，以御天也。云行雨施，天下平也。"

"元、亨、利、贞"对应到四季便是"春、夏、秋、冬"，对应到人的德行上即是"仁、礼、义、智。"天之元在人是"仁"，子曰："仁者，人也。"仁是"不忍人之心"的慈悲心，是"亲亲、仁民、爱物"的同体大悲之下所产生的同理心，所谓"己所不欲勿施于人"和"推己及人"是也。元是善心成长的原动力。在成长之际，若以"礼"敬待人，则能亨通无碍，故嘉美的事物皆来相聚会。在面对利时，必须考虑其是否合宜，能"以美利利天下而不言所利"乃"义"也。贞固不是顽固执着，而是择善固执，尽心尽力将事情做好，尽心便是运用"智"慧以成事。《礼记·乡饮酒义》对"春夏秋冬"解释如下："东方者春，春之为言蠢也，产万物者圣也。南方者夏，夏之为言假也，养之、长之、假之，仁也。西方者秋，秋之为言愁②也，愁之以时察，守义者也。北方者冬，冬之言终也，终者藏也。"表–1是根据各家所论述对四德的基本解释及其他引申出来的意义。

---

① 又作"贞下起元"。

② 愁、揫为通假字，愁当作揫。揫音纠，有收敛和聚集之义。

表 -1　四德对照表

四德分类	元	亨	利	贞	其他
简释	大、始	通	宜、义	正、固、终	
〈文言〉	善之长	嘉之会	义之和	事之干	
《文言》解释	体仁足以长人	嘉会足以合礼	利物足以和义	贞固足以干事	
四季	春	夏	秋	冬	
功能	生	长、养	收、成	藏	
占辞	悔	吉	吝	凶	
方位	东	南	西	北	中
五行	木	火	金	水	土
五常	仁	礼	义	智	信

　　贞字的本义是"占卜"如《周礼·春官·天府》："以贞来岁之媺[①]恶。"即是用贞字的本义[②]。高亨认为：元是大也；亨即"享"字；贞是"占"的意思。"元亨利贞"是指：大享之祭，且利于占卜。《易经》原于卜筮，所以此说这可能是"元亨利贞"最原始的意义[③]。然而观诸经文，或以占卜训贞未能尽通其义。朱熹曰："伏羲自是伏羲《易》，文王自是文王《易》，孔子自是孔子《易》。伏羲分卦，干南坤北，文王卦又不同。故周易'元亨利贞'，文王以前只是大亨而利于正，孔子方解作四德。"[④]为持平之论。

　　四德之理可以用于企业经营上。试申论如下："元"是企业的使命和愿景（mission and vision），以及其核心能力（core competences）。"亨"是推动企业成长的力量和策略（driving forces and growth strategies），企业要能了解顾客、开发新产品、打开新市场才能亨通。"利"在乎找出适当的企业经营

---

　　① 媺，音美，与美字通。

　　② 左民安《细说汉字：1000 个汉字的起源与演变》第 77 页，台北：联经出版事业股份有限公司 2007 年。

　　③ 高亨《周易古经今注》，台北：乐天出版社 1974 年。

　　④ 《朱子语类》卷第六十七。

模式（business model），以优质的产品和服务，在合理的价位利润下，以最佳的管道提供给客户和市场以满足其需。"贞"是依正道而行，不贪求近利，保存企业生生之契机，以冀企业能够永续经营下去。

美国国际集团（AIG）公司在伦敦的金融商品部门从事信贷违约交换（CDS: Credit Default Swap），短期内获得了很丰厚的收入，但自 2008 年末，因相关的房屋贷款债券惨跌，而造成重大损失，美国政府已注入一千七百亿美元来挽救此公司。AIG 不能守正而近乎败亡，可为贪短期暴利而不顾长期风险者之戒镜。

《伊川易传》对乾卦及其四德有如下深入之解释，程颐曰："上古圣人始画八卦，重之以尽天下之变。故六画而成卦。重乾为乾。乾，天也。天者，天之形体。乾者，天之性情。乾，健也。健而不息之谓乾。夫天，专言之，则道也。天且弗违是也。分而言之，则以形体谓之天，以主宰谓之地，以功用谓之鬼神，以妙用谓之神，以性情谓之乾。乾者，万物之始，故为天、为阳、为父、为君。元亨利贞，谓之四德。元者，万物之始。亨者，万物之长。利者，万物之遂。贞者，万物之成。惟乾坤有此四德，在他卦则随事而变焉。故元专为善大，利主于正固。亨贞之体，各称其事，四德之事，广矣！大矣！"毓鋆师曰[①]：

"大[②]和"是与生俱来的元气，就是阳。"保合"是精神，得有环境的培养。保合才能太和，有环境的培养才能得太和之气。太和是"性相近"，保合是"习相远"。环境不一样，结果也会不一样。"天下之动，贞夫一者也。（《易经·系辞传》）"所以孔子说："吾道一以贯之。"一是阳、是男。二是阴、是女、是牝母之贞。乾道变化，男加女，一加二就成三（1+2=3），三生出来，再生万物，就生生不息了。所以说"乾道变化，各正性命。"

【大象】天行健，君子以自强不息。

---

① 引用毓鋆师课堂所言之大意，未经毓鋆师审定确认，如有所录有误，文责由笔者自负。
② 大音泰，通太。

乾卦大象取乾卦为天之体，而健行之德，君子法天之道，而能自立自强，勤奋不已。"以"字义深，以是"人法天"，以天为准则、为依据。象是象征、现象、抽象，亦有可法、可戒之义，故亦有法象之义。《象传》为十翼的一部分，包括有解释一卦整体大义的"大象辞"和解释各爻之爻辞的"小象辞"。

子贡曾问孔子说："夫子你也相信用《易经》来卜筮这一套吗？"孔子曰："我观其德义耳。"[①]孔子说我是观察卦象和卦辞在道德上的意义而已。《易经》六十四卦的《大象辞》，最能看出孔子对于《易经》的道德观。王夫之认为《易经》六十四卦的"大象"讲的都是"修己治人之事。道在身心，皆自强之事也。道在民'物'，皆载物之事也。自强不息非阴德，厚德载物非阳功。以自强不息为修己之纲，以厚德载物为治人之本。故曰：'乾坤者，其易之门户。'道从此而出，德从此而入也。"[②]乾是内圣的修为，坤是外王的功夫。六十四卦的大象大都以上卦和下卦的两个八卦台斤对应到自然界之"天地雷风水火山泽"来取象，而引申出可供吾人所应效法之处。其辞先说"某卦上卦和下卦在一起所代表的而形成某种自然界现象"然后说"君子以有见于此，能效法此景象而做到某种之道德境界。"例如屯卦（䷂）上卦为坎、为水，水在上而以云取象；下卦为震、雷。故屯卦的《大象辞》曰："云雷，屯；君子以经纶。"君子是"君临上位，子爱下民"包括了天子、诸侯、公卿、大夫，这些有地位的人[③]，但到后来则已转变成有德行修养的正人君子。有少数卦的《大象辞》是以"君子以"之外的称呼起头，归纳如下：

1. "先王以"：比、豫、观、噬嗑、复、无妄、涣。共六卦。"先王"指居帝王之位者。

2. "后以"：泰、姤共二卦。"后"代表天子和诸侯，即南面而王的领导者。

3. "大人以"：离卦一卦。"大人"是指有地位、有德行达到内圣与外王

---

① 长沙马王堆帛书本《周易·要》其原文如下：子贡问曰："夫子亦信其筮乎？"孔子曰："我观其德义耳。"

② 王夫之《周易大象解》。文中阴阳二字为作者所加注，原书只用阴阳爻之画。

③ 孔颖达《周易注疏》。

境界的人。

　　4. "上以"：剥卦一卦。"上"泛指在上位的人。

　　王夫之认为："大象与象自别为一义，取大象以释象爻，必龃龉不合，强欲合之，此《易》学之所繇晦也^①。《易》以筮而学存焉，唯大象则纯乎《易》之理，而不于于筮。"^② 大象、象辞和爻辞的意义不见得相同，但也未必如王夫之所言完全相抵触。《四库易经总目》《易经》类的小序之序文（见"附录二"），特别强调《易经》是推天道以明人事的书，经文中大象"君子以"一语，皆以法天地自然之德来教导人们，此外爻辞和小象辞亦多警戒之语，此乃《易经》教化的根本。马一浮曰："凡大象及系传中，所用'以'字，皆须着眼，不可放过，此即示人学《易》之道也。"^③ 来知德曰："以者，用也。体《易》而用之。"^④ "以"是体会《易》卦的寓意，而用来作为指导我们做事做人的原则，有身体力行之义（体是体验、体会之义）。"天行健，君子以自强不息。"是指君子体会到天体运行之刚健不已，故能效法其刚健之道，而自强不息。六十四卦"大象辞"都用"以"这个字，是教人体《易经》卦象与自然界天、地、水、火等之对应，而用之于个人之修为与行事上^⑤，此与《老子》中"人法天、天法道、道法自然。"的思想相同。

　　曾国藩曰："吾家祖父教人，亦以'懦弱无刚'四字为大耻。故男儿自立，必须有倔强之气。但倔强与刚愎自用有根本的区别。古人说：'自胜谓之强。'像不习惯于早起，而强迫自己不到天明就起；不惯于庄重严肃，而强迫自己坐在那里；不习惯于劳苦，而强迫自己与士卒同甘共苦。这就是倔强。非要压过别人，这就是刚愎自用。二者有相似的地方，但是实际上有根本的差别，

---

① 繇，通"由"字。

② 王夫之《周易大象解·自序》。

③ 马一浮《复性书院讲录（上）》卷二《论语大义七》，台北：夏学社 1981 年。

④ 来知德《易经来注图解》，台北：夏学社 1981 年。

⑤ 汪由敦《周易述义》卷六、乾卦大象辞之注解："大象六十四卦皆言'以'，所以教人体《易》而用之之法也。"

不可以不分别，不可以不注意。"① 故知"自强不息"的"强"有"倔强"的意思，但却不是刚愎自用，"不息"则是有恒心。

图 –3　乾隆御用"自强不息"玉印一方②

【序卦传】有天地，然后万物生焉。

乾为天、坤为地。有了天地然后才生成万物。所以乾坤为六十四卦之首。天尊地卑，所以乾卦居首，继之以坤卦。

【杂卦传】乾刚，坤柔。

六十四卦中相邻的两卦（如第一卦的乾和第二卦的坤；第三卦的屯和第四卦的蒙）一组，共有三十二对，大都是相综之卦，若相综之卦与其本卦相同，则取其相错之卦配成对。故曰："两两相偶，非综即错。"廖名春认为："《杂卦》是以两卦对举见义的形式揭示《周易》六十四卦卦德的专论，其解释方法是'以异相明'，即通过揭示两卦的对立关系来凸显其各自的意义。"③乾代表阳刚之性，而坤则代表与其互补的阴柔之性。乾、坤二卦互为错卦，因为这两卦在同一位置的爻都正好阴阳相反。

---

① 史林、宫玉振《曾国藩的修身艺术》，http://big5.jiese.org/viewnews-990.html。
② 来源：http://www.bonhams.com/chinese/ImperialJadeSealZiQiangBuXi.pdf
③ 廖名春《楚简〈周易〉豫卦再释》(《出土文献研究》第 6 集)，上海古籍出版社 2004年。

【爻辞】初九，潜龙勿用。

【小象】"潜龙勿用"，阳在下也。

　　原始《易经》只有卦辞和爻辞，十翼中的《彖传》是六十四卦的卦辞的彖辞和《象传》是解释卦的大象辞和爻辞小象辞。自王弼之后多数《易经》版本将彖辞列于卦辞之后，加上"《彖》曰"两字。并将大象辞列于彖辞之后，将各卦小象辞附在其所对应的爻辞之后，各加上"《象》曰"两字。不过在乾卦的经文中，仍保持大象辞与小象辞并列而不与彖辞和爻辞相杂的传统，这是唯一的例外。将大象辞、小象辞串联在一起，读起来别有韵味，自成妙文，其文如下：

　　《象》曰：天行健，君子以自强不息。（按：此句为大象辞，以下诸句为小象辞。）

　　潜龙勿用，阳在下也。

　　见龙在田，德施普也。

　　终日乾乾，反复道也。

　　或跃在渊，进无咎也。

　　飞龙在天，大人造也。

　　亢龙有悔，盈不可久也。

　　用九，天德不可为首也。

　　本书将乾卦在内的六十四卦各爻的爻辞和小象并列，并综合在一起加以解释。因为小象辞是解释爻辞的最原始资料。

　　"初九，潜龙勿用。"或作"初九：潜龙勿用。""初九"是"爻题"，"初"是指此爻在此卦所在的位置，是最下面初始的一爻。"九"则是代表此爻是阳爻。因此"初九"就是指在乾卦中最初这个位置的阳爻。用蓍草茎来卜卦或用钱币来卜卦时算出 6、7、8、9 四个数字而形成一个爻。6、7、8、9 四个数字分别代表老阴（6）、少阳（7）、少阴（8）、老阳（9）。6 和 8 是阴爻，

7和9是阳爻。其中6和9是变爻。6是阴爻中的变爻,9是阳爻中的变爻。起卦时由最下面的初爻开始往上排列共得到六个爻,而形成一卦。若六爻中皆非变爻,则以卦辞断吉凶。若六爻中有一变爻,则以变爻的爻辞来判定情势。若有一个以上的变爻,则另当别论。爻题以九代表阳,以六代表阴,来标示爻的阴阳,此《易经》尚变之原则。

爻题以初、二、三、四、五、上标明六个爻,由下到上的位置和发展的时序。"初"以时言,代表时序发展之初始的意思;"上"以位言,则代表最高的位置,是故每一爻兼具有时间和空间的双重意义。一个由外空降新上任到一个企业的执行长(CEO),"其位为五,其时为初",以位而言乃九五之爻位,以时而论则为初九之爻时。若以乾卦来解读此情境,在其新上任之初,应如"初九"之"潜龙勿用",先观察公司内外状况,然后再见机行事,进行"九五""大人造"的变革改造。

研究《易经》要学习如何"观其象,玩其占。"[①]以此爻的爻辞为例,"潜龙"是观察到的乾卦"初九"爻之形象。《易程传》曰:"乾以龙为象,龙之为物,灵变不测,故以象乾道变化、阳气消息、圣人进退。"龙在古代,代表善于变化而又有德行的动物,能潜于水,能行于路,能飞于天。乾卦六爻中有四爻皆以龙来取象,用来代表六爻在不同时位之变化,阳气的生息(长)和消退,以及圣人进退出处之道。

"勿用"是此爻的占辞,学《易》者要依此爻"时、位、和爻性阴阳刚柔"的变动去玩味其意义。常见的占辞有:吉、凶、悔、吝、利、咎,其中又有"有悔、无悔、无咎、利居贞、无不利、君子无咎、贞吉、有攸往"等变化。悔是遭遇困厄而知所反省。吝是艰难之义。咎,灾患也。有时候爻辞"有象无占,则占在象中",这是说爻辞中有时候只有对现象有所描述而没有占辞,这是因为从现象中,就得以判断事情的利弊得失了。例如,比卦(䷇)"六三,比之匪人。""六三"爻为阴爻,其上承的"六四"爻、下乘的"六二爻"和相应的初六爻皆为阴爻,没有阴阳相辅相成的效益,所比者皆非能

---

① 《易经·系辞传》:"是故君子,居则观其象而玩其辞,动则观其变而玩其占。"

辅我者。虽然没有占辞，其凶已不言而喻。"有占无象，则象在占中"，则是指爻辞中有时候又只有占辞，但是却没有对现象状况的描述，但其象也已隐含在其占辞之中。例如，恒卦䷟"九二，悔亡。""九二"爻之所以没有悔恨，是因为居下卦之中，能有恒的守中道，又能与六五相应，故能"悔亡"。以《易经》为本的命理之书，如《河洛理数》，对爻辞又依所问之事和来问之人的不同，而作出更详细的判断，深入研究其所以然，则有助于我们活学活用《易经》（参见"附录三"）。

"初九，潜龙勿用。"潜龙是隐而不见，此时一动不如一静。这是指一个人在初到一个环境时，应多看、多听、多学习，以了解组织内的文化，察明那些人是有影响力的人物（包括正式的主管、非正式的意见领袖），那些事是企业成功的关键。以位而言"初九"在下，人微言轻，应潜沉以保荏其初心，切勿轻举妄动。以时而言，"初九"乃开始的之时。刚进入一个组织的高阶主管，即使是位高权重也不可在没有认清楚状况下，轻易地烧起新官上任的三把火。"初九"也可代表企业刚进入一个新的产业时，即使有庞大的资金，亦应多了解产业的生态和竞争者能力的强弱，在找到企业自身的利基（niche）之前，不可贸然做出重大的投资。

"初九"爻的小象辞"潜龙勿用，阳在下也"，是指有潜力而属阳刚之性的人，因为位在下卦之下，故不宜轻举妄动，宜沉潜观察其所处之环境，而自修其德行与才能，以待时机之来到，而后能有所发挥。读爻辞要反复玩味，方能得其更深一层的意义。"潜龙勿用"，以位言为勿用之位，此时能沉潜待时，即是潜龙之用，未尝不是好事。《老子》曰："正言若反"，读《易》者，亦当如是。刘蕙荪曰："六爻之象，有'正象'，有'反象'，有'正喻'，有'反喻'；而无论反正，各爻皆又有一相反之理。"[1]并举噬嗑卦"初九"爻为例："屦校灭趾，无咎。""屦校灭趾"为反象、凶象。然而心念一转，脚趾穿戴刑具，"其祸未甚，急返改图，尚可无碍，故曰'无咎'。"[2]这是反

---

[1] 刘蕙荪《周易曲成》下册第689页，台北：学易斋2006年。
[2] 刘蕙荪《周易曲成》下册第689页。原文接着说"反象也"，依上下文义，应为"正象也"，故改为"这是反中有正，凶中有吉之象"。

中有正，凶中有吉之象。

子曰："乾坤，其《易》之门耶！"①认为了解乾坤二卦是《易经》入门的关键，所以《易经》十翼中的《文言》专门对乾卦和坤卦做了更进一步的解释。杭辛斋认为六十四卦中除了乾卦和坤卦之外的六十二卦，皆阴阳爻相杂。杭辛斋曰："爻有等，故曰物。物相杂，故曰文。乃此文字之确诂也。盖六十二卦之爻，无不阴阳相杂，惟乾坤为纯体之卦，爻不相杂。爻不相杂，则人将疑为无文也，故特著《文言传》以发明之，夫乾坤二卦虽为纯体，而六爻之位，则仍有等。有等，则仍相杂而成六，故《文言》云者，杂物撰德，皆以其阴阳相杂言之，以明乾坤为阴阳之统……乾坤《文言》，结以'天地之杂'也一句，又申之曰：'天玄而地黄'《文言》之义尽于此矣。"②

《文言》中对此爻有如下的解释：

初九曰"潜龙勿用"，何谓也？子曰："龙德而隐者也。不易乎世，不成乎名，遁世无闷，不见是而无闷。乐则行之，忧则违之，确乎其不可拔，'潜龙'也。"

孔子对"初九"爻的解释是："神龙的德性是喜好隐藏自己的。所谓神龙见首不见尾。'潜龙勿用'是说有龙的德而能隐于下的人。不随世俗而变易，也不贪心想要成名。隐遁于世外而不会烦闷，不被别人肯定也不会去烦恼。能给世人带来欢乐的事就去做，担心会有害于世的事，则不敢违背良心去做，能坚持这原则绝不轻易改变，这就是潜龙的修养！"

潜龙勿用，下也。

"潜龙勿用"是因为"初九"爻在乾卦中居最低下的位置，故不宜妄动。

---

① 语出《易经·系辞传》。
② 杭辛斋《学易笔谈二集》卷一"文言释义"条。

潜龙勿用，阳气潜藏。

"潜龙勿用"是因为阳气潜藏在地下。

君子以成德为行，日可见之行也^①。潜之为言也，隐而未见，行而未成，是以君子弗用也。

【爻辞】九二，见龙在田，利见大人。
【小象】见龙在田，德施普也。

"九二"是指在乾卦中第二个位置的阳爻。"见"即"现"字，与"初九"的"潜"字有相反的意思。"九二"爻象征龙已现身在地上，有利于见到在上位而有权势的大人（指"九五"爻）。"九二"处下卦之中，居中位，又与上卦之"九五"相应，故能乘势而有所作为。"九二"阳爻而居阴位，阳中有阴且居中位，"九二"之言行皆依据中庸之道。心存诚意而格除邪欲，有功于世而不自夸，德泽能普遍施于在下之众，而民自化。要能因时而舍，才能化成天下，以成其德。"见龙在田"，能将潜藏的阳刚之德发挥出来，提升人我的境界。到底大人是在下的群众或是在上位的九五之尊，就请读者自行参悟吧！

"九二"爻的小象辞"见龙在田，德施普也"，是指"九二"属该有所表现之时，位是居中的地位，故应把握住机会发挥其才，而普施其德于众人。苏轼《稼说送张琥》一文中曰："博观而约取，厚积而薄发。""初九""潜龙勿用"乃厚积也，"见龙在田"非炫耀自己的能力，而是适时发挥所学救世济人。

蕅益《周易禅解》以变卦来加强对爻辞的理解，他在解释乾"九二"爻时说："初如渊，二如田，时位之不同耳，龙何尝有异哉？二、五曰大人，

---

① 日行一善，行善而使之未见，积阴德者也。

三曰君子，皆人而能龙者也，此如大舜征庸时，亦如孔子遑遑求仕乎。其静为临（䷒）、为师（䷆），其变为同人（䷌），皆有利见之义焉。"刘蕙荪对此有更深入的解析，他认为对爻辞之运用"必以所处之爻位，与上下各爻相比对，始能识其用"。此乃"乘承应比"之道。刘蕙荪也常用变卦对应之爻的爻辞来参照理解其本卦之爻辞，他进一步分析其间的关系说："若变卦同等位之爻，则其辞有正言，有反言，但在所变之卦，反言为多，因卦之时世不同也。"[①] 乾卦"九二"爻要人"利见大人"，德之施要普及且广大。同人卦（䷌）的"六二"爻，爻辞曰："同人于宗，吝。""小象"曰："同人于宗，吝道也。"即是对应乾卦之九二爻的反语，警戒占者不能只与同宗之人打交道，因为德之施若只止于同宗，就不够普遍了。

《文言》中对此爻有如下的解释：

九二曰"见龙在田，利见大人"，何谓也？子曰："龙德而正中者也。庸言之信，庸行之谨，闲邪存其诚[②]，善世而不伐，德博而化。《易》曰'见龙在田，利见大人'，君德也。"

《尔雅》："庸，常也。"庸，训为平常。《广韵》："闲，防也，御也。"闲，训为防止。孔子对"九二"这爻的解释是："九二处中位是象征龙的德性既中且正。即使是普通的言论都能讲信用，普通的行事都知道谨言慎行。防范不正的念头和事情之发生，以存养自己心中的诚。行善于世有所成就而能不夸耀自己的功劳。又能以德行普遍感化群众而无偏失。这就是《易经》乾卦九二的爻辞所说的：'见龙在田，利见大人'所指的君子之德啊。"九二虽非君位，但居中之位而有君子之德。"君"是群之首也。"君德"是指有教化、领导群众的德性、能力、和功德。"德博而化"的"化"是指教化，君

---

① 刘蕙荪《周易曲成》上册第 35 页。原文为"正言为多"，今依上下文义，改为"反言为多"

② 其，己也，自己的意思。

第五章　乾卦：元亨利贞，自强不息

157

子虽然不在上位，但仍能于群众中，以自身的德行和正知正见来开启民智，使"人人皆有士君子之行"，此圣人教化群众之功德也。

《中庸》乃论"用中之道"的经典，是中国人智慧之结晶，此书最重一个"诚"字。《中庸》曰："诚者，自成也。"是指自己说的话，自己认为办得到，而且也做到了，这就是"诚"。又曰："诚者，天之道也；诚之者，人之道也。"天指的是"天命"，因为"天命之谓性，率性之谓道。"故知天道就是人性，人性是人与生俱来、不假外求的天性，是人人应终生依循不离的行事态度。一个人若是"不诚"，则什么事也做不成！故曰："不诚，无物。"毓鋆师解释《文言》"闲邪存其诚"如下："人都有喜好，像你喜欢喝啤酒、咖啡，这不是坏事，但要适量，适量就是正，过量就成了欲，离开了正，就是邪了。邪会蒙蔽本性，所以得要'闲'，防牛羊跑了似地做个篱笆把邪给圈围起来；防止所有不正的欲念，以保住诚的本性不受侵害。这闲，就是修养的功夫了。说得浅白一点，要存诚，就必须能控制欲望，一个人不能控制欲望，还能谈其他吗……'智慧'并无古今之分，如何把古人的智慧，变成我们的智慧，这就要大家用心深思来琢磨琢磨、玩味玩味了！"[1]毓鋆师经常强调要"以古人之智，慧启发今人之智慧"。

"见龙在田"，时舍也。

"见龙在田"要把握时机能施舍于众人。

"见龙在田"，天下文明。

"见龙在田"能感化群众使其共臻文明的境界。

---

① 爱新觉罗·毓鋆《毓老讲诚信》，天下杂志第 324 期，2006 年 1 月 18 日。此文乃天下杂志编辑人员根据毓鋆师讲诚信所整理而成的文章。

君子学以聚之，问以辩之，宽以居之，仁以行之。《易》曰："见龙在田，利见大人"，君德也。

辩音义与辨通，分辨也。《文言》释"九二"爻这段话与《中庸》子曰："舜其大知也与！舜好问而好察迩言，隐恶而扬善，执其两端，用其中于民，其斯以为舜乎！""博学之，审问之，慎思之，明辨之，笃行之。"可以互相发明。好问好察迩言、博学、审问、慎思、明辨是学与问，隐恶扬善、执两用中是宽，笃行之、用之于民是仁。明辨之义深，博学之（以知为主）、审问之、慎思之，皆须归于明辨，明辨之后必得笃行之，方可谓之学（以行为主），知行合一之学至此方可谓之圆满。《繁露·深察名号》云："君者，群也。"《繁露·灭国上》云："王者，民之所往；君者，不失其群者也。"君者，群之首。"群"字的君在羊之左，代表为君者不可高高在上，应与民同，故居左而不居上，是故"群"字不应写成"羣"。

【爻辞】九三，君子终日乾乾，夕惕若厉，无咎。
【小象】终日乾乾，反复道也。

乾，健也。乾卦卦名得自此爻之爻辞。《广雅·释训》"乾乾，健也。"乾乾是指精进而不倦怠，而且是以乾道（天道）为效法的对象。这是鼓励时位在"九三"的人要能以诚敬之心做事而又戒慎恐惧有如危险在前。有"苟日新、又日新"，不断精进实践之义，精进的方向包括进德和修业二方面。其入手处则在乎"忠信，所以进德也；修辞立其诚，所以居业也。知至至之，可与几也。知终终之，可与存义也。"修业进德即在终日乾乾的"行事"之中。

"九三"爻在下卦最上面的一个爻，然而位居上卦之下，要能"居上位而不骄，在下位而不忧"，时时警惕自己，才能处危难之境而没有大的过错。咎，是灾祸、患难。《易经》中有无之"無"字，皆写作"无"字，"无咎"是指没有灾祸。

"九三"爻辞形容君子整天都以刚健之精神，依据时代之变动而不断地去努力实践，从"行事"中体悟天道。晚上仍时时警惕，好像是身处危厉的险境（王弼和熊十力都认为"夕惕若厉"应连着来读），能如此才不会犯什么过错[①]。此句也有断句为"夕惕若，厉无咎。"解释成白天努力、晚上警惕若是，虽遇危厉仍可无咎。《易经》的卦辞和爻辞中的占辞（判断语），经常是有条件的。以此爻为例，占者要能"无咎"的条件是要如君子一样"终日干干，夕惕若厉"，若不能如此，则难免其咎。研究《易经》时要从正反两面去看其占断之辞，如断言是"能这样做，则吉利"，就要领悟到其"潜台词"就是"如不这样做，则会有凶险"[②]。我们在解读经文时，千万不可将占辞的先决条件轻忽了。

"九三"爻的小象辞"终日乾乾，反复道也"，是指"九三"爻时为下卦之终，位为下卦之上，要整天从早到晚精进努。"九三"处下卦之终，若再往上升，则可开创上卦之始，终而复始，故曰"反复"，此天道也。"反复道也"是指不断地实践，都能回复于正道。反训为返，又有相反相成之义。"九三"正在艰苦奋斗将要有所突破之际，此时最容易受名利之诱惑，用旁门左道的方法求取不当的利益，脱离了正道便容易愈行愈远。这是提示我们在创业的过程中不可有投机的心理，要终日努力不懈不断地求新求进，提升吾人之修为或将企业之经营提升到更高一层的境界，故能反复（返回）于正道。

王弼注曰："以上言之则不骄，以下言之则不忧。反复皆道也。"君子凡事都能努力不懈，不论是进或是退，都能胜不骄、败不馁，而又能合乎正道。"志尚志"有志者需发愤，每天要勤于修行。有远大抱负者，以勤为第一要义：勤劳、勤学、勤事、和勤政。所谓"一勤天下无难事"，此"君子终日乾乾"之深义。

毓鋆师曾说过：

---

① 咎可指外来的灾祸或是人为的过失。《周易·系辞传上》："无咎者，善补过也。"
② 马恒君《周易正宗》第62页，北京：华夏出版社2007年。

三画卦其义"始、壮、究"，假变以示义，天之道也。其位"天、地、人"，体位以树齐平①，人之道也。始壮究者，究，终也、究极也。物极必反，"反者，道之动。②"（乾卦"九三"小象辞）"九三"曰："反复道也。"复者，复其始也（始，初也）。道者，机也。初为机先，反复其初也。六画成卦，终始机明，生生已着。（乾卦）象曰："'大'明终始，六位时成。"六位（六爻）示人以识势宜务而成至德③，凝至道而致太平，非历险阻不足以任事成业，学《易》之无过也以此。

《苏氏易传》对乾卦"九三"爻特别重视，其文曰："九三，非龙德欤？曰：否。进乎龙矣。此上下之际、祸福之交、成败之决也。徒曰龙者，不足以尽之，故曰君子。夫初之所以能潜，二之所以能见，四之所以能跃，五之所以能飞，皆有待于三焉。甚矣！三之难处也。使三之不能处此，则乾丧其所以为乾矣。天下莫大之福、不测之祸，皆萃于我而求决焉。其济、不济，间不容发。是以'终日乾乾'，至于夕犹惕然，虽危而无咎也。"三、四爻居人位，故在乾卦六爻中不以"龙"称焉，《易》道之重人于此可见。

此爻变卦为履卦（☲），其对应之"六三"爻辞曰："眇能视，跛能履，履虎尾，咥人，凶。武人为于大君。"警示终日乾乾之君子要努力精进，但也要能有自知之明，不可不自量力，以至身陷险境。

华为总裁任正非说："唯有生存是最本质、最重要的目标，才是永恒不变的自然法则……高科技企业以往的成功，往往是失败之母，在这瞬息万变的信息社会，惟有惶者才能生存。"④惶者，就是有忧患意识的人，《易经·系辞传》曰："作《易》者其有忧患乎？""九三"爻辞"君子终日乾乾，夕惕若厉"，此乃对有忧患意识和危机感的人之写照。

---

① 齐平乃指《大学》中所言齐家、治国、平天下的外王之术。
② "反者，道之动。"语出《老子》。
③ "成至德"或作"盛德"。
④ 任正非《企业要扩张就是要发展一批狼》，http：//it.people.com.cn/BIG5/8219/81951/62326/82958/5688006.html。

"夕惕若厉"在《帛书易》中作"夕沂若厉"。"沂"本应作"析",析的本义为解除,引申为安闲休息义①。《帛书易·二三子》孔子对此爻的解释是:"此言务时,时至而动……亦日中而不止,时年至而不淹。君子务时,犹驰驱也;故曰'君子终日键键(乾乾)'。时尽而止之以置身,置身而静,故曰'夕沂若厉,无咎'。"《淮南子·人间训》和《二三子》的诠释相同而更清楚,其言曰:"'终日乾乾'以阳动也;'夕惕若厉'以阴息也。因日以动,因夜以息,唯有道者能行之。"白天努力,而晚上好好休息是道家养生之法。这与传统儒家对此爻的解释正好相反。工作应讲求效果,日以继夜,必耗神伤身,确实非常久之计。

《文言》中对此爻有如下的解释:

九三曰"君子终日乾乾,夕惕若,厉无咎",何谓也?子曰:"君子进德修业。忠信,所以进德也;修辞立其诚,所以居业也。知至至之,可与几也。知终终之,可与存义也。是故居上位而不骄,在下位而不忧。故乾乾,因其时而惕,虽危,无咎矣。"

孔子对此爻的解释是:"君子要如何进德修业呢?尽己之心力为忠,与人言而能说到做到是信。要能以诚信的言辞与人沟通,才能把事业做好。这是精进自己德行的入手处。知道将要来到的变化,而知掌握变化机会的这种人,是可以和他讨论如何抓住微妙的征兆所显示的机会。知道人生事业的最终目标而能持之以恒、力行不懈以达到此最终目标的这种人,是可以和他共事,因时制宜以达成目标。所以君子能够居处在高的职位也不骄傲,任职于低下的位置也不会忧虑。所以能以刚健的精神依天道而努力,根据时机而有所警惕,虽然处在危险之中,也可以不犯什么错误了。"根据孔子的解释则"九三"的爻辞应断句如下:九三曰"君子终日乾乾,夕惕,若厉,无咎。"

---

① 廖名春《周易乾坤两卦卦爻辞新解》(《周易经传与易学史新论》),济南:齐鲁书社 2001 年。

终日乾乾，行事也。

"终日乾乾"便是要我们从行事中去实践我们的理想。

终日乾乾，与时偕行。

"终日乾乾"是要我们与时代的潮流一起前进。

九三重刚而不中，上不在天，下不在田。故乾乾，因其时而惕，虽危，无咎矣。

"九三"以阳爻居阳位，故曰："重刚"。九三在下卦之上位，但却不是天位，也不在地位的田地中。因为无天时和地利，故一定要刚健不已，法天之自强不息。观察根据时势而知道警惕，虽然遇到危险，也不会出错。

【爻辞】九四，或跃在渊，无咎。
【小象】或跃在渊，进无咎也。

王之涣《登鹳雀楼诗》诗云："白日依山尽，黄河入海流。欲穷千里目，更上一层楼。"从"九三"到"九四"是从下卦往上，而进入上卦，这代表已进入管理阶层或人生更高的层次，而必须学习不同的思考模式。学习新观念与新技能的最佳方式便是不断地挑战自己，以跳出培养我们、但也限制住我们的环境。

"九四"爻的小象辞"或跃在渊，进无咎也"，是指一个人要从其现有的成就或模式中，若要有所突破，则要运用创新的方法，才能跳出固有的窠臼（Think out of the box）。既有所谋，则可以小试身手，以验证我们所规划事物的可行性。九四是阳爻而处阴位，故能刚健而不躁进。"九四"已进阶至上卦，然仍因为处上卦之下，故虽有小成而不可自满，不然则自陷于渊薮之中，而不可自拔。"或跃"是适时待机而动，是自我的锻炼和提升，能进德修业，而不为"九五"所忌讳和妒忌。不论是心灵境界之提升，或是企业的革新，都要有如"或跃在渊"、勇于尝试的精神。

"或跃在渊"的"或"字，有存疑之意。乾卦《文言》云："或之者，疑之也。"有"毋意、毋必、毋固、毋我"①的意思。在犹疑之际而能不轻下定论，进则能跃，退而善藏于渊，知道及时提升自己的道德、见识和能力，而能将其修行之所得，实践于事业之中，故能向前不断地改进而无咎。"九四"虽已进入上卦，然而因在上卦最下面的一爻，故仍应不断地进德修业，自我试炼，才能真正地脱胎换骨。

毓鋆师云："社会就是渊，自己在社会的冶炼之下，不断的自己试验挑战自己能有多大的担当，即使失败也不会有环境的压迫感。"成功了就进于"九五"之境界，失败的就退藏于渊，大隐隐于市，待时机之来了再出发。

《系辞传》曰："四多惧，五多功。"五为君位，四是近于君位的大臣。《韩非子·说难》曰："龙之为虫也，柔可狎而骑也，然其喉下有逆鳞径尺，若有人婴之者，则必杀人。人主亦有逆鳞，说者能无婴②人主之逆鳞，则几矣。"逆鳞而遭杀身之祸，故曰："伴君如伴虎。"在四爻之位的大臣，必须特别谨慎小心，不然功高震主，恐怕难以善终。韩非的建议是："所以向主管劝说谈论的人，不可以不察清楚主上之好恶，然后才决定说什么和怎么说。"③历代都有少数几个不怕死、不管皇帝喜不喜欢，而勇于进谏的忠臣，如魏征之于唐太宗，但能得善终者太少了。近代史上清末中兴名臣曾国藩是权倾一时，有功高震主之危，但深谙明哲保身之道，故能全其身家。俗话说："良药苦口利于病，忠言逆耳利于行。"能察纳雅言，有听得进逆耳忠言的胸襟，是想要成大功的领导人必备的修养。听不到真心话的责任不在臣下，而是在乎领导人自己的心态和修为。

---

① 《论语·子罕》子绝四：毋意、毋必、毋固、毋我。

② 婴，通撄，训为触。"忤上意、批逆鳞。"是指违背了长官的意向，触了他的霉头。与英文 Ruffle someone's feathers 的意思类似。

③ 《韩非子·说难》原文为："故谏说谈论之士，不可不察爱憎之主而后说焉。"

《文言》中对此爻有如下的解释：

九四曰"或跃在渊，无咎"，何谓也？子曰："上下无常，非为邪也；进退无恒，非离群也。君子进德修业，欲及时也，故无咎。"

孔子对此爻的解释是"或跃"是向上精进，"在渊"是处下潜修，或上或下，没有一定的常态，但不是去做邪恶的事；或进或退看似没有恒心，但也不是离群而独立。君子要精进其道德，修习其术业，要能够把握时机。因为能"及时"，所以能够"无咎"。《老子》曰："鱼不可脱于渊。"又云："渊兮，似万物之宗。"渊在此是指事物的根源，或是动力的来源。"初九"之"潜"和"九四"之"在渊"，名为退藏，实为沉潜修炼，故乾卦《文言》曰："进退无恒，非离群也。"

进退出处不只是个人修为的关键，也是企业经营上的大学问，李晓华在二十世纪八十年代的北京经商致富，他认为："企业决策要适时而进，适时而退。如果不能适时而进，就会错失良机；如果不能适时而退，就会陷入困局。"[1] 知进退，得有先见之明。知进，需要有冒险的精神；知退，更要具备果断的能力。当断不断，其事必乱。

或跃在渊"，自试也。

"或跃在渊"代表我们必须不断地向自我挑战，在自我的试炼中，激发自己的潜能，提升自我的境界。"或"者，不划地自限，也"不执着"于必定跃至何处，与时偕行。自试者，不止是试炼自我，也是"试时"也。时机没有人能看得神准，有时也要去尝试，以识时机之有无。时机不当则如潜龙勿用，修己以待时，以退为进也。时机来时则跃以自试，以求进也。观时、试时方能识时机之有无，以为进退之据。达观者"居处庙堂之上而志在山林，

---

① 刘安华编著《三国商学院》第 208 页，台北：我识出版社 2005 年。

远遁山林之中而忧心黎民。"身潜而心动，身跃而心静。故曰："进退有据，潜跃由心。"①

　　或跃在渊，乾道乃革。

　　"或跃在渊"代表有不断尝试，不怕失败的精神，这就是乾卦能够不断地革新的原动力。在下的乾卦，经过精进，而更上层楼到了九四爻之位，由量变而质变，故曰："乾道乃革"。

　　九四重刚而不中②，上不在天，下不在田，中不在人，故或之。或之者，疑之也，故无咎。

　　《文言》解释"九四"爻说"上不在天，下不在田，中不在人"照理说初、二两爻处地位，三、四两爻是人位，五、上两爻居天位。为何说"九四"爻是中不在人呢？因为《易经·系辞下传》曰：《易》有天道，有地道，有人道；兼三才而两之。"侯果认为："两爻为一才也。初兼二，地也。三兼四，人也。五兼六，天也。四是兼才，非正，故言不在人也。"③笔者认为二和五是中位，天位居五、上两爻，天为阳，阳性向上，故取其在下之第五爻为守中之爻；地位居初、二两爻，地为阴，阴性向下，故取其在上之第二爻为守中之爻。"九四"所"中不在人"可以解读"人不在中"，因为二、五爻是中位，而人居三和四爻的位置，不在中位上。人若要守中，必须效法天地的中道。若法天之刚健向上努力，则可以居"九五"之中位而"飞龙在天"；若能效地之柔顺，则可处"九二"之中位而"见龙在田"。

　　我们仰观于天，俯察于地，体天地刚柔之德，知进退之道，其要在乎

---

① 此二句话出自南怀瑾、徐芹庭《周易今注今译》，台北：台湾商务印书馆 1976 年。

② 《周易本义》朱子认为"九四非重刚，重字疑衍。"重字是衍文，因为"九四"居四之位，为阴位，阳爻居阴位，故非重刚，故本段经文应为"九四刚而不中"。

③ 李鼎祚辑《周易集解》卷一。

"守中"而已。"或跃在渊"的"或"者，是要我们有挑战自我的反省能力，时时检讨自己是否能在进退之际，守住天地间之中道，能如此方可"无咎"。圣严法师曰："识人识己识进退，时时身心平安；知福惜福多培福，处处广结善缘。"[①] 前二句有"九四"爻辞之义，后二句则相应于"九二"爻辞，德施普之义。

【爻辞】九五，飞龙在天，利见大人。
【小象】飞龙在天，大人造也。

"飞龙在天"代表君子开诚布公的行为，感应百姓（员工、客户、民众）之心，故能起用在下"九二"的贤者，而有利于治国。"飞龙在天"，是能明其自性之德的领导人能乘势而起，造势而飞。要能成大事，必须结合志同道合之士，延揽能相辅相成的人才，同心谋事，协力执行。在设定企业的远见和目标时，要能合乎天理，顺乎人情，不假己私，不谋小利。所以必能得天时、地利与人和，而成其伟大的事业。

"九五"的小象辞"飞龙在天，大人造也"，是指"九五"有"飞龙在天"之象，是英雄能乘势、造势的结果。大人者，能学天德的人。"惟天惟大，惟尧则之。"唯有尧能学上天的大德，故能成就了尧的伟大。"九二"、"九五"皆为大人，皆有大人之德，所不同者惟其位而已。

《文言》中对此爻有如下的解释：

九五曰"飞龙在天，利见大人"，何谓也？子曰："同声相应，同气相求；水流湿，火就燥，云从龙，风从虎。圣人作而万物睹。本乎天者亲上，本乎地者亲下，则各从其类也。"

这是说物以类聚，飞龙有德于世，故为人所景仰和追随。

---

① 来源：http://www.ddm.org.tw/ddm/intro/index.aspx？ contentid=2070&cateid=165&page=1

飞龙在天，上治也。

毓鋆师云："上治是指在上位者能躬己正南面，先自治，方能治人。"

飞龙在天，乃位乎天德。

飞龙居天位，处上卦之中位，而能实践天德之刚健者也。

夫大人者，与天地合其德，与日月合其明，与四时合其序，与鬼神合其吉凶。先天而天弗违，后天而奉天时。天且弗违，而况于人乎？况于鬼神乎？

【爻辞】上九，亢龙有悔。

【小象】亢龙有悔，盈不可久也。

"亢"，形容"知进而不知退，知存而不知亡，知得而不知丧"。若能知时已到了尽头，而能悔改，则能避开穷极的灾害。要持盈保泰，则在乎有自我反省的能力，过分自信，得意自满，则离群众愈远。终将成为孤家寡人的亢龙，所谓高处不胜寒是也[①]。

能够见好就收，"知进退存亡而不失其正"的人，实在太少了，关键在此"不失其正"的"正"字。孔颖达《周易正义》疏曰："上九，亢阳之至，大而极盛，故曰亢龙。"

熊十力《乾坤衍》云："六爻之例，从初爻进至五，便抵于极盛之地。六为上爻，无以复加乎五。故诸卦之文上爻，往往别明他事。"熊十力认为初九到"九五"，是谈生命心灵之发展。乾卦上爻，亢龙之象，即以此比喻君道已穷，统治阶层必消灭，领导人物是由庶民中选拔出来的贤德之士，由

---

① 英文亦有类似的观念，所谓："It is pretty lonely at the top！"

他们来主持万国之政事，使政治清平而安宁。

"上九"爻小象辞"亢龙有悔，盈不可久也"，是警戒位居上卦之上的人，其势已失，其时已去，就像月亮盈满之后，必会亏缺。要是及时自省反悔，转换跑道，则或许可以柳暗花明又一村。亢有盈的意思，人或事的时、势、位在盈满之时，要能谦逊谨慎，才能持盈保泰。若是无才无德而只知把持权位，必有灾祸临身。

《孝经》曰："在上不骄，高而不危。制节谨度，满而不溢。高而不危，所以长守贵也。满而不溢，所以长守富也。富贵不离其身，然后能保其社稷，而和其民人，盖诸侯之孝也。《诗》云：'战战兢兢，如临深渊，如履薄冰。'"亦可为居"九五"和"上九"之"飞龙"与"亢龙"为戒。

圣严法师回顾其一生，觉得一生中"没有让我后悔的事。当我犯了错，我忏悔，接受责任，然后继续前进"。他一生坚持一个原则："从不让自己觉得满意或失望。""亢龙有悔"，是虽在高位而不志得意满，知道忏悔；后悔只是埋怨过去，不求改进。"亢龙有悔"之悔，乃反省忏悔，不是懊恼反悔。圣严法师一向体弱多病，但他试着在人生最后的日子仍然活得精神奕奕，因为无论何时有人需要他，他就奋力去做那件事[1]，此乃法师师法乾卦自强不息之义。

从系统控制理论而言，一个系统也不可能无限制地成长，必有一反馈之功能以调节系统的状态，使之稳定，而不至冲过了头。张景岳（明朝人，1563年～1640年）在《类经图翼》中说："造化之机，不可无生，亦不可无制。无生则发育无由，无制则亢而有害。必须生中有制，制中有生，方能运行不息，相反相成。""亢龙有悔"可视为一种自发性的反馈机制。

研究《易经》时应特别注意"从他人的观点来看问题（Put yourself in other people's shoes.）"的道理，这是研究《易》理的一个关键之处。毓鋆师曰：《易》六画成卦，其有深义焉。六爻各有其时位，故由六爻视全卦则或有六义焉，君

---

[1]　圣严法师《雪中足迹：圣严法师自传》，台北：三采文化2009年。

子小人不一而是，在乎其修德如何耳！如大过之初六，其自视也，则为至洁之茅，而可以柔克四阳之时艰。至于九四栋隆之时，则视己为栋梁之材，而以初六为它吝焉！又如乾之上九，亢龙有悔，其自悔过也。而由他爻视之，则极欲灭之矣！由爻位不同，故其自视、视人（人视）者皆大异也。《易》道神妙变化，其在此乎？"乾卦上九爻认为自己能自我反省，而有悔过之意；但是其他爻看上九，则很想将已过了气，却又好干涉政事的亢龙（"上九"）早早除去。

《文言》中对此爻有如下的解释：

上九曰"亢龙有悔"，何谓也？子曰："贵而无位，高而无民，贤人在下位而无辅，是以动而有悔也。"

亢龙高贵但却没有权、没有群众基础，没有贤人辅佐，所以一动就出错，而有悔。

亢龙有悔，穷之灾也。

亢龙会有悔是因为已走到穷尽之处而招来的灾害。

亢龙有悔，与时偕极。

位与时皆已到了尽头。

亢之为言也，知进而不知退，知存而不知亡，知得而不知丧。其唯圣人乎？知进退存亡而不失其正者，其唯圣人乎！

亢是指只知道向前求得成功，而不知后退接受失败之人。进退存亡得失皆时也、位也，不离正道，可以成圣人。

【爻辞】用九,见群龙无首,吉。

【小象】用九,天德不可为首也。

　　乾卦除了六爻的爻辞之外有"用九"的爻辞。若卜卦时卜到乾卦而且六爻皆是变爻,其变卦是坤卦,有阳极生阴的道理,可依"用九"的爻辞来判断。《易经》六十四卦的每一卦各有六个爻辞,乾卦则多了一个"用九"的爻辞,而坤卦则多了一个"用六"的爻辞。所以《易经》总共有三百八十六个爻辞(64×6+2=386)。乾坤两卦"用九"、"用六"的爻辞乃教人用刚、用柔之法。"用九,见群龙无首",乃以柔用刚之法;"用六,利居贞",乃以刚用柔之道。刚柔相济,易道乃成。

　　乾卦"用九,见群龙无首,吉",则是指乾卦六爻阳发展到了极致之处,六爻皆变为阴爻,则形成坤卦。以坤卦之柔,来统御群龙,能引导群雄而不为其首。也就是说能做到《老子》所说的:"生而不有,为而不恃,长而不宰。""用九"是刚中有柔,能有谦逊之德而不强争出头,而故能合于中道[①],故小象曰:"天德不可为首",此亦《老子》"不敢为天下先"之义。

　　《小象传》说:"用九,天德不可为首也。""用九"是指辅助协成初九到上九的六个阳爻,皆能以自己的时位,根据群体之所需,各尽己力,而能各得其所。此时人人皆有一定的道德修养,而领导者是从群众中应当时之需要而选拔出来的。员工、百姓不待他人之领导而能在自己的岗位上自动自发组成能自我管理的团队(self-managed teams),经充分授权而发挥其功能[②]。此种团队能在外在环境变迁下,由团队中最有能力应付当时之状况的人才,自动出来领导。当完成阶段性之任务后,即能功成身退,不恋栈其职位,以便换上更适合的人。

　　雁子在迁徙之时,皆成队飞行,最能彰显这种团队的精神。借着 V 字形的队形,一天之内整个雁群可比每只雁鸟单飞时,至少增加了 71% 的飞

---

① 刘思白《周易话解》第 19 ~ 20 页,台北:弘道文化事业有限公司 1981 年。

② 有英文所谓 empowerment 之义。

行距离。这是因为成队飞行时，除了领头的雁子之外，其他的雁子所受到气流的阻力都比单飞时要小。飞在后面的雁子也会不时呼叫，互相激励，并且给领头的队友加油。领队的大雁累了，则为自动退到队伍中，其位置则由有力的雁子接替。雁行时以团队之精神相辅相成，轮流为首（最为吃力辛苦的位置）。印证了《易经》乾卦"用九，见群龙无首，吉"之深义。许多人只看到做领袖的权势，而不知其辛劳，其实领导众人者，是为他人服务（To rule is to serve），这是义务，不是权利。当上了要职晚上会因责任重大而惊醒，这才是正确的态度。

《春秋·公羊传》鲁隐公元年继承没有用"即位"，是因为鲁国的大夫因为隐公年纪较长而又贤能，所以公众民意，拥立隐公为王。而隐公也希望将国家治理平稳后再将其王位，禅让给当时还年幼的桓公。何休注曰："明其本无受国之心，故不书即位，所以起其让也。"①《春秋》中经文之首，明"公意"、立贤和禅让之德，与《易经》中六十四卦之首，乾卦中"见群龙无首"之义相通。《帛书·衷》孔子对"用九"的解释为："善让之谓也。君子群居，莫敢首，善而治。"②《春秋·公羊传》哀公十四年是春秋经中最后一条记录：其经文是："十有四年春，西狩获麟。"《公羊传》的传文为：

何以书？记异也。何异尔？非中国之兽也。然则孰狩之？薪采者也。薪采者则微者也，曷为以狩言之？大之也。曷为大之？为获麟大之也。曷为获麟大之？麟者仁兽也。有王者则至，无王者则不至。有以告者曰："有麇而角者。"孔子曰："孰为来哉！孰为来哉！"反袂拭面，涕沾袍。颜渊死，子曰："噫！天丧予。"子路死，子曰："噫！天祝予。"西狩获麟，孔子曰："吾道穷矣！"《春秋》何以始乎隐？祖之所逮闻也。所见异辞，所闻异辞，所传闻异辞。何以终乎哀十四年？曰：备矣！君子曷为为《春秋》？拨乱世，

---

①　东汉何休《春秋公羊传何氏解诂》第1—3页，台湾中华书局1970年。

②　廖名春《帛书"衷"校释（一）》（《周秦汉唐文化研究》创刊号），西安：三秦出版社2002年。

反诸正，莫近诸《春秋》。则未知其为是与？其诸君子乐道尧舜之道与？未不亦乐乎尧舜之知君子也？制《春秋》之义以俟后圣，以君子之为，亦有乐乎此也。

"薪采"者是采薪的樵夫，是地位低微的庶人。"大之也"，大薪采者之德。《春秋繁露·俞序篇》曰："教化流行，德泽大洽，天下之人人有士君子之行而少过矣。"孟子认为"人人皆可为尧舜"，当然包括采薪者，无论位之高低皆有成德之象，这是"群龙无首"。"有王者则至"王者以字形来解释是以丨贯天①、地、人三才之道，以仁德来远人。《易经》乾卦六爻终始而用九，"首出庶物"，故采薪之庶人亦可为王。《易经》乾卦之终和《春秋》经文之末，皆寓有孔圣之微言大义，遥遥相应，昭昭可彰。

熊十力在《十力语要》中，以天命与人性来解释"群龙无首"，熊氏曰："万物皆天命之显，物物各相属，亦各自为主，此意深微。唯万有为一完整之全体、而首出庶物为主宰者。足知，一切物，皆是本体呈现。即一切物，各个具有圆满无缺之本体。易言之，一切物皆平等，一切物皆神。《华严》光光相网义，与《周易》群龙无首义，可互相发明。""光光相网"语出《华严经》，是指每个人都能发出人性智慧的光辉，以照亮他人、温暖他人。这就说我的智慧之光照你，你的智慧之光也照我，互相提携、辉映，形成一个由人性光辉互相照耀而织成的光网。

熊十力在《读经示要》中，又从政治理想上来解释"群龙无首"之义，熊氏曰："复次以治化言，则人道底于至治之休。其时人各自治，而亦互相为理也。人各自尊，而亦互不相扰也。人各自主，而亦互相联系也。人各独立，而亦互相增上也。人皆平等，而实互敦伦序也。全人类和谐若一体，无有逞野志，挟强权，以劫制众庶者，此亦'群龙无首'之众。《春秋》太平、《礼运》大同，皆自乾元之推演而出。"②《礼运》乃《礼记》之一篇，其中有

---

① 丨，音滚，是王字中间的一竖，是上下贯通之义。

② 熊十力《读经示要》卷三第78页，台北：洪氏出版社1976年。

一段大同世界的描述如下：

大道之行也，天下为公；选贤与能，讲信修睦。故人不独亲其亲，不独子其子；使老有所终，壮有所用，幼有所长，矜、寡、孤、独、废疾者皆有所养。男有分，女有归。货恶其弃于地也，不必藏于己；力恶其不出于身也，不必为己。是故谋闭而不兴，盗窃乱贼而不作，故外户而不闭，是谓大同。

熊十力在《体用论》中曰："'群龙'者，全人类之道德智慧以至知识才能，皆发展到极盛，是谓全龙。古代以龙为至灵至贵之物，全人类皆圣明，故取譬于群龙也。是时人类皆平等，无有领导者与被领导者之分别，故云'无首'。无首者，无有首长也。"

元亨利贞，循环不已。好像那一粒种子会发芽而长成大树，是无法预知的，只有每粒种子都好好培养，将种子散布出去，让最好的胜出，而后各自成为一方的领导人物，以平定天下。"首出庶物，万国咸宁"是说首领是由庶民中选拔出来，各个国家都因为有好的领导人才，而皆得以安宁。这与"用九，见群龙无首，吉"是互相辉映。

《文言》中对"用九"的爻辞有如下的解释：

乾元用九，天下治也。

《中庸》曰："人人皆有士君子之行。"

乾元用九，乃见天则。

"用九"是超脱物外，能够"时乘六龙以御天"而不以天自居，以坤顺之柔引导出乾卦六爻本来各自所有的刚健之德。柔刚相济，天则乃见（现）。

四、总论

熊十力在《乾坤衍》曰："乾为心灵，坤为物质。"马一浮认为西北方是阴盛之地，乾卦寄位于西北，有以阳战胜阴的意思，故《说卦》曰："战乎乾。"他认为"自古圣贤应现多在乱世"，乾之战是指乾以阳刚之性"力拔群机之陷溺……非谓起用之后尚有物欲之累也。"

乾卦虽然六爻皆阳，但是每一爻都有"阳中有阴、阴中有阳"的概念。与老子"万物负阴而抱阳"的看法是一致的，试论证如下：

1．"初九"爻"潜龙勿用。"是阴柔之道，《文言》中引孔子之的解释："不易乎世，不成乎名，遁世无闷，不见是而无闷。"则是在逆境中能忍得住、挺得起，不屈不挠，退而在野，仍能修行其才德，此阳刚之功夫。

2．"九二"爻的"见龙在田。"将是能力表现出来阳之外显，但"德施普也"则是积阴德。

3．"九三"爻"终日乾乾"是刚健之阳。而"夕惕若厉"则是谦逊之阴。

4．"九四"爻"或跃"是阳之上进，"在渊"则是阴之沉潜。

5．"九五"爻"飞龙在天"是君临天下之阳气，而"利见大人"则是能以阴柔之道，尊礼在下的贤能之士。

6．"上九"爻"亢龙"的"知进而不知退"是冲过头的阳刚之劲，"有悔"则是知所退止的阴逊之道。

《易经》经文处处可见"太刚则易折，太柔则易靡"之理，这是说太刚强了容易折断，太柔弱了则容易萎靡不振。刚柔互济、阴阳和合，才是应世之要道。是故观爻辞之时，要探求其正反两义，方可体会出其弦外之音。王阳明曰："乾六爻作一人看，有显晦，无优劣。作六人看，有贵贱，无优劣。"[①]六爻以一个人的处境来看，有显达和隐晦的机运之不同，而没有优劣的分别。若是以六个人来看，则其位置有贵贱的区分，却没有优劣的差异。人的位置

---

① 蕅益《周易禅解》在乾卦的解释中引用王阳明之语。

有高低，但其能力和品格之高下，却不因其位而有所别。故《诗经·大雅》曰："先民有言，询于刍荛。"而六祖惠能也说："下下人有上上智。"

纵观乾卦六爻以龙取象，有"潜、见、惕、跃、飞、亢"六种情境，依时位而决定进退之道。秉戒慎之心，勤奋不已，在不同环境下，能屈能伸，故能逢凶化吉，持盈保泰。《论语·述而》孔子对颜渊说："用之则行，舍之则藏，惟我与尔有是夫！"即是此理。乾卦六爻中之"藏"者，"初九""潜龙勿用"是也。"行"者，"九二""见龙在田"和"九五""飞龙在天"是也。"九三""乾乾"，进也；"夕惕"，思退也。"九四""或跃"，进也；"在渊"，藏也。"上六""亢龙"的时已到了尽头，位则是清高而无权，若仍亢进必然动辄得咎、"有悔"，若悟"盈不可久"之理而知退处之道而避险，则可以转换人生或事业的跑道，故能"无悔"。深悟乾卦六爻变化之理，则我们在人生和事业发展的进退出处上，自然可以因"时、势、位"之变化，并根据自己的德行和个性，而知进退出处之机和修德立业之道。

乾卦六爻可用于不同大小的分析单位（unit of analysis），如个人、家庭、公司，乃至国家，其实在分析解读六十四卦的时位时皆可以尝试用不同大小的单位来分析之。例如乾卦六爻可以代表一个人事业生涯的过程，也可用以形容一个企业成长的各种阶段。以公司、企业为分析单位，则"初九"代表公司创业之始，"潜龙勿用"的沉潜期；"九二"则是产品开发上市，"见龙在田"之际；"九三"强调产品开发和市场开拓，要有"夕惕若厉"、再接再厉的精神；"九四"是小成之后能"或跃在渊"，不断地尝试以力求突破；"九五"是善于创造而有所突破，造成有如"飞龙在天"的声势；事业成功之后，若盲目扩张而忽略了本业，则必如"上九"一般，要"亢龙有悔"了①。

《易经》为中国文化的源头，《易经》六十四卦以乾卦为首，乾卦的标准英译是 Creative，即创造力、创新。乾卦六爻的爻辞描述了六种不同时位的龙，笔者根据经文由重新解读"初九"到"上九"爻的小象辞于下：

---

① 与丁达刚（前钰创科技资深副总经理）相谈钰创科技创业与乾卦六爻之心得。

潜藏静修、不动声色的龙，

适时表现、广结善缘的龙，

日夜奋斗、警惕小心的龙，

跳跃自试、进退知所的龙，

飞翔在天、造福人群的龙，

高亢知返、观过知悔的龙。

　　用此六龙来比喻人在不同时间、趋势和位置（立场）下，应如何了解环境之转移，激发自身之潜力，以变化创新，来追求"亨通久远"之道。现代企业及组织在全球化和信息化的潮流下，其经营环境瞬息万变，"穷则变"则或能将危机化为转机，这须要有正面思考的心态。但是这种在穷途末路之下才去改革创新的思维，显然不够积极。天下事物变动不居，真正不变的只是"变动是常态"这个定律。在功成名就之际，然应努力不懈，以备不虞。

　　《大学》曰："苟日新，日日新，又日新。"又曰："周虽旧邦，其命维新。"周朝虽然是一个老旧的国家，但是它一直维持着一个不断创新的文化。既然变化是常态，我们就不应抗拒变革，要具有积极创新、不断改革的心态，以与时代潮流并进。时势与事物必然会起变化，而变化又必有其先兆，吾人应培养观微知著的能力，故能尽早警觉之变化将至之机，而预做准备，防患于未然。成功的企业家大都能以创意和冒险犯难之冲劲去开拓新的市场和商机，故能造势以兴利。

　　笔者对乾卦小象辞有如下精简的解释，作为本章的结语：

潜龙勿用，阳在下也。	——	潜修实力，观察环境。
见龙在田，德施普也。	——	广结善缘，培养群德。
终日乾乾，反复道也。	——	戒慎努力，不失正道。
或跃在渊，进无咎也。	——	自我试炼，不进则退。
飞龙在天，大人造也。	——	英雄造势，飞黄腾达。
亢龙有悔，盈不可久也。	——	高处甚寒，盛极必衰。
用九，天德不可为首也。	——	善用阳刚，无为而治。

五、《易经》思维动动脑

1. 根据乾卦六爻的时位，找出自己在一个组织中对应的爻位。

2. 根据自己的爻位，是阴位还是阳位？应该内敛而守成，还是该积极而进取？

3. 从一个公司的角度，用乾卦来分析，其成长的各个阶段。

4. 反省自己有没有效法天道之健行不已，而自强不息？

5. 思考应如何将公司上上下下都变成有龙德的人才，互相配合，以"时乘六龙以御天"。

附录一：乾卦《文言》

【第一节说明乾的四德①】

《文言》曰："元者，善之长也；亨者，嘉之会也；利者，义之和也；贞者，事之干也。君子体仁足以长人，嘉会足以合礼，利物足以和义，贞固足以干事。君子行此四德者，故曰：'乾，元、亨、利、贞。'"②

【第二节用孔子的注解来说明六爻的意义】

初九曰"潜龙勿用"，何谓也？子曰："龙德而隐者也。不易乎世，不成乎名，遁世无闷，不见是而无闷。乐则行之，忧则违之，确乎其不可拔，潜龙也。"

---

① 依孔颖达《周易注疏》将乾《文言》之原文分为六节。

② 《左传》襄公九年所载对四德有相同之解释，《左传》应在《文言》之先。原文是：穆姜薨于东宫，始往而筮之，遇艮之八。史曰："是谓艮之随，随其出也，君必速出。"姜曰："亡！是于《周易》，曰：'随，元亨利贞，无咎。元，体之长也；亨，嘉之会也；利，义之和也；贞，事之干也。体仁足以长人，嘉德足以合礼，利物足以和义，贞固足以干事。'然故不可诬也，是以虽随无咎。今我妇人而与于乱，固在下位，而有不仁，不可谓元；不靖国家，不可谓亨；作而害身，不可谓利；弃位而姣，不可谓贞。有四德者，随而无咎，我皆无之，岂随也哉。我则取恶，能无咎乎。必死于此，弗得出矣。"

九二曰"见龙在田，利见大人"，何谓也？子曰："龙德而正中者也。庸言之信，庸行之谨，闲邪存其诚，善世而不伐，德博而化。《易》曰：'见龙在田，利见大人。'君德也。"

九三曰"君子终日乾乾，夕惕若，厉无咎"，何谓也？子曰："君子进德修业。忠信，所以进德也；修辞立其诚，所以居业也。知至至之，可与几也。知终终之，可与存义也。是故居上位而不骄，在下位而不忧。故干因其时而惕，虽危无咎矣。"

九四曰"或跃在渊，无咎"，何谓也？子曰："上下无常，非为邪也；进退无恒，非离群也。君子进德修业，欲及时也，故无咎。"

九五曰"飞龙在天，利见大人"，何谓也？子曰："同声相应，同气相求；水流湿，火就燥，云从龙，风从虎。圣人作而万物睹。本乎天者亲上，本乎地者亲下，则各从其类也。"

上九曰"亢龙有悔"，何谓也？子曰："贵而无位，高而无民，贤人在下位而无辅，是以动而有悔也。"

【第三节论六爻应用在人事的意义】

潜龙勿用，下也。见龙在田，时舍也。终日乾乾，行事也。或跃在渊，自试也。飞龙在天，上治也。亢龙有悔，穷之灾也。乾元用九，天下治也。

【第四节论六爻自然之气】

潜龙勿用，阳气潜藏。见龙在田，天下文明。终日乾乾，与时偕行。或跃在渊，乾道乃革。飞龙在天，乃位乎天德。亢龙有悔，与时偕极。乾元用九，乃见天则。

【第五节再度说明乾元四德之义】

乾元者，始而亨者也。利贞者，性情也。乾始能以美利利天下，不言所利，大矣哉！大哉乾乎！刚健中正纯粹精也。六爻发挥，旁通情也。时乘六龙，以御天也。云行雨施，天下平也。

【第六节广明六爻之义】

【乾初九】君子以成德为行，日可见之行也。潜之为言也，隐而未见，行而未成，是以君子弗用也。

【乾九二】君子学以聚之，问以辩之，宽以居之，仁以行之。《易》曰："见龙在田，利见大人。"君德也。

【乾九三】九三重刚而不中，上不在天，下不在田，故乾乾。因其时而惕，虽危无咎矣。

【乾九四】九四重刚而不中，上不在天，下不在田，中不在人，故或之。或之者，疑之也，故无咎。

【乾九五】夫大人者，与天地合其德，与日月合其明，与四时合其序，与鬼神合其吉凶。先天而天弗违，后天而奉天时。天且弗违，而况于人乎？况于鬼神乎？

【乾上九】亢之为言也，知进而不知退，知存而不知亡，知得而不知丧。其唯圣人乎？知进退存亡而不失其正者，其唯圣人乎！

附录二:《四库全书总目·〈易〉类小序》

圣人觉世牖民，大抵因事以寓教:《诗》寓于风谣，《礼》寓于节文，《尚书》、《春秋》寓于史，而《易》则寓于卜筮。故《易》之为书，推天道以明人事者也。《左传》所记诸占，盖犹太卜之遗法。汉儒言象数，去古未远也，一变而为京、焦，入于禨祥，再变而为陈、邵，务穷造化，《易》遂不切于民用。王弼尽黜象数，说以老庄，一变而胡瑗、程子，始阐明儒理，再变而李光、杨万里，又参证史事，《易》遂日启其论端。此两派六宗，已互相攻驳。又《易》道广大，无所不包，旁及天文、地理、乐律、兵法、韵学、算术，以逮方外之炉火，皆可援《易》以为说，而好异者又援以入《易》，故《易》说愈繁。夫六十四卦大象皆有"君子以"字，其爻象则多戒占者，圣人之情见乎词矣。其余皆《易》之一端，非其本也。今参校诸家，以因象立教者为宗，而其他"《易》外别传"者，亦兼收以尽其变，各为条论，具列于左。

附录三:《河洛理数》对"初九"和"九二"之解读

《河洛理数》乃以《易经》为本的命理之书,该书以正宗义理、象数解卦爻,若占出乾卦时而某一爻是变爻,则以其爻辞来解其所问之事的可否。《河洛理数》在解读所占到之爻辞时,又会根据来求卦者之德行、性情是否与爻辞之义相合(叶者或不叶者;叶音协,为和洽、相合之义),以及其身份、职业和所问之事,而做出不同之解读,殊堪玩味。今抄录其中对"初九"和"九二"爻之解读如下:

初九:潜龙勿用。《象》曰:潜龙勿用,阳在下也。

此爻是隐德之象,而示以固守之占者也。故叶者,因深学广,心懒志疑,好静无求,名利不耀;不叶者,隐居下处,刑克太重,奴仆少力。岁运逢之,在仕退阻,在士淹留,在商窒滞。惟僧道隐逸羽衣之流,则盘桓安乐。女命则兴家业,孕生子。风人利用幽静,若一动作即生灾疾,谋事则有咎。且变得姤卦,谨防小人染污之咎。

九二:见龙在田,利见大人。《象》曰:见龙在田,德施普也。

此爻是大人德与时显,而天下不失望者也。故叶者,贵而有利名,龙象也,富有产业。不叶者,亦主中直,多见润泽。岁运逢之,在仕者,逢明主,居要津;在士者,擢高科,弛名誉;在农者;进田园,增金帛;商贾获利,僧道加持,常人得贵人提携。然"龙、田、德、普"四字,或是官职姓名字也。若女命则居富配贵。

第六章　坤卦：厚德载物，顺势而为

（Receptive，Execution）

䷁卦名：坤［为地］——第二卦

一、经文

卦辞：坤：元、亨，利牝马之贞。君子有攸往，先迷后得主，利。西南得朋，东北丧朋。安贞，吉。

《彖》曰：至哉坤元，万物资生，乃顺承天。坤厚载物，德合无疆。含弘光大，品物咸亨。牝马地类，行地无疆，柔顺利贞。君子攸行，先迷失道，后顺得常。西南得朋，乃与类行；东北丧朋，乃终有庆。安贞之吉，应地无疆。

《象》曰：地势坤，君子以厚德载物。

《序卦传》：有天地，然后万物生焉。

《杂卦传》：乾刚，坤柔。

爻题	爻辞	小象辞
初六	履霜，坚冰至。	履霜坚冰，阴始凝也。驯致其道，至坚冰也。
六二	直方大，不习，无不利。	六二之动，直以方也。不习无不利，地道光也。
六三	含章可贞。或从王事，无成有终。	含章可贞，以时发也。或从王事，知光大也。
六四	括囊，无咎，无誉。	括囊无咎，慎不害也。

爻题	爻辞	小象辞
六五	黄裳，元吉。	黄裳元吉，文在中也。
上六	龙战于野，其血玄黄。	龙战于野，其道穷也。
用六	利永贞。	用六永贞，以大终也。

爻题	卦体	卦象	卦德	人伦	
上六 六五 六四	坤	地	顺	母	外卦、上卦
六三 六二 初六	坤	地	顺	母	内卦、下卦

二、前言

坤为母亲、大地、柔顺、虚空，坤的古字是 巛，巛 形若竖立平行的三个阴爻 ☷，若转 90 度则成 ☷，有地势层层相叠、高低起伏之象，故大象辞曰："地势坤。"《说卦》曰："坤者，顺也。"《杂卦》曰："乾刚，坤柔。"故坤有柔顺的意思。乾为天，坤为地，天无私覆，地无私载。坤代表大地能生养万物之德而又能忍辱负重之意。乾健故能变，坤柔故能化。坤卦行的是阴柔之道，而"至柔者，水也。"① 故坤取象为地、水之象，兼取地和水至顺至柔之义。八卦中坎卦亦以水取象，然取水能淹灭人的险陷之义。道家的管理哲学和兵家的阴阳虚实之术，实皆源于《易》道，而较受坤卦阴柔的思维方式所影响。毓鋆师云："《大易》必得配合《老子》来讲。王弼以老子之学来解《易》，为何后人都接受了？学问在乎后人接受不接受。"将坤卦与《老子》一书参照研读，必能悟出二者互相发明之处，并且可以坤卦"至静而德方"、"含万物而化光"的修养，防止道家末流专言计谋权术之弊。

---

① 《老子·第四十三章遍用》河上公注。

乾坤二卦是了解《易经》的门户，其理可用之于万事万物。曾文正公将乾坤之道用于书法，他曾说："予尝谓天下万事万理，皆出于乾坤二卦，即以作字论之，纯以神行，大气彭荡，脉络周通，潜心内传，此乾道也。结构精巧，向背有法，修短合度，此坤道也。凡乾以神气言，凡坤以形质言，礼乐不可斯须去身，即此道也。乐本于乾，礼本于坤，作字而优游自得，真力弥满者，即乐之意也。丝丝入扣，转折合法者，即礼之意也。"①文正公以神气与形质来形容干与坤，不但将乾坤之道用于书法上，并且用之以解释礼乐，真是神来之笔。

三、经文解释

【卦辞】坤：元亨，利牝马之贞。君子有攸往，先迷、后得主，利。西南得朋，东北丧朋。安贞，吉。

【象辞】至哉坤元，万物资生，乃顺承天。坤厚载物，德合无疆。含、弘、光、大，品物咸亨。牝马地类，行地无疆，柔顺利贞。君子攸行，先迷失道，后顺得常。西南得朋，乃与类行；东北丧朋，乃终有庆。安贞之吉，应地无疆。

坤卦卦辞说：坤卦是大亨通，要像母马顺随公马那样的贞正才会有利。君子要向前开创事业，总先会吃些苦，并且向各方面去尝试，虽然最初会有些迷惘，但在经过各种历练和比较之后，才能找到一个好的方向去努力或认定一个有为而正直的领导人物而追随之，这是有利的。先在西南的阴方能得到朋友同类之帮助，而后在东北的阳方得君主、贵人之提拔，而能"丧朋"。朋训为朋党，丧朋是指不结党营私，而不是弃老朋友而不顾。如能安于贞正之道，可以得到吉祥的结果。乾阳，心也；坤阴，形也。"牝马之贞"

---

① 《曾国藩家书》道光二十二年九月十八日与诸弟的家书，文正公此段论述是中山女高林世奇老师告知笔者，林老师书法亦有"大气鼓荡，脉络周通"之势。

是指"牝马柔顺而健行……坤道在顺从阳而得贞",意指"形不可以役心,欲不可以违理。"[①]

坤卦的象辞说:坤元是有至大的力量,万事万物都资借大地的形与能而生成,这是因为坤能顺承乾卦象天的刚健精神。坤卦(母也、臣也、部属)像大地一样,以无比敦厚之德承载万物,以其柔顺之德与乾卦(父也、君也、主管)的刚健配合,将能发挥出无穷的潜力。坤能包容"含"摄万物(例如各式各样的人与物),激励辉"弘"万物,使其潜能"光"明显著,广"大"无边。坤能使各种各类事物都亨通无阻,决不放弃任何事物,善于顺势而激发其潜能,培养其能力。

牝,音聘,是指母的牲畜。牡,音母,是指公的牲畜。母马是代表地和阴性的事物,母马在地上行走时要像干与天一样的健行。坤要能柔顺,但是要能守住正道才能有利,柔顺的流弊是太过软弱而不能坚持做人做事的一些根本原则。君子守坤道而欲有所作为,可能先迷失了方向,后来因为能受乾的领导和远见之启发,循"乾知大始"的计划去执行,而能守住坤顺的常道。根据文王后天八卦方位图(见图-1,此图方向是按照南上北下之方式所绘),西南之卦,包括西方的兑、西南的坤和南方的离,此三卦皆为阴卦,为坤卦的朋友。坤是谈为人臣之道。作为干部也应该要培养自己的班底,然而其目的是以此达成上层领导交待的任务,故有"西南得朋"之利。东北之卦,包括东方的震、东北的艮和北方的坎,此三卦皆为阳卦,与坤卦异性相吸,使其离开西南的阴卦,故有"东北丧朋"之利。为人干部者,要能找到好的主管而跟随之,尽力配合主管的规划与领导,不经营自己小团体,才能有"君倡臣和"之象,而"终有庆"。

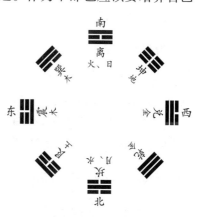

图-1 文王后天八卦方位图

---

① 熊十力《读经示要》卷三第 91 页。

《易经》中的八卦取象以〈说卦传〉为其基础，然而有其相对性，须灵活运用。陈湛铨（1916年~1986年）在《周易乾坤〈文言〉讲疏》中解释乾坤之含义时说："若只就天言，则干为龙，坤当为鸟。若就地言，则乾为马，坤为牛。只就马言，则乾为雄马，坤为雌马。又若纯就鸟类言，则乾当为鸷鸟，坤为凡鸟。纯就草木言，则乾为豫章、楩楠，坤为百草千花。纯就男或女性之一方面言之，则乾概属性情刚健者，坤概属性情柔顺者。宜体会卦爻辞之所拟议，非必乾之为男，坤之为女也！"①

"西南得朋，乃与类行；东北丧朋，乃终有庆。安贞之吉，应地无疆。"为了押韵之故，行读音杭，庆读音枪，疆读音姜②。行就是行走。庆，是善的意思③。乾卦《文言》曰："元者，善之长也。"善之长，就是至善。《老子》中对"善"就讲得更清楚了。《老子》第八章以水之性和水之德来说明善，其文曰："上善若水。水善利万物而不争，处众人之所恶④，故几于道⑤。居善地，心善渊，与善仁，言善信，正⑥善治，事善能，动善时。夫唯不争，故无尤⑦。"《老子》对善的观念讲得比《易经》要详细。故可知《老子》一书当在《易经》之后。汉以后之书多你抄我、我抄你，少有新义。春秋战国的诸子百家（如《老子》、《庄子》、《管子》、《荀子》、《商君书》、《韩非子》、《孙子》、《墨子》等八子），都各成一家之言，可激发我们的思维的广度和深度，较值得我们去研究。孔庙的大殿称为"大成殿"。因为孔子是集夏学之大成，而成为孔学。夏者，大也⑧。

---

① 来源：http://zewei.com/eye/eyec01.htm。

② 《易》大畜卦五、上两爻《小象》："有庆也"、"道大行也"。庆与行叶。睽卦四、五两爻《小象》："志行也"、"往有庆也"。行与庆叶韵。

③ 《书·吕刑》："一人有庆。"《正义》："天子有善事也。"《诗·大雅》："则笃其庆。"《毛传》："善也。"《正义》："福庆为善事，故为善也。"

④ 王弼注曰："人恶卑也。"

⑤ 王弼注曰："道无水有，故曰几也。"

⑥ 正，政也。古正字与政通。《诗·小雅》"今兹之正"，《礼·月令》"仲春班马正"，皆与政同。

⑦ 王弼注曰："言水皆应于此道也。"

⑧ 此段文章解释是根据笔者听航鋆师《易经》课程之听讲笔记，2007年6月6日。

《象》曰"至哉坤元"，毓鋆师曾问："为何言'至'而不言'顺'？"并曰："至"则能"行"地无疆，"顺"则能"应"地无疆。

乾元由元所生，坤元亦由元所生。故先用"至"来形容坤元，万物资坤元而生，以成其形。资生成形之后，才能顺承天，效法天行健之精神。试并列乾、坤象辞的第一句如下，学者应注意二者用字之不同，深悟"一字一义"之理：

大哉乾元，万物资始，乃统天。
至哉坤元，万物资生，乃顺承天。

"至"则自有主宰，有执行力和忍辱的耐力，故能行地道而没有疆界。然一有形质，则易为物质所迷惑，故有"先迷失道"之虞。顺着正道则能应承天之大始，而作成物。作成物则有其形，然不可陷溺于其形，而忘却其元神。大始者，"杂然赋流形[1]"的正气，顺此浩然之气，若能依乾卦揭示出来"大始"之理想踏实地去做，则可得天地之常道，故曰"后顺得常"。象辞曰："先迷失道，后顺得常。"顺可解释为顺势或顺承乾，也就是顺势而为、顺正道而行。乾坤皆原于元，坤之顺承者顺承元也，不必释为坤顺承干！

《系辞传》曰："乾知大始、坤作成物。"乾、坤两卦之象辞，一曰"万物资始"，一曰"万物资生"。毓鋆师曰："生与不生之要道和能不能成就不世之业，就在'至、顺'之间。学会了这个，就立了元神，'立元神'之后我们的责任就是要'神元'（按：将元的精神发挥到极至）。这就是蒙卦象辞所谓：'蒙以养正，成圣功也。'"毓鋆师接着说：

元是体，一是用。《系辞传》曰："天下之动，贞夫一者也。"宇宙之间的一切动、一切物，皆是从"一"来的。"元"没有形，"一"就有形了。"一"代表一切有形的物体。从有形的"一"，再下"精"的功夫，这就是"精一"，"精一"是精研物之用。有形的东西要精中求精。"精一"是动词，乾卦《文

---

① 文天祥，《正气歌》。

言》曰"刚健中正纯粹精","精"是名词。

"中"的观念可追溯到上古的政治理念。《论语·尧曰》有云：

尧曰："咨！尔舜！天之历数在尔躬，允执其中！四海困穷，天禄永终。"
舜亦以命禹。

"允执厥中"是尧传给舜的执政经验谈[1]，舜将此再传给禹，并扩而充之。
"人心惟危，道心惟微，惟精惟一，允执厥中"[2]则是舜传给禹的十六字政治哲
学和修养的心法。其大意是说人心很容易受外物的诱惑，是很危险的；道心因
此而隐而不见，是很微弱的，但道心也是很微妙的[3]；只有精进不已，专一向道，
才能够掌握住事理上阴阳中和之道。"精一"非专执一端，而是精思入神，执
两用中。此一说法从精神面解读"精一"，与前述将"精一"释为精研物之用
者不同。从策略而言，精是深入，一是专注。乔布斯（Steve Jobs）之成功可归
诸其精于产品设计于获利之先（Put products before profits）和专注的精神（focus）[4]。

毓鋆师认为："天之历数在尔躬，人身上的经络和穴位是想出来的（按：
古代有透视之特异功能或体质特殊的奇人异士，看到或感应而记录下来），
其实际的结果，就是《黄帝内经》。"《黄帝内经·上古天真论篇第一》：

昔在黄帝，生而神灵，弱而能言，幼而徇齐，长而敦敏，成而登天。乃
问于天师曰："余闻上古之人，春秋皆度百岁，而动作不衰；今时之人，年
半百而动作皆衰者。时世异耶？人将失之耶？"

岐伯对曰："上古之人，其知道者，法于阴阳，和于术数，食饮有节，
起居有常，不妄作劳，故能形与神俱，而尽终其天年，度百岁乃去。今时

---

① 朱熹《中庸章句序》。

② 《古文尚书·大禹谟》。

③ 宣化老和尚《吾道一以贯之》(《水镜回天录白话解·贤圣篇》)，来源：http://www.
drbachinese.org/online reading/others/WaterMirror2/ch10 12.htm。

④ Walter Isaacson, *The Real Lessons of Steve Jobs*, Harvard Business Review, March 20, 2012.

之人不然也，以酒为浆，以妄为常，醉以入房，以欲竭其精，以耗散其真，不知持满，不时御神，务快其心，逆于生乐，起居无节，故半百而衰也。夫上古圣人之教下也，皆谓之虚邪贼风避之有时，恬惔虚无，真气从之，精神内守，病安从来。是以志闲而少欲，心安而不惧，形劳而不倦，气从以顺，各从其欲，皆得所愿。故美其食，任其服，乐其俗，高下不相慕，其民故曰朴。是以嗜欲不能劳其目，淫邪不能惑其心，愚智贤不肖，不惧于物，故合于道。所以能年皆度百岁而动作不衰者，以其德全不危也。"

"法于阴阳，和于术数"此《易》理也。故知医理与《易》理相通。"恬惔虚无，真气从之，精神内守，病安从来。"则是修炼身心的十六字真言。中医师鲁兆麟认为："治病当用药攻，养生当用食补。"平时只要好好注意饮食就行了。此外，精神调整也很重要，如此才能"形神统一"。精是物质，神是精神，有精才能有神，调整精神就是调整形和神，练太极拳、练气功，就是练"凝神意念"；气定则神闲。天天吵架"生气、伤神"，一定活不久，也不可能健康。精与神等同重要，缺一不可。

《黄帝内经·四气调神大论篇第二》曰："春三月，此为发陈。天地俱生，万物以荣，夜卧早起，广步于庭，被发缓形，以使志生，生而勿杀，予而勿夺，赏而勿罚，此春气之应，养生之道也。"毓鋆师曾云："散步也是散心。"此"广步于庭，被发缓形，以使志生。"之理也。

坤卦象辞曰："西南得朋，乃与类行；东北丧朋，乃终有庆。"君子要能合群而不结党营私。《论语·学而》曰："有朋自远方来，不亦乐乎！"郑康成《论语》注："同门曰朋，同志曰友。"能得其乐，是因为有益者三友，也就是"友直、友谅、友多闻。"直友能直指我们的过错，谅友能宽容谅解我们不当的行为，多闻之友则能增广我们的见闻。《易经》咸卦九四爻的爻辞曰："贞吉，悔亡。憧憧① 往来，朋从尔② 思。"要感知社会的脉动，以独立的

---

① 憧，音冲，心神不定貌。
② 尔，训为你，"朋从尔思"是指成群结党的朋友跟从你的思想走。

思考来引导同侪，不可盲从追随朋友。交友之道，乃应世成败之关键，不可不察。

毓鋆师问曰："现在世界上的问题何在？"弟子有以《易经》未济卦"上九"爻小象辞"不知节也"应；有以"气习"答；也有以"知进而不知退，知用权而不知守经"回毓鋆师之大哉问。毓鋆师曰："这些答案都只沾到了边而已，只知其然，而不知其所以然。"毓鋆师提示说："看了漂亮的女人，就目不转睛，这是什么？"有弟子试以阴阳异类相吸引而应答，而不中。毓鋆师曰："这就是'迷'了，以此类推。你们要扪心自问，自己迷什么？我们常说'这个人迷了心窍'，是指一个人着迷了，也就是执迷不悟，不论善恶皆有所谓的迷。人对事物一旦着迷，对问题真正的重点在哪里就掌握不住，最后整个问题就垮了。要懂得'悟'，谈何容易！"道家专门讲"窍"。要先开窍，再要通窍，然后能用窍。《说文》曰："窍，穴也，空也。"人的头上有七个阳窍：二目、二鼻孔、二耳与一口。《玉皇心印妙经》云："七窍相通，窍窍光明。"

《庄子·养生主》有一个"庖丁解牛"[①]故事，庖丁（姓丁的屠夫）所用的刀已用了十九年，仍然像新磨好的刀一样，完全没有毁损，这就是知道窍的好处。庖丁所以能如此，是因为他了解牛的结构，知道牛骨头关节间的空隙所在。依其空隙去下刀，则可以游刃有余。不硬碰硬，这是养生之方，也是用世之道。窍在世事上即是影响事物的关键之处。文惠君只因此悟了养生的秘诀，但可能尚未悟到以此而治世之法。毓鋆师云："庄子描写庖丁解牛的动作很美有如舞蹈，声音也很不错。我们对任何事情能'虑深通敏'，了悟到最深的境界，然后才能因便施巧，因为有功夫，所以熟能生巧。这没有一定的规矩，要看他的智慧和熟练。"《孙子兵法》中强调要以实击虚（以石击卵），不可以卵击石，因为硬碰硬必然两败俱伤。以实击虚的先决条件就是要了解造成事物纠结的关键之处，从根上入手，此理与庖丁解牛之理相通。《庄子》庖丁解牛的原文如下：

---

① 解，音谢，训为解剖。

庖丁为文惠君解牛，手之所触，肩之所倚，足之所履，膝之所踦，砉然响然，奏刀騞然，莫不中音，合于桑林之舞，乃中经首之会。文惠君曰："嘻，善哉！技盖至此乎？"庖丁释刀对曰："臣之所好者道也，进乎技矣。始臣之解牛之时，所见无非全牛者；三年之后，未尝见全牛也；方今之时，臣以神遇而不以目视，官知止而神欲行。依乎天理，批大卻，导大窾，因其固然。技经肯綮之未尝微碍，而况大軱乎？良庖岁更刀，割也；族庖月更刀，折也；今臣之刀十九年矣，所解数千牛矣，而刀刃若新发于硎。彼节者有闲，而刀刃者无厚，以无厚入有闲，恢恢乎其于游刃必有余地矣。是以十九年而刀刃若新发于硎。虽然，每至于族，吾见其难为，怵然为戒，视为止，行为迟，动刀甚微，謋然已解，牛不知其死也，如土委地。提刀而立，为之而四顾，为之踌躇满志，善刀而藏之。"文惠君曰："善哉！吾闻庖丁之言，得养生焉。"

《说文》云："迷，惑也。"两可之间不知所从，惑也。毓鋆师言下之意，与其求开悟，不如先求不迷。孔子"四十而不惑"，不迷惑于欲也。人对事物一迷，不论其行为之善恶，就无法透视问题的核心，于是在处理相关问题时，就无法正本清源，从根本上解决。

毓鋆师接着问："要如何解决迷的问题？"有弟子答曰："先迷失道，后顺得常。"毓鋆师曰："这就对了。"接着就吟起了坤卦的彖辞："至哉坤元，万物资生，乃顺承天。坤厚载物，德合无疆。含弘光大，品物咸亨。牝马地类，行地无疆，柔顺利贞。君子攸行，先迷失道，后顺得常。西南得朋，乃与类行；东北丧朋，乃终有庆。安贞之吉，应地无疆。"及大象辞："地势坤，君子以厚德载物。""我们常常是好面子，不承认自己的迷。若能不执迷，你就能成功。你追求人欲，就迷；你追求人性，就能'破迷'。"并问曰："什么是性？"毓鋆师自问自答，以经解经引《中庸》首章曰："天命之谓性，率性之谓道，修道之谓教。道也者，不可须臾离也。可离，非道也。"并曰："这是真理！迷就是把人性给隐藏了。好好的思维为什么要加'进退'二字来解释经权？若失了德，便与草木同朽，到临终之时，因为亏心了，就惭愧了。人善、恶都能做，因为什么要为恶？（按：指不应该去做坏事）我们要时时扪心自问，毋自欺，不要自己欺骗自己，随时反省自己是否仍存者赤子之心。"

孔子自道其"五十而知天命"，是说五十岁时才知道天命是什么。按《中庸》"天命之谓性"的道理，天命就是人性，孔子到了五十岁以后才真正悟出了人性和人生之目的。

《说文》云："悟，觉也。从心，吾声。"许慎认为"悟"字是形声字。许慎《说文解字序》称："会意者，比类合宜，以见指撝（挥），武、信是也。"。《论衡·对作》云："冀悟迷惑之心。"就是希望能将这迷惑之心觉醒过来。悟的籀文写做；五五心"憵"者，悟则成圣、成贤；不悟则为凡夫。毓鋆师曰："'悟'字怎么写？吾心也。悟，要说难，难如上青天；要说易，只在问问吾心。"毓鋆师以六书中的会意法释"悟"字，其义深长。毓鋆师举了很多为人子而不孝、为人君而不知耻，为人徒而不知尊敬师长，学术界名人不从事学术研究而只知争权夺利，以及为人友而不信的例子。

毓鋆师曰："我讲这些就是要唤起你们的人性，要复性。马一浮先生创立'复性书院'，我当时听了之后想说性还用复吗？（按：天命之谓性，乃吾人本然之善。）马一浮是熊十力先生的好朋友，是中国理学家的最后一人。他在七十年前就能看到人性渐失的社会现象，并针对其病源提出复性的药方，其真知灼见，令人不得不服。马一浮所著《复性书院讲录》一书中讲《尚书·洪范》的这章特别好。"

毓鋆师曰："人生一世，能为善恶之行，为何要择恶而为之？临终方知悔，然而已为之晚矣！先迷是因为失离了道，后来顺承乾元刚健，故能复归于常道。破迷之道，就是随时反观审察自己的心，不自欺。"孟子曰："大人者，不失其赤子之心"。此心者，大人之赤子之心。《易经·乾卦·文言》曰："夫大人者，与天地合其德。"毓鋆师的"问心法门"，简而易行，在行事之前先问己良心，看看此刻的决定和行为是否恰当。所谓"君子求心，不求佛；小人求佛，不求心。"志者，心之所主；节者，行之所守。求心者，但求心之所安。更进一步，则应问自己的居心和行事是否能与天地合德？然天地之德为何？乾坤两卦之大象辞标明乾坤之德为"自强不息，厚德载物"，足以为吾人问心时之准则，清华大学即以此二句为其校训。于己，且自问是否有"天行健，君子以自强不息"的精神，此己立、己达之方。于物（人、事、物），则反问是否能做到如"地势坤，君子以厚德载物"之德业，此立人、达人之道。太过分就是迷，要出迷，就是要自明其明德。《大学》首章曰："大学之道，在明明德，在亲民，在止于至善。"毓鋆师曰："大学者，学大人之学也。惟天惟大，惟尧则之。尧则天，大人之学，即则天之学也。人人皆可为尧舜，故人人皆应该则天。孔子将'天'义理化，而非神格化，此为中国、乃至人类文化的一大跃升。"

"吾心"为悟，道不远人，与"生"俱来之"心"为"性"，故《中庸》曰："天命之谓性，率性之谓道。"《系辞传》曰："一阴一阳之谓道，继之者善也，成之者性也。"禅宗六祖惠能曰："自性自悟"。然今人嗜欲深，天机浅，必先去迷，方有开悟之机会。去迷之道，即在"贤贤易色"能以善行为贤，"莫以善小而不为，莫以恶小而为之"，又能以平易、平常心面对名、利等形形色色之外诱，"不迎不将，应物不伤。"子夏曰"贤贤易色"之入手处，即是《论语》所谓："事父母能竭其力，事君能致其身，与朋友交言而有信。"皆在人伦行事中实践其德。因而赞曰："虽曰未学，吾必谓之学矣。""未学"之"学"字乃指一般人以正式受教育和读书为学；"吾必谓之学也"的"学"字则训为觉也、效也、行也。是指觉而能悟，悟而能行，效己之觉性而行事。此孔学从人伦行事上入手，此乃与佛教不同之处。立元神是指建立吾人安身立命之精神。元神者，在国家则是其立国精神，在企业则是企业之使命与文化。

坤道"先迷而后得"的"先迷"未必是坏事，在谋事之初，多方接触尝试，再做决定，则一旦定下心来，必能持之以恒地去执行，故能"后得"。大疑者，方能大悟。太早在没有充分信息之前就下了决心，事后反而容易三心两意。王国维的《人间词话》有云："古今之成大事业、大学问者，必经过三种之境界：'昨夜西风凋碧树。独上高楼，望尽天涯路。'此第一境界也。'衣带渐宽终不悔，为伊消得人憔悴。'此第二境界也。'众里寻他千百度，蓦然回首，那人却在，灯火阑珊处。'①此第三境界也。"
其中"众里寻他千百度"，是向外寻而迷失。"蓦然回首，那人却在，灯
火阑珊处"，是回头是岸，自悟本性。"后顺得常"，顺元、顺人性，本常
道而行。

　　老师教学生时，有时候还不能直接点破关键之处，要等学生自己在
百般尝试错误后开悟，这才算是真正懂了。其实即使老师直接点破，也
未必会被学生接受，因为"至道只是常"。常道、中道多为众人视为平易
而轻视，既然说了也不会得到学生认同，不如不说，让学生自己在千锤
百炼之后去体悟。是故"先迷后得"也是教学上的一种策略。香严智闲
是百丈怀海的弟子，百丈死后，香严到大师兄沩山灵佑处继续修学禅法，
沩山考问他："父母未生时的本来面目是什么？"香严答不出来，就请求
师兄开示正确答案。沩山说："我将答案告诉你，你以后会骂我。我说的
是我悟的道，和你不相干。"沩山认为我悟的道是我的，说给你听对你也
没用，所以未直接点化香严，香严后来终于靠自己闻竹声而悟道，其事
迹如下：

　　沩山禅师一日问香严："我闻汝在百丈先师处，问一答十，问十答百。
此是汝聪明灵利，意解识想。生死根本，父母未生时，试道一句看。"香
严被问，直得茫然，归寮将平日看过底文字，从头要寻一句酬对，竟不能
得。乃自叹云："画饼不可充饥。"屡乞师说破。师云："我若说似汝，汝
已后骂我去。我说底是我底，终不干汝事。"香严遂将平昔所看文字烧却，
云："此生不学佛法也！且作个长行粥饭僧，免役心神。"乃辞师。直过南
阳，睹忠国师遗迹，遂憩止焉。一日芟除草木，偶抛瓦砾，击竹作声，忽
然省悟。遽归，沐浴焚香，遥礼师云："和尚大慈，恩逾父母。当时若为

　　①　辛弃疾《青玉案·元夕》："东风夜放花千树，更吹落、星如雨。宝马雕车香满路。凤
箫声动，玉壶光转，一夜鱼龙舞。　蛾儿雪柳黄金缕。笑语盈盈暗香去，众里寻他千百度。蓦然回
首，那人却在，灯火阑珊处。"

我说破，何有今日之事。"乃有颂云："一击忘所知，更不假修持。动容扬古路，不堕悄然机。处处无踪迹，声色外威仪。诸方达道者，咸言上上机。"①

孔门曾有弟子怀疑孔子留了一手不肯教给学生，逼得孔子不得不说："二三子以我为隐乎？吾无隐乎尔。吾无行而不与二三子者，是丘也。"②孔子再三说他对弟子们是没有保留的。禅宗六祖开示追讨衣钵的惠明曰："不思善，不思恶，正与么时，那个是明上座本来面目？"惠明言下大悟。但惠明觉得这样就开悟可是太简单了，心想六祖是否还有什么修道的秘诀，没说出来，于是又再问道："上来密语密意外，还更有密意否？"六祖曰："与汝说者，即非密也；汝若返照，密在汝边。"惠明开悟后说："惠明虽在黄梅，实未省自己面目。今蒙指示，如人饮水，冷暖自知。"由此可见以至道、常道去教人的困难。

江国梁曰："乾卦之言天，实是指'大明终始'的时间；坤卦言地，实是指'坤厚载物'的空间。"③《易经》即是了解时间和空间中，形上和形下之精神和物质之互动和特质，与其变动之轨迹的学问。乾元、坤元皆本于元，故知时空可以互换，不可全然分开来看。

【大象】地势坤，君子以厚德载物。

坤者因地之势，顺而行之，是故坤之能在"因其势也"。君子效法大地忍辱和顺的厚生之德，而承载万物。乾卦《大象》提倡"自强不息"

---

① 《潭州沩山灵祐禅师语录》收录于《大正新修大藏经》第四十七册，来源：http：//cbeta.org/result/normal/T47/1989 001.htm。

② 语出《论语·述而》。毓鋆师六十大寿时，一群外国学生出版了一本纪念论文集《无隐录》[*Nothing Concealed：Essays in Honor of Liu Yu-Yun*，by Wakeman，Frederic，Jr.（ed），distributed by Chinese Materials and Research Aids Service Center，Inc.，Taipei，1970.）] 即根据孔子此言。

③ 江国梁《易学中的'光气学说'简论》，1987年，来源：http：//www.xyiz.com.tw/xyiz science i.htm。

之志气，坤卦《大象》推广"厚德载物"之仁爱。张岱年认为乾道之自强不息是对生命的体会，人的生命就是努力前进、奋发向上；而坤道之厚德载物是一种宽容的思想，是对不同意见持一种宽厚的态度。《易经》乾坤二卦之《大象》一方面讲自强不息，一方面讲厚德载物，就是表示人要有坚强的意志，同时又要有宽容的态度，二者相辅相成。坚强的意志、宽容的态度在中国的文化里面起了主导作用，是一种讲求中和之道的思想。清华大学根据梁启超至该校所做的一次演讲时（见"附录一"），引乾坤二卦之大象辞以释君子之义，清大后来便以"自强不息，厚德载物"为其校训（见图-2）[①]。"自强不息，厚德载物"又有"己立立人，己达达人"之义，其理至简，其义甚深，迷则浪荡，悟可通神。德欲厚，在乎日常积累之功也。

图 -2　北京清华大学校园内刻有其校训的石碑

来知德认为："天以气运，故曰天行；地以形载，故曰地势。厚德载物者，以深厚之德，容载庶物也。"势坤之坤字或可训为顺。顺势而为，乃顺民之

---

① 梅辰《悼张岱年：自强不息，厚德载物》，北京青年报 2004 年 4 月 27 日，来源：http：//news.xinhuanet.com/book/2004-04/27/content 1442841.htm。

易经与管理

196

性而教之、养之，乃厚德载物之方。

【序卦传】有天地，然后万物生焉。

乾为天、坤为地。有了天地然后才生成万物。所以乾坤为六十四卦之首。天尊地卑，所以乾卦居首，继之以坤卦。

【杂卦传】乾刚坤柔。

乾代表阳刚之德，而坤则代表与其互补的阴柔之性。乾坤二卦互为错卦，其同一位置的爻性之阴阳正如相反。

【爻辞】初六，履霜坚冰至。
【小象】履霜坚冰，阴始凝也。驯致其道，至坚冰也。

坤卦初爻，是描述阴冷的势力从下面慢慢产生，而将逐渐成长。好像我们早上起来踩到薄薄的一层霜，就想到是阴气开始凝聚了。若不加以约制，而任此阴的力量发展下去，最后这股阴冷的力量将会结成坚硬的冰块。一位杰出的领导人要培养出"观微知著"的能力。例如看到下霜了，就联想到将来可能结冰的状况，而警惕自己早做预防。"履霜坚冰至"是见其原因而推测其可能之结果，故能早做预防。俗话说"冰冻三尺，非一日之寒"，则是由结果而追溯到其原因。与其自食恶果而后悔自己当初种下不好的因，不如"慎其始而诚其终"。佛教有言："众生畏果，菩萨畏因。"也是同样的道理。众生非得等到看了恶果才会生畏惧之心，但经常是悔之晚矣。有修为的菩萨则是在恶因将生成之初，便心生畏惧，而知道及早改过迁善，种善因而得善果。

由降霜至结冰，是逐渐变化而成。若未有观微知著的敏锐观察力和敏感度，待变化已成而仍浑然不知，则必败无疑。《易》之道在"趋吉避凶"，若能警觉事物变化之初的征兆，则能未雨绸缪以避祸，或是乘势而兴以得利。老子有得于坤卦之理，故有"福兮祸所倚，祸兮福所倚"①的谨慎，和"知其白而守其黑"②的远谋。修道之人成而不喜，败而不忧。董仲舒《春秋繁露·二端第十五》曰："夫览求微细于无端之处，诚知小之将为大也，微之将为著也……故圣人能系心于微，而致之著也。是故春秋之道，以元之深，正天之端。以天之端，正王之政。以王之政，正诸侯之即位。以诸侯之即位，正境内之治。五者俱正，而化大行……吾所以贵微重始是也……内动于心志，外见于事情，修身审己，明善心以反道者也，岂非贵微重始、慎终推效者哉？"《中庸》所言"前知"的观念亦本于"履霜坚冰"之理，《中庸》曰："至诚之道可以前知。国家将兴，必有祯祥；国家将亡，必有妖孽。见乎蓍龟，动乎四体。祸福将至，善必先知之；不善，必先知之。故至诚如神。"至诚的修养是前知的先决条件。

有一"温水煮青蛙"的寓言，据说如果你将一只青蛙丢到烧沸腾的水中，它会马上跳出来。如果将其置入冷水的锅中慢慢加热，则水温渐渐升高时，青蛙不易感觉到在短时间内水温度缓慢地上升，时间一长，等到水温太高时，青蛙就已经被热到没有力气跳出锅外了。此寓言要表达的信息是要企业经理人员应培养对外界变化的敏锐感应力（sensitivity）。若能以小见大，观微知著，则可以避免为时代的洪流所淘汰。观微知著、以小见大的能力，在乎于平日对事物状态之观察及对其变化和变化速度之掌握，深入研究各种事物，厘清事件错综复杂的关联性和事件先后的因果关系，因而能从表面细微之转化，侦测到深层结构之变动（structure changes），此《系辞传》所谓"钩深致远"之意。

一个企业主管要能做到即使是承担重任之时，仍能若无其事一样。所以能够如此是因为能在事情尚未复杂化之前，就能当机立断，轻易地将其解决，不可等到事情已经不可收拾了才到处去救火。这就是《老子》所说的"为

---

① 《老子》第五十八章。
② 《老子》第二十八章。

无为，事无事……图难于其易，为大于其细。天下难事必作于易，天下大事必作于细。"其安易持，其未兆易谋……为之于未有，治之于未乱。"[①]

海尔集团的张瑞敏认为许多企业家以为企业经营管理必有灵丹妙药，只要依方抓药就能解决企业的沉疴。他觉得好的思路和策略肯定非常重要，但是"饭要一口一口地吃，基础管理要一步一步地做起来，要做到细致入微，从细节中来，到细节中去，绝不能急于求成。"[②]此即西谚所云："魔鬼（指困难处）在细节之中。（The devil is in the details.）"

卢瑞华评汪中求《细节决定成败》一书的文章中强调用"细"之道："'泰山不拒细壤，故能成其高；江海不择细流，故能就其深。'所以，大礼不辞小让，细节决定成败。在中国，想做大事的人很多，但愿意把小事做细的人很少；我们不缺少雄韬伟略的战略家，缺少的是精益求精的执行者；决不缺少各类管理规章制度，缺少的是规章条款不折不扣的执行。我们必须改变心浮气躁、浅尝辄止的毛病，提倡注重细节、把小事做细。"他并且说："周恩来就一贯提倡注重细节，他自己也是关照小事、成就大事的典范。"

"乾知大始，坤作成物。"乾者，言用大之道；坤者，言用小之道。坤卦，积厚德以载物。积者，积少成多、集小为大也。"初六，履霜坚冰至"，"驯至其道"。履霜而知坚冰，能"辨"之早，此时若能"顺"势而为，则可"驯"至其道，此以柔克刚、以小博大之方也。《旧唐书·孙思邈传》曰："胆欲大而心欲小，智欲圆而行欲方。"[③]清朝时晋商乔致庸加上四忌而以"四忌，四欲"为其家训："气忌躁，言忌浮，才忌露，学忌满；胆欲大，心欲小，知欲圆，行欲方。[④]"此亦小大之妙用也。乔家大院的老宅门上挂着"慎俭德"的横额。乔致庸的经商哲学是首重信，次讲义，第三才是谋利，并戒儿孙

---

① 《老子》第六十三章与第六十四章。

② 洁岛编著《管理的禅境》，台北：大利文化 2006 年。

③ 《旧唐书·孙思邈传》胆欲大而心欲小，智欲圆而行欲方。《诗》曰："如临深渊，如履薄冰"，谓小心也。"纠纠武夫，公侯干城"，谓大胆也。"不为利回，不为义疚"，行之方也；"见机而作，不俟终日"，智之圆也。

④ 葛贤慧《商路漫漫五百年：晋商与传统文化》，武汉：华中理工大学出版社 1996 年。

以"骄、贪、懒"三字。此皆坤卦之教也。他曾亲拟对联一副，挂在内宅门上：

求名、求利，莫求人，须求己
惜衣、惜食，非惜财，缘惜福

坤卦《文言》（见"附录二坤卦《文言》全文"）从正、负两面来解释"初六"爻辞，然而以反面之义为主：

积善之家，必有余庆；积不善之家，必有余殃。臣弑其君，子弑其父，非一朝一夕之故，其所由来者渐矣，由辩之不早辩也。《易》曰："履霜，坚冰至。"盖言顺也。

坤卦《文言》说：做善事的人家一定会有吉祥的喜庆到来，这是正面的意义；做恶事的人家一定会有灾殃上身，这是负面的意义。臣子杀其国君，儿子杀害其父亲这类罪大恶极之事，不是一天一夜的时间造成的，这些原因是逐渐累积造成的，只是我们没有及早发现而已。

坤卦"初六"爻辞："履霜坚冰至。"一语便是指重大事件的发生都是顺随着趋势渐渐发展而造成的，若仔细去分析一定可以找出其原因。"渐"、"顺"二字是关键字，积之以渐则势成，所谓"积渐生福祸"，很多事情是由逐渐累积而生成或福或祸的结果，故不可以不提早辨别之、预防之。

刘备在给其子刘禅的遗诏中说："勿以恶小而为之，勿以善小而不为。惟贤惟德，能服于人。"[①]应是根据坤卦《文言》"积善之家，必有余庆；积不善之家，必有余殃"之语而体会出来的行善去恶之修行妙法。乾健坤顺，坤理应顺从乾，乾代表的是公理和正义，以及刚健的精神。不可狭义地将乾训为领导者，如不能辨别是非，而盲目服从在上位昏庸的领导人，则积非

---

① 《三国志·蜀书二·先主传》。

成是、为虎作伥①，则终必亡身、丧家、毁国。故为人部属者不可不慎之于初、"辨之于早"，此坤卦《文言》释初六爻之深义所在。"积"字在乾坤二卦中分别有"积健为雄②，积渐为殃"的正反两面意义，"天行健，君子以自强不息"是"积健为雄"，"履霜坚冰至"是"积渐为殃"。善恶者皆厚积而渐致之，为雄为殃，在乎及早辨之。

一般人将《易经》与五术、风水联想在一起。有人问毓鋆师对风水之看法，毓鋆师答曰："清朝先祖不懂风水，而当了皇帝，看了风水后则亡国了，真正的风水是'祖德宗功'。"是祖宗的功德的佑护。坤卦《文言》曰："积善之家必有余庆。"是故花钱去选风水宝地以祈福于后人，不如功布施、行善来积阴德以荫子孙，此世传《阴骘文》之要义③。据说宋儒朱熹为县令时，因误判而让一恶人巧夺一风水宝地，朱熹后来才得知实情，乃至该地祝祷于天曰："此地不发，是无地理；此地若发，是无天理。"是夜天大雷雨，次日视之，当地已成深潭，而其风水自毁。

讼卦（䷅）"六三"爻辞："食旧德，贞厉，终吉，或从王事，无成。""旧德"指祖先的遗德，"食旧德"是说因先祖遗德所得的福报。俗语说："一命二运三风水，四积阴德五读书。"但按照袁了凡在《了凡四训》一书中所述其亲身的经验和他人的案例，行善积阴德是能改变命运的④。

《汉书·霍光传》记载霍光权倾一时，又很奢侈，茂陵徐福认为："霍氏必亡。夫奢则不逊，不逊必侮上。侮上者，逆道也。位在众人之上，众人必害之。霍氏掌权日久，害之者多矣。天下害之，而又行以逆道，不亡何待！"就上书说："霍氏泰盛，陛下即爱厚之，宜以时抑制，无使至亡。"但皇上没听进去。后来霍光获罪被杀，告霍光状的人都被封赏了。有人上书替徐福打

---

① 伥指伥鬼。为虎作伥比喻充当恶人的帮凶。

② 唐司图空《二十四诗品·雄浑》，其文曰："大用外腓，真体内充。返虚入浑，积健为雄。具备万物，横绝太空。荒荒油云，寥寥长风。超以象外，得其环中。持之非强，来之无穷。"

③ 清怀西居士周安士著述《文昌帝君阴骘文广义节录》，来源：http://www.bfnn.org/book/books2/1282.htm。

④ 袁了凡《了凡四训》，http://www.bfnn.org/book/books/0112.htm。

抱不平："臣下听说有个人到友人家去做客，见主人家的烟囱是直的，灶的旁边又堆了不少烧火用的木柴，觉得这样很危险，向主人建议说：'你这烟囱要改成弯曲的，木柴要搬到远离炉火的地方①，不然很容易造成火灾啊！'主人没有采纳这位客人的意见。不久主人家果然失火，亏得邻居及时赶来把火扑灭，才没有造成更大的损失。事后主人杀牛请客，酬谢前来救火的邻居。他特地请那些被火烧得焦头烂额的人坐在上座，其他的则按照出力大小安排座位，偏偏没有请不久前建议他将烟囱由直改曲、搬走木柴的那位客人。席间有人对主人说：'如果当时你听从那客人的话，把烟囱改成弯曲，并把木柴搬到远处，就不会失火了。今天你论功请客，却把你那位客人忘了，这岂不是曲突徙薪，有远见的人没有功劳，焦头烂额救火有近功人的反而为座上客了吗（原文为：曲突徙薪亡恩泽，焦头烂额为上客）？'主人听了这番话，顿时省悟过来，马上把那位客人请来，并奉他为上宾。茂陵徐福曾屡次上书言霍氏且有变，宜防绝之。往事既已过去了，而徐福独不蒙受其功，希望陛下察鉴，能贵徙薪曲突之策，使居功于焦发灼烂之上。"皇上看了以后乃赐了徐福帛布十疋，升他为侍郎官。此故事是比喻对可能发生的祸害，知防患于未然，及早消除产生问题之因素的人应居首功。

司马光在《资治通鉴》开宗明义强调"臣闻：'天子之职莫大于礼，礼莫大于分，分莫大于名。'何谓礼？纪纲是也。何谓分？君臣是也。何谓名？公、侯、卿、大夫是也。"并举孔子重名分的例子来说明：

昔仲叔于奚有功于卫，辞邑而请繁缨，孔子以为不如多与之邑。惟器与名，不可以假人，君之所司也。政亡，则国家从之。卫君待孔子而为政，孔子欲先正名，以为名不正则民无所措手足。夫繁缨，小物也，而孔子惜之；正名，细务也，而孔子先之。诚以名器既乱，则上下无以相有故也。夫事未有不生于微而成于著。圣人之虑远，故能谨其微而治之；众人之识近，故必待其著而后救之。治其微，则用力寡而功多；救其著，则竭力而不能及也。

---

① 原文作"曲突徙薪"。

《易》曰:"履霜,坚冰至。"《书》曰:"一日、二日,万几。"谓此类也。故曰:"分莫大于名也。"

从前仲叔于奚这个人有功于卫国,请辞去受赐的城邑而请以代表较高身份的繁缨取代之,孔子认为不如给他多一点封地,而不可将名器代表的名分弄乱了。器和名二者是领导人统御奖励属下的权柄,不可假手于他人,这也是韩非在《韩非子》一书中的核心思想之一。失去了控制名器的权力,则国家也会因此而亡。

《礼记·经解》曰:"故礼之教化也微,其止邪也于未形,使人日徙善远罪而不自知也。是以先王隆之也。《易》曰:'君子慎始,差若毫厘,谬以千里。'此之谓也。"① 此乃将慎始重微之道用在道德教化上。《黄帝内经·四气调神论第二》有云:"圣人不治已病,治未病;不治已乱,治未乱。"这是世界上最早的预防医学理论,也是"防微杜渐"用于人体保健的一例。

坤卦初六爻的道理有三:(1)深入观察人、事、物的互动,而能在其将要变化的初期及早警觉到异常的状态。(2)尽早消除患害发生的原因。(3)依情势发展的趋向,比别人早一步占据制高点。故这一爻可以下面数语总结之:

> 一叶和秋,能见微知著者也;此即履霜坚冰之深义。
> 曲突徙薪,知防微杜渐者也;此乃思患预防之法门。
> 知白守黑,善见几而作者也;此为以逸待劳之妙方。②

【爻辞】六二,直,方。大,不习,无不利。

【小象】六二之动,直以方也。不习无不利,地道光也。

---

① "君子慎始,差若毫厘,谬以千里"一语,不见于现今所传的《易经》版本中。

② "见几而作",语出《系辞传》。《朱子语类》:几者,动之微,是欲动未动之间。

坤卦《文言》解释"六二"爻如下：

直，其正也；方，其义也。君子敬以直内，义以方外，敬义立而德不孤。"直、方。大，不习无不利"，则不疑其所行也。

诚意正心就是"直"，心正则身正，身正则行正，这就是直。以正直的心念，普施其德于四方而能得其所宜，这便是义。因为以正直之心而行于四方，所以能合坤与乾之德而成其大。有修养的君子，以诚敬之心来培养正直的修为，以合乎道义的行为而施之于四方。能将敬与义都做到了，"得道者多助"自然会得到其他人的帮助，不会孤单。由于位在坤卦六二爻位的人能够保持其乡土性的纯朴和中正之德性，扩而"大"之，即使我们没有什么学历、经历也不会对我们不利，这是因为我们能发挥大地忍辱负重的德行与光辉。一般人将此爻辞断为"直、方、大"。然而《文言》中并未释"大"字。能大，则能"不疑其所行也"。"六二"为坤卦之主爻。坤以厚德载物，心量必得"大"。阴者致远恐泥，圣人恐人陷泥于阴质（物欲）之私，未能以阴辅阳以其成大，故于此爻辞中，再三致意焉。历来解此爻者，皆未识此"大"字之妙。"直、方"虽是坤之美德，但是直之弊是固执、方之弊是不知圆通。必要以"大"救其弊：广大其视野，宽大其心胸；故曰："大，不习，无不利。"

"不习，无不利。"王弼注："居中得正，极于地质，任其自然而物自生，不假修（修）营而功自成，故'不习'焉而'无不利'。"所谓"有心插花，花不发；无心插柳，柳成荫。"的说法。练气功的人也有"有心练功，无心成功"的心得，是故不执著名、利、成、败，只问是否有练功、插柳之因，不问是否有成功、成荫之果。"不假修营而功自成"，并非无所修营，而是顺势而为，此《老子》所谓"无为，而无不为也。""习"有正面的意义，如"学而时习之"；有中性的意义，如"性相近，习相远"；有负面的之义，如"习性"。"不习，无不利"的"习"可训作习性，是习性所泥而陷于情欲之中。无习性之染，则无不利。"不习，无不利"也可解为以禅者的初心来看问题，开放热情、直指本心，故能不自陷于传统的窠臼，而充满创意。

因为"六二"爻是坤卦的主爻，坤卦《文言》一开始就指出："坤至柔而动也刚，至静而德方，后得主而有常，含万物而化光。坤道其顺乎！承天而时行。"可视为解释六二爻的作用。"坤至柔而动也刚"是直，"至静而德方"是方，"后得主而有常，含万物而化光"是大。"坤道其顺乎！承天而时行。"因为坤卦能顺着乾卦，这是象征为人部属的能依据在上的领导之远见和规划，而按时机之需要去实践；若能如此，即使这个人没有学历或经历，也不会有所不利。坤卦的性质是柔静的，然而一旦动起来则是刚健而有德行，能根据乾的指导而坚忍不拔的掌握其方向。所谓"女子虽弱，为母则强"可为"坤至柔而动也刚"之最佳注解。毓鋆师云："方，仿也。大，'大哉乾元'的乾。坤因为顺承乾，不必习，只要跟着阳走，就能够无不利。"故曰："至哉坤元。"坤仿照乾的远见（vision），而提出详细可成的执行计划（execution plan），然后脚踏实地得去执行这些计划。不过坤卦并不是盲目的顺从乾之领导，而要以"直、方、大"为最高的指导原则，不然很容易流于"助纣为虐"而不自知。

传统的注解中对"直、方、大"的"方"解释为方圆的方，而又可引申为行为之方正。例如孔颖达《周易注疏》云："地体安静，是其方也。"《周礼·冬官考工记》称："圜者中规，方者中矩。"《淮南子·天文训》云："天道曰圆，地道曰方。方者主幽，圆者主明。"乾为天，坤为地；天圆而地方。可代表内在修养的方正和对外行事之圆融[1]。来知德以"柔顺中正，在内为直，在外为方。"。慧明法师以地为喻，讲解心地法门，可视为对此爻的最佳之诠释[2]："吾人自心，本来无量遍满，能生万法，亦如地具有博大深厚之德，能生万物，故以为喻。地之所以能生万物者，以其能任运随时，行所无事，浑然无知，寂然不动。而众生迷真逐妄，见境生心，遇物

---

① 《淮南子·本经》："戴圆履方，抱表怀绳，内能治身，外能得人。"

② 释慧明《第四（讲）座心地法门》（《慧明法师开示录》），来源：http://www.bfnn.org/book/article/0144.htm。

即动，于是自蔽灵明，转增障碍……地能生一切物，能载一切物，能容一切物。而且生一切物，是来养育众生，而不自私自利；载一切物，是大小兼收，净秽一体，而无取舍分别之见……所以称为大地。假使吾人的心量，能够与地同其大，能够同地一样利他，无取舍嗔恚的我执，一切不动，便不难与真如本心相契，还有不成就的么？我等学的是心地法门，日日说心地无非，利他无我，到底我等的心，能不能像地一样的大，能不能养育众生，能不能兼收并容、听别人污毁而不动？不要说不能任人污毁，恐怕一句空话都不能容。不要说养育众生，恐怕对自己亲属，尚不免自私自利。如此还说什么心地无非？学心地法门的人，时时刻刻都要将自心与地比一比，看究竟比不比得上……地能大能生、能载能容，与天合其德，所以古人称天地之德曰'大德'。"

方者，义也；义者，宜也。笔者认为"方"亦可训为做事时最适宜的方法。有正直之心尚不足以成事，必得有好的方法、有适当的步骤才能将规划好的事情按部就班地执行成功，此《大学》所谓："物有本末，事有终始；知所先后，则近道矣！"。坤卦《文言》曰："至静而德方"德者，得也。人在遇到困难时，要先静下来，有定静之功夫，方能安而虑之，终能得到最佳的行事方法，此《大学》"止、定、静、安、虑、得"之次第。有良好的方法、制度可循，则即使是缺乏经验"不习"的人，也能按方法（methodology）行事，而达到一定的水准。内心正"直"，行事有"方"法，才能将事业做"大"。故曰："直、方、大。"

《周易述义》曰："直，言其心体之正也。方，言其制事之义也。君子之学，以敬为主。邪曲之念不得萌于其心，则内不期直而自直也。"[1] 乾卦《文言》与坤卦《文言》前后呼应。乾二言"诚"（"闲邪存其诚，修辞立其诚"）坤二言"敬"（"义以方外、敬义立而德不孤"），敬以存诚。乾二言"仁"（"君子体仁足以长人、仁以行之"），坤二言"义"（"方其义也、义以方外"），义所以辅仁也。"仁与义""诚与敬"相辅相成，此修行之要道，能知之而行

---

① 清汪由敦等撰《周易述义》，台北：新文丰出版公司 1979 年。

之则乾坤之德得矣!

《周易折中·义例》曰:"坤以六二为卦主。盖坤者地道,而二则地之象也。坤者臣道,而二则臣之位也。又'柔、顺、中、正'四者具备,得坤德之纯,故为卦主也。观象辞所谓'先迷后得主'、'得朋丧朋'者,皆主臣道而言。"

【爻辞】六三,含章可贞。或从王事,无成有终。

【小象】含章可贞,以时发也。或从王事,知光大也。

《文言》解释坤卦六三爻如下:

阴虽有美,含之;以从王事,弗敢成也。地道也,妻道也,臣道也。地道无成,而代有终也。

乾是质,坤是文,文有美、光明的意思。"六三"以阴爻居阳位,是在应该前进或是退后,犹疑未定的时候。在时机不利之时,要能内含其章美之才德而韬光养晦,等时机到了才发挥其才而应世。坤卦以体验大地之理而引申到臣道(即为人干部的道理)和妻道。"六三"之位多凶,不应躁进。即使有机会来了,也该好好考虑,是否应该去做。若决定去做,则知道如何适时的发扬光大自己的才能,同时要有成功不必在我的胸襟,才能达到最终的目标。

"含章可贞"有《老子》"和其光,同其尘"之义。"或从王事,无成有终"则与《老子》"是以圣人处无为之事,行不言之教;万物作而弗始,生而弗有,为而弗恃,功成而不居(此无成之意)。夫唯弗居,是以不去(此有终之意)"可相互发明。

"或从王事"与乾卦"九四"爻辞"或跃在渊"相呼应,句中之"或"字是疑问词,在可与不可未决之间,乾卦《文言》称:"或之者,疑之也。"顶头上司交待的事,不可盲目遵从,若是老板一时的气话,则可暂缓一下;

若是违法犯纪之事，则不可以知法犯法，为顶头上司去做非法无理之事，下足以利民，中可以自保，于上亦终将有利于在上位者。《白虎通·三纲六纪》云："君臣者，何谓也？君，群也，群下之所归心也。臣者，缠也，励志自坚固也。《春秋传》曰：'君处此，臣请归'也。"为人臣者要有大是大非的定见和坚持。"君处此，臣请归"一语乃引自《春秋经·公羊传》宋人与楚人平之史实（参见"附录三"之原文），楚臣司马子反与宋臣华元，不愿生民涂炭，私下以诚相待、互通消息，违背君命，而终能平息楚宋两国之间的争战，此《春秋》大义，发人深省。《说文》云："臣，牵也，事君也。象屈服之形。"其说与前义相反，不可取。

据《战国策》的记载，周朝战国时候，有个冯谖（或作欢）的人，为战国时四大公子之一的齐相国孟尝君的食客，自谦没有什么能力，但又不时要求增加待遇，孟尝君对他也是有求必应。有一次他自愿替孟尝君到其封地薛去收租金，孟尝君叫他收完租金后看孟尝君府中缺什么就买什么回来。他到了薛地就假传了孟尝君的命令，把百姓们欠他的债都给免了。又把这许多的债券，当着百姓们的面前统统烧掉了才回来。孟尝君看见冯谖回来了，就对他道："债都收完了吗？为什么来得这样快呢？"冯谖回答道："收完了！"孟尝君又问冯谖："买了什么回来呢？"冯谖回答道："买了'义'字回来，我看你的府上金银、谷米、绫罗绸缎，都很富足，但只缺了一个'义'字，所以我替你买了你缺的义回来了。"孟尝君听了心中很不高兴，勉强应了一声，也拿他没办法，只好叫他回去休息。后来孟尝君被罢免了相国之位，他门下所有的食客都离他而去了，只有冯谖留下来，驾车陪孟尝君回到他在薛的封地，受到民众夹道欢迎。此时孟尝君对冯谖说："冯先生替我买的义，我今天总算看到了。"冯谖又为孟尝君规划了狡兔三窟之计，孟尝君不久就又被齐王请回去，再做了齐国的相国。冯谖为孟尝君买义，乃"不从王事"，此举不但利民，最后也有利于孟尝君。

陈平和周勃在汉高祖刘邦重病之时，受旨要把带兵在外的吕后妹妹吕嬃的夫婿樊哙就地处决，陈平怕汉高祖是一时糊涂，事后又反悔，更怕得罪吕后及其妹，于是只敢把樊哙押返京城，让刘邦亲自诛杀他，在回京的路上，陈平就接到刘邦驾崩的消息，而给自己避免了一场杀身之祸。在某些情况下，不完全遵从上面命令将事情办成，而最终能自保的典型范例。此乃"或从王事，无成有终"的例子。《史记》上记载此事之原文如下：

高帝从破（黥）布，军还，病创，徐行至长安。燕王卢绾反，上使以相国（樊哙）将兵攻之。既行，人有短恶哙者。高帝怒曰："哙见吾病，乃冀我死也。"用陈平谋而召绛侯周勃受诏床下，曰："陈平亟驰传载勃代哙将，平至军中即斩哙头！"二人既受诏，驰传未至军，行计之曰："樊哙，帝之故人也，功多，且又乃吕后弟吕媭之夫，有亲且贵，帝以忿怒故，欲斩之，则恐后悔。宁囚而致上，上自诛之。"未至军，为坛，以节召樊哙。哙受诏，即反接载槛车，传诣长安，而令绛侯勃代将，将兵定燕反县。平行闻高帝崩，平恐吕太后及吕媭谗怒，乃驰传先去。逢使者诏平与灌婴屯于荥阳。平受诏，立复驰至宫，哭甚哀，因奏事丧前。吕太后哀之，曰："君劳，出休矣。"平畏谗之就，因固请得宿卫中。太后乃以为郎中令，曰："傅教孝惠。"是后吕媭谗乃不得行。樊哙至，则赦复爵邑。

Apple 在 1980 年初发展 Macintosh 电脑时，Steve Jobs 中意一家日本小公司的三英寸半的磁碟，他的属下认为只有 Sony 能在 Macintosh 上市前生产出所需的磁碟，但又没法说服他，只好背地里仍与 Sony 合作，后来这家小公司果然无法如期交货，他才被告知实情，此时他嘴里大骂，但马上又谢谢大家能违背他的指示做出了正确的决定①。

【爻辞】六四，括囊，无咎，无誉。

【小象】括囊无咎，慎不害也。

《文言》解释坤卦"六四"爻如下：

---

① Walter Isaacson, *Steve Jobs*, Simon & Schuster Inc., November, 2011, pp.146–147.

天地变化，草木蕃；天地闭，贤人隐。《易》曰："括囊，无咎无誉。"盖言谨也。

　　天地交感，有雨水的滋润则草木皆能茂盛的繁殖，贤人都能受重用而得以发挥，如泰卦之运势。天地闭塞，缺乏雨水则草木皆将枯萎，如贤人在上无明君，而下有群小的情形下，此乃否卦之运势，贤人必遁而退隐。此时应该谨言慎行或是飘然退隐以免招祸。"六四"是阴爻居阴位以重阴而居"多惧之位"，《易》曰："括囊，无咎无誉。"是要学着如布袋将口封闭起来一样，不张扬自己的能力，不犯错误故不受惩罚，也不争功劳、不求荣誉；能如此谨慎，所以不会受到灾害。

　　毓鋆师在讲《孙子兵法》时，点出"经、权"二字为其要点，并补充以"进、退"二字以明经权之义。古人"名进而字退"。毓鋆师以韩愈之名为例：愈者，进也，故韩愈字退之，以"退之"调和其名之进（愈）也。

　　《老子》有言："知者不言，言者不知。塞其兑，闭其门；挫其锐，解其纷；和其光，同其尘；是谓'玄同'。故不可得而亲，不可得而疏；不可得而利，不可得而害；不可得而贵，不可得而贱。故为天下贵。"所谓"塞其兑，闭其门；挫其锐，解其纷；和其光，同其尘"，即"括囊"之意。"不可得而害、不可得而贱"，即"无咎"之意；"不可得而利、不可得而贵"，即"无誉"之意。

　　"六四"之位为伴随君王之侧的近臣和大臣，"伴君如伴虎"诚然，唯有"括囊，无咎，无誉"，才能"慎不害也"，当然远离君侧亦是一种选择。汉初张良在吕后专权之时，随赤松子游，即是一例。

　　Apple 在 Steve Jobs 请病假时，是由 Tim Cook 以营运长（Chief Operations Officer）的身份暂代执行长（CEO）之职，Cook 的性格与 Jobs 正好相反，他冷静、决断、有超强的执行力，也从不争取在媒体前曝光。在 Jobs 的强势领导风格下，为其部属的，不可强出风头，但也不可懦弱无能。坤卦"六四"爻辞"括囊，无咎无誉"，正是 Cook 当时表现的写照[①]。

---

① Walter Isaacson, *Steve Jobs*, Simon & Schuster Inc., November, 2011, p.458.

【爻辞】六五，黄裳，元吉。

【小象】黄裳元吉，文在中也。

《文言》解释坤卦"六五"爻如下：

> 君子黄中通理，正位居体。美在其中，而畅于四支，发于事业，美之至也！

　　黄是中性的颜色，裳是穿在下身的服饰。"六五"爻有谦卑之德，将文采、功绩、能力隐藏在内，不过于外现，此乃文理含藏于中的谦逊之象。《文言》强调君子能以中和之道而通达天地和人事间的道理，能正正当当地在他自己的位置上，居守住其根本的道体。"居体"亦可训为居上位而能体念在下之大臣与民众。美积于中，故畅于四肢，而美在一身，此乃内圣的功夫。能正位居体，则将黄中之理，发于事业，则美在国家、天下，所以达到美的极致，此兼善天下的外王事业。坤卦"六二"爻敬以直内，义以方外，言其德也。六五爻积美在其中，发展事业于其外，言其业也。德业兼备，坤道成矣！

　　"君子黄中通理，正位居体，美在其中"，是内在美。"畅于四支，发于事业，美之至也"，是外在美，将美由内向外扩散出去。《孟子·尽心篇下》孟子曰："可欲之谓善，有诸己之谓信，充实之谓美，充实而有光辉之谓大，大而化之之谓圣，圣而不可知之之谓神。""充实之谓美"应是指内在美，此乃《大学》之道的"在明明德"也。"充实而有光辉之谓大，大而化之之谓圣"为外在美，即《大学》的"在亲（新）民"也。"圣而不可知之之谓神"，则已经到了《大学》的"在止与至善"的境界。

　　"黄中通理"乃上合于天道，下顺乎形势，本于人性，近乎人情。《说卦传》曰："和顺于道德而理于义，穷理尽性以至于命。"此乃由外至内的修养功夫，宋朝理学家便是以此一"理"字建构其学说。

　　《左传·昭公十二年》有一段卜到坤卦"六五"爻的案例，可以从中看到春秋时代的人，运用《易经》来预测事情的精髓，以及其中对坤卦"六五"爻的解读。其原文如下：

　　南蒯之将叛也，其乡人或知之，过之而叹，且言曰："恤恤乎，湫乎攸乎！深思而浅谋，迩身而远志，家臣而君图，有人矣哉！"南蒯枚筮之，遇坤（☷）之比（☵）①，曰："黄裳元吉。"以为大吉也，示子服惠伯曰："即欲有事，何如？"惠伯曰："吾尝学此矣，忠信之事则可，不然必败。外强内温，忠也；和以率贞，信也。故曰：'黄裳元吉。'黄，中之色也；裳，下之饰也；元，善之长也。中不忠，不得其色；下不共，不得其饰；事不善，不得其极。外内倡和为忠，率事以信为共，供养三德为善。非此三者，弗当。且夫《易》，不可以占险，将何事也？且可饰乎？中美能黄，上美为元，下美则裳，参成可筮，犹有阙也，筮虽吉，未也。"

　　【爻辞】上六，龙战于野，其血玄黄。
　　【小象】龙战于野，其道穷也。

《文言》解释坤卦"上六"爻如下：

　　阴疑，于阳必战，为其嫌于无阳也，故称龙焉。犹未离其类也，故称血焉。夫玄黄者，天地之杂也，天玄而地黄。

　　"阴疑"，"疑"或应作凝②。"战"，是指接触、和合③。坤卦"上六"爻，阴盛已极，代表阴道已走到穷尽之处，必定要与阳遇合而返复于阳。阳在阴

---

　　① 指卜到坤卦，而"六五"爻是变爻。
　　② 疑应作凝。阴阳相结合为类，独阴孤阳不生，见《周易尚氏学》第41页。朱注："疑谓（势）钧（力）敌而无小大之差也。"近人沙少海说：《集解》引荀爽本无'无'字，当据删。《说文》：'嫌，疑也。'这里，嫌应训势均力敌，训拟。"
　　③ 尚秉和《周易尚氏学》第37—38页，台北：老古文化事业公司出版社1981年。

盛之时，若欲与其合德以化去阴极之弊，必须由外而内，慢慢地认识、相互适应而结合。玄黄是黑与黄相杂之色，是指天地交合相融的颜色。

《易经》六十四卦是由其六个基本元素的阴阳爻的排列组合而成，就像人的特征和行为都受到其遗传基因组合的影响，企业亦有其文化和组织之基因，只有透过引进新人和提出创新的观念，方能经由不断地演化，而与时俱进，以适应变化万千的环境而生存下去。"上九""亢龙有悔"，悔其无阴也。"上六""龙战于野"，嫌其无阳也。"其血玄黄"，是阴阳合德的之道，也是亘古不息的进化过程。《易经》是中华文化的密码，也是中国人的求生教战手册（survival guide）①。

《文言》解释此爻说：坤卦到了"上六"的时位时，六个阴爻凝聚在一起，因为同性相斥，嫌弃只有六阴而缺少阳的力量来调和，是故如遇到阳，则必与其相结合。"龙战于野"的"龙"便是指阳，将阳称呼作"龙"是重视其作用。阴阳相结合而不相离，所以其气血相结合，天是青苍色，地是土黄色。"玄黄"便是天地相交合所产生的血气之颜色。

"上六"阴之极也，事物发展到极致必生质变，故有阴遇阳于外之象，然"上六"之阴，仍拘泥于下之五阴，若不肯离其群，则必与外来之阳起冲突，故曰："龙战于野。"阴道极盛之时，阳刚之势，必起于外而与之战。此乃以乡村包围城市之战略。坤与乾遇之于外，不打不相识，"其血玄黄"，象征在冲突之后，阴阳已调和之象。

王夫之则认为："阳之战阴，道之将治也。而欲奋起于涸阴之世，则首发大难，必罹于害。"毓鋆师解读此爻如下："乾之上九，'亢龙有悔'，君子之自悔也。坤之上六，'龙战于野'，小人之困兽犹斗也。《易》之美乾德而戒坤失，明矣！"此爻的另一种解释是，指坤至"上六"时阴之势已有盛极必衰之象，阴衰故必逢自外来之阳（以龙名之）于"上六"之外，有在野之象。然而阴的势力虽然已穷尽，但因积习难返，非经过一番挣扎和交战才能改变其已穷之道。

---

① 应天平，*personal communication*。

张紫阳《悟真篇》曰:"草木阴阳亦两齐,若还缺一不芳菲。初开绿叶阳先倡,次发红花阴后随。常道即斯为日用,真源返此有谁知?报言学道诸君子,不识阴阳莫乱为。"此乃本诸《系辞传》"阴阳合德而刚柔有体"之深义。

【爻辞】用六,利永贞。
【小象】用六永贞,以大终也。

卜筮的方法中,如卜到坤卦而六爻皆为变爻,则应该以此"用六"的爻辞来解释。六爻皆变为阳,则为乾卦,有健行不息之意。阴之道过于柔,不易保持永恒常远的心,故应以乾道健行的力量来补其不足。柔顺之中有刚健之德,故能有始有终而成其大。要永保其贞正之志行,才能得利。

乾卦"用九""见群龙无首,吉",和坤卦"用六""利永贞",是强调阳刚之体要能中和一些柔顺之性,才不至于硬碰硬而折断了;而阴柔之体要能有一息阳刚之志,才不会过于弯曲、萎靡;所谓"过刚易折,过柔易靡"是也。

四、总论

有时候主管太强势了,下面的干部反而无法发挥其长才。坤卦谈的是柔性的管理艺术。其最高境界便是能做到《老子》所说的:"我无为,而民自化;我好静,而民自正;我无事,而民自富;我无欲,而民自朴。"在政治上,这也近于"小而美(small and beautiful)的政府"之思维,尽量减少政府的干涉,让市场的机能和人民的智慧来决定事物发展的方向。

道家的三宝"慈、俭、不敢为天下先",也是由坤卦引申出来的。坤像似母亲般的大地,故曰"慈"。大地生养万物而不取于万物,故曰"俭"。乾主导创始之后,坤才根据其规划而作成之,故曰"不敢为天下先"。在历史上西汉的汉文帝及景帝深得黄老治术之要,以勤俭治国,使天下在春秋战国之争战与秦朝之暴政后，得以休养生息，史称"文景之治"，此坤卦之教也。

《易经》有"变动不居"的命题，在变动不居的环境中求生存，一则要有坤卦"初六"爻辞所言"履霜坚冰至"之敏锐感，由细微的现象中，察知时势之所趋，然而过分敏感，天天精神紧张，杞人忧天，担心天会塌下来，亦于事无补。现代社会一日数变，人若过于敏感往往就朝三暮四，见异思迁，结果一事无成。企业若过于敏感，则朝令夕改使员工无所适从，或是缺乏策略上的重点，追求短期之利益；或是盲目的投资，不能持之以恒，以致浪费企业之资源。

坤卦整体而言，有一种敦厚稳重的力量，因而能从容面对生活中的挫折和伤痛，以无比的耐力坚定地朝着既定的方向前进，它是企业赢得最后胜利的关键，也是享受美好生活的智慧。迟钝是敏感的反面，迟钝给人一种守成和木讷的负面印象，但有时迟钝感虽却能让人不自寻烦恼，不轻易气馁，迟钝恰似一种不让自己受伤的保护力量。

恒卦"九三"爻辞曰："九三，不恒其德，或承之羞，贞吝。"《象》曰："不恒其德，无所容也。"做事要在遇到困境时，有坚持下去的毅力，若为德不卒，则会招到羞辱，而难为众人所容。厚德载物必有温柔敦厚的情怀和能咬紧牙关的能耐，因其有"择善固执"的信念，故能不"见异思迁"。

我们一则要有其有深邃的敏感度，故能抓住大趋势（mega-trend），而不至于因为眼光短浅就随一时之风潮（fad）而为之忧喜和转变。更进一步则要有深远的眼光，而又能以一步一脚印的踏实精神勇往直前，有"欲速不达、事缓则圆"的智慧。这就是《中庸》"强哉矫"的韧性，这是敏感和钝感（与时俱变和择善固执）之间的中道，使人们在变化中获得定静的力量，而得以生存和成功。

如用系统动态的观念来看，我们先应分明所察觉的变动是短期的波动，或是长期的结构性变化。而在应变之时，能知道系统中各个组成分子的关系和联动性。要知道任何变革的成效都需要经过一定的时间才会见要其成效，天下事少有马上办马上好的。若不了解系统中的迟滞（delay）效应而操之过急，则会矫枉过正（overshoot）。如何从多方面入手，以微调（tweaking）

的方式，去找出系统的最佳平衡点，"驯至其道"，乃本于坤卦平和而积极的手腕。

坤卦是执行力、是耐力、是忍辱负重的韧性，此乃是《老子》所谓的"为大于其细，为难于其易"的智慧和细心。有了"乾知大始"的大格局和有远见的视野，还得有"坤作成物"苦干实干的毅力，才能成就事业。海尔的张瑞敏曾语重心长地说："把每一件简单的事做好就是不简单，把每一件平凡的事做好就是不平凡。"[1] 可为《系辞传》中"坤以简能"的注脚。

奇美关系企业 2005 年营收近三千亿元新台币，员工约两万六千人，奇美不但要对外创新研发、提升国际竞争力，对内将持续深耕靠近邻南科的树谷园区，实现带动地方发展的理想。TFT–LCD 的相关零组件众多（驱动IC、控制 IC、玻璃基板、偏光膜、彩色滤光片、背光模组），奇美则积极布局上下游产业，并在台湾台南科学园区大力推动液晶园区。产业分析师认为，奇美创造的群聚效应（clustering effect），使其能快速且较为便宜地获取原物料。

奇美前董事长许文龙以自己钓鱼的经验，讲述经营哲学，强调有钱要大家都有赚才会快乐、不只同事都能分红配股，上下游厂商也都要有钱赚，让利润共同分享，才是经营成功的哲学。他也表示，除了赚钱外，更重要的是希望大家努力工作时，别忘了家人在等着自己回家，要努力工作，也要珍惜和家人相处的机会，这样才能有真正的幸福。许文龙说，他自己不是很有经营才能，奇美有今天的规模，全是因为有好的部属帮他赚钱。他从钓鱼中领略出来的经营哲学，第一体会就是有钱要大家赚。钓鱼的人出海钓鱼，常会找几个朋友一起出去，出发时在车上大家都有说有笑，然而钓鱼回来时，如果只有自己有收获而别人没有，气氛就变得很尴尬，朋友也不开心。"最好就是大家都丰收，但自己多钓一些，这是最开心的事"。

许文龙的第二个领悟就是世间的钱不可能自己一人赚走。他说，自己钓鱼时，一次丢两个鱼饵，但只钓一尾鱼，别人觉得奇怪，他丢的"另一

---

① 汪中求《细节决定成败》，北京：新华出版社 2004 年。

个饵是给后来的鱼吃"。落实在企业经营上，如果所有钱都是自己公司赚走，压缩上下游厂商获利空间，这样也维持不了很久。因此，除了照顾员工，经营企业也要顾虑到关系伙伴的合理利润。

许文龙说，自己从十六岁开始做生意，这几十年过程有成功也有失败，但就因为有这两项哲学，即使失败时，也得到很多人帮助，就因为自己能够合理分配利润，这也是自己能够生存的原因[①]。研发的动力在于创新的企业文化，奇美对研发投入超过新台币八十亿元以上，更可贵的是，以管理机制和组织文化鼓励创新。奇美鼓励自行研发技术，因为许文龙认为，技术自主才是未来掌握核心竞争力的关键。"买技术头脑"，也就是吸引技术人才，才是"买未来"的投资。奇美后来成为台湾第一家接获外商代工订单的 TFT-LCD 厂商，更成为台湾首先将自行开发的"技术"授权到国外的面板业者。因为，在奇美找错是为了找对，在"找对"、"不找责任"的文化下，"错误的摸索"反成了研发的动力，并成为奇美无形的宝贵资产，许文龙说："一旦人的潜能发挥出来，所有 idea（创意）就会一直跑出来。"

2010 年鸿海集团下的群创以换股方式合并奇美，鸿海董事长郭台铭以军事化管理著称，他与奇美创办人许文龙在领导风格上正好相反，两家公司在组织文化的磨合上，若不能截上长补短恐怕将困难重重。

松下幸之助是日本松下电器集团公司的前任社长，被日本人称之为"经营之神"，享誉全世界。松下幸之助在企业的经营中，走出了自己独特的经营之路。松下幸之助指出，有一种领导者，运用超人的智慧与领袖气质，有效地领导部属达成目标。然而他自认能力不足，自己又体弱多病，所以用了不同于上述的领导方式。他的方式是向部属求助，请求部属提供智慧，也就是利用员工的智慧。他常对部属说："我做不到，但我知道你们能做到。"

松下曾经说过，经营者必须兼任端菜的工作。这句话的意思并不是说让经营者要亲自去端菜，而是应该随时怀抱此种谦逊的态度为员工服务，对努力尽责的员工，要满怀感激之情。只要心怀感激，在行动之中便会自然地流

---

① 邱馨仪《许文龙要让上下游厂商都赚钱》，台北：经济日报 2006 年 1 月 17 日。

露出来，这么一来，当然会使员工振奋精神，因而更加努力去工作以为回报。

　　松下说当他的员工在一百人时，他要站在员工的最前面，以命令的口气，指挥部属工作；当他的员工增加到一千人时，他必须站在员工的中间，诚恳地请求员工鼎力相助；当他的员工达一万人时，他只要站在员工的后面，心存感激就可以了；当他的员工达五万或十万人时，除了心存感激还不够，必须双手合十，以拜佛的虔诚之心来领导他们。

　　奇美许文龙的钓鱼经营管理哲学和松下幸之助的管理哲学充分掌握了《老子》"无为而治"和坤卦"柔性管理"的精髓。坤卦的管理是贵微重始、慎始诚终，在事情一开始之时就谨慎小心、注意细微之处，以卓越的执行力去推动长远的计划，快要成功时也不敢轻忽，仍然敬慎行事。若能以敦厚之德与无私的精神去助人，当大家（员工、顾客、和合作伙伴）都成功时，自然就成就了你自己。

　　诸葛亮《心书》中说："善将者，其刚不可折，其柔不可卷，故以弱制强，以柔制刚。纯柔纯弱，其势必削；纯刚纯强，其势必亡；不柔不刚，合道之常。"企业主管若能刚柔互济，将坤卦的包容力和执行力与乾卦刚健的创造力和精进力相配合，则可以达到中国管理的最高境界。

　　最后笔者根据坤卦经传之文义，对卦辞、象辞、及爻辞有如下的精简解读，作为本章之结语：

　　牝马之贞，先迷后得。

　　厚德载物，己立立人。

　　霜渐至冰，防患未然。

　　朴直方大，本性无染。

　　含章时发，光大王事。

　　智处囊中，敬慎无过。

　　守中通理，居下美德。

　　阴盛阳抗，合则两利。

　　过柔则糜，守贞善终。

五、《易经》思维动动脑

1. 当你在遭遇到困难之时，而烦恼不已时，应尝试往后退一步，便觉有海阔天空的感觉，然后再以长远的眼光去看问题，看看是否能够以退为进，以柔克刚，找到一个圆融的解决之道。

2. 反省自己是否能真正了解在上位领导的意图，而能以坚毅耐劳的精神去执行公司的远见和规划？

3. 检讨自己是否能够谨言慎行，不过分张扬自己的功劳和绩效？

4. 省察自己是否以正直，方正，广大的胸襟，来待人处事？

5. 培养自己的警觉性和前瞻性。根据硬的资讯和软性的信息去发觉内部异常的状况和外界环境细微的变动。列出三个你所服务的公司可能面临的潜在问题和危机。有何征兆？会有什么其影响？真正会发生的几率有多大？

6. 你的公司是否有建立适当的预警机制和环境扫描系统？如果要建立类似的机制和系统，我们应监控制那些重要的绩效指标？要获得这些重要的绩效指标，其信息（资讯）来源为何？

7. 如何将乾坤两卦的精神用在企业之经营和员工的管理？这两种精神应如何交互为用？

附录一：梁启超论君子"自强不息、厚德载物"之德[①]

君子之义，既鲜确诂，欲得其具体的条件，亦非易言。《鲁论》[②]所述，多圣贤学养之渐，君子立品之方，连篇累牍势难胪举。《周易》六十四卦，言君子者凡五十三。乾坤二卦所云尤为提要钩元。乾《象》曰："天行健，君子以自强不息。"坤《象》曰："地势坤，君子以厚德载物。"推本乎此，君子之

---

① 梁启超 1914 年 11 月 5 日在北平清华大学的演讲，讲题是《君子》，来源：http ://news. tsinghua.edu.cn/xqh/xqhnews/read.php ？ id=2160

② 指《论语》。

条件庶几近之矣。乾《象》言，君子自励犹天之运行不息，不得有一曝十寒之弊。才智如董子，犹云"勉强学问"。《中庸》亦曰："或勉强而行之。"人非上圣，其求学之道，非勉强不得入于自然。且学者立志，尤须坚忍刚毅，虽遇颠沛流离，不屈不挠，若或见利而进，知难而退，非大有为者之事，何足取焉？人之生世，犹舟之航于海。顺风逆风，因时而异，如必风顺而后扬帆，登岸无日矣。

且夫自胜则为强，乍见孺子入水，急欲援手，情之真也。继而思之，往援则己危，趋而避之，私欲之念起，不克自胜故也。孔子曰："克己复礼为仁。"王阳明曰："治山中贼易，治心中贼难。"古来忠臣孝子愤时忧国奋不欲生，然或念及妻儿，辄有难于一死不能自克者。若能摈私欲尚果毅，自强不息，则自励之功与天同德……

坤《象》言君子接物，度量宽厚，犹大地之博，无所不载。君子责己甚厚，责人甚轻。孔子曰："躬自厚而薄责于人。"盖惟有容人之量，处世接物坦焉无所芥蒂，然后得以膺重任，非如小有才者，轻佻狂薄，毫无度量，不然小不忍必乱大谋，君子不为也。当其名高任重，气度雍容，望之俨然，即之温然，此其所以为厚也，此其所以为君子也。

附录二：坤卦《文言》全文

《文言》曰：坤至柔而动也刚，至静而德方，后得主而有常，含万物而化光。

坤道其顺乎！承天而时行。（以上解释卦辞和彖辞）积善之家，必有余庆；积不善之家，必有余殃。臣弒其君，子弒其父，非一朝一夕之故，其所由来者渐矣，由辩之不早辩也。《易》曰："履霜，坚冰至。"盖言顺也。（以上解释坤卦初六爻）

直，其正也；方，其义也。君子敬以直内，义以方外，敬义立而德不孤。直方大，不习无不利，则不疑其所行也。（以上解释坤卦六二爻）

阴虽有美，含之；以从王事，弗敢成也。地道也，妻道也，臣道也。地道无成，而代有终也。（以上解释坤卦六三爻）

天地变化，草木蕃；天地闭，贤人隐。《易》曰："括囊，无咎无誉。"盖言谨也。（以上解释坤卦六四爻）

君子黄中通理，正位居体。美在其中，而畅于四支，发于事业，美之至也！（以上解释坤卦六五爻）

阴疑于阳，必战，为其嫌于无阳也，故称龙焉。犹未离其类也，故称血焉。夫玄黄者，天地之杂也，天玄而地黄。（以上解释坤卦上六爻）

附录三：宋人与楚人平

《春秋经》：宣公十有五年，夏，五月，宋人及楚人平。

《公羊传》：外平不书。此何以书？大其平乎己也。何大乎其平乎己？庄王围宋，军有七日之粮尔，尽此不胜，将去而归尔。于是使司马子反乘堙而窥宋城，宋华元亦乘堙而出见之。司马子反曰："子之国何如？"华元曰："惫矣。"曰："何如？"曰："易子而食之，析骸而炊之。"司马子反曰："嘻！甚矣惫！虽然，吾闻之也，围者柑马而秣之，使肥者应客，是何子之情也。"华元曰："吾闻之，君子见人之厄则矜之，小人见人之厄则幸之。吾见子之君子也，是以告情于子也。"司马子反曰："诺，勉之矣！吾军亦有七日之粮尔，尽此不胜，将去而归尔。"揖而去之，反于庄王。庄王曰："何如？"司马子反曰："惫矣！"曰："何如？"曰："易子而食之，析骸而炊之。"庄王曰："嘻！甚矣惫！虽然，吾今取此然后而归尔。"司马子反曰："不可。臣已告之矣，军有七日之粮尔。"庄王怒曰："吾使子往视之，子曷为告之？"司马子反曰："以区区之宋，犹有不欺人之臣，可以楚而无乎？是以告之也。"庄王曰："诺。舍而止。虽然，吾犹取此然后归尔。"司马子反曰："然则君请处于此，臣请归尔。"（按：不义之战，司马子反耻之，故虽为臣子，敢违君令而请归，此"不从王事"之例。）庄王曰："子去我而归，吾孰与处于此？吾亦从子而归尔。"引师而去之，故君子大其平乎己也。此皆大夫也，其称人何？贬。曷为贬？平者在下也。（按：明贬暗褒司马子反与华元擅自做主和平谈判，实则贬庄王。然而庄王终能听进逆耳之言，引师而归，避免了不仁道之杀戮，亦属难能可贵。）

第七章 屯卦：创业维艰，守成不易

（Entrepreneurship and difficulties in starting up a business）

䷂卦名：屯［水雷］或［云雷］——第三卦

一、经文

卦辞：屯：元亨，利贞。勿用有攸往，利建侯。

《彖》曰：屯，刚柔始交而难生。动乎险中，大亨贞。雷雨之动满盈，天造草昧，宜建侯而不宁。

《象》曰：云雷，屯；君子以经纶。

《序卦传》：有天地，然后万物生焉！盈天地之间者唯万物，故受之以屯。屯者，盈也。屯者，物之始生也。

《杂卦传》：屯见而不失其居，蒙杂而著。

爻题	爻辞	小象辞
初九	磐桓，利居贞，利建侯。	虽磐桓，志行正也。以贵下贱，大得民也。
六二	屯如邅如，乘马班如，匪寇，婚媾。女子贞不字，十年乃字。	六二之难，乘刚也。十年乃字，反常也。
六三	即鹿无虞，惟入于林中。君子几不如舍，往吝。	即鹿无虞，以从禽也。君子舍之，往吝，穷也。
六四	乘马班如，求婚媾，往吉，无不利。	求而往，明也。

爻题	爻辞	小象辞
九五	屯其膏。小，贞吉；大，贞凶。	屯其膏，施未光也。
上六	乘马班如，泣血涟如。	泣血涟如，何可长也？

爻题	卦体	卦象	卦德	人伦	
上六 九五 六四	坎	水（云）	险	中男	外卦、上卦
六三 六二 初九	震	雷	动	长男	内卦、下卦

二、前言

屯，音 zhūn。屯就是难，是万物始生之难，所谓"万事起头难"，屯卦是研究"创业维艰"的一卦。事物有事物之难，时有时之难，企业有创业之难和创业成功之后的守成之难，成立一个家庭有其难，建立一个国家有其难。屯卦讲的是"济屯"之道，也就是研究渡过艰难的方法。屯是有了困难也就是遭遇灾难。屯是万物初生之时郁结未通的困境，生万物而盈满了天下则是屯的功德，故曰："屯，其德曰盈；其生曰难。"[①]屯卦之卦名是"以爻辞中常见字作标题"[②]。"初九"爻辞"屯如邅如"和"九五"爻辞"屯其膏"皆有"屯"字。这二爻是屯卦中仅有的两个阳爻，可见创业非得有阳刚的精神不可。

"屯"是象形字，象征土地中的种子破壳、破土而出，而同时根又向下深入土中，如图 –1 所示。《说文解字》依此解字："屯，难也，象草木之初生，屯然而难，从中贯一，屈曲之也；一，地也。《易》曰：'屯，刚柔始交而难

---

① 根据毓鋆师讲课所记的资料。

② 吴辛丑《周易讲读》第 55 页，上海：华东师范大学出版社 2007 年。

生。'"有创业维艰之意，也提醒人在草创之时，虽会受到很多障碍，一方面要向外、向上做多方面的尝试以求突破，同时也要向下打好根基。好像种子从地底下生根冒芽时，根向下延伸和而芽向上抽高成长，若遇到坚硬之物，则能屈曲而避开，有能屈能伸之义。幼苗受到压迫而能弯曲，才能找到容易破土而出的一点，在此同时更应做向下扎根的工作，根深则蒂固。

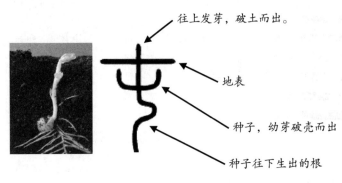

往上发芽，破土而出。

地表

种子，幼芽破壳而出

种子往下生出的根

图-1　屯字的字义

企业在萌芽草创之初，对将来可辅助我建设发展之人才，应做长期之培养，以成为未来成就大事业的种子部队，这便是从根做起的方法，这些种子将来长成之后，可成为建设四方的诸侯，"利建侯"是也。然因"初九"在下卦之下位，故不可大张旗鼓冒险轻进，但只要目标正确，且能以贵下贱，能有以民为贵的亲民作风，必能够得到民心。所以屯卦"初九"爻的小象辞曰："虽磐桓，志行正也；以贵下贱，大得民也。"创业时，虽遇困难，但仍依正道而行，并且能虚心以广纳人才，是其成功的关键。

英文的 entrepreneur 指的是新兴企业的创业家，而 entrepreneurship 则是指创业的精神。在现代经济中，新兴的企业是维持经济成长的主要因素，自行创业则几乎是创造个人财富的不二法门。即使是一个成熟的企业组织，也要有不断创新的动力，才能生存，故如何推动大型企业内创业之机制（intrapreneurship），使其历久弥新，也是同等重要。

据统计在美国创立的公司，有百分之四十维持不到一年，三分之二撑不过五年，只有四分之一可以熬过八年，故知"创业维艰"非虚言也。有些人对于新事业发展有着过度乐观的迷思，以为有了技术或财力就成功在望。

多数创业的人都有过令人沮丧的失败经验，其失败原因之一是他们一开始便走错了方向。如何发现创业的机会，辨识其可行性，及善于运用各种资源，是创新事业成功的要素！[①] 有研究显示创业成功与否与下列因素相关：对所须之知识技术有获取的能力、对需求市场的洞悉、对产业及产品生命周期变化的了解，及对产业结构及供应和需求链（supply and demand chain）之掌握[②]。

创业之初，应有创业企划书（business plan），以掌握住事业的大方向，同时也要注意到实施的细节。创业之后，要保持弹性，在企业成长过程中，随时调整视野、方向、和步调，检视重组企业的各个重要层面的机能与人事。一个成功的创业家和经理人要具备下列三项视野[③]：

1. 望远镜：随时提醒自己记住目标和未来，并透过长期计划勾勒未来目标，及达到目标的方法。

2. 广角镜：用来观察事业周遭辽阔的景观，包括竞争者、大环境的社会经济趋势，以及你无法完全控制但又必须应付的制造商、供应商、和经销商。

3. 显微镜：不时地钻研最为精微的细节，让自己深入了解事业运作的方法和程序，以及其精妙之处。

创业的第一步是找到一个好的创业构想，并且把心力与创意专注于顾客真正的需求与渴望上，然后再设法扩展、改进、增强你的构想。我们可以下列几个问题来评估创业构想是否可行：

1. 你的构想要比市场上的其他已有的产品或服务选择更好吗（更便宜、更方便、更快、更小）？

2. 你的构想容易实现吗？容易让顾客了解吗？

3. 你的资源（包括地理位置）能够让创业计划实现吗？

---

① "新事业发展策略"领袖论坛，http://college.itri.org.tw/activity/MVP/cm4 06.html

② Scott Shane, Finding *Fertile Ground*：*Identifying Extraordinary Opportunities for New Ventures*，*Upper Saddle River*，NJ：Wharton School Publishing，2005.

③ 玛莎·史都华著、袁宗绮译《玛莎创业法则》(*The Martha Rules*：10 *Essentials for Achieving Success as You Start*，*Grow*，*or Manage a Business*)，台北：天下杂志 2007 年。

4. 你的创业构想实惠可行吗？

5. 你的构想是否太好高骛远？

6. 你的构想是否有扩展潜力吗？

7. 你的构想会使世界变得更美好吗？你自己是否钟情于此？

徒有空想而不去做，则不可能创业有成。创业是一个艰辛的过程，成功了固然令人欣慰不已，失败了也可以从中学到许多宝贵的经验。创业要有创意、有眼光、有勇气、有冲劲、有耐心，才有成功的机会。

《易经》以乾坤两卦为首，乾坤是天地，也是父母卦，六十四卦居乾坤之后的是第三卦屯卦。屯，训为屯难，即始生之难，所以人的生日又称为母难日。在商业上屯卦代表创业维艰及创业的过程。所谓"乾道变化，各正性命"，故坤卦受了乾之正而有始生之屯难，经历了怀胎十月的过程和生产的阵痛，然后还要以蒙卦（《易经》六十四卦中的第四卦）来启蒙。"蒙以养正"，启蒙的第一要务是要养正，正就是性命，故养正即是养性。简单地说就是人格的养成教育，以及确立人生正确的方向，如此才能"成圣功"，养成将来做大事业所应具备的素养。欲成圣功，得先居正，居正即守正，不但要居正更要大居正，在大节上能守得住，才能以德化人，成就大一统的神圣使命。大一统并非以力去统一，而是以德感化，而建立和谐的社会。

三、经文解释

【卦辞】屯：元亨、利贞。勿用有攸往，利建侯。

【彖辞】屯，刚柔始交而难生，动乎险中，大亨贞。雷雨之动满盈，天造草昧，宜建侯而不宁。

"勿用有攸往"，是指不可轻举妄动，不是不利有所往，若能设定目标与方向，按部就班打好基础，因为实力资源有限，所以不轻易冒进。屯卦的下卦为震，震为长子，有侯之象。"利建侯"是指屯难之时的最佳策略，是不动声色地根据既定的目标，去做深耕培基的工作。

屯卦的下卦震为雷，上卦坎为水、为云、为雨。在云雷互动的作用下，产生了能滋生万物的能量，此乃浑沌初开、事业草创之象，此时事物仍然蒙昧未明。以卦辞和卦性而言，雷为震动，坎为险陷。故曰："动乎险中。"这时候适宜建立长远的目标，打下深厚的基础，而不能只是在一旁静静地观察变化而已，所以说："雷雨之动满盈，天造草昧，宜建侯而不宁。"

如图-2所示，屯卦上坎下震，雷震在下而动，向上则入于坎险之中，故曰："动乎险中"。君子治理世事，应戒慎恐惧，好像"治大国如烹小鲜"[①]之谨慎。

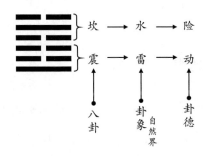

图-2　屯卦之卦象与卦德

屯卦乾阳与坤阴开始互动交往，是生成事物之始，而事物始生之时总是困难重重，所以屯代表了创业维艰的现象。"刚柔始交"是指坤卦之下卦受乾之一爻于其初，而为屯的下卦为震，长男是也。坤卦之上卦受乾之一爻于其中，而为屯的上卦为坎，中男是也。连得二男，生生盈满之义。在此时外有坎卦之险象环生，内有雷震的积极进取的精神，若能不畏艰险，贞固其志向和目标，则企业自然能成长壮大而亨通。

毓鋆师云："震者生也，其用曰动，其机曰生，故曰：震为生主。坎者，万物之所归也。故曰：劳乎坎。劳方能盈。"又曰："屯者，万物之始生也。与乾、坤两卦一样具备四德，而其他卦则有的不能俱显四德。贞德有所不同，坤卦是'利牝马之贞'，而屯卦是'利居贞、利建侯'。'勿用有攸往'就是

---

① 语出《老子》。

初九爻辞所谓的'利居贞'，居者，守也，利于居守正固之道。不要用而有所往（卦辞和初九爻辞，辞不同而义同，且更深一层），乃言时之未至。屯卦讲济屯的方法，如何渡过这艰险的环境。有乾坤就有生化，有天地就有万物之生。生化之始，其难生矣！如何来济难，即济屯之道：利于居贞，也利于建侯，利于立一斥候者。"斥候（scouting）是侦察、搜索敌情的动作，作为有所往的参考；斥候（scout）也就是侦察员，代表企业和职业球队中四去寻找人才的伯乐。许慎注《淮南子》曰："斥，度也。候，视也、望也。"谨斥候，严巡逻，则守御自然坚固，也能较正确地善刺探敌情，找到其防御之漏洞，掌握进击的机会。

【大象】云雷，屯。君子以经纶。

《大象》皆以上卦和下卦对应到自然界之环境来取象（例如：乾为天、兑为泽、离为火，震为雷，巽为风，坎为水，艮为山，坤为地），而引申其义于人事上，提出君子在行事上所应遵行之大原则。屯卦上坎下震。上卦坎为水，水在上为云；下卦为震，震为雷，故曰："云雷，屯。"

坎卦于《大象》中皆以水取象，屯卦中则以云取象，是唯一的例外。云是水气运行在天上，然仍未能成雨而施于下，故上卦坎以云取象，而不以水取象。云和雷是大自然界，蕴藏极大能量的动态系统，代表浑沌未开刚柔始交，所谓"天下大乱，情势大好"之际，在此关键时刻可以大好，也可以大坏，就取决于君子如何"经"营这些潜而未发的动能，使其有"纶"有序。《周易正义·孔颖达疏》："纶谓纲也，以织综经纬。"君子行事要能以简驭繁、提纲挈领。

君子在此动荡之时，应好好发挥其经世之才，拨乱世而反诸正，在万物始生之时便使其纶而有序。经纶指织布时理顺纱线，用来比喻建立经营之策略和制度，又代表在事物新生之时期，困难重重千头万绪、经纬万端，君子应当掌握住经营策略之重点。《中庸》曰："唯天下至诚，为能经纶天下之大经，立天下之大本，知天地之化育。"乾坤之后紧接着的"屯、蒙、需"

三卦各有义深：屯卦是经纶天下之大经，蒙卦是树立天下之大本，需卦是通晓天地之化育，这都有赖于能行至诚之道的人才做得到。

朱熹《中庸章句》曰："经、纶皆治丝之事，经是理其绪而分之，纶是比其类而合之。"将杂乱无章的事情理出个头绪，而分清楚其轻重缓急和先后次序。纶是比较事物的异同和种类，而做出适当的组合。经纶是指善于规划、讲求策略，排除万难，以达到设订之目标。屯卦大象辞是说："君子在好似云雷之困难与险陷之时，把千头万绪理清楚，很有条理地去经营天下。"云雷屯是云而未雨，代表艰苦、危险、处处有陷阱的时候，君子观其象以学习处艰难之世的方法，"经纶"则是处理纷杂混乱事物的方法。

【序卦传】有天地，然后万物生焉！盈天地之间者唯万物，故受之以屯。屯者，盈也。屯者，物之始生也。

屯卦是乾坤二卦之后的第一个卦，禀承天地之乾元与坤元而生成万物，有天地间充满了万事万物的现象，所以接在乾坤二卦之后。屯是盈满的意思，代表了天地之间充满了带着能量与活力的事物，也代表事物开始生化的时期。

【杂卦传】屯见而不失其居。

屯卦指草木萌芽，而现身于地上，但又能向下扎根，巩固其根基，而不失其居所。屯之时，一则要向外发展，力求表现，如建立品牌、打开通路；一则要向下厚植实力，安定其所赖以居住的根基，如研发产品、改善品质和程序。

【爻辞】初九，磐桓，利居贞，利建侯。
【小象】虽磐桓，志行正也。以贵下贱，大得民也。

屯卦初"九爻"的爻辞曰："初九，磐桓，利居贞，利建侯。"利居贞，即利于居正，志向和行为都得正，此乃屯卦的要点之一。《春秋》则直言"大居正"和"大一统"，正字就字形而言是以"一止"之，止于一也。修行到大居正的内圣功夫，才会有大一统的外王事业。"利建侯"的侯，可训（解释）为诸侯，亦可训为斥候，斥候是侦察敌情的动作和人员。在创业之时，需以斥候收集市场情报，了解竞争者的动向。不断地尝试调整，以找出最可能为市场接受的产品或技术。在此尝试的过程中，我们必须确知我们自己的核心能力和技术为何，更不可忘了自己利基（niche）之所在。"利建侯"是指有利于"建"立目标，设立制度与组织，培养有领导才能可坐镇一方的种子人才，作为将来能助我成大事的帮手。

"磐桓"音盘环，根据来知德《易经来注图解》解释："磐，大石也。如渐卦六二爻辞'鸿渐于磐'之磐也。交互卦上卦为艮，石之象也。桓，大柱也，《礼记·坛弓》所谓'桓楹'也。下卦震，阳木，桓之象也。张横渠以磐桓，犹言柱石，是也。"来氏认为马融及以后注《易》者多以盘旋、徘徊训磐桓，不是正确的解释。"磐桓"以"初九"为创业之初，此时要建立如柱石一般稳固的基础。"初九"，阳爻居阳位，居正位。可是"初九"在"六二"和"六三"爻这二个阴爻之下，代表君子失时、失势，然而若能"以贵下贱"，则可以大得民心，树立成功立业的基石。

"虽磐桓"是指"虽"然在艰难之初，"初九"坚如磐石，乃国之栋梁，志向行为要正，此时有"利"于"居"守"贞"正的志向。阳贵阴贱，"初九"是一阳在二阴之下，"以贵下贱"者也。来知德曰："屯难之时，得一大才，众所归附，更能自处卑下，大得民矣。占者所以利建侯，而救民也。"

毓鋆师曰："虽然有拨乱反正之长才，堪作中流砥柱、安邦定国之栋梁，可为君侯之候补。然并不因此而骄傲，因为勿用有攸往，利居正。守住本身正固之道，为百姓所拥护，而能利建侯，然后能达拨乱反正之功。"

【爻辞】六二，屯如邅如，乘马班如。匪寇，婚媾。女子贞不字，十年乃字。

【小象】六二之难，乘刚也。十年乃字，反常也。

"邅"音沾，原地打转、徘徊不前之义。"如"是补音语助词，没有实际的意义①。屯、邅，皆有不能前进之义。"屯如邅如"有聚在一起、难行不进之貌。"乘"是驾车之义，古人用四匹马拉一部车子，一乘是四匹马，故也可以训为车。乘马是行进之义，而班是徘徊不进之义，"乘马班如"是形容非常审慎、欲进还退、不冒进的样子。"匪"，非也。"匪寇"，是指这群乘马班如而来的这一帮人不是盗寇，而是来求婚媾的人马。古代及现今某些少数民族有抢婚的习俗，其迎亲的队伍，经常被误认为是一群抢匪。"女子贞不字"言阴柔中正之节，十年乃字之操守也，此句非单指女子，可指一切人而言。反，返也；常，正也；"反常"是指返回于正道也。李光地在《周易折中》的按语中对屯卦"六二""屯如邅如"、贲卦"九三""贲如濡如"和"六四""贲如皤如"等重复用"如"字的句子，认为是"两端不定之辞"。

"六二"的难是因为它乘在"初九"这一刚爻之上，但是"六二"与"九五"正应、相与，一则受制于"初九"之刚的逼迫，一则"九五"囤积其膏泽而施不及下，是故要能等待，"六二"等了十年才有结果。"字"可训为结婚、出嫁，王引之在《经义述闻》中认为"字"依虞翻的注解，应训为妊娠，即是怀孕、生育。"十年乃字"可需要有独排众议、寒窗苦读的奋斗精神。结婚容易，找到好的对象可不容易，而婚后相敬如宾，能"执子之手，与子偕老"可更难了。生育为母难，而培养出好的儿女，才是为人父母的最大挑战。创业容易，谁都可以去登记成立一个公司，创业要成功可就难了。是故屯卦之后，接着是蒙卦，谈的就是教养儿女之道。创业之初，创业之团队也会碰到人事上和策略不同的意见，需要经过一段军政、训政的磨合期，才能达到齐心协力、共创大业的境界。

"六二"爻象征有德之士在下，一则须驾御"初九"之刚，一则受"九五"之招纳，不可轻易前往，应乘刚而扩充在下立德之基础，待浑沌之态势渐明，

---

① 吴辛丑《周易讲读》第55页、57页。

那时再决定是自行称王或是转投明主还不迟！创业之初，急于有功，经常走偏锋而求速成，因而导致失败。"六二"爻下有难以驾御之人才，上面有愿意合作，然而诚意却不足的合作对象。此时应该守住正道，不急于与意图不明的对象合作，先稳住阵脚，然后再谋进一步的发展。创业三年或许可有小成，而要十年方有大成的可能。若过早被人并购，则很难卖到一个好价钱。

【爻辞】六三，即鹿无虞，惟入于林中，君子几不如舍，往吝。

【小象】即鹿无虞，以从禽也。君子舍之，往吝，穷也。

不可见利而忘危，当舍则舍，要有学有专长的人相助，才能掌握机会向前进。兵法曰"逢林莫入"，因为林中可能危机四伏，若无向导，则应当机立断，宁可舍去一时之小利（跑到林中的鹿）而不轻入于林中未知的险境，若冒险轻进，是会有悔吝的。

看到有利可图就去追求，会分散一个企业的资源和力量，最后可能一事无成。在遇到机会时，要寻求有专业知识的人，对这些机会加以慎重地评估，以估算其成本、效益、和风险。一个成功的企业要会评估和拒绝一些找上门来的生意，才有成功的希望。看到什么生意都想做、都去做，结果必然是一事无成。

毓鋆师曰："即，就也（按：就，近也，指追赶靠近）。虞人，是管理围场（按：国家猎场）的人。'即鹿无虞'是指追赶鹿而没有虞人指引，要治国平天下，而没有姜太公，这是即国无才（按：缺乏协助你逐鹿中原的人才）。进到林中，没有目标地乱跑，终必走入穷途末路而失败。'君子几'的几，训为近（《子夏易传》：'几，近也'）。舍，止也，例如旅舍为行旅之人所止之处。近于山林而没有好的向导，则不如停止。若往则必穷于己，穷于己之谓吝。小象辞曰：'即鹿无虞，以从禽也。'代表漫无目标地追着禽兽跑，而误入歧途。君子是成德之人，君子若未得好的人才或向导之指引，即使有多大的便宜也不敢去追逐，是以止之，若是再往，则必走入穷绝之境。"创业之初，没有财力，没有实绩，故有求才之难，而济屯难之道，又必在求才，有虞人，才有逐鹿天下的向导。毓鋆师云："深玩乎此爻，得处世之道矣！

（无虞人之导）见机不舍，恃小智之大愚者也，戒之！知止、知舍，重要！"

创业的过程中要能随机应变，与时偕行。随时寻求新的市场、开发新的产品、甚至进入新的产业，然而机会天天有，不能盲目追求，分散了资源和注意力，乃至丧失自己的核心能力。必须审慎评估，自问是否能找到相关的人才，掌握关键之技术，或是有足够的资金，三者息息相关，而有无适当的人才是决定是否要抓住某一个机会的决定因素。没有好的向导就去打猎，非但一无所获，更可能深陷险境，全盘皆输。

《史记·萧相国世家》中记载：

> 沛公（刘邦）至咸阳，诸将皆争走金帛财物之府分之，何（萧何）独先入收秦丞相御史律、令、图、书藏之。沛公为汉王，以何为丞相。项王与诸侯屠烧咸阳而去。汉王所以具知天下阨塞，户口多少，强弱之处，民所疾苦者，以何具得秦图书也。何进言韩信，汉王以信为大将军……汉五年，既杀项羽，定天下，论功行封。群臣争功，岁余功不决。高祖以萧何功最盛，封为酇侯，所食邑多。功臣皆曰："臣等身被坚执锐，多者百余战，少者数十合，攻城略地，大小各有差。今萧何未尝有汗马之劳，徒持文墨议论，不战，顾反居臣等上，何也？"高帝曰："诸君知猎乎？"曰："知之。""知猎狗乎？"曰："知之。"高帝曰："夫猎，追杀兽兔者狗也，而发踪指示兽处者人也。今诸君徒能得走兽耳，功狗也。至如萧何，发踪指示，功人也。且诸君独以身随我，多者两三人。今萧何举宗（宗族、亲戚）数十人皆随我，功不可忘也。"群臣皆莫敢言。

萧何在刘邦攻下咸阳城时，当别人忙着抢金银珠宝时，他却跑到承相、副承相办公厅去收集户口、税收、法令、地图和书籍，所以能知天下不同区域的贫富和人民的喜恶。他又推荐军事天才韩信给刘邦。刘邦打天下时，他经营关中一地，随时给刘邦补充粮草和人员。天下底定，在分封功臣时，刘邦将萧何列为第一，一些有军功的大臣不服，认为萧何只是武文弄墨的刀笔吏，没有带兵打战，刘邦就不客气地说："打猎时，追杀野兽和兔子的是猎狗。你们能带兵打战只是有功的猎狗。萧何能发现禽兽的踪迹，指示你们该到那里获取猎物，是有功的人才。当然高你们一等，你们只是有功的猎狗（此语可见刘邦的草莽性格，他对自己的功臣也只视其为功狗）。"刘邦猎取天下在军事策略上，靠着张良"运筹策帷帐之中，决胜千里之外"，萧何的"镇国家，抚百姓，给馈饷，不绝粮道"则是刘邦猎取天下时在内政和后勤支援上最佳的虞人（向导）啊！

【爻辞】六四，乘马班如，求婚媾，往吉，无不利。
【小象】求而往，明也。

孔颖达《周易注疏》曰："六四应初，故乘马也。虑二妨己路，故初时班如旋也。""六四"与"初九"相应，但中间隔了两个阴爻，恐怕会妨碍"六四"与"初九"之应，所以相应之初，回还不定。"六四"以阴爻居阴位而承"九五"之君，才力恐不足以济屯，故能礼贤下士，共济时难。《易程传》曰："（六四爻）居公卿之位，己之才虽不足以济时之屯，若能求在下之贤，亲而用之，何所不济哉？""六四"欲更上一层楼（取"九五"而代之），得求助于与其对应的"初九"，"初九"代表潜隐于野的有志及有智之士。"六四"自知没有济屯难之才，而又找到了在下有才之士的"初九"。小象辞："求而往，明也。"求贤士拔刀相助，亲自前往，以示恭敬，这是明智的行为，此乃刘备三顾茅庐请诸葛亮出山的故事，所以老子说："知人者智，自知者明。"

毓鋆师云："不可乱求，见人就求，错了就糟了。要先衡量自己，再看别人。求者要有知人之明，能资他人之力而济屯之才。被求的往者，要有自知之明（按：不能因别人来求就不自量力，轻易答应他人之请），是能度济屯难之才。六四承九五之命而往，所以其结果是吉祥的。而六二乘初九，位不高、权不重，苦难就比较严重，因为六二和六四的位不同。"

"六四"之时企业已有一定的规模了，此时可以考虑并购一些小公司，以增强自己的实力和产品线。不过一定要慎选合并和收购（M&A：Mergers & Acquisitions）的对象，确保并购后互补之综效。

【爻辞】九五，屯其膏。小贞吉，大贞凶。

【小象】屯其膏，施未光也。

屯音 tún，有聚集、储存之义，例如"屯积物品"，亦作"囤积"。屯又有堆叠、阻挡之义，例如"大雪屯门"。"屯其膏"，可做囤积财富解，财聚则民散，只知聚敛财富，则人民因贫穷而离散开去，不拥护你了，故曰"大贞凶"。"九五""屯其膏，而施未光"与"初九""以贵下贱，大得民"相对照。若"初九"有利建侯之远谋，而"九五"又吝于施与，则"九五"之位，将不保矣！

"膏"是精致美味的食物，比喻恩泽。例如《孟子·离娄下》："今也为臣谏则不行，言则不听，膏泽不下于民。"膏泽下于民，喻在上位能施惠于在下的人民。若只集中恩惠施之于少数的人，则有"屯其膏"的意思。"屯其膏"，是指赚得的利润不与有功之大臣分享，不能润泽及于民众。"小象"曰"施未光也"，是说德泽未能普遍所施而未能光大。若只是小小地屯聚其膏，大部分的利润能与人共享，则还能求个吉祥。若"屯其膏"时，而将大部分的利润都据为己有，则必遭凶险。所以说："小贞吉，大贞凶。"若能将利益与创业之功臣与顾客共享，博施而济众，其施光大，故万众归心。

另一解释则是针对盈利所得的运用而言，因为资源是有限的，对资源的分配，应当谨慎，用在少数几个重点项目，则或许可成大事，故曰："小贞吉"。若资源太过分散，则必然一事无成，故曰"大贞凶"。且屯难之时德泽太过，一则实力不足，难以为继；二则也有招嫉之嫌，故不宜广施也。毓鋆师云："九五君位，阳爻居阳位，当位。位好而时不好。膏，以肥膏之物来润天下，九五之君必得施其膏才好，然而却屯其膏，其下有六四爻的近臣，阴人也；上六亦阴人也。君陷于二阴之中，虽然自己有其德、有其位，然而受到小人的挟持，所以只能'屯其膏'。若要润泽天下，是很困难的事。彼二奸臣不要君显出其君德来，则小人才能扬其威。此时只有在小贞上面下工夫。在阴险之中，度过屯险之时，只有在小事上入手。然而一招一招的小贞做多了，也就累积了不少的力量和功德。"

西汉创国之初，在经历了秦末群雄并起的多年争战之后，国力衰竭，物资匮乏，难以大有作为。因此文帝和景帝都采取了"休养生息"的政策，一点点地恢复民力与国力，这就是"小贞吉"。反之，如果在民力、国力已竭的情况下大兴土木或是兴兵与匈奴作战，就会重蹈秦朝灭亡的覆辙，就成了"大贞凶"。《老子》曰："为无为，事无事，味无味。大小多少，报怨以德。图难于其易，为大于其细；天下难事，必作于易，天下大事，必作于细。是以圣人终不为大，故能成其大。"将小、大的先后缓急之关系正确地掌握住了，可以逐渐累积"小贞吉"，作为"大贞吉"的基础。有了文景之治的"小贞吉"在先，一点一滴地恢复民力、国力之后，才有汉武帝扩大汉朝版图之军事行动的"大贞吉"[①]。

一般人创业三五年或许能有小成，而转亏为盈，盈余的多寡和应该如何分配利用，则是大学问。公司获利率高，其原因甚多，包括产品价格和成本间的差额大，压低向供应商进货的成本，减少投资在新产品研发上的支出。屯其膏太多，不见得是好现象，故曰："屯其膏，大贞凶。"向顾客赚取合理的利润，才不会引起竞争者的眼红而加入战场。给供应商合理的价格，以保持其供货的品质和稳定性。将利润转投注于新产品的研发和新市场的开拓上，能如此则企业才能可大可久，故曰："屯其膏，小贞吉。"企业一味力求高利润、高成长，并非可大可久之道。

【爻辞】上六，乘马班如，泣血涟如。

【小象】泣血涟如，何可长也？

"上六"之时，屯难之险已过，大事将成，乘马班如，指群阴（指"六二"、"六三"和"六四"）列队向"九五"之君邀功，而"上六"创业之老臣被弃之不顾于外，因而有"泣血涟如"的悲伤，真是"但见新人笑，那闻旧人哭"。一个组织和政权，若是有恩不报，则无以勉来者，又怎么可能维持

① 臧守虎《易经读本》，北京：中华书局 2007 年。

长久？此爻有"可以共患难，不可以共安乐"之象。

此爻也可以代表屯难已极，创业一路走来一直在赔钱的状态，留不住人才，这样就很难长久地支撑下去，只好设定一个停损点，保留东山再起的一点本钱，以等待未来再创业的机会。

毓鋆师云："今乃以六之柔当济屯之任，进无必为之才，退有无益之泣，朝夕不保，何可长也？无屯极反亨之才，上六居屯卦之上，难之极也；得其穷通，方可济屯。"屯卦上卦为坎，坎为中男。长男一般而言，可继承父业，老二无继承权，只好远走他乡，自行创业，另谋出路。"上六"居屯卦之极，临行依依，虽然此去生死未卜，然而外边的创业机会无穷，若能好好奋斗，其成就反而有可能会在固守家业的长子之上。

汉武帝他登基之初，继续他父亲景帝生前推行的休养生息之政策，为了进一步削弱诸侯的势力，颁布大臣主父偃提出的推恩令，以法制来推动诸侯分封诸子为侯（按：旧制只有嫡长子有继承权而得封侯），使诸侯的封地不得不自我缩减。主父偃给汉武帝提出的"推恩令"建议书是："古者诸侯不过百里，强弱之形易制。今诸侯或连城数十，地方千里，缓则骄奢易为淫乱，急则阻其强而合从以逆京师。今以法割削之，则逆节萌起，前日晁错是也。今诸侯子弟或十数，而适嗣代立，余虽骨肉，无尺寸地封，则仁孝之道不宣。愿陛下令诸侯得推恩分子弟，以地侯之。彼人人喜得所愿，上以德施，实分其国，不削而稍弱矣。"[1]

屯卦外卦为坎、为次男，下卦为震、为长男。屯卦可代表次子出外闯天下、创业的意思。William Berkeley 曾于 1645 年 ~ 1675 年间数度出任美国弗吉尼亚州（Virginia）的州长，他为吸引优秀的移民到弗吉尼亚州而设定了一个次子政策（Second Sons Policy），以各种优惠政策鼓励英国贵族中没有继承权的次子移民到弗吉尼亚州。所以有人说美国是由次子（即屯卦上卦的次男）拓荒而建立的国家。老大享有继承权，正如汉初诸侯在汉武帝施行推恩令之前的情形一样，老幺受到父母之宠，只有老二夹在中间，不

---

① 《史记·平津侯主父列传第五十二》。

得不靠自己的奋斗去创业。

创业有成以后，如何守成或是扩大事业的版图？事业由谁继承？没有继承机会而有抱负的才智之士，可否鼓励他们出去再创业？这都是有志之经营者必须思考的问题。清末民初的晋商如大盛魁商号，以"人力合伙"的制度发展了两百多年[①]，"人力合伙"有似近代员工入股的股票选择权（employee stock option），让员工变成股东，增加其向心力，于是得以留住有心创业的人才。

四、总论

李光地在《周易折中》一书中，以屯卦为例提出了如何分析卦时、爻位的方法，极有见地，今依其原文（见"附录一"）以白话解释如下：

"卦者，时也；爻者，位也。"此《易经》之明文，而历代诸儒根据此原则来解释经文，不可轻易改变。但是很多学者所谈到的时只是一时；其所指为位者，也只是一时之位。例如论屯卦则设定为多难之世，而屯卦的六个爻位皆是处于屯难之情境下所发生的事。于是有人认为"六二"爻为"初九"爻所阻，"九五"爻为"初九"爻所逼。于是一卦的六爻，只限于一时之用，这些解说亦多驳杂而不合乎道理。《易》卦所谓的时，人人有之。如屯，则士有士之屯，穷居未达者是也。君臣有君臣之屯，志未就、功未成者是也。甚至一般商人，碰到流年不利，生意不好做，而有存货积压之屯。《易经》的文辞包括了天下无穷之事物，不可只局限于一时一事来诠释其义。若是能通达这个道理，则"初九"有初爻的屯难，在此时位之下，德可以有为，而时未至也。"六二"有"六二"爻的屯难，道可以有合，而时宜待也。"九五"又有第五爻的屯难，德泽未可以远施，即使要有作为，也应该循序渐进，慢慢地来。其余三爻，也可用同样的思维来推论。屯之六爻，因为在屯卦之中，所以皆有屯难的现象。因为各爻所处的位不同，是故各有其处屯的方式。其中某一爻以承乘比应来取义者，也是暂时针对此爻所虚设

---

① 葛贤慧《商路漫漫五百年：晋商与传统文化》，武汉：华中理工大学出版社 1996 年。

的象，在解读其他爻的时候，则未必以相同的方式取象，是故所取之意义也就不同（按：因为所居之位不同，对同一事物的看法就会有异）。故"六二"之乘刚，取多难之象，此时"六二"去看初爻时，"初九"就不代表可以利建侯之诸侯了。五之屯膏，但取未通之象，也与初爻之为侯无关。现在有人认为"六二"为"初九"所阻，"九五"为"初九"所逼，则初爻成了屯卦从中作梗的大障碍，将《易经》视为衰乱之世的书，这可不是圣人作《易》的原意。六十四卦的经文理，皆当用这种方式来解读，才不会被表面之文辞所窒碍，而方能真正地体会作《易》者的深义①。

总而言之，一卦代表一个时代与大环境下的整体情势。一卦之六爻，则代表在此大环境下不同的时与位，因而六爻经常各有各的立场和观点，爻辞对情势之判定，不见得要与卦辞一致。强求其一致以解释一卦之六爻之义，未必能说得通顺。六爻之间相互的认知上也会因位置不同而有异。了解不同的人在不同的时位上会如何去看自己、看别人、和被别人评断，有助于我们对某一情势下不同群体之向背，能有更精准的掌握，能如此将心比心，设身处地去为他人着想，则必然有助于人际的了解与和谐，此乃待人、处事以及渡过困境的重要方法。

王弼《周易略例》曰："屯。此一卦，皆阴爻求阳也。屯难之世，弱者不能自济，必依于强，民思其主之时也。故阴爻皆先求阳，不召自往；马虽班如，而犹不废；不得其主，无所冯（凭）也。初体阳爻，处首居下，应民所求，合其所望，故大得民也。"

明朝的《易》学家蔡清认为：屯卦、蹇卦和困卦都有困难的意思，但有阶段性的差异。"屯"是万事起头的难，"蹇"是事物进行过程中间的难，而"困"是事情到了末了穷困已极的难②。《贞观政要》中有一段唐太宗与魏征和房玄龄辩论是创业难、还是守成难的一段著名对话：

---

① 这段话乃笔者演译李光地在《周易折中》中屯卦经文后的案语。此段案语点出解读《易经》的诀窍之一，至为重要。

② 《周易折中》屯卦，引蔡清的注释。

贞观十年，太宗谓侍臣曰："帝王之业，草创与守成孰难？"尚书左仆射房玄龄对曰："天地草昧，群雄竞起，攻破乃降，战胜乃克。由此言之，草创为难。"魏征对曰："帝王之起，必承衰乱，覆彼昏狡，百姓乐推，四海归命，天授人与，乃不为难。然既得之后，志趣骄逸，百姓欲静而徭役不休，百姓凋残而侈务不息，国之衰弊，恒由此起。以斯而言，守成则难。"太宗曰："玄龄昔从我定天下，备尝艰苦，出万死而遇一生，所以见草创之难也。魏征与我安天下，虑生骄逸之端，必践危亡之地，所以见守成之难也。今草创之难既已往矣，守成之难者，当思与公等慎之。"①

贞观十五年，唐太宗又想起了创业与守成孰难的问题。当时的太宗已经进入守成期一段时间了，他见贞观之治四海升平。于是他又问左右侍臣："守天下究竟是难？还是易？"魏征说："甚难。"太宗回答："任用贤能，接受谏言即可，为何说守天下为难呢？"魏征回答："臣观自古以来的帝王，忧危的时候则任贤受谏，及至安乐，则必产生宽懈怠惰之心。臣子向皇上进言，遂戒慎恐惧，愈来愈不敢说真话，国家终至危亡。居安思危，就是这个原因。成功了而仍能戒慎恐惧，这是很难做到的一件事。"在《贞观政要》的按语中，吴兢认为"魏征之言，其'一言兴邦'者乎？"②

安徽省徽州黟县西递村的古民居中有康熙年间造的"履福堂"，陈设典雅，厅堂上有一幅如下的对联：

读书好，营商好，效好便好
创业难，守成难，知难不难

徽州是多山的地方，大凡山地居民的收入都是很微薄的，不足供人民生活的需要，因为长子得以继承父业，所以除长子之外，大多数的居民十

---

① 唐吴兢《贞观政要·君道第一》。
② 《贞观政要·君道第一》，依原文改写。

几岁就得冒险到外边经商以求谋生之道，形成了所谓的徽商①。徽商向外发展时严守经商的基本守则，如勤俭、耐劳、诚实、守信等，故又有儒商之誉，这是徽商当年之所以能纵横天下的根本。"创业难，守成难，知难不难"的信念，即使是在今日，也是值得我们在创业过程中所师法的。守成之难的原因在于："成功之后，信心饱满，不肯纳谏。"因为靠现有的策略和产品而成功，故在受到破坏性科技（disruptive technology）、产品或力量威胁之初，不易警觉，即使有所觉，也不易立即改弦更张，于是仍然守成不变，此时就已经种下了失败的根苗。

一个企业家（entrepreneur）一般而言有一鼓强烈的创业精神（entrepreneurial spirit），欲建立自己的事业，并追求高成就感。据研究他们大都有坚韧不拔的精神、务实的态度和独立自主不受主流权威影响的判断力。创业的人才得足智多谋、看得深远、善于动脑创新、充满活力和机智、主动追求寻找创业的机会和点子，并且乐观进取，对自己有信心，但是却不刚愎自用。企业家各有不同的才干，或是有发明的天分，或是创意十足，或是巧言如簧很能鼓吹其生意经，或是善于组织而有高效率的执行力。创业得看准时机，先声夺人，并且要了解创业成功的企业成长的生命周期。一般新创业的公司会经过下面六个阶段，约略对应屯卦六爻所代表的六个阶段：

1. 酝酿期：找到机会、评估机会。找到机会其着眼点是新市场和新技术；或是新产品或服务而能做得更好、更小、更便宜、更方便。最重要的是更符合顾客之所需。评估机会、创意之可行性时应考虑人才、资金、市场、技术等问题。此时要守得住，不可轻举妄动，要以了解整个产业之结构、市场动向及找寻技术及行销之人才为第一要务。故曰："利居贞，利建侯。"

2. 草创期：组合创业之团队与筹措资金。团队成员之能力、配合度和执行力是此期间成败之关键。此时进行研发、生产或试销，要有"十年乃字"的执着和耐心。

---

① 《中国商人彻底调查——徽商篇》来源：http://business.sohu.com/7/0503/32/column220143280.shtml。

3. 成长期：拓展销售业务以求生存，并同时确立企业的核心能力（core competence）和策略之焦点（strategic focus）。不可"即鹿无虞"，看到机会就盲目追求，此时应以稳健的方式求发展，以期打开市场，稳住客户。

4. 扩张期：利用合纵连横之策，以并购或结盟的方式，进行上下游整合（例如由贸易公司到自行制造，由制造业转变为系统整合的服务型公司），或是平行扩张（例如从电脑业跨足到通信业），以扩张企业市场之规模和经营之领域。正新橡胶总经理陈荣华认为："当你有品牌，你就有定价的权力和力量[①]。"代工的制造业可考虑建立自己的品牌，因为靠代工只能赚一点加工的微利。

5. 成熟期：公司已稳定下来，进入成熟期，能赚取有一定的利润。如何在稳定中求成长；或是安而不忘危，求新求变。善用其现有的产品和市场基础更上层楼，并且运用盈利所得再投资，是此一时期的重要课题。

6. 转型期：此时或是遇到成长之瓶颈寻而欲更新再造或追求新的方向；或是公司的规模已大，董事会找来有经验管理大公司的经理人来经营，而把创办人挤走了，这可是"泣血涟如"之事；或是成熟的公司对创业者已缺乏挑战性，于是他自己应寻求一个离场策略（exit strategy），然后另谋下一个创业的目标。若不转型，则难免衰退灭亡之路。转型失败，也有可能大量失血、前功尽弃。

苹果电脑（Apple Computer Inc.）创办人乔布斯（Steve Jobs）于 2005 年 6 月 14 日在斯坦福大学（Stanford University）的毕业典礼上给了一个非常感人的演讲，其中的片段有关其创业的经历与屯卦相关，故根据其演讲稿为主[②]，并补充以一些其他相关的资料，节译如下：

"我是个幸运的人，因为我在很年轻的时候就找到了我喜欢做的事业。我 20 岁时（1976 年）和 Steve Wozniak 在我养父母的车库中成立了苹果电

---

① 《融入当地市场——正新橡胶总经理陈荣华：为老品牌换新血，从美国化走向国际化》，经理人月刊，No.35，2007 年 10 月 1 日。

② 来源：http：//news-service.stanford.edu/news/2005/june15/jobs-061505.html。

脑（Apple Computer Inc.）。在十年之内，苹果电脑由二人的公司扩张到年营业额 20 亿美元（$2 billion）、有 4000 员工的公司（按：十年乃字）。1984 年我们刚成功地推出了第一部有视窗、图形的使用者界面（graphical user interface）的个人电脑商品，Macintosh（是一种苹果的种类）。Macintosh 电脑可支持不同漂亮的字体（Fonts 或是 Typefaces），这是因为我十年前在大一下决定从 Reed 学院退学之后（一则我不觉得学到了什么有用的东西，二则为了不让我的养父母用他们一生的积蓄供我上大学），仍留在校内一年多旁听了一些我真正喜欢的课，包括英文书法课（Calligraphy），在这门课中，我学会书写一些很棒的字体，当时只是满心欢喜，却不知道这会有什么用，结果十年之后在设计 Macintosh 时就用上了，这些字体大受使用者所喜爱。

　　"隔年（1985 年），我刚满 30 岁，我却被我一手创立的公司开除了。我怎么会被我自己手创的公司开除呢？苹果电脑不断地成长，1983 年我找来了当时百事可乐的总裁（president）John Sculley 来做苹果电脑的总裁，和我共同经营苹果电脑。我俩对未来的看法逐渐出现重大的差异，结果是他在董事会的支持下迫使我离开了苹果电脑，这可是当时人尽皆知的大新闻。一时之间我辛勤创业十年的光阴和成果，有如灰飞烟灭，我真是失望透顶了（devastating）（按：有如屯卦所说的'泣血涟如'）。我觉得我对不起上一代的创业家们和支持我的创投业者，我当时真想逃离矽谷（Silicon Valley，又译为硅谷）。虽然我被迫离开苹果电脑，但在几个月的省思之后，我发现我仍然喜爱电脑这个行业，以及创造发明新东西（按：'屯而不失其居'，在最艰难之时，仍不放弃其所钟爱的事业），于是我决定东山再起（按：在创业的过程中，胜负乃兵家之常）。当时我当然不觉得被迫离开苹果电脑是什么光彩的事，但现在回想起来，这却是发生在我身上最好的一件事。它使我得以卸下成功的重担，轻轻松松地去追寻我的理想。虽然在当时所面对的未来之发展是个更大的未知数，但是我得以自自在在地进入我人生中最有创意的一个阶段。

　　"接下来的五年，我创办了 NeXT 电脑公司（开发物件导向软件）和制作电影动化的 Pixar，并且遇到了我人生的最佳伴侣——我的太太（Laurene Powell），Pixar 于 1995 年成功推出了全世界第一部完全以电脑制作的动画影片《玩具总动员》(*Toy Story*)①。人生的转折真是难以预料，苹果电脑在 1996 年以美金 4 亿 2 百万元买下 NeXT（目前 NeXT 的核心技术已被广泛地运用在 Mac 作业系统中），并请我回到苹果电脑（按：所谓'十年乃字'），1997 我被任命暂代苹果电脑的总裁，并于 2000 年真除。我若是没有在 1985 年被苹果电脑解雇，这些好事就不会发生。这真是良药苦口利于病啊！人生难免遭到挫折，碰得头破血流。千万不可失去对自己的信念。我能勇往直前，是因为我钟爱我所做的事。你们得找到你们真正之所爱：包括你的工作和爱人。工作占了你人生的一大部分，你要真正对自己的工作满意，就是找到自己认为最能对这个社会最有贡献的工作，才能渐入佳境，并且乐此不疲（You've got to find what you love）。若你尚未找到时，请不断地寻觅，不可轻言放弃。"

成功的创业家，皆是对自己的工作和企业全心全意投入，不畏艰险，屡败屡战，故终能有成。这世上没有天天只想到发财，而能有成就的企业家。故总结屯卦之义如下：

创业维艰，勇于冒险；钟其所爱，义无反顾。

结合人才，建立团队；抓紧技术，掌握市场。

权衡时机，或进或退；成败得失，尽其在我。

最后是笔者对研读屯卦的体会：

1. 尊重每一个生命：屯卦象始生之难，因知"生"的得之不易，故珍惜、尊重每一个生命。屯生者，尊生也。

2. 热爱每一刻生活：以动健而不畏险阻的精神，活在当下。

3. 珍惜每一份因缘：经常关心身旁亲友，种善因，广结善缘。

4. 发挥每一份良能：凡事敬慎以对，尽己之性；但求问心无愧。

---

① 2006 年 Disney 以换股的方式和 74 亿美元的价格买下 Pixar，Steve Jobs 成为 Disney 的第一大股东。

五、《易经》思维动动脑

1. 讨论创业难还是守成难？

2. 分析企业成长有那几个阶段？各阶段的挑战何在？并分析你所在的企业，是在那一个创业的阶段？

3. 创业成功的因素为何？

4. 成功创业家的人格特质为何？

附录一：李光地在《周易折中》屯卦经文后的案语

卦者时也，爻者位也，此圣经之明文，而历代诸儒所据以为说者，不可易也。

然沿袭之久，每局于见之拘，遂流为说之误。何则？其所曰为时者，一时也；其所指为位者，一时之位也。如屯则定为多难之世，而凡卦之六位，皆处于斯世，而有事于屯者也。夫是以二为初所阻，五为初所逼，遂使一卦六爻，止为一时之用，而其说亦多驳杂而不概于理，此谈经之敝也。盖《易》卦之所谓时者，人人有之，如屯则士有士之屯，穷居未达者是也。君臣有君臣之屯，志未就、功未成者是也。甚而庶民商贾之贱，其不逢年而钝于市者，皆屯也。圣人系辞，可以包天下万世之无穷，岂为一时一事设哉？苟达此义，则初自为初之屯，德可以有为而时未至也。二自为二之屯，道可以有合而时宜待也。五自为五之屯，泽未可以远施，则为之宜以渐也。其余三爻，义皆仿是。盖同在屯卦，则皆有屯象。异其所处之位，则各有处屯之理。中间以承乘比应取义者，亦虚象尔。故二之乘刚但取多难之象，初不指初之为侯也。五之屯膏，但取未通之象，亦不因初之为侯也。今日二为初阻，五为初逼，则初乃卦之大梗，而《易》为衰世之书，岂圣人意哉？六十四卦之理，皆当以此例观之，庶乎辞无窒碍而义可得矣。

第八章　蒙卦：启蒙教育，组织学习

（Education and Organization Learning）

䷃卦名：蒙［山水］——第四卦

一、经文

卦辞：蒙：亨。匪我求童蒙，童蒙求我。初筮，告；再三，渎，渎则不告。利贞。

《彖》曰：蒙，山下有险；险而止，蒙。蒙，亨，以亨行，时中也。匪我求童蒙，童蒙求我，志应也。初筮，告，以刚中也。再三，渎，渎则不告，渎蒙也。蒙以养正，圣功也。

《象》曰：山下出泉，蒙；君子以果行育德。

《序卦传》：物生必蒙，故受之以蒙。蒙者，蒙也，物之稚也。

《杂卦传》：屯见而不失其居，蒙杂而着。

爻题	爻辞	小象辞
初六	发蒙，利用刑人，用说桎梏，以往，吝。	利用刑人，以正法也。
九二	包蒙，吉。纳妇，吉。子克家。	子克家，刚柔接也。
六三	勿用娶女，见金夫，不有躬，无攸利。	勿用娶女，行不顺也。
六四	困蒙，吝。	困蒙之吝，独远实也。
六五	童蒙，吉。	童蒙之吉，顺以巽也。
上九	击蒙，不利为寇，利御寇。	利用御寇，上下顺也。

爻题	卦体	卦象	卦德	人伦
上九 六五 六四	艮	山	止	少男	外卦、上卦
六三 九二 初六	坎	水（泉）	陷	长男	内卦、下卦

二、前言

蒙卦讨论的是教育，尤其重视启蒙教育。国家和企业皆以人才为本，而人才之兴，则以教育为本。屯蒙二卦互为综卦，屯卦谈的是创业之艰难，蒙卦论的是启蒙教育之重要。俗话说"中兴以人才为本"，而历代创业之主，大都因有英才辅佐而成其大业。人才之得，始于多方之延揽，以及平日之教育与历练，而成之于择人任事，不加以掣肘。西方管理学近来强调"学习型的组织"（learning organizations）和"知识管理"（knowledge management），前者强调创新与学习，后者重视将经验累积而得以承传。教育可分为品德和才能的教育、思考和技能的训练，以及智慧和心灵的启发，不可偏废。

《论语·学而篇》开宗明义引孔子之言曰："学而时习之，不亦说乎？有朋自远方来，不亦乐乎？人不知而不愠，不亦君子乎？"这三句话，明示学习组织与知识管理之重点。学习了知识之后要能抓住时机去应用实践，从中印证所学之用，学有所用，这不是令人心中很愉快的事吗？有志同道合和兴趣相投的朋友自远方来与我讨论学问和交换心得，这不是很令人快乐的吗？能与人分享知识，他人因此而获益。有时候曾受教者还不知道归功于你，你也不会因此而愠怒，这不是君子风度的表现吗？与人分享而不藏私，在分享心得的时候是一种更深刻的思考过程；与人分享之后，因与众生之所知是相同的，但觉自己已一无所长，所以会督促自己不断地去学习。《老子》最后一章曰："圣人不积，既以为人己愈有，既以予人己愈多。"一个人若是不藏私（包括学问与财富），凡事为人着想，有新知和好处也乐得与人分享，则必为他人所尊敬和归往。一个人若是如此，则能精益求精；企业上上下下若人人如此，则能建立起一个真正的学习型组织（learning organization）与和乐的团体。

有一个农夫的玉米品种，每年都荣获最佳产品奖，而他也总是将自己的冠军种籽，毫不吝惜地分赠给其他农友。有人问他为什么这么大方？他说："我对别人好，其实是为自己好。风吹着花粉四处飞散，如果邻家播种的是次等的种籽，在传粉的过程中，自然会影响我的玉米品质。因此，我很乐意其他农友都播种同一优良品种。"中国人凡事留一手，看似保护自己的智慧产权，然而若处处如此，则留到最后，愈留愈少。这是因为敝帚自珍、自满而不再上进（不继续研发新的种籽），同时也失去了与他人切磋琢磨的机会。能与人分享所知，应用其所学解决问题，会在分享和应用的过程中学到新知，这是学习的最佳动力。

三、经文解释

【卦辞】蒙：亨。匪我求童蒙，童蒙求我。初筮，告；再三，渎，渎则不告。利贞。

【彖辞】蒙，山下有险；险而止，蒙。蒙亨，以亨行，时中也。匪我求童蒙，童蒙求我，志应也。初筮，告，以刚中也。再三渎，渎则不告，渎蒙也。蒙以养正，圣功也。

卦辞"匪我求童蒙，童蒙求我"，即《礼记·曲礼》"闻有来学，无往教也"之义。蒙卦卦辞是说童蒙（可指小学生或公司新进的年青员工）要是能受到适当的启发和教育而除去蒙昧，则能亨通。教育不是单向地灌输知识，要能激发学生学习的动机（motivation），让学生能主动地提出疑问，并引导他们自己去找出解决问题的方法。老师没法强迫学生来学习，而是要去激发学生求知的动机，如此才会相应。这师生相应的教学原则是："善待问者，如撞钟，扣之以小者则小鸣，扣之以大者则大鸣。待其从容，然后尽其声。"①
教育童蒙应掌握住适当的情境进行机会教育（teachable moments），因为此时
最容易达到教学的效果。

老师教学生，就好像解释卦辞的人向来卜筮的人解释其所求到的卦一样，
第一次来问是"蒙求"，因不明白而来求问，为师者应竭诚相告。第二次来
问是"疑求"，这是还有疑点，为师者则应针对其不了解的问题之症结详加
开示。第三次来问同一个问题是"异求"，这可能是不肯受教，却好问东问西，
而且是随问随忘；或是心中另有相异的成见，明知故问，希望再问一次能得
到不同的答案。碰到这种轻慢、不敬、有亵渎师道之嫌的求教者，为师者可
以不回答，用"不教之教"教之。蒙卦卦辞与孔子启发式的教学原则——"不
愤，不启；不悱，不发；举一隅，不以三隅反，则不复也"②是一致的。

象辞"山下有险"和"险而止"，是以上卦和下卦的卦象和卦德来解说
蒙卦。蒙卦以卦象而言：上卦艮是山，下卦坎是水。坎水代表危险的情境，
若往前遇到山会被其阻止，若退后则会困在危险之中，只有培养正直的态
度，不断地学习以增加自己的实力，才能突破险境。这是形容启蒙教育和
公司新进员工的新生训练（orientation）是决定一个人在学校或组织中做人
行事成败的关键时期，若开始没学好，没打下正当的基础，将来很容易走
上不正当的道路。若能根据不同的情境，随时随事给予机会教育，则教育
训练自然容易成功（亨通），故曰："蒙亨，以亨行时中也。"

基础教育训练是极其重要的，童蒙时期是培养正确之人生观和道德感，
以及做事态度的最佳时机，培养成圣成贤的入门功夫正在此时。故曰："蒙
以养正，圣功也。""蒙以养正"也有"养蒙以正"的意思。《说苑·建本》
曰："人之幼稚童蒙之时，非求师正本，无以立身全性。"养正之方，有赖师
友之教，此皆取义于蒙卦。宋儒张载在《正蒙》一书中对此的解释是"使
蒙者不失其正，教人者之功也。尽其道，其惟圣人乎！"毓鋆师曰："养正，

---

① 语出《礼记·乐记》。
② 语出《论语·学而篇》。

则能居正；大居正，则能大一统；大一统，则天下平。"① "大一统" 是异中求同，此《易经》内圣功夫与《春秋》外王功业相应的一贯之道。

【大象】 山下出泉，蒙；君子以果行育德。

蒙卦的大象是以山的下面有泉水涌出来取象，山泉必是要流出山外，会流到那里，还要看走那个途径，若误入歧途，则难免会有 "在山泉水清，出山泉水浊"② 之叹。山泉汇为涓涓细流，细流合为小溪，小溪要经过万山的险阻，累积足够的能量，才能突破山势的阻挡，冲出群山之环抱而流向平原，最后百川汇流而入大海。

来知德认为蒙卦的精神是："见善必迁，闻义必徒，不畏难而苟安。" 蒙卦下卦是坎卦，其 "九二" 爻代表阳刚在中的果决行为，能不畏艰难地去改过迁善，走向正义之路。启蒙的老师要能体会在上艮卦静止之德性，以循循善诱的耐性和善巧方便，去培育童蒙正确的人生观和道德修养。

南宋杨万里深研《易》学并印证于史而有得，著有《诚斋易传》，其七言绝句《桂源铺》，可视为蒙卦 "山下出泉，果行育德" 的解释，其诗曰：

万山不许一溪奔，
拦得溪声日夜喧。
到得前头山脚尽，
堂堂溪水出前村。

【序卦传】 物生必蒙，故受之以蒙；蒙者，蒙也，物之稚也。

屯卦是万物初生，因蒙昧无知，所以接下来是蒙卦。蒙本义是冢上的草，

---

① 《春秋公羊传》隐公三年冬，传曰："故君子大居正"。
② 语出杜甫题名为《佳人》的诗作。

有覆盖、蒙昧之义，与"萌"字通用，故又有萌芽、幼小的意思。所以蒙是指初生之物，因为还幼稚，故需要教育培养，才能顺利成长①。

【杂卦传】屯见而不失其居，蒙杂而著。

"蒙杂而著"是指童蒙乃至成人有多样的潜能，都要加以培育和教导，才能将其潜能开发出来，以成为显著有用的能力。孔门强调六艺（礼、乐、射、御、书、数②）之教，便是要好好地培养人们多方面的才能，使其能运用不同的能力，以解决工作上或生活上复杂的问题，并在做人和处事上能胜人一筹。在人生事业上成功的人，大多具有均衡的多元智能，不只是智商（intelligent quotient）高，情商（emotional quotient）更是好。哈佛大学教授 Howard Gardner 于 1983 年提出了多元智能理论（theory of multiple intelligences），他认为用传统的智商测验来衡量人的智能过于狭义，因而提出了如下七种不同类型的智能，这些智能可与中国传统教育所提倡的六艺之教相互参照发明：

1. 语言的智能（Linguistic intelligence）：透过语言文字表达的能力，能促进人与人之间的沟通。此为六艺中的"书"，广而言之，"书"应该包括了以说话和写作的沟通能力（verbal and written communications），经典中的《诗经》③、《战国策》及《世说新语》是学习说话和辩论技巧的重要经典。《系辞传》曰："《易》有圣人之道四焉：以言者尚其辞。"又曰："鼓天下之动者存乎辞"、"言行，君子之枢机；枢机之发，荣辱之主也。言行，君子之所以动天地也，可不慎乎？"除了重视语言智能之外，更强调言行要合一。

---

① 刘大钧、林忠军《周易传文白话解》，济南：山东友谊出版社 1993 年。本书序卦注解释："穉，一本作释、稚。古三字通，有幼稚之义。"
② 《周礼·地官·司徒》："以乡三物教万民而宾兴之：一曰六德，知、仁、圣、义、忠、和；二曰六行，孝、友、睦、姻、任、恤；三曰六艺，礼、乐、射、御、书、数。"
③ 《论语·季氏》中记载有孔子对其子伯鱼有"不学诗，无以言。"的庭训。《论语·子路》子曰："诵诗三百，授之以政，不达；使于四方，不能专对；虽多，亦奚以为？"

2. 逻辑和数理的智能（Logical-mathematical intelligence）：逻辑思维的能力，和运用数学的能力，可帮助人们运用抽象的符号来表达问题，据此再用归纳或推演的方法来分析解决问题，此为六艺中的"数"。《易经》断卦爻之吉凶悔吝乃依逻辑之推演，《系辞传》云："错综其数"、"大衍之数"、"极数知来"，《说卦》云："参天两地而倚数"，皆是数理之训练。

3. 空间的智能（Spatial intelligence）：六艺中的"御"，是指驾车的技术，需要对空间地理有相当的认识。《尚书·禹贡》、《山海经》和《孙子兵法》中的《行军篇》、《地形篇》、《九地篇》，明末顾炎武所著的《天下郡国利弊书》，皆是古人对地理教育之重视。《易经》中坤卦《大象》言"地势坤"和爻位的分析，包括了实体和抽象的空间观念。

4. 音乐的智能（Musical intelligence）：此智能对应于六艺中的"乐"，《乐经》已散失，不过《礼记·乐记》中可仍见儒家论乐之要旨。

5. 自我内省的智能（Intrapersonal intelligence）：六艺虽没有一艺与此直接对应，但此智能实已包括在六艺之中。儒学中如《大学》的"大学之道，在明明德"，以及"诚意、正心、修身"，便是自我内省的内圣功夫。曾子曰："吾日三省吾身。"孟子曰："万物皆备于我矣。反身而诚，乐莫大焉。"《中庸》曰："自诚明。"《系辞传》曰："成性存存，道义之门……寂然不动，感而遂通。圣人以此洗心，退藏于密。"《说卦》称："穷理尽性以至于命。"皆自我内省的智能也。

6. 人际交往的智能（Interpersonal intelligence）：此智能对应于六艺中的"礼"，孔子重群德，子曰："君子群而不党。"①《大学》中"齐家、治国、平天下"，即包括了人际交往的外王功夫。《易经》乾卦，群龙无首；比卦，比辅也；同人卦，与人同也；谦以制礼的谦卦和物畜然后有礼的履卦都与人际交往之群德有关。

7. 运动肢体的智能（Bodily-kinesthetic intelligence）：如六艺中的"射"和"御"，皆属肢体的运动，也是一种训练专注力和良性竞争的活动。

---

① 语出《孟子·尽心篇上》

孔子曾说:"君子无所争,必也射乎!揖让而升,下而饮,其争也君子。"[1] 强调射这项运动能培养人们在良性竞争下应有的运动精神(sportsmanship)和君子风度。《中庸》中也引孔子之言曰:"射有似乎君子,失者正鹄,反求诸其身。"是说射箭运动中包括了自我内省的修养,射不中标靶只怪自己艺不精。以射为例可见孔门六艺之教实相互关联,强调知识、技能、与道德相结合,并且手脑并用,是一种多方位的教育方式。

许多老师和家长只重视书本上知识的学习,因而忽略了其他智能乃至德行之培养,这是对教育认知的严重偏差。沟通能力和善与人合作的群德是教育界应该重视的项目。试观社会上成功的人物,大都是具备多方面智能,他们在校术科成绩未必好。在校时只是学术成绩好的学生,毕业后或者能安安稳稳地求得一官半职,乃至教书的工作,但很少有创业经营成功的例子。大学老师常说:"成绩得丙(C)的学生会回校捐钱,得甲(A)的学生会回校教书。"便是对此现象有感而发。

【爻辞】初六,发蒙,利用刑人,用说桎梏。以往,吝。

【小象】利用刑人,以正法也。

"初六"在蒙卦之最下,代表蒙昧幼稚的初始时期,在此阶段要启发蒙昧的受教者,利用可以为其典范的楷模(role models)[2],来激发其高远之志,去其蒙昧。但"初六"因在蒙卦之初,虽受了发蒙之教,可多方面尝试,但却不宜轻举妄动,否则会有吝惜之过。

此爻的另一种更常见的解释,要用正当的刑法规定来约束受教者的行为,若有小过错,则必严格加以惩处,使其知所警惕,得以避免将来犯下大错,因而能脱除脚桎手梏之灾,这是一种"刑其无刑"的理想。俗话说:

---

① 《论语·八佾》。

② 郭建勋注译《新译易经读本》中对蒙卦初爻的解释,认为"刑,通'型'。典型,楷模",台北:三民书局 2003 年。

"恶使三年，善使一辈子。"也有这个意思。但只靠惩罚来教化，恐怕收效会很有限，故曰："以往，吝。"应该配合其他的奖励方式。刚柔并济、奖惩并用，才是最有效的教育良策。

【爻辞】九二，包蒙，吉。纳妇，吉。子克家。

【小象】子克家，刚柔接也。

"九二"是蒙卦的卦主，代表老师。有阳刚之威严，但是因为在阴位，故能顺童蒙之性而教之，并且包容不同程度的学子，达到有教无类的境界，故曰："包蒙，吉。""九二"阳刚，若是纳娶"六五"的妇人，阴阳互济，在教学上能做到软硬兼施，会有较好的效果，故曰："纳妇，吉。"训练学生和部属的时候，有时候要加以保护，不让他们太早曝光，不然还没有准备好就被牺牲了。但也不能过分保护，使得他们一直无法接受现实世界的挑战和磨炼。"子克家"是指在适当时机给予学生部属独当一面的机会，以培养其胆识。

管理学大师杜拉克（Peter Drucker）自道曰："我很小的时候就知道，将来我会在写作方面有所成就。或许这是唯一能让我有成就的一件事。"他的老师艾尔莎小姐（Miss Elsa）也察觉到这一点，于是要求杜拉克每周交两篇作文，希望借此加强他的写作能力。其中一篇题目由艾尔莎小姐指定，另一篇则由杜拉克自定。从艾尔莎小姐要求不断加强他最拿手项目的做法，杜拉克建立了一个信条，并且在往后的五十余年间，向企业经理人再三强调此一观念："尽量着重于员工能做的事，而不是他们无法做的事。"学校教育往往仅注重发掘问题，而忽略了发掘学生的长处。"学生无从知道自己的长处为何，因为学校并不鼓励他们朝这个方向去思考。我却有幸受教于懂得发掘学生长处的老师。我后来从事传道授业及顾问咨询的职业，第一件事就是寻找对方的长处。这可能是我最大的职业优势。"[1] 所谓"天生我才，必有我用"，一个人不要轻忽自己的能力；进一步而言"天生其才，必有其

---

① 《童年生活，知识飨宴》，来源：http://www.bookzone.com.tw/drucker/drucker1.htm

用"，我们也应尽力发掘、培养自己儿女、学生、员工的长处。

【爻辞】六三，勿用娶女；见金夫，不有躬，无攸利。

【小象】勿用娶女，行不顺也。

"六三"不当位，故行不顺。"六三"爻在坎卦之山，仍在险中，行动不顺利，不宜见色而忘贤。即使是看到了多金的男子，也不可见利忘义。若只是看重学识所带来的钱财，而对学问没有恭敬之心，则做什么都没有利。"六三"暗示学者在小有成就时，不应受到色、利的诱惑而改变其向上之初心，要能够以恭敬的态度、亲身体会学习之乐，与在最高处的"上九"相应，受其鼓舞而专心向学，则自然能精益求精，更上层楼。

有道是"书中自有颜如玉，书中自有黄金屋"，此乃世俗以色利劝人向学，虽用心良苦，却非正道，教学之目的在引导学人希圣希贤、为国为民。象辞曰："蒙以养正，圣功也。"是用良善之动机来启发学者的正念而以"正德、利用、厚生"为求学之目的。《大象》曰："君子以果行育德。"亦以品德教育为先，此爻不言蒙，而实有正蒙之义。

【爻辞】六四，困蒙，吝。

【小象】困蒙之吝，独远实也。

"六四"爻被"六三"和"六五"两个阴爻包围，是此卦四个阴爻中唯一的一个爻和可以发其蒙、击其蒙的两个阳爻（"九二"和"上九"）都没有相比邻的承乘关系，故处在受困于阴而无法受教的情境，所以有吝。所谓"近朱者赤，近墨者黑"[1]。人要有良师和"友直、友谅、友多闻"的益友在旁，才不至于为自己的蒙昧所蔽而受困。孟母三迁，只是为孟子寻找一个良好的学习和居住环境，使其在平时就能亲近值得学习的模范，故得以

---

① 语出晋朝傅玄所著的《太子少傅箴》一文。

潜移默化而终于成为亚圣。这是将"六四"爻的教训反过来用，而成功的范例，也就是"不远实，故不吝"。为子女择师、择友，让他们受良师益友的影响很重要。

【爻辞】六五，童蒙，吉。

【小象】童蒙之吉，顺以巽也。

"六五"爻以柔而守中位，代表明君虽在上位，而能虚心顺受在下的贤臣（"九二"）之教，进而深入探讨各种议题，这是吉祥的。童蒙学习只是顺着老师的教导是不够的，还要有巽入的功夫，潜心深入不断地研究，才能深造而自得。"顺以巽"也可以解释为顺势利用机会教育，并且因材施教，以深入童蒙之心。

【爻辞】上九，击蒙，不利为寇，利御寇。

【小象】利用御寇，上下顺也。

蒙卦到了上位表示受蒙者，已受教多时，但仍未领悟，为了预防其走上邪路而为寇，必须用霹雳的手段，给受蒙者当头棒喝，使其开悟而走入正途，如此上下的志行才能顺同，故曰"击蒙"。但手段若过分激烈，使受蒙者视己为仇寇，而不愿受教，这就失去了教育的意义，这是不利的。

朱子对六十四卦上卦是艮卦的八个卦的"上九"爻，尤其是蒙卦的"上九"爻，做了如下的解释①：

艮卦是个最好底（的）卦。"动静不失其时，其道光明。"又，"刚健笃实辉光，日新其德"，皆艮之象也。艮居外卦者八，而皆吉。惟蒙卦半吉半凶。如贲之上九"白贲无咎，上得志也"；大畜上九"何天之衢，道大行也"；

---

① 朱熹《朱子语类》卷第七十三。

蛊上九"不事王侯，志可则也"；颐上九"由颐厉吉，大有庆也"；损上九"弗损益之，大得志也"；艮卦"敦艮之吉，以厚终也"。蒙卦上九"击蒙，不利为寇，利御寇"，虽小不利，然卦爻亦自好。盖上九以刚阳居上，击去蒙蔽，只要恰好，不要太过。太过则于彼有伤，而我亦失其所以击蒙之道。如人合吃十五棒，若只决他十五棒，则彼亦无辞，而足以御寇。若再加五棒，则太过而反害人矣。为寇者，为人之害也；御寇者，止人之害也。如人有疾病，医者用药对病，则彼足以祛病，而我亦得为医之道。若药不对病，则反害他人，而我亦失为医之道矣。所以《象》曰："利用御寇，上下顺也"。惟如此，则上下两顺而无害也。

四、总论

《易经》中有好几个卦的象辞中皆谈到"养"的功夫，蒙卦《象》曰："蒙以养正，圣功也。"强调小时候的启蒙的教育，是奠定成圣成贤的基础。大畜卦《象》曰："不家食吉，养贤也。"则是求贤才来治理国家或企业。颐卦《象》曰："颐，贞吉，养正则吉也。观颐，观其所养也；自求口实，观其自养也。天地养万物，圣人养贤以及万民。"特别重视养的功能。自求口食之养，要先解决民生问题；养贤则是培养人才。井卦《象》曰："井，养而不穷也。"强调一个企业体要有一个稳定的制度和源远流长的核心能力，才不会穷困。鼎卦《象》曰："大亨，以养圣贤。"要能够兼容并蓄，调和鼎鼐，才能成为治理好国家天下的圣人。古时候宰相治理天下，揆度百事，就如同在鼎中烹饪不同的食材，要有调和百味的协调能力。

蒙卦是中华文化中教育哲学之基础，"初六""发蒙"，强调启发是教育的根本，奖惩是矫正学生行为一种方法。"九二""包蒙"，是包容培养学生多方面的能力，并训练其能独当一面的胆识。"六三""正蒙"[①]，暗示不可以

---

① "六三"爻辞没有"正蒙"一词，今据象辞"蒙以养正"及爻辞之义而以"正蒙"一词标明此爻之宗旨。

色、利为学习的动机，没有自动自发的学习态度和亲身体验的机会，则难以得到学习的益处。学习的动机要纯正，才能持久。"六四""困蒙"，强调学习环境和亲近良师益友的重要性。"六五""童蒙"，认为保有童稚的好奇心，不断地虚心就教于方家，才是终身学习（life-long learning）的最佳态度。"上九""击蒙"，是指在学习的瓶颈上，可采取当头棒喝的教学法，或许能让受教者突破现状而开悟。

曾有人培育豆芽，发觉孵出的绿豆芽良窳不齐。"瘦弱的豆芽都是生长在最上层或外缘的部位。由于空间大、竞争对手少、缺乏挑战的结果，便长得细小瘦弱。而那些粗壮结实的豆芽，则是被困在最底层的。由于空间有限，又遭同类的压迫，只好奋力茁壮，拼命地往上生长，才造就出强大的生命力。这种不利的环境，迫使它们必须不断地增强其体能，激发其潜力，以便承受压力和含蓄更多的水分，来保全自己的生存，以及追求发展的机会，这就是一般人孵豆芽都得压以重石的缘由。"① 另外有人种番茄，结果又干又瘦、根还腐烂。后来猜测是因为水浇多了造成根太脆弱，所以就尝试一个月不浇水。这些番茄因为没有水，它要存活所以其根就拼命往下延伸去找水，根就因此长得又深又壮，因而能吸收更多土壤中的养分而生成好吃的番茄。这是因为"舒适愉悦的环境，最能腐蚀人和物潜能。逆境是痛苦的，却是造就人和物茁壮的要素"。"六四""困蒙"应有以困境激发"童蒙"潜能之深义。

王弼《周易略例》曰："蒙。此一卦，阴爻亦先求阳。夫阴昧而阳明，阴困'童蒙'，阳能发之。凡不识者求问识者，识者不求所告，暗者求明，明者不咨于暗。故'童蒙求我，匪我求童蒙'也。故六三先唱，则犯于为女；四远于阳，则'困蒙，吝'；初比于阳，则'发蒙'也。"项安世曰："六爻之义：初常对上，二常对五，三常对四。观之，则其义易明。初用刑以发之，上必至于用兵以击之。二为包而接五，则五为童而巽二。三为见二而失身，

---

① 来源：http://blog.xuite.net/daaitvnews/blog/79087700

则四为远二而失实。大约诸卦多然，终始见于初上，而曲折备于中爻也。"①

教育和训练（education and training）都是学习的过程，教育重视启发智慧和思考方式的引导，训练则偏于灌输知识和技能的传授。大、中、小学的学习以启发性的教育为重，在职的学习以技能的训练为主；平心而论教育和训练应是相辅相成的。在现代知识爆发的时代，每个人都应养成终生学习的态度，才能与时偕行、与时俱进。

蒙卦的"蒙以养正"对中国道德教育的理念有深远的影响，北宋大儒张载以《正蒙》为其论道之作的书名。清末民初的太谷学派以"圣功"弟子自称，以教天下、养天下为己任，提倡"富而后教"，亦深受蒙卦的影响②。《老残游记》的作者刘鹗，即是太谷学派的代表人物之一，刘鹗之孙刘惠孙继承其父刘大绅先生未竟残稿《姑妄言之》而续成的《周易曲成》一书，可视为太谷学派解读《易经》的经典之作③。

美国在二十世纪末受网络经济狂飙的风气所及，人人以"利"字当头，向钱看齐，如 Enron 和 Tyco 等大公司，造假账欺骗投资大众和自己的员工，这些公司有的几乎是在瞬息之间倒闭，而主事者也是诉讼缠身，甚至身陷囹圄，如今各大商学院都反省其以"追求最高的利润（profit maximization）"为最高指导原则的教育，是否已走入偏锋，因而回过头来开始重视伦理道德（ethics）的教育，然而一个人等到上大学或研究所时，可能已经错过了养正最关键的童蒙阶段，因为童年时的家庭教育才是伦理教育之始。蒙卦强调"养正"，更提出"以果行育德"的命题，强调在做人处事时，要能很果决地行正道，以培育、实践道德。总结蒙卦之义如下：

童蒙求教，果行育德。

---

① 引自《周易折中》蒙卦总论。

② 方宝川《刘鹗手记〈道德经序〉来源考略兼谈太谷学派与道教的关系》，来源：http://www.ctcwri.idv.tw/INDEXA3/A302/A3088/A3040515.htm，June 11，2005。

③ 刘蕙荪编著《周易曲成》（上下册），台北：学易斋 2006 年。此书另一简体字版本为：刘蕙荪著，《刘蕙荪〈周易〉讲义》，天津古籍出版社 2007 年。

发蒙导引，身教为先。

包蒙启发，付以重任。

专心向学，不受利诱。

困蒙远实，亲近有道。

童蒙虚心，机会教育。

击蒙棒喝，当下开悟。

五、《易经》思维动动脑

1. "蒙以养正"是正什么？要如何去做才能养正？

2. 从六艺的观点来分析多元智能理论的重要性。

3. 企业应如何加强其学习的能力和创新的精神？

4. 讨论企业伦理应如何建立？

5. 为何许多企业、企业家不遵守企业道德？

第九章　需卦：休养生息，等待时机

（Nurturing and Waiting）

卦名：需［水天］——第五卦

一、经文

卦辞：需：有孚，光亨，贞吉。利涉大川。

《彖》曰：需，须也，险在前也。刚健而不陷，其义不困穷矣。需有孚，光亨，贞吉。位乎天位，以正中也。利涉大川，往有功也。

《象》曰：云上于天，需。君子以饮食宴乐。

《序卦》传：物稚不可不养也，故受之以需。需者，饮食之道也。

《杂卦》传：需，不进也；讼，不亲也。

爻题	爻辞	小象辞
初九	需于郊。利用恒，无咎。	需于郊，不犯难行也。利用恒，无咎；未失常也。
九二	需于沙。小有言，终吉。	需于沙，衍在中也。虽小有言，以终吉也。
九三	需于泥，致寇至。	需于泥，灾在外也。自我致寇，敬慎不败也。
六四	需于血，出自穴。	需于血，顺以听也。
九五	需于酒食，贞吉。	酒食贞吉，以中正也。
上六	入于穴，有不速之客三人来，敬之终吉。	不速之客来，敬之终吉。虽不当位，未大失也。

爻题	卦体	卦象	卦德	人伦	
上六 九五 六四	坎	水	险	次男	外卦、上卦
九三 九二 初九	乾	天	乾	父	内卦、下卦

二、前言

需卦的"需"字，有等待的意思。需卦的上卦是坎卦，坎为水，水代表河川。渡过一条大川，是很危险的。需卦的下卦是乾卦，若能以乾卦刚健的精神，审慎度量时势，容忍待时而用，则终能成功地涉水渡过大川，开拓新的境界。过分的小心不敢冒任何风险，只知等待，不知见机而动，则时机不再；然而盲目地冒进，则又容易身陷险境而受伤。折中之道在乎有耐心的准备，等待适当之时机，有勇气去冒经过计算后的风险（Take calculated risks）。

需卦的情境是：有危险在前，要等待时机，不可贸然躁进，亦不可以一味地逃避。所谓"不入虎穴，焉得虎子"，因为风险之所在，亦是利益之所在。若贪利而置风险于不顾，则终将败亡。需卦的卦主是中正的"九五"爻，象征在坎险之情境下的领导人，此爻居天位，且能光大其中正之德，故得以逐渐化险为夷，而亨通。《中庸》曰："故君子居易以俟命，小人行险以徼幸。"君子在遇到危险的时候，能守正道，并知观察和掌控变化，以早做应变之准备，等待到适当的时机时，则能积极地采取行动，尽其在我。小人则见利而忘危、忘义，存侥幸之心，胆大妄为。

一个复杂系统其各个元件之间环环相扣，要改变系统之行为时，因为迟滞效应（delay），其绩效不是一蹴可及的[1]。在施政上，除弊或能立竿见影，

---

[1]　梁启超《中国学术思想变迁之大势》第四章第二节："天下事非一蹴可几者。"或作"一蹴可及"。

兴利大都难以立即生效。若不了解此迟滞效应，没有耐性等待成果逐渐显示，则容易做出矫枉过正的事，以至于身陷险境而不自知，此乃需卦之教。

三、经文解释

【卦辞】需：有孚，光亨，贞吉。利涉大川。

【象辞】需，须也，险在前也。刚健而不陷，其义不困穷矣。需有孚，光亨，贞吉，"位乎天位，以正中也。利涉大川，往有功也。

需卦卦辞曰："有诚信，光大亨通，要守正，方能有吉。能有诚信、光明亨通、和守正这三种德行，则有利于从事有如涉过一条大河似的冒险犯难之事业。"

需是须，要能耐，也就是等待之意。有困难危险在前（指上卦坎），虽有刚健的精神（指下卦乾），但是要能有耐心的等待适当的机会而采取行动，才能不误陷险境，所以就不会走到穷途末路的困境。《系辞传下》曰："夫乾，天下之至健也，德行恒，易以知险。""易"指因时以应变，"易以知险"指因时以应变又知险阻之所在，并且有适当的风险管理（risk management）。2008 年的经融危机，就是因为房贷公司和银行，认为可将自身风险转嫁，并且忽略了房价可能下跌的风险。

卦辞："需有孚，光亨，贞吉。"是指"九五"爻在天位而且能守中居正，以诚信、光明亨通、和正固的德行来领导一个团体，才会有吉庆。"位乎天位，以正中也"是指"九五"爻之时位。"利涉大川"是指难险在前，如果畏难而不前，不做就不会有成就。若是能够审时、择机而往前推进，则可避险而有功。等待之际，不但别人会渐渐对你失去信心，自己有时都会心生疑悔。这时候，"对自己要有信心，对众人要能守诚信"，守住正道才会得到吉祥的结果。

林希元曰："凡人作事，皆责成于目前（马上就得见成效），其间多有阻碍而目前不可成者，其势不容于不待（不能不等待），然不容不待者，其心多非所乐。其待也，未必出于中诚，不免于急迫觊望之意，如此则怀抱不开，胸中许多暗昧抑塞而不光明豁达。故圣人特发有孚之义。盖遇事势之未可为，即安于义命，从容以待机会，而不切切焉以厚觊望，则其待也，出于真实而非虚假矣。如此则心逸日休，胸襟洒落而无滞碍，不亦光明豁达乎！然使心安于需而事或未出于正，则将来亦未必可成也。所需之事皆出于正而无行险侥幸之为，则功深而效得，时动而事起，向之所需，而今皆就绪矣，故吉。"①

【大象】云上于天，需。君子以饮食宴乐。

需卦的大象辞，以坎水升到天上，形成云气，乃有云而未雨之象。**天**为金文需字之字形，其上为雨，其下为天，即是根据本卦大象之义而创造的字。水气上到天而成为云，云要等到遇上冷气团时，才会凝结成水滴，降而为雨。君子在密云不雨之时，知道这是危机、也是转机，能临危不乱，从容待时，则必有所成。

饮食，调身也；宴乐，调心也。"饮食"指充实自身的能力，而"宴乐"代表宽心宁神。饮食宴乐，非空等待也，有蓄势待时之意。陆德明《经典释文》言："需，音须。字从两重而者非。饮食之道也，训养。郑（玄）读为秀，解云：'阳气秀而不直前者，畏上坎也。'"。

"饮食宴乐"是一种沉得住气而能临危不乱的功夫，有如东晋谢安在淝水之战时的指挥若定的气度②。当晋军在淝水之战时，前方战报送来时，谢安正在与客人下棋，他看完晋军已大败前秦苻坚的捷报后，便将报告放在座位旁，不动声色地继续下棋。客人忍不住问他战况，谢安才慢慢地说："没什么，小辈们已经打败敌人了。"直到下完了棋，客人告辞以后，谢安

---

① 清汪由敦等奉敕撰书《乾隆御纂周易述义》，台北：新文丰出版公司 1995 年。引自明朝林希元所著《易经存疑》一书，http：//ctext.org/library.pl？if=en&res=5975。

② 见《晋书·列传第四十九谢尚谢安传》。

无法抑制心头的喜悦，在进房间时，把木屐底下的屐齿都碰断了。面对危险时，有时得"矫情镇物"，勉强控制自己的情绪，才能镇得住危急情势下的人与事。

养之道，可分文和武两方面。从武（军事上）而论，所谓"养兵千日，用在一时"，饮食宴乐，乃培养实力，伺机而动也。所谓"磨厉以须"，是指能在等待之中，培养自己的实力，磨炼自己的耐心，以待时用，此需卦之教也。越王勾践以"十年生聚，十年教训"①而战胜吴王夫差，一雪前耻，此能待时而不空等待也。故孙子曰："昔之善战者，先为不可胜，以待敌之可胜。"要能先立于不败之地，然后再等待可乘之时机，故能一举制胜。

从人文教化上而论，有所谓"十年树木，百年树人"，树人不单指教育一个人，而是指改变一个时代的文化与文明，需要有长时间的功夫。《管子·权修》有言："一年之计，莫如树谷；十年之计，莫如树木；终身之计，莫如树人。"孔子也曾说过："善人为邦百年，亦可以胜残去杀矣。"②为学也得耐得住寂寞，因为学问无王者之捷径③。求学和为政都要有等待的功夫，不可轻言"马上好"。故曰："圣学之深造，以俟其自得；王政之久道，以俟其化成。"④

【序卦传】蒙者，物之稚也。物稚不可不养也，故受之以需；需者，饮食之道也。

---

① 语出《左传·哀公元年》。

② 语出《论语·子路》，何晏《论语集解》："王曰：'胜残，残暴之人使不为恶也；去杀，不用刑杀也。'"

③ "须知一切学问之中皆无王者之路，崇实而用笨功，才能树立起朴厚的学术气象。"（罗家伦语）。"学问无王者之路"此语当源自当年托勒密王（King Ptolemy I，公元前323–公元前283）向欧几里得（Euclid）学习几何学的时候，想讨教一个捷径，欧几里得的回答是："陛下，学几何时无王者之路！"（There is no royal way to geometry！）笔者改用"学问无王者之捷径"一语，以申明其义。

④ 汪由敦等奉敕撰书《乾隆御纂周易述义》。

蒙卦代表事物开始成长之初，一个人或事物在一开始时，就应该好好地培养，所以蒙卦之后接着是需卦。需卦是指养育，包括了饮食的方法，"饮食男女，人之大欲存焉"①，养育乃是人生的基本需要之一，饮食之道在乎讲求营养和知所节制。蒙卦是教，需卦是养。教与养二者，乃相辅相成之事。

需卦有等待和养育二义，养育之道，切忌揠苗助长。古时候宋国有一个人因他种的苗未长高，不耐于等待，而用手将它拉高，结果幼苗因其根松动了，没多久就枯死了②。没有耐心，不知循序渐进，其结果就是欲速则不达。

【杂卦传】需，不进也；讼，不亲也。

需卦是有险在前，虽有利而不冒进，待时而动也。讼卦（☰）是在上的乾卦所代表的阳气上行，居下的坎卦为水朝下流，上下卦行进的方向相反，愈走离得愈远而不相亲，冲突和诉讼因而兴起。

【爻辞】初九，需于郊。利用恒，无咎。
【小象】需于郊，不犯难行也。利用恒，无咎，未失常也。

在需之初，在远离险地的郊外，不要去自找麻烦做危险的事。利用离险尚远之时位，有耐心、恒心地去充实自己，故能历险而不畏险。只要能不离常道，则可以没有过失。

【爻辞】九二，需于沙。小有言，终吉。

---

① 宋胡仔《苕溪渔隐丛话后集·卷三十一·山谷上》"饮食男女，人之大欲存焉。若戒之则诚难，节之则为易，乃近于人情也。"
② 《孟子·公孙丑上》曰："宋人有闵（通悯，忧也）其苗之不长而揠（拔）之者；芒芒然（疲惫状）归，谓其人曰：'今日病（疲劳）矣，予助苗长矣。'其子趋而往视之，苗则槁（枯槁）矣。天下之不助苗长者寡矣。以为无益而舍（舍）之者，不耘苗者也。助之长者，揠苗者也。非徒无益，而又害之。"

【小象】需于沙，衍在中也。虽小有言，以终吉也。

"九二"在沙滩上，已经靠近象征危险的大河，虽然此时会遭到一些闲言闲语的批评：有人认为应该冒险而渡河，有人认为应该按兵不动。若能守住中道，不受闲言闲语的影响，在审度时势之后，才决定是否进而冒险以追求利益，或是退而守成以保全实力，所以终能有吉祥的结果。

"九二"以阳爻而居阴柔之位，若能进退得宜，则终能得到吉祥的结果。"衍"可训作达、行，又可训作宽绰。"九二"刚中能宽大其心，依中道而行，不会因为有险在前而轻易退缩，也能不受利诱而冒进。

【爻辞】九三，需于泥，致寇至。
【小象】需于泥，灾在外也。自我致寇，敬慎不败也。

"九三"不知道小心，太靠近危险之境，很容易就陷于泥沼之中而无法脱身，而招来盗寇，这都是咎由自取。若能自我反省，敬慎而行事，则可以立于不败之地。我们在碰到困境时，不要只想到找理由为自己辩护，若能时时反恭自省，想想是不是因为自己不小心或贪心才陷入险境，而招致外来的灾害。常常自我反省是否因为自己行为之不当而招来仇寇，故曰："自我致寇"。临险之际能"敬慎"自处，则能居"不败"之地，故曰："敬慎不败"。事情不论大小都能敬慎处之，出了差错时，知道自我反省，不怨天尤人，这是消灾祈福的不二法门。

下三爻以需于"郊、沙、泥"来代表该爻距离上卦坎险的远近，本卦取象的原则是愈靠近则愈危险[①]，避险之法则在乎"利用恒、衍在中、敬慎"。先圣作《易》在示人面对险阻之时，要有恒心、宽心和敬慎之心，谆谆教诲我们可以避开险阻的方法，可谓用心良苦。研究《易经》者于此等关键处，不可不留心。

---

① 引自《周易折中》需卦九三爻辞下龚焕注。

【爻辞】六四，需于血，出自穴。

【小象】需于血，顺以听也。

上卦是坎险之地，"六四"初入险境，就已经受伤流血了。此时应以柔顺之道谋求出险，打听清楚当前局势的走向和变化，然后再决定自己应如何脱离陷于洞穴之险境。如果不能镇静以对，自乱了阵脚，则所遇到的祸害，就不止是出血而已了。若能聆听情势之发展，再顺势而为，则必能安然出险。

"六四"与"上六"乃此卦中的二个阴爻，有"穴"之象，代表险境。血则代表杀伤之地①。"六四"以阴爻居阴位，柔正当位，顺以听险，自然得以出险。下三爻以乾之刚健而知险，能待时而进。"六四"、"上六"，其时已在险，需等待在下乾之来应而出险。《系辞传下》曰："夫坤，天下之至顺也，德行恒简以知阻。"坤之性，顺势而为，在遇到险阻时，能以简御繁，使其迎刃而解。

坎代表水，亦可代表群众。所谓："君者，舟也；民者、水也。民可载舟，亦可覆舟。"民众不服可危及君，是故为君、为大臣者必得聆听民意而顺从之，才能入险而无险。《尚书·泰誓中》周武王在出兵伐纣的誓师辞中说："天视自我民视，天听自我民听。百姓有过，在予一人。"此顺听之大用也。

【爻辞】九五，需于酒食，贞吉。

【小象】酒食贞吉，以中正也。

需亦可解释成"需要"，"酒食"即大象辞中的"饮食宴乐"，代表人生的基本需要。需是在等待成功的时机，然而九五已得到正中的天位，就不必等待，只要满足"酒食"之需，就能得到"贞吉"。不过"九五"仍身处险中，应好整以暇，以酒食来休养生息，只要能守得住中正之道，则会有吉祥的结果。欲行王道教化者，切不可只急急于短视和肤浅的功效。所谓

---

① 朱熹《周易正义》。

"事缓则圆"，在遇到重大而紧急的事情时，愈要小心处理，才能圆满地解决问题。

"需于酒食"乃养贤以待治化之成，养贤则可"逸于得人"，这是指找到好帮手，领导者就乐得轻松了，故曰："劳聪明于求才择贤，而安逸于任使。"[①] 然领导者却不可因有贤人之辅，而沉湎于酒食荒淫之中，故又戒之以贞。能守正道，才能得吉祥。"九五"是需卦之主爻，象辞曰"位乎天位，以正中也"，大象辞曰"君子以饮食宴乐"，皆取义于此爻。屯、蒙两卦是谈治与教，接在其后的需卦则代表"休养生息"，"使之乐乐而利利，渐仁摩义，使之世变而风移者"[②]。如果不了解此爻的深义，只以诸爻处险之义来解读此卦，则需卦和坎、蹇、困、屯这几个代表危险或艰困的卦又有何区别呢？

【爻辞】上六，入于穴，有不速之客三人来，敬之，终吉。
【小象】不速之客，敬之终吉。虽不当位，未大失也。

"上六"已经是快要出险境了，此时突然又起了变化，有三个不请自来的客人莅临，已进到我们所居的洞穴，因为事出突然，是好、是坏一时难以辨明，既然躲也躲不掉，不如镇静恭敬地待客。对不速之客，不可不防，也不可以貌取人、漠视不速之客，若能如是，终究会得到吉祥的结果。

"不速之客三人"是指下卦乾的三个阳爻，其中只有"九三"与"上六"正应。"上六"虽无位可言，也不当位，但因为能尊敬来客，所以不会有大的过失。"九三"爻和"上六"爻分居下卦和上卦之终，一曰"敬慎不败"，一曰"敬之终吉"，因为在等待之时，以敬为贵也。

来知德对小象辞"虽不当位，未大失也"解释如下："位者，爻位也。三乃人位，应乎上六。故曰'人来'，初与二皆地位，上六所应者乃人位，非地位。今初与二皆来，故不当位也。以一阴而三阳之来，上六敬之，似

① 刘劭《人物志》自序："圣人兴德，孰不劳聪明于求人，获安逸于任使者哉！"
② 引自《周易折中》需卦"九五"爻辞之案语。

为失身矣。而不知入于其穴，其时何时也，来救援于我者，犹择其位之当否，而敬有分别，是不知权变者矣。故初与二，虽'不当位'上六敬之，亦未为大失也。曰'未大失'者，言虽失而未大也。若不知权变，自经于沟渎，且失愈大矣。《易》中之时，正在于此。"[1] 已身陷险境，都是什么时候了，还觉得自己高高在上，这是不知道通权达变。这是说代表三位不速之客的下卦三爻中的"初九"、"九二"两爻与"上六"虽不相应，地位又低下，但"上六"也应该尊敬他们，才不会失去机会。

四、总论

明朝的蒋悌生曰："需，待也。以刚健之才遇险陷在前，当容忍待时，用柔主静。若不度时事，恃刚忿躁而骤进取，败亡必矣！初九去险尚远，以用恒免咎；九二渐近险，亦以用柔守中而终吉；九三已迫近险象，言敬慎不败；六四已伤于险，以柔而不竞，能出自穴；上六险陷之极，亦以能敬终吉。然则需待之时，能含忍守敬，皆可以免祸。需之时义大矣！"[2]

需卦下卦三爻面对上卦的坎险，以离险最远的"初九"为吉，以离险最近的"九三"为凶。下卦三爻面临险境，皆需（待）而不进，教人守正中以待时。上卦坎之三爻已入险地，顺听贞敬，贵其能出险。故上卦坎之三爻，都要等下卦乾来相应，方能进而出险[3]。没有风险，哪来利润？无利可图，何苦冒险？《孙子·军争篇》说过："军争为利，军争为危。"与对手竞争是为了利益，然而两虎相争必有一伤，所以说"军争"是危险的。利之所在，险亦随之；只知其利而不知其危，则危矣。企业在竞争以求利时，应随时注意风险的管理（risk management），不可因为贪近利而种下长久的祸害。

虽说"先下手为强（first mover advantage）"，然而若是时机不当、准备

---

① 来知德《易经来注图解》，台北：夏学社 1981 年。
② 引自《周易折中》需卦总论。
③ 根据汪由敦等奉敕撰书《乾隆御纂 周易述义》，需卦上六爻辞注解。

不足，则必难以成事。若能等待时机，则虽然"后人发"，却可以"先人至"。《文子·上礼》云："夫圣人非能生时，时至而不失也。"能造时势"生时"的英雄，世间少有。知时识势之人，在时机到了而"不失时"，所以成为时势所造就的英雄，这也算是难能可贵了。"待时而发"者，能否掌握住时机而发动攻势，则是其成败之关键，不然到头来只是空等待而已。

《管子·牧民篇》引述管仲的政治理论曰："仓廪实则知礼节，衣食足则知荣辱。"[①] 强调为政者要能先满足人们生理上吃得饱和穿得暖的生理上需求，才能进一步强调文化和心理层次的礼节和荣辱。在《论语》中孔子回答子贡问为政之道而指出：足食要比足兵优先，而获得民众的信任比足食更重要[②]。

马斯洛（Maslow）认为人类的需求可归纳为由下至上的五个层级，分别是：

基本生存的需求：吃得饱、穿得暖和有避风雨寒冷的居处。（Survival: Food, Clothing and Shelter.）

安全感：寻求人身的安全和经济上的保障（Safety and Security: Seeking security and protection from physical/economic dangers）。

社交的需求：为他人所接受及一种归属感（Social: Acceptance by others and feelings of belonging）。

尊重：自我价值之肯定，所谓"天生我才，必有我用"，以及被尊敬的感觉（Esteem: Feelings of self-worth and esteem from others）。

自我实现：充分发展自己的才能，以实现自己的潜能与抱负（Self-Actualization: Realization of a person's fullest potential）。

《庄子·应帝王》中有个如下的一个寓言，南海帝儵[③] 和北海帝忽到了

---

① 《管子·牧民第一》曰："凡有地牧民者，务在四时，守在仓廪。国多财则远者来，地辟举则民留处，仓廪实则知礼节，衣食足则知荣辱，上服度则六亲固，四维张则君令行。"

② 《论语·颜渊》子贡问政。子曰："足食，足兵，民信之矣。"子贡曰："必不得已而去，于斯三者何先？"曰："去兵。"子贡曰："必不得已而去，于斯二者何先？"曰："去食。自古皆有死，民无信不立。"

③ 儵，音叔。

中央之帝浑沌之处游玩，受到了很好的招待，觉得无以回报，就商量说："人都有七窍用来视、听、吃东西和呼吸，浑沌却没有，我们就帮他开凿七窍，来报答他的礼遇。"他们一天开凿一个窍，七天之后，浑沌就死了。这故事寓意是说不同的人有不同的需求，不可强以己意加之，顺物之情而应其所需，则物适其性而得其所需。不然，则将欲助之，反而害之。儒家"推己及人"之道在此种情境下，适得其反。在政治和经营管理上，也要分门别类（segmentation），对不同层级、和地域的人民或顾客，应根据其不同的需求和喜好，提供客制化（customized）的产品与服务。

经济学中将需求区分为需要和欲望（needs and wants）：一是基本食、衣、住、行、医疗、教育等必要之需求，一是可有可无近于奢侈的欲望。需要和欲望之别如下：吃得饱和吃得好；有遮风雨之住所和足以炫耀他人之豪宅；有能代步之交通工具和令人注目的千万名车。在有限的资源之下，我们要将资源做适当之分配，先满足个人、员工和客户的基本需要，然后再求其他。圣严法师曰："需要的不多，想要的太多。"直指现代人追求物欲，造成无明烦恼之原因。圣严曰："想要和需要仅仅是一线之隔，有时候想要的，往往不是真的需要。的确，我想要很多东西，可是再仔细考虑一下，就不见得非要不可了。想要的东西得到了是很快乐，而要不到却很痛苦。比如说：我需要一顶帽子，也买了一顶帽子，这不是累赘。但是如果我看了人家的帽子都想要，一顶一顶地买，那么我就要想办法来保存这些帽子、照顾这些帽子，这就是累赘了。所以想要是一种痛苦的事，需要是一种快乐的事。需要并不是罪恶，想要可能也不是罪恶。如果说我想要，要到了以后，我同时也把它分享给需要的人，这是他人的需要，不是我的需要。我当然可以想要，但必须在该要、能要的前提之下。什么是该要？也就是理所当然的，应该得到的、分内的。比如说，你的薪水。是不是能要？有很多人不考虑自己的能力、自己的职位，还有整个大环境的因缘。不许可我要，我还在要，这是一桩非常痛苦的事。"

一个企业要能吸引新的员工并且留得住员工，在乎能提供给员工生活上基本的需要（如足够维生的薪资）和保障（如健康保险和寿险），提供一个融洽而又具挑战性的工作环境，对于表现优异者，应给予适当的升迁或奖励，使得人人愿意为组织效力，为其利益而吃苦冒险。深得需卦之教者，在见到利益在前时，应考虑到风险和时机两大因素，不可盲目冒进。

人生似乎是由无数的期望、等待和勇往直前所串联而成，大至国家大事，小至出门时等公车，似乎都是如此。当你错过一班公车，究竟应耐心等待下一班车，还是开步勇往前行呢？新科学家杂志（New Scientist）在 2008 年刊出一篇论文的报导，探讨的正是"是走或是等"（Walk vs.Wait）。作者透过严谨的数学公式验证，得出结论是"懒惰的数学家赢了"（The Lazy Mathematician Wins[①]）。作者是当时就读于加州理工学院（California Institute of Technology）物理系三年级的学生陈致均（Justin Chen），和他就读哈佛大学数学系的高中同学 Scott Kominers，以及其室友 Robert Sinnott。他们用数学公式证明在大多数情况下，由甲地到乙地，若有一路公车行驶其间，通常在第一站就决定等公车，可以让你最快到达乙地。若甲乙两地只相隔一英里，而公车至少要一小时才有一班，则用走的会比较快。陈致均说："我们运用的数学其实并不难，有趣的是我们三个人脑力激荡共同解开许多人日常生活中的小难题，让大家不必再为等公车与否这等小事而犹豫不决。"在等公车时，最佳的策略（optimal strategy），也是最懒的方法，就是等待。此文一出曾被英国 BBC 广播电台、伦敦《泰晤士报》、《华尔街日报》、《波士顿环球报》、温哥华《太阳报》、《世界日报》等媒体报导，并被知名的 New York Times 选为 2008 年的最佳创意（Year in Ideas）之一，可见大家对"该等或不等"这个问题的兴趣。需卦者，待时而动，可不深研乎？

五、《易经》思维动动脑

1. 思考企业在推动重大计划时，其风险何在？

---

① Justin G.Chen, Scott D.Kominers, and Robert W.Sinnott, *Walk versus Wait : The Lazy Mathematician Wins*, http : //arxiv.org/abs/0801.0297, Jan.2008。陈致均为笔者之子。

2. 探讨企业中的重大计划，其中那些应该等一阵子，待时机成熟之后再推行？

3. "先下手为强"（first mover advantage）的原则是否一定正确？

4. 在伺机而动之时，应做什么准备？

5. 在等待时，应如何判断时机成熟否？

6. 反省自己一生之所求的到底是什么？

7. 将顾客分门别类，并分析不同族群顾客之需求为何？

第十章　履卦：恭行实践，履险如夷

（Treading，Conduct，Taking Calculated Risks）

☰ 卦名：履［天泽］——第十卦

一、经文

卦辞：［履：］履虎尾，不咥人，亨。

《彖》曰：履，柔履刚也。说而应乎乾，是以履虎尾，不咥人，亨。刚中正，履帝位而不疚，光明也。

《象》曰：上天下泽，履。君子以辨上下，定民志。

《序卦传》：物畜然后有礼，故受之以履。

《杂卦传》：小畜，寡也；履，不处也。

爻题	爻辞	小象辞
初九	素履，往，无咎。	素履之往，独行愿也。
九二	履道坦坦，幽人贞吉。	幽人贞吉，中不自乱也。
六三	眇能视，跛能履，履虎尾，咥人，凶。武人为于大君。	眇能视，不足以有明也。跛能履，不足以与行也。咥人之凶，位不当也。武人为于大君，志刚也。
九四	履虎尾，愬愬，终吉。	愬愬终吉，志行也。
九五	夬履，贞厉。	夬履，贞厉，位正当也。
上九	视履考祥，其旋元吉。	元吉在上，大有庆也。

爻题	卦体	卦象	卦德	人伦	
上九					
九五	乾	天	健	父	外卦、上卦
九四					
六三					
九二	兑	泽	悦	少女	内卦、下卦
初九					

二、前言

履的本义是鞋子的意思，《说文》："足所依也。"《释名》："履，饰足以为礼也。"《字书》："草曰屝，麻曰屦，皮曰履。"高亨认为履卦的"初九"爻的"素履"和"九五"爻的"夬履"中之"履"字皆用其本义，是指鞋子[①]。履，践、行也，如坤卦"初六"爻辞"履霜坚冰至"。引申为践履、履行、实践之义。《尔雅·释言》："履，礼也。"郭璞注曰："礼可以履行也。"马王堆帛书《易经》中履字皆作礼[②]，故履有礼与行二义。履者，依礼而行，则其行事得以亨通。

履卦（䷉）是五阳一阴之卦，"六三"这唯一的阴爻处于五个阳爻之中，又居下卦之上，有如乾卦"九三"的情况，不但得终日去履行所应为之事，更要随时谨慎小心。"履卦乃示行之方也"，履卦是用来显示行事的方法。《尚书》曰："心之忧危，若蹈虎尾，涉于春冰。"[③]人要时时忧虑危患，有如踩虎尾和渡过春天结了冰而将融而未融的河面，不得不小心谨慎，与履卦卦辞"履虎尾，不咥人"相呼应。

礼者，理也；理者，智也。礼者，履也；履者，行也。由理智到履行，此乃由形而上到形下之用，知行合一是也。司马迁于《史记·太史公自序》

---

① 高亨《周易古经今注》第 37 页，台北：乐天书局 1974 年。

② 廖名春《马王堆帛书简易经传释文》（《续修四库全书》第一册），上海古籍出版社 1995 年。

③ 《古文尚书·君牙篇》

中谈到《春秋》在"知"的方面能"上明三王之道,下辨人事之纪,别嫌疑,明是非,定犹豫。"在"行"的方面其作用则是"善善、恶恶、贤贤、贱不肖,存亡国、继绝世,补敝起废,王道之大者也。"故曰"《春秋》者礼义之大宗"并引孔子之言曰:"我欲载之空言,不如见之于行事之深切著明也。"强调行事的重要,不尚空言,履卦的精义在此。

《系辞下传》曰:"《易》之兴也,其于中古乎?作《易》者,其有忧患乎?是故履,德之基也;谦,德之柄也;复,德之本也;恒,德之固也;损,德之修也;益,德之裕也;困,德之辨也;井,德之地也;巽,德之制也。履和而至,谦尊而光,复小而辨于物,恒杂而不厌,损先难而后易,益长裕而不设,困穷而通,井居其所而迁,巽称而隐。履以和行,谦以制礼,复以自知,恒以一德,损以远害,益以兴利,困以寡怨,井以辩义,巽以行权。"这一章反复三次分别从道德、功能和功用三方面来陈述"履、谦、复、恒、损、益、困、井、巽"这"忧患九卦",作为处乱世时修德行、防忧患之准则,孔颖达曰:"六十四卦悉为修德防患之事,但于此九卦,最是修德之甚,故特举以言焉,以防忧患之事。"①

这九个卦中的第一卦便是履卦,以履卦而言,"履,德之基也;履和而至;履以和行",履有履行实践之义,以"行"为德之基础。履是德行的基础,道德是从实践中来,岂能空凭口说。履,礼也。"礼以和为贵"②,"和而不流,群而不党"③,故其行为能和众人打成一片而达到目的。履践时能用中和之道而行礼如仪,则能化险为夷④,畅通无阻。行事之际必得与人相处,更应结合众人之力。是故要有和合之文化与团结的精神,才能利人利己,众志成城。

《中庸》曰:"喜怒哀乐之未发,谓之中。发而皆中节,谓之和。中也者,

---

① 孔颖达《周易正义》。

② 《论语·学而》有子曰:"礼之用,和为贵。先王之道斯为美,小大由之。有所不行,知和而和,不以礼节之,亦不可行也。"

③ 《中庸》子曰:"……故君子和而不流,强哉矫……"《论语·卫灵公》子曰:"君子矜而不争,群而不党。"

④ 夷,平也。"化险为夷",化危险为平安。

天下之大本也。和也者，天下之达道也。致中和，天地位焉，万物育焉。"喜、怒、哀、乐其未发时为人性之本然，做人处事之际，自然会将喜、怒、哀、乐之情显现于外，若能发乎而皆中节，没有过与不及，则必能政通人和。这是礼的精神，也是践履之道。

德字是左边是彳（双人旁），有行走、道路之义。右边部分小篆写作𢛳，音得，同德字，代表直心也[1]。《说文》曰："外得于人，内得于己也。从直从心。"《六书精蕴》曰："直心为德。生理本直，人行道而有得于心为德。小篆加彳，取行有所复之义。"人的行为能返复于其生来本有的正直之心，就是德。《维摩诘经》中光严童子问维摩诘居士："什么是道场？"维摩诘回答说："直心是道场。"（其问答见"附录一"）一般人包括光严童子在内，大都执着于有形的庙宇为道场，认为修行必须在有形的道场之中才会有成效。维摩诘则认为以直心行道，则所在皆可修行，处处皆是道场，此乃真修行、修德之人也。

老子的《道德经》分上下，共八十一章。上篇称道经，下篇称德经。第三十八章是下经（德经）的首章，其言曰："上德不德，是以有德。"王弼注："德者，得也。常得而无丧，利而无害，故以德为名焉。何以得德？由乎道也。何以尽德？以无为用。以无为用则莫不载也。"《论语·雍也》子曰："谁能出不由户？何莫由斯道也？"我们出入都经由大门，做事正大光明，行不由径，循直道而行，则必能有得，故曰："履者，德之基也。"

《左传》襄公十四年，孙叔豹引古人之言曰："大上有立德，其次有立功，其次有立言。虽久不废，此之谓不朽。"[2]后人以"立德、立功、立言"为三不朽，此三者之中以德为重，以德为先。《广韵》："德，行也。"《集韵》："德，行之得也。"，德是行而有得，是靠做的，不是靠说的，我们常以"德行"并称，德行是一件事，不可分为两件事来看。立德、立功皆赖行而立，

---

① 参见《康熙字典》、汉典 http://zdic.net，和 http://www.chineseetymology.org/ 对"德"字的解释。

② 大，通太。

非逞口舌之能。履为德之基，指出行是立德的基础。《论语》中也再三强调力行胜于言说的深义，兹摘录数则如下：

1. 子曰："弟子入则孝，出则悌，谨而信，泛爱众，而亲仁，行有余力，则以学文。"《论语·学而》

2. 子贡问君子。子曰："先行其言，而后从之。"《论语·为政》

3. 子曰："君子耻其言而过其行。"《论语·宪问》

4. 子曰："天何言哉？四时行焉，百物生焉，天何言哉？"《论语·阳货》

5. 子曰："始吾于人也，听其言而信其行；今吾于人也，听其言而观其行。"《论语·公冶长》

6. 子路有闻，未之能行，唯恐有闻。《论语·公冶长》

7. 子曰："有德者必有言，有言者不必有德；仁者必有勇，勇者不必有仁。"《论语·宪问》

三、经文解释

【卦辞】〔履：〕履虎尾，不咥人，亨。

卦辞原文为："履虎尾，不咥人，亨。"无卦名，否卦、同人卦、艮卦的象辞之首亦无卦名。我们可以从现行经文中归纳出下例原则："经文是先卦名，后卦辞。然而若卦辞的第一个字是卦名时，则不另书卦名在卦辞之前。"是故高亨曰："履字当重，'履：履虎尾'者，上履字乃卦名，下履字乃卦辞，此全书之通例也。"① 他认为卦辞之前，应再加一"履"字为卦名。

履为行走、践履之义。咥，音碟，训为咬。我们走路时，不小心踩到了虎尾巴，而老虎却不回过头来咬我们，这是亨通的。俗语说："入山不怕伤人虎，只怕人情两面刀。"世事人心之险恶才是真正会咬人的老虎，故曰：

---

① 高亨《周易古经今注》。

"世事如虎。" 所谓 "商场如战场"，企业之营运，随时都有被竞争对手吃掉的风险，所以在行事上时时都应戒慎小心，像害怕踩到老虎尾巴一样，才得以避免不必要之危险。

"敬慎不败"，是礼的功用。《论语·学而篇》有子曰："礼之用，和为贵。先王之道，斯为美；小大由之。有所不行，知和而和，不以礼节之，亦不可行也。" 小大不是指小事、大事，而是指大至天子、小至庶人。要以和为贵，但是要能以礼来节制，不然只知和，则易流为乡愿。乡愿是外貌忠厚的和事佬，讨人喜欢，处处妥协而不顾大是大非的原则，实际上却是个不能明辨是非的人。《易经》的节卦即强调节制的功用，与履卦相辅相成。

【象辞】履，柔履刚也。说而应乎干，是以履虎尾，不咥人，亨。刚中正，履帝位而不疚，光明也。

履，行也。"柔履刚" 柔，乃谦逊之德也。以柔顺之道，行于刚强的人事环境之中。履卦上干下兑，在内要以巽悦的心情，来应付在外乾刚之人与事。虎则代表外在刚险的环境。俗语说："伸手不打笑脸人。" 善用幽默、柔顺和谦逊来应付刚强凶险之人与事，所以能够踩到虎尾巴，而不被老虎所伤。故卦辞说："行动时小心谨慎，虽然踩到虎尾巴，也不会被老虎咬伤，这样行事才能亨通。" 履卦 "九五" 爻，以刚爻而居中正之位，行中庸之道，能履帝位而不愧疚，因心地光明之故。

毓鋆师曰："履险如夷也。何以至此？由此卦所示之要道、要义也；以悦（谦谦）服刚也。发人深省。苟如此，可以为天下宰而无咎。" 毓鋆师在天下杂志社举办的 "微笑台湾·倾听319乡镇" 活动中赠以 "微笑 扬善之端" 的墨宝，寓意 "简单的微笑，却是感动的开始"。鼓励大家动起来、走出去，与履卦外健内悦之义相符。

"九二" 和 "九五" 爻分居下卦和上卦之中位而有阳刚之德，其中 "九五" 是刚而有正中之德（按："九五" 阳爻居阳位为正，五居上卦之中位为中，故为中正），能登上帝位而无愧疚，这是因为他有光明无私的正大德行，大位是有德者才能居之。这"无疚"是指结果而言，真正有德之人，成功而居大位时，仍时时怀有愧疚之心，此谦德也。

毓鋆师曰："其德（行）威虎乎？服虎乎？慎'威、服'之间，其道明矣！术乎？道乎？简择不易，得是道鲜矣！苟得之，玩之乎？御之乎？其深难测，其险易至，谁能臻此，可居不世之功，为天下宰，光照万世。人要有成就或是以实力而威慑众人，或是以德行而使人服从。以威势、甚至暴力，乃以威服人，而只得其口服也。七十子之服孔子乃心服也，此以德服人也。以技术玩（音万）世，则如人饮水，冷暖人自知之，故终将失败。以道德御世，则近悦远来，终必成功。以威力霸天下则可为亡国种子，以德服天下则可成不世之功。实务上，威德互用、恩威并施，乃行事成功之道。乱世之下，有的人能将其治好，有的人却越理越乱，就在'威、服；道、术；玩、御'这六个字上，不可不审慎分别之。"若是没有德而只知用术，必将玩火自焚。

王弼注："凡象者，言乎一卦之所以为主也。成卦之体，在六三也。履虎尾者，言其危也。三为履主，以柔履刚，履危者也。履虎尾有不见咥者，以其说而应乎干也。乾，刚正之德者也。不以说行夫佞邪，而以说应乎乾，宜其履虎尾不见咥而亨。"[1] 王弼认为象辞是论断一卦之主旨，履卦的主角是"六三"爻，称之为成卦之主，或简称为卦主。踩到老虎尾巴，是形容情境的危险。上卦为乾，是有刚正德行的人。"六三"爻，不顺从小人之邪佞以行事，而能心悦诚服地跟着刚正君子共事，所以能临险而亨通平安，有如踩到虎尾巴而不被老虎吃掉。

【大象】上天下泽，履。君子以辨上下，定民志。

履卦上卦为乾、为天；下卦为兑、为泽，故曰"上天下泽"，君子行事时要秉持上天之公心，同时还要有润下之德泽。君以子天道尚公之心居上

---

[1] 三国魏王弼、东晋韩康伯《周易王韩注》，台北：大安出版社1999年。

位，是故其施政之德惠能泽及在下之民，以安定民之志。君子以公与惠来"辨上下，定民志"。在上位者为公而无私心，能秉公处理众人之事，使得在下之人民能得其惠，而不取巧作乱。《论语·里仁》子曰："君子怀德，小人怀土；君子怀刑，小人怀惠。"①孟子曰："民之为道也，有恒产者有恒心，无恒产者无恒心。苟无恒心，放辟邪侈，无不为已。及陷乎罪，然后从而刑之，是罔民也。焉有人在位，罔民而可为也？"②让人民安居乐业，有地方住，有正当的职业，即是惠民以定民志的方法。人民居无定所，无所事事，则天下不可得而治也。

《尚书·皋陶谟》皋陶曰："都！在知人，在安民。"禹曰："吁！咸若时，惟帝其难之。知人则哲，能官人；安民则惠，黎民怀之。能哲而惠，何忧乎欢兜？何迁乎有苗？何畏乎巧言令色孔壬？"皋陶是禹的大臣。谟，谋也。孔，甚也。壬，佞（巧辩谄媚之人）。《皋陶谟》是说明为宰辅之道，"知人则哲"是有知人善任的智慧，不被巧言、令色、谄媚的小人所迷惑，这是君子"辨上"的方法。"安民则惠，黎民怀之"是君子"辨下"的方法。去了解人民真正的需要，透过施政以满足人民之所需，故能安定民志。有智慧方能知人，有仁心方能安民。辨上，故知选贤举能以安下；辨下，故知在上的施政是否合乎民意。辨上、辨下二者相辅相成，不可分开来看。

毓鋆师曰："上天光明，天尚'公'；下泽为水，水尚'平'。君子以'公'、'平'来辨上下之道。天德化育万物，无私无我，各逐其生；水德盈科后进，不舍昼夜，平天下之不平。大道之行也，天下为公，黎民怀惠，正万民之所欲，则民志不摇。上对下公且平，以德惠定民之所志所欲，天下之序明矣，上以此履乎下，则无履不行。"③

【序卦传】物畜然后有礼，故受之以履。

---

① 刑，型也。怀刑是指怀念可为典型的圣贤。
② 《孟子·滕文公》。
③ 林明进《大块斋读〈易〉笔记—说"履"》，来源：http://linminching5.blogspot.com/2008/05/blog-post 7626.html

《序卦传》中以礼训履，此管子所谓："仓廪实则知礼节，衣食足则知荣辱"之义。《管子·牧民》曰："凡有地牧民者，务在四时，守在仓廪。国多财则远者来，地辟举则民留处。仓廪实则知礼节，衣食足则知荣辱。上服度则六亲固，四维张，则君令行。故省刑之要，在禁文巧；守国之度，在饰四维；顺民之经，在明鬼神、祇山川、敬宗庙、恭祖旧。不务天时，则财不生；不务地利，则仓廪不盈。野芜旷，则民乃菅；上无量，则民乃妄。文巧不禁，则民乃淫；不璋两原，则刑乃繁。不明鬼神，则陋民不悟；不只山川，则威令不闻；不敬宗庙，则民乃上校；不恭祖旧，则孝悌不备。四维不张，国乃灭亡。"管子认为"礼、义、廉、耻"这四种道德标准是支撑国家的支柱，并对四维所应守的行为及影响提出了他的看法："国有四维，一维绝则倾，二维绝则危，三维绝则覆，四维绝则灭，倾可正也，危可安也，覆可起也，灭不可复错也。何谓四维？一曰礼、二曰义、三曰廉、四曰耻。礼不踰节，义不自进，廉不蔽恶，耻不从枉。故不踰节则上位安，不自进则民无巧诈，不蔽恶则行自全，不从枉则邪事不生。"

《史记》自序中太史公司马迁曰："故《春秋》者，礼义之大宗也。夫礼禁未然之前，法施已然之后；法之所为用者易见，而礼之所为禁者难知。"礼之感化人在先，除恶于未萌之际。法乃补礼之不足，禁非于已形之时。礼法二者，不可偏废。有法的国家有保障，有礼的社会有和气，有爱的环境有温暖。法是企业做事的制度，礼是企业应对的态度，情是企业爱护员工和顾客的使命。

孔子与子路论为政之道以"正名"为先，子曰："名不正，则言不顺；言不顺，则事不成；事不成，则礼乐不兴；礼乐不兴，则刑罚不中；刑罚不中，则民无所措手足。故君子名之必可言也，言之必可行也。君子于其言，无所苟而已矣！"[1]司马光在《资治通鉴》中则发挥孔子"正名"之义，强调礼和"名分"之重要，司马光曰："礼莫大于分，分莫大于名……夫礼，辨贵贱，序亲疏，裁群物，制庶事。非名不著，非器不形。名以命之，器以

---

[1] 《论语·子路》。

别之，然后上下粲然有伦，此礼之大经也。"① 礼是儒学中与政治、教化、文化和管理息息相关的核心理念。

【杂卦传】小畜，寡也；履，不处也。

《周易折中》解释说："（小畜☰）寡者，一阴虽得位而畜众阳，其力寡也。（履☰）不处者，一阴不得位而行乎众阳之中，不敢宁处也。"朱子《周易正义》曰："不处，行进之义。"小畜卦的"六四"爻势孤力单，履的"六三"爻不当位，不敢安宁下来享受其成，得厉行实践，在危险中不断地求进步。

【爻辞】初九，素履，往，无咎。
【小象】素履之往，独行愿也。

素履是朴素的鞋子，引申为朴实无华的行为，或"立心纯正而行"②。初爻都有潜藏在下的意思，例如乾卦"初九"爻辞曰："潜龙勿用。"履之初，能做到如《中庸》所说"素其位而行，不愿乎其外"即尽自己的本分，而不要求别人。初九在潜的时位之下，能不受外诱之私，"其性存存"，本其良知良能行事。素履是了解事物之本质，从根本上入手而行事，虽然当时没有人了解其用心，仍能在默默中依其志而行其所当行，践履其愿，以驯至其道。"独行愿"一语，颇有"千山我独行"③ 而无悔的精神，及庄子"独与天地精神往来，而不敖倪于万物"④ 的气概。

小象辞曰："素履之往，独行愿也。"人生得有自己的梦想，企业要有其愿景（vision），故有"虽千万人吾往矣"⑤ 的气概。然而追逐梦想要从根本做

---

① 司马光，《资治通鉴》卷一"威烈王二十三年"，第一个"臣光曰"的史评。

② 应天平，《履卦里的老虎们》，http://blog.sina.com.cn/s/blog aee541cc0101al8i.html

③ "千山我独行不必相送"是1980年代初期港剧《楚留香》主题曲的歌词，歌词为黄沾所作。

④ 《庄子·天下篇》。

⑤ 《孟子·公孙丑》。

起，脚踏实地，往前行去。所谓"人生有梦，筑梦踏实"，此"初九"素履之深义。

王阳明在《大学问》一书中论曰："大人者，以天地万物为一体者也。其视天下犹一家，中国犹一人焉。"故独行之愿，非独善其身之愿，乃"兼善天下"之大愿也。然世人多顾一己之私利，能谋天下利者必然曲高和寡，故以独行其愿形容之。大乘佛教强调发菩提心，此学佛者之大愿，《华严经》曰："若令众生生欢喜者，则令一切如来欢喜。何以故？诸佛如来以大悲心而为体故，因于众生而起大悲，因于大悲，生菩提心，因菩提心成等正觉。"自觉觉他为菩萨行，即"兼善天下"；觉行圆满为佛的境界，即"止于至善"。

【爻辞】九二，履道坦坦，幽人贞吉。

【小象】幽人贞吉，中不自乱也。

坦，平也。贞，正也。履之道是平平坦坦的大道，因为"道不远人"①。幽人是德才兼备而未闻达于上的人。"九二"有刚中之德，虽尚未获重用，其心能不乱，其行能秉持正中之道，不但能有所为，更能有所不为，故终究能获得吉祥。此爻有"知止而后有定"②之义，故能守中道而不自乱阵脚。禅宗六祖曰"心平何劳持戒，行直何用修禅"③，心平故坦坦，贞吉因行直。

《孟子·公孙丑上》（公孙丑问）曰："伯夷、伊尹何如？"（孟子）曰："不同道。非其君不事，非其民不使，治则进，乱则退，伯夷也。何事非君？何使非民？治亦进，乱亦进，伊尹也。可以仕则仕，可以止则止，可以久则久，可以速则速，孔子也。皆古圣人也。吾未能有行焉，乃所愿，则学孔子也。"孟子愿学孔子亦其心中之大愿。孔子有"君子坦荡荡"④的胸怀，"可以仕则

---

① 《中庸》子曰："道不远人。人之为道而远人，不可以为道。《诗》云：'伐柯伐柯，其则不远。'执柯以伐柯，睨而视之。犹以为远。故君子以人治人，改而止。"

② 《大学》。

③ 《六祖坛经·疑问品第三》。

④ 《论语·述而》子曰："君子坦荡荡，小人长戚戚。"

仕，可以止则止，可以久则久，可以速则速。"心中坦荡之人，虽面对世事之艰险，亦必能以正中之德履践之。君子"履险如夷"①，虽履险地而有如行在平坦的道路上，这是因为心有定主，能够不自乱于内。

马祖道一禅师经常用"平常心是道"开示众生②，他自问自答曰："何谓平常心？无造作、无是非、无取舍、无断常、无凡、无圣。经云：'非凡夫行、非圣贤行，是菩萨行。'只如今行住坐卧、应机接物，尽是道。"平常心是道，故能以坦荡荡之心去行其所当行，不求闻达，幽人之谓也。《庄子·应帝王》曰："至人之用心若镜，不将不迎，应而不藏，故能胜物而不伤。"至德之人，其心的作用好像镜子一样，东西来到其面前，则将其照应出来，不抗拒也不逢迎，事物离去之后，没有丝毫缱绻恋与好恶，心中也无所挂碍；所以能与各种人、事、物相应相处，而没有伤害。此即幽人贞吉之貌。"九二"居中位，善守中道，无过与不及；不将不迎，以静制动；随机应变，事过无痕；故曰"贞吉"。

【爻辞】六三，眇能视，跛能履，履虎尾，咥人，凶。武人为于大君。

【小象】眇能视，不足以有明也。跛能履，不足以与行也。咥人之凶，位不当也。武人为于大君，志刚也。

眇，音秒，是眼睛看不清楚的样子。"眇能视"指没有明视的能力，而强自以为能看得清楚。跛是足不良于行，"跛能履"是指不善于行，而自以为能行。"眇能视，跛能履"，残而不废，固然精神可嘉，但若是不量力而为，则是缺乏自知之明，而有强自以为是的毛病，故终会踩到老虎尾巴，激怒了老虎而被咬，这可是凶险的。"六三"爻以阴爻居阳刚之位，故曰"位不当也"，爻的位置决定其志向，爻的性情决定一个人的才情。来知德曰："六三阴柔，才弱而志刚。""武人为于大君"是指有勇无谋之人，志大才疏，没有自知之明，故有欲谋大位而难成之象。

---

① 夷，平地。

② 《马祖道一禅师》，来源：http：//www.ctworld.org.tw/chan master/east012.htm

《战国策·楚策一》记载，楚宣王当政的时候，北方各诸侯很害怕楚国的大将昭奚恤。宣王对这情形很不能理解，有一天朝会趁昭奚恤不在时，他向大臣们提出了这个问题。有个名叫江一的大臣，向楚宣王讲了一则寓言故事，他说："从前，有一只凶猛的老虎，专门猎取各种野兽吃。有一次，他抓到一只狐狸，想把它吃了充饥。狡猾的狐狸急中生智，装出一副神圣不可侵犯的样子，说：'你不敢吃掉我，因为天帝派我来当百兽之王。你要是吃掉我，就违背了天帝的命令！'老虎露出不信的神色，狐狸又说：'你以为我的话不可信吗？好吧，那么我走在前面，你跟在后边，看百兽见到我之后，有谁敢不逃跑？'老虎对狐狸的话半信半疑，于是跟着狐狸走，以验证其言。一路上，所有的禽兽见到它们之后都吓得立即远走高飞。老虎并不知道百兽并不是害怕假借老虎威风的狐狸而逃走，而是害怕跟在狐狸之后威风凛凛的老虎。"江一接着说："大王如今有五千里地盘和百万军队，但全把它交给昭将军管辖，北方的诸侯当然都怕他。其实他们怕的是您交给他的军队，就像森林中百兽害怕的不是狐狸而是狐狸后面的老虎一样。"宣王听后，才懂得这其中的道理。这是指为人主者，不可将权柄集中授予一二位大臣手中，方能避免太阿倒持，领导者可从"狐假虎威"这寓言中可以学到此教训。

《苏氏易传》曰："九二有之而不居，故为'幽人'；六三无之而自矜，故为'武人'。武人见人之畏己，而不知人之畏其君，是以有为君之志也。"有的人狐假虎威，而不自觉，以为别人真的敬畏他三分，因而有非分之想，故曰"武人为于大君"。实际上别人怕你、敬你三分，是因为看到你后台老板的实力，等到你离开这家公司或这个老板，失去靠山之后，才发现可能没人再理会你了。为人部属者，应知其权力来自其公司和老板，才不会过度地自我膨胀。这是为人臣者可从狐假虎威的寓言中，可得到的教训。

有人在职场上的大公司做事，到处受人尊敬，不知别人是想和你工作的公司做生意。若因他人的恭维而出来创业，很可能发现原有业务上来往的人，态度有所转变，不再配合如故。套用苏氏的话，大公司员工"见人之敬己，而不知人之畏其公司也，是故有自行创业之志也"。自行创业并没有什么不对之处，但一定要了解自己真正的实力何在！

第十章　履卦：恭行实践，履险如夷

本卦卦辞曰："履虎尾，不咥人，亨。""六三"爻的爻辞曰："履虎尾，咥人，凶。"卦辞以上乾下兑相应，故为吉。爻辞"六三"与"上九"之虎头相应，故有咥人之凶。此卦之卦辞和爻辞所断之吉凶相反，这在六十四卦中是常见的情况。《苏氏易传》以履卦为例，对此有深入的分析："夫三与五合，则三不见咥而五不病。五与三离，则五至于危而三见咥。卦统而论之，故言其合之吉；爻别而观之，故见其离之凶，此所以不同也。"以卦的全体来观察和由个别的爻来分析，常常会有不同的解读。其实同一卦中不同的爻，因位置不同，其观点亦会有异，故对各爻的解读有时候并不一致，甚至相反。

履卦卦辞用"九五"和"六三"爻相合的假设来推论，所以认为"九三"不会被老虎咬伤，而"九五"也能光明正大地居其大位。"九五"和"六三"的爻辞从"九五"和"六三"相离的观点来解读，故爻辞中"九五""贞厉"，而"六三""履虎尾，咥人，凶"，与卦辞所断相反。研究《易经》时，能体会"卦，统而论之；爻，别而观之"的奥秘，则必能增进我们对人事纷争的解析。

【爻辞】九四，履虎尾，愬愬，终吉。

【小象】愬愬终吉，志行也。

愬，音朔；愬愬，惊惧貌。踩到老虎尾巴，而能戒慎恐惧以行其志，则终能化险为夷。上卦为乾，乾为虎，"九四"居上卦之下，故有"履虎尾"之象。"九四"阳刚乘"六三"之阴，得其信服而行其志，故终吉。为人臣者，伴君如虎，而君视民亦应如虎，而畏惧民意之向背。

《荀子·哀公》鲁哀公问于孔子曰："寡人生于深宫之中，长于妇人之手，寡人未尝知哀也，未尝知忧也，未尝知劳也，未尝知惧也，未尝知危也。"……孔子曰："君之所问，圣君之问也……君者，舟也；庶人者，水也。水则载舟，水则覆舟。君以此思危，则危将焉而不至矣！"此段对话非常重要，孔子以舟喻君，以水喻民。"水能载舟"指人君因人民之拥戴而居其大位，并警告为君者，人民能推翻暴君，有如水能翻覆船只。了解到领导群众之不易，故能敬慎并且顺从民意，则可免于覆舟之患。《吕氏春秋·慎大览》描述周武王初得天下时，戒慎恐惧的情况，正如此爻之义：

武王胜殷，入殷，未下舆①，命封黄帝之后于铸，封帝尧之后于黎，封帝舜之后于陈；下舆，命封夏后之后于杞，立成汤之后于宋，以奉桑林。武王乃恐惧（按：因封立众多亡国之后代而想到自己的国祚恐怕也难以长久），太息流涕，命周公旦进殷之遗老，而问殷之亡故（按：问殷朝灭亡的原因），又问众之所说（悦）、民之所欲。殷之遗老对曰："欲复盘庚之政。"武王于是复盘庚之政；发巨桥之粟，赋鹿台之钱，以示民无私；出拘救罪，分财弃责，以振穷困；封比干之墓，靖箕子之宫，表商容之闾，士过者趋，车过者下；三日之内，与谋之士封为诸侯，诸大夫赏以书社，庶士施政去赋；然后于济河，西归报于庙；乃税②马于华山，税牛于桃林，马弗复乘，牛弗复服；蚨鼓旗甲兵，藏之府库，终身不复用。（按：收起武器，让天下在战乱之后能修养生息，从废墟中重建起来）此武王之德也。故周明堂③外，户不闭，示天下不藏也。唯不藏也，可以守至藏。（按：只有不藏私，故能守藏住周朝的帝位。此庄子"藏天下于天下之义"④）武王胜殷，得二虏而问焉，曰："若国有妖乎？"一虏对曰："吾国有妖。昼见星而天雨血，此吾国之妖也。"一虏对曰："此则妖也。虽然，非其大者也。吾国之妖，甚大者，子不听父，弟不听兄，君令不行，此妖之大者也。"武王避席再拜之。此非贵虏也，贵其言也。故《易》曰："愬愬履虎尾，终吉"。

《周易述义》注曰："乾本能惕，四又多惧，防患周密，可以免害，故终吉也。《易》之为道，惧以终始，此之谓也。"

---

① 舆同舆，指所乘之车。
② 税，舍也。舍，放置。
③ 明堂是夏商周以来宫殿中兼有祭祀功能的最重要之大殿。
④ 《庄子·大宗师篇》有言："夫藏舟于壑，藏山于泽，谓之固矣；然而夜半有力者负之而走，昧者不知也。藏小大有宜，犹有所遁；若夫藏天下于天下，而不得所遁，是恒物之大情也。"

【爻辞】九五，夬履，贞厉。

【小象】夬履贞厉，位正当也。

夬，音怪，决也，代表决策、决定、决心，也有把一个东西分裂为二的意思。"夬履"的原意是指穿着已经破裂的鞋子走路，即使走正当的道路，脚也会受伤，难以行远。做事要有充分准备，善用工具、讲究方法，不可鲁莽行事。履卦（☱）之上下卦相对掉则成为夬卦（☰）。故有夬履之象。"九五"以刚居阳位，其位是正当的，此爻有刚愎自用，不顾天下之议论，则即使得正，也是走向危险的道路。刚愎自用和刚毅果决有所不同。刚毅果决者能先博采众议，而适时地做出定夺，此领导者必备的条件。刚愎自用者多自以为是、师心自用，即使有一、二明智之举，终将失败。

李光地认为[1]："履以六三为成卦之主，而九五则为主卦之主也。盖六三以一柔履众刚之间，多危多惧，卦之所以名履也。（九五）居尊位，尤当常以危惧存心。故九五之辞曰'贞厉'，而《象传》曰：'刚中正，履帝位而不疚。'"

【爻辞】上九，视履考祥，其旋元吉。

【小象】元吉在上，大有庆也。

视已行之迹，考察其吉祥与否。若能反省返回其初衷，则是大有吉庆的。"上九"当履之终，能反省观察自己已做事情的好坏与得失，从中吸取教训（lessons learned），在检讨的过程中做出总结，归纳出最佳的做法（best practices），此乃知识管理（knowledge management）和程序改善的基本功夫。

"初九""素履往"，是在下而能向上行；"上九""视履考祥，其旋"，是在上而能返于下。履道终始的原动力是元；元者，仁也，有始有终，方能终

---

① 清李光地《周易折中》上册第117页，台北：瑞成书局2001年。

而复始。本卦五个阳爻中只有"上九"爻相应于六三爻，故大有庆①。

毓鋆师曰："（履卦上九）这一爻更重要。履卦读明白了，就可以看一个人因何而失败或成功。视，就是（由上九）看相应的六三爻。六三爻鬼鬼祟祟，看也看不明白，走也没走上正道，他（六三）不说自己走的不是正路，还认为别人没看到他会走。上九要详细查那个六三之行迹，要考察之，加以详细的研究，如何将六三从坏路引导他走上一个好的道路。此乃视六三及考其详之方。旋是旋转过来，不是加以威，而是视之使不敢为恶，使其知道自反（返），而终能大吉，这就是御叛之道。御叛之道不是以威，若能详玩其御叛之道，履卦之用，得矣。上九就是研究六三，知道六三缺德，再研究出一个使其旋的方法。""元吉在上，指国之大老。虽然已经致仕（退休），仍然能以其阅历经验辅佐国政，于不祥者能使其旋（扭转局势），这是元吉。上九是元老重臣，能老成谋国，不可忽视他们的智慧。"

《孟子·梁惠王下》孟子见齐宣王曰："所谓故国者，非谓有乔木之谓也，有世臣之谓也。"② 世臣即元老重臣，他们能以德望维系人心，并且以稳重的政策为国家图远谋，故曰"大有庆"。他们可不像一般当政者，只知以"权、术、威"来使人。"上九"此爻示人深远，玩味之可知谋国之道矣。

辛弃疾的《青玉案·元夕》是描写元宵夜的欢乐场面为景而抒发其寻寻觅觅的心历路程，此词的全文如下：

东风夜放花千树，更吹落、星如雨。宝马雕车香满路，凤箫声动，玉壶光转，一夜鱼龙舞。

蛾儿雪柳黄金缕，笑语盈盈暗香去。众里寻他千百度，蓦然回首，那人却在，灯火阑珊处。

"蓦然回首"有旋而视之义，然而"众里寻他千百度"的"那人"是谁？

---

① 尚秉和《周易尚氏学》。
② 故国，指历史悠久的国家。乔木，高大古老的树木。

佛教言"回头是岸"，回首观自在，故能自性自见；儒家反恭自省，克己复礼。皆有"视履考祥，其旋元吉"之义。

四、总论

履卦下兑上乾，以愉悦之心而健行于外，就是以欢喜心去做事的意思。《周易述义》总论履卦之六爻曰："初率其素，上旋于元，三用其武，五戒其夬，二坦而能贞，四危而知惧，亦可以达履道之大凡矣。"① 这是说履卦"初六"爻顺着其朴素之本性而行；"上九"返转回到本性之善；"六三"依恃他的武力而野心过大；告诫"九五"爻不可刚愎自用过于决断；"九二"爻坦荡荡而不失其正；"九四"爻居危地而知道戒慎恐惧。这些道理都懂了，也就可以掌握住履卦的要点了。

王弼《周易略例》曰："履。杂卦曰：'履，不处也。'又曰：'履者，礼也。'② '谦以制礼'③，阳处阴位，谦也。故此一卦，皆以阳处阴为美也。"宋朝的易学家项安世对六十四卦中五阴一阳及五阳一阴的十二个卦做了一个综合的分析："一阴一阳之卦，在下者为复（☷☳）、姤（☰☴），在上者为夬（☰☱）、剥（☶☷），其义主于消长也。在二五者，阳在二为师（☷☵）之将，在五为比（☵☷）之主；阴在二为同人（☰☲）之君子，在五为大有（☲☰）之君子；其义主于同位也。在三四者，阳在三，则以刚行柔为劳谦（☷☶），在四则以刚制柔为由豫（☳☷）；阴在三则以柔行刚为履（☰☱）；在四则以柔制刚为小畜（☴☰）；其义主于用事也。大抵用事之爻，在下者为行己之事，在上者为制人之事。"④ 行己之事是指自我管理的原则；制人之事是指管理他人的方法。

项安世又对履卦之六爻总结其义如下："履之六爻，皆以履柔为吉。故九二为坦坦，九四为愬愬终吉，上九为其旋元吉，皆履柔也（按：二、四、上为阴

---

① 清汪由敦等奉敕撰书《乾隆御纂周易述义》。
② 语出《尔雅·释言》。
③ 《易经·系辞传下》。
④ 清李光地《周易折中》见其履卦总论。

柔之爻位）。六三卦辞本善（按：指履卦卦辞'履虎尾，不咥人，亨。'是好的），终以履刚为凶（按：指履卦六三爻辞'眇能视，跛能履，履虎尾，咥人，凶。武人为于大君'是凶的），初九、九五所履皆正，然初仅能无咎，五不免于厉，皆履刚也（按：初、三、五为阳刚之爻位）。故初则惧其失初心之正，而教之以保其素；五刚惧其恃势位之正，而教之以刚而行者，后多可悔之事也。"

履卦主爻为"六三"，"六三"为变爻则由履卦变为乾卦。乾卦"九三"爻辞曰："九三，君子终日乾乾，夕惕若厉，无咎。"《易经·乾卦文言》释乾卦"九三"爻曰："终日乾乾，行事也。"故知履者，行事也。《中庸》曰："知、仁、勇三者，天下之达德也。所以行之者也[1]……或安而行之，或利而行之，或勉强而行之，及其成功，一也。"子曰："好学近乎知，力行近乎仁，知耻近乎勇。"孔子努力大家恭行实践，是为了心安理得去做、是为了利益去做、还是勉强自己去做，等到成功了，结果是一样。孔子又以"智、仁、勇"三达德为行为之准则，而勉励大家努力学习充实知识就会有智慧，奋力实践爱人就近于有仁德，有过错而知道反省、有羞耻之心就近于有勇气。

禅宗六祖强调佛法在乎躬行实践，他对弟子解释"三乘"之义如下："汝观自本心，莫着外法相。法无四乘，人心自有等差。见闻转诵是小乘，悟法解义是中乘，依法修行是大乘。万法尽通，万法具备，一切不染，离诸法相，一无所得，名最上乘。乘是行义，不在口争。"[2] 这与儒家履卦力行实践之精神是相通的。

《中庸》提出治国平天下的九项大纲，并强调行事之前要有充分的准备工夫："凡为天下国家有九经，曰：修身也，尊贤也，亲亲也，敬大臣也，体群臣也，子庶民也，来百工也，柔远人也，怀诸侯也……凡为天下国家有九经，所以行之者一也[3]。凡事豫则立，不豫则废。言前定则不跲，事前定则不困，行前定则不疚，道前定则不穷。"

---

① 原文为"所以行之者一也"。王引之认为一是衍文，据其说改正为"所以行之者也"。
② 《六祖坛经·机缘品第七》
③ 朱子注："一者，诚也。"郑玄注："一谓当豫也。"豫，预备、准备。

马路如虎口，世事亦如虎口，行履之际必有风险，然而"不入虎穴，焉得虎子？"①行事时必须小心谨慎，抓准时机。所谓"庸行之谨，闲邪存其诚"②，平常的行事都能敬慎以待，防邪存诚。虽然"防人之心不可无"，但是做人处事时仍应以和悦之心处之，则能得道者多助，而终有所成。图一是一方汉代玉玺其印文为"汉孝王印"，其造型是一只老虎雄据一方，其虎尾盘旋而上托于虎口之下，或许寓意指虎尾在虎口之下，其险不可言喻。然而此印之虎首有威严却不凶暴，其尾不在身后，故亦可解读做，他人无从"履虎尾"，于是不会有吃人之凶，故他人乐于顺从其虎威下的领导。

图-1　汉孝王螭虎纽玉玺 ③

　　《中庸》与《易经》相表里，《中庸》有两章发挥履卦"履行实践"之深义，恭录如下，并语解其义于原文之后：

　　子曰："道不远人。人之为道而远④人，不可以为道。《诗》云：'伐柯伐柯，其则不远。'执柯以伐柯，睨而视之，犹以为远。故君子以人治人，改而止。忠恕违道不远，施诸己而不愿，亦勿施于人。君子之道四，丘未能

---

① 语出《后汉书·班梁列传第三十七》班超曰："不入虎穴，不得虎子。"
② 《易经·文言》解释乾卦"九二"爻之语。
③ 笔者摄自友人林先生珍藏之玉玺。
④ 远，音愿。在此做动词用，指远离之义。

一焉；所求乎子以事父，未能也；所求乎臣以事君，未能也；所求乎弟以事兄，未能也；所求乎朋友先施之，未能也。庸德之行，庸言之谨，有所不足，不敢不勉，有余不敢尽；言顾行，行顾言，君子胡不慥慥[①]尔！"

孔子说："顺随人性而行就是道，因为道就在离人不远的日常生活和言行之中。人经常追求外在人为的道，因而离人性愈来愈远，如此好高骛远，不是实践道的正确方法。《诗经·豳风·伐柯篇》有'伐柯伐柯，其则不远'的诗句。其含义是说伐木欲做斧柄的人，拿着斧头的斧柄去伐木，不去正视眼前手中的斧柄作为决定砍伐那一个树枝的准则，反而斜眼远看他处，要找斧柄的式样，这就是舍近求远。是故君子把人看成一般人，故能用平常心来教化他，不过分要求，只要他能做到常人所能知能行的境界就可以了[②]。忠恕离开违道并不远，尽自己的心力是忠，不希望别人施加于自己的言行，我们也不会施加于他人，就是推己及人的恕。君子应行之道有四种，我没有一种做到了；我父亲早亡，故未能对父亲尽孝道；我没有找到明君，故未能尽臣道；我没有兄长，故未能尽悌道；我未能将期望于朋友的行为先做出来，故未能善尽为友之道。我只是尽力去实践平常的道德，谨慎平常的语言。即使如此，在实践上仍然觉得做不够好，不敢不勉励自己。在言语上，虽然意犹未尽，却不敢说太多，怕做不到。言要顾到行是否做得到才敢说，故不可不谨慎；行要顾到言，故不敢不勤奋厉行。君子怎么敢不尽心尽力地去做事啊！"

君子素其位而行，不愿乎其外。素富贵，行乎富贵；素贫贱，行乎贫贱；素夷狄，行乎夷狄；素患难，行乎患难；君子无入而不自得焉。在上位不陵下，在下位不援上，正己而不求于人，则无怨。上不怨天，下不尤人。故君子居易以俟命，小人行险以徼幸[③]。子曰："射有似乎君子，失诸正鹄，反

① 慥，音造。慥慥，朱注："笃实貌。"《广雅》曰："慥，言行急也。"即勇于实践之义。
② 张载曰："以众人望人，则易从。"即"以人治人，改而止"之义。
③ 朱子注："徼，求也。幸，谓所不当得而得者。"徼幸又作侥幸，妄求所不当得者。

求诸其身。"君子之道，辟① 如行远必自迩，辟如登高必自卑。

意思是，君子就其现在所居的职位去做事，不妄想其权责能力以外之事。若居贫贱，则做贫贱之人所能做的事。若居文化落后的夷狄之邦，则做在夷狄之邦所能做的事。若居患难之中，则做患难之中所能做的事。君子不论进入在什么情况和地位，都能将其自己的本性本能发挥出来，而安然自得。在上位时不欺陵其属下，在下位时不攀援其长官。自己行得正、做得对就好，不必有求于他人，所以没有怨怼。向上不会报怨老天，对下不会怪罪别人。君子居于安然平易之地位，以等待可以发展其抱负的机会。小人行险，以侥幸之心冒险游走法律边缘以求富贵，总觉得自己很侥幸绝对不会被抓到。孔子曾说："六艺中射箭的道理和君子做人的准则相似。射箭没射中箭靶，射手不会去怪箭靶偏了、风太大了、或是诿过于他人，而是反省、改正自己的缺失，终能达到至善的境界。君子做人做事失败了就会先反省自己的德行够不够、行事恰不恰当，不会去找其他借口来掩饰自己的失败。"君子行道的方法就譬如行远路，必自近处开始走出第一步；又有如登高，必自卑下之处开始往上爬②。

综合履卦之义，将其卦辞和爻辞之大义总结如下：

> 世事如虎险在前，和顺有礼行事通。
> 辨明上下安民志，履践虎尾不噬人。
> 庸德之行素履愿，幽人贞正大道坦。
> 自不量力妄为凶，戒慎努力行其志。
> 刚愎自用无人应，行终知返获元吉。

---

① 辟，譬，譬如。迩，近处。
② 《孟子·公孙丑》中孟子引申孔子之言曰："仁者如射。射者正己而后发，发而不中，不怨胜己者，反求诸己而已。"

五、《易经》思维动动脑

1.履者，礼也。试列举礼在做人处事上的功用。

2.针对某一企业，分析该企业所面对的风险为何？应如何防范风险？

3."不入虎穴焉得虎子"和"知命者不立乎岩墙之下 [①]"这两个观念是否互相冲突？

4.试解释并比较"威、服；道、术；御、玩"这三组、六种不同统御的方法之差别与优劣。这六种方法应如何结合起来才能有效地运用？

5.试申论"狐假虎威"这个故事对领导者和为人部属的意义。

附录一：《维摩诘经·菩萨品第四》节录

维摩诘大居士示病象，释迦牟尼欲遣弟子前去探病，被点名指定去的数名弟子（包括光严童子）都受过维摩诘大居士的教训，都向世尊表明不够资格代表世尊去探病，最后是智慧第一的文殊菩萨受命前往。下面是光严童子告诉世尊为何他不能胜任代表世尊去探望维摩诘大居士病情的重责大任，其中维摩诘大居士答光严童子之语处处皆是禅机，乃得道者之言。其问答之原文如下：

佛告光严童子："汝行诣维摩诘问疾。"光严白佛言："世尊，我不堪任诣彼问疾，所以者何？忆念我昔出毗耶离大城，时维摩诘方入城，我即为作礼而问言：'居士从何所来？'答我言：'吾从道场来。'我问：'道场者何所是？'答曰：

'直心是道场，无虚假故。

图-1　三"阳"开泰图

---

① 《孟子·尽心上》孟子曰："莫非命也，顺受其正。是故知命者，不立乎岩墙之下。尽其道而死者，正命也。桎梏死者，非正命也。"

发行是道场，能办事故。

深心是道场，增益功德故。

菩提心是道场，无错谬故。

布施是道场，不望报故。

持戒是道场，得愿具故。

忍辱是道场，于诸众生心无碍故。

精进是道场，不懈退故。

禅定是道场，心调柔故。

智慧是道场，现见诸法故。

慈是道场，等众生故。

悲是道场，忍疲苦故。

喜是道场，悦乐法故。

舍是道场，憎爱断故。

神通是道场，成就六通故。

解脱是道场，能背舍故。

方便是道场，教化众生故。

四摄是道场，摄众生故。

多闻是道场，如闻行故。

伏心是道场，正观诸法故。

三十七品是道场，舍有为法故。

谛是道场，不诳世间故。

缘起是道场，无明乃至老死皆无尽故。

诸烦恼是道场，知如实故。

众生是道场，知无我故。

一切法是道场，知诸法空故。

降魔是道场，不倾动故。

三界是道场，无所趣故。

师子吼是道场，无所畏故。

力无畏不共法是道场，无诸过故。

三明是道场，无余碍故。一念知一切法是道场，成就一切智故。

如是，善男子、菩萨若应诸波罗蜜教化众生，

诸有所作、举足、下足，当知皆从道场来，住于佛法矣。'

说是法时，五百天人，皆发阿耨多罗三藐三菩提心，故我不任诣彼问疾。"

第十一章　泰卦：胜而不骄，持盈保泰

（Prosperity，Peace）

☷☰卦名：泰［地天］——第十一卦

一、经文

卦辞：泰：小往大来，吉亨。

《彖》曰：泰，小往大来，吉亨。则是天地交，而万物通也；上下交，而其志同也。内阳而外阴，内健而外顺，内君子而外小人，君子道长，小人道消也。

《象》曰：天地交，泰。后以财成天地之道，辅相天地之宜，以左右民。

《序卦传》：履而泰，然后安，故受之以泰。泰者，通也。

《杂卦传》：否、泰，反其类也。

爻题	爻辞	小象辞
初九	拔茅茹，以其汇，征吉。	拔茅征吉，志在外也。
九二	包荒，用冯河，不遐遗，朋亡，得尚于中行。	包荒，得尚于中行，以光大也。
九三	无平不陂，无往不复，艰贞无咎。勿恤其孚，于食有福。	无往不复，天地际也。
六四	翩翩不富，以其邻，不戒以孚。	翩翩不富，皆失实也。不戒以孚，中心愿也。
六五	帝乙归妹，以祉，元吉。	以祉，元吉，中以行愿也。
上六	城复于隍，勿用师。自邑告命，贞吝。	城复于隍，其命乱也。

爻题	卦体	卦象	卦德	人伦
上六 六五 六四	坤	地	顺	母 <u>外卦、上卦</u>
九三 九二 初九	乾	天	健	父 <u>内卦、下卦</u>

二、前言

泰卦上卦为坤，是地在上；下卦为乾，是天在下。这与自然界中天在上、地在下，刚好相反，但反而用来代表通泰和安泰的泰卦。从气的流动来解释，上卦为坤，代表地之气和阴气；下卦为乾，代表天之气和阳气。阴气在上而下降，阳气在下而上升，故阴阳二气能上下交会和合于中，有利于事物的通泰和发展，故本卦的卦名为泰。

以十二消息卦来看（见"附录一"），泰卦是阴历正月之卦，此卦上卦坤之三爻为阴，下卦乾之三爻为阳，中国人在春节时常说"三阳开泰"的"泰"便是指泰卦的卦象，因为"三阳生于下，取其冬去春来，阴消阳长，有吉亨之象，多用作岁首称颂之辞。"[1] 泰卦"乾在下坤在上，乾坤交泰是一种好的象征，显示天地间的万物都有生意，在一年的开始能平安通泰，那么整年就能顺利如意。"[2] 吉祥图案中的"三阳开泰图"（如图 -1），画中有三只羊，为吉祥的表征，因"羊"与"阳"谐音，并且羊又有吉祥之义。

复卦（☷☳）是十一月卦，时为冬至前后，天寒地冻，此时阳气已潜伏于地下，代表一元复始、一阳来复。复卦初九之上再添一阳，则为二阳在下，代表阳气逐渐壮大充满于地下的临卦（☷☱），这是十二月卦。进而至春天的

---

[1] 见台北故宫博物院《明宣宗画三阳开泰图轴》之说明文字，http：//catalog.ndap.org.tw/dacs5/System/Exhibition/Detail.jsp？OID=1084954。

[2] 见台北故宫博物院《元人三羊开泰图轴》之说明文字，http：//catalog.digitalarchives.tw/dacs5/System/Exhibition/Detail.jsp？OID=2469480。

正月，三阳开泰，代表上下沟通顺畅的泰卦（☷）。至二月，四阳在下，三、四之人位亦皆为阳爻，为阳气声势强盛的大壮卦（☷）。三月夬卦（☷），"上六"一阴在上，将为在下之五阳决除，而成为六爻皆阳之乾卦（四月卦☰）。此阳爻生息（长），阴爻消退的变化的次递。

《易经》上经三十卦，始于乾、坤（天地）二卦，而终于坎（水）离（火）二卦，而中间是以泰否两卦为转折的枢纽。否极泰来，剥极必复，是天地间自然循环的法则，君子知此理，能静观变化，与时进退。

《易经》下经三十四卦，始于咸恒（夫妇）二卦，而终于既济（水火）未济（火水）二卦，而中间是以损益两卦为转折的关键。得失吉凶，进退变化，是人世间因果相依的道理，君子自强不息，退而能守道，进而趋时[1]。上经共三十卦，由乾坤至泰否，在卦序上相差十卦，代表十年为一世的一个循环；下经共三十四卦，咸恒至损益，在卦序上亦相差十卦。我们善于观察环境"泰否"之循环变化，故能在企业经营和个人修身上，知所"损益"，而趋吉避凶，此《易》道之妙也。《论语·子路》子曰："君子泰而不骄，小人骄而不泰。"此孔子教人要不骄傲才能持盈保泰。

三、经文解释

【卦辞】泰：小往大来，吉亨。

【彖辞】泰，小往大来，吉亨，则是天地交，而万物通也；上下交，而其志同也。内阳而外阴，内健而外顺，内君子而外小人，君子道长，小人道消也。

否卦上卦为干、为天、为阳、为大；下卦为坤、为地、为阴、为小。泰卦与否卦互为综卦。泰卦是由否卦的下卦之阴，往而居泰卦之上；否卦上卦之阳，来而居泰卦之下。有"小往大来"之象，故形成泰卦。泰卦下卦为乾、

---

[1] 尚秉和，《周易尚氏学》第75-76页，台北：老古出版社1993年。

为天、为阳；上卦为坤、为地、为阴。阴气在上而下行，阳气在下而上行，代表天地之气相交，而万物都能合和通畅。

在一个组织内，若在上位的主管与在下的员工能将心比心，以心交心，而有相同的志向，则此组织必能安泰。志向相同是指上下目标的一致性（congruence）和利益的共享。要达到志气相投，上下之间要有畅通的沟通管道（communication channels），使在下者敢言，而在上者又能虚心受教，以取得共识（consensus），同心协力将事业经营成功。泰卦的内卦是三阳之乾，外卦是三阴之坤，代表内部刚健而外部和顺的情境，也象征君子在组织的核心之内，而小人被排除在外。泰卦是一月立春之卦，下卦之三爻向上成长，而形成大壮卦。一步一步地培养好的德行，并逐渐去除自己各方面的缺失，则将为一成德之君子。

【大象】天地交，泰。后以财成天地之道，辅相天地之宜，以左右民。

"后"代表天子和诸侯，即南面而王的领导者。财可训为裁，裁成有剪裁调整而促成的意思。《尚书·皋陶谟》曰："天工，人其代之。"即有裁成天地之道的意思，"左右"是帮助、辅助的意思。天地的阴阳之气交融通泰，领导者体悟了天地交泰之象，因而能掌握天地之间的道理，以辅助天下的事物，使其各得其宜。在辅助人民时，能顺其德能，或左或右，各施展其所长，而不失于中也。

【序卦传】履而泰，然后安，故受之以泰，泰者通也。

履卦讲的是履行实践而合于礼与理，因而能够舒泰而得到平安，所以履卦之后接着是泰卦，泰有畅通的意思。

【杂卦传】否、泰，反其类也。

否卦（䷋）和泰卦（䷊）互为综卦，《杂卦》以每两卦为一组，相提并论的两卦非综（反对卦）即错（正对卦），并且是以六十四卦的卦序中是奇数卦和与其相邻的下一个偶数卦为一组（例如泰卦第十一和否卦第十二）。尚秉和曰："阴阳相交，称为类。"[①]否卦阴阳不交，泰卦阴阳相交。泰卦九二离开下卦的三个阳爻中的另外二个阳爻，而上行与六五爻阴阳相应，"阴阳相遇，方为类。[②]"反训为返，有返回之意。故曰："反其类。"

【爻辞】初九，拔茅茹，以其汇，征吉。
【小象】拔茅征吉，志在外也。

拔起根和根相连的茅草，有如下卦的三个阳爻相连，互相提携，共同上进，如果能同心协心共同向外发展具有挑战性的事业，这是吉祥的。汇，因其类相近，而聚集在一起。

【爻辞】九二，包荒，用冯河，不遐遗，朋亡。得尚于中行。
【小象】包荒，得尚于中行，以光大也。

"九二"以刚爻居阴之位，在下卦之中，上有"六五"与其正应，是泰卦的主爻之一[③]。"九二"能有包容荒废事物的宽容度量，又有下定决心渡河的勇气，能以不安于泰平之世的果断刚健精神，发奋改革，虽包容但却不姑息养奸。能不遗弃远方的群众，又不结朋党以营私。这都是因为崇尚中道，其作为使得近悦而远来，故能光大通泰。

包，包容。荒，汉《易》多作芜，是大川的意思，又训为虚。荒则可训为远大。"包荒"即是"包容八荒"，是指能体天地之心，包容天下之万物，

---

① 尚秉和《周易尚氏学》第337页。
② 同上，第25页。
③ 李光地在《周易折中》一书中，认为"九二"和"六五"分别是泰卦的成卦之主和主卦之主。

不遗弃远方的民众。二、五两爻相应，五爻虚而无阳，二爻往上行去包纳之，而行至五爻之位。"用冯河"程颐在《伊川易传》解释如下："泰宁之世，人情习于久安，安于守常，惰于因循，惮于更变，非有冯河之勇，不能有为于斯时也。'冯河'谓其刚果是以济深越险也。自古泰治之世，必渐至于衰替。（六五爻）盖由狃习安逸，因循而然，自非刚断之君；（九二爻）英烈之辅，不能挺特奋发以革其弊也。故曰：'用冯河。'"冯河是涉河。遐，训为远。上卦为坤，坤的三个阴爻代表朋友在一起，六五之君离开朋友，而虚心受教于在下的九二之臣。

《论语·阳货》子张问仁于孔子。孔子曰："能行五者于天下，为仁矣。"请问之。曰："恭、宽、信、敏、惠。恭则不侮，宽则得众，信则人任焉，敏则有功，惠则足以使人。"恭敬待人则不受人欺侮，宽厚对下则得众人支持。"宽则得众"的宽是宽容、包容之意，所谓"宰相肚内好撑船"是也。然而宽厚的人，常常优柔寡断，遇到重大事情时犹豫不决，不能当机立断。有时候谁都不敢或不愿意得罪，反而是进退失据，一事无成。

泰卦二、五两爻若交换位置，则泰卦（☷）变成既济卦（☲）。既济卦阴爻在阴位，阳爻在阳位，皆居正位。其"六二"爻和"九五"爻皆有中正之德。从通泰之运到中正之行，故能大放光明。

【爻辞】九三，无平不陂，无往不复，艰贞无咎。勿恤其孚，于食有福。
【小象】无往不复，天地际也。

《帛书易》中"陂"作"波"①，"无平不陂"是指一路平坦的大道上，总会有危险倾斜和有波折的路段（slippery slope）。"无往不复"是指过往的历史，经常会从新上演。"九三处"下卦之极，有承平已久之象，在上下卦天地交会之际，"九三"爻已经到了下卦之极，泰卦之上卦三阴恐将回复向下，

---

① 廖名春《马王堆帛书周易经传释文》（《续修四库全书》经部第一册），上海古籍出版社1995年。

转泰为否。此时若能保持有如处艰难之世的谨慎小心，而守贞正之道，则可以无咎。只要能在艰难之下，守住贞正之道、克勤克俭、持盈保泰，则可以保有自己的福禄，而不必忧恤险陂是否会来临。

张蕴古作《大宝箴》一文呈给唐太宗（见"附录二"），其文曰："故以一人治天下，不以天下奉一人……乐不可极，乐极生哀；欲不可纵，欲纵成灾。"① 皆是劝领导者不可因一时之成功而自大自满。

【爻辞】六四，翩翩不富，以其邻，不戒以孚。

【小象】翩翩不富，皆失实也。不戒以孚，中心愿也。

"六四"居上卦三阴爻之始，在天地阴阳交会之际，由于三阴在上，是虚而不实，所以"六四"能结合其邻近的"六五"和"上六"两爻，本着其心中之愿，向下翩翩飞去，愿与下卦有实力的三阳爻相交心而齐同其志向。此一行动因为是出自其内心的真诚，所以不必再告诫占者要有诚信。《周易折中》引用李简的注解曰："阴气上升，阳气下降，乃天地之交泰也。上以谦虚接乎下，下以刚直事乎上，上下相孚，乃君臣之交泰也。君臣交泰，则天下泰矣！故下三爻皆以刚直事其上，上三爻皆以谦虚接乎下。""九四"爻正当上下卦相交之际，"翩翩不富，以其邻"（谦卦"六五"也有"不富，以其邻"的爻辞）代表能以谦虚的态度对待接邻于下的三个刚直之阳爻，特别能说明李简的论点。

【爻辞】六五，帝乙归妹，以祉，元吉。

【小象】以祉元吉，中以行愿也。

帝乙是商朝的一位皇帝，归妹是妹妹出嫁，《易经》的第五十四卦是归

① 张居正著、陈生玺、贾乃谦整理《帝鉴图说评注》第 148 页，郑州：中州古籍出版社1996 年。

妹卦。祉，音只，《说文》训为福。祉字右边的偏旁是止，《老子》曰："知足不辱，知止不殆。"欲望少，就容易知足；惜福知足的人，就能够时常生活在快乐之中。"知止"不是不求上进，而是知道自己的时位，而不强求，此乃求福之道。"以祉"，训为有福祉，是指福所止而不移也；"元吉"，大吉。爻辞是说皇帝的妹妹"纡尊降贵"出嫁，而能放下皇家的尊贵身段，以礼义顺从其夫，心甘情愿，知足惜福。"六五"爻以其柔中而和下卦"九二"爻的刚中相应，上下交心而志向相同，阴阳相合故为相与。有如帝乙将其其妹妹下嫁给在下的贤者，因为能以中道实行其愿望，故能得到福祉，而获得大吉祥了。

顾颉刚考证"帝乙归妹"此爻辞，认为这是记载了商周联姻之事。商王文丁囚杀周族首领季历，季历之子西伯昌（周文王）即位后，蓄聚兵力打算为父报仇。此时商朝过到人方叛乱，为避免两面受敌，帝乙决定将胞妹嫁给西伯昌，希望能透过联姻重修旧好。顾颉刚指出《诗经·大明》中的"大邦有子，俔天之妹。文定厥祥，亲迎于渭。造舟为梁，不显其光"，即描写此事①。

【爻辞】上六，城复于隍，勿用师。自邑告命，贞吝。
【小象】城复于隍，其命乱也。

城墙倒塌的泥土倾覆到护城河中，这都是领导者政令混乱、平时维修不力所造成的，不能以天命为借口。此时人心已离散，不可以轻举妄动用军队攻伐他方来转移人民对内政的不满。应该先下诏罪己，从自己亲近的部属和城邑开始整治，坚守最后的阵地②。在此时位，虽能守正于危难已经发生之后，但因不能防患于未然之先，恐怕还是会遭受到羞辱。隍在《帛书易》中作"湟"③，是挖土筑城墙而后形成的护城河（moat）或壕堑（见图–2）。

---

① 顾颉刚《周易卦爻辞中的故事》，燕京学报 1929 年。
② 尚秉和《周易尚氏学》。
③ 廖名春《马王堆帛书周易经传释文》（《续修四库全书》第一册）。

图-2　老照片中北京宣武门外的护城河[①]

四、总论

在泰卦之时阴阳相交，协和而畅通，故有安泰、通泰的意思。处泰之时应居安思危，在下之三阳爻要的团结一致而上进，在上之三阴爻要能虚心求教于下，故能上下交心，协同一致，而持盈保泰。在成功的高潮时能勇于看坏，处顺境中有居安思危的忧患意识；在失败的低潮时能勇于看好，居逆境时持正面思考（positive thinking）的乐观态度。"九三"爻辞曰："无平不陂，无往不复"，此即"泰极否来、否极泰来"之义，也正是《易经》泰、否两卦及整个《易经》的主要精神。冯友兰以"反者道之动"来解读此一思想（见"附录三"）。丘吉尔（Winston Churchill）曾说过："悲观者在每个机会中找到困难之所在，乐观者于任何困境中都能看到机会（A pessimist sees the difficulty in every opportunity.An optimist sees the opportunity in every difficulty.）。"易道可算是在顺境中带点悲观，在逆境中能以乐观谨慎的态度来对待，细读"否、泰"两卦即可体会此意。

台湾纬创的老板林宪铭从宏基创办人施振荣身上学到了在面对高低潮时，要"勇于看好，也勇于看坏[②]"，只要确认可以承担最严重的后果，就应该不怕变革而勇往直前，也就是要建立"未想赢，先想输"的心态，能居

---

① 来源：http://blog.sciencenet.cn/home.php？mod=space&uid=117857&do=blog&id=381742

② 旷文琪、胡钊维《林宪铭：施振荣教我要忍才会赢》，工商时报 2004 年 08 月 19 日。

安思危，这种态度让林宪铭在经营纬创时受用无穷。若能"期望最好的结果，但是同时也做最坏的打算（Hope for the best，but prepare for the worst.）"则可保万无一失矣！

《礼记·曲礼第一》开宗明义即说："毋不敬，俨若思①，安定辞，安民哉！敖②不可长，欲不可从③，志不可满，乐不可极。"这是以泰卦的训示为基础，提出了更明确的"持盈保泰"所应有之修为。"毋不敬"，是指心存诚；"俨④若⑤思"，是指外表的容貌举止庄重，顺从其内心恭敬之思；"安定辞"，是指言谈稳重平和。"内心、容貌、言谈"三者皆合乎礼，则可长保国泰民安。骄傲之心，不可让其增长，不然"骄兵必败"；情欲不可放纵，不然人就会跟从情欲走，而迷失了本性，以至沦为禽兽。人不可志得意满，否则将目中无人，而终将为人所弃。过分快乐而不知节制其极限，则必轻忽职守、乐极生悲。

心存敬意是礼的基础，此乃禀《易经》中"天地之大德曰'生'"的"尊生"理念（尊重万物的生命）。所谓"诚于中，形于外"，诚敬之心表达于外者，即是我们的言行。"俨若思"是行，顺者诚敬之心，则行为态度自然庄敬。意指我们在行事应物之际，能以庄严的态度，用心思将事情做得完美。"安定辞"是言，是说我们在言谈上不疾不徐、不偏不激，故能给人一种安定的力量。《礼记》中的这些警语值得我们在平时，尤其是成功时，作为自省的参考。宋儒程颐提倡"主敬存诚"，有"涵养须用敬，进学在致知"的名言，乃《曲礼篇》的发挥。

---

① 《论语·季氏》子曰："君子有九思：视思明，听思聪，色思温，貌思恭，言思忠，事思敬，疑思问，忿思难，见得思义。""九思"亦可引用来做"俨若思"之解释。其中"色思温"是指待人接物时要省思态度神色是否和悦温雅。"貌思恭"是指反省自己态度是否恭敬。

② 敖，傲也，骄傲之意。

③ 从，纵也，放纵之意。

④ 俨，训作庄重、恭敬。《诗经·陈风·泽陂》："有美一人，硕大且俨。"毛亨《毛诗古训传》曰："俨，矜庄貌。"

⑤ 刘兆祐依甲骨文和金文的字形，将"若"训为顺，有顺从之意。见刘兆祐《中国古文字学》。《尚书·尧典》"钦若昊天"的若，有敬顺的意思。

《论语·学而》中"子贡曰：'贫而无谄，富而无骄，何如？'子曰：'可也；未若贫而乐，富而好礼者也。'"富、泰义同。孔子认为富泰而不骄还不够，富泰而好礼才能保泰而不至于转为否。泰卦下三阳之气上升，上三阴之气下降，于中合之。阴阳交流而能和合故以"泰"名此卦。孔子曰："礼之用，和为贵。"①《易经·序卦传》曰："履而泰，然后安，故受之以泰。"履者，理也、礼也。知理达礼，才能安和顺泰。泰之时，仍能克己复礼，则可长保其泰。

五、《易经》思维动动脑

1. 为何成功的企业，难以维持长久？
2. 试分析"泰极否来、否极泰来"的道理。
3. 为何"地在上，天在下"的地天卦名为泰卦而不是否卦？
4. 持盈保泰的方法为何？

附录一：十二月消息卦（十二辟卦）

消息卦阳息阴消，阳之盈长（复至乾）为"息"，阴之增强（姤至坤）为"消"。

消息卦（阳息阴消）		月份	时辰（方位）
䷗	复［地雷］	11	子（北）
䷒	临［地泽］	12	丑
䷊	泰［地天］	1	寅
䷡	大壮［雷天］	2	卯（东）
䷪	夬［泽天］	3	辰
䷀	乾［为天］	4	巳

---

① 《论语·学而》。

消息卦（阳息阴消）		月份	时辰（方位）
䷫	姤［天风］	5	午（南）
䷠	遁［天山］	6	未
䷋	否［天地］	7	申
䷓	观［风地］	8	酉（西）
䷖	剥［山地］	9	戌
䷁	坤［为地］	10	亥

附录二:《帝鉴图说·纳箴赐帛》[①]

《帝鉴图说》是明代内阁首辅、大学士张居正亲自编撰，供当时年仅十岁的小皇帝明神宗（万历皇帝）阅读的教材，由一个个小故事构成，每个故事配有插图。全书分为上、下两篇；上篇是足以为法的《圣哲芳规》，讲述了历代帝王的励精图治之举；下篇是足以为戒的《狂愚覆辙》，剖析了历代帝王倒行逆施之祸。

【原文】唐史纪：太宗即位，张蕴古上《大宝箴》，其略曰："今来古往，俯察仰观，惟辟作福，为君实难。圣人受命，拯溺亨屯。归罪于己，因心于民。大明无私照，至公无私亲，故以一人治天下，不以天下奉一人。勿谓无知，居高听卑；勿谓何害，积小就大；乐不可极，乐极生哀；欲不可纵，纵欲成灾。壮九重于内，所居不过容膝，彼昏不知，瑶其台而琼其室。罗八珍于前，所食不过适口，惟狂罔念。丘其糟而池其酒，勿内荒于色，勿外荒于禽。勿贵难得货，勿听亡国音。勿谓我尊而傲贤慢士，勿谓我智而拒谏矜己。安彼反侧，如春阳秋露；巍巍荡荡，恢汉高大度。抚兹庶事，如履薄临深，战战栗栗，用周文小心。《诗》云：'不识不知'。《书》曰：'无

---

① 张居正编著《帝鉴图说》，昆明：云南美术出版社 2006 年。

偏无党'。众弃而后加刑，众悦而后行赏，勿浑浑而浊，勿皎皎而清，勿汶汶而暗，勿察察而明。虽冕旒蔽日，而视于未形，虽缬纩塞耳，而听于无声。"上嘉之，赐以束帛，除大理丞。

【张居正解】唐史上记，太宗初登极时，有一书记官张蕴古上《大宝箴》一篇。大宝是人君所居的宝位，箴是儆戒之辞，人臣不敢直说是箴规天子，故以大宝名箴，这箴中的言语，字字真切，句句有味，从之则为尧舜，反之则为桀纣，人君尊临大宝，须把这段说话常常在目，做个箴规，方可以长保此位，所以名大宝箴。太宗深以蕴古之言为善，赐他束帛，升他做大理寺丞。观太宗纳善之速如此，其所以为唐之令主而成贞观之治者，盖得于是箴为多。

【注】本则出自《旧唐书》卷一〇。"惟辟作福"出自《尚书·洪范》，意为只有天子造福。辟，天子、诸侯的通称。亨屯，谓解救危难。亨，通顺；屯，艰难。大明，指太阳。汶汶，昏愚不明貌。察察，苛察小事自以为精明。缬纩，黄色的丝绵。古代帝王戴冕，两旁各带一小团黄绵，表示不听无益之言。

附录三：反者道之动 [1]

在自然界和人类社会的任何事物，发展到了一个极端，就反向另一个极端；这就是说，借用黑格尔的说法。一切事物都包含着它自己的否定。这是老子哲学的主要论点之一，也是儒家所解释的《易经》的主要论点之一。这无疑是受到日月运行、四时相继的启发，农人为了进行他们自己的工作对这些变化必须特别注意。《易经·系辞传下》说："寒往则暑来，暑往则寒来。"《易经》丰卦的象辞曰："日中则昃，月盈则食。"这样的运动叫做"复"。复卦的象辞则说："复，其见天地之心乎！"《老子》第四十章也有相似的话：

---

[1]　摘录自冯友兰《中国哲学简史》第二章《中国哲学的背景》。

"反者道之动。"这个理论对于中华民族影响很大，对于中华民族在其悠久历史中胜利地克服所遭遇的许多困难，贡献很大。由于相信这个理论。他们即使在繁荣昌盛时也保持谨慎，即使在极其危险时也满怀希望。在前不久的战争中，这个思想为中华民族提供了一种心理武器，所以哪怕是最黑暗的日子，绝大多数人还是怀着希望度过来了，这种希望表现在这句话里："黎明即将到来。"正是这种"信仰的意志"帮助中国人民度过了这场战争。这个理论还为中庸之道提供了主要论据，中庸之道，儒家的人赞成、道家的人也一样赞成。"毋太过"历来是两家的格言。因为照两家所说，不及比太过好，不做比做得过多好。因为太过和做得过多，经常会有适得其反的危险。

第十二章 否卦：正面思考，否极泰来

（Stagnation，Blockage）

卦名：否［天地］——第十二卦

一、经文

卦辞：［否：］否之匪人，不利君子贞，大往小来。

《彖》曰：否之匪人，不利君子贞。大往小来，则是天地不交，而万物不通也；上下不交，而天下无邦也。内阴而外阳，内柔而外刚，内小人而外君子。小人道长，君子道消也。

《象》曰：天地不交，否。君子以俭德辟难，不可荣以禄。

《序卦传》：物不可以终通，故受之以否。

《杂卦传》：否、泰，反其类也。

爻题	爻辞	小象辞
初六	拔茅茹，以其汇，贞吉亨。	拔茅贞吉，志在君也。
六二	包承。小人吉，大人否亨。	大人否亨，不乱群也。
六三	包羞。	包羞，位不当也。
九四	有命无咎，畴离祉。	有命无咎，志行也。
九五	休否，大人吉。其亡其亡，系于苞桑。	大人之吉，位正当也。
上九	倾否，先否后喜。	否终则倾，何可长也。

爻题	卦体	卦象	卦德	人伦
上九 九五 九四	乾	天	健	父	外卦、上卦
六三 六二 初六	坤	地	顺	母	内卦、下卦

二、前言

否卦与泰卦互为综卦（反对卦），故其义与泰卦相反。否，音 pǐ，是闭塞不通的意思[①]。否字上下拆开来为"不、口"二字，代表言路不通，上下没有良好的沟通管道，所以造成否塞之势。

否之时，小人当道，下情不能上达，上令不能下行。小人当道时必然蒙上欺下，一则逢迎上面领导者的坏毛病，一面排挤贤臣，并引进群小以包围高阶主管，故得以蒙上欺下。孟子曰："长君之恶其罪小，逢君之恶其罪大。今之大夫，皆逢君之恶，故曰：'今之大夫，今之诸侯之罪人也。'"[②] 孟子对逢迎、引诱长官未萌之恶习的人是深恶痛绝的。小人当道，必将正人君子排除在权力核心之外，并且报喜不报忧，使得为君者不知民间疾苦，而得以受其挟制。

洪武十年，明太祖谕大臣曰："清明之朝，耳目外通。昏暗之世，聪明内蔽。外通则下无壅遏，内蔽则上如聋瞽。国家治否，实关于此。朕常患下情不能上达，得失无由以知，故广言路以求直言。其有言者，朕皆虚心以纳之。尚虑微贱之人敢言而不得言，疏远之士欲言而恐不信，如此则所知有限，所闻不广。其令天下臣民，凡言事者，实封直达朕前。"[③] 洪武十三年罢相，太祖集君权、相权于一身，由内阁大学士协助皇帝办公，其签注

---

① 《广雅》："否，隔也。"《匡谬正俗》："否者，蔽固不通之称。"

② 语出《孟子·告子篇》。

③ 《明太祖宝训》来源：http：//www.meet-greatwall.org/sjfz/sj/bx/index.htm

的意见靠宦官来转达，给予宦官干政的机会，朱元璋曾立铁牌"内臣不得干预政事，预者斩"，然而明朝的朝政在明成祖开始就一直为宦官所把持①。位高权重之士或有直言之心，然在上位者无容直言之雅量，又无求直言之法，故易遭群小蒙蔽，于是对局势之好坏、人才的良窳，无法明辨，此乃古往今来管理上的大问题。

企业主管在经营事业时，应该与员工以及企业的顾客保持密切、直接的联系，和良好的沟通，随时了解他们的感受和意见。对任何决策一定要听正反两方的意见，再做定夺。如果领导者的耳目被小人和近臣蒙蔽了，不通晓外情，长此以往，事业必将失败。

现代的资讯系统利用数据库（database）储存各类资源的基本资料及相关的异动资料，公司内外历史资料可以再汇总于数据仓储（data warehouse）中，然后再以图表等方式呈现给管理者使用，并主动对异常状况提出警示，以便他们即时掌握各项绩效之指标。利用商业智能（business intelligence）相关的技术，如线上分析处理技术、数据挖矿（data mining）和数据展现（data visualization），企业经理人可以追根究底找出影响绩效的因素（performance drivers）为何，而对症下药。除了正式的资讯系统外，管理者也要通过一些非正式的管道去搜集一些软性的信息（soft data），例如顾客的意见，以全面了解掌握企业营运的实际情况。

三、经文解释

【卦辞】［否：］否之匪人，不利君子贞，大往小来。

卦辞原文为："否之匪人，不利君子贞，大往小来。"无卦名。高亨曰："否字当重，'否：否之匪人'者，上否字乃卦名，下否字乃卦辞。"② 在否的

---

① 柏杨《中国人史纲》，台北：远流出版社 2002 年。
② 高亨《周易古经今注》。

时候，一群小人得势，做出许多见不得人的事，此时君子若固守正道，常常会遭小人的嫉恨而对其不利，是故君子常被排挤在外。有先见之明的君子有时也会主动远走他方，以避免被在权利核心的小人所陷害。

【彖辞】否之匪人，不利君子贞，大往小来，则是天地不交，而万物不通也；上下不交，而天下无邦也。内阴而外阳，内柔而外刚，内小人而外君子。小人道长，君子道消也。

泰卦下卦为乾、为天、为阳、为大；上卦为坤、为地、为阴、为小。泰卦与否卦互为综卦。否卦是由泰卦的上卦之阴，来而居否卦之下；再由泰卦下卦之阳，往而居否卦之上，故曰"大往小来"而形成否卦。否卦上卦为乾、为天、为阳；下卦为坤、为地、为阴。否卦下卦坤代表阴气在下而下行，上卦为乾代表阳气在上而上行，阴阳二气越行越远，代表天地之气不相交，故万物不能合和而畅通。

在一个组织内，若在上位的主管与在下的员工离心离德，则"天下无邦"，组织将分崩离析，而不能成事。否卦的内卦是三阴之坤，外卦是三阳之乾，故曰"内阴而外阳"。有内心柔弱而外表故作刚强的现象，故曰"内柔而外刚"。这也可以代表小人在组织的核心之内，而君子被排除在外，故曰"内小人而外君子"。否卦是七月立秋之卦，下卦之三阴爻向上成长，有小人的势力一步一步地扩张，而君子逐渐地远离权力核心之象，故曰"小人道长，君子道消也"。

刘向曰："故《易》有否、泰。小人道长，君子道消，君子道消，则政日乱，故为否。否者，闭而乱也。君子道长，小人道消，小人道消，则政日治，故为泰。泰者，通而治也。[①]"《杂卦传》最后二句为："夬，决也，刚决柔也。君子道长，小人道忧也。"此外《易经》与《论语》中都再三明辨君子和小

---

① 语出《汉书·楚元王传第六》。

人之分野^①。君子小人势力之消长，乃否泰之原由也，可不深究乎？

【大象】天地不交，否。君子以俭德辟难，不可荣以禄。

天地之气不相交流，此乃否塞不通之现象。这代表小人当道时，君子以勤险之德来避难，也不会因禄位之荣华富贵而出来做官。

【序卦传】物不可以终通，故受之以否。

泰卦是通的状态，但事物不可能永久畅通无阻，事情一直都太顺利了，就生轻慢自大之心，最后就造成上下闭塞不通的"否"，所以泰卦之后接着就是否卦。

【杂卦传】否、泰，反其类也。

否和泰是完全相反的两个卦，互为综卦，同时也互为错卦。正反看、左右看，不论怎么看都是相反的。仔细研究否泰两卦的经文就会发现，"泰中有否，否中有泰"。这与老子所谓："福兮祸之所倚，祸兮福之所伏。"^②是同一个道理。

【爻辞】初六，拔茅茹，以其汇，贞吉亨。
【小象】拔茅贞吉，志在君也。

"初六"爻辞与泰卦"初九"爻辞十分近似，拔起根根相连的茅草，象

---

① 《论语》共有八十六章提到"君子"一词，大多是指有德之人，但是有时候则是指有地位的贵族或有官位的人（如《论语·公冶长》子谓子产"有君子之道四焉：其行己也恭，其事上也敬，其养民也惠，其使民也义"）。英文中之 gentleman 亦有此二义。
② 见《老子》第五十八章。

征下卦的三个相连的阴爻，若能守着正道，相互勉励，立志效法在上的君子，则能吉祥而亨通。

【爻辞】六二，包承。小人吉，大人否亨。
【小象】大人否亨，不乱群也。

包容承顺，是小人（无位之人）处否之时避凶趋吉的方法。大人"不乱群"，不愿意与小人同流合污，故虽一时否塞不通，但若能居中守正，终能亨通。此爻又可解为在上"九五"的大人能够闭阻在下三个阴爻营结私党的管道，不让他们扰乱群众，并能鼓励他们合群向上，所以可打开否塞的局面而得以亨通。

【爻辞】六三，包羞。
【小象】包羞，位不当也。

"六三"居下卦众阴之上，爻位不中又不正，所处的位置不恰当，象征包藏在下小人所做的羞于见人之事。

【爻辞】九四，有命无咎，畴离祉。
【小象】有命无咎，志行也。

畴，类也。离，丽也，有附丽的意思。祉，福祉也。"九四"爻所处之时位，代表否卦之时与势已过半，"九四"承"九五"的命而为其所领导，以刚爻居阴位，顺势而行其所当行之志，又能与同一畴类的君子一起努力，而共谋其福祉，故能无咎。

【爻辞】九五，休否，大人吉。其亡其亡，系于苞桑。
【小象】大人之吉，位正当也。

第十二章　否卦：正面思考，否极泰来

319

"九五"是居中、正之位的大人，其位正当，能消除否的势力，在君子而言是吉祥的。你以为否已经消亡、灭亡了，但否之时人小的势力，盘根错节，仍然牵连不断，有死灰复燃的可能，君子不可因为否已经消退了就掉以轻心。"其亡其亡，系于苞桑"是说："将要亡了！将要亡了！因为怕亡失了，所以将重要的物品系于根深蒂固丛生的桑树上，因而得以保全。"① 因此孔子在《系辞传》中为此爻加上了如下的注解："危者，安其位者也；亡者，保其存者也；乱者，有其治者也。是故君子安而不忘危，存而不忘亡，治而不忘乱。是以身安而国家可保也。"孔子说："安于现有地位而不知防范危难者，是将面临危险的人；只知保存其既有的成果而不求上进，是即将遭遇灭亡的人；自满于其所拥有的功业，是即将遇到衰乱的人。所以君子安稳的时候不会忘记可能危险，而知道避险；生存时不会忘掉可能灭亡的原因，而能加以防治；治理上轨道时，不会忘了衰乱的因素，而知去防止乱的发生。能如此，自己的身体性命才能得到安全，而国家也能保得住。"

根据上文"亡者，保其存者也"的意义，"其亡其亡，系于苞桑"的另一种与上面相反的解读是："系于苞桑，其亡！其亡！"其义如下："系于苞桑"是指舍不得现有的状况，而希望永久保持下去，故不愿有所变革，其结果反而是灭亡啊！故曰："其亡！其亡！"。否卦"九五""休否"与"上九""倾否"皆有求改革以解决否的困境之义。对现况不满，不故步自封，皆是改革以出否的动力来源。

"九五"爻乃否道将尽，而最难渡过的时候。孟子曰："舜发于畎亩之中，傅说举于版筑之闲，胶鬲举于鱼盐之中，管夷吾举于士，孙叔敖举于海，百里奚举于市。故天将降大任于是人也，必先苦其心志，劳其筋骨，饿其体肤，空乏其身，行拂乱其所为，所以动心忍性，曾益其所不能。人恒过，然后能改；困于心，衡于虑，而后作；征于色，发于声，而后喻。入则无法家拂士，出则无敌国外患者，国恒亡。然后知生于忧患而死于安乐也。"② 这一段话对

---

① 孔颖达疏："苞，本也。凡物系于桑之苞，本则牢固也。"谓系于根深蒂固而丛生的桑树上。
② 《孟子·告子下》。

在困否处境之人，很有勉励的作用。孟子"生于忧患而死于安乐"的名句，正是《系辞传》"危者，安其位者也；亡者，保其存者也"的最佳注解。

【爻辞】上九，倾否，先否后喜。

【小象】否终则倾，何可长也。

"上九"居否卦之终极，否的状态不可能长久延续下去。否的情况先会走到终极，而被倾倒，再逐渐返回安泰的局面，所后来会有喜庆。否、泰二卦下三爻与上三爻皆相应，然一为吉泰，一为凶否，其决定因素在乎上下卦之阴阳气是否有正面的、畅通的交流和良性的互动。

《周易述义》解此爻之义曰："否终成泰，反其类也。上下易位，有'倾'象焉。取其所以否者而尽倾之，今而后喜可知也。然今虽喜，先之否也久矣。追念先否，则悼往失，而图先事之防。'否而后喜'，则戒骄盈，而毖[1]后日之患，所谓'先天下之忧而忧，后天下之乐而乐'[2]也。"

在否之时，救否的时机和劲道很重要。出手太早，得不到别人的支持；出手太晚，大势已去。用力太轻，效果有限；用力过重，矫枉过正。救否之时必先知造成否的原因，得从根源处入手，将其除去，才是长治久安之策，即上文"取其所以否者而尽倾之"的意思。匡救之对象又应分辨值得救的，无药可救的，或是自作自受不值得救的。否道未极之时，尚未见底，望治之心未切，重建不易[3]。不如倾否，加速让否达到极点，让不该救、无法救的人，事先自行淘汰，以免拖累其他。否极则来泰，此时可以力少而功多，故曰："先否后喜。"

---

① 毖，音必，慎也。
② 范仲淹《岳阳楼记》（见《范文正公集》）。其原文为："不以物喜，不以己悲，居庙堂之高，则忧其民；处江湖之远，则忧其君。是进亦忧，退亦忧；然则何时而乐耶？其必曰：'先天下之忧而忧，后天下之乐而乐'乎！"
③ You cannot rebuild until it hits bottom.

四、总论

2008 年末、2009 年之初，美国与世界各地正面对由次级贷款和房地产大幅下跌而造成前所未有的金融海啸。台湾各界选出 2008 年的代表字是"乱"，指乱七八糟有如否卦的情境。若从文字学而言，乱反训为治①，因为治生于乱。人们处于乱世时，有强烈的向治之心，故治道反而易成；此即《易经》中否极泰来、剥极必复、和贞下启元之理。致否之因有多端：上下言路不通，小人当道君子受其陷害，大环境不好受到影响，自己能力不够，或是眼光不准而对局事判断有误。深切反省，找出真正的原因，对症下药，自然能走出否的困境。

其实否泰虽受环境之影响，而苦乐悲喜却在一念之间。境随心转，心念贵乎自转，能转念则"山重水复疑无路，柳暗花明又一村"。世事难全，与其怨天尤人，烦恼自己无法改变之事，不如身体厉行，去做自己能力所及而能有所贡献的事。在否逆之境中，不抱怨一己所无之物，常珍惜感恩自己所拥有的。若能如此乐观进取，将吃苦视为消业，把苦难当作磨炼，必然可以为成功打下基础。

孔子曰："君子坦荡荡，小人常戚戚。"小人处处与人斤斤计较，又不走正路，故时常担心忧戚。君子做事只求问心无愧，不论否泰，皆能坦然面对成败与挑战。在逆境之中，能将其视为锻炼之机会，而甘之如饴。不预设立场，也不过分坚持己见，"无往而不安，则所在皆适。"②不论何时、何事、何位，皆能无入而不自得。如何自得？万物静观则皆能自得。程颢《秋日偶成》诗曰：

---

① 凡事物不合乎条理皆曰乱。反训是指以相反的意思来解释字义。《尔雅·释诂》乱，治也。《说文》从乙（乚）。乙，治之也。《玉篇》理也。乱字的金文为 [字形]《积微居小学述林》杨树达曰："人以一手持丝，又一手持互以收之。丝易乱，以互收之，则有条不紊，故字训治、训理也。"互的金文为 [字形]，是象形字，是一种卷丝线用的线圈。

② 《庄子·逍遥游》郭象注。

闲来无事不从容，睡觉东窗日已红。

万物静观皆自得，四时佳兴与人同。

道通天地有形外，思入风云变态中。

富贵不淫贫贱乐，男儿到此是豪雄。

　　以积极正面的态度面对困境，虽处苦难之中，也能怡然自处，乐观进取，众人亦乐于与你交往，才会有好运道，危机即转机。态度决定一切，我们要对自己的错误负责，莫将自己的过错或不幸遭遇，责难于他人。"不迁怒，不贰过"之理，乃时时自我反省，有过则改，不迁怒于他人。此理知易行难，唯复圣颜回能之，乃千古一人。吾人虽不能至，然心向往之。生死吉凶，虽说"七分人力三分天"，实则多因悔吝而生。吝者骄傲自大，则由吉转凶。悔者知道反省改过，则能逢凶化吉，远离否道。

　　《论语·雍也》子曰："贤哉！回也。一箪食，一瓢饮，在陋巷。人不堪其忧，回也不改其乐。贤哉！回也。"颜回处否而不以其为否，其行为有如孔子所言"君子食无求饱，居无求安"[①]的写照。《论语·子罕》子欲居九夷。或曰："陋，如之何！"子曰："君子居之，何陋之有？"刘禹锡之《陋室铭》，即本于孔子"何陋之有"一言，其文曰：

山不在高，有仙则名。水不在深，有龙则灵。

斯是陋室，唯吾德馨。苔痕上阶绿，草色入帘青。

谈笑有鸿儒，往来无白丁[②]。可以调素琴，阅金经。

无丝竹之乱耳，无案牍之劳形。

南阳诸葛庐，西蜀子云亭。

孔子云："何陋之有？"

---

① 《论语·学而》孔子的话。

② "往来无白丁"句，带有一点读书人的傲慢心态，是《陋室铭》一文的败笔。

《易经》之作，起于忧患。屯卦、否卦、剥卦、困卦、蹇卦、明夷卦，皆困难艰险之情境，处逆境更要乐观进取，才容易得到贵人之助。一觉醒来，愁眉苦脸也是一天，欢喜迎人也是一天，若能"遇事不钻牛角尖，人也舒坦，心也舒坦"[①]，自然可逢凶化吉。

庄周乃达观之哲人，《庄子·逍遥游》以大鹏鸟和小鸟为喻，大鹏鸟能飞万里之远，但仍赖六月上升的气旋才得以成行；小鸟则随时在林间飞上飞下，而不受拘束。此二鸟大小虽不同，但都做到适合自己个性和才能的事，而自得其乐，不互相羡，这才是真正的逍遥。逍遥者，心灵之解放与自由也。郭象注曰："夫小大虽殊，而放于自得之场，则物任其性，事称其能，各当其分，逍遥一也，岂容胜负于其间哉！"没有比较、胜负的心理，任其性、称其能，待时而动，即是最佳的由否转泰之道。

五、《易经》思维动动脑

1. 为何"小人道长，君子道消"的现象，在组织中屡见不鲜？应如何避免？

2. 试举政治、经济、企业、或个人的否境为例，分析造成否境的主要原因为何？

3. 在否之时，应如何调整心态、突破难关？

4. 主动地"倾否"是否有"打落水狗"的嫌疑？为何有时候要等"否、困"之境到了极点，才出手拯救？

[①] 出自《宽心谣》，据说为赵朴初在92岁高龄时写下的一首勉人达观处世之小诗（也有报道否认为其所著）。赵氏生前曾任中国佛教协会会长，他终生与人为善，与世无争，无忧无虑，乐观豁达。

第十三章　谦卦：谦逊自牧，忍让为公

（Modesty，Humble）

☷☶卦名：谦［地山］——第十五卦

一、易经原文

卦辞：谦：亨，君子有终。

《彖》曰：谦，亨，天道下济而光明，地道卑而上行。天道亏盈而益谦，地道变盈而流谦，鬼神害盈而福谦，人道恶盈而好谦。谦尊而光，卑而不可逾，君子之终也。

《象》曰：地中有山，谦。君子以裒多益寡，称物平施。

《序卦传》：有大者，不可以盈，故受之以谦。

《杂卦传》：谦轻，而豫怠也。

爻题	爻辞	小象辞
初六	谦谦君子，用涉大川，吉。	谦谦君子，卑以自牧也。
六二	鸣谦，贞吉。	鸣谦贞吉，中心得也。
九三	劳谦君子，有终，吉。	劳谦君子，万民服也。
六四	无不利，撝谦。	无不利撝谦，不违则也。
六五	不富，以其邻，利用侵伐，无不利。	利用侵伐，征不服也。
上六	鸣谦，利用行师，征邑国。	鸣谦，志未得也。可用行师，征邑国也。

爻题	卦体	卦象	卦德	人伦
上六 六五 六四	坤	地	顺	母	外卦、上卦
九三 六二 初六	艮	山	止	长男	内卦、下卦

二、前言

中国人一向皆以谦卑为美德，《尚书·大禹谟》曰："惟德动天，无远弗届，满招损，谦受益，时乃天道。"这是说只有德行才能感动天地，不论在多远的人们都会受到影响。自满会招到损失，谦虚会受到益处，只有与时进退才是符合天理的行为。谦虚与满盈、骄吝之义相反。孔子认为即使一个人有才能，但是骄傲吝啬，是不会成大事的[①]。《易经》的谦卦中对于谦德赞叹不已，然而在这事事讲竞争、求表现的时代，我们老祖宗的教诲还管用吗？且看谦卦是如何说的。

谦字有恭敬、退让而不自满，能屈己下物之义。朱子《周易本义》以"有而不居"来解释谦，是说有功绩而不居功。《史记·乐书》云"君子以谦退为礼"，将谦与礼连结在一起，例如我们在进出门时让他人先行，是谦让的表现，也是一种基本的礼貌。

清儒金缨所辑《格言联璧》中有一副联语为："谦卦六爻皆吉，恕字终身可行"，谦卦是六十四卦中，唯一六个爻的爻辞"非吉即利"的卦。谦之二爻曰"贞吉"，初爻和三爻曰"吉"，四和五爻曰"无不利"（没有不顺利的，"无不利"在其他十一卦的爻辞中各出现一次，而于谦卦中两见），上爻曰"利用行师"（连军事行动这么凶险之事都有利，其他事情之吉利，不言而喻）。

---

① 《论语·泰伯》子曰："如有周公之才之美，使骄且吝，其余不足观也已！"

《荀子·宥坐篇》孔子观于鲁桓公之庙，有欹器焉（见图–1），孔子问于守庙者曰："此为何器？"守庙者曰："此盖为宥[①]坐之器，"孔子曰："吾闻宥坐之器者，虚则欹[②]，中则正，满则覆。"孔子顾谓弟子曰："注水焉。"弟子挹[③]水而注之。中而正，满而覆，虚而欹，孔子喟然而叹曰："吁！恶有满而不覆者哉！"子路曰："敢问持满有道乎？"孔子曰："聪明圣知，守之以愚；功被天下，守之以让；勇力抚世，守之以怯；富有四海，守之以谦；此所谓'挹[④]而损之'之道也。"[⑤]

图–1　欹器[⑥]

这段记载是说有一次孔子在祭祀鲁桓公的庙里参观，看见一种倾斜而不易放平的容器，叫做欹。他问守庙的人："这是什么器具？有何功用？"庙中的工作人员说："这大概是人君放在座位右边的一种以示警戒之器具。"孔子说："我听说过这种器具，空着的时候就倾斜，灌进一半水时就能中正地立着，灌满了就反而翻倒了。"孔子让弟子舀水灌进容器去实验看看，果然如此。孔子喟然长叹："唉！哪有满了不翻倒的东西呢？"子路问曰："请问持盈保满的方法是什么？"孔子曰："聪明圣智的人，要用'愚'来守其智；功盖天下的人，要用'让'来守其功；勇力无敌的人，要以'怯'来守其勇；

---

① 宥，音右，训为右。

② 欹，音 qī，训为倾斜不正。

③ "挹水而注之"是指舀水灌注于欹器之中。

④ "挹而损之"之"挹"字通抑，退也、抑制、谦抑。

⑤ 刘向《说苑·敬慎》有类似的记载，其文如下：子路曰："敢问持满有道乎？"孔子曰："持满之道，挹而损之。"子路曰："损之有道乎？"孔子曰："高而能下，满而能虚，富而能俭，贵而能卑，智而能愚，勇而能怯，辩而能讷，博而能浅，明而能闇；是谓损而不极，能行此道，唯至德者及之。《易》曰：'不损而益之，故损；自损而终，故益。'（按：今本《易经》无此文）"

⑥ 来源：http：//140.116.71.92/acmlab/newpage22.htm

富有四海的人，要以'谦'来守其富；这就是用谦抑来减少因满而招祸的方法。"孔子回答子路的这段话很像道家老子的口气。

孔子的得意弟子颜回，才能出众，闻一知十，有才如子贡者都自认只有他能力的五分之一，连孔子也都自叹不如①。颜回为人谦逊，"愿无伐善，无施劳。"但志向却又是很远大，曾发下豪语："舜何人也？予何人也？有为者，亦若是。"②曾参称颂颜回的行为是："以能问于不能，以多问于寡，有若无，实若虚，犯而不校。"③这正是谦德的表现，影响所及，孔子弟子之间多能相亲相助，所以在《史记·仲尼弟子列传》中孔子曾说："自吾有回，门人益亲。"

东汉光武帝刘秀手下的大将冯异，为人谦虚退让，从不夸耀自己的能力和功劳。他告诫部下除非是与敌人作战，不然在一般行军之时都让其他部队走在前面。扎营休息时，许多将领聚在一起谈论各自作战的功劳时，他都躲到大树后面不参加讨论，所以被誉为"大树将军"。有一次刘秀要将一部分吏卒分到各部队，大家都愿意被分到有谦德的冯异所统率的单位④。

唐朝的魏征在《谏太宗十思疏》中说："念高危，则思谦冲而自牧，惧满溢，则思江海而下百川。"西方学者，如卫理贤认为谦德的教训与新旧约中的一些教诲是很类似的⑤。例如《马太福音》第二十三章十二节说："凡自高的，必降为卑；自卑的，必升为高。"⑥

佛教也提倡谦道，戒人不可有"贡高我慢"之心，"贡高我慢"是指自

---

① 《论语·公冶长》子谓子贡曰："汝与回也孰愈？"对曰："赐也何敢望回！回也闻一以知十，赐也闻一以知二。"子曰："弗如也，吾与汝弗如也。"

② 《孟子·滕文公章句》。

③ 《论语·泰伯》。

④ 《资治通鉴》汉纪第三十九卷，汉纪三十一（AD23～AD24），淮阳王二年，秀部分吏卒各隶诸军，士皆言愿属大树将军。大树将军者，偏将军冯异也，为人谦退不伐，敕吏士非交战受敌，常行诸营之后。每所止舍，诸将并坐论功，异常独屏树下，故军中号曰"大树将军"。

⑤ C.F.Baynes（Editor），R.Wilhelm（Translator），*The I Ching or Book of Changes*，Princeton University Press，3rd edition，October 1，1967，pp.64～65。

⑥ 英文为"And whosoever shall exalt himself shall be abased；and he that shall humble himself shall be exalted."《圣经·马太福音》（*Matt*.23：12）

以为高人一等，倨傲自矜，侮慢他人。《法华经·常不轻菩萨品》中有一菩萨名为"常不轻菩萨"，"常、恒也。不轻、恭敬也，即恒顺众生、爱护恭敬之义。不见有众生恶相，而但见其皆具佛性，是即清净功德之所由来也。"[①] 常不轻菩萨生于像法时期，当时有势力的出家人都很傲慢（增上慢），然而常不轻菩萨看到出家人和在家居士都礼拜赞叹而作是言曰："我深敬汝等，不敢轻慢，所以者何？汝等皆行菩萨道，当得作佛。"他视众生平等，认为人人皆可成圣成佛，故能谦以待人，不敢轻慢。

禅宗六祖惠能曰："内心谦下是功，外行于礼是德。自性建立万法是功，心体离念是德。不离自性是功，应用无染是德。若觅功德法身，但依此作，是真功德。若修功德之人，心即不轻[②]，常行普敬。心轻常人，吾我不断，即自无功，心行平直是德。"[③] 一个人要将我执去掉，不轻视他人，对常人也能普遍的尊敬，保持众生平等之心，自然会有"内心谦下、行为有礼"的功德。

美国经过几家大公司的弊案和金融海啸，也开始对主管高傲的姿态有了一些反思。没信心难以成大事，信心过度则容易出大纰漏。美国科罗拉多州大学管理学教授 Mathew Hayward 的研究发现有信心是管理者成事业上成功的要件之一，而没有信心则很难有成就[④]。由错误的信心（false confidence），而造成过度的自信（over-confidence）乃至傲慢，将导致人生或事业的失败。避免过度的自信须要做到下列几点：

1. 一个领导要有内自反省（introspection）谦抑自处，不过分自满（Getting too full of ourselves）而生傲慢之心。平时不需要靠别人的歌功颂德来证明自己的价值，这看似容易，然而当高阶主管身边大都是逢迎拍马（suck-ups）之徒时，能头脑清楚而有自知之明的领导者，就如凤毛麟角了。

---

① 太虚大师《法华经讲演录》，来源：http：//book.bfnn.org/books2/1056.htm。

② 不轻，指不轻视别人。

③ 见《六祖坛经·决疑品第三》。

④ Methrew Hayaward, *Ego Check：Why Executive Hubris is Wrecking Companies and Careers and How to Avoid the Trap*, Kaplan Business, January 2, 2007.

有谦德的领导者不自以为是，并能以企业之成败为先，而不以自己的荣辱为意。

2. 领导者要有一群能提供诤言的参谋，而不是奉承媚上的小人（Leaders need trusted advisers，not sycophants），然而若没有谦逊容人的雅量，是很难听进去逆耳之忠言。

3. 人的信心是不能脱离实际情况，要能客观地"知己、知彼"，不该妄自菲薄，更不可夜郎自大，所以要能随时搜集情报资讯，了解实际的环境以掌握状况。我们得自客户、同僚或部属的信息多半是被过滤后"报喜不报忧"的情报，并且经常已是延误了时机。因而如何建立一个完整的情报网，并能审慎分析判断当前局势，是企业成功的不二法门。

4. 要有计划，更要有行动。不可只玩数字游戏，要在有规划的行动中不断地验证计划的可行性，并随行修正计划之目标和应变方案。

巴菲特（Warren Buffett）是二十世纪最成功的投资家，但是他曾公开承认他最差的决策是决定投资美国的航空公司。他自称其所以做出这么糟糕的决定"不是为人所逼，也非为人所蒙蔽，而是分析过于草率（sloppy analysis），此次的过失多半是因为我自己一时的狂妄（hubris）所造成的"。巴菲特能公开承认并反省自己的过失，不诿罪于他人，正是他所以成功的原因之一。

前 GE（奇异公司，即通用电器）总裁韦尔奇（Jack Welch）是二十世纪最成功的专业经理人之一，他在 20 年内将 GE 市值（Market Capitalization）增加了四千亿美元。他自己认为在任时最糟的决策是并购 Kidder Peabody 投资银行，他不顾他平时最信任参谋的坚决反对，而一意孤行，这到底是怎么一回事呢？他说："我变得过于自我膨胀（I got too full of myself）。"

没信心难以成功，功成名遂之后而不骄，则是很难做到的修为。谦逊不是没有信心，而是随时自我检讨，不妄自尊大，不以私害公。过分谦让，错失了进取、升迁的机会，在现代社会中亦非良策。然而若是虚情假意，外表谦恭而内心另有他图，则已是下焉者也。

三、经文解释

【卦辞】谦：亨，君子有终。

【彖辞】谦亨，天道下济而光明，地道卑而上行。天道亏盈而益谦，地道变盈而流谦，鬼神害盈而福谦，人道恶盈而好谦。谦尊而光，卑而不可踰，君子之终也。

谦者，谦逊是也，是有其德而不居之义。其卦像是地下有山，能以山之高而居卑微的地之下，有虚己下人之意。其卦体上坤顺、下艮止，代表内心定静而知止，对外柔顺以应物，故能亨通而能有终。谦卑的人会广受他人的欢迎，故能事事亨通而成功。胜而不骄很不容易，所以卦辞戒之以"君子有终"，守谦道且能有始有终，方能常保其泰。

孔颖达分析谦卦只提到"元、亨、利、贞"这四德中的"亨"是因为："谦者，屈躬下物，先人后己，以此待物，则所在皆通，故曰'亨'也。小人行谦则不能长久，唯'君子有终'也。然案谦卦之象，谦为诸行之善，是善之最极，而不言元与利贞及吉者，元是物首也，利贞是乾正也。于人既为谦退，何可为之首也？以谦下人，何以乾正于物？故不云元与利贞也。谦必获吉，其吉可知，故不言之。凡《易经》之体，有吉理可知，而不言吉者即此。"[①]

卦辞"君子有终"即是告诫人要有始有终才能成就谦道，同时也暗示要长期和细心观察才能分辨出谦恭和虚伪之别，唐代诗人白居易唱和元稹《放言》诗五首中的一首便道出了此中的难处[②]：

赠君一法决狐疑，不用钻龟与祝蓍。

试玉要烧三日满，辨材须待七年期。

---

① 孔颖达《周易正义》中对谦卦卦辞的疏。

② 作者自注："真玉烧三日不热。豫章木生七年而后知（其成材否）。"

周公恐惧流言日，王莽谦恭未篡时。

向使当初身便死，一生真伪复谁知。

　　谦卦象辞说："谦者，能亨通。天道向下周济万物，而光明普照，地道卑下其阴气能上行（The way up is down），而与下济之阳气和合，故有安泰之象。天道会让过于盈满的人事物亏损，如月盈之后必缺；地道会改变盈满者，使其流布施予谦虚之士。鬼神不喜欢盈满之事而会加以害之，只有谦虚的人才会受到鬼神的护佑祝福。常人也厌恶傲慢之人，而喜好帮助谦虚的人。若居尊位而仍能谦以待人，则能增显其德能之光辉；若是处卑下之位而能谦虚学习，则日新月异，将来别人很难超越他。所以不论尊卑，能终始如一，谨守谦道者，才是有成德之君子。"象辞盛赞谦德的好处，包括了天、地、鬼神与人之"益谦、流谦、福谦、好谦"，即所谓"一谦四益"[①]是也。

　　《新约圣经·彼得前书》说："神阻挡骄傲的人，赐恩给谦卑的人（For God resisteth the proud, and giveth grace to the humble.）"《箴言17：18》说："骄傲在败坏以先，狂心在跌倒之前（Pride goes before destruction and a haughty spirit before a fall.）。"俗谚说："低头的是稻穗，昂头的是稗子。"越成熟越饱满的稻穗头垂得越低，只有稗子（似稻草的野草），才会显露招摇，始终把头抬得高高的。有道是："成熟的麦穗，总是弯着腰身。真正的巨人，一定俯身做事。"所以说："高傲满盈惹人厌，天地人神皆喜谦。"

　　【大象】地中有山，谦。君子以裒多益寡，称物平施。

　　此卦上卦为坤、为地，下卦为艮、为山，故曰"地中有山"。地山谦，

---

　　① 《汉书·艺文志》："道家者流，盖出于史官，历记成败存亡祸福古今之道，然后知秉要执本，清虚以自守，卑弱以自持，此君人南面之术也。合于尧之克攘，《易》之嗛嗛，一谦而四益，此其所长也。"按：嗛与谦通用。

人在大峡谷之上往下视之，其下之山谷有如山在地下，山谷者虚而能容，谦之象也。山比地高一等，却能屈居于地之下，此谦德也。此卦有"虚怀若谷"之义，和"仰高就下"之象。"仰高"指目标远大，"就下"乃从根本做起。《老子》曰："故贵以贱为本，高以下为基。是以侯王自称孤寡不谷，此其以贱为本耶！"[1] 重视基础和根本是《易经》的重要原则之一。

哀音 póu，是减少之义。哀字汉《易》作捊，取也[2]。"哀多益寡"是指将有多余的取出一些来分给不足者，"称物平施"是指能称量人事上的需求，而公平的分配施与，使大家都能满意。从经营管理而言，"称物平施"则是指评量人事的绩效而公平的施予奖惩，做到"大益施大德，以小益施小德"[3]。"哀多益寡，称物平施"讲求的不是平头式的平等，因为平头式的平等将使人们缺乏工作的动机；然而贫富差距太大，又会因贫困者生活困苦、心理不平衡，造成严重的社会问题。基尼系数（Gini coefficient）高于 0.4 时，就已经超过收入分配差距的警戒线，超过这条警戒线时，贫富的两极分化就比较容易引起社会阶层的对立，从而导致社会之动荡不安[4]。如何让贫富之间的差距不要太大，以保持社会间的祥和，这是古今中外政治经济的大问题。冯椅曰："凡大象皆别立一意，使人知用《易》之理。'哀多益寡，称物平施'，俾小大长短，各得其平。非君子谦德之象，乃君子治一世使谦之象，象与六爻无此意。"冯氏认为谦卦大象辞所说的均衡公平之道是君子用来经世治用的，与象辞和爻辞的原意不尽相同。这与王夫之所说"大象与象自别为一义"[5] 的看法相同。

《老子》第七十七章"天道章"乃谦卦象辞与大象辞之最佳注解，其文曰：

天之道，其犹张弓与[6]？高者抑之，下者举之；有余者损之，不足者补之。

---

① 《老子》第三十九章。

② 《周易集解》引虞翻的注。

③ 《周易集解》引侯果的注。

④ 详见 http://en.wikipedia.org/wiki/Gini coefficient

⑤ 王夫之《周易大象解·自序》。

⑥ 与，通"欤"字。

天之道，损有余而补不足。人之道，则不然，损不足以奉有余。孰能有余以奉天下，唯有道者。是以圣人为而不恃，功成而不处，其不欲见贤。

汉初的宰相陈平①，少年时代家境贫困，因父母早逝，跟随哥哥生活。家里有田地三十亩，哥哥耕种田地，让陈平专心读书习文。陈平从小就有报效国家的雄心壮志。长大以后，富家女不肯嫁给他，贫家女他又不愿意娶，一直到三十多岁还未娶妻，乡里中有一个富豪叫张负，家中有一孙女曾五次出嫁而丈夫不久就死了，所以无人敢再娶她。有一天，张负见到陈平甚有好感，便追随到陈平家门口，只见他家破屋断垣，以旧的床板为门，但门外却有许多被往来车辆的车轮碾过之痕迹。张负大喜，回家就与他的儿子商量要把孙女嫁给陈平，张负的儿子说："陈平家境贫寒，如果嫁给他恐怕别人笑话。"而张负却认为："陈平相貌英俊，交友广阔，将来必定发达，不会久处贫贱。"这样几经说合，这门亲事就成了。陈平娶张氏为妻后，夫唱妇随，家境日渐宽裕。不久众乡亲推选陈平为社宰，他时常在祭典之后切割祭祀的三牲（指牛、羊、猪）之肉，再均分给众乡亲。父老乡亲都称赞陈平办事公平，以后必能大有作为。陈平则说："如果以后我能主宰天下，我一定像均分肉一样，让天下老百姓都不受贫苦。"②

汉高祖之子孝惠帝早逝之后吕后当权，议论立诸吕为王的事，问右丞相王陵。王陵曰："高帝曾有白马之盟曰'非刘氏而王，天下共击之'。今王吕氏，不合当年誓约也。"太后不悦，问左丞相陈平、绛侯周勃。勃等对曰：'高帝定天下，王子弟，今太后称制，王昆弟诸吕，无所不可。'太后喜，罢朝。王陵怪罪陈平、绛侯曰：'当时与高帝立下血盟，你们不也都在吗？今高帝崩，太后女主，欲王吕氏，诸君从她的愿而背弃誓约，何面目见高帝于地下？'陈平、绛侯曰："于今面折廷争，我们不如你；而保全社稷，安

---

① 陈平之事迹，是依据《史记·陈丞相世家》。
② 《史记·陈丞相世家》原文为："嗟乎，使平得宰天下，亦如是肉矣！"

定刘氏后代，你却不如我俩。"① 后来确实是陈平与周勃联手起来平定诸吕之乱，匡扶汉室，立了汉文帝。陈平用道家不争之术，不与当权的吕后争锋，以得最后的胜利，亦谦道之用也。

《史记·陈丞相世家》的结语中太史公论曰："陈丞相平少时，本好黄帝、老子之术。方其割肉俎上之时，其意固已远矣。倾侧扰攘楚魏之间，卒归高帝。常出奇计，救纷纠之难，振国家之患。及吕后时，事多故矣，然平竟自脱，定宗庙，以荣名终，称贤相，岂不善始善终哉！非知谋，孰能当此者乎？"司马迁以"善始善终"称赞陈平，暗与谦卦象辞"君子有终"相应。

司马贞《史记索隐》述赞陈平的事迹曰："曲逆穷巷，门多长者。宰肉先均，佐丧后罢。魏楚更用，腹心难假。弃印封金，刺船露裸。间行归汉，委质麾下。荥阳计全，平城围解。推陵让勃，哀多益寡。应变合权，克定宗社。"特别提到"宰肉先均"之事，此乃谦卦大象辞"称物平施"之义，又引谦卦大象辞"哀多益寡"一语赞之。

【序卦传】有大者，不可以盈，故受之以谦。

大有卦是指所有者大，拥有许多东西，容易因满盈而自大骄傲。所以大有卦之后接着是谦卦，劝告人们在大有之际，不可以盈满自足，要谦卑以自处。

【杂卦传】谦轻，而豫怠也。

"谦轻"是说不把自己看得太重要、太伟大，则自然能对人谦逊。豫是乐，"豫怠"是说因享乐而怠惰了。"谦则心虚而轻，豫则意盈而怠"②，有"强中更有强中手，莫向人前满自夸"③ 的认知，自然就会谦虚。

---

① 依《史记·吕后本纪》改写。
② 《周易述义》。
③ 冯梦龙《警世通言》第三卷"王安石三难苏学士"。

谦卦（☷☶）的综卦是豫卦（☶☷），综卦是将本卦，由下到上反过来看。〈杂卦〉曰："谦轻，而豫怠也。"谦是虚心轻己，"轻己"不是轻视自己，而是不要把自己看得太伟大，所以能不断地学习成长。豫卦则是贪于安逸，因为自满而怠惰不再向前进步。《序卦》曰："有大而能谦必豫，故受之以豫。"是说一个成功而拥有很多的财富或功名的人，要能谦逊，才能愉悦和乐，享其所成。若骄傲不逊、放逸奢侈，则将"死于安乐"。若能有谦逊之德，则可得豫乐之善果。然只知豫乐而不知谦退之道，则将乐极生悲矣。老子曰"反者，道之动"，乃有得于综卦从反面和从对方的立场和观点来思考问题。

谦卦（☷☶）之错卦为履卦（☱☰），错卦是将本卦之阴爻变阳爻，阳爻变阴爻而成，阴阳有互补之作用，故互错的两卦之间有互补有无、截长补短之作用。履卦有实践和以柔克刚的意义，要能依天理和人际相处之礼去做事，即使是有如跟在老虎尾巴后面行走的凶险，也不会被老虎吃掉。故履卦的卦辞曰："履虎尾，不咥人，亨。"一个人或企业如果过谦而退让不处事，则必一事无成，故谦必得以履卦慎行而合于礼的精神来应世，所以说谦、履二卦得以互补其不足（complement each other），方能有所成就（参考本书第二章的图 –6）。

凡卦爻二至四、三至五，上下卦的两体交互组合，各成八卦中的一卦，称做"互体"，两个互体所形成的大成（六爻）卦即是交互卦。以互卦来解释《易经》在《左传》中即有一些例子。汉朝费直的易学和郑玄注《易》皆用互卦①，明儒来知德也常用交互卦来解释《易经》经文。谦卦的交互卦为上雷下坎的雷水解卦（☳☵）（参考本书第二章的图 –10），《序卦》中解卦在蹇卦之后，代表唯有"谦"能缓"解""蹇"困之处境。

【爻辞】初六，谦谦君子，用涉大川，吉。

【小象】谦谦君子，卑以自牧也。

---

① 宋王应麟辑、清丁杰后定、清张惠言订正，《周易郑注》十二卷"叙录"。

王弼注："牧，养也。""初六"在下为潜藏之时，居低下之位，故应谦而又谦，谦逊下人，以谦卑之心，来养牧自己的谦德。谦非不为也，而是不汲汲于利，能谦卑自牧，以培养实力，作为涉大川和济世救人的准备，故曰"用涉大川"，而不言"利涉大川"。"谦卑"一词源于此爻，卑不是自卑，而是能谦恭下人，不自我膨胀。

子曰："吾少也贱，故多能鄙事。"孔子父亲早逝，年少时家境贫困、地位低微，做过仓库和牧场管理员等鄙贱的工作，因此深刻了解中下阶层的辛苦，所以日后教学能"有教无类"，诲人不倦，皆谦卑自牧之功。在《论语》中不言"谦"而言"让"，子贡曾以"温、良、恭、俭、让"形容孔夫子[①]，让是谦让而没有一点骄傲的习气。孔子推崇谦让之德：小则"揖让而升"，在竞赛时先向对手行礼；大则推贤让能，以"礼让为国"[②]。孔子认为只有在行仁之事上可以"不让于师"[③]。《论语·子罕》记载孔子因被误认为阳虎而被围困在匡这个地方，孔子很有信心地说："文王既没，文不在兹乎？天之将丧斯文也，后死者不得与于斯文也；天之未丧斯文也，匡人其如予何？"颇有一种当仁不让的气魄。

谦谦君子默默地用功夫，"潜行密用，如愚如鲁"[④]。子曰："吾与回言终日，不违，如愚。退而省其私，亦足以发，回也不愚。"[⑤] 又曰："回也，非助我者也；于吾言无所不悦。"[⑥] 孔子又评其弟子曰："柴也愚，参也鲁。"柴高憨厚愚直，曾参鲁钝。程子以为："曾子之学，诚笃而已。"曾子一辈子做人

---

① 张居正根据朱注解释"温、良、恭、俭、让"如下："温而和厚，无一些粗暴。良而易直，无一些矫饰。恭而庄敬，无一些惰慢。俭而节制，无一些纵弛。让而谦逊，无一些骄傲。"

② 《论语·里仁》子曰："能以礼让为国乎，何有（按：何难之有）！不能以礼让为国，如礼何！"

③ 《论语·卫灵公》子曰："当仁，不让于师。"

④ 洞山良价禅师于《宝镜三昧》一文最后曰："臣奉于君，子顺于父。不顺非孝，不奉非辅。潜行密用，如愚如鲁。但能相续，名主中主。"

⑤ 《论语·为政》。

⑥ 《论语·先进》。

做事"战战兢兢"①，并且一日三省其身："为人谋而不忠乎？与朋友交而不信乎？传不习乎？"为他人做事能尽力是忠，与朋友交往能讲诚信，学到的智识能运用出来。时时反省自己做事、做人和学习的态度是谦德之发挥，是受教、学习、成长的基础。

秦末张良散尽家财雇用大力士以铁椎刺杀秦王不成，而亡匿下邳这个地方。张良有一次从容步行至下邳的一座桥上，有一穿着破旧的老人走到张良面前，故意将鞋子掉到桥下，然后命令张下去帮他拿鞋子上来，张良愣了一下，本来想殴打这人，但看他是个老人家就强忍了下去，于是下桥帮他取鞋子。老人又说："帮我穿鞋！"张良业就半跪着为他穿上鞋子。老人鞋穿好后大笑而去，张良大惊，老人不久又走回来对张良说："孺子可教啊！五日后天亮时，在此处等我。"张良觉得很奇怪，跪下来回答说："是的。"五天之后的早晨张良依约前往。老人已先到了，发怒说："与老人家约会，为何迟到？回去！五天之后早点来。"五日后鸡鸣时，张良就到时，老人又已先到了，又发怒说："为何又迟到？回去！五天之后再早点来。"又五日之后，张良夜未半就前去桥上。不久老人也来了，很高兴地说："就应该如是。"于是拿出一本秘籍给张良，交待他说："熟读此书则可为王者之师。"转眼人就不见了，张良于是常学习诵读此书，后来帮助刘邦建立了汉朝之大业②。

这本书在《史记》上记载说是《太公兵法》，但也可能是《黄石公三略》，或是后来宋朝张商英注的《黄石公素书》。《素书》中有言："恭俭谦约，所以自守；深计远虑，所以不穷。"即有谦以自牧之义。黄石公在下邳的桥上真正教给张良的不只是书中的学问，而是先杀杀他的锐气，教他做事待人要有谦恭忍辱的功夫。后来能受胯下之辱的韩信要自立为齐王，刘邦本要破口大骂，但是还是受张良和陈平的暗示，而忍了下去，此乃承传了张良

---

① 《论语·泰伯》曾子有疾，召门弟子曰："启予足！启予手！《诗》云：'战战兢兢，如临深渊，如履薄冰。'而今而后，吾知免夫！小子！"

② 司马迁《史记·留侯世家》。

得自黄石公的教诲。韩信能忍胯下之辱在先，却不知谦逊，而强欲称王于刘邦大势抵定之后，终于事败身亡。

【爻辞】六二，鸣谦，贞吉。

【小象】鸣谦贞吉，中心得也。

发出声音为他人所听闻是"鸣"，鸣也有共鸣之义。鸣谦不是在言谈间夸耀自己的谦德，而是说在言语上都很谦逊，能得到他人的共鸣与相应。"六二"居正中之位，内心修养正中平和之气，于外则言辞仪表自然恭谦，所谓"诚于中，形于外"是也。"六二"居下卦之中为臣位，在下位者过谦则易流于巧言佞色，逢迎拍马，爻辞以"贞吉"为断辞①，警示必要守贞居正，才能有吉。

"九三"劳谦之君子"阳唱之于上"，"六二"鸣谦以"阴和之于下""小象"曰："中心得也。"非虚情假意之谦，乃内心诚恳地尊重有勤劳有功之君子。"九三"、"六二"两爻，阳上阴下相比之吉者。有的人表面谦恭只是为了博取他人的好感和支持，并非心中的真意，除非"久假不归"，不然"日久见人心"，终会被人识破手脚。

【爻辞】九三，劳谦君子，有终，吉。

【小象】劳谦君子，万民服也。

"劳谦"的"劳"可训为功劳，"劳谦"即谦虚而不夸耀自己的功劳。"劳"又可训为勤劳，"九三"在下卦之上，能身先士卒，是有谦德所致，故曰"劳谦"。"九三"爻是谦卦的卦主，爻辞"有终"与卦辞"君子有终"相应。此

---

① 断辞乃《易经》中决断吉凶之卦辞或爻辞。《易经·系辞下》："夫《易》，彰往而察来，而微显阐幽，开而当名，辨物正言，断辞则备矣。"

爻兼具乾卦"九三"爻和坤卦"六三"爻之义①，乾卦"九三"爻曰"君子终日乾乾"此"劳谦君子"也。坤卦"六三"爻曰："含章可贞，或从王事，无成有终。""含章可贞"亦谦德也，"无成有终"因为"不为事主，顺命而终"②，此爻则曰："有终。"有终才会吉，在尚未成功之时谦恭下人容易，在成功之后，能够有始有终地保持谦逊的态度，才会为万民所服，而得到善终。

以卦象分析，二至四爻形成的互体是八卦中的坎卦，卦体大象亦有坎象③，坎代表困难危险，而克服险困必得劳心劳力，所以《说卦》曰："劳乎坎。"五阴一阳的卦共有六个（复☷☳、师☷☵、谦☷☶、豫☳☷、比☵☷、剥☶☷）的象辞皆提到"刚"字，"惟谦卦象不言刚，用刚则不能谦，此卦九三有刚而不用，此所以为谦欤。"④ "九三"以阳刚之爻居刚位，劳而知谦，故为"万民所服"。

《系辞传》子曰："劳而不伐，有功而不德，厚之至也，语以其功下人者也。德言盛，礼言恭。谦也者，致恭以存其位者也。"这是说"虽辛劳而不夸耀自己的善行。有功绩却不自以为是对他人有恩德，这是笃厚至极。谦卦九三有其功劳，而能谦卑下人。德贵新盛，礼尚恭敬；谦卦此爻是教人们要尽力服务人群，并且心存恭敬，这样才能得到众人的拥护，而保存住其职位啊！"谦卦五阴一阳之卦，五阴爻为民，"九三"之一阳爻为大臣。辅佐之重臣勤劳为民服务，而不夸耀自己的功劳，为众阴所归、万民所服，故曰："谦也者，致恭以存其位者也。"

周公辅佐武王之子成王时，上奉幼主，下揽贤士，"一沐三握发，一饭三吐哺，犹恐失天下之士。"⑤有人在他洗头和吃饭时来见面，他不等头发干，用手握着；不等吃完饭，把口中的食物吐出来，就出来见客，怕怠慢了人才，这是"劳谦"的典范，不过此时怀疑他意图篡位的流言四起，成王也对他

---

① 见《周易折中》胡炳文注。
② 王弼注。
③ 来知德《易经来注图解·易经字义》中对"象"的解释。
④ 陈炳元《易钥》第333页，台北：天龙出版社1983年。
⑤ 《韩诗外传·卷三》。

起了疑心（见"附录一"）。刘向《说苑·敬慎》中记载周公的儿子封于鲁时，周公便引用这段往事及谦卦的卦辞来告诫他：

昔成王封周公，周公辞不受，乃封周公子伯禽于鲁，将辞去，周公戒之曰："去矣！子其无以鲁国骄士矣。我，文王之子也，武王之弟也，今王之叔父也；又相天子，吾于天下亦不轻矣。然尝一沐三握发，一食而三吐哺，犹恐失天下之士。吾闻之曰：'德行广大而守以恭者荣，土地博裕而守以俭者安，禄位尊盛而守以卑者贵，人众兵强而守以畏者胜，聪明睿智而守以愚者益，博闻多记而守以浅者广；此六守者，皆谦德也。夫贵为天子，富有四海，不谦者先天下亡其身，桀纣是也，可不慎乎！故《易》曰：'有一道，大足以守天下，中足以守国家，小足以守其身，谦之谓也。''夫天道毁满①而益谦，地道变满而流谦，鬼神害满而福谦，人道恶满而好谦。'是以衣成则缺衽，宫成则缺隅，屋成则加错②；示不成者，天道然也。《易》曰：'谦，亨，君子有终，吉。'《诗》曰：'汤降不迟，圣敬日跻。'③其戒之哉！子其无以鲁国骄士矣。"

曾国藩名其书房"求阙斋"或许即是得自"衣成则缺衽，宫成则缺隅，屋成则加错；示不成者，天道然也"这一段话的启示。曾氏曰："一损一益者，自然之理也。物生而有嗜欲，好盈而忘阙。""凡外至之荣，耳目百体之嗜，皆使留其阙陷。"④即寓意不求圆满，能接受缺陷之美，但又不断地精进以弥补一己之缺点。

【爻辞】六四，无不利，撝谦。

【小象】无不利，撝谦，不违则也。

---

① 毁字，今本作亏；满字，今本作盈，下同。

② 《韩诗外传》错字，作拙。

③ "汤降不迟，圣敬日跻"是指商汤急于求才，能降贵纡尊，礼士尊贤，其圣洁恭敬的心日日提升。

④ 曾国藩《求阙斋记》。

撝，音义皆同挥；撝谦，发挥谦德。王弼注曰："处三之上，而用谦焉，则是自上下下之义也。承五而用谦顺，则是上行之道也。尽乎奉上、下下之道，故'无不利'。指撝皆谦，'不违则也'。""六四"对其上承之"六五"爻的鸣谦之君，谦顺而不卑不屈，对居下为其所乘之"九三"爻的劳谦君子，能谦让而不颐指气使，对上对下都能发挥谦德，以言行化人。不违背谦虚的原则，就能无往不利。

来知德曰："撝者，裂也，两开之意。"[①]"六四""分开退避九三劳谦之君子，不敢当阳之承也，位虽在六三之上，而能以谦尊之，不违阳尊阴卑之法则。"观诸史书蔺相如能谦让廉颇于先，而廉颇知道之后，深感惭愧而负荆请罪于后（其事详见附录二），此一事迹与"六四"爻辞之意若合符节。

【爻辞】六五，不富，以其邻，利用侵伐，无不利。

【小象】利用侵伐，征不服也。

不是靠权势财富而侵伐，而是用谦逊的言行施以教化，使邻近之邦国皆来助我征伐不服于道的暴君。侵伐非穷兵黩武，而是不得已而征伐暴虐其民之君，不服仁德之化的邦国。柔的不行就来硬的，恩威并施，这是不得已而为之事。征不服时仍能保有谦恭的心态，方能无所不利。若是以胜利者的高姿态出现，必遭邻国民众坚强之反抗，骄兵必败之故。2003 年 3 月 20 日美国小布什总统出兵攻打伊拉克（Iraq），在攻下其首府巴格达后不久，于当年 5 月 1 日在加州近海一艘海空母舰上宣称任务达成（mission accomplished）。然而直到 2010 年 8 月 19 日，最后一批驻伊美军战斗部队才从伊拉克撤离，耗费三兆（3 trillion）美元的伊拉克战争才正式结束。深知发动战争成本的高昂，孙子认为："久暴师则国用不足……故兵贵速，不贵久。"小布什没读过或没读懂《孙子》的第二章《谋攻篇》。

---

① 明来知德《易经来注图解》，台北：夏学社 1981 年。

王弼曰："居于尊位，用谦与顺，故能不富而用其邻也。"^①孔颖达《周易正义》："'不富，以其邻'者，以、用也。凡人必将财物周赡邻里，乃能用之。六五居于尊位，用谦与顺，邻自归之。故不待丰富，能用其邻也。'利用侵伐，无不利'者，居谦履顺，必不滥罚无罪。若有骄逆不服，则须伐之，以谦得众，故'利用侵伐，无不利'者也。"

孟子对梁惠王解释"仁者无敌"的道理曰^②："地方百里，而可以王。王如施仁政于民，省刑罚，薄税敛，深耕易耨^③；壮者以暇日，修其孝悌忠信，入以事其父兄，出以事其长上，可使制梃，以挞秦楚之坚甲利兵矣^④！彼夺其民时，使不得耕耨，以养其父母；父母冻饿，兄弟妻子离散。彼陷溺其民，王往而征之，夫谁与王敌？故曰：'仁者无敌。'王请勿疑！"朱注："征，正也。""仁者无敌"是指"有仁德的人是没有敌人的"，不可以解释成"仁者打遍天下无敌手"。

《孟子·梁惠王》有孟子与齐宣王有一段对话，对为民除害的仁义之师有很生动的说明。齐人伐燕，取之。诸侯将谋救燕。宣王曰："诸侯多谋伐寡人者，何以待之？"孟子对曰："臣闻七十里为政于天下者，汤是也。未闻以千里畏人者也。《书》曰：'汤一征自葛始，天下信之，东面而征西夷怨，南面而征北狄怨，曰：奚为后我？'^⑤民望之，若大旱之望云霓也，归市者不止，耕者不变，诛其君而吊其民，若时雨降，民大悦。《书》曰：'徯我后，后来其苏。'今燕虐其民，王往而征之，民以为将拯己于水火之中也，箪食壶浆以迎王师。若杀其父兄，系累其子弟，毁其宗庙，迁其重器，如之其可也！天下固畏齐之强也，今又倍地而不行仁政，是动天下之兵也。王速出令，反其旄倪，止其重器，谋于燕众，置君而后去之，则犹可及止也。"《公羊春秋·僖公四年》，有"古者周公东征则西国怨，西征则东国怨"之说，

① 三国魏王弼、东晋韩康伯《周易王韩注》。

② 见《孟子·梁惠王》

③ 朱注："易，治也。耨，耕也。"

④ 梃，木棍。挞，攻打，在此引申为抵抗，即以木棍抵抗秦楚装备精良的军队。

⑤ 《尚书·仲虺之诰》。

与"徯我后，后来其苏"之义相同。

"九五"爻辞若断句如下："不富以其邻，利用侵伐，无不利。"可解释成不因贪图邻国之财富或资源而从事侵略之行为，而是征讨不服从王道之暴君，能为民除暴，则民众会扶老携幼，以食物饮料来欢迎王者之师。王师不取邻国之财，代其百姓立了有德之君就退兵，不与当地百姓为敌，故能无往不利。

《苏氏易传》曰："直者，曲之矫也；谦者，骄之反也。皆非德之至也，故两直不相容，两谦不相使。九三以劳谦，而上下皆谦以应之，内则鸣谦，外则撝谦。其甚者则谦谦相追于无穷，相益不已，则夫所谓'哀多益寡，称物平施'者，将使谁为之？若夫六五则不然，以为谦乎，则所据者刚也；以为骄乎，则所处者中也；惟不可得而谓之谦，不可得而谓之骄，故五谦莫不为之使也。求其所以能使此五谦者而无所有，故曰：'不富，以其邻'；至于侵伐，而不害为谦，故曰：'利用侵伐'。莫不为之用者，故曰：'无不利'。"两个人直来直往互不相让，很难相容。两个人若是过分的相互谦让，你让我、我让你，没人愿意出头承担责任，最后什么事都做不成，所以苏轼说"两直不相容，两谦不相使"，认为过分正直和过度谦虚，都不是美德。"九五"能管理其他五爻，是因为不占企业伙伴的便宜，只有在同业恶性竞争时才出手教训之。

【爻辞】上六，鸣谦，利用行师，征邑国。
【小象】鸣谦，志未得也。可用行师，征邑国也。

邑国乃自己的属地，一个人太过谦让，则受人欺负，其志难伸。忍耐也是有限度的，故可以先用刚武的手段来整治自己私有之邑国。"上六"以柔而居谦之极，须济之以刚，有时要展现一下自己的实力，因为老虎久不发威会被人当病猫欺负，故有"鸣谦，利用行师，征邑国"之象。

《论语·季氏》冉有和子路为季康子的家臣，欲伐鲁国境内一个叫颛臾的附庸国，因为颛臾很靠近季氏在费的封地。孔子告诫他这两个学生说："丘闻有国有家者，不患寡而患不均，不患贫而患不安；盖均无贫，和无寡，安无倾。夫如是，故远人不服，则修文德以来之。既来之，则安之。今由与求也，相夫子，远人不服而不能来也，邦分崩离析，而不能守也，而谋动干戈于邦内，吾恐季孙之忧，不在颛臾，而在萧墙之内也！"孔子基本上主张"修文德以来远人"，先把内政治理好、文化品德建立起来，远方的人自然来归附。"征邑国"有整饬内政之意，不得已而"征不服"，乃征不服普世之文化德道的国家。

孟子曰："《春秋》无义战，彼善于此，则有之矣。征者，上伐下也，敌国不相征也。"①《春秋》所记载的战争，没有一个是"正义的战争"。征，行也。以上伐下称为征，势均力敌的两国兵戎相见是战。征之为言正也，必先正己，方能正人。先正（治理好）其分封的属地，使近者悦，方能"利用行师"，以正不服王道之远者。

《史记·滑稽列传》中淳于髡是第一个出场的主角："淳于髡者，齐之赘婿也。长不满七尺，滑稽多辩，数使诸侯，未尝屈辱。齐威王之时喜隐（按：猜谜语），好为淫乐长夜之饮，沉湎不治，委政卿大夫。百官荒乱，诸侯并侵，国且危亡，在于旦暮，左右莫敢谏。淳于髡说之以隐曰：'国中有大鸟，止王之庭，三年不蜚又不鸣，不知此鸟何也？'王曰：'此鸟不飞则已，一飞冲天；不鸣则已，一鸣惊人。'于是乃朝诸县令长七十二人，赏一人，诛一人，奋兵而出。诸侯振惊，皆还齐侵地，威行三十六年。"齐威王一举振作起来，亦是鸣谦之用，成语"一鸣惊人"的典故即出自此。

谦卦"六五"和"上六"有"侵伐"、"行师"、"征邑国"等似乎与谦道相反的行为，所以有人问朱子："谦是不与人争，如何谦卦五、上二爻言'利用侵伐'、'利用行师'？《象》曰：'利用侵伐，征不服也。'若以其不服而征，则非所以为谦矣。"朱子回答说："《老子》言：'大国以下小国，则

<hr>

① 见《孟子·尽心篇》，同篇中孟子对"征"字下了一个定义，孟子曰："有人曰：'我善为陈，我善为战'，大罪也。国君好仁，天下无敌焉，南面而征北夷怨，东面而征西夷怨，曰：'奚为后我？'武王之伐殷也，革车三百两，虎贲三千人。王曰：'无畏！宁尔也，非敌百姓也。'若崩厥角稽首。征之为言正也，各欲正己也，焉用战？"

取小国；小国以下大国，则取大国。'又言：'抗兵相加，哀者胜矣。'《孙子》曰：'始如处女，敌人开户；后如脱兔，敌不及拒；大抵谦自是用兵之道，只退处一步耳，所以'利用侵伐'也。盖自初六积到六五、上六，谦亦极矣，自宜人人服之。尚更不服，则非人矣，故'利用侵伐'也。如'必也临事而惧'，皆是此意。"[①]

四、总论

美捷步（Zappos.com）是全球最大的网路鞋店，美捷步以真诚为顾客服务，打造了独特的企业文化，其十项核心价值（见附录三）的最后一项是"要谦虚（Be Humble）"，在美国的企业文化中，这是几乎是独一无二的。美捷步的执行长谢家华（Tony Hsieh）经过长期的苦心经营，几乎倾家荡产（投入个人资金近四千万美金），才将 Zappos.com 的营业额由 2000 年的160 万美元增长到 2008 年的 11 亿 4 千万美元。美捷步在 2009 年末被亚马逊（Amazon）以 12 亿美元收购，亚马逊看重的就是该公司独特的文化，以及其向心力很强的员工和服务至上的品牌，亚马逊目前放手让谢家华的团队继续独立经营美捷步。谢家华解释"要谦虚"是因为"在快速成长之下，未来一定有更艰巨的挑战。不论在什么情况下，我们都应该尊重他人。我们会庆祝个人或团队的成就，但却不会因此而变得骄傲，我们会像希望别人如何待我一样去对待别人（按：也就是能将心比心，推己及人）。我们静默的信心和行动的表现，终能感动他人。"[②]十大核心价值中，有没有谦虚的态度是美捷步在遴选新进员工时最重要的一个条件。因为一个人即使很有才干，但是以自我为中心、"使骄且吝"[③]的人才，美捷步宁可不雇用这些

---

① 《朱子语类》卷第七十。

② 《论语·颜渊》子曰："出门如见大宾，使民如承大祭。己所不欲，勿施于人。在邦无怨，在家无怨。"《论语·卫灵公》：子贡问曰："有一言而可以终身行之者乎？"子曰："其恕乎！己所不欲，勿施于人。"朱熹注："推己及物。"

③ 《论语·泰伯》子曰："如有周公之才之美，使骄且吝，其余不足观也已。"

人，因为他们的性格与公司文化不符①。

刘劭《人物志·八观》曰："《易》以感为德，以谦为道。"《人物志·释争》曰："内勤己以自济，外谦让以敬惧。"视谦恭不争为一种人格特质，能放下身段，尊重别人的立场、顾及其利益，以调整自己的行为，也就是要设身处地去体会别人的感受，站在别人的位置去思考问题，寻找利人与利己之间的平衡，谦恭有礼，自然无往不利。

苏轼认为："物过然后知有谦，使物不过，则谦者乃其中尔，过与中相形，而谦之名生焉。"② 其实过分与不及都是太超过了，守住中道才是谦的妙用。"谦道不及"者，大言不惭，盛气凌人易招人之厌恶和排斥。"谦道过分"者，一味谦让，则让人觉得懦弱无能，而不被主管重用。折中之道是要适时、适当地表现自己的能力，而同时又能尊重欣赏他人的才德，给别人发挥的空间，不抢先争功，也不落后，如此才能与众人和睦相处。苏轼说"两直不相容，两谦不相使"，大家都相争、得理不饶人，则弄得头破血流无法相容。众人皆谦让不已，则正事就没人去做了。

谦让是美德，但是"没有原则的谦让是一种懦弱，在竞争面前的谦让是一种逃避，在危险面前的谦让是一种退缩。"③ 西方人虽重个人主义，但同时也强调团队合作之精神。成功时经常是"胜者通吃"（winners take all），故成功人士多有傲人之气，但是许多成名的英雄，经常会谦虚地说："我只是做了我分内的工作。（I was just doing my job.）"

王弼总结谦卦曰："夫吉凶悔吝，生乎动者也。动之所起，兴于利者也。故饮食必有讼，讼必有众起。未有居众人之所恶，而为动者所害；处不竞之地，而为争者所夺。是以六爻虽有失位、无应、乘刚，而皆无凶、咎、悔、

---

① Tony Hsieh, *Delivering Happiness: A Path to Profits*, Passion, and Purpose, Business Plus, June 2010. 谢家华著、谢传刚译《三双鞋：美捷步总裁谢家华自述》，北京：中华工商联合出版社 2010 年。谢传刚是谢家华的父亲。

② 苏轼《苏氏易传》，又称《东坡易传》，为苏轼继其父苏洵之遗志和遗稿，并且由其弟苏辙协助而写成注解《易经》之书。

③《现今还要不要教育孩子谦让》，《上海家庭报》2008 年 10 月 10 日，来源：http://new.060s.com/article/2008/10/10/63572.htm

吝者，以谦为主也。'谦尊而光，卑而不可踰'，信矣哉！"[1]人类对利益都会有争夺之心而采取不同的行动，谦卦六爻皆吉是因为能去做没人要做的事和职位，所以没有人会妒嫉他。企业中没人要做的小事里，经常是经营企业的大学问之所在。

严长寿二十三岁，高中毕业，当完兵后经朋友介绍，进入美国运通担任传达小弟，二十八岁因表现出众，内升为美国运通台湾区总经理。三十二岁应美国运通（American Expression）办公室大楼的房东之邀跨入饭店观光业，成为亚都丽致饭店总裁，被社会誉为"观光教父"。他当小弟时决定穿西装裤、皮鞋、打领带，让自己看起来是一个端庄的年轻人，并且利用晚上勤学英文，但他发现，即使在职场，要向同事学习专业的技能也不是那么简单。他体悟到"假如必须要从人家喜欢的、正在做的事情去学习，我大概没有机会。也许对我最好的学习，就是从人家不喜欢做的事情学起。"他宁愿像一个收垃圾的人一样，去做一些别人不愿意做的事情。他认为只要有机会去做，就能学习到新东西[2]。

王弼的注乃呼应《老子》第八章所言："上善若水。水善利万物而不争，处众人之所恶，故几于道。居善地，心善渊，与善仁，言善信，政善治，事善能，动善时。夫唯不争，故无尤。"不争不是什么都不做，而是"居善地，心善渊，与善仁，言善信，政善治，事善能，动善时"，是"被动之下的主动"也可视为"不争之争"，《易经》之谦道与老氏不争之理相通。《汉书·艺文志》在为道家定位时就特别提到了谦卦中的观念："道家者流，盖出于史官，历记成败存亡祸福古今之道，然后知秉要执本，清虚以自守，卑弱以自持，此君人南面之术也。合于尧之克攘，易之嗛嗛，一谦而四益，此其所长也。及放者为之，则欲绝去礼学，兼弃仁义，曰独任清虚可以为治。"然而老氏之末流，以谦愚之姿态，"扮猪吃老虎"来降低敌人之心防，则为君子所不取。

曾国藩谈论如何互用刚和柔，分辨何事该强矫或谦退，其言曰："近来见

---

① 三国魏王弼、东晋韩康伯《周易王韩注》。
② 严长寿《总裁狮子心》，台北：平安文化1997年。

得天地之道，刚柔互用，不可偏废，太柔则靡，太刚则折。刚非暴虐之谓也，强矫而已；柔非卑弱之谓也，谦退而已。趋事赴公，则当强矫；争名逐利，则当谦退。开创家业，则当强矫；守成安乐，则当谦退。"①"强矫"一词出自《中庸》"君子和而不流，强哉矫！中立而不倚，强哉矫！"②有乾卦"自强不息"的意思。

宋人胡一桂说："谦一卦，下三爻皆吉而无凶，上三爻皆利而无害。《易》中吉利，罕有若是纯全者，谦之效故如此。"③高岛吞象更进一步分析曰："通观此卦，谦者兼也，卑而能尊，故曰尊。六爻之象，下艮上坤，能止而不上，所以谦也。夫造化之理，不足者常益，有余者常损……为君而利，为臣而亦利；处常而吉，涉险而亦吉；平治利，即戡乱而亦刑。爻象初六谦之始，'卑以自牧'。六二谦之中，积中以发也。九三谦之至，以功下人也。六四谦之过，不失其则也。六五谦之尊，以武服柔也。上六谦之极，反而自治也。盖自初至三，自谦而进之；自四而至上，自谦而反之。进至三而止，能济险，能扬善，能立功，一以谦行之，有以进为退之象；反自六而止，能顺则能服人，能克己自上反下之象。盖其谦也，非以不足而谦，正以有余而用谦也。故君子之谦，非委靡也。器大而识远，基厚而养定。震世之事功，处之以虚怀，及其当大任、决大疑、戡大乱、剪大恶，世之退诿所不敢任者，君子未常不兼任之也。有可为之才，而不敢为，象山之止；不得不为而后为，象地之顺，谓之'君子有终'也。"④

《韩诗外传》卷七有一则记载孙叔敖遇狐丘丈人的故事，可与谦卦之理相参照：狐丘丈人曰："仆闻之：'有三利，必有三患，子知之乎？'"孙叔敖蹴然易容曰："小子不敏，何足以知之！敢问何谓三利？何谓三患？"狐丘

　　① 曾国藩著、史林注译《挺经·第六卷刚柔》，北京：中国言实出版社 2003 年。《挺经》全靠曾门师弟间的口耳相传。此书乃注译者编辑而成，并非曾氏之原著。

　　② 朱注：矫，强貌。

　　③ 见《周易折中》谦卦总论中所引胡氏之说。

　　④ 高岛吞象著、汪治本译、孙正治校《高岛易断：易经活解活断 800 例》，北京图书馆出版社 2006 年。高岛氏之书完成于明治三十四年（公元 1901）。

第十三章　谦卦：谦逊自牧，忍让为公

丈人曰："夫爵高者人妒之，官大者主恶之，禄厚者怨归之，此之谓也。（按：从一般人的心理指出三利所带来的三害）"孙叔敖曰："不然。吾爵益高，吾志益下（按：谦恭下人）；吾官益大，吾心益小（按：小心谨慎）；吾禄益厚，吾施益博（按：博施济众）。可以免于患乎？"狐丘丈人曰："善哉！言乎！尧舜其犹病诸！"《诗》曰："温温恭人，如集于木；惴惴小心，如临于谷。"

人微言轻者谦虚不难，位高、权重、富有之后仍能保持谦逊则不易。一个成功的企业高级主管更应谨守谦道，以广视听。《贞观政要》中有唐太宗二次与大臣论谦让的记载，皆引用谦卦之经文，发人深省（见"附录四"）。

《系辞传下》第七章提出的忧患九卦，其第二卦为谦卦："谦者德之柄也……谦尊而光……谦以制礼。"谦卦大象是地下有山，代表内有实力，却能外示柔顺，含藏不露的谦逊态度。能以谦敬之心待人，便已掌握了德的核心精神。能以谦下之心尊敬他人，则自己的德能更得以发扬光大。礼以谦让为先，圣人是根据谦道来制作礼仪。现代社会讲究宣传，过分谦虚好像会吃亏。然而一个人做人、做事和做生意时能吃点小亏，让别人占些便宜，故众人乐于与其交往，而博得好的口碑（word of mouth），好的口碑胜过所有其他的行销手法。

我们在为人处事、经营管理上都要好好地思考谦德之妙用，心中虚怀若谷，言行皆循谦道，则诸事皆吉，无往不利。有谦道文化的企业，应具备下列特性：

1．"三人行必有我师焉"，虚心学习他人的长处，以补自己之不足。

2．以客为尊，因为能以谦诚之心待客。

3．尊重供应商，不以大欺小，守诚信、交相利[①]，以互信互利培养长期合作的双赢策略（win-win strategy）。

4．敬重竞争对手，创造公平竞争的环境；轻敌是失败的根源，化敌为友

---

① 墨子提倡"兼相爱、交相利"，使"天下之人皆相爱，强不执弱，众不劫寡，富不侮贫，贵不敖（傲）贱，诈不欺愚"，以"兴天下之利，除天下之害"，详见《墨子·兼爱》。

是"仁者无敌"^①的最高境界。

5. 不以当下的成功自满，不断地推陈出新，改进其产品和服务。

五、《易经》思维动动脑

1. 在处处讲究宣传的现代社会，谦虚和力求表现之间是否有冲突？

2. "谦虚"是一种美德，试申论谦虚的好处。

3. 讨论谦虚和忍辱之异同。为何韩信能忍胯下之辱在先，却不知谦虚而欲称王于后？

4. 利用寒泉网站（http://210.69.170.100/s25/index.htm）或中国哲学书电子化计划（http://ctext.org/analects/zh）网站找出《论语》中共六处谈到"让"的章节，研究其义。《论语》中不言"谦"而言"让"，试讨论让和谦是否有所不同？

5. 苏轼曰："两直不相容，两谦不相使"，是什么意思？

6. 讨论企业谦虚文化之精神是什么？

7. 为何谦卦卦辞和九三爻辞皆强调君子"有终"的重要？

8. 讨论捷美步（Zappos.com）的十项核心价值（参见附录三）中"要谦虚"一项与其他九项核心价值的关系。为何该公司在雇用员工时别重视此项价值？

附录一：周公恐惧流言日，王莽谦恭下士时^②

冯梦龙说："此诗大抵说人品有真有伪，须要恶而知其美、好而知其恶……那周公，姓姬名旦，是周文王少子。有圣德，辅其兄武王伐商，定了周家八百年天下。武王病，周公为册文告天，愿以身代。藏其册于金匮，

---

① "仁者无敌"，有仁德的人是没有敌人的，不可解释成仁者打遍天下无敌手。
② 冯梦龙《警世通言》第四卷"拗相公饮恨半山堂"，拗相公是指王安石。冯氏引用白居易的诗而改为："周公恐惧流言日，王莽谦恭下士时。若是当时身便死，一生真伪有谁知。"。

无人知之①。以后武王崩，太子成王年幼，周公抱成王于膝，以朝诸侯。有庶兄管叔、蔡叔将谋不轨，心忌周公，反布散流言，说周公欺侮幼主，不久篡位。成王疑之。周公辞了相位，避居东国，心怀恐惧。一日，天降大风疾雷，击开金匮，成王见了册文，方知周公之忠，迎归相位，诛了管叔、蔡叔，周室危而复安。假如管叔、蔡叔流言方起，说周公有反叛之心，周公一病而亡，金匮之文未开，成王之疑未释，谁人与他分辨？后世却不把好人当做恶人……王莽字巨君，乃西汉平帝之舅。为人奸诈，自恃椒房宠势，相国威权，阴有篡汉之意。恐人心不服，乃折节谦恭，尊礼贤士，假行公道，虚张功业。天下郡县称莽功德者，共四十八万七千五百七十二人。莽知人心归己，乃酖平帝，迁太后，自立为君。改国号曰新，一十八年。直至南阳刘文叔起兵复汉，被诛。假如王莽早死了十八年，却不是完名全节一个贤宰相，垂之史册？不把恶人当做好人么？所以古人说：'日久见人心。'又道：'盖棺论始定。'不可以一时之誉，断其为君子；不可以一时之谤，断其为小人。"

附录二：蔺相如忍辱为公，廉颇负荆请罪②

赵国的蔺相如因渑池之会以机智阻止了秦王的计谋而被赵王拜为上卿，地位比有战功的廉颇将军还要高，廉颇愤愤不平地说道："我身为赵国将军，有攻取城池的战功，而蔺相如则只是靠伶牙俐齿，而位居于我之上。而且蔺相如出身卑贱为宦者之舍人，要我位居其下，实在是极大羞辱。"于是廉颇便对外宣称，如果他看到蔺相如，必定对其加以羞辱。蔺相如在得知此事后，尽量不与廉颇会面。在每天上早朝时，经常称病不去，外人以为他是惧怕了廉颇，其实他只是不欲与廉颇争上朝时排班之先后。有一次，蔺相如出门时，在远处望见廉颇，即时改变行车方向，以躲避他。但这个举

---

① 参见《尚书·金縢》
② 根据司马迁《史记·廉颇蔺相如列传》。

动使得其门客感到很没面子，表示不能忍受此种羞辱。蔺相如向他们解释说："大家以为廉将军与秦王比较谁的权势较大？"众人回答："廉将军不如秦王。"蔺相如再说道："即使以秦王之淫威，相如亦敢在大殿上对其作出叱喝，并羞辱秦国群臣，相如虽然不是很勇敢，难道会怕廉将军？我只是顾念强秦之所以不敢攻打赵国，只是因为我们两人一文一武忠心为国。如今若两虎相斗，必有一伤。我之所以如此躲避廉将军，实在是因为国家大事远较个人私怨为重要。"廉颇在得知蔺相如相忍为公之举，立即光着上身，背负荆棘至蔺相如家中来请罪（此即"负荆请罪"成语之由来）。廉颇对蔺相如说："我实在是鄙贱不知轻重的人，竟然不知上卿①如此宽宏大量，为国忍辱。"而蔺相如接受了其道歉，两人相谈甚欢，后来成了"刎颈之交"。

附录三：代表了捷美步的企业文化的核心价值（Zappos Core Values）②

1.Deliver WOW Through Service.［用服务（给顾客、供应商和员工）带来"哇"的惊喜］

2.Embrace and Drive Change.（拥抱和推动变革）

3.Create Fun and a Little Weirdness.（创造好玩和一些疯狂的气氛）

4.Be Adventurous，Creative，and Open-Minded.（敢冒险、有创意、并且心胸开放）

5.Pursue Growth and Learning.（追求成长与学习）

6.Build Open and Honest Relationships with Communication.［用沟通来建立（与员工、顾客、和供应商间）公开和诚信的关系］

7.Build a Positive Team and Family Spirit.（建立积极正面的团队和一家人的精神）

---

① 《史记·廉颇蔺相如列传》原文中的廉颇称呼蔺相如为"将军"似有误，故改之为"上卿"。

② 来源 http://about.zappos.com/our-unique-culture/zappos-core-values 中文为笔者传译。

8.Do More with Less.（以克难的精神用很少的资源做很多事）

9.Be Passionate and Determined.（有热忱并且坚韧不拔）

10.Be Humble.［（对同事、顾客、和供应商）要谦虚］

附录四：《贞观政要·论谦让第十九》三则中的二则

贞观二年，太宗谓侍臣曰："人言作天子则得自尊崇，无所畏惧，朕则以为正合自守谦恭，常怀畏惧。昔舜诫禹曰：'汝惟不矜，天下莫与汝争能；汝惟不伐，天下莫与汝功。'① 又《易》曰：'人道恶盈而好谦。'凡为天子，若惟自尊崇，不守谦恭者，在身倘有不是之事，谁肯犯颜谏奏？朕每思出一言，行一事，必上畏皇天，下惧群臣。天高听卑，何得不畏？群公卿士，皆见瞻仰，何得不惧？以此思之，但知常谦常惧，犹恐不称天心及百姓意也。"魏征曰："古人云：'靡不有初，鲜克有终。'② 愿陛下守此常谦常惧之道，日慎一日，则宗社永固，无倾覆矣。唐、虞所以太平，实用此法。"

贞观三年，太宗问给事中孔颖达曰："《论语》云：'以能问于不能，以多问于寡，有若无，实若虚。'何谓也？"颖达对曰："圣人设教，欲人谦光。己虽有能，不自矜大，仍就不能之人求访能事。己之才艺虽多，犹病以为少，仍就寡少之人更求所益。己之虽有，其状若无，己之虽实，其容若虚。非惟匹庶，帝王之德亦当如此。夫帝王内蕴神明，外须玄默，使深不可知。故《易》称'以蒙养正'、'以明夷莅众'。若其位居尊极炫耀聪明，以才陵人饰非拒谏，则上下情隔，君臣道乖，自古灭亡莫不由此也。"太宗曰："《易》云：'劳谦君子，有终，吉。'诚如卿言。"诏赐物二百段。

---

① 不矜，是不骄傲。不伐，是不夸耀自己的功劳。语出《尚书·大禹谟》。

② "靡不有初，鲜克有终"，出自《诗经·大雅·荡》，是说一般人做事之初，大都能戒慎其事，有个好的开端，但很少有人能不懈怠地坚持到底。其义与《礼记·表记》："事君慎始而敬终。"强调慎始敬终的态度是相通的。

第十四章　随卦：良禽择木，人才择主

（Following）

☲卦名：随［泽雷］——第十七卦

一、经文

卦辞：随：元亨，利贞，无咎。

《彖》曰：随，刚来而下柔，动而说，随。大亨贞，无咎，而天下随时，随时之义大矣哉！

《象》曰：泽中有雷，随。君子以向晦入宴息。

《序卦传》：豫必有随，故受之以随。

《杂卦传》：随，无故也；蛊，则饬也。

爻题	爻辞	小象辞
初九	官有渝，贞吉。出门交，有功。	官有渝，从正吉也。出门交，有功，不失也。
六二	系小子，失丈夫。	系小子，弗兼与也。
六三	系丈夫，失小子。随有求，得。利居贞。	系丈夫，志舍下也。
九四	随有获，贞凶。有孚在道，以明，何咎。	随有获，其义凶也。有孚在道，明功也。
九五	孚于嘉，吉。	孚于嘉吉，位正中也。
上六	拘系之，乃从。维之，王用亨于西山。	拘系之，上穷也。

爻题	卦体	卦象	卦德	人伦	
上六 九五 九四	兑	泽	悦	少女	外卦、上卦
六三 六二 初九	震	雷	动	长男	内卦、下卦

二、前言

随有三种解释：一、在下位者追随、随从在上位的领导人，所谓"良禽择木而栖，贤才择主而事。"人才也要择主而随从，希望能附骥尾而行。二、在上位的领导人能顺随在下位部属之建议，用众人之智，得人才之信服而相随。此《易程传》所谓："以上下下，以贵下贱。能如是，物之所说，随也。"能舍己从人，则会有人来随我的效果，此领导人的"随"，但这却不是随卦最根本的意义。三、能随时代之需要而变革，以顺应时势。

随卦只取相比的二爻为相随之义，而不以相应二爻取其义。此卦三个阳爻、三个阴爻，从卦画来看上卦兑为阴卦，下卦震为阳卦，阳卦在阴卦之下。同时上卦二刚爻在一阴爻之下，下卦一阳爻在二阴爻之下，皆有刚来下柔的意思。"刚下柔而阳随阴，以我随物，则物自随我，而动无不说（悦），此大亨之正道也。人同此心，天下有不随之者哉？"[1]在下有阳刚的人才，而能随从与其相比而在其上的阴柔之爻；在上的阴柔之主，能虚己下人，让在下的阳刚之才的人能得以发挥。上下相辅相成，所以是吉祥的。

选择了"明主"而随之，可以从上面领导人的身上学到很多做人做事的方法，明主大肚能容随己者，故能让属下发挥其所能。自己的长官能干而高升，其属下或许也可受其提拔，因而随之升迁，是故人才不得不审慎地择主而事。

---

[1] 《周易折中》引用乔中和的注解。

孟子曰："待文王而后兴者，凡民也。若夫豪杰之士，虽无文王犹兴。"①
以择主而事来谈随卦似乎太缺乏英雄气盖了，然而当上独当一面的领袖人物不是一蹴可几，必得经过随人的过程，才可能成为为人所随之人主。不知随人之道，怎能明白为人所随、领导他人之理呢？

三、经文解释

【卦辞】随：元亨，利贞，无咎。

卦辞是说："有大亨通，但要善守正道，才不会有悔咎。"

【彖辞】随，刚来而下柔，动而说，随。大亨贞，无咎，而天下随时，随时之义大矣哉！

彖辞曰："随，刚来下柔。"如图–1所示，随卦是由否卦转变而来，否卦上卦为乾，下卦为坤。乾卦最上面的一阳爻下来，与坤卦最下面的一阴爻相交换，则形成随卦，有刚从外来而下柔的意义。随卦上卦二阳（刚）爻在一阴（柔）爻之下，下卦一刚爻在二阴爻之下。彖辞曰："动而说，随。"下卦为震是动，上卦为兑为悦。内有阳刚之气发动于下，代表有创建之能的人才；而在外者为喜悦，是能以柔克刚的领导者。

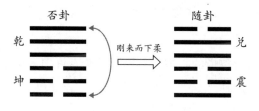

图 –1　否卦"刚来下柔"，一变而为随卦

---

① 《孟子·尽心》。

象辞曰："大亨贞，无咎，而天下随时，随时之义大矣哉！"然过分随喜顺从、没有定见，则很容易就不守正道，而成为诡随，因此若要随而能大亨，要先能守住正道，才能没有悔咎，随时的义理很深远啊。随是我求明主而追随之，或是我出来领导他人而为他人所追随，随人或为人所随则需视时机而定。没有人一出道就能成为领导人，总是要先随人，才可能成为为人所随的领导人。若跟随错了人，有时候一辈子都翻不了身，故择主之际，可不慎乎？此外一个人即使当上了最高领导，也要能虚心就教于在下之贤德之士，时时听随、接纳他们的建议，此亦随道之一端也。

【大象】泽中有雷，随。君子以向晦入宴息。

从《大象》来研究，随卦是上卦为兑、为泽，下卦为震、为雷，是泽中有雷的形象。春雷初动，云行雨施。兑卦是秋天，此时雷雨季已过，有雷潜藏于湖泽之中，象征君子日出而作，勤奋不已，但日落向晚时分，则知道收拾身心，回到家中，好好休息。

随人者日出而作，但是不能盲目地随从，还要"以向晦入宴息"来收敛身心，培养自己定静的功夫，故不至于所随非其人、非其时也！随人者要随时培养自己的能力，有一技在身，若与公司或主管志不同、道不合之时，则能另谋发展，不至于为五斗米而折腰。

【序卦传】豫必有随，故受之以随。

一个人经常保持豫悦的心情境，则必然会有许多人乐于追随他；所以豫卦之后，跟着的是随卦。

【杂卦传】随，无故也；蛊，则饬也。

随卦是指不坚持有自己故有的见解，才能舍己之意而随从他人。蛊卦则是在蛊乱之后，加以整饬，才能更新。李光地在《周易折中》中解释曰：
"无故，犹庄子言'去故'。人心有旧见，则不能随人，故尧舜舍己从人者，
无故也。"《尚书·大禹谟》云："稽于众，舍己从人。"《孟子·公孙丑上》称：
"大舜有大焉，善与人同，舍己从人，乐取于人以为善。"《论语·子罕》记
载："子绝四：毋意、毋必、毋固、毋我。"孔子断绝了下列四种毛病：不妄
加臆测疑神疑鬼，不事事强求必得尽如己意，不固执成见，不以自我为中心。
自然能够与人为善，舍己以随从他人，此乃"随，无故"的深义。

【爻辞】初九，官有渝，贞吉。出门交，有功。
【小象】官有渝，从正吉也。出门交，有功，不失也。

官场上的起落变化是常态，在宦海沉浮之中要能随从正道，才能获得吉
祥。"初九"为此卦的成卦之主，虽有阳刚之性，有成事的干才，但仍需要
在上位者之提拔，才能成事，所以得出门广交结交豪杰之士。"初九"为阳
爻，为卦主，故言"交"，不言"随"，然而随在其中也。不敢安逸自守[①]、
不故步自封，所以不会失去随时或随人的机会。

【爻辞】六二，系小子，失丈夫。
【小象】系小子，弗兼与也。

历来对"六二"爻和"六三"爻的爻辞中"小子和丈夫"之解读，可
说是众说纷纭。来知德认为："阴爻称小子，阳爻称丈夫，阳大阴小之意。"
同时"随卦的特点是论比、不论应，取上、不取下"[②]，亦即六二取在其上与
其相比的六三而随系之，故曰"系小子"；而不与在其下之初九相亲比，故
曰"失丈夫"。"六三"以位言，要比初九高，但以爻性而言，"初九"的阳

---

① 尚秉和曰："失与佚通用。佚，逸也。震动故不佚，言不敢安逸也。"见《周易尚氏学》。
② 来知德《易经来注图解》。

爻要比"六三"的阴爻有潜力，不论追随哪一爻，都各有利弊。然而不能以一人而事二主，故曰"弗兼得也"。

【爻辞】六三，系丈夫，失小子。随有求，得。利居贞。
【小象】系丈夫，志舍下也。

"六三"爻上依从"九四"的阳爻，故曰"系丈夫"；而舍弃在下"六二"的阴爻而不随，故爻辞曰"失小子"。《小象》曰："系丈夫，志舍下也。""九四"为近于君之诸侯或大臣，随之有方，则可求得发挥一己之能力的机会，但不可曲意奉承以随上，要能居正才能有利。

【爻辞】九四，随有获，贞凶。有孚在道，以明，何咎。
【小象】随有获，其义凶也。有孚在道，明功也。

随着刚强之君主，因而获得了不凡的功绩，又有下面"六三"的追随，此时有自己要招兵买马、建立自己的势力之嫌疑，因此而"功高震主"，与此卦"刚来而下柔"的意义不符合，是故有凶险。若能有诚信而合乎道，则可以明哲保身，功成而身退，怎么会有悔咎？这就是表明不与主上争权、争功的功效。

汉初韩信和萧何都是在汉高祖手下创建汉朝的功臣，根据《史记·淮阴侯列传》的记载韩信出身贫寒，先为项羽的叔父项梁效力，项梁阵亡后项羽未能重用他，所以他就转而投身汉营，萧何知道他是个军事天才，但是不为刘邦所重视，愤而出走，萧何月下追韩信而将他劝了回来。萧何再次慎重地推荐韩信给刘邦，深谈之下刘邦大为激赏，立刻任命韩信为大将军。韩信攻破了齐国，因战功要求受封为齐王，派遣使者跟汉王说："齐人伪诈多变，是个反复无常的地方，要封一个像我一样的军事天才当假王才能镇住这里的局势，我愿意顺便当这个假王。"当时楚国才把汉高祖刘邦围在荥阳，汉王听了来使之言大怒，开口骂说："老子受困在此，从早到晚都盼望韩信能来帮我解围，现在他反而要自立为王了！"张良和陈平暗中踩了踩汉王的脚，提醒他说话要小心，刘邦当下有所警觉。张良和陈平在刘邦耳边小声说："汉这一方现在情势不利，怎么可能禁止韩信称王呢？不如顺其所请立而为齐王，让他好好守住齐地，使你无后顾之忧。若不准他称王，他必然会叛变。"汉王刘邦一点就通，此乃善随下者也，因此口气一转继续骂道："大丈夫平定诸侯，即为真王了，为何还要称为假王！"（韩信之使者，未看出其间微妙之变化而回报其主，非良使也）乃遣张良为使，前往立韩信为齐王，并征调其兵力共同击楚①。

韩信后来又要求为楚王，获得很多权势，但不知明哲保身，最后为吕后用萧何的计谋，被诛夷三族而亡。太史公叹曰："假令韩信学道谦让，不伐己功，不矜其能，则庶几哉。"俗话说："成也萧何，败也萧何！"萧何月下追韩信，韩信才被刘邦封为大将军，此"成也萧何"；萧何为吕后谋而诛韩信，此"败也萧何"。萧何在汉初功臣中算是善于随人者，《史记》中记载了萧何的事迹②。汉高祖十一年，淮阴侯韩信谋反于关中，吕后用了萧何的计谋，诛杀淮阴侯。汉高祖听闻淮阴侯被诛杀，派遣使者拜丞相萧何为相国，加封五千户的封地，下令派五百人的士卫队保护相国。大家都来道贺，只有一位名为召平的人上门来吊唁。召平曾是秦朝时东陵侯，秦亡了之后成为一般老百姓在长安城东种瓜为生。召平告诉萧何说："你的灾祸自此开始了，皇上出京城打战，你守在城中，没有战功就封你田地和增派侍卫。现在淮阴侯才在关中造反，皇上怎么能不怀疑你的忠诚呢？你以为派侍卫是为了宠爱你而来保卫你的吗？（是来监控你的！）愿君谦让封田而不要接受，要把所有的家财拿出来供献给军用，则皇上才会高兴而释疑。"相国听从其计谋，汉高祖因此而非常高兴。

萧何听了召平的劝告，捐出家产为军用，以释汉高祖的戒心。在汉高祖十二年黥布造反，刘邦出征，萧何镇守关中，高祖生怕萧何也造反，常

---

① 《史记·淮阴侯列传》。
② 《史记·萧相国世家》。

常派人打听萧何在做什么，萧何想重施故技，但另经高人指点，故意反其道而行，大肆搜刮百姓土地，让高祖知道他只是贪财，而对权势一点兴趣都没有，以保自身的安全。萧何一前一后二种不同的做法，先则知道如何酬表其忠心于君上，后则能释君上疑其夺权之心，故能明哲保身，成为汉朝的第一功臣。此外萧何置田宅必买在穷乡僻壤，住家也不建筑成高宅大院。萧何告诫子孙后代："你们后代有贤能的，则应该师法我的节俭；若子孙不贤，则也不会被有权势的人看到我们萧家的产业眼红而来抢夺。"萧何屡经高人指点，深知自保之道，非但能保其身，且善为子孙谋。太史公赞曰："臣位冠群臣，声施后世。"萧何者，善随人者也。

【爻辞】九五，孚于嘉，吉。
【小象】孚于嘉吉，位正中也。

"九五"的位既中且正，能信服在"上六"隐遁的贤哲，有"孚于嘉"的象。"九五"不因居中正之君位而妄自尊大，能听从在"上六"的贤哲之教导，又知道以诚信对待在下随己的部属，当然会得到吉祥的结果。

"九五"爻正中，"六二"爻也是正中，二爻相应又相互信任，是处于互信而嘉美的情境。孚，信也。嘉，美也。"孚于嘉"，信而美之谓。五居此卦领导人的位置，并有刚强之性，要能虚己而听他人的建议是很不容易的。如果自以为是，则不会让部下畅所欲言；如果自己心中没有一些定见，则又容易为部属所欺骗。总之要能够不感情用事，才能听取并选择最好的建议。"孚嘉"是指能"廓然大公，一无所系，但择善而从之，随善而不随人。如此，则不失人，亦不失己已。交遍天下而有功，吉莫大于此矣。此人君之随道也。"[1]

【爻辞】上六，拘系之，乃从。维之，王用亨于西山。

---

[1] 清汪由敦等奉敕撰书《周易述义》第98页。

【小象】拘系之，上穷也。

上六在随卦的极致之位，再上去也没有可以随系的人了，故有"不事王侯"的出世之想，此乃隐遁之高人。此时为君者用强迫性的手段拘系位于"上六"的人，也无法让他们为其效力。在这种情况下，只有用文化传统香火的延续的使命感来维系这种人。"亨"字古文通享，是祭享的意思。派"上六"到西山祖宗宗庙做祭祀祖先这一类维持精神文化命脉的事，故曰："王用亨于西山。"

汉高祖欲废太子，吕后用张良推荐的"商山四皓"这四位年高德劭，连刘邦都很尊敬的隐者来辅佐太子，刘邦知道太子有高人指点，羽翼已成，故终究不敢轻易废除太子。这"商山四皓"，以前连刘邦都请不动，可视为居随卦"上六"之位的隐遁之士。

四、总论

随卦有三个阴爻，三个阳爻，六个爻皆取相比为相随之意，而不以相应取象。"初九"为随之初，称为"交"，有平等交往之义。"九四"为随之中，称为"随"，上随"九五"中正之君，又为在下的"六三"所追随，有随人及为人所随二义。"九五"为"九四"所随，刚爻随刚爻，要有诚信，才能随而有嘉，故称"孚"。至于"六二"、"六三"及"上六"三个阴爻的爻辞都用"系"，这个动词。系是"随而攀恋不舍之义。六二、六三、上六，其性皆阴柔，而攀恋相随不舍，故皆言系。"①

在官场、职场上如何选择顶头上司，如何与在上位的主管相处，是职业生涯规划的重点，所谓"良禽择木而栖"是也。领导者不要怪招不到人才，要知道"不是梧桐树，难招凤凰栖"，应该时时反省自己是否有令人足以相随的胸襟和实力，和能让有才志之士所认同的愿景。

---

① 《周易折中》引用俞琰的注解。

"东汉之初，邓高杖策从刘秀（汉光武帝），说秀以取天下之术。马援初事隗嚣，后知光武才明勇略非人敌，乃弃嚣而从秀。东汉末年，周瑜鲁肃知袁术无成，皆弃官而归孙策。甘宁知刘表终无成，去而依孙权。复说孙权取黄祖，权遂击祖而斩之。隋之末季，刘文静谓李世民（唐太宗）豁达类汉高，神武同魏祖，后与相成其功名。"①这些都是历史上"人才择主而随，明主能善用所随之人"的例子。善随人的人才，与能为人所随之领袖，其实是相互成就其功业，不可以其所在之位的高低，而分贵贱。这是我们在研究随卦时，应深思的议题。

曾经有人问联电副董事长宣明智："如何选择老板呢？遇到不好的老板怎么办？"他的回答是："如果遇到一个好主管，努力工作与老板密切配合，提升部门绩效，主管升迁快，自己的机会自然就多；但是如果遇到一个不适合共事的主管，那就该赶快把该学的学完，然后走人，不用拼命证明他是错的。"②可谓深得随卦之教。

《大学》引用《诗经》的句子："缗蛮黄鸟，止于丘隅。"孔子曰："于止，知其所止，可以人而不如鸟乎！"孔子看到山雉，看到有人接近就先展翅高飞以避险，再群集飞翔，环视地形及情况，选择了最佳的地点，确定该处安全无虞，才降落下来栖息，孔子称赞说："山中母的雉鸟都知道择时、择地的重要，能根据自己的能力，谨慎地选择栖息的最佳战略地点。时真的很重要！时真的很重要！"子路听了敬佩不已，朝这群雌的雉鸟，拱手致敬了三次③。这段话可以为"随"作注解，择时、择地和选择人主是同等的重要！

随卦有"以己随人"、放下身段而令人随之、"随时"而动及动而悦等多重相辅相成的意义。在下的人才有阳刚之性，在上之人主能以柔顺之道

---

① 王缁尘《资治通鉴读法》，台北：河洛出版社1975年。

② 宣智明《七年级生的管理》，大华技术学院2005年2月。来源：http：//www.lib.thit.edu.tw/id24-940518.htm。

③ 《论语·乡党第十》：色斯举矣，翔而后集。曰："山梁雌雉，时哉！时哉！"子路共之，三嗅而作。

礼敬之，上下相随，宾主相悦，随时而动，而共成大事，此随卦之深意也。

五、《易经》思维动动脑

1.随卦的"随"有哪几种意义？

2.试论"跟随对人"的重要性。

3.随人之时，没表现不受主管的重视，表现太好则功高震主，如何拿捏才好？试以汉初功臣韩信、萧何的个案为例来讨论。

4.以为人部属的观点，试论如何选对值得为其效命的好主管？

第十五章　临卦：临事以敬，领导有方

（Supervision，Leadership）

䷒卦名：临［地泽］——第十九卦

一、经文

卦辞：临：元亨，利贞。至于八月有凶。

《彖》曰：临，刚浸而长。说而顺，刚中而应，大亨以正，天之道也。至于八月有凶，消不久也。

《象》曰：泽上有地，临；君子以教思无穷，容保民无疆。

《序卦传》：有事而后可大，故受之以临，临者大也。

《杂卦传》：临观之义，或与或求。

爻题	爻辞	小象辞
初九	咸临，贞吉。	咸临贞吉，志行正也。
九二	咸临，吉，无不利。	咸临，吉，无不利；未顺命也。
六三	甘临，无攸利。既忧之，无咎。	甘临，位不当也。既忧之，咎不长也。
六四	至临，无咎。	至临无咎，位当也。
六五	知临，大君之宜，吉。	大君之宜，行中之谓也。
上六	敦临，吉无咎。	敦临之吉，志在内也。

爻题	卦体	卦象	卦德	人伦
上六 六五 六四	坤	地	顺	母 外卦、上卦
六三 九二 初九	兑	泽	悦	少女 内卦、下卦

二、前言

临者，居高临下，有从高处往下看和靠近的意思。荀爽曰："泽卑地高，高下相临之象。"在临卦中引申为以上临下（supervision），即管理人的艺术。《书经·大禹谟》："临下以简，御众以宽。"谈的是人治，《管子·八观》："置法出令，临众用民。"讲的是法治，这两句话中的"临"字皆与临卦之义相符合。是故临卦内容主要讲的是领导的方法，尤其是领导有才之人的艺术。《周易述义》曰："亲往治之曰临。二阳进而临阴，临以德也。四阴下而临阳，临以位也。"[①]

《论语·泰伯》："舜有臣五人而天下治。武王曰：'予有乱[②]臣十人。'孔子曰：'才难，不其然乎？唐虞之际，于斯为盛。有妇人焉，九人而已。三分天下有其二，以服事殷。周之德，可谓至德也已矣。'"因此孔子特别留心从政者是否能网罗人才，《论语·雍也》子游为武城宰。子曰："女[③]得人焉耳乎？"曰："有澹台灭明者，行不由径。非公事，未尝至于偃之室也。"《孟子·滕文公上》孟子曰："分人以财谓之惠，教人以善谓之忠，为天下得人者谓之仁。是故以天下与人易，为天下得人难。"孔子、孟子皆感叹才难，其实人才难得更难留住，因为真正的才干之士，大都有"此处不留爷，自有留爷处"之心态。为企业找寻人才、培养人才、安排接班人和善用人才，是领导人的第一要务。

《韩诗外传》云："虞舜耕于历山之阳，立为天子，其遇尧也；傅说负土而

---

① 清汪由敦等奉敕撰书《周易述义》第104页。

② 乱训作治，以相反为训。

③ 女通汝。

版筑，以为大夫，其遇武丁也；伊尹故有莘氏僮也，负鼎操俎，调五味，而立为相，其遇汤也；吕望行年五十卖食棘津，年七十屠于朝歌，九十乃为天子师，则遇文王也；管夷吾束缚自槛车，以为仲父，则遇齐桓公也；百里奚自卖五羊之皮，为秦伯牧牛，举为大夫，则遇缪公也；虞丘名闻于天下，以为令尹，让于孙叔敖，则遇楚庄王也；伍子胥前功多，后戮死，非知有盛衰也，前遇阖闾，后遇夫差也。"[①] 英雄不怕出身低，领导者在选拔人才时不可有门户之见。

舜原来只是在历山耕种的农夫，遇到尧才被提拔为统理天下的帝王。武丁是中国商朝第23位国王，庙号为高宗。武丁在位时期，曾攻打鬼方，并任用做过建筑工人的傅说为宰相，商朝得以再度强盛，史称"武丁中兴"。商汤提拔自己妻子有莘氏陪嫁的仆僮中，做厨师而善于调和五味的伊尹为相，而成功伐夏桀建立商朝。姜太公吕尚，开过小吃店、做过屠户，到了七十多岁才被周文王聘为国师。真正的人才经常为世俗所不容，所以延揽不能只看学历和经历。其实人才历代皆有，而能识才之伯乐却不常有。建国、创业之初，人才多隐于中下阶层，如临卦在下之"初九"和"九二"，唯有明主能识之、能任之。

领导的重点，在于善用人才。汉朝建国之君刘邦的能力，若是去带兵，只有领兵十万之才，比不上韩信，但却有用将才的眼光和胸襟，所以能用韩信等人才而成功。《史记·淮阴侯列传》中韩信称赞刘邦是善于将将的天生领导人才：

上（刘邦）常从容与信（韩信）言诸将能不（否），各有差。

上问曰："如我能将几何？"（以我的能力，你看能率领多少士卒？）

信曰："陛下不过能将十万。"

上曰："于君何如？"

曰："臣多多而益善耳。"（用兵是愈多愈好。）

上笑曰："多多益善，何为为我禽？"（为何为我所用？）

---

① 见《韩诗外传·卷七》

信曰："陛下不能将兵，而善将将，此乃信之所以为陛下禽也。且陛下所谓天授，非人力也（是天生的领袖人才，不是后天学来的）。"

《大学》引《尚书·秦誓》中秦穆公告诉群臣的话："若有一介臣，断断兮无他技，其心休休焉，其如有容焉。人之有技，若己有之；人之彦圣，其心好之，不啻若自其口出。实能容之，以能保我子孙黎民，尚亦有利哉！人之有技，媢嫉①以恶之；人之彦圣，而违之俾②不通。实不能容，以不能保我子孙黎民，亦曰殆哉！"所谓"人之有技，若己有之；人之彦圣，其心好之。"是指能诚心敬佩欣赏才德比我好的人。这有似于佛教称赞的"随喜功德"，看到别人行善、有能力，而能发自内心的赞叹，并从旁协助，也是功德一件。不嫉妒人才的人，才能为国荐举人才。身居要职，见才心喜，而能向上推荐比自己还有才干的人，可是少之又少。居大位者存有忌妒他人之才的心态，故意阻挡才德之士的晋用和升迁，则该组织必会因此而衰败。

鲍叔牙推荐管仲于齐桓公曰："管夷吾能，可以治国。"并且自愿为其下手。故管仲尝叹曰："吾少穷困时，尝与鲍叔贾（做生意），分财多自与，鲍叔不以我为贪，知我贫也。吾尝为鲍叔谋事而大穷困，鲍叔不以我为愚，知时有利不利也。吾尝三仕三见逐于君，鲍叔不以我为不肖，知我不遭时也。吾尝三战三北，鲍叔不以我为怯，知我有老母也。公子纠败，召忽死之，吾幽囚受辱，鲍叔不以我为无耻，知我不羞小节，而耻名不显于天下也。生我者父母，知我者鲍叔也。"③管仲过世前，齐桓公问管仲鲍叔牙是否能接替他的宰相之位，管仲知道鲍叔牙为人太正直了，如果去做宰相必然得罪不少人，管仲为了保护他，所以反对桓公任鲍叔牙为相。管仲告诉桓公的理由是："不可；其为人也，洁廉善士也，其于不己若者不比之人，一闻人之过，终身不忘。使之理国，上且钩乎君，下且逆乎民。其得罪于君也，将弗久矣。"④

① 媢嫉是妒嫉（见《张居正讲评〈大学·中庸〉皇家读本》，上海辞书出版社 2007 年）。
② 俾，训为使。
③《列子·力命篇》
④《列子·力命篇》。

管仲知道鲍叔牙个性太直，若做宰相必然得罪许多人，为了保护好友，不建议恒公任其为相。两个知己，叔牙能推荐管仲不易，而管仲不荐举鲍叔牙更难，但他们都是了解对方的能力和个性，因而惺惺相惜。世人称道"管鲍之交"，实在是因为知己难得啊！

奥美广告（Ogilvy & Mather），老板奥格威（David Ogilvy, 1911 年 ~ 1999 年）在某一次高层主管会议中，送给每个与会的主管的座位前摆放了一个俄罗斯娃娃（层层相包的娃娃玩具，如图 –1 所示）。说："那个就是你，打开吧！"于是，主管们一一把娃娃打开来看，结果出现的是一个小一号的娃娃。接着他们继续打开，里头的娃娃一个比一个小。最后，当他们打开最里面的迷你娃娃时，看到了一张奥格威题了字的小纸条。纸条上面写的是："如果你经常雇用比你弱小的人，将来我们就会变成一家侏儒公司。相反，如果你每次都雇用比你强大的人，日后我们必定成为一家巨人公司。"奥格威要他们用人时，千万别怕用比自己能干的人才。奥美因有此组织文化成了一家以创意、品牌管理、企业文化和完善的培训而著称的巨人公司[①]。然而要有能容人才的雅量，是很不容易的。因此我们在评估下属的主管人员的才干和绩效时，应包括其人是否善于为公司荐举人才。

图 –1　一个套一个的苏俄娃娃

临卦是四阴二阳之卦，二阳在下，居此卦初、二之位，是代表阳刚的力量有逐渐盛大之趋势，已达到由量变到质变的临界点。大壮卦（☳）则是

① 　根据下列资料改编，http://www.longzhimei.com/shuping/mingjiapingshu/200612/37.html。

四阳在下、二阴在下，代表阳气已经壮大的状况。"临"一般都解释为以上临下，也就是指在上的四个阴爻应如何领导在下面冲劲十足的二阳。但也可解释为在下位的部属应如何与在上位的主管相处。领导者与其部属之间的互动可以临卦和观卦来解读。《杂卦传》曰："临观之义，或与或求。"居上位者要思考能给予下位者什么（如钱财、知识、名位、学习和升迁的机会，或是经验上的指导），应如何管束要求其属下，以使其心悦诚服的为组织效力。在下位者应了解组织的目标和主管的意志，虚心向主管前辈们学习以便更上层楼。常想想自己应如何贡献其心力于企业，以创造双赢的局面。《论语·八佾》定公问："君使臣，臣事君，如之何？"孔子对曰："君使臣以礼，臣事君以忠。"在现代组织人才流动率高的情况下，上下相临的君臣之道，更是一种相对的概念。

待人要待心，成了要归功于上面的领导和下面的部属，不可争功诿过。霍去病征伐匈奴立下大功，汉武帝特派使臣送了一坛美酒到前线去慰劳他。霍去病对使臣说："谢谢皇上的奖赏。但战胜匈奴非我一人之功，功劳应该归于全体将士。"他命令将御赐美酒抬出来犒赏全体部下，但酒少人多，于是霍去病吩咐手下，将这坛美酒倒入营地所在的山泉中，全体将士纷纷畅饮掺了酒的山泉，而欢声雷动，此山泉所在之处，即今日甘肃省酒泉，这个地方就是因此事件而得其名。以一位常胜的年轻统帅而言，其态度是多么的谦虚[①]。霍去病一生曾四次领兵出塞攻打匈奴，共歼敌十一万多人。《资治通鉴》有如下的记载[②]：

骠骑将军为人，少言不泄，有气敢往。天子尝欲教之孙、吴兵法，对曰："顾方略何如耳，不至学古兵法。"天子为治第，令骠骑视之，对曰："匈奴未灭，无以家为也！"

---

① http : //video.aol.com/video−detail/id/3905863598

② 司马光《资治通鉴》第十九卷《汉纪十一·世宗孝武皇帝中之上》。

霍去病（骠骑将军），他平时话不多，但是在战场上却勇气十足，敢向前冲。他是一位军事天才，汉武帝曾劝他学习《孙子兵法》和《吴起兵法》，他却说："为将须随时运用不同的方法谋略，何必定拘泥于古代的兵法呢？"他是凭借战场上的直觉和情报指挥战斗，随机应变，并善于运用闪电式战术，因而百战百胜，成为一代名将。霍去病屡立战功，获得了高官厚禄，但他把个人的享受搁在一边，一心一意以国家利益为重。河西战役胜利之后，汉武帝为了奖励他的卓越战功，特别在长安为他建造了一座豪华的宅第，完工后叫他去看看是否满意。霍去病谢绝了汉武帝的好意，他爱国忘家豪壮地回复汉武帝说："匈奴未灭，何以家为！"[①]这句话成了流传千古的名言。

《中庸》指出了一个领导者应有的素养："唯天下至圣，为能聪明睿知，足以有临也。宽裕温柔，足以有容也。发强刚毅，足以有执也。齐（斋）庄中正，足以有敬也。文理密察，足以有别也。"一个至圣的领导人应具备五种德性："临、容、执、敬、别。"朱熹注："临，谓居上而临下也。"有君临天下之义。企业经营者要有聪明睿智的功夫才能领导属下，有宽裕温柔的性情才能有包容力，奋发自强、刚毅有为是执行力的表现，斋庄中正是临事而敬的态度，文章有条理、观察能致密乃辨别是非的能力。

《易经·系辞传》曰："聪明睿知，神武不杀。""睿"字有如下的解释：《说文》云："深明也、通也。"《玉篇》云："圣也，智也。"《尚书·洪范》称："思曰睿，睿作圣。"《蔡传》云："睿者，通乎微也。"徐干《中论·修本篇》云："睿莫大乎自虑。""聪、明、睿、知（智）"四德是：耳聪，能分辨言辞之真伪；目明，可看透事务之真相；思路敏睿，善于决疑断难；智慧圆融，自然御下有方。故曰："'聪明睿知，神武不杀'，足以有临。"

《论语·卫灵公》子曰："知及之，仁不能守之；虽得之，必失之。知及之，仁能守之，不庄以莅之；则民不敬。知及之，仁能守之，庄以莅之，动之不以礼，未善也。"一个好的领导者要"知能及，仁能守，庄以莅之，动

---

① http：//big5.xinhuanet.com/gate/big5/www.sx.xinhuanet.com/rwfc/2005-07/20/content 4683887.htm

以礼。""庄以莅之"就是以庄严的态度来领导、莅临众人，亦即"临之以庄"。《论语·卫灵公》子曰："君子矜而不争，群而不党。"朱注："庄以持己曰矜，和以处众曰群。"庄是自重，敬是重人。能自重重人，民众部属才会敬重你。

上述《中庸》一章及《论语·卫灵公篇》中的二章，可以作为临人者培养其领导能力时的准则。能经纶、治理天下的人，一言以蔽之即是在一"诚"字。《中庸》曰："唯天下至诚，为能经纶天下之大经，立天下之大本，赞天地之化育。"至诚才能管理天下大事。

领导能力的良窳可用下列五项"领导力准则"（leadership code）来衡量领导的能力，其中第三和第四项皆与领导人才有关①：

1. 策略：必须时时从策略面思考问题，对未来必须有一套完整的观点和远见，而且能让公司策略性的定位（positioning）很清楚，以持续赢得其目标客户。

2. 执行力：必须要有执行力，能建立运作顺畅、成效良好、且能进行变革的组织和管理系统。

3. 管理现有的人才：必须善用公司现有的优秀人才，并且能激励员工使其为公司效力，并且能有效地与员工沟通。

4. 培养人才：必须设法培养未来的人才，并使这些人俱备有应付未来所需的经验和能力。

5. 个人专业能力：必须展现个人的专长与各方面的能力，证明他们有学习能力、操守良好、善于建立良好的人际关系和对自我情绪的管理，能勇敢做出重大的决定，并赢得信任。

三、经文解释

【卦辞】临：元亨，利贞。至于八月有凶。

【彖辞】临，刚浸而长。说而顺，刚中而应，大亨以正，天之道也。至

---

① Dave Ulrich and Norm Smallwood, "Building a Leadership Brand," *Harvard Business Review*, July 1, 2007.

于八月有凶，消不久也。

临卦的卦辞是说："有大亨通，但要守于正道，才会得到利益利。若在气势盛大时，作风过于强势，则不必等太久，八个月后（从阴历十二月到八月）就会形势逆转，遇到凶险的情境。"

《象》曰："临，刚浸而长。"临卦是由一阳在下的复卦的阳气逐渐成长而形成二阳在下的卦。"说而顺"是指在下的兑卦代表为民者，心悦诚服地接受在上坤卦的柔性领导。"刚中而应"是指"九二"爻以阳刚之爻而居二的中位，又能与居"六五"代表领导者的阴爻相应。"大亨以正，天之道也。"认为君臣相辅相成，君臣都能守正道、相互尊重，则能有大亨通，这是天下一定的道理。"至于八月有凶，消不久也"，是以十二消息卦（参见泰卦章"附录一"）来分析阴阳消长之势，临卦是十二月卦，观（▤）是八月之卦，两卦互为综卦。临卦正值二阳在下阴消阳长，有阳增长而阴消减的趋势，但是并不会维持太久，因为阴阳互为消长是自然的现象。若因一时"君子道长，小人道消"的情况而沾沾自喜，不久之后就会有凶险之事发生。

程颐在《易程传》中对临卦的象辞解释如下："以卦才言也。临之道，如卦之才，则大亨而正也。二阳方长于下，阳道向盛之时，圣人豫为之戒曰：'阳虽方长，至于八月，则其道消矣，是有凶也。'大率圣人为戒，必于方盛之时。方盛而虑衰，则可以防其满极，而图其永久。至于既衰而后戒，则无及矣。自古天下之治，未有久而不乱者，盖不能戒于其盛也。狃安富而骄侈生，乐舒肆则纪纲坏，忘祸乱则衅孽萌，是以浸淫不知乱之至也。"

象辞中"至于八月有凶，消不久也"的警语，与坤卦"初六，履霜坚冰至"和泰卦"九三，无平不陂，无往不复"的观念类似，即程颐所谓"方盛而虑衰"的忧患意识。天道治乱循环不已，与经济和商业的景气循环是相通的。

【大象】泽上有地，临。君子以教思无穷，容保民无疆。

从大象来研究，临卦是泽上有地。上卦的坤为地，有低下之意；下卦的兑，代表泽，比地还卑下，而又紧临着地。泽的水气能湿润大地，地能包容湖泽。故君子临民是指管理者领导其部属时，不但要教导他们做事的方法，更要训练他们多维的思考方式，这样才能培养其能力，以应付未来之挑战。容民者，民皆在其统御之中；保民者，民皆得其所[1]。君子能以宽大的胸怀来培育在下的人才，处理众人之事，要能像兑泽一样的深邃，像坤土一样的博大。"宽以居之，仁以行之"，故能有取之不尽的人才。泽上有地，地下有水则地不干。土地湿润，则不求雨亦能生民。君子以德泽临民，悦之、教之、思之，故能如坤之德而容众，行地无疆。无疆之德，包括一切，无所不容。

战国时代齐国的孟尝君，是当时四大公子之一。他养了三千位食客，这些人都各有特殊的才能，甚至包括一些鸡鸣狗盗之徒。他在秦国做客时，遭秦王软禁。孟尝君是靠门客中的一人学狗叫，引开守卫，偷了一件珍贵白狐大衣，用此收买了秦王的宠妾燕妃，靠她帮孟尝君向秦王说情，而释放了他。他怕秦王反悔，连夜赶路，他们一行人逃到函谷关时城门仍然深锁，门下一个会口技的门客就学鸡叫，附近的鸡都跟着一起鸣叫了起来，守城门的官兵以为天亮了，于是就按照规定把城门打开。孟尝君一行人才提早出了关，安全地离开了秦国，回到齐国。是故不同的人才，只要任之于适当的职位，时机到了，即使是"鸡鸣狗盗"之徒，也会有大用。

【序卦传】蛊者，事也。有事而后可大，故受之以临，临者，大也。

韩康伯曰："可大之业，由事而生，二阳方长而盛大，故为临也。"企业要做成大事业，必须要了解会造成企业环境之变动的事件，然后要有阳刚在下的冲劲，积极掌握成长的机会，才能做成盛大的事业，这是为什么蛊卦之后接着的卦是临卦。临卦又可代表企业到了一个突破的临界点或转换点（tipping point or turning point），如果掌握得好，就很可能很快地成长盛大。

---

[1]　见来知德《易经来注图解》对临卦《大象》的解释。

毓鋆师曰:"《大易》之道者,乃为调和二之用也。二者,两仪是也。天下之形形色色,二而已矣!两仪者,相对之物也,含无量之事物。以何调和理于义也?其必居中而不倚,则属于二者之一,何能调理耶?故曰:'刚中而应';刚者无欲,无欲则不倚,不倚则中,中则足以应二之相对也。'大亨以正,天之道也。'何以中而能应之也。太极生两仪,太极者中之至也。极者,中也、正也。二者虽相对,但生于中,故以中应之,方能调理之也。夏学以'中道'理事者以此。能敏悟之、体践之,必成伟业。故圣训之载于《中庸》者,不可忽也。故曰:《大易》与《中庸》相表里。'"临卦之要点,是以中道调和各类人才的刚柔之性。

【杂卦传】临观之义,或与或求。

临观两卦互综,互综之卦的深意是要我们从对方的观点来看问题,带有"相反相成"的意思。是故主管要能从部属的角度来看事情在实施时的难处,而部属也应体会主管在思考问题时所运用的宏观视野。临是上对下,观是下对上。然上下之往来必有给予和要求,即权利和义务。上治理下是"临"、是与;下效法上是"观"、是求。"或与或求"的"或"字,是点睛之作。这两卦中,临卦是"与"中有"求",观卦是"求"中有"与"。在现代的企业中,在上的主管及在下的部属之间的"与"和"求"都是相对,而不是绝对的观念。主管要求属下之时,应想想能给予属下什么;部属在得到企业的照顾之际,也该想到应如何对企业有所贡献。

【爻辞】初九,咸临,贞吉。
【小象】咸临贞吉,志行正也。

"咸临"的"咸"与"感"通用,有相感应、关系和睦的意思。"初九"阳爻居阳位,为正位,与"六四"居正位的阴爻相应,而上下密切配合,为正应。志向和行为皆能居正、守正,故吉祥。"初九"在下,"无位而临人,不能强其服也，必有所以感之。初九刚正，故感以正，心正则人信，身正则人从。以正相感，临之贞也。"①

"咸临"又可释为"都临"，对在上之四阴爻都能临之。能不党同伐异，不论他是谁，都能包容之。贞，正也。要大正无私，无分别心，才能"咸临"。《彖传》曰："大亨以正。"《小象》曰："志行正也。"志乃心之所主，行乃行为。志与行都得正才能临众，不正不能感动人。为政在乎行，不在乎言。

【爻辞】九二，咸临，吉，无不利。

【小象】咸临，吉，无不利，未顺命也。

"九二"有刚中的德性与六五居中的阴爻正应，刚柔相济，"九二"是临卦的卦主，阳气再往上发展，"六三"爻变为阳爻而成为"九三"爻，就由临卦变为泰卦（䷊）。在上的"六五"是柔弱之君，能有自知之明，不遥制有能力的部属；"九二"以阳刚之才，有时要能够"未顺命"，有"将在外，君命有所不受"的勇气，以应对瞬息万变的情势，然而成功之后能归功于"六五"之君，故曰："吉，无不利，未顺命也。"

"九二"居中，与"初九"，皆是以阳爻相应于在上的阴爻，故皆曰"咸临"。"九二"与"六五"相应，本应顺"六五"之命，然"六五"为柔弱之君，其命令不可贸然听之。刚中之臣，顺"六五"之君的命，则难以有成；不顺命，则不但成就了自己，也成就了君上。上面主管柔弱糊涂，属下若都只是顺命的乖乖牌，那可就糟了。"初九"、"九二"皆以"咸临"，"初九"感之以正，"九二"感之以中。"执其两端，而用其中于民"，故"吉，无不利"。观卦二阳爻在上，以中正观化天下，临卦二阳在下，以中正临感天下②。

【爻辞】六三，甘临，无攸利。既忧之，无咎。

---

① 清汪由敦等奉敕撰书《周易述义》第 105 页。
② 清汪由敦等奉敕撰书《周易述义》第 106 页。

【小象】甘临，位不当也。既忧之，咎不长也。

"六三"居下卦之上位，临此卦在下的二阳，但因为位不高权不重，只有靠甜言蜜语来影响其部属，时间久了，就失效了，而不会有所利。如果能及早忧心此口惠而实不至的"无攸利"情况，而改以实际的利益来照顾相临之人，则灾祸不会长久。

"人为财死，鸟为食亡"，没有好处，谁替你卖命？所以"甘临"是一种"诱之以利"的领导方式。大业在未成之前，只能以"光明的前景"来鼓励部属，现代企业界常以员工配股的方式，让企业的成败与员工个人的利益休戚与共。然而若只有口惠而实不至的"甘临"，最后总是会被部属揭穿其伎俩而离心离德。完全以利来领导，则必然会发生孟子所说"上下交征利"的情形，领导者当以此为戒。不可只以利诱，而不晓之以大义（如公司的愿景）。

【爻辞】六四，至临，无咎。
【小象】至临无咎，位当也。

《说文解字》对"至"的解释是："鸟飞，从高下至地也。"虞翻曰："至，下也。"即指管理者能经常下到第一线，以了解员工的业务与状况。可视为在企业内到处视察的走动式管理（management by walking around）。《周易程传》解释此爻如下："四居正位，而下应于刚阳之初，处近君之位，守正而任贤，以亲临于下，其与下体最相当也。""六四"以柔居正位与在下阳刚之"初九"正应，又能亲自下到现场临视，以掌握第一线的实际情况，是故不会有祸害，这是因为所处的位置恰到好处。

鸿海科技集团的总裁郭台铭自述其管理的理念："遇到重大危机、重大事件，我一定在第一线跟大家一起拼。G-5是苹果牌（Apple Computer）最快的电脑，生产过程中，需要高温。夏天，在深圳的生产线上，厂房的温度到达三十七八度，没有办法装冷气。那时又发生非典型肺炎传染病，来跟我们一起工作的客户工程师都离开，日本的技术又不愿意移转。我们一面要开发技术，一面又要大量生产，环境又像烤炉。跳到第一线跟员工一起做，他们就不会觉得经营者都在会议室吹冷气指挥我们。所以站在第一线的作用是，最困难的时候，员工看到领导人在一起工作，那是一种对员工的鼓舞、也就是员工对你的信任。做一个主帅，用行动表现，胜过讲一百篇演讲。倒不如以身作则。我认为员工对经营层的信任都是从这方面开始的。"[①] "美丽的词藻"，是难以服人的"甘临"，"在第一线跟大家一起拼"，这是身先士卒式的"至临"！

对内管理而言，郭台铭如果要讨论一件事情，相关人员必须随传随到，一件事情如果找人找不到，就会一直打电话找到为止。许多鸿海干部回到家后，经常又被来电叫回公司的经验，"没办法，谁叫我们是跨国公司？"一名干部解释。鸿海就是以这种军事化的做事方式，和"终日乾乾、夕惕若厉"的态度和效率来迎战变化快速的市场。郭台铭有句名言："真正的英雄，早就死在沙场上，而不是回来拿奖章的人。"让很多每年得奖赏的人听了不是滋味。但鸿海内部的人都很清楚，郭台铭主要的用意是要提醒已有战功、高高在上的主管，不要以物质的收获而满足，人生还有更大的战场，而奋斗永远没有结束[②]。郭台铭曾说："领导人要以身作则，任何困难的事，我半夜不睡觉，也一定要在场。"

台塑关系企业的王永庆在管理上是用逼迫式的压力管理，为了贯彻他的经营方针与政策，并严格考核各事业单位施行后的成效，王永庆特别成立总经理室，一个人数达两百多人的幕僚单位。总经理室主要工作就是，不断在各事业分支机构"追根究底"发现问题，并追踪考核之，使他们随时都有压迫感，不敢满足于现状。

高雄前镇区台塑厂，今天还完整保留当初的王永庆办公室及其门前有

---

① 狄英、杨艾俐、萧锦绵《郭台铭：经营者信任的五角大厦》，天下杂志 324 期 2005 年 6 月 1 日。

② 张殿文《狐与虎—郭台铭的全球竞争策略》，台北：天下文化 2005 年。

的一株大榕树，王永庆常用此树，谆谆告诫员工台塑追根究底的精神。他说，开花结果时，人们注意到的是繁茂的枝叶，灿烂的花朵，却忽略最重要的根部，因此经营管理必须从根源处去追求。大榕树有粗根，中根，细根，根根相连，有如问题之环环相连①。

王永庆曾说："好，好不过三代，这是有道理的，有压力感，觉得还不够好，做出'苦味'来，才会不断进步，一放松就不行了。"基于此，他通过两百余位幕僚人员，把他的经营理念，落实到最基层。王永庆每天中午都在公司进行著名的"午餐会报"。他在会议室召见各事业单位的主管，先听他们的报告，然后提出犀利而又细微的问题逼问他们。王永庆精力过人，对复杂的数字过目不忘，又喜用追根究底式的质询，所谓的压力管理的制度，被他发挥得淋漓尽致，效果卓著②，这是一种巨细靡遗式的"至临"。

台塑关系企业为谋求经营管理合理化，俾建立一完善制度作为企业经营之轨道，使一切能够正常顺利运作，同时借由不断追求改善，以期达成提高企业经营绩效之目的，因此对于管理幕僚机能之强化，一向极为重视。绝大多数的公司不论规模大小，皆有其制度存在，唯最为重要者，制度设定时有无经过深入检讨，能否符合实际需要，实施以后有无再行研议是否有窒碍难行之处，并即予改善修订；另一方面，执行人员有无充分发挥应有之工作机能，能否主动发掘并反应异常，俾据以改善。凡此种种，都需要有相当专精之人员负责推动，始能获致良好效果，唯企业之生产及业务等部门，由于工作特性使然，大多偏重日常工作之处理，因此容易为现状所囿而不自觉。况且企业要谋求永续发展，乃必须通过不断追求事务之精简、成本之降低、技术之提高，以及企业远景之筹划，凡此皆有赖于培养优秀之幕僚人员配合，才能竟其全功。尤其本企业系从事多角化之经营，更深感许多共同性之事务若予集中管理，将可获致一举数得之效，不但用人可以大幅减少，而且集中管理以后，该等事务由专精人员从事，效率及品质亦可望提升。有鉴及此，

---

① 杨艾俐《缅怀王永庆——人生落幕，精神不朽》，天下杂志 2008 年 10 月 24 日。

② 郭泰《王永庆奋斗史》，台北：远流出版社 2001 年。

台塑企业早于 1968 年即设立总管理处。总管理处之下分设财务部、采购部、营建部、发包中心、法律事务室、出口事务组、秘书室、大楼管理处以及总经理室，前八个单位系为统筹管理各公司及事业部之共同性事务（shared services）而设立，总经理室则为专业管理幕僚单位①。

截至 2005 年底，台塑总管理处创造出一百亿的绩效，创下五年来的新高纪录。台塑总管理处，这个不负责生产、也不对外营业的幕僚单位，如何替台塑集团省下一百亿元？台塑是岛内最早成立总管理处的企业集团，37 年来，台塑总管理处从当年的三十几人，至今成长为一千五百九十一人。人员膨胀五十倍，但省钱绩效却能逐年提升。以近五年为例，总管理处平均每人每年省下的钱分别是一千七百万元、二千三百万、二千七百万、三千八百万与三千九百万元。五年来增加一倍。究竟台塑总管理处如何不断降低集团经营成本与节省人力？最精要的工作是检讨制度、审核工程预算、发包采购金额，计算人力与产出比例，追求产能效率的提升，并随时进行经营改善，遇到亏损边缘的危机事业，总管理处还要组成专案小组负责拯救。总管理处的权力直达天听，被各事业单位称为"红卫兵"。有时还会与现场人员发生冲突。他们把所有工作数字化，用数字衡量每个人的工作效率。以改善绩效为例，总管理处的"绩效改善部队"，就用科学管理之父泰勒（Frederick Taylor）所创的时间动作研究法（time and motion study），站在生产线作业员工的身边，拿着码表计算与纪录每个员工每分每秒的生产效率、分解每个生产动作、搜集资料，分析检讨出合理的产能，提出改进方案，不合格的员工必须检讨与再教育。

办公室内，连会计人员的工作绩效都会被加以数字化。例如，会计人员开一百万张传票，最快如为五十个小时，最慢七十个小时，总管理处会透过比较与分析，找出合理工时与用人数，取六十个小时完成一百万传票的要求。又例如，资材、工程营建与工程机电审核组，针对工料进行合理分析，发现工料采购价格过高，会要求发回重新议价，2005 年一整年，总

管理处总共退回三千六百八十九件采购申请，降低了七千八百万元的工料采购预算。各事业单位经过经营改善之后的节约，以及总管理处检讨资材采购金额不合理退回重新审核，每年可减少 20% 到 50% 的成本 [1]。

　　王永庆以身作则，殷殷告诫部属家人必须"勤劳朴实，脚踏实地"，自己实践得更彻底。他喝咖啡时，倒了奶精后会再用咖啡将奶精容器内的奶精涮出来。肥皂用到最后一小块，舍不得丢弃，将它黏到另一块肥皂上一起用，领带一百二十元还嫌贵。王永庆最讨厌就是浪费和不合理，王永庆的经营理念是以"勤劳朴实"为基础，用"追根究底"的精神，来追求《中庸》"止于至善"以达到可大可久"永续经营"的目标，这个理念成为王永庆和王永在俩兄弟、他们的下一代和企业同仁的治事态度及其所经营企业的组织文化 [2]。

　　然而企业领导人，任职宰辅之大位者，不应该，也不可能什么事都管。陈平在汉文帝时为宰相的故事可以为借镜，《史记·陈丞相世家》记载，孝文皇帝既益明习国家事，上朝时就问右丞相周勃曰："天下一岁决狱几何？"周勃回答："不知。"问："天下一岁每年的钱谷的税收和支出有多少？"周勃又答说不知，他紧张地汗出沾背，惭愧不能回答文帝的质询。于是皇上以同样问题问左丞相陈平。陈平曰："各有负责的主管。"文帝曰："谁在负责呢？"陈平曰："陛下即问决狱，廷尉负责；问钱谷，是治粟内史负责。"文帝曰："苟各有主者，那你管什么事？"平谢曰："主管百官！陛下不知其驽下，使待罪宰相。宰相者，上佐天子理阴阳，顺四时，下育万物之宜，外镇抚四夷诸侯，内亲附百姓，使卿大夫各得任其职焉。"孝文帝乃称善。右丞相大为惭愧，出而怪陈平曰："你平常怎么不教我这样回答？"陈平笑曰："您居其位，不知此职位的责任吗？且陛下即问长安中盗贼数，您欲勉强回答吗？"于是周勃自知其能力不如陈平远矣。没多久周勃以生病为由请辞相位，陈平就独自担任丞相，陈平讲的道理就是管理上"分层负责"的原则。

---

[1]　《王永庆的"红卫兵"一年帮集团省百亿》，商业周刊 2006 年 1 月。

[2]　王永在悼念其兄王永庆之祭文，2008 年 11 月 8 日。

汉宣帝时的宰相丙吉也持相同的观点，《汉书·丙吉传》记载，宰相丙吉有一次出门时，"逢清道群斗者，死伤横道，吉过之不问，掾史独怪之。吉前行，逢人逐牛，牛喘吐舌，吉止驻，使骑吏问：'逐牛行几里矣？'掾史独谓丞相前后失问，或以讥吉，吉曰：'民斗相杀伤，长安令、京兆尹职所当禁备逐捕，岁竟丞相课其殿最，奏行赏罚而已。宰相不亲小事，非所当于道路问也。方春少阳用事，未可大热，恐牛近行，用暑故喘，此时气失节，恐有所伤害也（按：怕牛得了传染病）。三公典调和阴阳，职当忧，是以问之。'掾史乃服，以吉知大体。"班固赞曰："黜陟有序，众职修理，公卿多称其位。"担大任者，在日理万机中，要知大体，和职责所在，能辨别事物之轻重缓急，抓住要点，让属下分层负责，不可以、也不可能事必躬亲。择人任事，然后按属下所司之职责和其绩效，而予以赏罚。留心至临之术者，于此不可不察。

【爻辞】六五，知临，大君之宜，吉。
【小象】大君之宜，行中之谓也。

知者，智也。一个伟大的管理者，要的守中用柔，以智慧去领导礼遇在下阳刚而有冲劲的干部，而不忌讳其才能，这是最适宜的临民之道，故能吉祥顺利的统领众人。大有为的领导人，善于委任贤能之士以成事，故能成其大。

刘劭在《人物志》自序中，特别强调知人的重要性：

夫圣贤之所美，莫美乎聪明；聪明之所贵，莫贵乎知人。知人诚智，则众材得其序，而庶绩之业兴矣。是以，圣人著爻象则立君子小人之辞，叙《诗》志则别风俗雅正之业，制《礼》、《乐》则考六艺祗庸之德，躬南面则授俊逸相之材，皆所以达众善而成天功也。天功既成，则并受名誉。是以，尧以克明俊德为称，舜以登庸二八为功，汤以拔有莘之贤（按：尹伊）为名，文王以举渭滨之叟（按：姜子牙）为贵。由此论之，圣人兴德，孰不劳聪明于求人，获安逸于任使者哉！是故，仲尼不试无所援升，犹序门人以为四科，泛论众材以辨三等。又叹中庸以殊圣人之德，尚德以劝庶几之论。训六蔽[①]以戒偏材之失，思狂狷以通拘抗之材；疾悾悾而信[②]，以明为似之难保。又曰："察其所安，观其所由"，以知居止之行。

韩非曰："下君尽己之能，中君尽人之力，上君尽人之智。[③]"他认为最无能的领导人，或是以为自己最聪明，或是认为属下都不成材，于是事必躬亲，常常把自己累得半死，而不知道利用部属的能力。一般的领导人只知能运其部属的劳力，而不能利用他们的脑力。最佳的领导人，能利用众人的聪明智慧，先是"分而治之"，乃至于"无为而治"。能善用他人智力才是领导的最高境界，王弼对"智临"的解释："处于尊位，履得其中，能纳刚以礼，用建其正。不忌刚长而能任之，委物以能而不犯焉，则聪明者竭其视听，知（智）力者尽其谋能；不为而成，不行而至矣！'大君之宜'，如此而已，故曰'知临，大君之宜，吉'也。"[④]便是达到此境界的方法。

主机板的龙头华硕的董事长施崇棠，他希望能破除一般企业"老板在上、部属在下"的刻板印象，Johnny是公司同仁对施崇棠的称呼，他平日更积极参与部属之间的活动，以拉近彼此之间的距离，这是一种亲民式的"至临"。在工作上，施崇棠不但充分授权，并清楚明白各个员工的人格特质，分派任务也会依照他们的专长，而且尽量分配合理的资源让员工可以把工作做好，又能够成长。若真没有办法达到尽善尽美，他也希望员工能从中学习到一些经验，这是"上君尽人之智"的"智临"[⑤]。

成功的创业主，必然是聪敏勤奋，如果要他们真正要做到虚己纳贤，那

---

① 六蔽典出《论语·阳货》。孔子对子路说："好'仁'不好学，其蔽也'愚'；好'知'不好学，其蔽也'荡'；好'信'不好学，其蔽也'贼'；好'直'不好学，其蔽也'绞'；好'勇'不好学，其蔽也'乱'；好'刚'不好学，其蔽也'狂'。"

② 《论语·泰伯》子曰："狂而不直，侗而不愿，悾悾而不信，吾不知之矣。"

③ 语出《韩非子·八经第四十八》

④ 三国魏王弼、东晋韩康伯《周易王韩注》，见临卦"六五"爻的王弼注。

⑤ 《"巨狮"传奇——从稳扎稳打的马步功开始》，http：//www.3wnet.com.tw/People/default. asp？ INDEX=48

是很不容易的。魏武侯与大臣商量国家大事，他的意见都比他手下大臣所提的要高明，于是他退朝之后沾沾自喜，吴起看到了就对他说："你听过别人跟你说过楚庄王的故事吗？"魏武侯很好奇地说："没听过，你给我说来听听，到底是楚庄王的什么故事？"吴起回答说："楚庄王谋划国家大事很有能力，没有任何大臣能比得上他，他退朝之后却面有忧色，他的一个大臣看到了，就问他：'你开完朝会后，面有忧色，是为了什么？'楚庄王说：'我没有才干，又不事生产，而谋划国家大事的能力没有任何一个大臣能比得上我，这让我很忧心。有人说过："一个诸侯能得到足以为己师的人才助益，则可以称王；能得到与自己实力相当的朋帮助，则可以称霸；能用和自己唱反调的人，则还能生存；只靠自己的能力去谋划，而以为别人都不如自己的，则必定灭亡。"我现在没有足够的才德，下面又都是一群奴才，我的国家恐怕快要亡了！我是因为这个才如此忧心。'楚庄王因'谋事而当，群臣莫能逮'而忧心，而国君你却高兴。"武侯听了以后赶快站起来向吴起拜谢："上天派夫子您来指出我傲慢自大的过失。"[1]试观历史上的人物没有不是"师心自用"而亡，"虚己下人"而兴。师心自用指的是刚愎任性，自以为是。愈是有才干的领导人愈容易师己之心意而自用，不能接纳他人的意见。

宽容就是能够倾听属下、民众或顾客不同的意见。二战时期，美国统帅艾森豪威尔有个参谋，经常与他意见相左。这位参谋没多久就决定辞职，艾森豪威尔问他："为什么突然要离开呢？"参谋据实回答："我和你常意见冲突，你大概不喜欢我，与其等着被你开除，还不如我另谋出路算了。"艾森豪威尔听后很惊讶地说："你怎么会有这种想法？如果我有个跟我意见一模一样的参谋，那么我们两人当中，不就有一个人是多余的吗？那要你还有什么意义呢？"[2]为人主管的要有能容纳为谏臣的部属，而不受惑于能揣摩上意、逢君之恶的应声虫。

---

① 《荀子·尧问篇》。

② 张建华《生存：20个卓越的企业领袖、20家有影响力的企业、25年生存发展历程》，海南出版社2006年。

秦朝末年，天下大乱，群雄并起，逐鹿中原，实力最坚强的两雄，便是项羽和刘邦。本来，项羽在兵力上较刘邦占有绝对优势，结果项羽兵败乌江，被围垓下，刘邦战胜了项羽。项羽还怪说"此天亡我也，非战之罪也。"至死都不知自己为什么失败了。刘邦自己分析他能胜过项羽而得天下的原因是："夫运筹策帷幄之中，决胜于千里之外，吾不如子房（张良）。镇国家，抚百姓，给馈饷，不绝粮道，吾不如萧何。连百万之军，战必胜，攻必取，吾不如韩信。此三者，皆人杰也，吾能用之，此吾所以取天下也。项羽有一范增而不能用，此其所以为我擒也。"①刘邦有自知之明，有知人之智且能因人任事，能用张良出谋划策，用萧何管后勤支援，派韩信带兵打战。项羽入咸阳只顾抢财宝美女，不肯定都咸阳，还为自己辩白说："富贵不归故乡，如衣绣夜行，谁知之者！"②可知其胸无大志。项羽没有自知之明，亦无远谋，更缺乏知人之智和容人之量。刘邦成功了，项羽失败了。这是因为刘邦知道自己的短处，能知人而用人，终能建立汉帝国；项羽则是自以为是，不知人而失人，最后自刎于乌江。

当今之企业主管皆当以刘邦、项羽的用人之道为法、为戒，能用才智超过自己的人为其老师者，可以称王；用才智与自己相当的友人来辅佐自己的人，可以称霸；能用敢对自己质疑问难之部属的人，还能生存；自以为是，独断独行，只能用唯命是从的部下和自己的徒子徒孙（子弟兵）的人，必定灭亡。故曰："自为得师者王，得友者霸，得疑者存，自为谋而莫己若者亡。"③

【爻辞】上六，敦临，吉，无咎。

【小象】敦临之吉，志在内也。

---

① 《史记·高祖本纪》。
② 《史记·项羽本纪》。
③ 语出《荀子·尧问篇》。

"上六"是老成持国，能以敦厚之道对待属下，随时关心在下面干部的福利与其发展的机会。"上六"与"六三"虽然一时之际不相应，但他有眼光，看到阳气将盛临之势，能培养六三爻等待其转变成阳刚之"九三"[①]，则临卦一变为泰卦（䷊），"上六"的阴爻与变爻之后的"九三"刚柔正应，自然能吉利而没有灾祸。是故领导者要有辨识人才的眼光，得人之后要有"养兵千日"的耐性去培育人才，则终能得其大用。王弼《周易略例》曰："临。此刚长之卦也。刚胜则柔危矣，柔有其德，乃得免咎。故此一卦，阴爻虽美，莫过无咎也。"是故"六四"、"上六"之爻辞皆曰："无咎"。

现代的组织不应只着眼在最高领导人（leader）的身上，乾卦象辞曰："乾道变化，各正性命。"这是说组织上下各级主管皆要有领导之能力，不可依赖在上位的一、二人而已。一个可长可久的组织应有其特定的领导风格，此风格是其组织文化的一部分，此乃"上六""敦临"之深义。敦者，厚也。"志在下也"，是谓厚植领导能力于下，使人人皆可独当一面，但又能以群德共事，终能"无为而治"，此乃临卦的最高境界。

四、总论

主管以上临下得以诚感人，不能口惠而实不至，要经常到第一线考察，故不至于常处深宫之中或象牙塔之内，而与民众、顾客、或员工脱了节，他们更应该以智慧来激励能干而有创业精神的部属。临卦的综卦是风行地上的观卦（䷓），在上位者不能只知要求属下，也要做出好榜样，给下面的员工有可观的典范。临卦的错卦是天下有山的遁卦（䷠），主管人员应随时注意提拔培养继任的人选，能如此则自己不论是更上层楼或是急流勇退时，方能后继有人。临卦的交互卦是雷在地中的复卦（䷗），复卦的下卦是震，代表创造的动力，而上卦则是能辅育万物的坤。与其压抑下面的人才，不

---

① 《周易尚氏学》对临卦"上六"爻的解释中认为敦临的"敦"有停止、等待的意思，"言稍待即有应"。

如提供员工创新，甚至创业的机会。

顶尖的人才有眼光、有知识和技能，能善用公司资产创造不凡的价值。他们在职场上有竞争力，这些人不易领导，也不是用高薪就能留住的，因为"此处不留爷，自有留爷处"。这些才干之士有下列的特性 ①：

1. 他们很清楚自己的价值。

2. 他们对公司的兴衰、经营环境了然于心。

3. 他们对公司阶层体系不在乎，但有时又重视其职称。

4. 他们希望能随时与公司高层沟通。

5. 他们与外界关系良好。

6. 他们难以忍受乏味的工作。

7. 他们不会对你心存感激。

3M 鼓励允许员工一星期中提拔至少 15% 的时间去研发自己有兴趣的东西，由于此创新的风气，3M 希望能做到其年销售金额的 30% 是来自最近四年开发出来的产品。相较之下，甲骨文（Oracle）的执行长（Larry Allison），强将手下无弱兵，但是主观意识太强，气走了其手下的十几名大将，其中一员大将 Tom Siebel 成立了 Siebel Software，是市场上居领先地的顾客关系管理系统（CRM：Customer Relationship Management）公司。Craig Conway 离开甲骨文而成为应用软体公司 PeopleSoft 的执行长（1999 ~ 2004 年），与 Allison 扛上了，抵死抗拒被甲骨文并购一案，最后反被 PeopleSoft 董事会辞退。这两家软体公司最后皆为甲骨文所并购，若是甲骨文当年能将这些人才留住，令其拓展应用软件市场，则甲骨文在这方面的版图很可能会胜过目前。

松下电器公司为了给企业发展注入更多的活力，于 2000 年建立了鼓励员工创业，设立了金额达 100 亿日元的松下创业基金，专门用于培养内部的人才出去创业。松下力图通过这一措施，既为立志于创业的松下员工提供

---

① Rob Goffee and Gareth Jones《当部属比你优秀》第 120 页，《哈佛商业评论》（全球繁体中文版）2007 年 6 月。

自我发展的空间，同时也为企业开拓更广泛的事业领域，为松下今后的发展奠定基础和成长活力。松下公司还为有志于创业的员工准备了一个培训的计划。松下公司规定，对于员工创建的独立企业，本人的出资比例可在30%以下，松下公司出资在51%以上。以后如果事业进展顺利，可通过股票上市或从松下公司购回股份，获得回报。而且，从新公司建立后的5年内，根据事业的成果，创业者还可获得松下公司的特别奖金①，这项措施的效果虽尚未见分晓，这可说是最宽大为怀的"智临"了。

2005年由微软"跳槽"到Google成为其全球副总裁和中国区总裁的李开复认为："管理天才最大的秘诀就是要放权，可以说是无为而治，创造一个环境给他资源与支援，在目标上给大方面的指导。天才型（的员工）最大的满足，是在他工作上的成就和对工作的热情，如果你把他全部都框起来，每个星期来衡量他，就意味着我不信任你、我要想办法来管你，这个前提之下，这个天才工程师已经逐渐远离你而去了，这样的管理模式并不适合在高科技公司。所以我认为我们管理者（manager）的工作绝对不是管人，我们有很多机制来避免我们管理者（manager）来管人。这就是我们这个方法的真谛：我们不要你管这么多人，我们给你这么多人就是不要去管他们。"②

美国劳工部统计局的一项统计发现1957年到1964年，在美国出生的婴儿潮后段班在18岁到38岁之间的人，一生中平均共换过了10.2个工作，也就是每两年换一个工作，其中有些人甚至数次改变其事业生涯之规划③。有能力的员工经常是最容易为竞争者挖角或想要自行创业。这些员工有以一当二、甚至以一当十的生产力，而其创意和对企业策略的影响更是无可取代的。许多企业在改革时，不但未能广开言路，接纳多方面的人才，反

---

① 《松下鼓励员工创业的激励机制》，http://www.shjob.cn/news/show.php？id=966

② 张毅君、张文婷《李开复的4个Google震撼》，商业周刊2006年4月12日。

③ Bureau of Labor Statistics, "Number of Jobs Held, Labor Market Activity, and Earnings Growth Among Younger Baby Boomers: Recent Results from a Longitudinal Survey", August 25, 2004, http://www.bls.gov/news.release/pdf/nlsoy.pdf

而将制度变得僵化，最后出走的正是有志气的才智之士。

在群雄争霸的局面中，领导人皆求才若渴，郭隗向燕昭王分析君臣之关系，将其归类为下例四种："帝者与师处，王者与友处，霸者与臣处，亡国与役处。"《君臣道》一书中以清朝康熙、雍正、乾隆三朝的君臣之道为例，做了精辟的分析如下[①]：

1. 康熙帝乃"帝王与师友处"者。他对儒学"圣君贤相"的模式是赞同的，在君臣关系上认为"君臣一体"，有"帝者与师处"和"王者与友处"的胸襟和气度，因而得"宽仁"之美名。康熙学问渊博，经史并重，时时参讲《四书》和《资治通鉴》及《贞观政要》等书。他对《易经》有深入的研究，于西学亦能兼容，并亲身受教。

2. 雍正帝是"霸者与臣处"者，其性喜猜忌，为人苛察，对权术运用十分在行，把臣子当成执政的工具，不过仍有任贤使能的胸襟。雍正有一方雕螭长方石印，印文为"为君难"（见图–2），感叹领导之难。

图–2　清朝雍正皇帝雕螭长方石印"为君难"印文[②]

3. 乾隆帝乃"亡国者与奴处"者，把臣下视为奴役，只求称己心之好恶，不论其忠奸，明知和珅贪财擅权而不能去。其在位六十年间，好大喜功，弄得国库空虚，清朝之衰亡，实始于乾隆，可说是清朝的"败家子"。

魏文侯问李克如何决定两位宰相人选时，他没有直接回答，只提出了此下的观人术："居视其所亲，富视其所与，达视其所举，穷视其所不为，贫

① 邹范平《君臣道：盛世庙堂的存亡法则》，西安：陕西人民出版社 2006 年。

② 来源：http://hk.huaxia.com/zhwh/whrd/2009/09/1581597.html

视其所不取。"①其中"达视其所举"最难，我们可从考察部属发达时是否能荐举人才，来决定他是否是"有知人之智的领袖人才"。许多组织不能更上一层楼，是因为居要位者，不能荐举比自己强的人才，此乃人才不易得的主要原因。魏文侯与李克之问答如下（原文见"附录一"）：

魏文侯对李克说："先生曾经对我说过'家中贫穷时会思念贤良的妻子，国家混乱时会想用忠良的宰相'，现在有魏成子和翟璜二位宰相人选，他们这二位你觉得何人最适合为宰相？"

李克说："臣听人说：'地位卑下的人不参与地位尊贵人选的选拔意见。关系疏远的人不参与关系近的重要人事安排。'我不是内庭的核心人物，不敢提供什么意见。"

文侯说："生先遇到这种大事，可别对我谦让，请说出您的看法。"

李克说："君上你没有好好地考察属下，所以不知道二人之中，应以谁为宰相。你可以用下列五种方法来决定人才的优劣：'平居时看他亲近谁？富有时看他布施的钱是用来做什么？发达而居高位时，推荐举用了什么人？穷而无位时，他是否能坚守原则，有所不为？贫困没钱时，看他能否安贫乐道，能不贪财而有所不取？'由这五种方去观察人才，足以决定谁是应该出任宰相的人选，何必等我李克来替你推选人才！"

文侯说："先生可以先回家去休息了，寡人我的宰相人选已经决定了。"李克出来后，经过翟璜的家。

翟璜说："今天听说文侯召见先生而问起谁做宰相最适合，最后是谁胜出了？"

李克说："魏成子将会为下一任的宰相！"

翟璜愤愤不平地说："就我们看到、听到的政绩来看，我为何会比不过魏成子？西河之的太守，是我推举的。文侯内以邺为忧，我推举西门豹。文侯计划次伐中山国，我推举了乐羊。中山已攻下来了，没人能防守，我推举先生您。文侯的儿子没有老师，我推举屈侯鲋。我哪里不如魏成

---

① 司马迁《史记·魏世家》。

子？"

李克说："你将我李克推荐给文侯的目的，是希望我会与你成群结党，引为奥援，做更大的官。文侯问我：'我的宰相人选有魏成子和翟璜二位，他们这二位何人最适合为宰相？'我回答说：'君上你没有好好考察，所以不知道二人，应以谁为宰相。你可以用下列五种方法来决定人才的优劣：平居时看他亲近谁？富有时看他布施的钱是用来做什么？发达而居高位时，推荐举用了什么人？穷而无位时，他是否能坚守原则，有所不为？贫困没钱时，看他能否安贫乐道，能不贪财而有所不取？由这五种方去观察人才，足以决定是谁应该出任宰相的人选，何必等待我李克来替你推选？'所以我知道文侯会选择魏成子为相。你怎么比得过魏成子？魏成子薪水是千钟的粮食，他把其中十分之九用在延揽人才，十分之一作为家用。所以从东边得到了卜子夏、田子方、段干木这三个人。此三人都被文侯尊奉为老师。你所推荐的五个人，被文侯当为臣子，你怎么可能与魏成子相比？"

翟璜起身向李克拜谢说："我是个不学无术的鄙人，与您应对不得体，愿拜您为师，作为您门下的弟子。"

《孙子》兵法中认为领导者应有五种德行，所谓："将者，智、信、仁、勇、严也。"这五种德行不可偏废，并且得恰到好处。下列各家注解可为参考：

1. 曹操曰：将宜五德备也。

2. 李签曰：此五者，为将之德，故师有丈人之称也。（按：《易经》师卦，卦辞："师，贞。丈人吉，无咎。""丈人"指老成持重的将领。）

3. 杜牧曰：先王之道，以仁为首；兵家者流，用智为先。盖智者，能机权、识变通也；信者，使人不惑于刑赏也；仁者，爱人悯物，知勤劳也；勇者，决胜乘势，不逡巡也；严者，以威刑肃三军也。楚申包胥使於越，越王句践将伐吴，问战焉。夫战，智力始，仁次之，勇次之，不智，则不能知民之极，无以诠度天下之众寡；不仁，则不能与三军共饥劳之殃；不勇，则不能断疑以发大计也。

4. 贾林曰：专任智则贼；偏施仁则懦；固守信则愚；恃勇力则暴；令过严则残。五者兼备，各适其用，则可为将帅。

5. 梅尧臣曰：智能发谋，信能赏罚，仁能附众，勇能果断，严能立威。

6. 王晳曰：智者，先见而不惑，能谋虑，通权变也；信者，号令一也；仁者，惠抚恻隐，得人心也；勇者，徇义不惧，能果毅也；严者，以威严肃众心也。五者相须，缺一不可。故曹公曰，将宜五德备也。

7. 何氏曰：非智不可以料敌应机；非信不可以训人率下；非仁不可以附众抚士；非勇不可以决谋合战；非严不可以服强齐众。全此五才，将之体也。

8. 张预曰：智不可乱，信不可欺，仁不可悔（一作暴），勇不可惧，严不可犯。五德皆备，然后可以为大将。

《庄子·胠箧第十》盗跖之徒问于跖曰："盗亦有道乎？"跖曰："何适而无有道耶？夫妄意室中之藏，圣也。入先，勇也。出后，义也。知可否，智也。分均，仁也。五者不备而能成大盗者，天下未之有也。"庄子借由江洋大盗盗跖之口指出，要做个成功大盗也要有"圣、勇、义、智、仁"这五种德性。圣是指有先见之明，知道商机有多少。在进攻时能身先士卒，这是勇。义是指能为部属承担责任，撤退时自愿殿后。智者能当机立断，判断行动方针之可行与否。仁者能与部属、伙伴有福共享，并做到赏罚分明。这五者，是作为一个好的领导人之要件，由此可见当个大盗也并非易事。

领袖人物的成功首在得人，得人才虽难，然善用人才更不易。是故如何设计出一套能让人才发挥其所长的制度，是高阶经理人员的第一要务。领导人才并没有一定的方法，要根据领导人和被领导人的个性、职位、才干、心态，以及产业特性，而决定采取何种领导风格，此乃临卦之深义也！

临卦根据时、位、性情之不同，提出了"咸临"、"甘临"、"至临"、"知临"和"敦临"等五种领导风格。西方管理学者直到二十世纪六十年代末期才认识到，我们应视情境之不同，而采取不同的领导形态[①]。盖勒普经过

---

① Hersey, Paul and Blanchard, Kenneth, *Management of Organizational Behavior*: *Utilizing Human Resources*, *Englewood Cliff*, NJ: Prentice Hall, 1982.

三十多年的大规模研究调查将领导能力分成四大领域[1]：

1. 执行力：有推动事物的能力，能尽心尽力地将规划好的事情按章实施，将理想实现。

2. 影响力：有影响力的领袖，或是能说善道能将理想推销给组织内外的人，或是以德服人使众人心悦诚服。通过此影响力，一个组织能运用众志群力达到企业经营的目标。

3. 建立合作关系：对内建立一个强而有力的决策、行政团队，群策群力的为企业奋斗；对外能合纵横合，形成紧密结合上下游厂商的产业价值链。

4. 策略思考力：随时思考未来之企业经营环境变化，引进新的思维和技术，激发同仁的危机意识，分辨并掌握企业目标和事情的轻重缓急。

杰出的领导者本身并非十项全能，但皆能善用部属之长才，组成具备上述四大领域能力的团队[2]。一位好的领导者能了解并照顾到部属的需求，并充分运用培养部属之所长，则较容易让部属信服而为企业出力，让员工和企业不断地成长。成功的领导人能满足其部属之所需。根据盖勒普的研究随人者（followers）之所需有相当一致，包括有：为长官所信任与重用、受到慈爱的关照、提供稳定的工作和收入，以及刻画出光明的远景与希望（trust, compassion, stability and hope）。追求各项能力皆完美的领导反而是很没用的领袖，领袖人物如汉高祖刘邦，有知道一己之所长及所短的自知之明。成功的领袖所长非一，领导风格也不必相同（如印度甘地的柔性不抵抗主义和英国丘吉尔在二战期间的强势作风），但皆善用一己之所长，并且靠一群智囊团和执政团队来补自己才德之不足。

班华伦在《领导者该做什么》一书中[3]，分析了领导者（leader）和管理者（manager）之间差异（英文原文见"附录二"），可供我们在研究临卦和

---

① Tom Rath and Barry Conchie, *Strengths-Based Leadership*, First edition, Gallup Press, January 6, 2009.

② 盖勒普之研究，来源：http://gmj.gallup.com/content/113554/Press-Release-Strengths-Based-Leadership.aspx

③ Warren Bennis, *On Becoming A Leader*, Basic Books, Fourth edition, March 2, 2009.

领导术时参考：

1. 管理者按章行事，领导者创新发明。

2. 管理者萧规曹随，领导者别具慧眼。

3. 管理者守住旧业，领导者开创新局。

4. 管理者靠组织制度，领导者以得人为先。

5. 管理者监控稽核，领导者建立互信。

6. 管理者眼光浅短，领导者视野深远。

7. 管理者问如何做么和何时做，领导者问做什么和为什么。

8. 管理者只见眼前盈利，领导者看到未来前景。

9. 管理者接受现实，领导者挑战现实。

10. 管理者把事做对，领导者做对的事。

《大学》一书中的"三纲八目"乃修己临人的领导学，三纲者："在明明德、在亲民、在止于至善。"以至善之境为目标，再以"定、静、安、虑、得"依次起修。八目者是由"格物、致知、诚意、正心"的内圣功夫下手，以此"修身"，进而扩充至"齐家、治国、平天下"的外王事业。将内心修为和修身齐家视为领导能力之先决条件，乃中华文化之特色。

五、《易经》思维动动脑

1. 试比较"咸临"、"甘临"、"至临"、"知临"和"敦临"这五种领导风格。影响领导情境的因素有哪些？

2. 领导人才和领导一般员工，在方法上是否应有所不同？

3. 《孙子》兵法中的五德，是那五种德行？为何五德必须互相配合？五德若有所偏颇，则各有什么缺点？

4. 比较孙子"将之五德"和庄子"盗之五道"的异同。

5. 比较 Google 和鸿海、甘地和丘吉尔（或其他所熟知的企业主管）在领导风格上之差异，并评论其优劣。无为而治与事必躬亲，各有何利弊？

6. 比较领导者和管理者之异同。

附录一:《史记·魏世家》李克告知魏文侯选相才之条件

魏文侯谓李克曰:"先生尝教寡人曰:'家贫则思良妻,国乱则思良相',今所置非成则璜,二子何如?"

李克对曰:"臣闻之,'卑不谋尊,疏不谋戚'。臣在阙门之外,不敢当命。"

文侯曰:"先生临事勿让。"

李克曰:"君不察故也。'居视其所亲,富视其所与,达视其所举,穷视其所不为,贫视其所不取',五者足以定之矣,何待克哉!"

文侯曰:"先生就舍,寡人之相定矣。"李克趋而出,过翟璜之家。

翟璜曰:"今者闻君召先生而卜相,果谁为之?"

李克曰:"魏成子为相矣!"

翟璜忿然作色曰:"以耳目之所睹记,臣何负于魏成子?西河之守,臣之所进也。君内以邺为忧,臣进西门豹。君谋欲伐中山,臣进乐羊。中山已拔,无使守之,臣进先生,君之子无傅,臣进屈侯鲋。臣何以负于魏成子?"

李克曰:"且子之言克于子之君者,岂将比周以求大官哉?君问而置相:'非成则璜,二子何如?'克对曰:'君不察故也。居视其所亲,富视其所与,达视其所举,穷视其所不为,贫视其所不取,五者足以定之矣,何待克哉!'是以知魏成子之为相也。且子安得与魏成子比乎?魏成子以食禄千钟,什九在外,什一在内,是以东得卜子夏、田子方、段干木。此三人者,君皆师之。子之所进五人者,君皆臣之,子恶得与魏成子比也?"

翟璜逡巡再拜曰:"璜,鄙人也。失对,愿卒为弟子。"

附录二: 领导者（leader）和管理者（manager）之别

1.The manager administers, the leader innovates.

2.The manager copies, the leader is an original.

3.The manager maintains, the leader develops.

4.The manager focuses on systems and structure, the leader focuses on people.

5.The manager relies on control, the leader inspires trust.

6.The manager has a short range view, the leader has a long range perspective.

7.The manager asks how and when, the leader asks what and why.

8.The manager has eyes always on the bottom line; the leader's eyes are on the horizon.

9.The manager accepts the status quo, the leader challenges it.

10.The manager does things right, the leader does the right thing.

第十六章　观卦：观察入微，切磋琢磨

（Observing，Contemplating，Benchmarking）

䷓卦名：观［风地］——第二十卦

一、经文

卦辞：观：盥而不荐，有孚颙若。

《彖》曰：大观在上，顺而巽，中正以观天下。观，盥而不荐，有孚颙若，下观而化也。观天之神道，而四时不忒，圣人以神道设教，而天下服矣。

《象》曰：风行地上，观。先王以省方，观民设教。

《序卦传》：大，然后可观，故受之以观。

《杂卦传》：临观之义，或与、或求。

爻题	爻辞	小象辞
初六	童观，小人无咎，君子吝。	初六童观，小人道也。
六二	窥观，利女贞。	窥观女贞，亦可丑也。
六三	观我生，进退。	观我生，进退；未失道也。
六四	观国之光，利用宾于王。	观国之光，尚宾也。
九五	观我生，君子无咎。	观我生，观民也。
上九	观其生，君子无咎。	观其生，志未平也。

爻题	卦体	卦象	卦德	人伦
上九 九五 六四	巽	风	入	长女	外卦、上卦
六三 六二 初六	坤	地	顺	母	内卦、下卦

二、前言

观卦的"观"字在作为卦名时音贯，在爻辞中则读为官。刘蕙荪曰："上以观设教，下以观化成。"观卦是二阳四阴之卦，二阳在上，居此卦上、五之位，是大有可观、以观设教者，而为下之四阴所观仰。故《序卦传》曰："大，然后可观，故受之以观。"来观者，在下之四阴也，四阴在下有求于上之二阳，象征考察进步有成的国家、组织、或公司之制度与文化，以求取、研究其治理之道，下四爻是以观化成者。《杂卦传》曰："临、观之义，或与、或求。"观卦本身就有"与"及"求"两义，在上者树立榜样以观设教，在下者学习模仿以观化成。

哈佛大学教授艾伦南格在其《用心法则》（*Mindfulness*）一书中指出一个用心的人具备几项重要之本质[①]，其中与观卦之理有不少相通处：

1. 能够开创新类别：要能对所观察到事物，不断地做出"物以类聚、方以群分"的分门别类的功夫，于各类别之间，能识别其异同之处。故能利用既有的分类，作为认知事物之用，但又能不完全受既有分类的限制，要时时跳脱出传统的观念，找到新的现象和类别，提出开创性的分类，以面对新的事物和环境。

2. 欢迎新资讯：在一个稳定、重复、缺乏变化的环境中，我们的知觉系统会因为它常久没有接受到任何新资讯，而索性停止运作，于是会开始

---

① 艾伦·南格（Ellen J.Langer）著、谢伯让、高薏涵译《用心法则》，台北：木马文化事业股份有限公司 2007 年。Copyright？ 1989 by Ellen Langer Ph.D.

过滤掉那些细微、不一致的信息。一个用心的人会用心聆听各方面的意见、仔细观察世变，主动积极地去注意任何变动的信息，故能识变而应变。

3.具备多重观点：乐于接受不同的观点，才能以开放的态度接受分析新的信息。社会心理学家早就观察到"当局者的观点"和"旁观者的观点"会有所不同。当局者迷，并且经常将错误归咎于他人或环境，而将功绩归于自己。旁观者"清"，常将错误的原因归之于当局者，而忽略了大环境的影响。有几个人来观察同一件事，就会出现同样多的观点。用心的人能接受和具备多重观点，故在为人处事上较能圆融。

毓鋆师云："《易》六画成卦，其有深义焉。六爻各有其时位，故由六爻视全卦则或有六义焉，君子小人不一而是，在乎其修德如何耳！如大过（☴）之初六，其自视也，则为至洁之'茅'，而可以柔克四阳之时艰。至于九四'栋隆'之时，则视己为栋梁之材，而以初六为'它吝'焉！又如干☰之上九，'亢龙有悔'，其自悔过也。而由他爻视之，则欲极灭之矣！由爻位不同，故其自视、视人、（由人视己）者皆大异也。《易》道神妙变化，其在此乎？"自观、观人、观事、观物，以及由他人的角度观己的多重观，乃观卦之妙，亦《易》理应用之诀窍所在。

我们若能设身处地，推己及人。时时自我反观，常常由人观己。若能以人之道观人，以己之心及人，求人我之大同，存其小异，不勉强别人与己同，则必可以减少冲突，增加和谐。

观有观察、观礼、观光、参观和观化等意义，其中"观光"一语源自观卦"六四"爻辞："观国之光，利用宾于王。"观察、观礼、观光、参观等辞是由下观上有他山之石可以攻错之意，观化则是上有可观之德行为下所观仰而化成之。

易道之观始于"古者包牺氏之王天下也，仰则观象于天，俯则观法于地，观鸟兽之文，与地之宜。近取诸身，远取诸物。于是始作八卦，以通神明之德，以类万物之情。"[①]上观天、下法地、体万物于其中，此乃天地人

---

① 见《系辞传》。《易纬乾凿度》则曰："于是伏羲乃仰观象于天，俯观法于地，中观万物之宜，始作八卦，以通神明之德，以类万物之情。"

三才之道，故知《易经》八卦之作原于"观"的功夫。《易经》是研究"象"的学问，观之际，要能"类万物之情"，才能得到"观"之用，一部《易经》就是将万物之性情加以分门别类的"类情"功夫。以"方以类聚、物以群分"的方法加以分门别类和触类旁通，并且用复卦观察入微的"小而辨"之术去"极深研几，通志成务"。《系辞传》曰："极深而研几。唯深也，故能通天下之志。唯几也，故能成天下之务。唯神也，故不疾而速，不行而至。"观之道要深入，即由"探赜①索隐，钩深致远"入手，此即"探索"②一词之所由来，观的目的是"以定天下之吉凶"。

《易经》之作源于观，了解《易经》之诀窍亦在一观字，《系辞传》上篇第二章曰："圣人设卦观象，系辞焉而明吉凶，刚柔相推而生变化。是故吉凶者，失得之象也。悔吝者，忧虞之象也。变化者，进退之象也。刚柔者，昼夜之象也。六爻之动，三极之道也。是故君子所居而安者，《易》之序也。所乐而玩者，爻之辞也。是故君子居则观其象而玩其辞，动则观其变而玩其占。是以自天祐之，吉无不利。"观一卦之象而玩味其卦辞、彖辞和大象辞，或是观其爻之时位和爻变而玩味其爻辞之占断和小象辞。观之要在乎"知几应变"，《系辞传》曰："几者动之微"，几不易知，故曰："知几其神乎"。然而"几"示现于卦爻，卦爻源于太极所生之阴阳两仪，太极阴阳轮转不已，而其动之几即在人心，唯有心诚以求之，始能得《易》之全体大用③。

《论语·里仁篇》子曰："人之过也、各于其党；观过，斯知仁矣。"一般人从他人的成功来评断一个人的能力，孔子却看一个人的交友、所属之党派社群，和他所犯的过错，来判断其仁德。刘蕙荪曰："故观为六十四卦中之主卦……天下之事，无一不由观主之，亦无一不由观成之。如观乐知俗，观礼知教，观风知化，观过知仁。"④

《孙子兵法》第一篇《始计》指出"知己知彼，百战百胜"，而知己知

---

① 赜，音则，指幽深玄妙的事物。

② 台湾2007年大学指考国文作文题目。

③ 徐醒民述《读易简说》，来源：http://www.minlun.org.tw/3pt/3-dreamweaver/24-01.htm。

④ 刘蕙荪编著《周易曲成》（上下册），台北：学易斋2006年。

彼的方法和重点即是"经之以五事，校之以（七）计，而索其情"：

> 孙子曰：兵者，国之大事，死生之地，存亡之道，不可不察也。
>
> 故经之以五，校之以计，而索其情：一曰道，二曰天，三曰地，四曰将，五曰法。
>
> 道者，令民与上同意者也，可与之死，可与之生，民不畏危也。天者，阴阳、寒暑、时制也。地者，高下、远近、险易、广狭、死生也。将者，智、信、仁、勇、严也。法者，曲制、官道、主用也。凡此五者，将莫不闻，知之者胜，不知之者不胜。
>
> 故校之以计，而索其情。曰：主孰有道？将孰有能？天地孰得？法令孰行？兵众孰强？士卒孰练？赏罚孰明？吾以此知胜负矣。

"察、计、校（较）、索情"，兵法之观也。视、观、察是三个不同层次的观。《谷梁传》"常事曰视，非常曰观。""观、详于视；察、密于视也。"视是一般的看，观是仔细地去看不寻常的情况，而察则是反复审验查核。〈系辞传〉曰："极深而研几也。"则是观的最高境界，是要求我们在观察到人、事、物的表面现象之后，要能深入的研究其长远的趋势，各个相关因素的结构与其互动之微妙关系，故能厘清复杂事件所以发生之因果。"校与较同。经、常也，如《中庸》九经之经。五事、即下：道、天、地、将、法是也。校、量也，又相角也。计，谓下七计。索、搜也、曲求也。情、胜负之情、兼敌我言。"①

被观察的对象可以大至一国，中至一个公司或组织，小至于个人。所观察的内容则包括事物与人：观察事物以考察组织结构、制度和程序为主，《大学》所言："物有本末，事有终始，知所先后，则近道矣！"为观事物之妙法。观人则先分"自知和知人"，又再细分为观其言语、行为、相貌、与

---

① 出自《孙吴兵法·太公六韬》中的《增订武经注解·孙子》的注，页 3 ~ 4，台北：夏学社印行。

个性。

观的方法则是以《系辞传》所说的"聪明睿知"为入手处。《尚书·洪范》曰:"视曰明,听曰聪,思曰睿。"是指通达人、事、物之理的才智。聪是指耳朵听察得清楚,明是指眼睛观看得明白,人都是耳朵先听到闲言闲语而起了疑惑。耳聪目明要靠睿智之思,如此谣言自然能止于智者。屯卦卦辞曰:"利建侯。""侯"可训为斥候、包打听,能从各方面打听第一线的消息。"舜好问而好察迩言"①,《诗经·大雅》云"先民有言,询于刍荛",一个贤明的领导人能不耻下问,向割草砍柴的民众询问请教,以了解民意。《孙子兵法》十三篇以《始计》为首,以《用间》殿后,二者相辅相成。法家有"众端参观"②,其目的在扩大领导人的视听,用以相互验证,自然能够耳聪目明。

明者,在天则以日月为明,因日月易为人所见,代表了天地间阴阳变化最为明显的物体。"易"字的字形上为日、下为月,故有"日月为易"③之说。明者,在人则是视察人、事、物的智慧。常人都有"贵耳贱目"的毛病,轻乎眼见为凭、近在咫尺的事实,而好听信远方未经查证的传闻。明于人者有"自知之明"和"知人之智"④。明于事者,善于判断物之本末,分析事之先后,因而得掌握事物的本末先后,故能近于道⑤。没有自知之明(明白自己的个性、能力和品德)的人是愚人,注定会失败。知人之明为成大事之必要条件。这包括了遴选部属、选择老板和找寻适当的合作伙伴,所以毓鋆师曰:"知人之明是群德之本。"

《左传》中记载季札观乐知俗之例,乃是"观国"也(见"附录二")。公元前544年,为了表示吴国的友好,吴王派季札出访诸国。到了鲁国,季札向鲁君表达了来意。礼仪完毕,鲁君请他观乐。演奏《周南》和《召南》,

① 语出《中庸》。

② 《荀子·解蔽》:"疏观万物而知其情,参稽治乱而通其度。"

③ 《说文解字》引《秘书》说:"日月为易,象阴阳也。"

④ 《老子》第三十三章云:"知人者知,自知者明。"《大学》曰:"大学之道,在明明德",皆自明的功夫。

⑤ 借用《大学》"物有本末,事有先后,知所先后,则近道矣"之理。

季札说："美啊！虽辛劳但无怨言，从音乐中听出，这是周朝王业创建初期。"乐工演奏《卫风》，季札说："美啊！虽遭坎坷但其精神不困顿颓唐，我听说卫康叔、卫武公的德行就是如此，这是《卫风》吧？"演奏《郑风》，季札说："这个国家恐怕要灭亡吧？歌声反映出这个国家政令苛细，人民难以忍受。"又演奏《小雅》、《大雅》，季札说："乐曲宽缓，和谐安乐，这是周文王的美德！"看到舞《韶箾》，季札就知道这是最后一个了，说："上天覆盖着众生，大地承载着万物，这表现的一定是舜的美德，没有更高的了。观乐就到这里吧，如还有别的音乐，我不敢再欣赏了（叹为观止）。"

《中庸》曰："国家将兴，必有祯祥；国家将亡，必有妖孽。"国家将要兴盛，必有贤德之大臣当政。国家将要灭，必有执政者以怪、力、乱、神来蛊惑人。此亦观国之术也。

观人之术以孔子最为高明和实际。《论语·为政》子曰："视其所以，观其所由，察其所安，人焉廋哉？人焉廋哉？""廋"音搜，训为隐匿。这是正统的观人之术，也是"知人知明"的方法。"视其所以"是审视已经做了什么事；"观其所由"是仔细深入观看因为什么原由做了此事；"察其所安"是察看行事之人的安止之处。"安"训为静也、徐也、止也①。一般的注解将安解释为心安理得，将视、观、察解释成由看外在之事迹到察内在的安心处，这三个层次。然而人心是可以轻易看得到吗？孔颖达曰："言观人终始，安所匿其情也。"孔氏以终止训安，将所以、所由、所安当成行事时在时间上的三个阶段：所以是行事的原因，所由是行事所采取的手段和过程，所安是指行事之最终目的。孟子的观人术是"听其言也，观其眸子，人焉廋哉"②，孔子则是"听其言而观其行"③。

魏文侯问李克如何决定两位宰相人选时，他没有直接回答，只提出了如下的观人术："居视其所亲，富视其所与，达视其所举，穷视其所不为，贫

---

① 依据《说文》和《广韵》。

② 《孟子·离娄上》。

③ 《论语·公冶长》宰予昼寝。子曰："朽木不可雕也，粪土之墙不可杇也，于予与何诛？"子曰："始吾于人也，听其言而信其行；今吾于人也，听其言而观其行。于予与改是。"

视其所不取。"① 李克观人之术是平居时看他亲近什么人，有钱时看他如何布施其财富，有官位时看他推举什么人材，穷（无位）时看他是否能有所不为（不会不择手段去争取地位），不贪求，贫（无财）时看他是否能不取不义之财。《论语·卫灵公》子曰："君子固穷，小人穷斯滥矣。"赞君子穷而不滥，能有所不为，此"穷视其所不为"。达视其所举最难，许多组织不能更上一层楼，就是居要位者，不能荐举比自己强的人才。《孙子兵法》开宗明义在第一章中即以"智、信、仁、勇、严"为选将之准则，此乃观领导人物之法，这五德的内容在临卦一章中有深入讨论。

观物之用亦非易事，要有广博之知识，更要有创意。《庄子》书中有如下的故事：惠子谓庄子曰："魏王贻我大瓠之种，我树之成而实五石。以盛水浆，其坚不能自举也。剖之以为瓢，则瓠落无所容。非不呺然大也，吾为其无用而掊之。"庄子曰："夫子固拙于用大矣。宋人有善为不龟手之药者（不使手冻伤的药），世世以洴澼絖（洗衣）为事。客闻之，请买其方百金。聚族而谋曰：'我世世为洴澼絖，不过数金；今一朝而鬻技百金，请与之。'客得之，以说吴王。越有难，吴王使之将。冬，与越人水战，大败越人，裂地而封之。能不龟手，一也；或以封，或不免于洴澼絖，则所用之异也。今子有五石之瓠，何不虑以为大樽而浮乎江湖，而忧其瓠落无所容？则夫子犹有蓬之心也夫！"

庄子有个朋友叫惠施，某天惠施跟庄子抱怨，说魏王送了一个大葫芦的种子，结果长出来的葫芦太大了，不够坚固，拿来装水会破掉；剖成两半当瓢子吗，但这瓢子比盆子还要大呢，怎么能用？所以就丢掉了。庄子没有正面回答惠施，却说了一个故事："有一家人有个祖传秘方，可以制成让手不龟裂的护手霜，所以这家人世世代代都以洗衣为业，因为只有他们家在冬天时洗衣服手也不会龟裂。有个外地来的客人听了后，就说愿意用一百金来买护手霜的秘方。这家人开家族会讨论，大家长就说：'我们家世世代代帮人洗衣服，到现在家产也不过几金而已，现在一次就可以获得一百金，

---

① 《史记·魏世家》。

还是卖了吧。'外地人得到了秘方，跑到吴国去；吴国正在和隔壁的越国打仗，两国的士兵在冬天打水战，手都会龟裂，连武器都握不住。这外地人告诉吴王，自己有打仗必胜的方法，吴王便让他当将军带兵出征。这人利用护手霜，让吴国士兵的手不再龟裂，可以好好抓稳自己的武器，于是打败了越国。吴王很高兴，就把分封一些土地给这个人。庄周说："同样是护手霜，有些人只能一辈子以洗衣为生，有些人却能裂土封侯。惠施你有这么大的葫芦，为什么不作成漂浮在水上的船，去游历五湖四海，而去烦恼葫芦太大放不进盆子里呢？你的心思是被乱七八糟的蓬草蒙蔽了吗？"

惠子有个大瓠瓜认为没用，庄子却想到将其晒干了用来做成船游历五湖四海。有人有防冻伤的药只能一辈子帮人洗衣为业，而别人拿去作为水兵防手脚冻裂的药而升官发财。脑筋要灵活，善于联想，能以创意寻找产品的新用途或开拓新市场，就能增加该产品的销路，创造新的利润。

据说多年以前，有对犹太父子被关进集中营，当时犹太人所有的家当都被纳粹没收了。爸爸对儿子说："现在，我们唯一的财富就是我们的脑袋，记住，当别人说一加一等于二的时候，你应该想到让它大于二的方法。"数百万犹太人死于集中营，父子俩凭意志力活下来。后来他们来到美国，白手起家，在休士顿做起铜器生意。有天，爸爸问儿子："你知道一磅铜的价格多少钱吗？"儿子很精确的回答："三十五分钱。"爸爸说："这不是我要的答案。整个德州的人都知道，每磅铜的价格是三十五分钱，你身为犹太人的儿子，应该说，一磅铜是三块五美元。试着把一磅铜做成门把看看吧。"父亲去世后，儿子一样经营铜器生意，是一家铜器公司的董事长。他始终奉行父亲的教诲，他不只把铜做成门把，也做成瑞士钟表上的簧片和奥运奖牌，一磅的铜曾被他卖到三千五百美元。

真正使他"点石成金"的，是纽约的一堆垃圾。1974 年，美国政府为清理自由女神像翻修所产生的旧料招标。但因为纽约的垃圾处理环保规定非常严格，弄不好就会被起诉倾家荡产，好几个月过去了，没人投标。这位董事长听说此事之后，立即飞往纽约，看着自由女神下堆积如山的铜块、螺丝和木料后，当场与州政府签了处理废弃物的合约。许多人都在等着看他笑话，都认为承包这个生意，吃力不讨好。不过，犹太人立即着手组织将废料进行分类：把废铜料熔化，铸成小自由女神，把水泥块和木头加工成底座，把废铅、废铝做成纽约广场的钥匙。最精彩的是，他一点废料也不浪费，甚至把从自由女神身上扫下的灰包装起来出售给花店，称之为"自由之尘"。几个月的时间，他让这堆废料变成了超过三百五十万美元的现金[①]！

中国人和犹太人是两个最重视教育的民族，生在犹太家庭里的孩子在他们的成长过程中，负责启蒙教育的母亲们几乎都告诉他们逃难时唯一能带走的是知识和智慧。因为你只要活着，知识和智慧就永远跟着你，是人生无价的财富，是任何人都抢不走的。

三、经文解释

【卦辞】观：盥而不荐，有孚颙[②]若。

【彖辞】大观在上，顺而巽，中正以观天下。观，盥而不荐，有孚颙若，下观而化也。观天之神道，而四时不忒，圣人以神道设教，而天下服矣。

祭祀是古人最重要的典礼之一，能观察到一国一家的文化与礼仪之盛。故观卦之卦辞以观察祭祀之礼为例子。认为在观察祭祀之礼时，最应重视其在祭礼之前洗手之盥礼，这一个小动作，代表祭祀时有诚敬之意和洁静之心为最重要，而不只是关注在祭祀时奉献酒食之荐礼。荐礼虽然繁复且热闹，但却不是祭祀之精神所在。俗话说："内行的看门道，外行的看热闹。"也是这个意思。我们在参观访察时，应注意隐微而关键之处，才能真正学到他人的长处，而不至于只看到表面。在盥礼之时有孚信存于心中，在下观礼的人必能感受到，而生仰慕之诚。故观卦之卦辞曰："盥而不荐，有孚颙若。"《论语·八佾》子曰："禘，自既灌而往者，吾不欲观之矣。"其义与

---

① 王柏鸿译《犹太人的赚钱智慧：七大秘诀让你成功致富》，台北：时报出版社2002年。

② 颙，仰也，严正之貌。音 róng。

观卦同。

观卦象辞曰："观天之神道，而四时不忒，圣人以神道设教，而天下服矣。"王弼注曰："观之为道，不以刑制使物，而以观感化物者也。"孔颖达疏曰："天既不为而成，圣人法则天之道。唯身自行善，垂化于人，不假言语教戒，不须威刑恐逼。在下自然观化服从。"忒，音特，训为差错、失误。"四时不忒"，是指四季的变换没有差错。"以神道设教"是指在上位者能以身作则，行不言之教，故能使民众潜移默化。后世误解"以神道设教"是用鬼神、宗教之说为其愚民之术，并非象辞之原意，神可解释成有遗德在民的圣贤。

《系辞传》曰："神也者，妙万物而为言者也。"能够将万物的妙用发挥出来的功能便是神。我们观察天地之间神奇的道理，以四季变化而没有差错，最令人惊奇。有智慧的领导者，要能以制度、教化和自身的表现为典范，而在不知不觉中，潜移默化天下的民众，使万事万物神妙之功能皆能被激发出来，这才是最高的领导术。

"为政不在多言"，在于多看、深思、力行。毓鋆师曰："能识机、知机，则一句话就能解决问题。我们赞美一个人练达了一句话，就一鸣惊人，为'机峰'，赞其为能言语之高峰。一个人说话能正中要害，则一箭就中的，我们则称之为'机鋒'。为文亦如是，'贵精不贵多，《陋室铭》、《爱莲说》'。"刘禹锡的《陋室铭》和周敦颐的《爱莲说》，皆以精简而传世。

【大象】风行地上，观。先王以省方，观民设教。

风在地上吹动，风代表号令，也有风气的意思。"省"音醒，训为省察。先王省视万方，观察人民的风俗和歌谣，以了解民情，作为教导、教化人民的基础。《毛诗·大序》曰："风，风（讽）也，教也。风以动之，教以化之……上以风化下，下以风（讽）刺上。"观卦是巽卦在上，坤卦在下，代表风在地上吹，顺者地形而能深入各种缝隙。我们在应用上，因风行地上而联想到观察四方，观察、省察其民情，因其民情而设置不同的教化方式，故《大象》曰："风行地上，观。先王以省方，观民设教。"

【序卦传】大，然后可观，故受之以观。

临（䷒）是阳气在下逐渐增强壮大，然后有可以为人表率，而为他人所参考，所以临卦之后是观卦。

【杂卦传】临观之义，或与、或求。

临是上对下，观是下对上。然上下之往来必有给予和要求，即权利和义务。杭辛斋曰："颐之观颐，剥之观象，及咸之观其所感，恒之观其所恒，萃之观其所聚，皆与观有关，皆和'与求'有关。"[1]

【爻辞】初六，童观，小人无咎，君子吝。
【小象】初六童观，小人道也。

"初六""童观"，观察的眼界太小，没有宏阔的视野，就能力不足的小人来说还不算有什么过错，但对于有潜能的君子，若不能有宏观开阔的眼界则就令人惋惜。故"初六"爻辞曰："童观，小人无咎，君子吝。"《小象》曰："初六童观，小人道也。"

"初六"离"九五"、"上九"这两个可观之爻太远，故其能观察学习到的东西是有限的，但是有才识之君子则能看到真正值得学习的精微之处。清末洋务运动，欲"师夷之长"，始则如曾国藩者先观看到"轮船之速，洋炮之远"，因而重视"船坚炮利"等器物之引进。到了李鸿章则已进一步认识到"中国欲自强，则莫如学习外国利器；欲学习外国利器，莫如觅制器之器"。到了张之洞则已注意到了"西艺"以外的"西政"，如教育、赋税和工商制

---

[1] 杭辛斋《学易笔谈·杂卦举例》第 125 页，台北：天巨书局 1992 年。

度等①。

日人福泽谕吉（1835～1901）为日本明治时代的大教育家及思想家，是日本西化的启蒙大师。他出身于贫穷的武士家庭，他曾三次随幕府使节远渡欧美汲取新知、开拓视野，二十三岁就创办了庆应义塾，即庆应大学的前身，培育了推动明治维新的几个重要人才。日本人为了纪念他，将其肖像印在最大面额的一万日元纸币上。福泽向西方学习的做法极为深入，"因为他看到了事物'背后的背后'的原因：军事强大的背后是国力，国力的背后是经济和科学技术，经济和科学技术的背后是国民素质，国民素质的背后是教育，真正的教育的背后是学术自由，因为只有学术自由才是产生和聚集大量国民智能的唯一办法。"②福泽谕吉和张之洞，都充分意识到教育对于国力的重要性，两人都著有《劝学篇》。福泽谕吉的劝学是劝国民大众去学，希望民众真正懂得人的权利和尊严，而张之洞的劝学则劝官僚政客去学，希望他们改变观念去拯救国民③。

深于世故的老油条，善于察言观色，捡你喜欢听的话来说，而不说你不喜欢听的真话，所以你很难通过他们观察到事情的真相。儿童观察事物时经常有其童言无忌、真实不虚的可爱一面，《安徒生童话》有如下的故事：

有一位国王，很喜欢穿新衣服。有一天来了两个骗子，跟国王说他们能织出一种很特殊的布来，这种布是不适任目前工作或智慧不足的人所看不到的。于是，国王很高兴地请他们织了这种布来缝制新衣。国王脱掉旧衣裳，穿上了新衣服，并到街上去出巡。沿途所有的臣民都赞不绝口，只有一个小孩子指着说："国王并没有穿衣服啊！"

"国王新衣"与赵高与秦二世"指鹿为马"的故事有异曲同工之处。《庄子·徐无鬼》有一段黄帝问路于马童的故事：

　① 冯天瑜、何晓明著《张之洞评传》第 407～409 页，南京大学出版社 2006 年 3 月。

　② 臧一冰《个人体验与参与的历史——一个中国人的"福泽谕吉情结"》，《二十一世纪》网络版 2000 年 10 月号第 19 期，来源：http://www.cuhk.edu.hk/ics/21c/supplem/essay/0307068.htm。

　③ 同前。

黄帝将见大隗于具茨之山，方明为御，昌宇骖乘，张若、諿朋前马，昆阆、滑稽后车。至于襄城之野，七圣皆迷，无所问涂。适遇牧马童子，问涂焉，曰："若知具茨之山乎？"曰："然。""若知大隗之所存乎？"曰："然。"黄帝曰："异哉小童！非徒知具茨之山，又知大隗之所存。请问为天下。"小童曰："夫为天下者，亦若此而已矣，又奚事焉？予少而自游于六合之内，予适有眚病，有长者教予曰：'若乘日之车，而游于襄城之野。'今予病少瘥，予又且复游于六合之外。夫为天下，亦若此而已。予又奚事焉？"黄帝曰："夫为天下者，则诚非吾子之事。虽然，请问为天下。"小童辞。黄帝又问。小童曰："夫为天下者，亦奚以异乎牧马者哉？亦去其害马者而已矣。"黄帝再拜稽首，称天师而退。

《安徒生童话》的故事指出童言无忌，因其直言不讳，反映出成人的虚伪造假。《庄子》的故事告诉我们不可因年纪小、地位低而轻视童稚之言，因为有生而知之者。去掉害群之马，即"进君子、退小人"之义。由这两个故事来看，"童观"岂可轻视乎？

股市有个"擦鞋童理论"，老肯尼迪（美国总统肯尼迪的父亲）有一次去擦鞋时，擦鞋童向他大谈股票经，老肯尼迪回去就把股票卖光，他认为连擦鞋童都玩股票，这已是股市泡沫化要来临之征兆，果然不久就发生了1929年美国股市大崩盘，以及继之而来的经济大萧条，此乃因闻童子之言而反向操作之例。

【爻辞】六二，窥观，利女贞。

【小象】窥观女贞，亦可丑也。

"六二"是偷偷地观察，如果是女子保持其"贞"正的矜持，不便大大方方地去考察自己喜欢的对象，则还说得过去，故"六二"爻辞曰："窥观，利女贞。"然而正人君子若不依正道去考察，而是偷偷摸摸地去偷看、偷学东西，这就是见不得人的丑事。故《小象》曰："窥观女贞，亦可丑也。"

一个人若是眼光短浅、未能深入了解事情，则难以明了其表象之下真正结构性的问题及事物之实象。若是偏执一端、不够广博，未能从多个角度来看问题，则难以纵览全局见到事务之全貌。坐井窥天，则曰天小[①]；以管窥豹，只见一斑。见树不见林，乃窥观之失也。

曾国藩以有知人之明著称，据说还著有一部名为《冰鉴》的书，论述文人相法。《冰鉴》是"以冰为镜，明察秋毫；以神为纲，相骨识人。"[②]曾国藩著名的相术口诀为：

〈一〉（按：一、三两句是看外表之相貌，二、四两句则看行为与仪态。）

邪正看眼鼻，真假看嘴唇；

功名看气宇，富贵看精神；

主意看指爪，风波看脚筋；

若要看条理，全在语言中。

〈二〉（按：以下皆指行为与修养，而不是人之相貌。）

端庄厚重是贵相，谦卑涵容是贵相，

事有归著是富相，心存济物是富相。

《冰鉴》第一章（见"附录三"）中有一段观人之术特别发人深省，与一般之相法不同："凡精神，抖擞处易见，断续处难见。断者出处断，续者闭处续。道家所谓'收拾入门'之说，不了处，看其脱略；做了处，看其针线。小心者，从其做不了处看之，疏节阔目，若不经意，所谓脱略也。大胆者，从其做了处看之，慎重周密，无有苟且，所谓针线也。二者实看向内处，稍移外便落情态矣，情态易见。"观察他人在聚精会神和不经意时的态度，以及做事的大方略和细节，就八九不离十了。

然而曾帅亦有看走眼的地方，因为好的干部未必是好的女婿。曾国藩

---

① 韩愈《原道》："坐井而观天，曰天小者，非天小也。"

② 曾国藩原著、梁天平解注《冰鉴——曾国藩相人术》，西宁：青海人民出版社 1998 年。

的夫人在为其小女儿选女婿时（可能是小说家所杜撰），显现了女子特有的心思，是男性所不及者，可为此爻所说的"窥观"做一反面的注脚[1]：

曾国藩共有五个女儿，前四个女婿都没选好，所以他也很愧疚。他反省后认为这是因为"过去选女婿，其实不是选女婿本人，而是选父亲。父亲好，并不能保证儿子就一定好。还有，过去选婿是在他们还是小孩子，没有长大成人前就选定了。小时后聪明可爱的小男孩，长大后不一定能有所成就，而有成就者又未必是个好丈夫。"

曾国藩欲将小女曾纪芬许配给其老友聂亦峰的儿子，即当时正在江南机器制造局当委员的聂仲方。曾国藩的夫人欧阳氏坚持这次要亲自与女儿亲自观察、考察这位可能的女婿人选。于是曾国藩请聂仲方来家里谈天，欧阳夫人带着女儿在屏风后面聆听，并通过屏风的缝隙，将聂仲方好好打量了一番（此即"窥观"）。不论是外表和谈吐，欧阳夫人和女儿曾纪芬都很满意。

留下来吃晚饭时聂仲方知道曾国藩不大喜欢多喝酒的文人，遂滴酒不沾（由此可见观人之难），放开胆子津津有味地吃了三大碗饭。屏风后的欧阳夫人看了认为这个青年人不喝酒，能吃饭，是正派、身体好的象征。吃完饭，喝过茶后，聂仲方起身告辞。曾国藩家人捧出十段各种颜色花纹的洋布，曾国藩指着洋布说："纪泽的娘（指其长子曾纪泽的母亲，即曾国藩的夫人）过去与你母亲熟，又见过你的两个姐姐，她要给她们三人各送一段衣料，不知她们喜欢什么花色和布料，你给她们各挑一段吧！"聂仲方将十块布料，一块一块得仔细地看着摸着，最先挑出一段黑色的毛织呢布料，说："我母亲素来不喜欢花花草草，平时家居爱作男子装。这段黑呢布料给她做衣服好。"又挑起一段米色小花格子的绒洋布，说："我大姐三十岁了，生了两个孩子，她爱美，又颇稳重，这段小花格子布给她最好。"最后挑了一段黄底绿叶粉红桃花亮闪闪的缎子，说道："二姐明年出嫁，她又爱俏，这匹缎子

---

① 曾国藩夫人选婿的故事，乃节录并改编自唐明浩著《曾国藩第三部·黑雨》"欧阳夫人择婿的标准与丈夫不同"一章，来源：http：//www.angelibrary.com/real/thm/heiyu/048.htm。曾纪芬的事绩可见 http：//www.novelscape.net/js/c/cheshui/zgld4/052.htm。

第十六章　观卦：观察入微，切磋琢磨

给她做嫁妆最合适。"

当曾国藩把聂仲方选布匹的情形告诉夫人时，欧阳夫人心想这男孩心眼细，对女人关心，世间少有，今后一定会对妻子体贴照顾。这样的女婿打起灯笼也难找啊！她催丈夫即刻给聂亦峰发信，定下这门亲事，准备明年就将女儿嫁出去。

曹雪芹自述《红楼梦》之作的原因是："今风尘碌碌，一事无成，忽念及当日所有之女子：一一细考较去，觉其行止见识皆出我之上。我堂堂须眉诚不若彼裙钗，我实愧则有余，悔又无益，大无可如何之日也。当此日，欲将已往所赖天恩祖德，锦衣纨裤之时，饫甘餍肥之日，背父兄教育之恩，负师友规训之德，以致今日一技无成、半生潦倒之罪，编述一集，以告天下；知我之负罪固多，然闺阁中历历有人，万不可因我之不肖，自护己短，一并使其泯灭也。所以蓬牖茅椽，绳床瓦灶，并不足妨我襟怀；况那晨风夕月，阶柳庭花，更觉得润人笔墨。我虽不学无文，又何妨用假语村言敷演出来？亦可使闺阁昭传。复可破一时之闷，醒同人之目，不亦宜乎？"这世界上有一半的人是女性，男女平等，了解女性之观点是在齐家治国、经营管理和营销上很重要的一个关键因素。

【爻辞】六三，观我生，进退。
【小象】观我生，进退，未失道也。

智者必须观时机和观自己，以明进退出处之道。智者外观时，以明进退之机；内观己，以反省自己是否有可进之才德。六三爻强调自知之明的观己。"观我生"者，观省自己的人生志向和才德，才知道如何进德修业以为时用。

"六三"在下卦之上，有可进于上卦的机会，但也有可能不进则退。此时向先进之"上九"、"九五"观察学习，以决定自己在生存发展上，应该进或退的时机和方向，如此就不至于离失了正道。故"六三"爻辞曰："观我生，进退。"《小象》曰："观我生，进退，未失道也。"王弼注曰："生，犹动出也。"

孔颖达疏曰："或动或出，是生长之义。"也就要观察自己的举动和出处，是否一直有所成长和进步。

有一人行经一处，看到有一群工匠正在施工，于是他停下来好奇地问第一个工匠："你在做什么？"第一个工匠回答说："我在砌砖。"他接着问下一个在做同样工作的工匠："你在做什么？"第二个工匠回答说："我在建一道砖墙。"没走几步他遇到了也在做类似工作的第三个工匠，于是又问说："你在做什么？"第三个工匠回答说："我在建一座供人朝拜的庙宇。"[①] 此行人最后遇到了这座庙宇的住持而问曰："这些工匠在做什么？"住持回答："他们在为众生建立一个安心之道场。"[②] 这三个工匠虽然是做同样的工作，但是他们"自观"其工作的角度（perspectives）和眼界却大不相同，而住持之回应已超出了物之形而入于物之用（无形之功能）。若是问到开悟之士则必说："应无所住而生其心，何处非道场？"[③] 此时已由有形之物，入于无形之境。眼界高低不同，将会决定一个人或企业未来的成就。

营销学中常说经营美容产品的企业，不是在卖化妆品，而是在"推销美丽的梦想"类似。知名的美商 Mary Kay 化妆品公司更将该公司的使命（mission）提升到"丰富女性的生活"（Enrich women's lives）的层次[④]。如何提高自己的视野和胸襟而不致流于狂傲自大，这是个人和企业在自观时，要善于拿捏的地方。

全球最大笔记型电脑代工厂广达的总经理王震华认为："若以产业面的大架构来看，资讯科技产业是台湾人的产业，尤以笔记本型电脑为最。可惜的是笔记型电脑各 ODM（委托设计制造）大厂却沦落至保五保四（按：保持 4 ～ 5% 的利润）的困境，难道没有其他的方法与策略可以改变扭转这种

---

① 此寓言意译自 Robert B.Miller and Stephen E.Heiman with Tad Tuleja, *Chapter 2 : Big Picture Strategy : The Art of Positioning*, Successful Large Account Management, Warner Books, 1991, p.23。

② 与住持之问答乃笔者所添加，原文没有这一段对话。

③ 《金刚经》曰："应无所住而生其心。"《维摩诘经·菩萨品第四》维摩诘曰："直心是道场，无虚假故……一切法是道场，知诸法空故。"

④ 来源：http : //www.marykay.com/company/company missionstatement.aspx ? tab=home。

不公平的窘境？其实答案在各个企业主的心中，'心胸决定格局，能舍才能得'。PC（个人电脑）如何从 Price Cutting（削价竞争）变成 Profit Creation（创造利润），NB（笔记电脑）如何从 Nonsense Business（无理生意）变成 Nice Business（好的生意），都在我们的一念之间。"①

佛教天台宗修行有"止观"之法，道家有观复之道和"内视反听"②之方。儒家有"在明明德"的《大学》之道，《中庸》提倡君子应有慎其灵明之性的"慎独"修为，和"反身而诚"的"自诚明"之功夫，此皆"观我生"也。《心经》中观自在菩萨反观而观自性，返求其放逸之心，以得其本来面目。六字大明咒"唵嘛呢叭咪吽（oom-ma-net-beh-meh-hong）"③其音有如英文的"Is anybody home"④，其义有如禅宗参话头之时，常要人自问："主人翁何在？"这是个巧合吗？

禅宗六祖惠能得法后南行，寄身于猎人队中多年。一日思维，时当弘法不可一直隐遁，就来到广州法性寺，正好碰到了印宗法师讲《涅槃经》的法会。当时有风吹过，旛旗随之飘动，一个僧人曰："风动。"另一个僧人曰："旛动。"议论不已。惠能走上前说："不是风动，不是旛动，是仁者心动。"⑤一般人不知静心澄虑，易为外物之动静所牵引而随之动摇，遂失本心。若能反观心动之几微，久之自可悟其本然之性。

佛教修道之观，由"眼、耳、鼻、舌、身、意"六根接触到"色、声、香、味、触、法"六尘之时，若能时时反照，则自性自现。观世音菩萨是修耳根圆通的观音及观心法门而开悟，沈家桢居士对此有很深入的解释⑥，《楞严

---

① 巫彩莲《广达总经理离职，痛陈转型失先机》，中时电子报 2007 年 8 月 24 日，来源：http://news.chinatimes.com/2007Cti/2007Cti-Focus/2007Cti-Focus-Content/0，4518，9608240221+96082409+0+180042+0，00.html。

② 《庄子·马蹄》成玄英疏："极耳之所听而反听无声，恣目之能视而内视无色。"

③ 班禅大师讲、戴季陶记《六字真言法要》，来源：http://www.fosss.org/jcxs/lzzy.htm。

④ 数年前授子以《六字大明咒》，笔者儿子以"Is anybody home？"应之，或有宿慧乎？

⑤ 《六祖法宝坛经浅释·行由品第一》。

⑥ 沈家桢《观世音菩萨的修行方法及证悟过程》，1982 年 2 月 26 日讲于美国夏威夷大学，来源：http://www.baus.org/baus/library/ekyc1.html

易经与管理

416

经》上记载观世音菩萨以耳根修悟的过程如下：

初于闻中　入流亡所　所入既寂　动静二相
了然不生　如是渐增　闻所闻尽　尽闻不住
觉所觉空　空觉极圆　空所空灭　生灭既灭
寂灭现前　忽然超越　世出世间　十方圆明

道家老子在《道德经》中有"致虚极，守静笃。万物并作，吾以观复。夫物芸芸，各复归其根。归根曰静，是谓复命"的观复法门。以虚静的修养，观万物动静和生长（观其生），见此生生不息之机，并透视芸芸众生所归返的根源。能归根则可得静，而回复到自己的天命和自性，此乃观卦"观其生、观我生"之旨。老子接着说："复命曰常，知常曰明。不知常，妄作凶。知常容，容乃公，公乃王，王乃天，天乃道，道乃久，没身不殆。""复命"就是常道，知晓常道做事就不会盲目，不知常则胆大妄为而招致凶险。由常道而生天、生地，能容万物。有容则大公无私。无所偏私，则可成为天下归往的王者。王者与天地合德，天德就是道，得道则可长久而无穷尽，事事处理得恰到好处，至死都没有危殆。道家静观之术，非以肉眼视之，以心眼内视，精神不外露，故能充其气、守其精、保其神。宋儒程颢《秋日偶成》一诗，有"万物静观皆自得"一语，此理学家观物的境界。万物自得，以观者能自得也。

【爻辞】六四，观国之光，利用宾于王。
【小象】观国之光，尚宾也。

"六四"邻近"九五"，"九五"是观卦之主。"六四"为其上宾，能就近深入体察学习。欲观者必慎选前往考察的人选，才能体会到所观事物之精义。而被参访的组织也应妥善接待来观访者，冀望其将来可为两个组织之间沟通的桥梁。故"六四"爻辞曰："观国之光，利用宾于王。"《小象》曰：

"观国之光，尚宾也。"企业间互相观摩，虽有显示实力以谋求合作伙伴的动机，也必须防着对方窃取商业机密，故曰："良贾深藏若虚。"[①]"利用宾于王"是"尚宾"之义，宾是宾客、客卿，指的是外籍、外来的人才。观他国之光，效法其所长，方法之一就是引进外来人才。在战国时代，尚宾之风盛行，亦见其功效，如秦孝公用魏国之商鞅变法而强。然而大量引用外来人才容易引起本土、内部人才之反弹。秦王嬴政因故下令驱逐外籍宾客，李斯上书《谏逐客书》以"泰山不让土壤，故能成其大；河海不择细流，故能就其深"强调能包容各方人才，可是强国之道。

日本一家速食业者曾派出一团干部到美国考察相关产业，他们经常出其不意，在下午两点，一窝蜂地到一家速食店点一大堆餐点，此时其员工都已经在半休息的状态下，他们趁此观察这家店里的员工如何应变此一突发的状况[②]，善于观察者要于被观察者毫无准备之下去考察，才能看到事情之真相。古代天子或是官员微服出巡，就是想以"暗访"以补"明察"之不足，直接从百姓、顾客或是第一线员工获得第一手的资讯，以了解问题之症结所在，这也是防止被左右上下其手而受其蒙蔽的方法之一。

《论语·公冶长》孔子曰"听其言而观其行"，我们想要重用一个人，不能只根据他的言论就做出重用此人的决定。《论语·卫灵公》孔子曰："如有所誉者，其有所试矣。"是说如果我对某个人有所赞誉，那一定是我已经主动地试验过了他的德能。用人时应"如有所用，必先试之"，应该指派给他一些具体而微，但具有挑战性的任务，然后从旁仔细观察以确定其人是否言行相符，足堪大任，再正式加以重用。

阳明大学神经科学研究所洪兰教授在细听国际学术上大师级的人讲选拔人才的方法时，很惊讶地发现竟然与诸葛亮的"知人之道"原则很相似。例如"醉之以酒而观其性，临之以利而观其廉，期之以事而观其信"，发现原来外国一样有考核学生品行的窍门，并不是收进实验室就一样栽培。洪

---

① 《史记·列传第三老庄申韩》"吾闻之，良贾深藏若虚，君子盛德，容貌若愚。"

② 根据日本东京工业大学比嘉邦彦教授（Professor Kuni Higa）亲自告知笔者的实例。

兰自己常用的是"告之以祸难而观其勇"，看看学生会不会有毅力坚持下去；以及"穷之以词辩而观其变"，看看他们会不会活用知识，随机应变。洪兰的父亲常用的是"咨之以计谋而观其识"，因为他喜欢胸中有韬略的人。古今中外知人善任的原则都一致。这些大师找接班人，都把品德放在第一位，也就是诸葛亮说的"间之以是非而观其志"，领导人必须有远大志向、正确价值观及公平的心[1]。

诸葛亮知人之道，是主动的制造出七种方法不同的情境，去观察考选的人才"咨之以计谋而观其识"乃其中一法[2]：

一曰：问之以是非而观其志。
二曰：穷之以辞辩而观其变。
三曰：咨之以计谋而观其识。
四曰：告之以祸难而观其勇。
五曰：醉之以酒而观其性。
六曰：临之以利而观其廉。
七曰：期之以事而观其信。

这就是"如有所用，必有所试"[3]的道理，想要用一个人，可以被动地从旁观察，更应该主动地去试验其才德性情。此一道理可以更进一步用在做事上，例如新产品的开发、行销方案的评估、和新制度的推动。我们应透过雏形产品和销售方案，来检验观察产品的功能和市场的反应。用试行计划，来检验新制度之成效和推广时可能遭遇到的困难。不能只凭着直觉、感觉去做事，要以实际试行的结果作为决策评估之依归。

《论语·述而》子曰："三人行，必有我师焉。择其善者而从之，其不

---

① 洪兰《留住人才来竞争》，国语日报 2007 年 11 月 6 日"家庭版"，来源：http：//www.parentschool.org.tw/kmportal/front/bin/ptdetail.phtml？ Category=100268&Part=07111902。

② 诸葛亮《将苑·知人性篇》。

③ 语出《马钧传》，见"附录一"。

善者而改之。"观人如此，观国亦然。六四得以就近观察在上之九五和上九，故能看到其利弊得失。观上国之光要探赜索隐、钩深致远，方能极深研几，小而辨，以找出不同时代、现象之下的异同和类别，"以通神明之德，以类万物之情"。质性研究学者强调我们在观察到事物的现象时应"深思，而更深思之（Think deep，and deeper）"要能在不疑之处有疑（principle of suspicion），但不是疑心病，并以不同的角度（multiple perspectives）和理论来透视我们搜集来资料之中的现象，根据其情境（context）了解其背后之意义，最后能找出问题背后最底层的机制和结构，以掌握成败的真正关键因素（critical success/failure factors）①。

【爻辞】九五，观我生，君子无咎。

【小象】观我生，观民也。

朱注曰："观者，有以示人，而为人所仰也。"王弼观卦"九五"爻的注曰："居于尊位，为观之主，宣弘大化，光于四表，观之极者也。上之化下，犹风之靡草。故观民之俗以察己道。百姓有罪，在予一人。'君子'风著，己乃'无咎'。上为化主，将欲自观，乃'观民'也。"孔颖达疏曰："四海之内由我而化，我教化善，则天下有君子之风。教化不善，则天下着小人之俗。"

"九五"爻处于五的中位，王弼认为是观卦的主爻，负有宣扬教化四方民众的责任，是发扬观的效用于极致的一爻。在上位的人若能致力于教化，其效果可以是很快而普遍的，就好像风吹过时，草必然会受影响而低头。

孔子说："草上之风必偃。"清朝的曾国藩于《原才》一文中说："风俗之厚薄奚自乎？自乎一二人之心之所向而已。先王之治天下，使贤者皆当路在势，其风民也皆以义，故道一而俗同。"即是取观化之意。在九五之尊的人，要看自己管理、治理是否得当，应当观察其人民或部属之风气和习

---

① 萧瑞麟，《不用数字的研究：炼锻深度思考力的质性研究》（Research without Numbers）第 33 和 140 ~ 141 页，台北：台湾培生教育出版股份有限公司 2007 年。

俗，在下者若是有做不对的地方，则应该反省，是不是组织之规章没有界定清楚行事之准则，或是平日的教育训练不足，还是领导人自己的言行不足以为模范。自己修行而有道，行君子之行，才能够没有过错。故"九五"爻辞曰："观我生，君子无咎。"《小象》曰："观我生，观民也。"孔颖达疏曰："观民以观我，故观我即观民也。"

【爻辞】上九，观其生，君子无咎。

【小象】观其生，志未平也。

"上九"虽然不在"九五"之中位，但因为居"九五"尊位之上，故仍为在下之四阴所观仰。占者不因处观卦"上九"之终位，而意志消沉，而能行君子之道，慎始诚终，进则更能以其刚健之性，而生贞下启元之志。"上九"言"观其生"而不言"观我生"，是因为居观卦之上，已超脱于物外，回顾自己的一生，此时已经没有太强的自我意识，只是探寻有没有什么其他理想和志向，是值得用此余生继续去努力。故"上九"爻辞曰："观其生，君子无咎。"《小象》曰："观其生，志未平也。"

"观其生"的"其"所指为何？"生"又是什么意思？"其"可以解释为"其他"，而"生"可以解释为生生不息之"生"。观卦"上九"已至上卦之终，应有"亢龙有悔"之意，然而有悔，并非退休之后，什么都不做了。观卦"上九"爻已至观卦之极，应考虑退休后如何转换跑道，而开启人生事业的第二春，做一些不必再为"衣食"谋的事情，为人间带来些温暖。

"六三"爻与"九五"爻皆是"观我生"，"九五"爻以观民来"观我生"，其时我执也去了一大半。在"上九"之际，我们心念一转，则在观念上置身事外，超然忘我，能以更大的格局来看事情，故曰"观其生"。此时已去掉了"六三"爻和"九五"爻"观我生"的"我执"的成分，故有峰回路转，柳暗花明又一村的气象。《易经》始于乾、坤二卦，而终于未济卦。"未济"是指还未到达至善的境界，"止于至善"乃大学之道的终极目标。至善未至，故其志未平也。《论语·泰伯篇》曾子曰："士不可以不弘毅，任重而道远。仁以为己任，不亦重乎？死而后已，不亦远乎？""上九""观其生"的其又可解释为与其正应的"六三"，"上九"为国之大佬，有为国举才之责，故详细观察在下有潜力的人才，观察其进退出处之道，以为荐举之根据。

《小象》曰："观其生，志未平也。"中国人之职志在天下平，天下未平，则志亦未平。志未平，则需观察其他生生和生财之道，以图平天下之计。志未平者，非为一己之私志，故"君子无咎"。

以消息卦的顺序而论（参见泰卦章"附录一"），观卦之后是剥卦，观卦"上九"爻在上，所见者远，预见在下四阴、小人的势力日增，其势不可止，"九五"爻将化为阴也，到此时剥卦的剥落之势将成。"观其生"者，欲早做准备谋东山再起之策也。

美国著名心理学家穆迪（Raymond Moody）在研究过 150 个有濒死经验（near-death experience）的人之案例后，归纳出 14 种共同现象，其中之一是"回顾人世一场（The life review）"：有些人在濒临死亡之际，他们会对一生做一次全面回顾。一幕接着一幕按事情发生的时间顺序出现，甚至伴随画面，当年感觉都得以重新体验，这也算是"观其生"。不论贫富或地位，当他们回顾自己一生时，都感到人与人之间的爱最珍贵[①]。一个人若做到"无愧于心"，则处上九之时可以"无咎"矣。

四、总论

王弼《周易略例·卦略》曰："观之为义，以所见为美者也。故以近尊为尚，远之为吝。"在观卦中，"初六"、"六二"、"六三"和"六四"，四个阴爻，愈靠近"九五"和"上九"两个在上的阳爻，则愈可以就近观察，深入的学习上国之风光。所以"六四"、"六三"之位，以其爻辞来比较，要比"六二"、"初六"为佳。

---

① 参见《人临死前看到 14 种现象》，世界日报 2009 年 6 月 23 日，以及《Dr.Raymond Moody》，来源：http://forums.near-death.com/experiences/experts03.html。

观卦有"六三"爻的"观我生","九五"爻的"观我生"和"上九"爻的"观其生"。不易解读。实则观卦此三爻的"三观"之"观生"与《大学》的"大学之道,在明明德,在亲民,在止于至善"的"三在"相应。"六三"爻"观我生,进退,未失道也",此"在明明德"也;"九五"爻"观我生,观民也",此"在亲民"也;"上九"爻"观其生,至未平也",此"在止于至善"也。至于"九四观国之光,尚宾也",则是君子珍惜参观上国之光的机会,以学习谋求治国、平天下之道。此观卦由"六三"至"九五"的必经历程。熊十力云:"《易》之观卦,对于人生之观察、深微至极……《易经》包含万有,而反己是其骨髓。观之三爻,皆反己也,其可忽诸。"[1]"反己"是反观于己、反求诸己,是观卦的精髓。

《汉书·贾谊传》云:"小智自私,贱彼贵我;达人大观,物亡不可。"所谓的"达人"不会只看事物的局部,而是能以整体性,从各种角度来深入观察检视整件事情的发展,巨细靡遗,所以对任何事物都不会判断错误。达人这一说法传到日本,沿用至今,又传回国内,现今吾人口中的"达人",是指依其丰富经验及长年的锻炼,进而心领神会该领域真髓的专家、高手、或大师。日本政府意识到要注重达人,主要是因为日本已经发现这种源于多元价值的创造力、自发性的研究力,以及持续的观察力的"达人精神",不但是日本社会最重要的文化财产,同时也是日本在二十世纪末经济泡沫化后,要在二十一世纪持续创新的主要力量[2]。如何观人、观(事)物?如何深入观察研究?从什么角度去观察、去分析?都是管理者应有的修养。

《吕氏春秋》有下面这样一段历史故事[3],提醒我们如何深入分析所观察到的表象,才是观察的核心能力之所在:

荆庄王欲出兵攻伐陈国,于是派遣沈尹树前往察观其国情之强弱。沈尹树视察后回报荆庄王曰:"陈国城郭修建的很高大,护城河很深;仓库粮

---

① 熊十力《明心篇》,台北:台湾学生书局 1976 年。

② 《反"达人"潮流》,来源:http://city.udn.com/v1/blog/article/trackback.jsp? uid=showit&aid=69403。

③ 出自《吕氏春秋》第二十五篇"似顺"及廖名春《马王堆帛书周易经传释文》"谬和"章(《续修四库全书》经部易类第一册)。

食很充裕，士人都很好学；妇人也都打扮得很漂亮，闲着没事干。"庄王曰："其城郭修得高大，护城河很深，代表陈国防备很坚固。他们仓库粮食很充裕，则他们人民的粮食必然充足。士人都很好学，必定能为国效力。妇人都打扮得很漂亮，其财富必然充裕。我们不可攻伐陈国。"沈尹树曰："陈国可以去攻伐。陈国是个小国，它的城郭高、沟洫深，必然是动用许多民力才修成的，一定让人民疲惫不堪。他们仓库蓄积多，是因为赋税聚敛很重的缘故，所以人民一定很怨恨在上的当政者。士人都很好学，都是想借机会升迁，必然勾结外援，唯恐天下不乱。妇人打扮得很漂亮，无所事事，他们丈夫的薪水一定不够他们花用。我们若兴兵攻伐之，陈国必定可以攻取下来。"庄王听了觉得有道理，遂出兵进攻陈国，轻易地将陈国取下了。

《吕氏春秋》以此事为例，评论曰："事多似倒而顺，多似顺而倒。有知顺之为倒、倒之为顺者，则可与言化矣。至长反短，至短反长，天之道也。"很多事看似违反常理，但事实上却是能顺通无阻。有些事看似很顺当，但事实上却有很多窒碍难行之处。能将事理的"正反倒顺"参照来看，看见"顺"当之理中的"倒"，及"倒"反之理中的"顺"，这种人才可和他谈论政事上的教化和变通

人、事、物皆然，若其长处到极点，反而成为其短处；若其短处到极点，反而成为其长处[1]，这是天下必然的道理。《中庸》子曰："舜其大知也与！舜好问而好察迩言，隐（遏）恶而扬善[2]，执其两端，用其中于民。其斯以为舜乎！""执两"即是正反倒顺之观，"用中"则是全面思考、权衡利弊的智慧。

张载曰："书须成诵。精思多在夜中，或静坐得之。不记则思不起。但

---

① 孙如陵先生论人曾说过类似的话，"我们知人先要知其所长所短，最后要知道其所长，即其所短，反之亦然。因为长处短处常是一体的两面，很难只留那长处不要短处。"笔者曾亲闻自其长公子孙春在教授，如今读《吕氏春秋》此文想起其言，而多有所悟。

② 大有卦《大象》曰："君子以遏恶扬善，顺天休命。"《中庸》中的"隐恶而扬善"应作"遏恶而扬善"。

贯通得大原后，书亦易记。所以观书者，释己之疑，明己之未达。每见每知新益，则学进矣。于不疑处有疑，方是进矣。"[①] 此乃观书之道。观事的境界，包括"事件思考、趋势思考、结构思考、心智思考"等层次（如图–1所示），试解释如下：

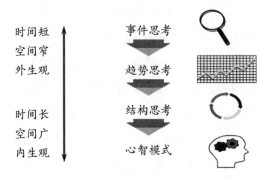

时间短
空间窄
外生观

时间长
空间广
内生观

事件思考

趋势思考

结构思考

心智模式

图–1　观察和思考问题的层次 [②]

1. 不观：凡事漠不关心，掉以轻心。

2. 外观：看到事物、事件表面，而不深究其理。只知救火，不会防灾。

3. 警观：看趋势和变化，处承平之时仍有"事出异常，必有诡诈"的警觉性，能"于不疑处起疑"，但又不是处处疑神疑鬼。

4. 深观：深入研究，了解所研究系统内部的结构，能从根本上解决问题。

5. 中观：看正面、看反面；顺着去想、反向思考；结合两端，而用其中道。将此默识于心中，形成吾人的心智模式，随时指导我们的言行，然而心智模式仍须不断地借助新的信息来修正更新。

据说有一家制鞋公司派了二名业务员分别到一个落后的非洲地区去考察，发现那里的人民都是赤足，不穿鞋子。回来之后，员工甲向老板报告说："那里的人都不穿鞋子，我们根本没法到那卖鞋子。"员工乙则立刻以回报说："快送鞋来！那里的人都是赤脚大仙，不知穿鞋的好处，这地方真是鞋子市场的处女地，有这种天赐的良机，我们得赶快进入这市场，趁竞争者还

① 朱熹、吕祖谦编选《近思录·致知》卷三。

② 屠益民、张良政《系统动力理论与应用》第 25 页，台北：智胜文化 2010 年。

没注意到之前，抢到先机。"同一现象，却有两种相反的解读，值得我们深思。我们再深入观察，可能发现当地所穿的鞋子式样所特别，可以引进国内。同时又发觉当地工人手巧、勤奋而且工资低，所以建议将制鞋厂外移至此，以降低生产成本。

以上两个故事，是告诉我们，在深入观察人、事、物之后的分析阶段，必须要从正反两面来思考所观察到的现象，才不至于人云亦云，做出错误的判断。杯中有水至半，杯是半满或是半空，实系于一心（如图-2所示）。有以半满为足的乐观者，有以半空为憾的悲观者。务实者则是根据其目的而决定应以何心态视之，故《老子》曰："为学日益、为道日损。"以为学而论：视其为半空者，因常存不足之心，故能日进；视其为半满者，未成而已觉自足，故不复进矣。以修道而论：视半杯为满者，能"知足不辱、知耻不怠"；视半杯为空者，"祸莫大于不知足，咎莫大于欲得"。《老子》曰："福兮祸所倚，祸兮福所倚。"此老子观福祸之道。中文的"机"字，有危机和转机二义，企业家和政治家在面对挑战时于此机字，不可不三思之。

图-2 杯水半满或半空 [1]

1990年初统一企业派了一批企管硕士学位的经理人去内地考察，经过精密的分析，认为暂时不能在大陆市场做速食面（泡面、方便面）的生意。此时一家名为顶新的小公司经过一番研究，却于1992年抢先建立第一条速

---

① 来源：http://en.wikipedia.org/wiki/Image：Glass-of-water.jpg。

食面生产线，打出"康师傅方便面"之品牌，因而一炮而红。

标杆管理（Benchmarking）是1990年代流行的程序改善方法之一，包括一套将自己产品和服务的流程，与竞争者和其他行业领导者相对比的过程。标杆管理就是观的精神。观有可分为观人、观事和观制度；又有观微知著之观，和由大观小之观。观可以是由下向上的观摩和学习（如"初六"到"六四"这四个爻），也可以是上对下的观化和教导（如"九五"和"上九"）。观者可从由内向外"观其生"的外观，更应有自我反省的修为，由外向内"观我生"的内观；进而内外参观达到"内圣外王一也"的境界。

2003年4月，台商吴灿坤的在内地的首家3C（即电脑、通信和家店产品）卖场在上海正式开幕，吴灿坤发下豪语："五年内将在大陆开店一千家，打造出一个'世界通路'。"灿坤以每月开设两家店的进度快速扩张，进入上海不到半年，就拥有十一家分店。大陆家电零售业面对灿坤的入侵，均严阵以待。在浦东发迹、将上海作为发展基地，当时拥有三十多家店面的永乐电器，则最为紧张[1]。永乐电器董事长陈晓在中国内地素有"铁算盘"的封号，凭着精打细算，朝九晚九每天工作十二小时的苦干精神，永乐在华东闯荡出一片天地。在永乐家电位于浦东康桥的公司总部，墙上到处挂着很有哲理性的标语："5%的人主动思考，5%的人认为在思考，5%的人被迫思考，其余85%的人讨厌思考。"[2]永乐的思考，不是思而不学的空想。

陈晓要求干部"立刻去学"吴灿坤卖场的风格与模式。永乐在灿坤创始店开幕之初，就暗地里派干部前往观摩学习。当时灿坤并未将永乐放在眼里，"甚至觉得对方员工貌不惊人，不构成威胁，想学就来学吧！"（记住：即使是胜利之时，仍要能敬重你的对手，才不会失败。）结果灿坤的商品低价销策略、商品包退概念、退货服务方式，都让永乐学去了。永乐的主管

---

① 此处永乐和灿坤的案例，主要是根据下列文献改编而成，其中引用原文甚多。陈邦钰、林亚伟《中国企业蚕食鲸吞，台商危机四伏》，今周刊447期2005年7月18日。

② 《永乐家电董事长陈晓：要做对手想不到的事》，2005年9月6日。来源：http：//www.hebgq.com/news/onews.asp？id=2694。

也学习到每逢星期假日，要到各分店亲自体验现场感受，并深入了解各类商品销售和进货的情况。

在学习灿坤的优点之外，陈晓还要求其部属"找出灿坤的缺点"，因为凡事有利必有弊。永乐干部走进灿坤在上海的门市，发觉其店内动线凌乱、走道拥挤、品牌区隔不清。永乐经由学习、改善其店面使其空间宽敞、楼层品牌区隔明确，所以吸引了很多人由灿坤转到永乐购物。

据市场统计，灿坤在上海的十六家门市店月销售额相加也仅在人民币一千万元左右，大致相当于永乐上海一家门市店的月销售额。经过两年的市场考验，上海灿坤卖场因经营不善，在 2005 年 7 月初决定把旗下三十一家的店面，以人民币一亿四千万元卖给了两年前前来参观模仿的永乐。"观上国之光"时，经常只见到表面的"船坚炮利"，而忽略了其制度和文化的内涵；最容易只看到其优点，而忽略了其缺点。永乐的陈晓，不但能师法他人之长，还能以他人之短为借镜，来改进自己的企业，可说是位有深入观察力的企业家。

《大学》曰："《诗》云：'……如切如磋，如琢如磨……'……如切如磋者，道学也；如琢如磨者，自修也。"人与人之间和企业之间都应透过互相参观访问，进一步取法他山可以攻错之石①，作为我们做人、做事和企业管理上精益求精的方法，这正是《易经》观卦对我们的教导。曹雪芹在《红楼梦》中说："世事洞明皆学问，人情练达即文章。"笔者则认为："处处留心皆学问，时时反省即修行。"处处留心是探深索微，乃外观的功夫；时时反省是反求诸己，乃内观的功夫。

笔者研究观卦认为我们观察人事物时，眼界要高、视野要广、察得仔细、看得长远、抓住重点、见其无形、设身处地，保持客观，并且有心得如下：

内行看门道，谛观上国光，

---

① 成语"他山之石，可以攻错"源于《诗经·小雅·鹤鸣》："它山之石，可以为错。"攻，磨治。错，磨刀或磨玉石，也有琢磨之意。比喻借助外力，改正自己的缺失。

观察欲深入，巨细皆要紧。

上国有优缺，效法得折中，

分析天下事，逆顺不失真。

观外以省内，改过方能成，

切磋且琢磨，精益更求精。

五、《易经》思维动动脑

1.孔子的观人之法为何？

2.以相法看人相貌有多少可信度？

3.佛教观心、道家观复、儒家明明德三者有何异同？

4.观事有哪几种境界？试用《吕氏春秋》"正反倒顺"和《中庸》"执两用中"的观察法来分析当今政治、社会、或企业中的某一项重要议题。

附录一:《马钧传》

《马钧传》出自《三国志》卷二十九《杜夔传》末裴松之注，裴松引用傅玄为马钧所作的传记。马钧，是汉魏时人，尝改良织布机，造作指南车，天下莫不服其工巧。然而执政者"用人不当其才"，只尚空言，而不知以实际的试验（pilot program）来检验政策或技术的功用和成效，然后再决定是否扩大推行。在崇尚虚无的晋朝，傅玄为工艺家马钧作传，其讲求实际、注重实效的眼光，是难能可贵的，在此附上《马钧传》的一部分。

【原文】傅子曰："圣人具体备物，取人不以一揆也。有以神取之者，有以言取之者，有以事取之者。有以神取之者，不言而诚心先达，德行颜渊之伦是也。以言取之者，以变辨是非，言语宰我、子贡是也。以事取之者，着政事冉有、季路，文学子游、子夏。且圣人之明尽物，如有所用，必有所试。然则试冉、季以政，试游、夏以学矣。游、夏犹然，况自此而降者乎？

何者？悬言物理，不可以言尽也；施之于事，言之难尽，而试之易知也。今若马氏所欲作者，国之精器、军之要用也。费十寻之木，劳二人之力，不经时而是非定。难试易验之事，而轻以言抑人异能，此犹以己智任天下之事，不易其道以御难尽之物，此所以多废也。马氏所作，因变而得，是则初所言者不皆是矣。其不皆是，因不用之，是不世之巧无由出也。夫同情者相妒，同事者相害，中人所不能免也。故君子不以人害人，必以考试为衡石（按：用石头做的砝码，用来秤重），废衡石而不用，此美玉所以见诬为石，荆和所以抱璞而哭之也。"

【译文】傅玄先生说："圣人一身之中，具有各种才能德行，他选取人才并不局限于一个方面。有的以品德方面选取，有的从口才方面选取，有的从能力方面选取。从品德方面选取的人，不看他的言论就能看出他的诚心诚意，例如德行类的颜渊等人就是。从口才方面选取的，能明辨是非、有机变，言语类的宰我、子贡等人就是。从能力方面选取的，如政治上有能力的冉有、季路，文学上有能力的子游、子夏。尽管圣人有理解一切的明智，但如要选用人才，就一定要先加以考验。因此，他就考验了冉有、季路的政治才能，考验了子游、子夏的文学才能。对这些人尚且如此，何况不如他们的人呢！为什么这样？空谈理论，有很多事情是无法讲清楚的，如果加以实践，讲不清楚的地方，一经考验就容易得到证明了。现在马钧先生所要制作的，是国家精密的器械，军事上重要的战具，只要花费十丈木材，用去两个人的劳力，不需多少时间，就可知道是错或是对。不加以验证就去责难那种很容易考验出结果的事情，而只是随便用言语去压抑别人的才能，这犹如用自己的老一套的方法去做天下的事，固定不变地看待层出不穷的新事物，事情当然就办不好了。马先生所制作的，都是创新的东西，因此他开头的所说所为，不会马上就正确。然而因为他有时也会有错误，就不去支援他、任用他，那么杰出的奇才就无从产生了。同样情势的人互相妒忌，同类工作的人互相诽谤，一般人都不能避免。所以君子不因为个人的私心去伤害别人的事业，一定要以实际的考验来做衡量的标准。丢开实际考验的标准不用，于是明明是块美玉，也会被诬陷说是石头，这就是为什么卞和要抱着璞玉而痛哭了①。"

附录二:《左传·襄公二十九年》"季札观乐"

吴公子札来聘,见叔孙穆子,说之,谓穆子曰,子其不得死乎,好善而不能择人,吾闻君子务在择人,吾子为鲁宗卿,而任其大政,不慎举,何以堪之,祸必及子。请观于周乐,使工为之歌周南召南,曰,美哉,始基之矣,犹未也,然勤而不怨矣,为之歌邶,鄘,卫,曰,美哉,渊乎,忧而不困者也,吾闻卫康叔武公之德如是,是其卫风乎,为之歌王,曰,美哉思而不惧,其周之东乎,为之歌郑,曰,美哉,其细已甚,民弗堪也,是其先亡乎,为之歌齐,曰,美哉,泱泱乎,大风也哉,表东海者,其大公乎,国未可量也,为之歌豳,曰,美哉,荡乎,乐而不淫,其周公之东乎,为之歌秦,曰,此之谓夏声,夫能夏,则大,大之至乎其周之旧也,为之歌魏,曰,美哉,沨沨乎,大而婉,险而易,行以德辅,此则明主也,为之歌唐,曰,思深哉,其有陶唐氏之遗民乎,不然,何忧之远也,非令德之后,谁能若是,为之歌陈,曰,国无主,其能久乎,自郐以下,无讥焉,为之歌小雅曰,美哉,思而不贰,怨而不言,其周德之衰乎,犹有先王之遗民焉,为之歌大雅,曰,广哉,熙熙乎,曲而有直体,其文王之德乎,为之歌颂,曰,至矣哉,直而不倨,曲而不屈,迩而不逼,远而不携,迁而不淫,复而不厌,哀而不愁,乐而不荒,用而不匮,广而不宣,施而不费,取而不贪,处而不底,行而不流,五声和,八风平,节有度,守有序,盛德之所同也,见舞象箾南籥者,曰,美哉,犹有憾,见舞大武者,曰,美哉,周之盛也,其若此乎,见舞韶濩者,曰,圣人之弘也,而犹有惭德,圣人之难也,见舞大夏者,曰,美哉,勤而不德,非禹其谁能修之,见舞韶箾者,曰,德至矣哉,大矣,如天之无不帱也,如地之无不载也,虽甚盛德,其蔑以加于此矣,观止矣,若有他乐,

---

① 卞和是春秋时楚人,于荆山得璞玉献于楚王(厉王、武王),两次都不被采信,左右足遭刖刑,后楚文王乃使玉人琢之,果得宝玉,遂命名为"和氏璧",事见《韩非子》。

吾不敢请已。

附录三:《冰鉴·神骨章第一》

语云:"脱谷为糠,其髓斯存。"神之谓也。"山骞不崩,惟石为镇。"骨之谓也。一身精神,具乎两目;一身神骨,具乎面部。他家兼论形骸,文人先观神骨。开门见山,此为第一。

相家论神,有清浊之辨。清浊易辨,邪正难辨。欲辨邪正,先观动静。静若含珠,动若水发;静若无人,动若赴敌:此为澄清到底。静若萤光,动若流水,尖巧喜淫;静若半睡,动若鹿骇,别才而深思:一为败器,一为隐流,均之托迹二清,不可不辨。

凡精神,抖擞处易见,断续处难见。断者出处断,续者闭处续。道家所谓"收拾入门"之说,不了处,看其脱略;做了处,看其针线。小心者,从其做不了处看之,疏节阔目,若不经意,所谓脱略也。大胆者,从其做了处看之,慎重周密,无有苟且,所谓针线也。二者实看向内处,稍移外便落情态矣,情态易见。

骨有九起:天庭骨隆起,枕骨强起,顶骨平起,佐串骨角角,太阳骨线起,眉骨伏犀起,鼻骨芽起,颧骨丰起,项骨平伏起。在头,以天庭骨、枕骨、太阳骨为主;在面,以眉骨、颧骨为主。五者备,柱石器也;一则不穷;二则不贱;三动履小胜;四贵矣。

骨有色,面以青为主,"少年公卿半青面"是也。紫次之,白斯下矣。骨有质,头以联者为贵。碎次之。总之,头无恶骨,面佳不如头佳。然大而缺天庭,终是贱品;圆而无串骨,半为孤僧;鼻骨犯眉,堂上不寿。颧骨与眼争,子嗣不立。此中贵贱,有毫厘千里之辨。

第十七章 贲卦：文质彬彬，组织文化

（Grace，Decorating）

卦名：贲［山火］——第二十二卦

一、经文

卦辞：贲：亨。小。利有所往。

《彖》曰：贲，亨。柔来而文刚，故亨；分刚上而文柔，故小。利有攸往，天文也；文明以止，人文也。观乎天文，以察时变；观乎人文，以化成天下。

《象》曰：山下有火，贲。君子以明庶政，无敢折狱。

《序卦传》：物不可以苟合而已，故受之以贲。贲者，饰也。

《杂卦传》：噬嗑，食也；贲，无色也。

爻题	爻辞	小象辞
初九	贲其趾，舍车而徒。	舍车而徒，义弗乘也。
六二	贲其须。	贲其须，与上兴也。
九三	贲如濡如，永贞吉。	永贞之吉，终莫之陵也。
六四	贲如皤如，白马翰如，匪寇婚媾。	六四，当位疑也。匪寇婚媾，终无尤也。
六五	贲于丘园，束帛戋戋，吝，终吉。	六五之吉，有喜也。
上九	白贲，无咎。	白贲无咎，上得志也。

爻题	卦体	卦象	卦德	人伦	
上九					
六五	艮	山	止	少男	外卦、上卦
六四					
九三					
六二	离	火	明	中女	内卦、下卦
初九					

二、前言

贲，音背。贲字的读音根据《韵会》应为彼义切，《正韵》则为必瓒切，从臂音。所以可以音避或音背，音避则与比卦同音，故应念为背以与比卦分别之为是。朱注贲为彼伪（音卫）反，亦以背为贲之读言。

贲，饰也。有装饰、文饰的意义。然而文饰之先要以朴质白色为基础，此贲卦"上九"之爻辞"白贲，无咎"之义，《周易述义》曰："质有其文，曰贲。"以文质相济之义释此卦。

《孔子家语·好生第十》有一段孔子卜到贲卦而与子张问答的话，其中孔子再三强调"质"的重要性，这是我们在研究贲卦时应注意的观念：

孔子常自筮其卦，得贲焉，愀然有不平之状。子张进曰："师闻卜者得贲卦，吉也，而夫子之色有不平，何也？"孔子对曰："以其离耶！在《周易》，山下有火谓之贲，艮上离下，离为火、艮为山，非正色之卦也。夫质也，黑白宜正焉，今得贲，非吾兆也。贲，饰。吾闻丹漆不文，白玉不雕，何也？质有余，不受饰故也。"[①]

孔子以筮草为自己卜了一卦而占得到贲卦，显出忧忧不乐的容貌。子张问孔子："我听说卜到贲卦是吉祥的，而夫子却反而不快乐，这是什么原

---

① 这段对话又见于刘向《说苑·反质》。

因？"孔子回答说："因为贲卦是艮上离下，离为火、艮为山，上下有火，非正色的卦。若素质很纯，用黑白两色很得宜而正中了。今天得贲，代表要装饰，这怎么会是代表我的征兆啊！贲，训为饰。我听说闻丹漆不需要文饰，白玉不必再加以雕琢，为何如此呢？这是因为素质已经够好了，就不必再接受装饰的原故啊！"

三、经文解释

【卦辞】贲：亨。小。利有所往。

【彖辞】贲，亨。柔来而文刚，故亨；分刚上而文柔，故小。利有攸往，天文也；文明以止，人文也。观乎天文，以察时变；观乎人文，以化成天下。

毓鋆师于贲卦之断句与诸家说《易》者不同，一般皆以"亨。小利有攸往"连"小利"二字为一词。毓鋆师则根据中国文化"元、一、小、大"的观念，断定"小"字应自成一格，故断句为"亨。小。利有所往。"古文原无句读（标点符号），后来学者依其所解之文义，才再加以断句，若于文义了解有误，则自然就会下错标点符号，所以说"不通文义，不知句读"

试观解释卦辞的彖辞即可证明，今将彖辞依毓鋆师对卦辞"亨。小。利有所往"之断句，将彖辞重新排比于下：

贲，亨。

柔来而文刚，故亨；

分刚上而文柔，故小。

利有攸往，天文也；

文明以止，人文也。

观乎天文，以察时变；

观乎人文，以化成天下。

吴国源也认为在《易经》经文中的"小"字当独自为句，如贲卦卦辞：

"贲，亨。小，利有攸往。"廖名春译为："文饰修美，可以亨通。以之为小，就会利于主动前往。"①《易》有"刚、柔；往、来；上、下"相易而成卦的说法，而其中最明显的就是"贲"之象辞②。凡《易经》之所谓刚柔相易的，皆根据八卦中的乾、坤两卦。乾卦施舍一阳爻于坤卦，将坤的一个阴爻变成阳爻，而生出了八卦中的三子卦，由下到上分别是：震为长男，坎为中男，艮为少男。这三卦都是一阳而二阴的卦。坤卦施舍一阴爻于乾卦，将乾卦中的一个阴爻变成阳爻，而生出了八卦中的三女卦，由下到上分别是：巽为长女，离为中女，兑为少女。这三卦都是一阴而二阳的卦。

《京房易传》曰："贲，泰取象，上六柔来文刚，九二刚上文柔，成贲之体，止于文明。贲者，饰也。"贲卦之象辞可由泰卦的卦变变化成贲卦的过程来解释。泰卦的上卦为坤、下卦为乾。《春秋元命苞》曰："王者，一质一文。据天地之道，天质而地文。"泰卦上乾下地，乾坤者天地也。互相交换一爻，即泰之九二（下卦乾之中爻）和上六（上卦坤之上爻）互换，而变成上艮下离的贲卦（见图-1）。"分刚上而文柔"分，施也、与也。文，音问，动词，有文饰与调和之义。指泰之九二（下卦乾之中爻）分乾之刚向上给了上卦的坤，以调和坤之柔，变坤为艮，使柔而知止，故不至于文饰过度。此乃用俭、用小之道，故曰"小"。

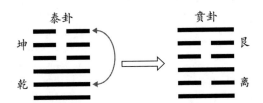

图-1 泰卦"九二"和"上六"刚柔相易，变动而成贲卦

用"柔来"则是说此三画卦本来是乾卦，而坤的一爻来化乾。《易经》"在内卦曰'来'，在外卦则曰'往'"。内卦原为乾，为刚之质，而有柔之文来

---

① 廖名春《周易经传十五讲》，北京大学出版社2012年。

② 苏轼《苏氏易传》，又称《东坡易传》，为苏轼继其父苏洵之遗志和遗稿，并且由其弟苏辙协助而写成的注《易》之书。

调济，则刚者才能亨通。有刚之质来调剂柔之文，使得柔者有力量往前进。刚柔相济不可骤至，要有《老子》"治大国若烹小鲜"的用"小"之道，要逐步实施，给予充分的"磨合"期，急不得也，如此才能"利有攸往"。攸，音优，所也。能以用小之道，使刚者不至过刚而折，柔者不至过柔而靡，故终能刚柔互济，以成亨通之道。"附录一"为《易经》六十四卦卦辞中包括有"小"字的卦，共有十卦。

"分刚上而文柔"是指下卦的离卦以中虚为阴的"六二"爻，将"初九"和"九三"两个刚爻分开于其上下，故曰"分刚"。此解取"分者，是合而分也"之义。其中"初九"爻之刚向上与"六四"爻正应，以阳刚之质，上去文饰"六四"阴柔之爻。然而"初九，贲其趾，舍车而徒"象征"初九"爻其位低下，然而能从小小的脚趾开始，不用不义的工具，不经不正的捷径，能安步当车，将基础打好，故终能积"小"为大。"初九"能与"六四"相应，有"白马翰如"之象，文质彬彬矣！

《周易述义》曰："小事，皆利有攸往也。君子无小大、无敢慢。故文刚、文柔，常相济以为功也。"[①]这是历代诸多注解中不以"小利"，而以"小事"释小，与经文的原意较为相近。老子曰："九层之台，起于累土；千里之行，始于足下。"大事都得从小事起头，所以小事也利于有所作为，宜勇往直前。君子无论事情的大小，都能敬慎其事，不敢怠慢。有时用刚来文饰柔，有时用柔来文饰刚，经常是刚柔相济而获得成功。毓鋆师曰："注重小事，才能成大业。"

"利有攸往，天文也。"是自然而然，不假修饰，顺天机而自成其文，质胜文也。贲卦上艮卦，为止；下离卦，为明。故曰："文明以止，人文也。"天工人其代之，发展人类文明以补天工之质的不足，此人力加诸天地者，然文明不可过分，过分则文胜质，至其极也，则必灭亡，如隋炀帝喜好着重外表的"形象工程"[②]，及罗马帝国盛极而亡之故事。有文明然而能知止，才

---

① 清汪由敦等撰《周易述义》。

② 陈鲁民《隋炀帝的"形象工程"》，中国青年报 2003 年 1 月 31 日，http://big5.xinhuanet.com/gate/big5/news.xinhuanet.com/zonghe/2003–01/31/content 714015.htm。

是人文的象征。

"观乎天文，以察时变"，观天地之文，才能察觉环境和时机的变化。"观乎人文，以化成天下。"观人的表面行为和风俗等人文，索其情焉，才能教化并成就天下之民。化者变之渐者、变之小者，聚小为大，积少成多。"文化"一词应是原自《易经》贲卦象辞中"观乎人文，以化成天下。"之语。文化是一个民族在生活中和生存竞争下，经长时间一点一滴所累积出来的生活和思维方式。毓鋆师曰："贲者，用小之道。〈系辞传〉说复卦'小而辨于物。'中国人处理大的就专用小。孔子'登东山而小鲁，登泰山而小天下。'故曰：'元、一；大，小'《老子》也说过：'治大若烹小鲜'小鲜没做好有多种原因，或是小鲜和配料选择不对，或是烹法不恰当、轻易翻动，或是火太大、欲速则不达。《论语》中子夏为莒父宰甫，向孔子问为政之道。子曰：'无欲速；无见小利。欲速则不达；见小利则大事不成。'"在此瞬息万变的时代，改革不得不快，但变革过猛，一则众人难以适应而难从，一则思考不周而易生弊端。

长尾理论（The Long Tail）的观念最初由 Chris Anderson 发表在 2004 年的《Wired》杂志中，他根据麻省理工学院教授 Erik Brynjolfsson 先前的研究结果，用长尾来描述诸如亚马逊网络书店和邮递 DVD 影碟出租店 Netflix 的商业和经济模式，以及其各项产品对盈收的贡献，如图 –2 所示。长尾这一术语在统计学通常应用在社会中个人财产的分布和语言学中词汇的使用频率分析[①]。意大利经济学家柏拉托（Vilfredo Pareto）在研究英国社会财富分配时发现 20% 的人控制着社会 80% 的财富。齐夫定律（Zipf's Law）是哈语言学家 George Zipf 根据实证研究一本书中单词出现的频率做分析，发现一个单词出现的频率与它在频率表里的排名成反比。所以频率最高的单词出现的频率大约是出现频率第二位元的单词的 2 倍，而出现频率第二位元的单词则是出现频率第四位元的单词的 2 倍。后人在现实世界各种分布里，也看到了类似"少多而众寡"的现象。

---

① 长尾理论，*The Long Tail*，Wikipedia，The Free Encyclopedia.Retrieved，June 17，2007，from http：//en.wikipedia.org/w/index.php？ title=The Long Tail&oldid=138379167。

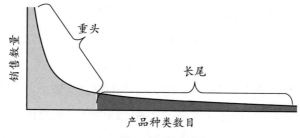

图 -2　长尾理论示意图

传统的"80-20 定律"（又称为 Pareto Principle）用之于零售业时，其义为 80% 的销售来自 20% 的产品，故一般而言只"重"此 20% 产品之"头"，而忽略了其余；因为其他 80% 产品之收入与其管理、销售、和库存的成本相比，是得不偿失，而且实体店面空间有限，故许多公司多舍弃占盈收有限的尾端产品而不顾。

在亚马逊网络书店，它一半左右的销售金额和数量来自比较热门的商品，而另一半却来自相对不那么热门的商品。长尾的重要性大大地提升了冷门产品的重要性，打破了重其短头，忽略其长尾的传统原则，因而在某种程度上否定了"80-20 定律"。这个"长尾"概念的在 Web 2.0 的时代，可以解释许多"大众"传播或大量生产转型为"小众"媒体营销及客制化的制造服务之现象。

传统的销售制度下，只能卖有限种类的货品，而网络上我们可以买卖货品的种类就没有传统店面的限制。例如网络书店亚马逊共有两三百万种的书在卖，而最大的实体书店如 Barnes & Noble 只能陈列十三万本左右的书。长尾理论即"积少成多，积沙成塔；涓涓细流，汇聚成河"及"积小利以成大利"之义。其关键在乎提供一个共用的平台，以降低提供数量众多的产品或服务时之边际单位成本。

富兰克林（Benjamin Franklin）有句名言曰："省一分钱即赚一分钱（A penny saved is a penny earned.）。"此乃从成本面谈经营之道，王永庆的台塑企业主管的信念是："多争取一块钱的生意，也许受外在环境的限制；但节省一块钱，可以靠自己的努力，节省一块钱不就等于净赚一块钱！"[1] 此皆用小之道

---

① 郭泰《王永庆给年轻人的 8 堂课》，台北：远流出版事业有限公司 2005 年。

也。《易经》贲卦象辞："亨。小。利有所往。"贲能亨通，是因为虽小，仍鼓励人去做而得利。不过"积小利以成大利"与"因小失大"不同，不可不善加分辨。

台湾的鸿海企业是1974年以30万台币的资金从做黑白电视机的旋钮起家，其早期策略是："要把自动化、效率化的生产管理发挥到极致，硬把成本控制到最低，才有钱可赚。"1981年转型做设计、开发、生产连接器。小小的连接器看上去不起眼、单价不高，但种类繁多，实力雄厚的大公司不会介入此类产品之制造。每一种连接器的需求量不大，但各种连接器的需求量加总起来就颇为可观，此亦长尾理论也。1982年改名"鸿海精密工业有限公司"，其资本额为1600万台币。鸿海集团下的富士康从连接器、到机壳、到准系统的组装，一直提升其技术能力，已成为为苹果电脑生产iPhone和iPad的主要工厂。2000年鸿海市值突破台币一千亿，之后鸿海集团积极购并扩张版图，2005年鸿海集团总市值已突破一兆台币。2010年鸿海的营业额就达612亿美元，员工逾60万人。

【大象】山下有火，贲。君子以明庶政，无敢折狱。

《尔雅》云："庶，众也。"庶政是各种政务，多指民政、内政，乃政之小者。《孙子》曰："兵者，国之大事。"军事和外交是政之大者。"折狱"是判断官司，指司法。毓鋆师云："负责行政的君子，不敢、也不可以去干涉司法。"杭辛斋曰："我国自三代以降，于古人设官分职之遗意，已泯棼而莫可纪极。以行政官而操生杀之柄，威福自恣，积非成是，恬焉安之，而莫以为妄。孔子赞《易》，更一再言之。贲之象曰：'山下有火，贲。君子以明庶政，无敢折狱。'明示以折狱之必有专职，行政者虽明，亦无敢越俎，非司法独立之精义乎！丰象曰：'君子以折狱致刑。'明示以用刑为折狱者之专责。凡非折狱者，皆不许有用刑之权，非司法独立之明证乎。"[1]现代政府治度之下，

---

[1] 杭辛斋《易学笔谈初集》卷二"司法独立"条。

唯有司法独立，才能防范贪污滥权之政客。离者明也，为内卦，代表明内政，与民为善，内政是点点滴滴而才能成功。王夫之曰："君子立法创制必详必析，小物细事，无所忽忘，无有疑是，使愚贱利用，经久可行。"

管仲曰："仓廪实而知礼节，衣食足而知荣辱。"① 此庶政（内政、民政）之要。人民知礼节荣辱，则不致犯刑而获致牢狱之灾。君子也就不必折狱判案了。子曰："听讼，吾犹人也；必也，使无讼乎。"② 若能无讼，则不必折狱了。艮是止，也就是止民为非。若是庶政不彰而民不聊生，则饥寒起盗心，以致百姓作奸犯科、触犯刑罚，君子自惭其庶政之不明以致于此，愧对百姓，故不敢折狱。

《大象》之义又可以"贲者，饰也"的观点来解释，政府的政策和庶政是要适当的宣传和文饰（解说），才能逐渐地为民众所接受。然而折狱则贵乎得其实情，"舞文者弄法"③，君子不能靠片面的文辞之饰来断狱。《论语·为政》子曰："道之以政，齐之以刑，民免而无耻；道之以德，齐之以礼，有耻且格。"齐之以刑，噬嗑卦也；齐之以礼，贲卦也。噬嗑卦和贲卦互为综卦，礼和法看似相反，而实相辅相成也。

王弼注："处贲之时，止物以文明，不可以威刑，故'君子以明庶政'而'无敢折狱'。"刘蕙荪亦曰："贲，文也。文明所以示天下者，山下有火，文明以止之象，君子观此，明析庶政，使明皆见，则民自纳于轨物，不待刑罚，所谓文明以正，无事于刑狱矣，故曰无敢折狱。噬嗑，齐之以刑；贲则导之以政也。"④

贲之大象历来注释者有多种解读，其中有相辅相成者，亦有完全相反者，解《易》之不易可见一斑。解经之原则，在于以经解经，不可只凭己意望文生义，制造"臆说"。以解《易》而言，须先根据全卦之卦义、爻义贯

---

① 《史记·管晏列传》。
② 《论语·颜渊第十二》。
③ 《周易折中》引何楷之注。
④ 刘蕙荪《周易曲成》（下册）第734页。刘氏为刘鹗（《老残游记》作者）之孙，传太谷学派之《易》学。本书是作者根据其父刘大绅《姑妄言之》的残稿所完成之作。

通其说，再以其他各卦之卦辞或爻辞与其参验。刘蕙荪曰："《易》之经、象、象、爻同辞者皆有相互关系。"[1] 再更进一步，则可与其他经书相互参照，以四书五经互为注脚，孔子之道一以贯之。《易》学为中国文化之源头，故研《易》时，还可以更进一步以诸子百家之言，尤其是道家、阴阳家、及兵家之说，与其互相发明。

【序卦】物不可以苟合而已，故受之以贲。贲者，饰也。

有不合则噬以嗑之。噬，咬也；嗑，合也。不以礼而迳行交合，是苟合。苟合者，过质而无文。故两物相合，必须有贲之文饰，以成其典礼也。有礼之敬，故其合可长、可久。"噬嗑以贪而致罪，贲以义而节致"[2]，文饰时不可贪多过分，应得宜，才能守得住礼之节文，而达到刚柔相济的境界。

【杂卦传】噬嗑，食也；贲，无色也。

噬嗑，是颐中有物，要咬合才能将其咬断，以便于进食。贲，是文饰之义，但是要有无（白）色的粉底，才能接受色彩，此乃先质素而后文绘的原则。《杂卦》曰："贲，无色也。"朱注："白受采。"取《论语·八佾篇》"绘事后素"之义：

子夏问曰："'巧笑倩兮，美目盼兮，素以为绚兮。'何谓也？"
子曰："绘事后素。"曰："礼后乎？"
子曰："起予者商也，始可与言《诗》已矣！"

"绘事后素"是指绘画是要在朴质素色（白色）的粉底打好打后，才能

---

① 刘蕙荪《周易曲成·易同辞录》（下册）第 627 页。
② 五代麻衣道者，《正易心法》。

开始以色彩图饰之，即"白受采"义。不过另有学者认"绘事后素"是国画中讲究的"留白"，其目的是给观画者留下足够的想象空间。子夏曰："礼后乎？"后于什么？子夏、孔子并未明言。应是指人要先有内在的诚敬之质，然后再以礼节饰之。孔子对子夏的推论大为赞赏，认为可与子夏谈论诗道了。孟子曰："恭敬之心，人皆有之……恭敬之心，礼也。"[①]孟子不愧是亚圣，他认为礼的本质是人与生俱来人与人之间相互尊重的恭敬之心。贲卦的核心思想是：外表的饰礼应以内心朴素之质和恭敬之心为基础。

【爻辞】初九，贲其趾，舍车而徒。

【小象】舍车而徒，义弗乘也。

"初九"以阳爻居阳位，当位。邻近二爻为相比的关系，其上爻乘下爻，其下爻承上爻。一般而言相比二爻若阳乘阴、阴承阳，则为顺、为吉；反之则为逆，为凶。"六二"爻乘"初九"而与之相比。初九居下没有可乘的车，实力未成，不宜讲究文饰不实的排场，不应坐上有位者才能坐的车子。"舍车而徒"尚实际，不尚浮华；故能安步当车[②]，一步一步地"从大处着眼，从小处着手"建立起自己的基础和实力。"贲趾"者，不坐车，徒步而行，此乃以质为文，以素为饰，因小为大。《老子》曰："千里之行，始于足下。"千里的远路，是脚踏实地一步一步开始，而走出来的。有大志的人，于"贲趾"的功夫，可不慎乎！

《后汉书·郭陈列传》引陈忠之言曰："轻者重之端，小者大之源，故堤溃蚁孔，气泄针芒。是以明者慎微，智者识几。"轻微的事情是重要事物的开端，小川是大海的源流。堤防会因蚂蚁穴而崩溃，气球会因为一个针芒

---

① 《孟子·告子上》孟子曰："乃若其情，则可以为善矣，乃所谓善也。若夫为不善，非才之罪也。恻隐之心，人皆有之；羞恶之心，人皆有之；恭敬之心，人皆有之；是非之心，人皆有之。恻隐之心，仁也；羞恶之心，义也；恭敬之心，礼也；是非之心，智也。仁义礼智，非由外铄我也，我固有之也，弗思耳矣。故曰：'求则得之，舍则失之。'"

② 《战国策·齐策四》"晚食以当肉，安步以当车，无罪以当贵，清静贞正以自虞。"

大小的洞而把气都泄了。所以聪明的人对微小的事很谨慎，有智慧的人的警机的辨识到重大变化初期几微的先机。故曰："尽小者大，积微者著。"① 意谓把小事情尽力去做好，即是成就大事业的基础；在细微方面能敬慎以对待，则日积月累之后，其功效自然会显现出来。

【爻辞】六二，贲其须。
【小象】贲其须，与上兴也。

《释名》："颐下曰须。须，秀也。物成乃秀，人成而须上。""须"字亦可写作须是生在下巴的胡子，泛指胡须。王弼注："须之为物，上附者也。"孔颖达疏曰："须上附于面。""九三"至"上九"这四个爻如颐卦，有颐之象。"六二"为须，如须之文饰颐也。"九二"柔来文刚，要向上附比"九三"之刚而与之兴也。文饰之时要以朴实的本质为其基础，才能兴盛而成事。

【爻辞】九三，贲如濡如，永贞吉。
【小象】永贞之吉，终莫之陵也。

"九三"居"六二"、"六四"两阴之间，二柔与其相比，有"贲如"的文饰之象。"六二"至"六四"互卦为坎，为水、为陷，故有"濡如"之象。"濡"音如，有沾湿、润泽、陷溺多重的意义。"柔能润刚，亦能溺刚"②，文饰恰到好处，则有润泽之貌；装饰过盛则将失"九三"刚的本质，而陷溺于柔中。"九三"以阳爻居阳位，当位。能"永贞"，长守其阳刚之贞正，则文饰终不可凌驾于刚，文质彬彬，方为吉祥之象。胡炳文曰："能永其贞，则

---

① 汉王符著、清汪继培笺、彭铎校正《潜夫论笺校正》，出自《潜夫论·慎微》彭铎的按语。
② 汪由敦《周义述义》。

二阴于我为润泽之濡，不为陷溺之濡矣，故吉也。"①

　　李光地在《周易折中》的按语中对屯卦"六二""屯如邅如"、贲卦"九三""贲如濡如"和"六四""贲如皤如"等重用"如"字的句子，认为是"两端不定之辞"。廖名春训重用"如"字句子的第一个"如"为"而"，表顺承关系。例如"贲如"即"贲而濡如"，是说："文明礼让而能润泽影响他人，永远保持不变，就会吉利。"②《经传释词》亦列举了经传中多处可以"而"训"如"的例子③。

　　【爻辞】六四，贲如皤如，白马翰如，匪寇婚媾。
　　【小象】六四，当位疑也。匪寇婚媾，终无尤也。

　　贲，文饰也。皤，白素之貌。翰，飞也④。匪，非也，"匪寇"非盗寇也。六四居阴爻居阴位为当位，与"九三"相比，"九三"之刚进而文"六四"之柔，有寇之象。"六四"与"初九"正应，不是贼寇，而"初九"像是穿得一身素白，骑着昂着头的白马之勇士来求婚，刚来应柔，最终是没有怨尤的。

　　【爻辞】六五，贲于丘园，束帛戋戋，吝，终吉。
　　【小象】六五之吉，有喜也。

　　五疋为束。帛，是丝织品。戋，音间，"戋戋"，微少、浅小之义。上卦艮为山，"六五"有山中丘园之象。只以五疋的帛来装饰丘园是很俭省的，会被人视为吝啬，然而"六五"能上承"上九"高蹈尚质之贤人，故终究是吉的。《论语·八佾》林放问礼之本。子曰："大哉问！礼，与其奢也，宁

――――――――

① 见汪由敦《周义述义》。
② 廖名春《周易经传十五讲》。
③ 王引之《经传释词》第七。
④ 翰，亦可训作白色马也。与"白马翰如"连用时，其义重复，故不取此义。

俭；丧，与其易也，宁戚。"《论语·阳货》子曰："礼云礼云，玉帛云乎哉？"礼的本质在乎内心的恭敬，而不是表面的奢华与文饰。

《朱子语类》对此爻有如下的解释："'贲于丘园，束帛戋戋'，是个务农尚俭。"戋戋"是狭小不足之意。以字义考之，从'水'则为'浅'，从'贝'则为'贱'，从'金'则为钱。如所谓'束帛戋戋'，六五居尊位，却如此敦本尚俭，便似吝啬。如卫文公、汉文帝虽是吝，却终吉，此在贲卦有反本之义。到上九便'白贲'，和束帛之类都没了。"马王堆帛书《易经》中贲皆写作蘩，有繁殖之意。廖名春依此解释"贲于丘园"开垦耕作山丘的田园，为其披上绿装①。"束帛"或是指绑上五彩布帛用来标示可采收的区域或用来赶鸟，"戋戋"是指开发之初能采收之果实者还少，故曰"吝"。然日积月累，终能建设完善而有吉。

【爻辞】上九，白贲，无咎。

【小象】白贲无咎，上得志也。

"上九"居贲卦之极，物极必反，以白为质，反文之彩为质之白，故有白贲之义。"上九"能以质而止过于文饰之弊，居山林之地而得其志也。"白非贲，而以为贲者，质胜之时，以文为贲；文胜之时，以不文为贲……圣功恶文之着，而至于不显；王道救文之敝，而归于尚忠（按：质也）。"②白贲者，返朴归真。《孔子家语·好生》记载："孔子尝自筮，其卦得贲焉，愀然有不平之状。子张进曰：'师闻卜者得贲卦，吉也；而夫子之色有不平，何也？'孔子对曰：'以其离邪。在《周易》，山下有火谓之贲，非正色之卦也。夫质也，黑白宜正焉，今得贲，非吾兆也。吾闻丹漆不文，白玉不雕，何也？质有余，不受饰故也。'"孔子重质于此可见。

---

① 廖名春《周易经传十五讲》。
② 汪由敦等奉敕撰书《周易述义》。

四、总论

《史记·孟子荀卿列传》云："驺衍睹有国者益淫侈，不能尚德，若《大雅》整之于身，施及黎庶矣。乃深观阴阳消息而作怪迂之变，《终始》、《大圣》之篇十余万言。其语闳大不经，必先验小物，推而大之，至于无垠。"阴阳家善观变化之微而运用之，惜乎其术不传于今。贲卦刚柔相文，亦阴阳变化之几微也，故亦"必先验小物，推而大之"，复卦小而辨，辨而验之，不敢轻易其事也。贲卦善用小而得推而大之，成饰之盛也。过分文饰之盛，则必剥，此物极必反之理。故贲之六爻，始于贲趾之小，而成之于"白贲"之终。"贲趾"者，千里之行始于足下也。"白贲"者，文饰盛之际能知节、不过分，而能归之于质。

龚焕认为贲卦虽有文饰之义，然观其六爻爻辞，并不重视文华，而是强调务其本实："贲之为言饰也，谓饰以文华也。然以六爻考之，初之'舍车而徒'，五之'丘园'，上之'白贲'，皆质实而不事文华者也。四之'皤如'贲于初，二之'贲须'附于三，惟三之'贲如濡如'，乃贲饰之盛，而即有'永贞'之戒者，惧其溺于文也。如是则古人之所贲者，未始事文华也。亦务其本实而已。本实既立，文华不外焉。徒事文华不务本实，非古人所谓贲。"①

贲卦之深义在明文质之互济，此乃社会习俗人文的重要课题，也是了解贲卦的关键。《白虎通·论文质》以质文与天地相应而有下面这一段论述：

王者，必一质一文何？以承天地，顺阴阳。阳之道极则阴道受，阴之道极则阳道受，明二阴二阳不能相继也。质法天、文法地而已，故天为质，地受而化之，养而成之，故为文。《尚书大传》曰："王者一质一文，据天地之道。"《礼三正记》曰："质法天，文法地也。"帝王始起，先质后文者，顺天下之道、本末之义、先后之序也。事莫不先有质性，乃后有文章也。

---

① 见《周易折中》贲卦总论。

《白虎通·论圣王设三教之义》对夏、商、周三朝的文化精神教育的重心："忠、敬、文"加以分析而指出未流之弊为"野、鬼、薄。""忠→野→敬→鬼→文→薄→忠"六者相为循环，此文化风气变迁的一种物极必反之现象：

王者设三教何？承衰救弊，欲民反 [1] 正道也。三王之有失，故立三教，以相指受。夏人之王教以忠，其失野，救野之失莫如敬。殷人之王教以敬，其失鬼，救鬼之失莫如文。周人之王教以文，其失薄，救薄之失莫如忠。继周尚黑，制与夏同。三者如顺连环，周而复始，穷则反本。

《春秋元命苞》[2] 谈到文质相济、盛衰相继、循环不已的现象："王者一质一文，据天地之道也。天质而地文。"又曰："正朔三而改，文质再而复。"这与《易经》物极必反，剥极必复，和"刚柔相推而生变化"之理是一致的。研究文化变迁者，于此不可不再三留意。《论语·雍也》子曰："质胜文则野，文胜质则史，文质彬彬，然后君子。"孔子此语道尽贲卦之要旨。此亦易道阴阳合德、刚柔互济之理。

（《左传·昭公二十年》）郑，子产有疾，谓子大叔。曰："我死，子必为政。唯有德者，能以宽服民，其次莫如猛。夫火烈，民望而畏之，故鲜死焉；水懦弱，民狎而玩之，则多死焉；故宽难。"疾数月而卒。大叔为政，不忍猛而宽。郑国多盗，取人于萑苻之泽。大叔悔之，曰："吾早从夫子，不及此。"兴徒兵以攻萑苻之盗，尽杀之，盗少止。仲尼曰："善哉！政宽则民慢，慢则纠之以猛；猛则民残，残则施之以宽；宽以济猛，猛以济宽，政是以和。"《诗》曰：'民亦劳止，汔可小康，惠此中国，以绥四方'，施之以宽也。'毋从诡随，以谨无良，式遏寇虐，惨不畏明'，纠之以猛也。'柔远能迩，以定我王'，平之以和也。又曰：'不竞不絿，不刚不柔；布政优优，百禄是遒'，

---

[1] 反，返也。

[2] 见《昭明文选·晋纪论晋武帝革命》注，卷第四十九。

和之至也！"及子产卒，仲尼闻之，出涕曰："古之遗爱也。"

冯梦龙引用上述《左传》这段子产论政宽猛的故事，而又加上了如下的评论，可为贲卦文质之道用于政事的参考："商君刑及弃灰，过于猛者也。梁武见死刑辄涕泣而纵之，过于宽者也。《论语》赦小过，《春秋》讥肆大眚，合之，得政之和矣。"[①] 商鞅治秦以严刑著称，刑及弃灰是指乱倒灰烬要受刑，这是立法太严了。梁武帝看到死刑犯，就经常流泪而大发慈悲心把他们放了，这是执法过于宽松。《论语》说小过错只要给予警戒，并且可予以缓刑；《春秋》则讥讽、反对给重罪之人予以特赦。若能将这二者参合之，就可以掌握住为政的中庸之道了。

说到罚款，新加坡可能是首屈一指的，不仅罚款名目很多，而且很重。比如随地吐痰者，要罚到1000新加坡币。1000新加坡币约合550美元；等于新加坡一般人的平均月薪。新加坡轻刑重罚，故人民不犯轻刑，更何况重刑，故新加坡以治安良好著称。

美国纽约市在1990年中期整顿其治安时，根据一个"破窗理论"。此理论是假设一个窗户遭到破坏而无人修理，则破坏者会误以为此栋建筑物已无人管理，可以任意破坏，并进一步作出比打破窗户更严重的罪行，正是"小时偷针，长大偷金"。一个社区，若是对小违规或轻微犯罪不加处理，就是一种默许，因而转变成重大犯罪的开端。因此改善防治犯罪，最根本的方法要从小的违规及轻微的犯罪着手，让它没有机会转变成重大罪行，治安不好的社区，先将被打破的窗户修复[②]。轻罪重罚，表面上是严，而实质上是宽。贲卦强调文质彬彬，宽猛互济之道，而其入手处则在乎慎小、慎微。

企业在发展之初，大都能重视根本和实质的效益。成功做大之后有些企业就逐渐沾染了浮华之风，只重表面而不顾实质（style over substance），花费大部分的精力于表面工作以讨好上面的长官，以至于阻碍了进步。贲

---

① 冯梦龙《智囊全集·见大卷一》，来源：http://big5.mofcom.gov.cn/gate/big5/shuku.mofcom.gov.cn/book/htmfile/91/s76.htm。

② 陈连祯《弃灰断手补破窗》，日新第三期2004年8月，143–145页。http://www.ulc.moj.gov.tw/public/Attachment/75241544443.pdf。

卦名为装饰，而时时以过分装饰为戒，即是要我在先重视实质的成效，然后才用适当的包装来呈现其实力和效果。

《中庸》曰：《诗》曰：'衣锦尚絅，恶其文之著也。'故君子之道，暗然而日章，小人之道，的然而日亡。君子之道，淡而不厌，简而文，温而理，知远之近，知风之自，知微之显，可与入德矣。"《诗经·卫风·硕人篇》曰："穿着有彩色的锦衣时，外面要套上一件素色的罩衫。"因为不喜欢文采过分表露出来。君子的道，文采不外露，但会渐渐显现出来。小人之道乍看是文采显明，但不耐久看。君子与人交往是平淡而不过分亲密，故不使人生厌，简单而自有文采，温柔而条理分明（所谓"君子之交淡如水，小人之交甜如蜜"）。君子有智慧知道远大的目标是要从近处入手，知道风气局势转变之枢机，知道如何从微小处着手而显成大业，因而能提升道德的境界。《中庸》此章，是将贲卦运用在个人修为上的最佳注解。最后谨以精简的语句，解释贲卦各爻辞的弦外之意：

爻题	爻辞	弦外之意
初九	贲其趾，舍车而徒。	脚踏实地，从根做起。
六二	贲其须。	少年老成，仪表整齐。
九三	贲如濡如，永贞吉。	修饰有得，守正不迷。
六四	贲如皤如，白马翰如，匪寇婚媾。	内修外饰，实力是尚。
六五	贲于丘园，束帛戋戋，吝，终吉。	巧思点妆，自然天成。
上九	白贲，无咎。	返朴归真，不失初心。

五、《易经》思维动动脑

1. 一个企业是表面文宣重要？还是本质实力重要？文质两者之间何者为重？应如何平衡？

2. 分析贲卦的"用小"之道。

3. "积少成多，积沙成塔"和长尾理论有何关系？

4. 为政、管理上应如何运用子产宽猛相济的方式？

5. 试说明商鞅刑及弃灰的做法之道理。

6."绘事后素"在企业经营上的意义为何?

附录一: 卦辞中包括有"小"字的卦

卦序	卦名	卦辞	象辞
11	泰	小往大来,吉亨。	泰,小往大来,吉亨。则是天地交,而万物通也;上下交,而其志同也。内阳而外阴,内健而外顺,内君子而外小人,君子道长,小人道消也。
12	否	否之匪人,不利君子贞,大往小来。	否之匪人,不利君子贞。大往小来,则是天地不交,而万物不通也;上下不交,而天下无邦也。内阴而外阳,内柔而外刚,内小人而外君子。小人道长,君子道消也。
22	贲	亨。小。利有所往。	贲,亨。柔来而文刚,故亨。分刚上而文柔,故小。利有攸往,天文也;文明以止,人文也。观乎天文,以察时变;观乎人文,以化成天下。
33	遁	亨,小利贞。	遁亨,遁而亨也。刚当位而应,与时行也。小利贞,浸而长也。遁之时义大矣哉!
38	睽	小事吉。	睽,火动而上,泽动而下;二女同居,其志不同行。说而丽乎明,柔进而上行,得中而应乎刚;是以小事吉。天地睽,而其事同也;男女睽,而其志通也;万物睽,而其事类也。睽之时用大矣哉!
56	旅	小亨,旅贞吉。	旅,小亨,柔得中乎外,而顺乎刚,止而丽乎明,是以小亨,旅贞吉也。旅之时义大矣哉!
57	巽	小亨,利攸往,利见大人。	重巽以申命,刚巽乎中正而志行。柔皆顺乎刚,是以小亨,利有攸往,利见大人。
62	小过	亨,利贞,可小事,不可大事。飞鸟遗之音,不宜上宜下,大吉。	小过,小者过而亨也。过以利贞,与时行也。柔得中,是以小事吉也。刚失位而不中,是以不可大事也。有飞鸟之象焉,有飞鸟遗之音,不宜上宜下,大吉;上逆而下顺也。
63	既济	亨,小利贞,初吉终乱。	既济,亨,小者亨也。利贞,刚柔正而位当也。初吉,柔得中也。终止则乱,其道穷也。
64	未济	亨,小狐汔济,濡其尾,无攸利。	未济,亨;柔得中也。小狐汔济,未出中也。濡其尾,无攸利;不续终也。虽不当位,刚柔应也。

第十八章 剥卦：消息盈虚，景气循环

（Peeling，Deteriorating，and Recession）

䷖卦名：剥［山地］——第二十三卦

一、经文

卦辞：剥：不利有攸往。

《彖》曰：剥，剥也，柔变刚也。不利有攸往，小人长也。顺而止之，观象也。君子尚消息盈虚，天行也。

《象》曰：山附地上，剥；上以厚下、安宅。

《序卦传》：致饰然后亨则尽矣，故受之以剥；剥者，剥也。

《杂卦传》：剥，烂也；复，反也。

爻题	爻辞	小象辞
初六	剥床以足，蔑贞凶。	剥床以足，以灭下也。
六二	剥床以辨，蔑贞凶。	剥床以辨，未有与也。
六三	剥之，无咎。	剥之，无咎，失上下也。
六四	剥床以肤，凶。	剥床以肤，切近灾也。
六五	贯鱼，以宫人宠，无不利。	以宫人宠，终无尤也。
上九	硕果不食，君子得舆，小人剥庐。	君子得舆，民所载也。小人剥庐，终不可用也。

二、前言

剥卦是五阴一阳之卦，在下之五阴势盛，欲剥除在上之一阳。剥卦是十二消息卦中农历的九月（参见泰卦章"附录一"），由寒露到立冬的一卦。从气节而言，象征万物凋零剥落的深秋。从卦体和人事而言，是小人势力庞大，君子的力量已消减殆尽之时。以经济环境而言，剥则是景气循环（business cycle）中的衰退期。景气循环指的是经济景气状况呈周期性的变动。景气循环的过程可以分为：扩张（expansion）、危机（crisis）、衰退（recession）、振兴（recovery）四个阶段。学者对景气循环周期的长短没有定论，有经济学家认为从固定成本的投资而言，为 8 到 11 年为一周期；从存货的多寡而言，则是 3 到 5 年为一周期。根据司马迁在《史记·货殖列传》的记载（见"附录一"），范蠡的老师计然，博学无所不通，尤精于计算，应是世界上最早提出景气循环理论的人，他还教人如何利用景气循环，小者可从事买卖以获利，大者可经纶天下而富国强兵。

剥卦中最重要的观念是"消息盈虚"，这是《易经》的核心思想之一。明儒来知德认为消是由盈转虚的开始，而息则是由虚转盈的开始。什么是"盈虚"？而什么又是"消息"？如图 –1 所示，盈虚代表系统中变数的状态，盈是盈满，虚是虚空。消息代表系统变数的速度和改变的正反两个方向，消是消减，息是增加。若以存货管理为例子，某一产品的"库存量"是其库存之状态，是存货管理系统中的一项重要系统变数。库存量之高低，盈虚是也。出货和进货乃消与息是也。因销售出货而减少库存量，消也。因进货（外购或内制）而增多库存，息也。消息者，虚盈之因；虚盈者，消息之果。虚盈之间，利弊相参。库存量过高，虽能无缺货之虞，然而存货成本却因此增加；库存量过低，则一旦顾客需求突然增加而供货不及，则丧失商机。如何掌握顾客之需求，控制从供应商的进货，及企业自身的生产过程，是做好库存管理的关键。由此一端可见企业各部门、各企业程序之间如"环环相扣，循环无端"，不可求一隅之全，而失去了整体之善。

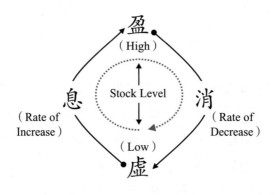

图-1　消息盈虚

　　管理者面对的是一个复杂的系统及变动不居的环境，故高阶主管于外应了解环境的各种驱动力，如科技之发展、市场顾客需求之变化，竞争者之动向等等。于内则应掌控系统中关键之变数及各变数（包括内在与外在的变数）间互为因果的关系。由宏观之视野去看问题，多方收集资料，则在做决策时能众端参观，而不至于见树不见林。在规划执行上，如何拿捏系统各个变数之最佳的水准，是管理者之职责所在。

　　以库存管理为例，我们可用进货率（代表存货水准上升的速度，即 rate of increase）和出货率（代表存货水准下降的速度，即 rate of decrease）来决定其库存量之变化。由于进出货率是由进出货量除以时间而得之，故认识"时"的作用是了解一个动态系统的关键。我们在做决策经营采取行动时，必须知道任何行动的作用，都会有迟滞效果，不太可能立竿见影。是故在操作、改变某些变数时，不可因为没有"立竿见影"而中途放弃，或是因为不能耐心等待其成效，一时施力太重而冲过了头。

　　试举淋浴时放水为例，因热水出来太慢，而将热水龙头一下开得很大，不久又因水过烫，而立刻将其关小，于是过一会又嫌水不够热，如此翻来覆去，忽而太热，忽然太冷，调来调去要很久以后才可能调得冷热适中。若知迟滞效应，耐心观察等待预期变化之发生，不矫枉过正，则可以避免往来于二极化的"大过"现象。是故善于调节事物之管理者，能而在不疾不徐的速度下，改善企业，达成其目标，此乃经营之最高艺术。

在个人修身调心上，我们也得学会不要绷得太紧或放得太松。《四十二章经·第三十四章》记载：沙门夜诵迦叶佛遗教经，其声悲紧，思悔欲退。佛问之曰："汝昔在家，曾为何业？"对曰："爱弹琴。"佛言："弦缓如何？"对曰："不鸣矣！""弦急如何？"对曰："声绝矣！"佛言："急缓得中如何？"对曰："诸音普矣！"佛言："沙门学道亦然，心若调适，道可得矣。于道若暴，暴即身疲；其身若疲，意即生恼；意若生恼，行即退矣；其行既退，罪必加矣。但清净安乐，道不失矣。"修身养性不可太紧张，也不可太松懈。一个企业的管理制度和方法也要调整至松紧适中，才能达到最佳的效果。

欲调整一个复杂系统之行为时，先要了解系统内外各项因素的因果关系，管理的艺术便是在此错综复杂、互为因果的情境之下，"处玑璇以观大运"，能观察系统变化的大运势，调控其关键之枢纽，以改变企业之经营方向与绩效。

三、经文解释

【卦辞】剥：不利有攸往。

【彖辞】剥，剥也。柔变刚也。不利有攸往，小人长也。顺而止之，观象也。君子尚消息盈虚，天行也。

剥卦一阳在上，为在其下五个阴爻的盛大势力所逼，有"阴盛长而阳消落"之义。剥卦是消息卦中的九月卦，有已处深秋而万物零落之象。卦辞曰："剥，不利有攸往。"是说在剥落之时不利于轻举妄动。

剥卦彖辞更进一步解释说："剥就是剥落。"在下五个阴柔的爻以其向上成长的趋势，把一个孤独在上阳刚的"上九"给克除掉，所以说最好不要轻举妄动，这是因为小人当道，而且还不断地扩充其势力。若好好的观察时局下的各种现象，顺着情势而导引之，则或许可以止住这个不好的趋势。君子学《易》要特别注重在一个动态系统下，各个关键因素的状态和变化，天道、经济、乃至人事成败的变化就是消息盈虚而已。

《杂卦》（参见"附录二"）中除了最后八个卦之外，仍是保持《序卦》中六十四卦两两相综或相错的原则。除了仍以乾坤为首外，打破原有序卦之顺序，另以精简之文字，标明每两个一组的卦相对应之理。乾卦纯阳，最后夬卦五阳欲除去在上之一阴爻而复归于乾，终而复始，与《序卦传》始乾坤而终未济之理相互辉映。《杂卦》以"夬，决也；刚决柔也。君子道长，小人道消也"为其结语，此乃易道用之于人事之至理，其义深远。剥卦与夬卦相错，是"小人以柔，剥落君子之刚"的情境，乃"小人道长，君子道消"之卦。此时不利君子有所往，应当以俭德避难，卦辞乃为君子谋也。

小人势力太大时，君子贸然与其对抗，恐怕并非最佳的策略，暂时保存实力，让小人把事情弄到不可收拾了，才出来拯救，可能更容易成功。汉初孝惠帝驾崩后，吕后欲立自己的亲戚为王，问大臣王陵，王陵说："不可。"问陈平，陈平顺着吕后之意图而回答说："可。"吕后很气王陵，把他降职为太傅，不予重用。王陵称病不上任也不入朝，七年之后就去世了。吕后升陈平为右丞相，又以其宠幸的辟阳侯审食其为左丞相，大权就落在审食其手上。陈平整天饮酒作乐，放手不管政事，以避免吕后的怀疑，等到吕后过世时，陈平与太尉周勃合谋，很快地就把吕家的势力除去，立了孝文皇帝，刘氏的天下得以保存，都是靠着陈平的计谋。陈平可算是在剥之时，善用"顺而止"的策略之人。王弼认为在小人当道之时，"强亢激拂，触忤以陨身，身既倾焉，功又不就，非君子之所尚也"，即有此义。

毓鋆师曰："当剥落之际，阳为阴所逼，将消尽矣！何能存此一阳，为来复之息，吾人之责也。和而不流，顺而止之；俭德避难，潜龙勿用。此皆君子处剥之行也。"

【大象】山附地上，剥。上以厚下、安宅。

剥卦的大象是山附着于地上，这是因为山陵的地基为水或风所侵蚀，以至山丘倒塌下来了，附着于地上。领导者有感于此，而知掌握住企业经营成功的根本因素，巩固、厚植基础之实力，则企业才能在安定稳固的基础上求成长。企业必先确立最终的企业目标为何，而以此订立客观之评估绩效，再进而找出达成目标之方法与控制、影响这些绩效之变数。如此寻根究底地去分析，才能找到最根本的因素，因而拟定"厚下安宅"之方，和长治久安之策。不然只是头痛医头，脚痛医脚，不能"正本清源"。

来知德认为"剥"有二种意义：一是"以下剥上，取义乃小人剥君子，成剥之义"，代表在下小人的势力渐渐增加，而逐渐将君子剥除。二是"以上厚下，人君厚生民，则治剥之道"，代表在经济不景气时，政府应好好照顾生活困难的民众，因为"民惟邦本，本固邦宁"，基层的稳定很重要。企业在经营大环境困难之时仍能善待部属，不轻易裁员，此因应不景气之道。

从政经上来说，当国内生产总值连续两个季度持续减少，经济出现负增长，即是经济衰退，即剥也。经济衰退时可视"厚下、安宅"为二件事。经济萧条之际，失业率一般会增加，政府在政策上要照顾社会上失业无依的民众，此"厚下"之道。但只是济贫，并非挽救经济衰退之道。政府更应扩大投资于基础建设上，如运输、教育、医疗、科研等，为未来长远经济之发展打下坚实的基础，此"安宅"之功。宅谓居处之地，在此作基础建设解释。

【序卦传】致饰然后亨则尽矣，故受之以剥；剥者，剥也。

《易经》中很重视因果关系之分析。试以贲、剥、复三卦为例，《序卦传》解释其顺序曰："致饰然后亨，则尽矣，故受之以剥。剥者，剥也。物不可以终尽，剥穷上反下，故受之以复。"贲是文饰的意思，过分注重表面，打肿脸充胖子，最后一定会耗尽资源，落得山穷水尽，故贲卦之后，接着是剥卦。

剥是剥落的意思。事物不可能一直处在穷尽终极的状况，上面穷尽走不通了，可返回于下，另起炉灶，所以剥卦之后，接着是复卦，有"穷则变"之义。〈序卦〉中所言之因果，看似牵强，然而有大义存焉。

【杂卦传】剥，烂也；复，反也。

剥卦之时，下面五个阴爻的根基已经烂了起来，仅剩下硕果仅存的一阳在上。复卦则是由一阳返回至初，由根本上复兴，反转剥的局势。

【爻辞】初六，剥床以足，蔑贞，凶。
【小象】剥床以足，以灭下也。

"蔑"，音灭，训为灭也，也可以作污蔑、抹黑解释。贞，正也。"蔑贞"，消灭正道，刚损而柔长，正义消失，是凶的征兆。剥卦一阳在上五阴在下，在形象上有屋宅和床的样子。从床脚开始剥落，象征正道已由下开始遭到侵蚀，这是凶险的。故爻辞告诫君子在看到这些征兆时就应有所警惕，要从开始就有所预防。床大多是木头做的，床的剥落可能是因为白蚁蛀蚀造成的。

"蔑贞"是指用不实的言辞去抹黑、破坏正人君子的名誉，《论语·颜渊》：子张问明。子曰："浸润之谮，肤受之愬，不行焉，可谓明也已矣。浸润之谮，肤受之愬，不行焉，可谓远也已矣。""浸润之谮"是指小人的谗言像水那样一点一滴地渗进来的，让人不易觉察，最后蒙蔽了在上位之人的判断，而不听信君子之言，小人的势力因此渐长，君子的影响力日衰。做主管的人要知道在大多数的情况下，"来说是非者，便是是非人"，此乃辨别君子、小人之方。在企业内小人之所以得势，一则是靠甜言蜜语，一则是借由短视的手段谋利，公司和个人因为获一时之利，而受重视。然而小人不走正道，经常为谋暴利，而不顾风险，以企业的资本为个人之赌注，终将毁掉一个公司。2008 年金融海啸，由次级贷款所引发，即"聪明"而唯利是图的小人，上下联手求近利而造成的。

《文言》解释坤卦"初六"爻辞："履霜，坚冰至。"提出道德上的因果定律，《文言》曰："积善之家，必有余庆；积不善之家，必有余殃。"更以"臣弑其君，子弑其父，非一朝一夕之故，其所由来者渐矣，由辩之不早辩也。"强调很多重大的错误，不是一夜之间发生的，是很多看似微不足道的因素，不断累积而逐渐形成的。除非很有警觉性，能"辨之于早，观微识渐，推渐知显"。当你踩到薄薄的霜时，你得很有警觉性的推想这薄霜背后含义，若天气变冷，则霜很可能会结成冰，所以不可以不小心。"剥床以足"的剥的力量是从你的基本上侵蚀，让人逐渐偏离正道，故容易为人忽略，不可不察。小象辞"以灭下"的警句是提醒人要辨微、重本和慎始，或许能止剥于其未兆之初。

【爻辞】六二，剥床以辨，蔑贞，凶。
【小象】剥床以辨，未有与也。

辨是床脚与床板之间的床柱，床柱的木头也已经剥蚀了，代表阴柔渐长而削蚀正道，这种行为是大家所厌恶而嫌弃。因为"六二"与"六五"皆为阴爻，不相应与，正道已逐渐灭亡，这是凶险的。

【爻辞】六三，剥之，无咎。
【小象】剥之无咎，失上下也。

"剥之"的"之"是语助词，指在剥的情境下。剥卦"六三"爻处在下面五个阴爻之中，能超脱在其"上下"群阴的不良影响，而与上卦的"上九"相应，所以即使在剥之际，也能够不犯过错。来知德认为"六三"爻："是小人中之君子，去其党而从正，虽得罪于私党，而见取于公论，其义无咎矣。占者如此，故无咎。剥以近阳为善，应阳者次之。近阳者，六五是也，故无不利。应阳者，此爻（六三）是也，故无咎。"

【爻辞】六四，剥床以肤，凶。
【小象】剥床以肤，切近灾也。

床面已经剥落了，已经危害到睡在床上人的肌肤，灾害太接近了，这是极其凶险的。对主动接近、亲近自己的人要特别提高警觉。小人成事不足，败事有余。

【爻辞】六五，贯鱼，以宫人宠，无不利。
【小象】以宫人宠，终无尤也。

将五阴向鱼一样的贯穿起来，向宫女一样的顺从刚健的君主而得其宠信，所以无不利。"六五"以阴居五阴之上，能率领约制下之四阴，使其有秩序的顺从"上九"之一阳，最后不会有悔尤，所以能无所不利。"六五"处君位，如果"六五"之君能对下面的四阴如"宫人"似地去宠爱，但是不让他们擅权为非，不伤害位于"上九"的正人君子。"六五"有御女子、小人之术，"以宫人宠"而使其就范、顺从，而又能亲比于君子，故最终不会有怨尤。

【爻辞】上九，硕果不食，君子得舆，小人剥庐。
【小象】君子得舆，民所载也。小人剥庐，终不可用也。

"上九"象征保留一个硕大的果实，以取其中的种子，为来年播种之所需，此乃"剥极必复"之本。《易经》为君子谋，故常有勉励或警惕君子之言；但也时有告诫小人之语，为小人开改过迁善之门。"上九"爻辞"硕果不食，君子得舆"，阳爻为乾，乾为木果。硕，大也。硕果仅存，代表"上九"这仅有的阳爻未被剥食，有一阳之存，故有复卦之生。阳爻，象征君子；坤为大舆（车）。众阴在下承载一阳，是君子得舆之象。代表君子受人民、员工爱戴，则能像驾御车辆一样地治理国家。

"上九"小象辞："小人剥庐，终不可用也。"是指小人不断地作怪，不但床已剥落了，无处可睡，还更进一步把遮风雨的茅庐也拆掉了，于是无处存身。这就好像把所储存剩余的唯一果子中的种子吃掉了，使得来年无法播种。小人处终极之时，把保护自己这个团体的君子都除去了，则小人自己最后也因整个团体的败灭而无法生存，这正应了"覆巢之下无完卵"的警语。"小人剥庐，终不可用也"，是用来警告为了贪近利而伤害君子的小人。

四、结论

剥卦代表阴柔势力壮大，欲将在上的一阳除之而后快。然而发展到剥的情境，是逐渐侵蚀而成。这就好像一个木床的腐坏，先由床足剥落、接着剥辨、最后剥至床面上人的肌肤，都是一步一步逐渐造成的。若能注重消息盈虚的变化，则可以早做预防。"上九"若能以静止如山之定力与在下相应之"六三"爻合作，并且通过群阴的首领（"六五"爻）去统御下之五阴，则可以控制住剥落之情势。在衰败的情势下，要保留元气、善护持仅存之硕果，故在情势好转时能以此仅存之硕果的种子，作为剥极而复之时东山再起的根苗，此乃对治剥的方法和剥极之后复兴的契机所在。

剥落的情况有如面临夕阳工业或是过气的产品的企业，若是盲目地再投入，则可能是个无底洞，会得不偿失，不如认赔，或许得以保留实力，以谋东山再起。不过壮士断腕退出某一产业或停止生产某些产品，难免有弃之可惜之叹，此时经营者应思考是否可以：（1）开拓新的市场，（2）改良原有的产品，（3）用既有的生产技术投入新产品的制造。若能如此，则或许可以挽回剥落之势。

美国的首富之一巴菲特（Warren Buffet），善于投资理财，他曾说过："当别人都贪心抢购时，我们得戒慎恐惧；当别人都害怕不敢贸然出手时，我们得贪心。（We simply attempt to be fearful when others are greedy and to be greedy only when others are fearful.）"其实中国的范蠡的老师计然，早在两千多年前就说过同样的投资原则，而且说得更明白，他说货物（可引申为当今的期货、股票、或产地产等投资项目）"贵上极则反贱，贱下极则反贵。贵出如粪土，贱取如珠玉"。这是说贵到极点了就会下跌，跌到谷底了就会反弹，贵的时候，手上的货物要像不值钱的粪土一样抛售，而便宜时，则得抓住机会逢低接手。不过平心而论，投资者要抓准市场的高峰和谷底是很难的事。总之大赚之时，不可过于贪心；而该出手时，不能胆小。投资一个项目或公司时，应从基本面去分析，并从整个产业、政治、经济的大环境来考量，不去做短线的投机生意，则虽不中，亦不远矣。

月之盈亏，乃天体运行之物理。消息盈虚，乃经济景气循环之常理。吉凶生吝悔，乃人于成败之际的心理。损上益下则泰，损下益上终否，则为治世之道理。剥极必复、复极必剥，乃因君子、小人之消长而致之。此等皆《易》理之纲要，如图 −2 所示，以为剥卦之总结。

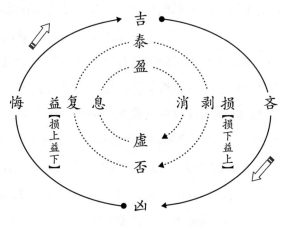

图 −2　吉凶悔吝、否泰损益

五、《易经》思维动动脑

1. 找出三个你所负责的业务中的关键变数，思考其相关的"消、息、盈、虚"是什么，并加以定义。

2. 以目前企业经营上最让你头痛的问题为例，找出造成此问题的因素，及造成这些因素的深层因素（可利用鱼骨图来表示）。评估这些因素对此问题影响之深浅，进而找出最根本的因素何在。你应采取何种"厚下安宅"的策略和方法，去从根救起？

3. 讨论如何辨别君子与小人，以及如何区别贤与能。

附录一:《史记·货殖列传》中有关景气循环和投资的论述

计然曰:"知斗则修备,时用则知物,二者形则万货之情可得而观已。故岁在金,穰;水,毁;木,饥;火,旱。旱则资舟,水则资车,物之理也(按:旱灾造船,水灾建车,是看准了气候的周期之变化来投资受其影响之商品)。六岁穰,六岁旱,十二岁一大饥。夫粜,二十病农,九十病末。末病则财不出,农病则草不辟矣(按:米价二十太低,则对农人不利,农人就弃耕而任田地荒芜;米价九十则太高,则对民众不利,买了米就没钱买其他东西了。此即谷贱伤农,米贵伤民之义)。上不过八十,下不减三十,则农末俱利(按:要在鼓励农业和控制米价之间,找到平衡点,使米价往上不超过八十,往下不低于三十),平粜齐物,关市不乏,治国之道也。积着之理,务完物,无息币。以物相贸易,腐败而食之货勿留,无敢居贵。论其有余不足(按:了解供需上或多或少的关系),则知贵贱。贵上极则反贱,贱下极则反贵。贵出如粪土,贱取如珠玉(按:即舍得贵卖,勇于贱买)。财币欲其行如流水(按:投资的项目要有高周转率和高流动性)。"修之十年,国富,厚赂战士,士赴矢石,如渴得饮,遂报强吴,观兵中国,称号"五霸"。

《索隐》注:"夫物极贵必贱,极贱必贵。贵出如粪土者,既极贵后,恐其必贱,故乘时出之如粪土。贱取如珠玉者,既极贱后,恐其必贵,故乘时取之如珠玉。此所以为货殖也。"二十世纪美国的投资大师巴菲特曾说过同样的道理:"We simply attempt to be fearful when others are greedy and to be greedy only when others are fearful."这就是贵卖贱买的投资原则,不过价格何时到顶峰、何时到谷底很难准确地掌握。

附录二:《杂卦传》

乾刚、坤柔。比乐,师忧。临、观之义,或与或求。屯见而不失其居,蒙杂而著。震,起也;艮,止也。损、益,盛衰之始也。大畜,时也;无妄,灾也。萃聚，而升不来也。谦轻，而豫怠也。噬嗑，食也；贲，无色也。兑见，而巽伏也。随，无故也；蛊，则饬也。剥，烂也；复，反也。晋，昼也；明夷，诛也。井通，而困相遇也。咸，速也；恒，久也。涣，离也；节，止也。解，缓也；蹇，难也。睽，外也；家人，内也。否、泰，反其类也。大壮则止，遁则退也。大有，众也；同人，亲也。革，去故也；鼎，取新也。小过，过也；中孚，信也。丰，多故也；亲寡，旅也。离上，而坎下也。小畜，寡也；履，不处也。需，不进也；讼，不亲也。大过，颠也；姤，遇也，柔遇刚也。渐，女归待男行也；颐养，正也；既济，定也。归妹，女之终也，未济，男之穷也。夬，决也，刚决柔也，君子道长，小人道忧也。

第十九章　复卦：复性归仁，见天地心

（Remorse，Return to the Heart of the Universe）

☷☳卦名：复［地雷］——第二十四卦

一、经文

卦辞：复：亨。出入无疾，朋来无咎。反复其道，七日来复，利有攸往。

《彖》曰：复，亨；刚反，动而以顺行，是以出入无疾，朋来无咎。反复道，七日来复，天行也。利有攸往，刚长也。复，其见天地之心乎？

《象》曰：雷在地中，复。先王以至日闭关，商旅不行，后不省方。

《序卦传》：物不可以终尽，剥穷上反下，故受之以复。

《杂卦传》：剥，烂也；复，反也。

爻题	爻辞	小象辞
初九	不复远，无祗悔，元吉。	不远之复，以修身也。
六二	休复，吉。	休复之吉，以下仁也。
六三	频复，厉无咎。	频复之厉，义无咎也。
六四	中行独复。	中行独复，以从道也。
六五	敦复，无悔。	敦复无悔，中以自考也。
上六	迷复，凶，有灾眚。用行师，终有大败，以其国君，凶；至于十年，不克征。	迷复之凶，反君道也。

爻题	卦体	卦象	卦德	人伦
上六 六五 六四	坤	地	顺	母	外卦、上卦
六三 六二 初九	震	雷	动	长男	内卦、下卦

二、前言

复，是反（返）复于道。"复，其见天地之心乎？"见到了天地之心，即是致良知，而复于道。复于道，是回到德的根本，是去法天法地"自强不息、厚德载物"，故能己达而达人。复卦在下之一阳，为在外之五阴所覆盖，乃"人心惟微，道心惟危"之象。《系辞传》曰："复，小而辨于物。"《康熙字典》引《徐曰》从字形上解读"小"字："亅，始见也。八，分别也。始可分别也。"复的功能即是教人在与物相接之际，能时时辨别微小纤细的人心，悟其本性，不为物欲所惑，故能不远离道心，而快速地返复于道。《春秋繁露·立元神》曰："为人君者，谨本、详始、敬小、慎微。"注意根本、详于初始的计划、对小事也恭敬如一、慎重处理细微之事，这是管理者将复道用之于领导统御的入手处。

复是用来修省自己，自性自悟，复于本心，复卦之教也。邵雍《击壤集·冬至吟》点出修行到复卦境界时的玄妙之处：

> 冬至子之半，天心无改移。一阳初动处，万物未生时。
> 玄酒味方淡，大音声正希。此言如不信，更请问包羲。

一阳初动于下，万物方生未生之时，正需"上下安静，以养微阳"。在上位者不扰在其下之民，使在下者能务其本业，此一国之养也。在下之一阳爻，正如民间自有的生机，政府要是能顺势助其自然的成长，民间的力量自然能蓬勃发展起来，此市场经济学之要义。

复为一阳五阴之卦，一阳在下，象征天地之心。复卦之形成与十二消息卦有关（见泰卦章的"附录一"）。剥卦（☶）是一阳在上为五阴所逼，此为九月之卦，有硕果仅存之象。至十月卦则阳尽阴盛而成坤卦（☷），此时阳气已穷于上而欲返归于下，如硕果之落于地下。十一月卦为复卦，一阳在下，有如果核裂开，其果仁生长于泥土之中，果仁有成长成树木所需之基因，具体而微，但此时要安静以养，不为"初九"之外的五阴（象征外欲的五蕴）所惑，方能使在下之阳气渐渐增长壮大，故能由十一月卦的复卦转变为十二月卦的临卦。

《系辞传》："复，小而辨于物。"复之"初九"变爻，则复卦变成为坤卦，坤卦"初六"爻辞曰："履霜，坚冰至。"坤卦《文言》曰："积善之家，必有余庆；积不善之家，必有余殃。臣弑其君，子弑其父，非一朝一夕之故，其所由来者渐矣，由辩之不早辩也。《易》曰：'履霜，坚冰至。'盖言顺也。"辩、辨同义。能于几微之处分辨明察事物之将来，防患于未然也。坤之"初六"从负面而言，要能防微杜渐不善之恶，故不至成为大患。

复之"初九"为代表"天地之心"的明德，应善养之，日久功深，可由大壮（☳）而至泰卦（☷）。《文言》所谓"早辩"即《系辞传》"复，小而辨于物"的功夫。熊十力曰："余以为观物而深察至小，非格物之术达于精者莫能为（按：格物之术在此或是指物理学而言。）《大易》复卦，创明小辨于物之术。"[1]

1972 年美国气象学家爱德华·罗伦兹（Edward Lorenz）提出论文其标题为 "Predictability: Does the Flap of a Butterfly's Wings in Brazil Set off a Tornado in Texas"[2]，其大意是说巴西雨林中的一只蝴蝶煽动其翅膀，一段时间后，可能会引起在美国德州的一场龙卷风（如图 -1 所示），此乃混沌理论（Chaos Theory）中的一种可能的现象。这是说一个复杂的非线性动态系统初始条件的细微差异，可以造成截然不同的结果。组织、社会、国家乃

---

[1] 熊十力《体用论》第 268–269 页，台北：台湾学生书局 1976 年。

[2] 参见 http : //en.wikipedia.org/wiki/Chaos theory

至于天下，其人文或自然环境等诸多现象，皆可视为是复杂的非线性动态系统。君子谨初始、慎微小，因为"差若毫厘，谬以千里"①，先哲因此而提出了慎微的论述，早就有"飓风起于青萍之末②"的说法。

图−1　混沌理论蝴蝶振翅而形成龙卷风示意图

从佛教的因果定律而言，则有"因地不真，果招迂曲"③之论。"因"大多微小而不易辨明，"果"则显著而人知畏惧，是故有"菩萨畏因，众生畏果"之说，此说以恶果言。以积极的善果而论，则是"菩萨种因，众生羡果"，种善因故"善有善报"，众人不明因果，故只知"临渊羡鱼，不知退而结网"。故曰："众生羡果。"许多人只知羡慕他人之成就，而不知努力不懈才是成功的要件。

为何要小而辨于物？《孙子兵法·军形篇》曰："古之所谓善战者，胜于易胜者也。故善战之胜也，无智名，无勇功。"因为"明者见于未然，智者谋于未萌。"④故能"不战而屈人之兵"，因为没有真正打一场生死之战，所以就没有人称赞他有智谋和勇敢。"一战功成万骨枯"者，必非善战者也。

---

① 爱德华·罗伦兹（Edward Lorenz）因小小的运算错误，造成其气候预测模式大大不同的结果，因而创建了混沌理论。《礼记·经解》："《易》曰：'君子慎始，差若毫厘，谬以千里。'"同一理也。

② 战国时宋玉《风赋》曰："夫风生于地，起于青萍之末，浸淫溪谷，盛怒于土囊之口。"

③ 出自《大佛顶首楞严经》。

④ 见《增订武经注解》第48页，台北：夏学社。

不论是善或是恶，"积"小可以成大，故坤卦《文言》曰："积善之家，必有余庆；积不善之家，必有余殃。"

以用世而言，孙子可谓得用小之奥旨者。孙子曰："若决积水于千仞之溪者，形也。"积水非一日之功，要早做准备，此"经权"之经也。"激水至于漂石者，势也"，是速度快而产生的作用。孙子曰："如转圆石于千仞之山者，势也。"圆石易得，立圆石于千仞之山则须要先用力将圆石搬运到山上，此准备的功夫。圆石转于高山之上，则立于山下的敌人，不得不畏惧之。何时将旋转的圆石往下推，则在乎见机而发。当圆石由千仞之山上滚下去之时，则可以无坚不摧，此善乘势者，亦是"经权"之权也。立圆石而于高山上者是善造势的人，何时决积水，滚圆石而下，则是识机而能决断的人。"势如张弩，节如发机。"张弩如积水，是蓄势；发机则是决积水，即识机而用之。机会稍纵即逝，故曰："其节短"，不可不察也。

三、经文解释

【卦辞】复：亨。出入无疾，朋来无咎。反复其道，七日来复。利有攸往。

【彖辞】复，亨，刚反，动而以顺行，是以出入无疾，朋来无咎。反复其道，七日来复，天行也。利有攸往，刚长也。复，其见天地之心乎？

复，是亨通的。复卦下卦为震，代表动。上卦为坤，代表顺，有动而以顺行之义。顺什么呢？顺着"复于初之本性"而动，即《中庸》"率性之谓道"，则或出或入，可以往来无疾病，朋友来相聚也可以无咎。"出"是指"初九"阳气将向上、向外成长，"入"是指一阳反于坤卦之初而成复卦。来知德曰："疾者，遽迫也。""无疾"，是指从容不迫。不论出入皆能循序而行，故可预见阳之成长，将由复卦至临卦，而至泰卦也。程颐曰："一阳复于下，乃天地自然之心也。先儒皆以静为见天地之心，盖不知动之端，乃天地之心也，非知道者孰能识之？"

"朋"是指"六二"至"上六"这五个阴爻，五爻来复于"初九"之阳气，归于仁，故无咎过。毓鋆师常言："有人评《孙子》是一句一义，《易经》则是一字一义。熊子贞先生①曰：'余研古学，用心深细，不敢苟且。'②用心深细，就能得到真理，做学问得下功夫和细心才行。"朋"字意深，三人为朋，二人为友。来知德曰："三阳三阴牵连，皆得称朋也。"就象而言，复卦二至上这五爻皆为阴爻，故为朋。兑卦《大象》曰："君子以朋友讲习"。志同道合、性行相近或同一师门的皆为朋。《论语·学而篇》子曰："学而时习之，不亦说乎？有朋自远方来，不亦乐乎？人不知而不愠，不亦君子乎？"与兑卦之义相通。

《周礼·地官·司徒》曰："联朋友。"③朋又有群之意。林希元曰："天下事非一人所能独办，君子有为于天下，必与其类同心共济，故复（卦）重朋来，而泰（卦）重汇征。"④复卦的"初九"爻为卦主，五阴相结为朋友，归复于象征仁和天地之心的"初九"，故曰"朋来无咎"。

乾卦"九二"爻辞："九二，见龙在田，利见大人。"《象》曰："见龙在田，德施普也。"《文言》曰："见龙在田，利见大人，君德也。"毓鋆师云："君之德，即群之德。"爻辞："用九，见群龙无首，吉。"《小象》曰："用九，天德不可为首也。"团队成员要能要能无私无我，不强出头，某时某地谁最适合，谁就出来领导，如此才能互相成就其事业，此乃群德的最高境界。《诗经》之教："兴、观、群、怨。"亦重群德。兴者，互相激励；观者，互相学习观摩；群者，群德，即是有团队合作之精神；怨则是确实反应民情，不歌功颂德，做永远的反对党，以供当政者施政之参考。

"反复其道，七日来复"，是天道运行之理。中国旧称"星期日"为"来复日"即取七日来复之义。君子虽应终日乾乾，但也不可长久地绷得太紧、过分紧张。《礼记·学记》曰："故君子之于学也，藏焉，修焉，息焉，游焉。"英文有谚语曰："只知工作，不知游玩的人，是愚钝之人（All work and no play makes Jack a dull boy）。"故知要有"藏息"之时，方能养生机，因而

---

① 子贞乃熊十力先生的字。

② 熊十力《体用论：熊十力论著集之二》，北京：中华书局 1994 年。

③ 《周礼·地官·司徒》载："以本俗六，安万民：一曰媺宫室，二曰族坟墓，三曰联兄弟，四曰联师儒，五曰联朋友，六曰同衣服。"

④ 见《周易折中》注。按：泰卦"初九"爻辞曰："拔茅茹以其汇，征吉。"

生生不息，行之久远。

《春秋繁露·俞序第十七》曰："春秋之道，大得之则以王，小得之则以霸。故曾子、子石盛美齐侯，安诸侯，尊天子。霸王之道，皆本于仁。仁，天心，故次之以天心。爱人之大者，莫大于思患而豫防之……皆防患、为民除患之意也……故始言大恶，杀君亡国，终言赦小过，是亦始于粗粗，终于精微，教化流行，德泽大洽，天下之人，人有士君子之行，而少过矣。"复乃天地之心，仁为天心。仁者爱人，爱人而能思患而豫防之，故能使"人人有士君子之行"而寡过。《易经》复卦，不远复、不二过，乃内圣之功。《春秋》思患豫防、为民除患，乃外王之道。二者皆原于天心，而本于仁也。内圣通外王之关键在恢复人性，去除天下之患。

毓鋆师以乾坤二卦男女相视，而起变化，乾卦象辞曰："六位时成，时乘六龙以御天，乾道变化，各正性命。"乾六爻有六个变化，第七个变化和动作，穷于上而返于下，就是男追女之互动，如图-2所示，乾之"初九"进入坤卦之下，替代坤之"初六"，而成复卦。

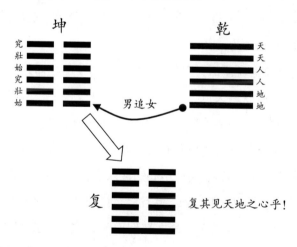

图-2 乾卦七变与坤卦互动而成复卦

【大象】雷在地中，复。先王以至日闭关，商旅不行，后不省方。

复卦上卦为坤为地，下卦为震为雷，有雷在地中之象。复是十一月的卦，

"至日"是冬至日，冬至为二十四节气之一。冬至这天，阳光几乎直射南回归线，是北半球一年中白昼最短的一天。《月令七十二候集解》中说："冬至十一月中，终藏之气，至此而极也。"冬至日一过则一阳已生于下，万物渐长，是阳生息阴消退之始，先王早有规定要封闭关口、津渡，并且禁止商旅做买卖，这是想要保持安静，不惊动初阳。君主也不到四方巡视。"不省方"，也可以解释为不外求，能自省也。微阳之气，要在安静的状态下才能存养，妄动则阳气泄矣！

任何人做事，不论大小，要注意到一阳之几微，特别重视在失败之中转机的来临，要静静地培养此转机，不要惊扰了其他竞争者。在剥极的败象之中不绝望，能忍耐、受苦，而注重观察复机之微，而善培之，则可凭借一阳复始的生生之机，而旋乾转坤。

《系辞传》曰："其性存存，道义之门。"即复性的方法。"成性存存"的"存"字义深，《尔雅·释诂》称："在、存、省、士，察也。"第一个"存"字可作省察解，第二个"存"字可作存在解。"成性存存"成天命之性，要随时省察自性之存在。《尔雅·释训》云："存存、萌萌，在也。""存存"有念兹在兹、常存于心之义。

《孟子·尽心篇》孟子曰："尽其心者，知其性也。知其性，则知天矣。存其心，养其性，所以事天也。夭寿不贰，修身以俟之，所以立命也。"又曰："夫君子，所过者化，所存者神，上下与天地同流。""君子所以异于人者，以其存心也。君子以仁存心，以礼存心。仁者爱人，有礼者敬人。爱人者，人恒爱之；敬人者，人恒敬之。"以尽心知性入手，进而存心养性，即"成性存存"之方，此乃通往道义的门户，并且以"仁爱礼敬"来修身立命的方法。

刘蕙荪引周太谷所言"知天命之在躬而时存之，知太和之气之在性而时养之"释复卦之道[①]。刘大绅认为如能彻底了解这两句话，可终生受用[②]。乾卦象辞曰："乾道变化，各正性命，保合太和。"毓鋆师曰："保合即环保，

---

① 刘蕙荪编著《周易曲成》（上下册）。

② 刘大绅《太谷学派遗书》序。

太和即守住与生俱来之性命。"太和之气即性命之本。

【序卦传】物不可以终尽，剥穷上反下，故受之以复。

事务不可以终止不进或走到尽头，剥卦一阳在上，其势已穷尽，应返于下而深植复原的根基，所以在卦序中剥卦之后，接着是复卦。

《系辞传》曰："穷则变，变则通"，即所谓"山重水复疑无路，柳暗花明又一村。"剥卦以一阳穷尽于上，而必反之于下，而形成复卦。"剥极必复、否极泰来、贞下启元"，都是《易经》中循环渐进的道理。剥极必复，复极亦必至剥，然此种循环，非机械式、重复式的循环，而是每周流一圈，受一次苦难，便得到一种更深层的体会，此乃道家修行"九转成丹"的功夫。

【杂卦传】剥，烂也；复，反也。

剥，"上九"一阳之硕果不食，则将腐烂于上。烂掉水果剩下的种子复反（返）于下，而成为复卦"初九"之一阳，有一元复始之象，成就天地生生之机。

【爻辞】初九，不远复，无祗悔，元吉。
【小象】不远之复，以修身也。

只，或作祗，训为大，音纸。韩康伯注："只，大也。既能速复，是无大悔。"程颐认为祗，音底，训为抵，作动词，是抵达的意思。"无祗悔"就是不至于悔也。做错事了，趁还没铸成大祸之前，早早返回象征正道的天地之心，就不至于到了悔恨的地步，所以是大吉。修身是指修其心、正其身，有过则改，乃修身之入手处。道在吾人明德之本性中，于此性中自可见天地之心。

复卦"初六"爻辞曰"不远复"，随时自省，问自己的天地良心，只要人能不自为道（扭曲了人性、违反了人情，即是人自为道），不远离人性，自然能"问心无愧"，此《易》道之复也。《中庸》子曰："道不远人，人之为道而远人，不可以为道。"此之谓也。《象》曰："复，其见天地之心乎？"能复于道，乃教化修道之功，因教化而率性。率性者，顺循人性而为，即"人不自为道"。率性以知天命，而见天地之心，此儒家明心见性的功夫。《中庸》曰："天命之谓性，率性之谓道，修道之谓教。道也者，不可须臾离也。"性相近，习相远，受习染而离道，若有时时省察的功夫，则可以不远离其初心而速复于道。

寒山子有一首诗，其义与儒家返复于自性之说异曲同工，其诗曰：

说食终不饱，说衣不免寒。
饱吃须是饭，着衣方免寒。
不解审思量，只道求佛难。
回心即是佛，莫向外头看。

"回心即是佛"，回头是岸，此岸原非外求之彼岸，此寒山之"复"也。六祖惠能向追赶他而欲得其衣钵的惠明开示说："与汝说者，即非密也。汝若返照，密在汝边。"此返照之功夫，六祖之"复"也。六祖又在《六祖坛经》说："佛法在世间，不离世间觉。离世觅菩提，恰如求兔角。"不离世间觉，仍人间佛教之本怀。孔子弟子颜回能"不迁怒、不贰过"，此颜子之"复"也。《论语·颜渊篇》中孔子和颜渊有一段对话：

子曰："克己复礼，为仁。一日克己复礼，天下归仁焉。为仁由己，而由仁乎哉？"
颜渊曰："请问其目？"
子曰："非礼勿视，非礼勿听，非礼勿言，非礼勿动。"
颜渊曰："回虽不敏，请事斯语矣！"

克己"复"礼，复于"初九"乾元之一阳。元者，仁也；礼者，理也。

上符天地之心，下合人事之理。克己复礼者，操之在我，应从修身上的"视、听、言、动"入手，不空谈心性，而终能复性归仁也。颜回"不迁怒、不贰过"，于"不远复"庶几近之矣。颜子乃孔门弟子深得复卦之教者，故后世尊称颜渊为"复圣"①。

慧明法师曰："佛法法门虽多，总不离戒定慧三学……盖戒定慧之体同，而用不同，故境界不同。三学之道，不独佛法为然，儒家亦然；克己复礼，天下归仁，即是戒定慧三学之渐次。因为克己乃去物欲，即是'戒'；复礼乃恢复本然之性，本性不动，不动即是'定'；天下归仁，乃妙用无穷，即是'慧'。可见世出世法，理无二致，一切唯心故。复次，戒定慧三学，戒中有定，定中有慧，慧中有戒；所谓一而三，三而一，皆不出自心。学人果能明白自心，自然悟得无相戒定慧矣。"②故知"戒定慧"三学乃佛法之复也。

王弼注："最处复初，始复者也。复之不速，遂至迷凶，不远而复，几悔而反，以此修身，患难远矣。错之于事，其殆庶几乎，故元吉也。""几悔而反"者，君子一觉本心已失之几，幡然悔悟，而返于天地之心，复其本性也。此即禅门所谓："不怕念起，只怕觉迟。"

【爻辞】六二，休复，吉。

【小象】休复之吉，以下仁也。

"初九"复于仁，"六二"因为能下仁，故有"休复之吉"。"休"，朱子训为休美，来注训为"休而有容"。《大学》引《尚书·泰誓篇》曰："若有一个臣，断断兮无他技，其心休休焉，其如有容焉。人之有技，若己有之，人之彦圣，其心好之，不啻若自其口出，实能容之，以能保我子孙黎民，尚亦有利哉！""休"，容也。"六二"中正，是有容乃大之象。"六二"能包

---

① 《论语·雍也》子曰："有颜回者好学，不迁怒，不贰过。"唐玄宗时追封尊颜回为"兖公"。元代时又加封为"兖国复圣公"，从此颜回便被尊称为复圣。

② 《慧明法师开示录》，来源：http：//www.usbuddhist.com/sutra/books/0144.htm。

容效法"初九""不远复"之仁，故小象辞曰："以下仁也。"俗话说："浪子回头，金不换。""浪子回头"是复，"金不换"是能包容其过去的错误，鼓励其向善之心。"休复"是赞叹有改过之心，并且能包容改过之人。

"以下仁也"是亲近"初九"有仁德之人，愿居其下而效法其仁义之行，以养己之仁。"下"字是真功夫，是有自知之明和知人之明，能发现、效法左右修养高于自己的人。"下"字亦见于屯、谦二卦。屯卦"初九"《象》曰："以贵下贱，大得民也。"谦卦《象》曰："谦，天道下济而光明……卑而不可踰，君子之终也。"卑者，下也。谦卦九三爻辞："劳谦，君子有终，吉。"孔子曰："劳而不伐，有功而不德，厚之至也；语以其功下人者也。德言盛，礼言恭；谦也者，致恭以存其位者也。"[1] 有功劳还能屈居人下，此谦卦所以六爻皆吉也。益卦《象》曰："益，损上益下，民说无疆；自上下下，其道大光。"

【爻辞】六三，频复，厉，无咎。
【小象】频复之厉，义无咎也。

"六三"爻的位置不中正，处下卦震动之极，所以偶尔反复于道，却不能固守持久，"频复而频失"，屡屡改过，频频再犯，所谓"日月至焉者"[2] 也，故有危厉。好在能频失而频复，而终归于复，所以虽危而无咎。爻辞中"频复，厉"实际上是指"频失为危"，然而频复是无咎的，以此鼓励人知过能改。孔门复圣颜回"不贰过"，乃千古能不"频复"之一人也。

【爻辞】六四，中行独复。
【小象】中行独复，以从道也。

---

① 出自《易经·系辞传》。
② 《论语·雍也》子曰："回也，其心三月不违仁，其余则日月至焉而已矣。"朱注："日月至焉者，或日一至焉，或月一至焉，能造其域而不能久也。"

"六四"爻处复卦上面五个阴爻之中间，然单独能与"初九"爻阴阳相应，从中道而行。在此爻位之人能独复于初，独行其是，中立而不倚，自洁其身，不苟合于众，这是因为能从道也。更难的是"和而不流"，故曰"中行独复"。

"行"字的甲骨文作 是道路的象形字，金文作 ，更像一个十字路口。《尔雅·释宫》"行，道也。""行"代表在人生的十字路口上，能够不从流俗，而凭良心去选择正道、中道而行。如此之抉择，虽然与众不同，而走上人烟稀少的岔路，不见有志一同者，故或有"千山我独行"的感慨。此爻于独复者，不论其吉凶，但求从道而心安。柳宗元《江雪》一诗，颇能代表此爻之意境：

千山鸟飞绝，万径人踪灭。

孤舟蓑笠翁，独钓寒江雪。

李镜池《周易通义》曰："中行，中途。"吴辛丑认为"中行"是中途、半路的意思①，是指做了一半发现错了，还能违众议而复归于自性之仁，以顺从正道。知过能改，善莫大焉！此爻不言吉凶，而吉凶自见。

春秋时晋灵公无道，滥杀无辜，他的大臣士季对他再三进谏。晋灵公说："我知道错了，将会改正过来。"士季对灵公说："人谁无过？过而能改，善莫大焉。"并引《诗经》"靡不有初，鲜克有终"来劝说灵公。遗憾的是，晋灵公只是口头上说要改过，然而残暴依旧，并派刺客去杀又来劝说的大臣赵盾，刺客到了赵盾家里，发现赵盾是个忠臣而下不了手，于是自己以头撞树自杀，灵公最后终被赵盾的侄子赵穿刺杀了②。

"初九"得一阳之正，此乃"靡不有初"，初发心时都是很虔诚认真的，能坚持到底、有始有终的人，就很少了，所以说"鲜克有终"。俗话说："出

---

① 吴辛丑《周易讲读》，上海：华东师范大学出版社 2007 年。
② 事见《左传·宣公二年》。

家如初，成佛有余。"古德云："出家一年，佛在心中；出家二年，佛在眼前；出家三年，佛在天边。"是同样一个道理。中行独复，是有过而不怕改，也不怕人嘲笑。元为始，贞为终；"慎始诚终"的人，能复其初心，立其元神，有始有终，终而复始，则"利、亨"自在其中矣。

陆九渊在与傅全美的书信中说："古之学者本非为人，迁善改过，莫不由己。善在所当迁，吾自迁之，非为人而迁也。过在所当改，吾自改之，非为人而改也。故其闻过则喜，知过不讳，改过不惮。过者，虽古圣贤有所不免，而圣贤之所以为圣贤者，惟其改之而已。人之所以为人者，惟此心而已。一有不得其正，则当如救焦溺而求所以正之。"[①]能深切省察己错，不诿过他人者，知耻近乎勇乎！

【爻辞】六五，敦复，无悔。

【小象】敦复无悔，中以自考也。

"六五"爻虽然离"初六"甚远，无应又失位，但是居中位，能守中道，以中道之德来考察自己，敦厚其复性的行为，故能无悔。"六五"虚中，能虚心地自我考察，自照其明德。

《论语·雍也》子曰："回也，其心三月不违仁。其余，则日月至焉而已矣！"孔子又称赞颜回："一箪食，一瓢饮，在陋巷，人不堪其忧。回也，不改其乐。贤哉，回也。"故能做到"三月不违仁"，此乃敦复之行也。

诚是不欺骗人，更是不自欺，"自明诚"是也。敦，厚也。诚者，不二也，不二就是仁。"诚者，天之道；诚之者，人之道。"不诚无物，敦复无悔。有敦复之诚，大则复其国家，中则复其事业，小则复己之德。敦复者，能慎始诚终也。

【爻辞】上六，迷复，凶；有灾眚。用行师，终有大败；以其国君凶，至

---

① 《陆九渊集》卷六。

于十年不克征。

【小象】迷复之凶，反君道也。

"上六"以阴柔居复卦之终，乃阴柔而迷惘之人，不能掌握一刹那的复机，坐失了时机，则迷而不复也。灾是自外来的天灾，眚是自作孽的人祸。因自己内政的问题而出兵，以转移民众的注意力，则终会遭遇重大的失败，并有殃及到其国君之凶险，重创之后经十年之久，还不能恢复国力而去征讨他人。

心为身主，君为国主，失其正则心迷、君迷。刚愎自用，无虚中之德，所以自以为是，悖理而行。领导无方，违反为君之道，所以大败。爻辞言"迷复"而不言"失复"，是指迷失了回到其本性的道路，而暗示本性未曾失也。迷复虽凶，然未至绝望之地。《楞严经·卷第四》曰："譬如有人于自衣中，系如意珠不自觉知，穷露他方乞食驰走，虽实贫穷，珠不曾失。忽有智者指示其珠，所愿从心，致大饶富。方悟神珠非从外得。"以"贫子系珠"喻佛性在人，外求则迷。故知迷复之人，自性未尝丧失。

四、总论

复卦一阳在下，代表自在之本心；五阴在外，五蕴也。五蕴者色、受、想、行、识，用之不慎则覆盖吾人之妙明真心，唯有能复其天地之心者，能长养其一阳之性，而使五阴皆为阳所用，而不失其正也。道家言"反听"、"反视"与佛教《楞严经》"反闻闻自性"之修行方法，可与"反复其道"一语共参。反复其道，是说除外欲之惑，而恢复其本性，以合于道。

复卦，直指人心，谆谆劝人改过迁善。此卦本天地无私之心，而见人性之善，教人以静而养性，以动而行道。胡炳文曰："迷复与不远复相反，初不远而复，迷则远而不复。敦复与频复相反，敦无转易，频则屡易。独复

与休复相似，休则比初，独则应初也。十年不征，亦七日来复之反。"① 李光地以"天地之心"一语发明儒家之心学如下：②

> 天地之心，在人则为道心也。道心甚微，故曰："复，小而辨于物。"惟精以察之，惟一以守之，则道心流行，而微者着矣。颜子"有不善未尝不知"，是其精也；"知之未尝复行"，是其一也。惟精惟一者，所以执中而已矣。复六爻之中，三则频复而厉者，所谓人心危而难安也。四之中行而独者，所谓道心微而难着也，然皆能自求其心者也。至于上六，则不独微，而且迷；不独危，而且败。迷而以至于败，则所谓天君者，不能以自主矣！故夫子答之曰："反君之道。"尧舜相传之心学，皆于复卦见之。

复卦言天地之心，应之于人为性；应之于商，乃企业之良心。企业良心对于企业家而言，是经营事业时的商业道德（Business Ethics）；对一个企业而言，则是其社会责任（Corporate Social Responsibility）。商业道德是指不做损人（员工、客户、供应商）利己的事，不赚不义之财，此乃正当而消极的行为。社会责任是指一个企业提供员工应有的福利和良好的工作环境，不为了利润而污染了环境和人心，并积极地参与社会公益。

传统商店中都挂有"童叟无欺"、"货真价实"的牌子，即是一种企业良心的宣示。黑心做假的厂商虽然能骗人一时而谋短期之暴利，但不能骗人一世，终将被人所揭发，而为法所拘，遭人所弃。企业参与有益于社会之活动以助其发展时，会直接或间接地有助于企业之永续经营。故企业应将公司之社会责任，视为其经营策略的一个环节，以增加企业竞争之优势③。

伯纳德·马多夫（Bernard Madoff）乃华尔街风云人物，曾任前纳斯达

---

① 《周易折中》。

② 《周易折中·卷九·象上传》。

③ Michael Porter and Mark Kramer, "Strategy and society : the link between competitive advantage and corporate social responsibility," Harvard Business Review, 84（12），Dec.2006, pp.78～92。

克（NASDAQ）主席，其投资公司，用庞氏骗局（Ponzi Scheme）之法，把新吸收投资人的钱作为盈利付给最初投资者，以诱使更多的人上当。他淘空了将近 500 亿美金的基金，为有史以来最大的金融弊案，其近二十年的骗局，终于 2008 年 12 月 12 日向在其公司任职的两个儿子告白，而其被其子揭发此弊案[①]。2009 年 6 月 29 日，美国联邦法官陈卓光判处马多夫 150 年监禁。2010 年 12 月 11 日马多夫被逮捕的第二周年当日，其长子于其纽约公寓上吊身亡，成为成骗局下的另一个受害人，可谓祸延子孙。不过不少受害者认为，马多夫的儿子在他的公司任要职多年，必然是涉及此弊案的共犯。

三鹿集团的三聚氰胺毒奶粉造成三十多万名的幼儿中毒，引发肾结石病、肾脏衰竭例，其中 6 人死亡。2008 年 3 月三鹿企业就接获婴儿生病的报告，8 月初就断定自己的产品有毒，到了 9 月 10 日才开始停止贩售，12 日全面停产，公司于 12 月 24 日申请破产，董事长田文华于 2009 年 1 月被判无期徒刑。中国黑心商品事件层出不穷，是监控制度和商业良心出了问题。邓聿文评论三鹿事件时认为："今天很多中国企业和企业家，常把经济学鼻祖亚当·史密斯（Adam Smith）的一句话挂在嘴边，'每个人在追求自利的过程中最后达成社会利益的最大化'，而不去思索这句话的深刻含义。史密斯氏所谓'自利'，并非鼓励人们去自私，更不等于为了自私而干一些违反道德和法律的勾当。亚当·史密斯明确指出，经济活动必须要有道德基础作支撑。也就是说，市场经济是要讲道德的。"[②]史密斯氏以其所著的《国富论》（*The Wealth of a Nation*）而扬名于世，他相信经济会由市场这只"看不见的手"自行调节，而达到供需及价格上的某种平衡，此书为现代经济学的开山之作，奠定了资本主义自由经济的理论基础。然而史氏自认为其所著《道德情操论》（*The Theory of Moral Sentiments*）一书，是更重要的一本传世之作。

---

① 参见 http://en.wikipedia.org/wiki/Bernard Madoff。

② 邓聿文《三鹿破产是不道德企业和制度的破产》，新民周刊 2008 年 12 月 30 日，http://chinanews.sina.com/news/2008/1230/23483186650.html

圣雄甘地指出人类自毁的七大罪状："欠缺劳动的财富，欠缺良知的享乐，欠缺品格的知识，欠缺人文的科技，欠缺原则的政治，欠缺道德的商业，和欠缺牺牲的信仰。"[①] 可见没道德的企业对社会的破坏有多大。历经 21 世纪初种种重大商业弊案，如 Enron（恩龙）案，美国国会通过了《沙宾法案》（*Sarbanes-Oxley Act*），公司高级主管须对财务报告的真实性宣誓，如提供不实财务报告将获多年的刑事责任，美国各大商与院也逐渐加强其在商业道德方面的教育。

企业的核心能力，即是其元，能识其元而后复其元，才能顺势而动，正正当当地成长，不盲目扩充而陷入险境。组织文化中的"复"道，则是鼓励员工不断地尝试新的方法和技术，只要知道风险为何而事先预防之，则不怕错，只怕不做，和不认错，这样企业才能不断地进步。

复卦之外，六十四卦中有不少卦都与知过、改过、迁善和防患有关。益卦《大象》曰："风雷，益。君子以见善则迁，有过则改。"不但改过，更能迁善，故有益于己。大畜卦《大象》曰："天在山中，大畜。君子以多识前言往行，以畜其德。"前言往行，好的可以为法，不好的足以为戒。经验的累积，乃畜之大者。既济卦《大象》曰："水在火上，既济。君子以思患，而豫防之。"圣人贵除天下之患，更应思患而预防之，才能趋吉避凶。"聪明的人，能从自己的过错中学到经验；有智慧的人，能从他人的错误中得到教训（A smart man learns from his own mistakes, a wise man learns from the mistakes of others.）"[②]。然而在创新的文化中我们要鼓励员工宁愿多做而错，从中记取教训，以精益求精，尽早成功（Fail often to succeed sooner[③]）。

复道，即是复于仁。《论语·述而》故孔子曰："仁远乎哉？我欲仁，斯仁至矣！"仁离我们很远吗？我只要想行仁，仁就在你心中。《大学》曰："大学之道，在明明德，在亲民，在止于至善。"明德，性也；明明德，复

---

① 陈立恒《欠缺哲学的教育》，联合报 2009 年 3 月 4 日，http://udn.com/NEWS/OPINION/OPI4/4768629.shtml

② 此乃西方谚语，原始出处不详。

③ 位于美国加州著名设计公司 IDEO 尊奉的座右铭。

性也。"在明明德"，乃由"定静"之功夫而自复其性。仁者爱人、仁者安人，故"在亲民，在止于至善"，乃经由为民服务，并以德行感化世人，而使天下归仁焉。

毓鋆师说过："为往圣继绝学是每个读书人的责任。'在明明德'是明'大明终始'的终始之道，终始是看得到的。周而复始，贞下启元。复卦象辞曰：'复，其见天地之心乎？'是要我们回复常道。人的'贪'，把大（学之）道都弄没了，最后连人性都没了，只剩下习性，就'习相远也。'"

作者曾拟一《四在》偈，与复卦之义或可相发明：

心经观音观自在，参禅主人翁何在？
大学修道存三在，从心所欲大自在。

《心经》首句为："观自在菩萨，行深般若波罗蜜多时，照见五蕴皆空，度一切苦厄。"观自在菩萨为观世音菩萨之别称。观世音菩萨修的耳根圆通法门，反闻闻自性，无论遇到什么境界，都要收摄在心，故云"观自在"。参禅者有参"主人翁何在"一句而开悟者。密教六字大明咒为："嗡（ong）嘛（ma）呢（ni）叭（bei）咪（mi）吽（hong）。"笔者之子致均幼时吾曾亲授其此咒，他因音相近而回问说："是不是英文"Is anybody home"（有人在家吗）的意思？""有人在家吗？"这一问与禅门所参"主人翁何在"的话头，实有异曲同工之妙。

参悟看破之后，还得放下，无所挂碍，才能自在。回头是岸，就是"观自在"。不过悟后得起修，才能到彼岸。传说中的布袋和尚据说是弥勒菩萨转世，无论何人问道于他，他就把布袋放下而不语，布袋者喻吾人之心量，布袋和尚有一偈语如下：

我有一布袋，
虚空无挂碍。

第十九章　复卦：复性归仁，见天地心

展开遍十方，

收回观自在。

《大学》首章："大学之道，在明明德，在亲民，在止于至善。""在"字三用，代表念兹在兹，其义深远。"在明明德"即复其初心之义，推而广之，则能臻于至善。孔子自道其在七十岁而能"从心所欲而不踰矩"，如此修养已经到了佛教大自在之境界，表–1 为《大学》、《中庸》与佛教教义之间相似观念的比较：

表 –1 《中庸》、《大学》、张载之座右铭与佛学之比较

《大学》	《中庸》	张载之座右铭	佛学
在明明德	至诚、尽己之性	为天地立心	自觉、罗汉
在亲民	尽人之性、尽物之性	为生民立命，为往圣继绝学	觉人、菩萨
在止于至善	赞天地之化育、与天地参	为万世开太平	觉行圆满、佛

总结复卦六爻之要义如下：

"不远复"，我欲为仁，斯仁至矣。

"休复"，浪子回头，千金不换。

"频复"，屡错屡改，虽危无咎。

"独复"，良知抉择，孤独行道。

"敦复"，归仁复性，敦厚坚守。

"迷复"，远离本性，迷途难返。

五、《易经》思维动动脑

1.研究《论语》中有关复圣颜回之记载，找出其中与复卦相关的言行，与复卦的卦辞爻辞相印证。

2. 为何个人和企业都很不易改正其过失而复于正道？

3. 复卦"天地之心"之深义为何？企业良心要如何建立？

4. 试论企业的社会责任与公司策略之关系（corporate social responsibility and business strategy）[①]。

5. 试列举不遵守企业道德而败亡的例子，并加以讨论。

---

① 参考 Kash Rangan, Lisa A.Chase, and Sohel Karim "Why Every Company Needs a CSR Strategy and How to Build It" Harvard Business School, Working Paper 12–088, April 5, 2012 at http：//www.hbs.edu/faculty/Publication%20Files/12–088.pdf

第二十章　无妄卦：但问耕耘，不计收获

（Innocence，Honesty）

䷘卦名：无妄［天雷］——第二十五卦

一、经文

卦辞：无妄：元亨，利贞。其匪正有眚，不利有攸往。

《彖》曰：无妄，刚自外来，而为主于内。动而健，刚中而应，大亨以正，天之命也。其匪正有眚，不利有攸往。无妄之往，何之矣？天命不祐，行矣哉！

《象》曰：天下雷行，物与无妄。先王以茂对时，育万物。

《序卦传》：复则不妄矣，故受之以无妄。

《杂卦传》：大畜，时也；无妄，灾也。

爻题	爻辞	小象辞
初九	无妄，往吉。	无妄之往，得志也。
六二	不耕获，不菑畲，则利有攸往。	不耕获，未富也。
六三	无妄之灾，或系之牛，行人之得，邑人之灾。	行人得牛，邑人灾也。
九四	可贞，无咎。	可贞无咎，固有之也。
九五	无妄之疾，勿药，有喜。	无妄之药，不可试也。
上九	无妄，行有眚，无攸利。	无妄之行，穷之灾也。

爻题	卦体	卦象	卦德	人伦	
上九 九五 九四	乾	天	健	父	外卦、上卦
六三 六二 初九	震	雷	动	长子	内卦、下卦

二、前言

　　无妄卦常让人联想到"无妄之灾"，因而认为是不好的卦。仔细研究才发觉，无妄者，至诚而无虚妄也。朱子《周易本义》曰："无妄，实理自然之谓。《史记》作无望，谓无所期望而有得焉者，其义亦通。"因为没有虚幻的妄想，所以凡事都能尽其在我。不必天天去想这样做是不是能发财？一切都依正道而行，顺其自然，不必有太多的幻想。脚踏实地、诚诚恳恳去做，相信"天道酬勤"而无所执着，梦想反而可能成真。

　　无妄卦在卦序上居复卦之后，崔憬曰："物复其本则为诚实，故言复则无妄矣。"[1] 做人做事都要回复到根本，内心诚恳，做事踏实，就是诚实，无妄就是诚实。好幻想者，只说不做，终是梦幻。"至诚无息"是精进不已，追寻理想。有理想者，踏实筑梦，"心诚则灵"，所以好梦得以成真。

三、经文解释

　　【卦辞】元亨，利贞。其匪正有眚，不利有攸往。

　　【彖辞】无妄，刚自外来，而为主于内。动而健，刚中而应，大亨以正，天之命也。其匪正有眚，不利有攸往，无妄之往，何之矣？天命不祐，行矣哉！

---

① 李鼎祚《周易集解》，台北：台湾商务印书馆 1996 年。

如果能做一个真实无妄的人，一切依正道而行，不行险以侥幸①，也不寄望天上掉下来的礼物，自然能够大亨而有利于守正。"其匪正有眚②，不利有攸往"是说若一有私欲则心术不正，则就像眼睛得了白内障，看不清正道何在，这时不适宜贸然往前行。

象辞说："无妄卦，初九的阳爻是从外卦的乾卦下来而成为内卦（下卦）的卦主。下卦震动而上卦乾健。九五阳爻性刚而居中位，又与六二的阴爻相应与。能循正道而有大亨通，这是因为发挥天命授予吾人之性也。此即《中庸》所说：'天命之谓性，率性之谓道。'率天命赋予我们的性而合于道，即无妄也。'其匪正有眚，不利有攸往。'看不清正确方向，当然不宜轻举妄动。无妄念的去做事，怎么会有一定要走到哪里的执着呢？若不依正道，违背了天命，得不到上天的护祐，而执意去做，这怎么可能行得通呢？"

朱子曰："无妄一卦虽云祸福之来也无常，然自家所守者，不可不利于正。不可以彼之无常，而吾之所守亦为之无常也，故曰'无妄，元亨利贞，其匪正，有眚'。若所守匪正，则有眚矣。眚即灾也。"又曰："（灾和眚）看来只一般，微有不同耳。灾，是祸偶然生于彼者；眚，是过误致然。《书》曰'眚灾肆赦'，《春秋》曰'肆大眚'，皆以其过误而赦之也。"③

【大象】天下雷行，物与无妄。先王以茂对时，育万物。

无妄卦是上乾下震，乾为天，震为雷，故有"天下雷行"之象。"物与无妄"是指与万物相处之时能够不起妄念。张载《西铭》曰："民吾同胞，物吾与也。"视人我一体，故能无妄。古时候圣贤之君，能够顺应天时，养育万物，使其各正性命，而茂盛地发展。

---

① 来知德注："若有真实无妄之人，则纯乎正理，祸福一付之天，而无苟得幸免之心也。"
② 眚，音省，眼病，如白内障（cataract），喻祸患。
③ 见《朱子语类》卷第七十一《易》七。

【序卦传】复则不妄矣，故受之以无妄。

复卦（☷）是返回到正道之上，回复于初心之诚。返复于道，则行事合理，做事诚恳，而没有不实际的妄想，所以复卦之后接着就是无妄卦。

【杂卦传】大畜，时也；无妄，灾也。

大畜卦（☶）是上艮下乾，艮在上能畜止在下的天德，故曰："刚健笃实辉光，日新其德。"其，已也；日新己德即是"时也"。能累积储蓄许多资源，是因为能够把握住时运。无妄卦是上乾下震，有"天下雷行"之象。诚实无妄去做事，仍有可能遭到灾难，就像被雷击一样。外来的祸害，如天灾，才叫做"灾"，人为的祸害，则不称为"灾"，而名之为"人祸"。自己只知妄想蛮干而造成的失败，则是"自作孽，不可活。"

【爻辞】初九，无妄，往吉。
【小象】无妄之往，得志也。

"初九"为下卦震卦中代表动的主爻，相应于上卦乾卦之下的"九四"爻，来知德注曰："诚能动物，何往而不遂其心志。"九四爻乃天道之本，初九循直道而行，并以至诚之心相感，故动而能合于天道，这是吉祥的，如此则必能实现其志向。

"初九"是阳爻，实而不虚，实在则无妄。无妄即诚也，"诚者，天之道。"守诚信则无往不利，故吉。初位，象征人性之初，"初九，无妄"，代表人性本善，《三字经》首句即曰："人之初，性本善。"

【爻辞】六二，不耕获，不菑畬，则利有攸往。
【小象】不耕获，未富也。

"不耕获"，不要才开垦耕耘，就想要收成。"不菑畬①"，不要刚整理过一片贫瘠的田地，就希望其立刻成为已开垦过三年之久的良田（参见"附录一"之说明）。若是只问耕耘，不问收获，则自能有利于上进向前。我们观察社会上成功的人士，大都是勤勤恳恳，对自己的事业都有一种使命感。天天想发财致富起来的人，反而终身一事无成。"未富也"是指没有要富起来的发财心态，不要耕而望获，是"无妄"。存着"但问耕耘，莫问收获"的心态，则时候到了，自然会有丰收。孟子说过一个故事："宋人有闵其苗之不长而揠之者，芒芒然归，谓其人曰：'今日病矣，予助苗长矣。'其子趋而往视之，苗则槁矣。天下之不助苗长者寡矣。以为无益而舍之者，不耘苗者也。助之长者，揠苗者也，非徒无益，而又害之。"②不耕耘是不会有收获，然而若是急功近利，而揠苗助长或是不走正道者，经常是成事不足，败事有余。

来知德认为"'不耕获，不菑畬。'即明其道，不计其功也。"更近一步解释说："吾儒，圣人之学，进德修业，尽其理之当然；穷通得丧听其天之自然，修身俟命，此正所谓无妄也。"礼寅初对此爻《小象》"不耕获，未富也。"解释如下："'未'犹非也，'富'谓利也。不于力耕之际，遽有望获之心。乃仁人不计功谋利，而天德全矣，其行之所以利也。"③董仲舒曰："正其谊不谋其利，明其道不计其功。"④是此爻的最佳注解。我们要本着做良心去做合于正义的事，不必患得患失地谋取利益；只要是能彰显大道，就不必去计较是否有自己一份功劳。《老子》第二十章中要人不自以为是、不夸耀自己的功劳，如果不争功，天下人反而会归功于你（原文为"不自见故明；不自是故彰；不自伐故有功；不自矜故长；夫唯不争，故天下莫能与之争"），即"不耕获，不菑畬"之义。

---

① 菑畬，音资余。来知德注："菑者，田之一岁垦而方成者；畬者，田之三岁垦而已熟者。"

② 《孟子·公孙丑上》

③ 李光地《周易折中》。

④ 《汉书·董仲舒传》。谊，通义。

应天平认为从正面来看"妄"是想象力、梦想,"无妄"是通过发明创造来将梦想实现,而去除妄想。"不耕获,不菑畬,则利有攸往",是指如果有能有提高生产力,如不耕而获或是不菑而畬之类的发明,则向前行去做是有利的。创新与否乃高新科技公司兴衰的首要因素,而最佳的创新动力则是一种无止境地对梦想之追求。有远见、有创新文化的公司,多会设立研发实验室(例如 Xerox 的 PARC),以从事目标长远、高难度、看似无用而近乎妄想的研发项目,这些研究可能与公司的当前的产品、本业无关,但一些影响至为深远的产品常常会因此而发展出来[①]。应天平认为从秦、汉以下的中国文化是不鼓励创新,认为那是奇技淫巧之末,但无妄卦,尤其是"六二"爻"不耕获,不菑畬,则利有攸往"的爻辞提供了中国文化原来是鼓励创新的证据,但很不幸,此卦、此爻被后世的解读者有意地或无意地误解了[②]。天雷无妄,下卦震为雷、为动,有创新发明之意(见本书第四章《经营八卦解》),许多发明的动机是人类要提高生产力、解决扰人的问题和想偷懒的产物。爱迪生认为发明过程是"九十九分汗水和一分的灵感",正应了上卦乾健之德。

【爻辞】六三,无妄之灾,或系之牛,行人之得,邑人之灾。
【小象】行人得牛,邑人灾也。

什么是无妄之灾呢?就好像有人把牛拴在路旁,结果被过路的行人顺手牵牛给偷走了,住在旁边的居民或是正巧在那一段时间经过此地的路人,都成了嫌疑犯,对这些人来说,这就是"无妄之灾"。遇到无妄之灾,有时候也无从辩解起,只有修德自省才能免难。无妄之灾也并非全然不可避免,古诗《君子行》有云:"君子防未然,不处嫌疑间。瓜田不纳履,李下不正冠。嫂叔不亲授,长幼不比肩。劳谦得其柄,和光甚独难。周公下白屋,吐哺不及餐。一沐三握发,

---

① 应天平《无妄—从去妄到创新》,http://blog.sina.com.cn/s/blog aee541cc0101j3wd.html

② 应天平,personal communication.

后世称圣贤。"① 这是教导我们要防灾患于还未发生的时候，要避免处在会受人怀疑的地点或做出令人怀疑的举动。例如：在经过瓜田时，不要弯身穿鞋；走过李树下面，不要举手整理帽子。能如此，就不会让别人怀疑你在偷采瓜或摘李子。

《弟子规》② 中教导我们"将上堂，声必扬"，则是更积极地去防止被怀疑。我们将要进入房屋或房间之前，应该故意弄出一些声音，避免有人在内谈机密的事，若不小心被我们听到，因而给自己找上不必要的麻烦。"将上堂，声必扬"，语出西汉刘向所编著《列女传·母仪传·邹孟轲母》，其原文如下：

孟子既娶，将入私室，其妇袒而在内，孟子不悦，遂去不入。妇辞孟母而求去，曰："妾闻夫妇之道，私室不与焉。今者妾窃堕在室，而夫子见妾，勃然不悦，是客妾也。妇人之义，盖不客宿，请归父母。"于是孟母召孟子而谓之曰："夫礼，将入门，问孰存，所以致敬也。将上堂，声必扬，所以戒人也。将入户，视必下，恐见人过也。今子不察于礼，而责礼于人，不亦远乎！"孟子谢，遂留其妇。君子谓孟母知礼，而明于姑母之道。

【爻辞】九四，可贞，无咎。

【小象】可贞无咎，固有之也。

"九四"阳刚，居阴位而不当位，和"初九"都是阳刚之性而不相应，在上卦乾之初，应固守正道，则可以不犯什么错。何楷曰："初九之'无妄，往吉'，行乎其所当行者也。九四之'可贞，无咎'，止乎其所当止者也。"③ 这是说不该做的事要守得住，千万不该去尝试。

【爻辞】九五，无妄之疾，勿药，有喜。

---

① 《乐府诗集》卷第三十二，作者可能是曹植。
② 清李毓秀编著《弟子规》。
③ 清李光地《周易折中》。

【小象】无妄之药，不可试也。

无缘无故患了不知病因的疾病，不可病急乱投医或乱吃药，此时应仔细检查，先从心理健康，和饮食睡眠的调养做起，若能不乱服药，则病情或许有好转的喜讯。王通《文中子》中有言：

北山黄公善医，先寝食而后针药。
汾阴侯生善筮，先人事而后说卦。

这是说当时北山有位黄医师医术很高明，他看病都是先想办法让人睡得好，吃得正确，如病情仍未改善，才以针灸或药物来治疗。汾阴有位侯先生很懂得卜筮法，有人遇到疑问来问卜，他都先因人事上的常理将其情境作一分析和解释，如果还是有犹疑不决之处，才用卜筮的方式，根据卜出来的卦加以解说。

另外很多看似无伤的健康食品，多吃了也一定会有副作用，故不可轻易试用。药补不如食补，食补不如锻炼身体，练身则又不如调心。慧明法师有偈曰[1]：

自身有病自心知，身病还须心药治。
心要正时身亦净，心生还是病生时。

此偈语的大意是说：自己自体有病痛，自己心里会知道；身体的病有时是因心理的因素而引起，所以还须用心药来治。心正即是"无妄"的入手处，心正了身体上的病痛也经常就清除干净了。"心生"即是心中生起妄念。有妄，则病生；无妄，则病去。碰上真正有心理疾病的情况，一般人是很难以常理去解释，病人和其家人不可讳疾忌医，应寻求正规的现代疗法，如借

---

[1]　陈耀智述《慧明法师开示录·心宗医·心病》http：//www.bfnn.org/book/article/0144.htm。

用心理分析或是以药物控制。除此之外因以平常心待之，或可辅佐以一些正派的民俗疗法。同理，当一个组织碰到困难而生病时，千万不可先乱了章法，"疾病乱投医"胡乱用各种方法去整治，只会愈弄愈乱。应先定下心来虚心的检讨到底是哪里出了问题，然后对症下药，有时只是时位不对而遭到困难，等撑过去这个难关，自然会峰回路转。

【爻辞】上九，无妄，行有眚，无攸利。
【小象】无妄之行，穷之灾也。

虽然至诚无妄，但因为"上九"的时和位都已处穷极的处境，此时前景未明，故不可盲动。若盲目而行，虽无妄心，也不会有利的。

四、总论

无妄卦教我们尽人事之诚，循天命之理，而动静有常，不要妄想，也不可妄为。"初爻往吉，二爻利有攸往，三爻有灾，四爻可贞，五爻有疾，上爻行有眚无攸利。"六爻皆无妄，时位当动则动（如下卦的三个爻："初九"、"六二"和"六三"爻），当静则静（如上卦的"九四"、"九五"和"上九"爻）。无妄不是消极的不为，而有"无为，而无不为"的积极性。不论是个人或是企业，可以有理想、愿景，但不可只是追逐名利而已。

张忆里认为："天雷无妄。天下的雷、是闪电、是雷声，瞬间即逝、随机难测。雷作之后雨水必然充沛，万物得到滋养。在此剧变改革之初，先民首先点出'行至诚无妄之道必然吉'的大原则（'初九'）。再用二、三爻比喻行无妄之道可能面对的得失：有失牛的无妄之灾（'六三'），有不耕而获的无妄之得（'六二'）。接着用九四强调只要不变初衷（九四相应初九）虽有六三的挫折，仍然可以无咎。'九五'中正领众人行无妄之道，当其他人或组织不以诚相待，而使自己或同仁吃了亏，因而组织内有不少人会对守诚信无妄之道的信念开始动摇，想要以其人之道还治其人；此时'九五'居领导之位，有教育众人、处理这种心理不平衡的疾害。最后用'上九'提醒行无妄之道的人，在穷困之境或在看不清事情的时候，虽无妄心，但是在行动决策上不可自以为站在正义的一方而盲动，要特别小心谨慎，不要有'妄之行'。"①

无妄卦可以用来解释一个人创业时可能遇到的情境，根据张忆里的演绎："初九"或喻创业之初对于所作产品的价值没有妄想，只想把产品做好、有用；经营客户关系也没有妄想，至诚以待；面对市场竞争没有妄想，只先聚焦最能切入的市场；建立管理机制，麻雀虽小五脏俱全，但没有妄想不盲目扩充；规划公司愿景，按部就班，没有妄想；股东投资做长期投资的打算，没有一夕暴富妄想。以至诚无妄之心、保障客户员工股东利益、永续经营，自然吉，故曰"无妄，往吉"。"六二"或喻若有意外的成果收获，例如先进自动化设备、大幅提高生产力，或竞争对手破产、退出市场，或美元贬值、财报亮眼（"不耕获，不菑畬"），此刻应坦然受之，加速扩大市场占有率（"利有攸往"），但不预期这会对公司有长远重大利益（"未富也"）。"六三"或喻厂房失火、供应炼断炼而无法满足市场需求（喻"丧牛"）、予以竞争厂商（"行人"）机会、只得接受下降的市场占有率（"邑人之灾"）。"九四"或喻不气馁地重建厂房（"可贞"），趁机引入最新设备以提高生产力、夺回市场，如此则自然能无咎。"九五"中正，或喻创业主脚踏实地行至诚无妄之道，面对复杂多变的商业竞争时为小人所害，因而心怀不平欲舍无妄之道，改行江湖诈骗之术（"无妄之疾"），此刻若能不改"初九"无妄至诚之心（"勿药"），日久见人心，当然会转危为安而有令人欢喜的结果。"上九"或喻创业过程中，虽存无妄之心，难免有识人不明、用人不当之处（"无妄，行有眚"），或喻产品规划中虽存无妄之念，难免误判市场需求，此刻切不可独断独行（"无攸利"）。

《周易曲成》论曰："六十四卦，无不变者，惟无妄六爻不变。爻辞叮咛反复皆教不变，诏人变虽暂得小效，终有大凶。无妄之道闲邪存其诚而已。

① 张忆里，personal communication.

故太谷夫子曰：'无妄，诚也。'"① 无妄者闲邪存诚，直道而行，或福或祸，不改其志，精诚所至，金石为开。

《六祖坛经·行由品》记载神秀法师作一偈语如下：

> 身是菩提树，心如明镜台。
> 时时勤拂拭，勿使惹尘埃。

神秀将此偈呈给禅宗五祖弘忍以印证他是否开悟，弘忍开示他说："汝作此偈，未见本性，只到门外，未入门内。如此见解，觅无上菩提，了不可得。无上菩提，须得言下识自本心，凡自本性，不生不灭；于一切时中，念念自见，万法无滞；一真一切真，万境自如如。如如之心，即是真实。若如是见，即是无上菩提之自性也。"自见者，自性自见也。一真则一切真，由内圣而外王也。万境自如如者，无为而无不为也。如如之心即是无妄之心，即是真实之本心、本性。神秀法师的偈语即是由复其初心之修行到至诚无妄的法门。世人多传颂六祖的偈语，而忽视了神秀法师的偈语与五祖的开示，甚为可惜。六祖听闻神秀偈语之后所作之偈语属大根器者之顿悟：

> 菩提本无树，明镜亦非台。
> 本来无一物，何处惹尘埃。

宋朝的王安石，筑一书房名之为"知妄室"，自为警语曰："知妄为妄，即妄是真，认妄为真，虽真亦妄。""知妄为妄"是能反观自省，故能息诸妄念。不起妄念，故能做到老子所说的"无为而无所不为"。"即妄是真"的意思很接近佛教所说的"修习空花万行，安坐水月道场"，明知世事无常如镜中之花和水中之月，仍能尽心尽力地贡献，而不求回报。"认妄为真，虽

---

① 刘蕙荪编，《周易曲成》（上下册），学易斋，台北，2006。此书另一版本为：刘蕙荪著，《刘蕙荪〈周易〉讲义》，天津古籍出版社，2007 年 4 月，第一版。

真亦妄"是说如果把虚妄的名利和身外之物当成真实的事物，而有所执着，则即使所执着的是真实的事物，也是妄念而已。"真、妄、虚、实"之间的区别，还待各自参悟。

俗谚曰："有心栽花花不发，无心插柳柳成荫。"现代企业讲究将本求利，在管理上有"目标管理、绩效管理"等方法，此乃有心栽花之术，本无可厚非，但是斤斤计较，天天只知苛刻员工和想尽办法赚客人的钱，最后只会弄成离心离德，使员工丧失了向心力，让顾客也失去了再来光顾的意愿。

全球最大的零售商沃尔玛（Walmart）的创办人沃尔顿（Sam Walton）在其出版的自传中说："零售业成功的秘诀便是提供给顾客他们最需要的东西（The secret of successful retailing is to give your customers what they want）。"沃尔玛的任务宣示（Mission Statement）是："让一般大众也能有机会买到以前只有有钱人才能买到的东西（To give ordinary folk the chance to buy the same thing as rich people）。"能提供给顾客所需要的产品，并且对他们提供最好的服务。"只问耕耘"地对待顾客，他们自然能感受到待客如宾的亲切和被尊重的感觉，因而成为忠诚长久的顾客，此时虽然"不问收获"，也自然能得到应得的利润。这便是"无妄"卦用在经营管理上的最高境界，值得大家深思。

据说沃尔玛创办人沃尔顿成立物美价廉连锁店的想法是源自于"瑞蚨祥"绸缎店 ①。北京瑞蚨祥绸布店开张于清朝光绪十九年（1893 年），是享誉海内外的中华老字号，为旧京城"八大祥"之首。自清末以来北京就流传着"头顶马聚源、身穿瑞蚨祥、脚踩内联升"的顺口溜，即是瑞蚨祥名满京城的写照。百余年来"瑞蚨祥"始终在丝绸业及手工缝制行业中处于领先地位，主要在于其有着深厚的文化底蕴，并始终贯彻其"至诚至上、货真价实；言不二价、童叟无欺"的经营宗旨，如所图 –1 示。"至诚无妄"是争取忠实

---

① "*Rui Fu Xiang vs. Wal-Mart*"，at http：//www.chinaculture.org/gb/en madeinchina/2006–02/20/content 79495.htm

顾客的最好方法，更是经商成功的不二法门。

图 -1　位于北京市大栅栏的瑞蚨祥（笔者摄于 2010 年 8 月）

网际网络最大的搜寻公司 Google 对其研发工作和人员有下面五个指导原则[①]：研究有意义的事物，能影响全世界每一个人，尽量以演算法来解决问题，顾用顶尖的人才并给他们很多自由，不要畏惧对新事物的尝试。（Work on things that matter，affect everyone in the world，solve problems with algorithms if possible，hire bright people and give them lots of freedom，and don't be afraid to try new things.）在实践上，Google 允许其工程师花上班时百分之二十的时间，去研究发展他们自己喜欢的课题，而且无须和他们的主要研究专案有任何关联。一个公司大了，制度规章就日渐繁杂，新的事物和创意便难以出头，因为真正创新的东西，在其萌芽阶段，都会被人认为是没有希望，没法赚钱，是故大都难以获得上面主管的支持。Google 于研发上采用一定程度的放任政策，则适可补其弊，这正是"无妄"卦"无心插柳柳成荫"的一种积极应用。

许多成功的企业都有所谓的企业使命宣言（mission statements），例如德国拜尔（Beyer）公司以"科技优化生活"为使命宣言，道出其企业的愿景、策略与价值观。拜耳未来将全力投入医疗保健、营养以及高科技材料领域的创造发明与发展。其使命中虽不言求名与利，而名利自然随会着为顾客、乃至人类带来更好的产品与服务而来。孟子曰："心勿忘，勿助长也。"[①] "心勿忘"就是要有使命感，而努力向上。"勿助长"是指不要过分执着而有分别心，汲汲地求名、求利，则反而难以成就事业，也就是学功夫的人常说"有心练功，无心成功"的意思，这句话可作为无妄卦的最佳注脚。笔者赋诗一首总结无妄卦之大意：

至诚无妄金石开，勤耕收获自然来。
天威难测验志气，地茂对时万物栽。

承蒙黄启江教授次韵释《易经》无妄卦七绝一首：

羲皇卦要秘难开，论道纷然说易来。
命运由天通造化，爻辞卦象作何裁？

笔者又赋诗一首以回应黄教授之诗：

易道阴阳成卦象，方圆体用含无量。
众说纷纭解其意，模棱两可供测想。

笔者回应之诗文，是基于下面几点理念：

1.《易经》谈的是根据阴阳虚实变化之理，而形成的一套符号语言（卦象）及其所表征的意象，故为一极其抽象而系统化的语言，常被后人借用

---

① 《孟子·公孙丑上》。

来描述一些复杂的系统，如中医、炼丹（如《参同契》）等。

2. 乾坤者，《易》之门，即体用也（见熊十力著《乾坤衍》）。天圆地方，乾坤之应于自然界者，推而广之则可包含无量之界（领域）。

3.《易经》因其文字过简，且去今甚远，故后世解《易》者各成其说，或象术（如虞翻、尚秉和）或义理（如王弼、程颐），或训诂（如高亨），不一而足，且经常互相矛盾，实则解来解去，不是以己意解经，就是各得其一端而已。

4.《易经》源于卜筮，卜筮时所用的断语之特性，便是模棱两可，所以事后较易自圆其说。古代卜筮者收集了一些在不同情境下，可以灵活解释其可能发展趋势的素材，因此他们在对卜得的卦象和爻辞做解释时，可以附会地做出圆融的解说。然而后代释经义者费尽心思，也难猜想出其原意。《易经》卦辞和爻辞中吉凶悔吝之判断经常有附带之条件（如无妄卦"初九"爻辞曰："无妄，往吉。"这是说若能有至诚无妄的心态为先决之条件，则向前去进行任何事，都是吉祥的。）世人多只重视卦辞、爻辞之吉凶，却不知根据这些条件来自我反省或是依法修行，以求寡过 [①]，这是易道不明的主要原因。

最后谨以精简的语句，说明无妄卦爻辞的弦外之意：

爻题	爻辞	弦外之意
初九	无妄，往吉。	保任初心，至诚往吉。
六二	不耕获，不菑畬，则利有攸往。	无劳而获，不以为富。
六三	无妄之灾，或系之牛，行人之得，邑人之灾。	避疑嫌间，免无妄灾。
九四	可贞，无咎。	无得失心，守正如初。
九五	无妄之疾，勿药，有喜。	无妄有疾，不药可愈。
上九	无妄，行有眚，无攸利。	前景不明，不可妄行。

① 《论语·述而》子曰："加我数年，五十以学《易》，可以无大过矣。"清焦循认为《易》是"寡过之书"，诚哉是言。焦循《易章句·系辞下》："圣人作《易》，教人改过也。改过者改言动之过也。知者、仁者观于《易》之辞，而言动之过可改。"

五、《易经》思维动动脑

1. 在讲究目标管理和绩效评估的企业中谈论"至诚无妄"的道理，是否会有所冲突？

2. 遇到了"无妄之灾"应如何应付？

3. "心想事成"和"无妄（不可有妄想）"的思想应如何调和？

4. 试用董仲舒所言"正其谊不谋其利，明其道不计其功"来解释无妄卦在管理上的应用。

5. 如何利用"无心插柳，柳成荫"的方式鼓励企业之创新？

6. 试探讨无妄卦乃至《易经》中与创新有关的论述。

附录一："黄土农耕、养育先民"①

何炳棣教授从中国古农业起源讲起，一是仰韶文化时期的黄河流域，那个年代渭水之滨人群密集，必须靠先进的耕作才能供给其生活，因此可断定密集的群居已不可能是游牧生活了。这反映中国古农业是产生于经过不知多少岁月风尘堆积的黄土台地，松软的黄土矿物质不易流失，靠水分就会供应种子很好的生长。密集群居，众人的衣食离不开先进的农耕技术。何教授解释"菑"、"新"、"畬"这三个汉字在"古文献上分别代表第一年除草、次年耕田、第三年种植。体现一种非常科学的休耕轮作制度，菑：首年翻土除草平整土地。新：次年只耕不种，让未烂的草根继续留在地里令微生物吞噬变成腐质吐出氮气，有利日后农作物生长。畬：第三年始播种，可以提高单位面积产量。先进的黄土农业与靠原始灌溉的两河文化泛滥平原的农业是有着本质的不同，因此讲中国的农业文化是独立起源的。"

---

① 朱其石《何炳棣教授谈中国文化本土起源》，大公报 2002 年 5 月 20 日，来源：http：//www.gmw.cn/03pindao/guancha/2002-05/2002-05-20/20020520-05.htm

第二十一章　损卦：损益盈虚，惩忿窒欲

（Decrease，Loss，Refrain Yourself from Angers and Desires）

卦名：损 [山泽] ——第四十一卦

一、经文

卦辞：损：有孚，元吉。无咎，可贞。利有攸往。曷之用？二簋可用享。

《彖》曰：损，损下益上，其道上行。损而有孚，元吉，无咎，可贞，利有攸往。曷之用？二簋可用享。二簋应有时。损刚益柔有时，损益盈虚，与时偕行。

《象》曰：山下有泽，损。君子以惩忿窒欲。

《序卦传》：缓必有所失，故受之以损。

《杂卦传》：损、益，盛衰之始也。

爻题	爻辞	小象辞
初九	已事遄往，无咎，酌损之。	已事遄往，尚合志也。
九二	利贞。征凶。弗损益之。	九二利贞，中以为志也。
六三	三人行，则损一人；一人行，则得其友。	一人行，三则疑也。
六四	损其疾，使遄有喜，无咎。	损其疾，亦可喜也。
六五	或益之十朋之龟，弗克违，元吉。	六五元吉，自上祐也。
上九	弗损益之，无咎，贞吉，利有攸往，得臣无家。	弗损益之，大得志也。

爻题	卦体	卦象	卦德	人伦
上九 六五 六四	艮	山	止	少男 外卦、上卦
六三 九二 初九	兑	泽	悦	少女 内卦、下卦

二、前言

损卦可视为从泰卦（☷）变化而来的变卦，如图-1所示，泰卦的下卦为乾，上卦为坤。若损其居于下卦的"九三"阳刚之爻，与在"上六"而相应的阴柔之爻，相互对掉以调节刚柔，就变成损卦。

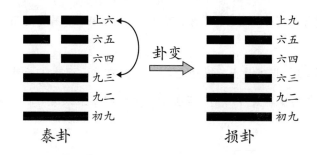

图-1 泰卦损下之阳以益上之阴，产生卦变而成为损卦

以企业的经营而言，损益若作为名词，代表某一段企业经营期间的利润和损失（P/L: Profit and Loss）。若作动词来用，则损益代表减少或增加对不同产品或业务的资源分配。企业应该根据环境盈虚的变化而拟定其策略，然后透过资源分配的手段来达成企业之策略和目标。

以国家的财税政策而言，象辞"损下益上"代表以重税来充足府库，虽能疏解国库一时之空虚，但重税政策将减少民间投资的动机和可支配所得，因而降低了非政府的消费支出，减缓了民间的经济活动。除非政府善用其资源投资于有助经济发展的基础建设或用来奖励投资，不然"损下益上"只会是两败俱伤的"损"。

以修身养性而言，大象辞"山下有泽，损。君子以惩忿窒欲"，是要求君子减损忿怒和欲望。若能做到降低欲望，就能少一些私心。没有私心，则能为在下之人民、员工或顾客的利益为出发点来做事，获得大家的拥护而成功。以修行而言，能"损"己利人就是做好事。

曾国藩深得损卦大象辞"惩忿窒欲"之旨，曾文正公曰："养生家之法，莫大于惩忿、窒欲、少食、多动八字。"①曾氏的养生五诀为："一眠食有恒，一饭后散步，一惩忿，一节欲，一洗脚。"②又曰："古人以惩忿窒欲为养生要诀，惩忿即吾前信所谓少恼怒也，窒欲即吾前信所谓知节啬也。因好名、好胜而用心太过，亦欲之类也。药虽有利，害亦随之，不可轻服。"

三、经文解释

【卦辞】损。有孚，元吉，无咎，可贞，利有攸往③。曷④之用？二簋⑤可用享。

【彖辞】损，损下益上，其道上行。损而有孚，元吉，无咎，可贞，利有攸往。曷之用？二簋可用享。二簋应有时，损刚益柔有时。损益盈虚，与时偕行。

在损的情境下，要有诚信，才能吉祥，不会有错误；要守正，然后才有利于前进。在艰困的环境下，行祭享之礼时，应用什么器皿和食物呢？用两个碗装着米饭也就可以了。

《易》之卦象可视为一种抽象的模式，有其一般性和统摄性。这便是朱

---

① 《曾国藩日记》：咸丰十一年正月十四日。

② 《曾国藩家书》：同治五年七月初三日致沅弟。

③ 攸，所也。"利有攸往"，即利于有所往。

④ 曷，音何，为什么。

⑤ 簋，音轨，盛食物的器皿。古时候宴飨，士阶级者是用三鼎配二簋来进食，只用二簋是最俭省的配备。

熹在《周易本义》的序文（全文见"附录一"）中所说的"统之在道，则无二致"；在运用易道之时，则是无所不包，此乃是"散之在理，则有万殊"。社会科学的研究方法中强调厘清其所研究对象的分析单位（unit of analysis）。我们要理解和应用《易经》时，应决定在不同情境下所采取的分析单位之大小为何。《易经》在卦辞、爻辞的经文中其分析单位有时可大至国家，有时则是小至个人。在许多卦中，其分析单位可大可小，而分析的角度亦有其多重的方向，包括了人际关系、财经政策、法治思想、道德伦理、个人修为等。研《易》而欲有所得者，于此应再三留意。

以损卦象辞"损下益上"这句经文来说，上和下可解释成：政府和人民、主管和部属或企业和顾客之间的关系。减损在下的好处而增益在上者利润，是损下益上，长久以往，上下皆损伤。下面以三种大小不同的单位来分析来解释"损下益上"的观念及其运用：

1. 以国家与其人民为分析单位，由财税制度着眼而释其文：政府征收重税于人民，人民负担沉重，没有多余的所得从事消费，进而影响到经济的景气，使得经济发展受阻。

2. 以企业主管与员工为分析单位，从基层员工薪资福利的角度而言：主管只给自己加薪，而不重视部属的福利，下面的部属必然离心离德。

3. 以企业和顾客为分析单位，从利润的观点而论：企业想尽办法从顾客身上榨取利润，虽能得一时之利，但终将为其顾客所看穿而唾弃之。

程颐的《易程传》称："夫损上而益下，则为益。损下而益上，则为损。损基本以为高者，岂可谓之益乎？"人民、员工、顾客为在下的基础，政府、主管、企业是高高在上的，损及在下的利益而增益在上者的行为，都是会损伤其根基，而造成日后重大的问题。

"损下益上，其道上行。"李光地解释为："上下交而志同，岂非其道上行乎？"[①]这是说上下沟通良好，有志一同，在下位的部属能尽心尽力，为在上位者分忧分劳，故能不断地进步向上。"损刚益柔"是指能以阳刚之诚

---

① 清李光地《周易折中》损卦、卦辞之案语。

信为本，来弥补仪式祭品之不足，这是因应时代环境限制的正确做法。"损益盈虚"可以"损盈益虚"来解释，是指企业在经营各种事业和产品线时，应将赚钱的事业之盈余拿出来（这是损盈也），补贴或投资目前亏本但有潜力的新兴事业和产品线（这是益虚也）。这样才能不断地推陈出新，做到"与时偕行"。

从景气循环来说，企业在盈（景气）之时要防范虚（萧条）的来临，趁体质还健全时，加强投资未来成长的领域。企业在虚之时，要做"盈"将到来的准备，如积累资源和加强员工训练，则机会来了，才能因势乘便。经济、产业的景气循环和产品生命周期之变化，便造成或盈或虚的现象。

企业应主动出击，在经营投资策略上能知所损益，什么项目应该见好就收或是认赔退场（损也），什么领域应该更上层楼（益也），以损益之手段来应付盈虚所带来的变动，如此才能与时代的潮流一起向前推进。

【大象】山下有泽，损。君子以惩忿窒欲。

损卦是三阴三阳之卦，上卦为艮、为山，下卦为兑、为泽，故形成"山下有泽"的损卦。湖泽卑下，才显出山的崇高。山有静止之意，然其弊在固执己见，等而下之则易生"忿"怒之心。兑为愉悦之意，然其失在滋生欲望，而丧其天机与灵性。君子研究损卦就要减少其"忿欲"，也就是要"惩"止"忿"怒、"窒"塞情"欲"。

《老子》曰："为学日益，为道日损。损之又损，以至于无为。无为而无不为。取天下常以无事，及其有事，不足以取天下。"所谓"为道日损"，就是要减损嗜欲，减损到没有私欲了，则做事时才能大公无私，而与民众（包括员工、部属、供应商和顾客）同甘苦、共患难，所以能够"无为而无所不为"。

能惩忿窒欲的人，凡事不以自己的私心来做事就，只要是对众人有利的事，都能尽心尽力地去做，达到孔子所谓"从心所欲而不踰矩"的境界。此处"从心所欲"是指从其无所为之心，故能无所不为。大象辞在此的"分析单位"是个人，而其"分析的角度"则是由修身养性入手。

《易经》中"损益"的观念出自于损卦和益卦，然而《易经》中的损益别有深义，不是会计上锱铢必较的钱财损失和获得。损卦《大象》曰："山下有泽，损。君子以惩忿窒欲。"这是说君子修身应当以戒止忿怒，窒塞欲望为主。这与佛教修行中所言熄灭"贪、嗔、痴"三毒有类似之处。贪名和贪利都是贪，贪念即是欲，不能放下世俗之累，则贪欲难止。嗔恚是忿，即嗔恨之心，不能看破世事，则嗔恨难消。庄子曰："其嗜欲深者，则天机浅。"贪嗔不去，嗜欲必深；嗜欲深，则天机浅；天机浅，则智慧蔽；智慧蔽，则痴愚生。有贪求之念和嗔恨之心，则本有的智慧灵性便被掩盖而做出痴愚之事。

来知德认为："忿多生于怒，欲多生于喜。"是故"忿不惩，必迁怒；欲不窒，必贰过。"[①]孔子的弟子之中以颜渊为德行第一，孔子对他的赞语是"不迁怒，不贰过"。由此可见惩忿窒欲之难。要去除忿欲，就得下损的功夫，损去有所求于人、有所欲于物之心，则自然能行其所当行，而不会做出违背良心的事，而这种人也自有其刚正之气度，因为"有求则苦，无欲则刚"。

从前有一老一少两个和尚要过一条河，正巧有一个少妇有急事要过河，但因为水太深过不去，央求老和尚帮忙，老和尚就背起这个女子过了河。到了河对岸放下这个女子，两个和尚又继续赶路。到了晚上休息时，小和尚终于忍不住问老和尚："师父，你不是说出家人不近女色吗？你背女子过河不是犯了戒律吗？"老和尚回答："我把她背过河就放下了，可是你的心中到现在还没将这件事放下。"我们常常因故生他人的气生，而惹我们动怒的人可能早就把那件事情忘了。我们心里放不开，独自生闷气，最后只是在惩罚自己[②]，这又何苦来哉呢？

虞翻曰："兑为悦[③]，故惩忿。艮止，故窒欲。"损卦的下卦为兑卦，有愉

---

① 来知德《易经来注图解》。

② 证严法师《静思语》："生气就是拿别人的错误来惩罚自己。"

③ 悦，原文为说字。

悦之德。所谓态度决定一切（Attitude is everything），有积极、正面、光明、愉悦的态度，不但使自己的心情愉快，高高兴兴地做事做人，更会改进别人对你的印象和态度，所以没有忿怒之心。

据说有一天，苏东坡去拜访佛印，遇到佛印正在打坐。苏东坡便在佛印的对面静静地坐了下来，也跟着佛印打坐。过了约一柱香的时间，两人同时张开眼睛，结束打坐。由于刚打完坐，苏东坡觉得浑身舒畅，满心欢喜。他问佛印说："大师看我现在像什么？"佛印回答苏东坡："贫僧眼中，施主乃我佛如来金身。"苏东坡听了佛印说自己像尊佛，心中大乐。佛印也问苏东坡说："那阁下看我像什么呢？"苏东坡心想："平常老是被你占便宜，今儿个可让我找到机会了，换我来占占你的便宜。"于是他回答佛印说："我看大师乃牛屎一堆。"佛印脸上微微一笑，便又继续打坐了。苏东坡占了佛印的便宜之后，越想越乐，回到家便迫不及待地将事情的本末告诉了他聪慧的妹妹。苏小妹听了以后便说："哥哥，你被佛印占便宜了，你还不知道吗？"苏东坡说："为什么？他看我像尊佛，我看他像牛屎一堆。怎么会是我被占便宜呢？"苏小妹回答："佛书上说，佛由心生，心中有佛，则观看万物皆是佛。佛印因为心中有佛，所以看你像尊佛。哪敢问大哥你当时看佛印如牛屎时，你的心中是什么？"[①] 学着多从正面去看人事物，自然活得轻松自在。

苏东坡常欲争胜，心中充满了与人较量之意，故所见皆如牛屎。反之，心中有愉悦之情，物我两忘，自然不会有愤怒的态度。心中稳重如山之静止，则不会生贪欲之念。"惩忿"是指控制自己不当的情绪，一个优秀的经理人，其情绪商数（EQ：Emotional Quotient）要高，非分的欲望要能除去，不应凭个人的好恶而行事，更不能被自己的脾气所左右，《孙子兵法·谋攻篇》曰："王不可怒而兴师，将不可愠而致战。"即此意也。

---

① 《心中有佛》，此段故事流传着有不同的版本，原始出处应是《东坡禅喜集》第九卷。本文引述改自 http://www.paochien.com.tw/new page 855.htm。根据曾枣庄著《三苏传》，苏轼有三个妹妹，但皆早亡，苏小妹应为后世小说家杜撰的人物。

孔子有三戒："少之时，血气未定，戒之在色；及其壮也，血气方刚，戒之在斗；及其老也，血气既衰，戒之在得。"[①] 也可以作为我们在人生不同阶段时"惩忿窒欲"的参考。

【序卦传】缓必有所失，故受之以损。

解卦是缓慢下来以解危难，所谓"事缓则圆"是也。但行动过于迟缓，则容易造成损失，所以解卦的下一卦是损卦。

【杂卦传】损、益，盛衰之始也。

损和益是一点一滴逐渐发生的，但日积月累便造成了盛或衰。就像会计上的损益表一样，损益表是代表某一时期的收入和支出，一期一期的损益累计下来，则反应在资产负债表上。由损益表可以看到企业某一期间收支的情况，在此损益之中，有因一时之损（如投资下一代的新产品之研发），却可能得长期之益，则账面上虽有净的损失，但是代表公司有长期性研究发展之魄力。除此之外，企业长期的体质，还得根据资产负债表来评估。其实资产负债表和损益表等财务报表，只表达了各项企业活动能以金钱来表达的资讯，未能全面地评估企业的现况和未来。故二十世纪九十年代 Robert Kaplan 和 David Norton 提出了平衡记分卡（BSC：Balanced Score Card）的策略规划和绩效评估方法，以补传统会计资讯之弊。

如图 –2 所示，平衡记分卡是由企业愿景（Vision）和策略（Strategy）展开成为：财务、顾客、企业流程、创新（即学习成长）这四个构面，并定出在此四个构面之下的主要绩效衡量指标和所应采取之行动。财务和创新分别代表了过去已有的成效和未来投资之潜在绩效；顾客和流程二者则兼顾对外和对内两者之绩效评估。此法能平衡"过去、未来；内在、外在"各方

---

① 语出《论语·季氏篇》。

面的因素，兼顾财务和非财务两方面来衡量企业的体质，是平衡记分卡之精神所在。企业策略与投资方向势必影响其现在与未来之损益，观其目前损益之所在，便可知企业将来之盛衰。有时后赚钱的公司，可能正在走下坡，而亏损的公司却可能潜力无穷，企业主管对于损益之道可不慎乎！

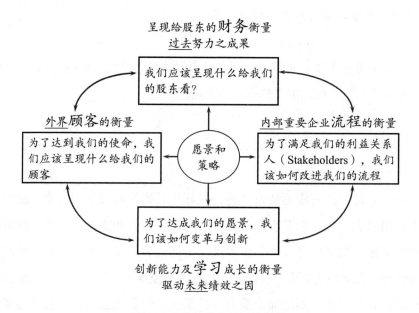

图 -2　平衡记分卡的理论架构

【爻辞】初九，已事遄往，无咎，酌损之。

【小象】已事遄往，尚合志也。

"已"，竟也。"已事"指事情完成了，不论成功或失败，皆应"心无挂碍"。"遄"，音船，速也。"遄往"指毫不留恋、往前看，迅速地去做下一步应该进行的工作。若事情成功了，却不贪图安逸，所以能够没有过错。若事情做失败了，则应当自我反省，切不可怨天尤人，从哪里跌倒了，就从哪里站起来重新出发。"初九"爻以阳爻居阳位有过刚之象。虽然能与"六四"刚柔相应，是"以刚奉柔"的开始，二者之间的关系还不够亲密，所以"初九"要斟酌减损其刚性，这样或许可以与在其上相应的"六四"爻之志趣相配合。孔安国《周易正义》疏曰："尚，庶几也。"有"或许、可以"的意思。

王弼注："事已则往，不敢宴安，乃获无咎也。"事情做好了的就放下，继续向前行，不敢因一时之成功而偷安，所以能够无咎。孔颖达《周易正义》对爻辞"已事，遄往"的注解是："损之为道，损下而益上，如人臣欲自损己奉上。然各有职掌，若废事而往，咎莫大焉，竟事速往，乃得无咎。"我们在损己助人之时，自己分内的事要先做好，不然连自己的脚跟都没站稳，虽有心助人也很难维持长久。来知德《易经来注》中则认为，此爻卦辞应作："己事，遄往。"己者，我也。牺牲小我，成全大我，是义不容辞的责任，所以应速往。孔颖达与来知德对此爻的解释因"已"、"己"这一字之异，而经文意义则完全相反。仅此一例即可见研究《易经》真义之难，在此将两义并陈，以供读者不同思考的空间。

【爻辞】九二，利贞，征凶，弗损益之。

【小象】九二利贞，中以为志也。

"九二"，利于守正。"九二"居中，以守中道为其志向。贸然前行会有凶险，应该守中道，顺其自然，而不以人为的意志加以损益。"初九""酌损之"，已经有所损失，"九二"再损，就是一赔再赔。我们在投资有损失时，其已投入的资源应视为"沉没成本"，在每个阶段结束时，都会再次做决定是否应继续投资时，不该将已投入的成本列入考量，也就是不要有"捞回本"的心态。到了预设的"停损点"就应认赔，而另谋发展，以避免重大的损失。

【爻辞】六三，三人行，则损一人；一人行，则得其友。

【小象】一人行，三则疑也。

从卦变而言，"三人行则损一人"，指原来泰卦下卦的三个阳爻，三个人在一起就容易互起疑心，其中一人（泰卦之"九三"）离去到外卦去，将泰卦原来的"九三"与其"上六"交换，而变成损卦的"六三"与"上九"。

"上九"在损卦外卦之中，以一阳而处二阴之上，故曰："一人行则得其友。"

孔子在《系辞传》中解释此爻如下："天地絪缊，万物化醇；男女构精，万物化生。《易》曰：'三人行，则损一人；一人行，则得其友。'言致一也。"孔子的解释也是从卦变为着眼点，并强调领导之一致性的重要。

从人事而论，三个人在一起的三角关系，容易引起怀疑妒嫉之心，最后总有一人会被排挤出去，剩下的二人若能同心，则其力量如锋利之刀剑可以断金。独行的一人，很有可能遇到能与其相辅相成的朋友，也会有好的结果 ①。一个人若在交友时没有小圈圈，就很容易交到新的朋友。此爻辞的分析单位是小团体，其分析角度是人与人相处的心理。

【爻辞】六四，损其疾，使遄有喜，无咎。

【小象】损其疾，亦可喜也。

"六四"为阴爻居阴位，代表个性上有缺陷，若能很快速地改正自己的缺失，则在下与其相应的朋友或部属，皆能欢欢喜喜地来相助，能如此就不会有过错了。

【爻辞】六五，或益之十朋之龟，弗克违，元吉。

【小象】六五元吉，自上祐也。

损卦"六五"与益卦"六二"皆有"或益之十朋之龟，弗克违"的爻辞，损卦"六五"有"九二"之阳爻与其正应以益之，又有"上九"之亲比而护祐之。这时即使有他人以重利诱之，也不违背这些合作之伙伴，如此才能得到长久的大吉大利。这是因为有最上层上九爻之辅导，以阳刚之气来增益保祐居上卦之中的"六五"爻。此爻传统之解释认为"六五"居中位，

---

① C.F.Baynes（Editor）、R.Wilhelm（Translator），*The I Ching or Book of Changes*，Princeton University Press，3rd edition，October 1，1967，p.160.

能虚中（心中谦虚）而且能尊重在下的贤者，自然会有在下位者愿意以价值十朋[①]的大宝龟之财物或才智来助益在上位者。在上位者受到众人之拥护，应常保其善德之长[②]，才能得到吉祥。

程颐《易程传》将爻辞作如下之断句："六五，或益之。十朋之，龟弗克违，元吉。"其注曰："六五于损时，以中顺居尊位，虚其中以应乎二之刚阳。是人君能虚中自损，以顺从在下之贤也。能如是，天下孰不损己以自尽以益之？故或有'益之'之事。则'十朋'助之矣。十，众辞。龟者，决是非吉凶之物。众人之公论，必合正理。虽龟筴[③]不能违也。如此可谓大善之吉也。古人曰：'谋从众，则合天心。'"这是说如果能虚心接受下面贤能之人的建议，为众人的利益着想，必得众人之助，即使是卜筮的结果，也不能违背这个道理。

【爻辞】上九，弗损益之，无咎。贞吉，利有攸往，得臣无家。

【小象】弗损益之，大得志也。

"上九"居损卦之终，能够在不减损在下员工和顾客福利的前提之下，增加自己的利益。在上位者若不贪心，有好处时愿与众人共享，故能"大得志"，得到各方面的人心和拥护，而没有过错。若守正道，则自然能得吉祥，有利于向前进。能为国而忘家，是故其部属也愿意为其效命。

四、总论

损卦是由泰卦因卦变而来，要保持泰、满的状态，若过度自我膨胀，则将招受损失。反之，若能自损，了解"吃亏就是占便宜"的道理，与企业

---

① 王国维在其所著《观堂集林》中认为古时候以贝壳为钱币，五枚称为系，两个系称做朋。所以十朋之龟就是与百枚贝壳等值的大宝龟。

② 乾卦《文言》："元者，善之长也。"

③ 龟筴为古代卜筮的用具。龟为卜，筴为筮。亦作"龟策"。

的员工和伙伴利益均沾，换来员工的效忠与合作伙伴的信赖，则可持盈保泰。《尚书·大禹谟》曰："满招损，谦受益。"则是说自大自满会招受损失，谦虚受教则能于己有益。这句话中损益与损益二卦之义略有不同，但亦有相通之处。

《论语·为政篇》有这一段孔子与其学生子张的问答：子张问："十世可知也？"子曰："殷因于夏礼，所损益，可知也；周因于殷礼，所损益，可知也。其或继周者，虽百世，可知也。"

三十年为一世，各朝代文化递嬗有一定的轨迹可循。"因"是延续承传，而损益则是在此过程中增添或删减的转变。所因者，乃因其旧有之制度、文化、精神中不变之常理及善者，而不轻易改变之。不合时代之旧制，则应大力革除，以除旧布新。《易经》损、益两卦中，损卦象辞曰："损益盈虚，与时偕行。"因革损益乃改朝换代的必然过程。有些制度稍加损益修订可矣，不必为了追求改变而刻意改变。损益之道在乎减损其所太过，增益其所不足。故孔子说："虽百世，可知也。"孔子能在历史经验中汲取教训，又能在面对现在和未来的挑战时，知道如何对过去的法令规章有所损益取舍，并能根据旧有制度加以改革和创新，故为圣之时者也。企业的变革或转型，要能因其旧章之善而不失创新的机会。

宋代学者邵雍在其所著《渔樵问对》中有一段渔夫回答樵夫的话，将"泰、否、损、益"四卦并论，并且与"时、运、权、变"整合在一起，值得我们参究，其文曰："大哉！权之与变乎，非圣人无以尽之。变，然后知天地之消长；权，然后知天下之轻重。消长，时也；轻重，事也。时有否泰，事有损益。圣人不知随时否泰之道，奚由知变之所为乎？圣人不知随时损益之道，奚由知权之所为乎？运消长者，变也；处轻重者，权也。是知权之与变，圣人之一道耳。"这是说我们要能权衡时势之否泰，采取紧缩或扩张的策略，在行事上或损或益，以顺应时运之变化消长。

《荀子·王制篇》云："故修礼者王，为政者强，取民者安，聚敛者亡。故王者富民，霸者富士，仅存之国富大夫，亡国富筐箧，实府库。筐箧已富，府库已实，而百姓贫，夫是之谓上溢而下漏。入不可以守，出不可以战，则倾覆灭亡可立而待也。故我聚之以亡，敌得之以强。聚敛者，召寇，肥敌，亡国，危身之道也，故明君不蹈也。"此段话中的"上溢而下漏"是指损下益上到了聚敛的地步，则"财聚而民散"①，故国亡而身危，为政者不可不以此为戒。

五、《易经》思维动动脑

1.《老子》曰："为学日益，为道日损。"中的"为道日损"是损什么？

2.试讨论惩忿窒欲的修养对企业主管的重要性。

3.损益之道与企业策略和投资有什么关系？

4.《大学》曰："财聚，则民散。财散，则民聚。"过分地损下益上会得到什么样的结果？

附录一：朱熹《周易本义》自序全文

《易》之为书，卦、爻、彖、象之义备，而天地万物之情见。圣人之忧天下来世，其至矣！先天下而开其物，后天下而成其务。是故极其数以定天下之象，着其象以定天下之吉凶。六十四卦，三百八十四爻，皆所以顺性命之理，尽变化之道也。

散之在理，则有万殊；统之在道，则无二致。所以"《易》有太极，是生两仪"。太极者，道也；两仪者，阴阳也。阴阳，一道也；太极，无极也。万物之生，负阴而抱阳，莫不有太极，莫不有两仪。絪缊交感，变化不穷。形一受其生，神一发其智。情伪出焉，万绪起焉。

《易》所以定吉凶而生大业，故《易》者阴阳之道也。卦者阴阳之物也，爻者阴阳之动也。卦虽不同，所同者奇耦；爻虽不同，所同者九六。是以

---

① 《大学》云："德者本也。财者末也。外本内末，争民施夺。是故财聚，则民散。财散，则民聚。"

六十四卦为其体，三百八十四爻互为其用。远在六合之外，近在一身之中，暂于瞬息，微于动静，莫不有卦之象焉，莫不有爻之义焉。

至哉《易》乎！其道至大而无不包，其用至神而无不存。时固未始有一，而卦亦未始有定象；事固未始有穷，而爻亦未始有定位。以一时而索卦，则拘于无变，非《易》也。以一事而明爻，则窒而不通，非《易》也。知所谓卦爻象象之义，而不知有卦爻象象之用，亦非《易》也。故得之于精神之运，心术之动，与天地合其德，与日月合其明，与四时合其序，与鬼神合其吉凶，然后可以谓之知《易》也。

虽然，《易》之有卦，《易》之已形者也；卦之有爻，卦之已见者也。已形已见者可以言知，未形未见者不可以名求。则所谓《易》者，果何如哉？此学者所当知也。

第二十二章 益卦：损上益下，以客为尊

（Increase，Profiting，Customer Relationship Management）

䷩卦名：益［风雷］——第四十二卦

一、经文

卦辞：益：利有攸往，利涉大川。

《彖》曰：益，损上益下，民说无疆；自上下下，其道大光。利有攸往，中正有庆。利涉大川，木道乃行。益动而巽，日进无疆。天施地生，其益无方。凡益之道，与时偕行。

《象》曰：风雷，益。君子以见善则迁，有过则改。

《序卦传》：损而不已必益，故受之以益。

《杂卦传》：损、益，盛衰之始也。

爻题	爻辞	小象辞
初九	利用为大作，元吉，无咎。	元吉无咎，下不厚事也。
六二	或益之十朋之龟，弗克违，永贞吉。王用享于帝，吉。	或益之，自外来也。
六三	益之用凶事，无咎。有孚中行，告公用圭。	益用凶事，固有之也。
六四	中行，告公从。利用为依迁国。	告公从，以益志也。

爻题	爻辞	小象辞
九五	有孚惠心，勿问，元吉。有孚，惠我德。	有孚惠心，勿问之矣。惠我德，大得志也。
上九	莫益之，或击之，立心勿恒，凶。	莫益之，偏辞也。或击之，自外来也。

爻题	卦体	卦象	卦德	人伦	
上九 九五 六四	巽	风、木	入	长女	外卦、上卦
六三 六二 初九	震	雷	动	长男	内卦、下卦

二、前言

仁是孔子最为推崇的道德境界，子曰："仁者，人也。"仁代表了儒家思想的核心及其对人的尊重。《春秋》《大易》的微言大义，皆以人为本。汉朝时以《春秋》断狱，即是以人道之精神，不分阶级和种族来判断是非。中国思想没有"界、际"，在施政上特别重视在下位的人民之福祉和权利。以企业之经营管理而言，则应注重顾客之服务和需求，并给予在第一线面向顾客之员工充分的授权和支援，使其在第一时间内，就能提供顾客最贴心的服务。益卦所言，即是在上位者应损己以益民，以人民之利益为利益。企业家则应以顾客之利益和需求为依归，从顾客提供最佳的服务过程中赚取合理的利润，是故企业之经营才能可大可久。

益卦是三阴三阳之卦，可视为从否卦（☷）变化而来的变卦。如图-1所示，否卦的下卦为坤卦，若损其在上的乾卦三爻中下面的阳爻（"九四"爻），下降到与其相应的阴柔之爻，即在下卦最下面的初六爻，与之互换。否卦之"九四"与"初六"相互对掉，可以调节刚柔，就变成益卦。郑玄曰："（否卦之九四往下而）应初爻，是天子损其所有，以下诸侯也。人君之道，以益下为德，故谓之益也。"[1] 阳为君，阴为臣、为民，此"以上下下"之义。领导人要时时去想如何才能对在下的部属和民众有所助益，这是益卦的中心思想。

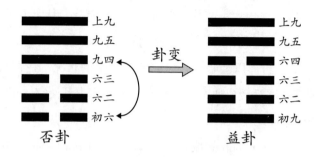

图－1　否卦损上益下，产生卦变而转变成为益卦

损、益二卦互为综卦（上下颠倒过来），相反而相成，应该互相参照研究。孔子特别重视《易经》中的损益二卦[2]，据说他在读到《易经》损益这两卦时放下书本叹息，并告诫弟子说："夫损、益之道，不可不审察也，吉凶之门也……损益之道，足以观天地之变，而君者之事已。"[3] 损益的道理，不可以不仔细地研究，吉凶的关键就在此。企业家应随时观察经营环境的好坏和否泰的趋势，虽然许多环境因素不是我们能控制的，但是我们可借由事物的加减损益、资源分配的多少和投资的先后，这些操之在我的事，来因应环境的变化，以主导企业的转型。

熊良辅曰："损益二卦，皆以损阳益阴为义。损自泰来者，益自否来者也。天下之理，未有泰而不否，否而不泰，亦未有损而不益，益而不损者。故泰居上经十一卦，而损居下经十一卦，泰否损益为上下经之对。后天序《易》，其微意可识矣。"[4] 熊良辅认为损益二卦是减损阳刚（阳刚是指泰卦☰的下卦和否卦☰的上卦），以增益阴柔之卦（阴柔是指泰卦的上卦和否卦的

① 宋王应麟编《周易郑康成注》。

② 《淮南子·人间》、《说苑·敬慎》、《孔子家语·六本》、《马王堆帛书周易·要》。参考陶磊《早期儒家与易学》，http://zhouyi.sdu.edu.cn/yixueshiyanjiu/taolei%20htm

③ 《孔子家语·六本》

④ 见《周易折中》益卦之总论。

下卦）。损卦是从泰卦转变来的，益卦是由否卦转变来的。一个企业在否窒不通的情境下，只有靠研发新的产品，开拓新的市场，并提供最贴心的服务，才能扭转不利的局面而获益。

泰否两卦居上经三十卦的第十一和十二卦；损益二卦居下经三十四卦的第十一和十二卦（见"附录一"）。泰否、损益这四卦相互呼应，有其深义焉。在舒泰的情况下，若掉以轻心，必会演变至否塞的状况。在否滞的情势下，乐观向上，则将会逐渐转成通泰。先吃亏后来才能占到便宜，占尽他人便宜，最后还是会损伤到自己。

Boston Consultant Group 的成长占有率矩阵（Growth-Share Matrix）中金牛事业（Cash Cow），如图 -2 所示，是指产品已进入成熟期，为企业赚进了不少现金，是企业当下的主力产品和聚宝盆，然而盛久必衰，由于新的技术、客户需求的变化、及新竞争者的加入，这些产品迟早会被淘汰，因而企业在从事产品规划时，应分配适当的资源，不但要维持明星产品的市场，还得投入风险高的新产品之研究与开发。不断地推陈出新，才能让企业茁壮成长，因而得以永续地经营下去。新产品的开发和推广，需要大量的资源，承担高风险，而且不是一蹴而得的。因此经营管理者在做规划时，应未雨绸缪，不要临到口渴时才去掘井。

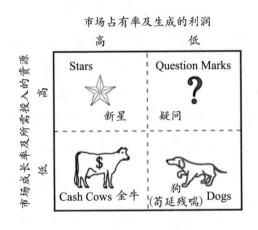

图 -2　BCG 产品成长占有率分析矩阵

损、益二卦各从泰、否二卦的卦变而来，泰之时若能损其骄奢，则可以保泰；否之时不畏难难增益其所不能，则不至于终否。损、益二卦互为综卦，有所损则必有所益，损其所当损，益其所当益，则吉。权衡得失者（trade-off），损益之道也。然而损益者并非零和的游戏（zero sum game），应视为互通有无，以求得综效（synergy）。从企业的经营而言，其应用之道在乎能了解各个事业体、产品、产业、人才、资源和市场之间的互补功能，然后加以调节及整合，使其间综合的效果得以发挥出来。

人称"经营之神"身为台塑企业前董事长的王永庆，以节俭成性著称，成就了他的大事业。二十世纪五十年代中期，台湾"工业局"推出一系列工业发展计划，其中包括利用美国援助兴建石化工业基本原料聚氯乙烯厂，以发展台湾的塑胶工业。起初属意一位造纸业的企业家，但是对方未接受。时任台湾经济部门主管尹仲容指示台湾银行调查全省存款户，看谁较有财力。结果大户不在台北，发现嘉义分行有一位籍籍无名的米店老板王永庆的存款竟有一百多万。于是就询问他承办的意愿，时年 38 岁的王永庆大胆接手了当时这一无人看好的项目，王永庆于是成立了台湾塑胶工业股份有限公司，他的石化王国因此而起！①

王永庆亲口讲的一则小故事，自认为他的成功只是"心存顾客"而已。王氏说，他在嘉义开米店时，才 16 岁的王永庆展现了超强的营销服务能力，不仅挨家挨户到府推销自己的大米，而且还免费给居民掏陈米、洗米缸，提供了个人化的服务，在维系客户关系上逐渐占上风。别的米店只被动地等顾客上门，他则记住每一顾客的家庭情况，例如某人一家五口，买了够吃十五天的米，在第十二天之后他就主动地把米送上门去，并对顾客说："米快吃完了吧？我这已经把您要的米送来了。"于是顾客只增不减，利润也就滚滚而来了②。《王永庆给年轻人的八堂课》这本书归纳出王永庆做人做事的

① 齐力杰《王永庆半个世纪的传奇：从小老板到台湾首富之路》，中国证券报 2006 年 6 月 11 日，http：//www.chinareviewnews.com/doc/1001/5/6/1/100156138.html？coluid=50&kindid=1081&docid=100156138

② 张作锦《寒山、拾得和三位王先生》，联合报 2007 年 8 月 9 日，http：//udn.com/NEWS/READING/X5/3962981.shtml

基本态度和原则 ①，其中的第八堂课即是"客户至上，买卖双方唇齿相依，懂得维护客户的利益，才能取得自己的最大利益"，此乃益卦用于企业经营上之真精神。

在《论语·季氏篇》孔子曾用损益之理来说明一个人应有的交友之方和娱乐之道。孔子曰："益者三友，损者三友。友直、友谅、友多闻，益矣。友便辟、友善柔、友便佞，损矣。"正直之友会规谏我的过错，诚信之友可以委以重任，多闻之友能增广我见闻，这是值得交往的"益者三友"。关于娱乐之道也得慎于拣择，孔子曰："益者三乐，损者三乐。乐节礼乐、乐道人之善、乐好贤友，益矣。乐骄乐、乐佚游、乐宴乐，损矣。"一个人的爱好若能以礼乐节制之，喜欢称赞别人的优点和善行，喜好结交贤德的朋友，这是"益者三乐"。《易经》中则将损益之理，运用在企业和国家的治理上。

三、经文解释

【卦辞】益，利有攸往，利涉大川。

【彖辞】益，损上益下，民说无疆；自上下下，其道大光。利有攸往，中正有庆。利涉大川，木道乃行。益动而巽，日进无疆。天施地生，其益无方。凡益之道，与时偕行。

益卦强调以上益下，以客为尊。凡是有利于顾客的事情，皆应勇往直前，即使必须历经艰难，有如渡涉宽广的河川，若是有利于顾客，也终会有益于企业的生存与发展。

彖辞解释卦辞如下：益卦认为国家的财税政策，应轻赋税"损上益下"，人民都欢迎这样的政策，其结果是藏富于民，民富而国强，而两相受"益"，故曰："损上益下，民说无疆"。在上位的人能够放下身段，谦逊的接受在下位贤者的建言，是真正能将益道大放光明的领导者，故曰："自上下下，其

---

① 郭泰《王永庆给年轻人的八堂课》，台北：远流出版社 2005 年。

道大光。""自上下下"也有站在他人的立场去看问题的一种修炼。能本中庸之道而守住正当的位置，这是指"九五"和"六二"分别位于上、下卦之中，而且是以阴爻居阴位、阳爻居阳位，皆当正位，为"中正"之时位。能居中守正，自然能得吉庆。故曰："利有攸往，中正有庆。"

象辞曰："利涉大川，木道乃行。益动而巽，日进无疆。"是指要涉大川，须要用木头做成的船才能渡河。下卦震为行动，上卦巽为木、为风，故有一帆风顺、乘船渡过大川之象。"益"由下的根基出发，稳扎稳打地向上动，采取柔性的手段进入，所以能每日都有进步，没有止境。在经营管理上，我们要思考企业应如何向上提升？在向上提升时，我们的渡河之舟（即改革的方法）何在？渡河时应在何处靠岸？靠岸之处即可视为企业转型的切入点。

天地否卦在上的"天"卦"施"其"九四"爻与在下坤卦的"初六"爻交换，初阳在地下受"地"的抚育而"生"，形成了益卦，其效益是全方位的。故曰："天施地生，其益无方。"损上益下的道理，当益则益，过益则满，满则招损，所以要与时、位以及环境配合，才能充分发挥益的道理。我们对顾客或民众的服务要能三百六十度面面俱到。

《尚书·五子之歌》一章引用大禹的教诲说："皇祖有训，民可近，不可下。民惟邦本，本固邦宁。"这是说老祖宗有此训示，要与民众亲近，不可以轻视人民的智慧和民意。人民是国家的根本，根本稳固了，国家也就能安宁了。《易经》的原则是重本轻末，重下轻上，重德轻财，重民轻君。《大学》曰："物有本末，事有终始，知所先后，则近道矣。"又曰："故财聚则民散，财散则民聚。"以企业而言，顾客是企业之本，为顾客提供最佳的产品、最好的服务而赚取应得的利润，这是合理的商业行为。若只想从顾客身上获取暴利，则是杀鸡取卵，或能得一时之利，但终将为顾客抛弃。若能薄利多销，与顾客共同分享利润，则能凝聚顾客的忠诚度，而得到长久的利益。

一般的组织架构图是三角形，重视上层的组织和高阶主管，顾客根本就不会显示在此图中。正确的思维方式是将此三角形颠倒过来（见图-3），视顾客（包括经销商）及第一线员工为企业之的根本，应将其放在企业的顶端，予以充分的重视，而各级主管只是支援第一线员工做好顾客服务的"仆人"。

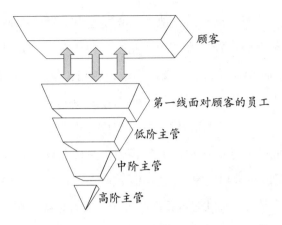

顾客

第一线面对顾客的员工

低阶主管

中阶主管

高阶主管

图-3　以客为尊观念之下倒三角形的组织架构[①]

益卦上卦为巽，巽之性为入，是以柔性的手段而做到无所不入，此为商业上行销的功能。下卦为震，震之性为动，是能创新求变而做到精益求精，此乃企业创新的功能。内部能创新，对外又能推销其新的产品和服务，开拓市场，企业必能从中获取正当的利益，是以本卦以"益"名之。

《尚书·泰誓》说："天视自我民视，天听自我民听。"统治者就应当以民意为依归。古书中的"民"的观念，可引申为企业的顾客和员工。企业永续经营的命脉，即在乎能聆听顾客的心声，以及第一线员工的建议。

企业愿意减损自己的利润而做出有益于顾客的事，自然能得到他们无限的欢喜，企业的经营发展之道也自然能够大放光明。服务客户时要能主动，但也不可给顾客造成太大的压力，甚至侵犯了其隐私权，如何不疾不徐的以中正和平的心态去做，才能做得恰到好处。有了顾客的向心力，才能渡涉有如大川的艰险而得利。益卦的上卦是巽，是五行中的木，可视为渡河之舟，企业在改进客户关系管理（CRM: Customer Relationship Management）时，也应引进适当的工具，例如 CRM 软件。益卦的下卦是震、为动、为创新发明；上卦是巽、为风、为行销，是指以柔性的方法引入新的产品，造成风潮。震雷和巽风分别代表研发与行销这两个部门，两者相辅相成，研发

---

① 参见 Lovelock, C.and Wirtz, J., *Service Marketing : People*, *Technology*, *Strategy*, 6th edition, Pearson Pretice Hall, 2007, p.336. 类似的架构有时也被称为 Servant Leadership.

部门可从行销部门获知市场的新趋势，产品制造部门可从客服单位得知产品或服务的缺失，而加以改进，故能日新月异，日日有进步，而没有止境。

益卦由否卦转变而来，否卦的上卦为乾、为天，将其权能下授，给第一线的员工充分的资源和权限，使其如大地般施展和承担其执行力以提供顾客全方位之服务，并且透过顾客关系管理（CRM）软件，得到360度、各方面有关顾客之资讯，以做到最佳之服务。顾客的需求是随着时代环境不断地在变动，我们的产品和服务，应该根据顾客在其人生或企业成长的各个阶段不同之需求，而提供最佳的解决方案。

【大象】风雷，益。君子以见善则迁，有过则改。

益卦下卦为震、为雷，上卦为巽，为风。"风烈则电迅，雷激则风怒。二物相益者也。"[1]君子能像风电一样的快速改过迁善，是其修身最有益的方式。雷是动，是阳气，代表人心发奋，而勇敢向善。巽是风，能吹散阴气，代表人心荡涤而消除过恶[2]。

《文言》解释坤卦"初六"的爻辞如下："积善之家，必有余庆；积不善之家，必有余殃。臣弑其君，子弑其父，非一朝一夕之故，其所由来者渐矣，由辩之不早辩也。《易》曰：'履霜，坚冰至。'盖言顺也。"积善余庆，积恶余殃之理可与"益"卦大象相互发明。三国时代，蜀汉刘备临终时在其遗诏中（全文见"附录二"）嘱咐其子刘禅："勿以善小而不为，勿以恶小而为之。惟贤惟德，可以服人。"[3]即有此意。

佛教传入中国之后，融合《易经》"积善余庆"之说，提出三世业报（过去、现在、未来）的观念。《三世因果经》曰："欲知前世因，今生受者是；欲知来世果，今生做者是。"对积善却没有得善报、为恶却没有得恶报的现

---

[1]　程颐《易程传》。

[2]　李光地《周易折中》益卦大象辞之按语。

[3]　刘备遗诏，出自《三国志·蜀书二·先主传》裴松之的注。

象提供了解释，认为善人招罪是因为前世为恶，其恶报在今生来受；恶人今生未得恶报，其恶报将于来世才到来①。

唐代大诗人白居易曾向颇负盛名的鸟巢道林禅师问过学佛应如何修行，禅师回答："诸恶莫作，众善奉行。"白居易说："这道理谁不知道！"禅师笑道："这些道理三岁孩儿也会说，但是八十老翁却做不到！"白居易听了甚为惭愧，甘愿俯首受教。鸟巢禅师所答是引自《法句经》，其原文为："诸恶莫作，众善奉行，自净其意，是诸佛教。"能将自己的身口意清净了，就是损之又损，没有忿欲。此时不能只是消极的无为或是有过则改而已，应该积极的见善则迁，无所不为。这段话并没有强调传统佛教因果循环之理，只要净化自己的心念，自然能"诸恶莫作，众善奉行"。

老子曰："为学日益，为道日损，损之又损，以至于无为，无为则无不为。"②为学日益的学，不只是指书本上知识的学习，而是指将所学加以实践应用之后所累积的经验，《论语·学而》"学而时习之"即是此意。故知儒、释、道，其理一也。我们常得反省反省自己人生的损益表，是否有损己而利人的胸襟，还是只知利己而损人？《苏氏易传》将损卦和益卦的大象辞合并起来参看，而评论曰："'惩忿窒欲'，则上之为损也少；'改过迁善'，则下之蒙益也多矣。"

从客户关系管理而言，在与客户的互动过程中，是我们最能经由顾客的意见乃至抱怨中去了解我们产品和服务的优缺点，以及市场之趋势。我们看到竞争者比我仍好的，就应该积极的改进效法；听到批评自己的意见，更应该革除企业做的不完善之处。如此，才能精益求精。"在推动客户关系管理上，我们应以对客户之服务为切入点，销售是服务的延伸，而满足客户需求之销售，是最好的服务。"③客服是"损上"的成本支出，然而能提供给客户最佳之服务乃"益下"之举。顾客感受到贴心的服务，自然会增加其再来光顾之机会，成为忠诚的客户，故长远来看，可达到"益上"的成效。

---

① 黄启江《佛教因果论的中国化》，中华佛学学报第十六期（2003年7月）第233–259页。来源：http://www.chibs.edu.tw/publication/chbj/16/chbj1609.htm

② 《老子·第四十八章》

③ 陈谐，CRM专题演讲（Guest Lecture），政治大学，2006年7月12日。

益卦内卦为震、为雷，代表研发；外卦为巽，为风，代表行销。在内有创新研发才能推陈出新，保有竞争力。外面市场上有什么风吹草动，如竞争者的产品有新的功能或价位，则回报于内随时改进，并提供研发部门参考。对顾客诉怨的处理要像听到雷声一样的警觉，由顾客诉怨的回馈中发觉产品的缺失，或是服务不周全之处。以客为师，虚心受教，有过则改，必能日新又新。

【序卦传】损而不已，必益，故受之以益。

孔子曰："自损者，必有益之，自益者，必有缺之。《易》损卦次得益。益次夬。夬，决也。损而不已必益，故受之以益。益而不已，必决，故受之以夬。吾是以叹也。"[1] 从卦序上来说损卦之后接着是益卦。先损后益，要有所得，必要先有所失。愿意先吃亏才能占到便宜，要有投资，才会有收益。企业对顾客提供优质的服务，是一种成本的支出，经常看不到直接和即时的效益，然而透过贴心的服务和创新的产品，必能提高顾客的忠诚度，因而创造企业长远的利益，故损卦之后是益卦。

损益表（Income statement 或 Profit and loss statement），是财务报表之一，代表企业经营的收益和成本。私人企业虽然要将本求利，但是得失心不可太重，不可急功近利。万事起头难，一般公司在创业的前三年较难有可观利润，其道理很简单，因为这头几年，必有一大笔资金的投入于资本财，如购买设备、厂房、研发等，在记账时应将其资本化，即不在损益表下做成一次性的费用，而在资产负债表中做成资产。以后再根据折旧年限，按月以折旧摊提转到损益表的费用科目。换句话说，如果这些投资在一段时期后赚到的收入（益），还无法超过支出成本（损），则会成为损益表中的净损，进而转成为资产负债表上股东权益的损失。

以个人的事业而论，不肯做长期的投资，没有牺牲奋斗、沉潜修德育才、磨砺以须的能耐，却又天天想要发财的人，经常是不仅财没发成，连要守

---

[1]　出自《孔子家语·六本》

住小成都不易。损卦《象》曰："损，损下益上。"益卦《象》曰"益，损上益下。"此处"上"指君主言，"下"指民众言。有损百姓而增益君主则"剥民奉上，民既贫矣，君不能以独富，是上下俱损矣。"①

以现代企业而论，下面的员工和为企业衣食父母的顾客，若不能善待之，则员工离心离德，顾客不再上门，企业虽先益己，必将受损而败亡。反之，若能损上而益下，能与员工和顾客分享利润，则必能有所增益，创造三赢的局面，这对于顾客、员工和企业皆有利。

【杂卦传】损、益，盛衰之始也。

损益的现象是盛衰开始的征兆，盛衰是由一个时期接一个时期的损益累积而成的。能"损上益下"，则能巩固顾客的向心力，这是企业的根本所在，能如此自然能转衰为盛、转危为安。反之，只知"损下益上"，损害了顾客的利益，动摇企业的根基，以换取短期的利润，则终将转盛为衰。

【爻辞】初九，利用为大作，元吉，无咎。
【小象】元吉无咎，下不厚事也。

"初九"阳刚之爻，居下卦震卦之初，受上位者之辅益，可以好好利用此情势而大有作为，这是大吉的事，不会有过错。为何会"元吉，无咎"呢？这是因为在下的"初九"得益于上，但却不以此利益做"厚己"、自利的事。若以客户服务的观点来解读，"厚"或应写为"后"字②。"初九"是在下面第一线的员工，"下不后事"，是指第一线员工得到上位者充分的授权，在服务客户有问题时，要能立即采取行动，不可错失先机，把事情延误了。

【爻辞】六二，或益之十朋之龟，弗克违，永贞吉。王用享于帝，吉。

---

① 明来知德《易经来注图解》损卦注解。
② 笔者认为"厚、后"二字，或者因为音同而误。

【小象】或益之，自外来也。

"六二"阴爻居阴位，有时候在位者给了他如"二十个龟"的财物，在下之"六二"不好违背，但得一直守住正道才能吉祥。有时在上位者，用利益来笼络其部属，以助其从事不正当的交易，此时在下位者不可顺从上意、助纣为虐。在上位的"九五"若能以生养万物为其使命，这才值得为人部属为其效命。

"或益之，自外来也。"当在下者得到上面的重视和奖赏时，应谦冲自守，将这些"益"视为为身外之物，可有可无，能坚守正道，才会有好的结果。

【爻辞】六三，益之，用凶事，无咎。有孚中行，告公用圭①。
【小象】益用凶事，固有之也。

若能以财物捐输益下，以救其艰难的凶事，则没有过错。"六三"居下卦之上，和中间三个阴爻的中位，以阴爻居阳位，守诚信而行中道。"六三"在下卦之上，居艰险之地，能以公文向上位者正式传达下面的困苦之情，请主政者，减免赋税，以舒解下面的困境。

"益用凶事，固有之也。"损上益下，上位者用益以济下之艰难，而渡过凶险之事，这是理所当然的。

【爻辞】六四，中行，告公从。利用为依迁国。
【小象】告公从，以益志也。

"六四""当位"，以阴爻居阴位，居于上面巽卦之下，不亢不卑，以阴爻上承"九五"之阳，而行中庸之道。能告诉上位者"损上益下"之道，获得其信从，而增强其益下的志向。若依据人民的利益而行事，则即使是如

---

① 公者，居臣位之极也。圭是一种玉器，笔者认为大臣上朝时执玉圭，在朝廷上正式向上呈报公事时，将报告重点写在圭上，以免忘记。

迁徙国都的大事都可以去做。

【爻辞】九五，有孚惠心，勿问，元吉。有孚，惠我德。
【小象】有孚惠心，勿问之矣。惠我德，大得志也。

"九五"中正，以诚信待下，根据民众之需要而嘉惠百姓，则不必问卜，也知道是大吉大利的事。民众或顾客感受到"九五"的德泽，因而建立起对此企业的忠诚度，故在上位者能领导群众、员工，实现其远大的理想。在客户关系管理上，有忠诚的客户经常惠顾，并且透过口碑主动帮助你宣传公司的产品或服务，公司的获利率自然会提高。

【爻辞】上九，莫益之，或击之，立心勿恒，凶。
【小象】莫益之，偏辞也。或击之，自外来也。

"上九"居益卦之极，因"损上益下"而获得在下之拥护，觉得自己做得不错，而开始注重自己的私利，此时若不能有所警觉而加以收敛，将是为德不卒。故爻辞用较偏激的言语说"莫益之"来警惕居"上九"之位的人，要坚持损上益下的美德，若是不再以民众或顾客的利益为先，而只顾到自己的利益，失去了其益下之德，则会失去了民众及顾客的拥戴，于是容易给对手可乘之机，遭到外来的攻击或竞争。若不能将心中"损上益下"的德性坚持而有恒的去实践，则是会有凶险的。

孔子在《易经·系辞传》中解释此爻如下："君子安其身而后动，易其心而后语，定其交而后求，君子修此三者，故全也。危以动，则民不与也；惧以语，则民不应也；无交而求，则民不与也；莫之与，则伤之者至矣。《易》曰：'莫益之，或击之，立心勿恒，凶。'"孔子认为在位的君子要先给人民安定的生活，才能动员他们从事重大的改革。要能设身处地了解在下者心理，才发表言论与百姓沟通。和在下位之民有了一定的交情之后，才能要求他们出钱出力，报效国家。在位的君子能努力修习做到这三点，所以能保其身、全其国。要人民去冒不必要的危险，他们是不会支持你的行动。不了解民心，只知用恐吓的语言来推动事情，人民是不会应和你的。平日没有交情，尚未建立信任感，而就要求人民出钱或出力，他们是不会轻易给与你向他们所需索的东西。人民不和你同心协力，不支持这个政权，则想要谋取夺去你的权力地位的竞争者，就会出现。益卦"上六"的爻辞曰："若是不再以民众或顾客的利益为先，而只顾到自己的利益，丧失其益下之德，则会失去民众及顾客的拥戴，于是容易给对手可乘之机，遭到外来的攻击或竞争。若不能将心中损上益下的德性坚持而有恒心地去实践，则会有凶险。"

笔者认为此爻可以从另一个观点来思考，"损上益下"是为民谋福，虽然是好事，但给予员工或百姓过多的福利，则在下位者可能会养成一种依赖的心理，这时反而会造成公司和社会的重大负担。"上九"在益之极，已经做了足够的益下之事，此时不应再给下面一些不必要的资源，或许要想些其他方法给下位者一些外来的刺激或压力，让他们振作起来。以企业而论，就是给予员工基本的薪资和福利，其他的利益是要靠辛勤的工作和业绩得来的。这就是为什么许多销售人员，本薪都很低，其主要收入大都是来自与其销售绩效的红利。以国家而论，过度泛滥的福利政策，很容易造成人民依赖国家的心理，因而不事生产，造成"生之者寡，食之者众"的情况，只有不断地加重赋税来维持，这实非长久之计。

四、总论

据研究美国一个四口人的家庭，一辈子之中在超级市场买食品的花费（LTV：life-time value）是美金25万[1]，如果能够和这一家人做一辈子的生意，其每一笔金额虽然不大，但累计之利润必然可观。能薄利多销，"放长线钓大鱼"，宁愿在赔损的情况下先招揽争取到新顾客的生意，再以利益均沾的方式，获得顾客的信赖，因而建立起长远的关系，这才是企业创造利润，

---

[1]　Donald S.Swift, *Accelerating Customer Relationships*：*Using CRM and Relationship Technologies*，Prentice Hall，2001.

永续经营之道。经营企业的方法就是："争取到新客户，能让顾客多买，留得住老主顾。（Acquire new customer；Grow the business with customers；Retain customer）"Buchanan 和 Gilles（1990）[①]分析能留住现有的顾客、增加其忠诚度，能提高企业的获利率，其原因如下[②]：

1.招揽新客户的成本，若能保持长久的关系，则其平均年度成本会降低。

2.维系老客户的成本，比新客户要低。

3.老客户有较高的忠诚度，不易移情别恋，对价格比较不敏感。给企业带来稳定的盈收。同时竞争者也不易将他们抢走。

4.善待忠诚的客户，建立好的口碑，他们会免费宣传你的产品和服务，或介绍新的顾客。

5.老客户较有可能购买获益较高的附属产品。

老客户较了解熟悉该企业的产品和服务，因此在客服的成本上会较低。员工在面对老客户时也较有亲切和成就感。有心情愉快的员工，自然会提高顾客的满意度，因而形成一种良性的循环。

员工能以客为尊，必能增加顾客的满意度。进一步，由于顾客的肯定，则能激发员工的热情（欢喜做），提高员工的忠诚度，形成一种良性的循环，此乃推行顾客关系管理的深层效应。

在服务业（如旅馆业和航空业），顾客服务是其成败的关键。旅馆业巨子 Marriot（万豪国际酒店）旅馆的创办人 J.W.Marriot 认为："没有快乐的员工，就没有快乐的旅馆客人（You don't get happy guests with unhappy employees.）。"被尊重、充分授权而被企业善待的员工，在执行业务和服务顾客时，必能尽心尽力，故能增加顾客满意度。有稳定满意的忠诚顾客群，他们会为你带来固定的收入，并且减少招揽新顾客的成本（new customer acquisition costs），是故能增加企业利润，进而增加股东的价值，此一良性循环即如图 -4 所示。

---

① Buchanan, R.and Gilles, C.（1990）"*Value managed relationship：The key to customer retention and profitability*", European Management Journal, vol.8, no.4, 1990.

② http：//en.wikipedia.org/wiki/Customer loyalty

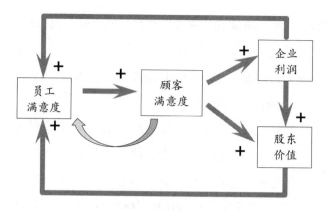

图 -4 以员工和顾客为本的价值链

严长寿在管理亚都饭店的时候，曾经列举四项服务业最重要的准则，是每位员工都要打从心底去体认的基本理念 [1]：

1. 每个员工都是主人。要让客人在接触第一线员工的时候，就像受到主人亲自接待一样。服务业的组织就像一座倒金字塔，最先接触到顾客的往往不是真正的老板，而是许许多多的一般员工，一定要让他们能以做主人的心情，去接触、服务顾客。要做到这一点，也要充分授权给第一线员工。

2. 尊重每个顾客的独特性。以厨师为例子，顾客的要求不一定是对的，但是他一定会有自己的偏好。你要去迎合他的偏好，才是成功的服务。假如你坚持自己才是对的，去跟客人争输赢，即使你争赢了，最后输的还是自己。

3. 好的服务是有求必应的服务，但卓越的服务，是能够想在顾客前面的服务。真正体贴的服务，是在顾客还没有提出要求之前，就预先替他设想到。

4. 绝不轻易说不。在这个服务行业里，无论遇到任何事情，都不能断然拒绝，而要婉转地让客人设法体认。有时候客人提出的要求实在难以实现，你千万不能说"公司规定不可以"或者"我做不到"，而要让对方感受到你愿意帮忙的诚意，顾客才能比较容易接受这个事实。

许多公司都会成立客服中心，以提供快速且友善的顾客服务。好的服务能吸引新的顾客和保住老主顾，能增加企业的盈收，然而企业一旦将客服中

---

① 严长寿《总裁狮子心》，台北：平安文化 1997 年。

心视为利润中心，要求客服人员优先向顾客推销产品，而忽略了顾客所需要的服务，不久就产生反效果，盈利反而会下降[①]。虽然客服中心的工作流程和资讯系统很重要，但归根究底，这些工具都是为了帮助顾客解决问题。

网讯电通总经理陈谐认为客服这个工作不只是要"以客为尊"，还更要"以客为师"，不能只倚赖电脑和通讯科技，而脱离客户这个"人"的因素[②]。以客为尊，要先了解企业与顾客"生命周期"各阶段中主要的互动情境（如图-5）。企业的员工和主管要知道："客户向你抱怨，表示他对这个企业还抱有希望。"如果能聆听其建议，有过则改，找出改进我们产品和服务的方法，甚至从顾客的抱怨中，找到新的需求，因而开发出新的产品和服务，满足顾客所需，则必能让企业经营得更好。企业经营者能了解益卦，知道损上益下之理，实践"造福员工，服务顾客"之理念，自然能建立起一个成功的企业。

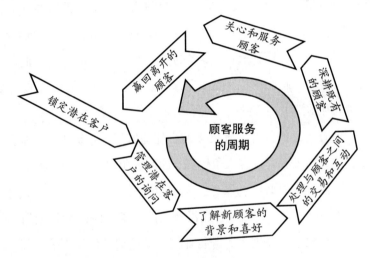

图-5　在顾客生命周期各阶段的互动活动

提供最佳的服务是争取顾客忠诚度的方法，拥有忠诚顾客群是企业能赚钱的关键。然而要提供良好的顾客服务，企业必须授予第一线面对顾客的员工充分的权能。当顾客对产品或服务不满意时，处理这些状况的员工，

---

①　笔者与网讯电通总经理陈谐的访谈内容，该公司的网站为 http：//www.telexpress.com.tw/

②　尹怡君《Call Center：呼叫企业最敏感的神经元》，卓越杂志 2005 年 7 月第 251 期，http：//www.ecf.com.tw/OldMg Detail.php？ om id=37

能即时做出必要的决定和适当的补偿措施（例如旅馆提供客人一天免费的住宿），让心怀不满的顾客能很快的心回意转，这些服务疏失之补救的效果是不可轻忽。所谓"怨客是买客"、"嫌货才是买货人"、"褒贬的是买主（贬多于褒）"，挑剔公司产品或服务的人，才是真正想购买的客人，他挑三拣四是为了购买时的杀价预留伏笔。

号称"全球最伟大的销售员"的乔吉拉德（Joe Girard）的六成业绩来自老顾客与老顾客介绍的新顾客。乔吉拉德提出一个"250定律"：满意的顾客会影响250人，抱怨的顾客也会影响250人。对公司提出诉怨的顾客，是对该公司还抱有期望的客户，其抱怨也反映了顾客潜在的需求或是产品设计上的缺失，在公司的文化上对诉怨的顾客能至诚以待，尽速采取拯救怨客的行动，则不但能将怨客转为买你东西的客人，并可经由贴心的服务，将其变为常久忠实的顾客。

一个好的领导者或企业主管，应用领导之道在于为众人服务（To rule is truly to serve）的心态 [1]，视"出来做官"为一种的牺牲奉献，而不是为了个人的荣华富贵，自然容易成为部属所爱戴的管理者。此一思想在黄宗羲所著《明夷待访录》〈原君〉一文中有很精彩的论述（见附录三）。他认为上古时代的君主能不以自己的利益为利，能任劳任怨而让天下人皆能受到利益。这就是为什么尧要将帝位让给许由，而许由认为是受罪的差事，同时也认为自己没有足够的德行和才能受此重任，故不愿意接受任命，而逃到箕山隐居。

孟子早就有"民为贵、社稷次之、君为轻"的民主、民本思想，将人民的福祉放在第一位，其次是国家社稷的利益，最后才是领导人的利益。后来的帝王将天下视为自家的天下，而不顾人民之死活，这也就是为何这些王朝最多只能维持个二、三百年就被人民推翻了。一个公司或政府在考虑其治理的制度时（governance），要给在上位者适当的酬劳，以招揽人才；但又不可让上下之薪资相差过巨，以致造成下面员工心理上的不平衡。在

---

[1]　C.F.Baynes（Editor），R.Wilhelm（Translator），*The I Ching or Book of Changes*，*Princeton University Press*；3rd edition，October 1，1967，p.162.

资本主义的社会下这一理想并不容易实现，不过也有一些例外。美国的 Ben and Jerry 冰淇淋公司曾限制高阶主管薪水不得高于第一线员工薪水的七倍[①]。美国三大汽车公司之一的 Chrysler，于 1978 年请来了刚从福特离职的 Lee Iacocca 为董事长，当时该公司已面临破产，靠政府担保的贷款才得以暂时渡过难关。他开除了一些无能的主管，又与工会谈判降低员工的薪水和福利，他自己同时也只拿象征性一美元的年薪，以示与员工同甘共苦。五年之后该公司反亏为盈，并偿还了政府的贷款。2008 年的金融海啸，各国政府主管单位和国会都欲增订"肥猫条款"，来限制董监事和高阶主管的薪酬，防止他们损下益上自肥，因而损害了大众的权益。

记忆体产业金士顿（Kingston）的创办人杜纪川和孙大卫之经营哲学更是符合了益卦的精神[②]。1996 年 8 月 15 日，日本软件银行以 15 亿美金购买了金士顿 80% 的股份，杜纪川和孙大卫两人在 1996 年底大手笔犒赏全体员工共一亿美元的红利，一个员工就至少分到新台币六百万元。公司卖出去之后，其中一位老板（孙大卫）到日本跟软件银行开会，软件银行面有难色地跟他说，手上资金不够，接下来要付的三亿美元，可不可以晚点再给。他马上就很大方地说："那就不用付了！反正 DRAM 价格一直跌，就当作跌价的损失好了！"[③] 这可能是为什么 1999 年 7 月杜纪川和孙大卫能以 4 亿 5 千万美金购回软件银行所持有的金士顿 80% 的所有权[④]。

金士顿的特色是公司每年提拨税后纯益的 8% 至 10% 作为员工之奖励，每位员工平均约可多领年薪的 38%。这是基于大家共同努力工作，所以应该共同分享利润的想法。1997 年东南亚金融风暴发生时，一位泰国客户向杜纪川告白，他已经破产，无力偿还欠金士顿的货款。杜纪川记得这位客户

---

① Fred Lager, *Ben & Jerry's : The Inside Scoop : How Two Real Guys Built a Business with a Social Conscience and a Sense of Humor*, 1994.

② 本段文章大都是录自《数位时代杂志》，2005 年 5 月 15 日封面故事。

③ 《一位资深 Kingston 人看金士顿》，来源：http://www.bnext.com.tw/mag/2005 05 15/2005 05 15 3253.html

④ 来源：Kingston 网站 www.kingston.com/taiwan/company/default.asp

的信用纪录一向良好，而且金士顿过去和这位客户往来已赚了很多钱，所以决定继续出货给他。"我想象他坐在那里无助的样子，我自己当年也经历过，很需要别人帮助。"金融风暴过后，这位泰国客户把积欠的货款付清了，从此成为最挺金士顿的死忠企业伙伴。金士顿在销售价格上也会为渠道商着想，使其能享受到产品成本下降的利益。忠于长期的企业伙伴，是金士顿的核心价值之一。金士顿的企业文化是"尊重、忠诚、弹性、正直"，强调以人为本①，公司上下 2900 的员工每人每年的平均产值为 100 万美元，是全美最尊重员工的企业和最适宜工作的公司。益卦强调损上益下，即是"以民为本"思想之根源。益卦应用在经营管理上，则是以客为尊，为员工谋福利，这才是企业永续经营的正道。

Zappos.com 是全球最大网路鞋店，Zappos 的执行长谢家华（Tony Hsieh），十九岁哈佛毕业，拿下全世界程式比赛总冠军；二十四岁卖掉第一家创业公司（LinkExchange），身价就达四千万美元。1999 年他二十五时岁投资史威姆（Nick Swinmurm）创建的 shoesite.com 网站，后来正式加入经营管理并改名 Zappos（西班牙文鞋子的意思）。当时，没人看好，他甚至在三年内就把自己赚到的四千万美元全花光，连银行、创投的资金共烧掉近两亿美元资金，第七年才开始赚钱。2010 年这家公司成为全球最大的网路鞋店，销售额逾十亿美金，占全美国网上鞋类销售的四分之一。2009 年底，亚马逊（Amazon.com）以十二亿美元（约合新台币三百八十四亿元）的天价买下 Zappos。亚马逊执行长贝佐斯（Jeff Bezos）说："他们创造出来的公司文化与顾客服务，实在不是我们所能匹敌的（参考本书第十三章谦卦"附录三"）。"并购并后贝佐斯让 Zappos 维持独立运作，亚马逊不介入经营，因为两家公司的文化大相径庭，各有千秋。Amazon 是重视高端技术，Zappos 强调亲切服务（High Tech vs.High Touch）。Zappos 的许多做法，颠覆了许多服务业和电子商务经营的传统。

珊蒂是美国房产销售员，到意大利旅游看到一双手工马靴，回国后对

---

① 来源：http://www.kingston.com/company/socialresponsibility.asp

那双靴子朝思暮想。她找遍了各大通路，多数碰了钉子。在朋友的建议下，珊蒂拨在 Zappos 网站上轻易地找到了 Zappos 的 800 号免费电话。她打电话到 Zappos，电话那头的声音愉悦亲切，两人从马靴开始，一路聊到彼此旅游经验。挂上电话，珊蒂郁闷一扫而空，看看时间，她们两人整整讲了四十分钟。五天后，珊蒂收到一个包裹，打开一看，她忍不住"WOW（哇）"的一声叫出来：里面装了三双靴子，正是她在意大利看到的那一双，颜色、款式丝毫不差；另外两双则是不同的尺寸，供她试穿。原来，Zappos 客服人员挂上电话后，立刻与采购部门联络，找到意大利供应商买了三个尺寸的鞋子寄回美国，送到珊蒂手中。她可以试穿后再退回，完全免运费，三百六十五天内不满意还可以全额退费。这样的服务，在所有人的眼中只有三个字："不可能！"但是 Zappos 就是以此打造了网络卖鞋的王国①。Zappos 的十大核心价值的第一条就是"透过服务带给顾客'哇'的惊喜（Deliver WOW through service）②"，而该公司的口号："服务是我们的驱动力（Powered by Service™）。"即是以客为尊、服务为先。

为了提供最好的服务，Zappos 提供迅速且免费的交货服务，约九成订单下一个工作天就会宅配到府，而且可以退货，试穿后不合意的鞋子可在365 天之内免运费退回。Zappos 四分之三的销售，都是老顾客所贡献的。为了能迅速交货，Zappos 把两座共占地 100 万平方英尺的仓库，设在肯德基州距离快递业者优比速（UPS）的转运中心只有 15 分钟车程的 Shepherdsville市。Zappos 总部和客服中心位于拉斯维加斯，该地有充沛的服务业人力资源。其客服中心全是自己员工，他们不必照脚本来回答客人的问题，而是尽心尽力的去服务顾客。Zappos 以服务至上来吸引顾客，不在广告上花钱，而是靠客人的口碑来行销。Zappos 以卖鞋起家，但是不画地自限，已经开始贩卖其他商品，前途不可限量③。该公司竞争力来自其服务至上的核心价值

---

① 林俊劭《36 岁鞋王传奇》，商业周刊第 1184 期，2010 年 8 月 2 日。

② http://about.zappos.com/our-unique-culture/zappos-core-values/deliver-wow-through-service

③ Tony Hsieh, *"Zappos's CEO on Going to Extremes for Customers"*, Harvard Business Review, Vol.88, No.07-08, July 1, 2010, pp.41～45.

及文化，这正是益卦"以上益下"观点之体现。

五、《易经》思维动动脑

1. 研究中国传统百年老店，如全聚德、同仁堂、胡庆余堂、瑞蚨祥的经营历史，并且分析其永续经营之道为何？

2. 以某一企业为例，分析其在顾客服务周期各阶段为何？有何可改进之处？

3. "以客为尊"和"以客为师"这二个观念有何异同？

4. 员工工作满意和顾客的满意度有何相关性？为什么？

附录一：否泰损益四卦在《易经》六十四卦的关键地位

上经三十卦

乾 1，坤 2，屯 3，蒙 4，需 5，讼 6，师 7，比 8，小畜 9，履 10，泰 11，否 12，同人 13，大有 14，谦 15，豫 16，随 17，蛊 18，临 19，观 20，噬嗑 21，贲 22，剥 23，复 24，无妄 25，大畜 26，颐 27，大过 28，坎 29，离 30

下经三十四卦

咸 31，恒 32，遁 33，大壮 34，晋 35，明夷 36，家人 37，睽 38，蹇 39，解 40，损 41，益 42，夬 43，姤 44，萃 45，升 46，困 47，井 48，革 49，鼎 50，震 51，艮 52，渐 53，归妹 54，丰 55，旅 56，巽 57，兑 58，涣 59，节 60，中孚 61，小过 62，既济 63，未济 64

附录二：刘备遗诏（出自《三国志》裴松之注解①）

《诸葛亮集》载先主遗诏敕后主曰："朕初疾但下痢耳，后转杂他病，殆

---

① 晋陈寿撰、宋裴松之注《三国志·蜀书二·先主传》。

不自济。人五十不称夭，年已六十有余，何所复恨，不复自伤，但以卿兄弟为念。射君到，说丞相叹卿智量，甚大增修，过于所望，审能如此，吾复何忧！勉之，勉之！勿以恶小而为之，勿以善小而不为。惟贤惟德，能服于人。汝父德薄，勿效之。可读汉书、礼记，闲暇历观诸子及六韬、商君书，益人意智。闻丞相为写《申》、《韩》、《管子》、《六韬》一通已毕，未送，道亡，可自更求闻达。"

附录三:《明夷待访录·原君章（前半章）》①

有生之初，人各自私也，人各自利也，天下有公利而莫或兴之，有公害而莫或除之。有人者出，不以一己之利为利，而使天下受其利，不以一己之害为害，而使天下释其害。此其人之勤劳必千万于天下之人。夫以千万倍之勤劳而己又不享其利，必非天下之人情所欲居也。故古之人君，量而不欲入者，许由、务光是也；入而又去之者，尧、舜是也；初不欲入而不得去者，禹是也。岂古之人有所异哉？好逸恶劳，亦犹夫人之情也。

后之为人君者不然，以为天下利害之权皆出于我，我以天下之利尽归于己，以天下之害尽归于人，亦无不可；使天下之人不敢自私，不敢自利，以我之大私为天下之大公。始而惭焉，久而安焉，视天下为莫大之产业，传之子孙，受享无穷；汉高帝所谓"某业所就，孰与仲多"者，其逐利之情不觉溢之于辞矣。此无他，古者以天下为主，君为客，凡君之所毕世而经营者，为天下也。

今也以君为主，天下为客，凡天下之无地而得安宁者，为君也。是以其未得之也，屠毒天下之肝脑，离散天下之子女，以博我一人之产业，曾不惨然！曰"我固为子孙创业也"。其既得之也，敲剥天下之骨髓，离散天下之子女，以奉我一人之淫乐，视为当然，曰"此我产业之花息也"。然则为天下之大害者，君而已矣。

---

① 黄宗羲（1610～1695）《明夷待访录·原君章》，来源: http://ef.cdpa.nsysu.edu.tw/ccw/01/my.htm

第二十三章 革卦：变革管理，顺天应人

（Revolution，Change Management）

卦名：革［泽火］——第四十九卦

一、经文

卦辞：革：己日乃孚，元亨利贞，悔亡。

《彖》曰：革，水火相息，二女同居，其志不相得，曰革。己日乃孚，革而信也。文明以说，大亨以正，革而当，其悔乃亡。天地革而四时成，汤武革命，顺乎天而应乎人，革之时大矣哉！

《象》曰：泽中有火，革。君子以治历明时。

《序卦传》：井道不可不革，故受之以革。

《杂卦传》：革，去故也；鼎，取新也。

爻题	爻辞	小象辞
初九	巩用黄牛之革。	巩用黄牛，不可以有为也。
六二	己日乃革之，征吉，无咎。	己日革之，行有嘉也。
九三	征凶，贞厉，革言三就，有孚。	革言三就，又何之矣
九四	悔亡，有孚改命，吉。	改命之吉，信志也。
九五	大人虎变，未占有孚。	大人虎变，其文炳也。
上六	君子豹变，小人革面，征凶，居贞吉。	君子豹变，其文蔚也。小人革面，顺以从君也。

爻题	卦体	卦象	卦德	人伦
上六 九五 九四	兑	泽、水	悦	少女　外卦、上卦
九三 六二 初九	离	火	丽、明	中女　内卦、下卦

二、前言

有些人认为人类最早的一本书，是中国的《易经》。《易经》是一本谈变革的书，此书在今天仍具有其时代的意义。《易经》是将八卦相重叠为六十四卦而组成，代表了洞察天地间及人事上六十四个不同的情境，并且提供人们在不同情境下应持何种心态、采取何种行动、及如何提升自身的修养，以趋吉避凶，化险为夷。《易经》虽然是一部源于卜筮的书，但更可视为人类首次尝试发展出一套有关变革的科学。《易经》所传授之美德有：观微知著、有弹性和坚忍不拔的韧性，以及在各种情势下，都能了解其他人所持的立场，并且能易地而处（attentiveness, flexibility, perseverance, and awareness of where other stands in a given circumstance）[1]。这些修为在经营管理一个现代的企业时，更显得重要。《易经》的六十四卦，可相互转化（所谓的卦变），产生错综复杂的变化（所谓的错卦和综卦），随时转移而形成不同排列组合的变化，由此可以想见古人所处环境之复杂。在现今变瞬息万变的时代去经营一个企业，企业主管更须要将《易经》所传授给我们的识变、知变及应变的能力和修养发挥出来。

《易经》是研究变化的书，外在环境起了重大的变化，可使得企业走上穷途末路或是出现了转机，面对此困境和机会，这些组织要能变革，才能因

---

① 　此段文章意译自 The Price Waterhouse Change Integration Team，"Chapter 1 : The Basics of Change"，*Better Change : Best Practices for Transforming Your Organization*，McGraw Hill 1995, p.1.

穷而变，因变而通达，因通达而行之久远。"革"是变革的意思，革卦在《易经》中是极其重要的一卦。《说文解字》曰："兽皮治去其毛，曰革。革，更也。""革"就是除去兽皮上面毛的这个动作。去了毛的兽皮，就成为软柔又坚韧的皮革。拔除兽皮上的毛，而更改其外表形状、性质、和功用，其变化不可谓之不大，故革又有更改的意思①，进而引申为变革。

《系辞传》曰："刚柔相推而生变化……变化者，进退之象也。"②又曰："圣人有以见天下之动，而观其会通……拟之而后言，议之而后动，拟议以成其变化。"③一般人将"变化"视为一个词，而不加以区分。然而仔细分辨之，则知"变"与"化"虽有相近之义，却又有相异之处。变是由阴变阳，化则是由阳变阴④。张载曰："气有阴阳，推行有渐为化，合一不测为神。"⑤是故可知"变"有剧变之意，而"化"则是渐变。变是化之因，化为变之果。制变之道，在识变因之几微，而以化推导之，能将有形之变，化为无形。若无为，而实无不为也。《易经·系辞上传》曰："化而裁之谓之变，推而行之谓之通。"化者，化导也。因势而利导，则自然水到渠成，力少而功多。裁有订制、裁成之意。要引进新的观念和制度，不能生吞活剥，一成不变的去改制，要能因时、因地、因人、因事而裁成之，裁成之道便在于一个"化"字诀。化导而后裁成之，则变革才有成功的希望。推是刚柔并济、软硬兼施，就好像太极拳的推手一样，柔中有刚，刚中有柔；退中有进，进中有退；慢中有快，快中有慢。能以推手"四两拨千斤"的诀窍，用灵敏之听劲而知其来势，而后用圆融的手法化去其劲道。能将改革之阻力化为助力，变革才能顺利推行。要化去阻力、推行新政，就必须了解各方面的势力与情势，深体民情（员工和顾客）之走向，不能只靠口说，要能制订出适当之政策，

---

① 《说文解字》段玉裁注："治去其毛，是更改之意，故引申为凡更新之用。〈杂卦传〉曰：革，去故也。郑注易曰：革，改也。"

② 《周易本义·系辞传下》第二章

③ 《周易本义·系辞传下》第七章

④ 《周易本义》"柔'变'而趋于刚者，退极而进也。刚'化'而趋于柔者，进极而退也。"

⑤ 《周易本义·系辞传下》朱熹引用张载《正蒙》之言。《正蒙》又有"缓则化矣"一语。

实心诚意地逐步推行之，此乃"善化"也，善化则"变革"可成。

老子曰："治大国若烹小鲜。"烹是中国厨艺中"煎、炒、煮、炸、烹、蒸"诸方法之一，是一种特殊的蒸法，和蒸不同。在水滚开了之后，要再加一点冷水，再让它滚，而用热气去蒸，如此反复不断，才能烹出最鲜美的小鲜。俗话说"百滚豆腐千滚鱼"，最后鱼肉都溶入汤中，至为鲜美。如此慢工出细活，在不知不觉中摸出人民的心理，而找出治理之要点所在，在进行变革能如此才容易成功。我们真知道老百姓心中想什么吗？真知道才能情投意合，不然就是同床异梦。各地吃鱼的习惯都不一样，要能因地制宜。故《老子》第八十章曰："小国寡民。使有什伯之器而不用；使民重死而不远徙。虽有舟舆，无所乘之，虽有甲兵，无所陈之。使民复结绳而用之。甘其食，美其服，安其居，乐其俗。邻国相望，鸡犬之声相闻，民至老死，不相往来。"联邦制度之下，中央有中央之执掌，如外交和国防，而地方之州（省）、县，则有其可因地制宜之权力。此乃分而治之的道理，亦是治大国之道。

一般人或企业的因为"习惯成自然"，贪图安定而抗拒变动，因为任何变革都有相当大的不确定因素和风险，并且经常会影响到既得利益阶级的私利，若处理不善，很容易招到其反弹或是消极的抵抗而失败。若是已经到了人人都认为非改不可的地步再去改革，则较易为人所接受。然而等到"非改不可"时再改变，可能已为时晚矣。改革经常是先知先觉者倡之在先，在众人之危机意识尚未觉醒时去推动，在此过程中遇到强大阻力是很正常的。改革者一则要不断地与各利害相关的单位和人物沟通，一方面也要由一些易见速效的事务入手，以收服人心，并得到有力人士对改革者的信任和持续不断的支持。

《史记·商君列传》记载了秦孝公想用商鞅来进行变法时，群臣争辩变法的利弊得失。这一类的争辩在决定是否应改革时是很常见的，历代在变法的过程中经常是正反两派的力量相当、立场分明，在理论和实际利益上互相较劲，这一段辩论特别值得大家参考，故原文照录于下：

孝公既用卫鞅，鞅欲变法，恐天下议己。卫鞅曰："疑行无名，疑事无功。

且夫有高人之行者，固见非于世；有独知之虑者，必见敖于民①。愚者闇于成事，知者见于未萌。民不可与虑始而可与乐成。论至德者不和于俗，成大功者不谋于众。是以圣人苟可以强国，不法其故；苟可以利民，不循其礼。"孝公曰："善。"甘龙曰："不然！圣人不易民而教，知者不变法而治。因民而教，不劳而成功；缘法而治者，吏习而民安之。"卫鞅曰："龙之所言，世俗之言也。常人安于故俗，学者溺于所闻。以此两者居官守法可也，非所与论于法之外也。三代不同礼而王，五伯不同法而霸。智者作法，愚者制焉；贤者更礼，不肖者拘焉。"杜挚曰："利不百，不变法；功不十，不易器。法古无过，循礼无邪。"卫鞅曰："治世不一道，便国不法古。故汤武不循古而王，夏殷不易礼而亡。反古者不可非，而循礼者不足多。"孝公曰："善！"以卫鞅为左庶长，卒定变法之令。

变革应根据时代和环境的不同，而设立不同的法令和制度，遇到什么困难就得想适当的办法来解决，新的法令合乎时代的需要就是合理，创新的办法只要是对症下药就能成功。时代环境变了，原有的制度已不合时宜，故反而成了革新的障碍②。唐朝的赵蕤（音蕊）曰："昔先王当时而立法度，临务而制事，法宜其时则理，事适其务故有功。今时移而法不变，务易而事以古，是则法与时诡，而时与务易，是以法立而时益乱，务为而事益废。故圣人之理国也，不法古，不修今，当时而立功，在难而能免。"③鼓励管理者不必完全效法前人的作为，或是坚持自己以前成功的经验，而不敢对现行的制度做做大幅度的修正。重要的是能适应时代的趋势而立下功业，这样才能在困难和危机中突破而有转机，如此则可以避免灾难，甚至乘时势创造出一片天。朝代的中兴或是革命，以及"企业再造（Business reengineering）"给企业带来的革新和再生，都是《易经·系辞传》"穷则变，变则通，通则久"

---

① "必见敖于民"是指被一般人认为很傲慢。
② 赵蕤《长短经》卷三《适变第十五》。http://www.agent-m.net/Book/0-1-022-d3.htm
③ 同上。

此一核心观念的延伸。革卦是《易经》六十四卦中谈变革最为透彻的一卦，值得我们深入研究，作为管理者在企业和组织变革时的参考。

制度、程序要是已经很不合时宜了，便应加以大幅度的改革，新的做法必要合宜于当下人心和时势，方能为人所接受，能在短期内即得到一定的成效而亨通。然而面对巨大的变革时，利不百不变法，不轻易更动旧章。设计新制度时要看得远，不能只看目前，头痛医头，脚痛医脚，不然只是解决了一时之问题，却难以维持长久。要能"穷变通久"，则组织、制度、和程序之内应该建有一个动态的改善和变革之机制。渐进的改良机制能够"通久"，但时间长了，在大环境必然会有巨大的变动，则又到了穷尽之际，此时渐近式之改良已无法适应新的时代与环境，传统的典范就不得不随之移转。组织文化中要孕育着创新的机制，得有"不可为典要，唯变所适"的心态，因而能做出重大的革新，创造出如图 –1 所示，"穷、变、通、久"的循环。

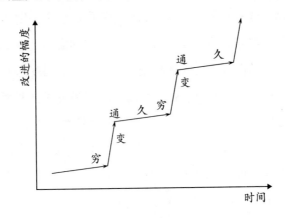

图 –1 "穷、变、通、久"示意图

章太炎引《系辞传》"变动不居，周流六虚，上下无常，刚柔相易，不可以为典要，唯变所适"这一段论述，而认为变易之义，是"易"字最正确的解释[①]。章氏之弟子朱季海则认为："所谓传统就是会一直传下去，传不

---

① 章太炎《国学演讲录·经学略说》，来源 http：//www.guoxue.com/master/zhangtaiyan/content/ggjyl 002.htm

了的就不是传统，每天都在前进，哪里回得去（返回到传统）？"[1] 在企业的经营上，要有经验的承传和延续，但在传递知识之际，必须了解过去制度和方法形成之历史背景与精神，故能知何者应变及何者应有所不变。现代的企业环境，由于资讯快速的流通、市场的全球化、科技不断地推陈出新，变动不居和破旧立新的现象，已成为企业经营的"常态"。经济学家熊彼得（Joseph Schumpeter，1883～1950）认为创业家（entrepreneurs）不断地追寻创新的观念、技术、产品、市场和生产方式，而彻底消灭目前主导市场的公司和其产品，因而激起另一波的经济成长，熊彼得将此现象称为"创造性破坏（creative destruction）"[2]，这也就是"变动不居，不可以为典要"之义，因为在剧变的时代环境下，大家所公认的"典范（paradigm）"经常会转移。典范转移（Paradigm Shift）的观念为科学史学者托玛斯·孔恩（Thomas Kuhn）在其1962年出版的著作《科学革命之结构》（*The Structure of Scientific revolution*）所提出的概念，说明科学演进的过程不是演化，而是由全新的创意和思维所带来的革命。也就是说我们要经常调整我们思考问题的角度，用新的观点来看事情，才能有所突破[3]。

组织内部的变革，乃是面对外在环境变动的自然回应。然而许多企业，经常沉醉于以前的成功，而错估了外在威胁的影响，以致错失商机。施乐公司（Xerox）在1980年代，一直到日本复印机业者推出售价低于其生产成本的新机型时，才惊觉对手不可忽视的竞争力，而致力于全面品管运动。然而数位化的技术，如激光打印机、个人电脑、电子文件等，使得复印机的市场更进一步的萎缩，虽然Xerox也朝数位化的方向走。其位于矽谷附近的研究中心（PARC: The Palo Alto Research Center）有过许多创新发明，但都因不受当时主管的重视，以致后继无力，因而在商业化的过程中失败。等到高阶主管开始重视这些发明时，市场的先机已为竞争者所占有。许多成功的

---

① 《章太炎传人沦为三无老人》，来源：http://udn.com/NEWS/WORLD/WOR1/3219731.shtml，朱季海为章太炎的弟子，"统"是指相继不绝的体系。

② http://en.wikipedia.org/wiki/Joseph Schumpeter

③ 黄榕江《转身思考，视野更宽广》，http://www.transtech.com.tw/e-paper/e-paper29.htm

企业，如 Xerox，最后皆是由盛而衰。这使人联想到《第五项修炼》一书中"温水煮青蛙"的寓言①。如果你把一只青蛙丢进一锅滚烫的水里，它会立刻察觉到危险，马上从锅里跳出来。但如果你把它放进一锅温水中，慢慢加热，青蛙会觉得很舒服，在不知不觉中温度已经上升到很高，此时即使青蛙感觉到危险，也没有力气跳出来了而被烫死。这是因为没有"履霜，坚冰至"②的警觉性，所造成的后果。

《楞严经》中有一段波斯匿王与佛对答之语，谈到人形貌之变化与人真性之不变，颇有禅味，其中波斯匿王回答释迦牟尼的质疑而说出下面的一段体悟："念念迁谢，新新不住……变化密移，我诚不觉。寒暑迁流，渐至于此。"这是说前念生，后念灭，如波浪一样，一波起，一波灭，时时刻刻都在变迁谢落。新的念头和事物是永远推陈出新停不住的，人由少至老在容貌的改变，是一分、一秒不停地在进行中，人们实在不易觉察，所以认为其变化是在暗中秘密地推移，寒来暑往，一年一度地变迁流转，我们才逐渐地惊觉自己不知不觉就由少、而壮、而老③。现代企业的变化以一年或一季的资料来观察分析，其变化不可谓之不大，然而企业主管由于身在其中，就很难感受到企业经营环境一分一秒或一日之间的细微变化，这就是"变化密移"的现象，也就是将温水逐渐加热可以烫死青蛙的原因。是故要有"观微知著"的警觉性，才有"变革"的行动可言。研究《易经》和革卦，教导企业主管要能识变化于其先兆，继而要有魄力、有程序、有方法、并且以创新的精神去进行变革之管理。变革之间又能以圆融的手段，有效地排除各种阻力，故能将企业成功的转型。

《庄子·大宗师》有一比喻与《楞严经》中的例子相似，然而更为深刻："夫藏舟于壑，藏山于泽，谓之固矣。然而夜半有力者负之而走，昧者不知也。藏小大有宜，犹有所遁。若夫藏天下于天下而不得所遁，是恒物之大

---

① Peter M.Senge, *Fifth Discipline : The Art and Practice of the Learning Organization*, Doubleday/Currency, NY : New York, 1990.

② "履霜，坚冰至"出自坤卦，"初六"爻辞。温水中的青蛙，则是履温水，而不知滚水将至也。

③ 宣化上人《大佛顶首楞严经浅释》卷二，http://www.bfnn.org/book/books2/1330.htm

情也。特犯人之形而犹喜之，若人之形者，万化而未始有极也，其为乐可胜计邪！故圣人将游于物之所不得遁而皆存。善妖善老，善始善终，人犹效之，又况万物之所系，而一化之所待乎！"

郭象的注特别深入："夫无力之力，莫大于变化者也；故乃揭天地以趋①新，负山岳以舍故，故不暂停，忽已涉新，则天地万物无时而不移也。世皆新矣，而目以为故；舟日易矣，而视之若旧；山日更矣，而视之若前。今交一臂而失之，皆在冥中去矣。故向者之我，非复今我也。我与今俱往，岂常守故哉！而世莫之觉，谓今之所遇可系而在，岂不昧哉！"《庄子》"藏天下于天下"之智慧，是有见于过去的就过去了，只有放手才真正能掌握住，要随时而变化方能与时日新，唯有藏富于民（人民、顾客、员工）才能富有天下。

《韩非子·五蠹篇》中，讲了一个"守株待兔"的寓言故事②。相传宋国一个农夫在耕田时看见一个兔子东跑西走不小心撞上田中的一株树而昏死了，他因此吃到新鲜的兔子肉。从此他就放下农具，不事耕作，只是守在那株树的旁边，希望再得到撞树而死的兔子，日复一日都没有收获，却把农地荒废了，事情传开之后，他成为宋国上下的笑柄。韩非是以此故事来比喻一个人只知缅怀于过去的成就、死守狭隘既有的成功经验、拘泥于成法，而不知变通，并且存着侥幸心理妄想不劳而获，终将失败。韩非并引用历代圣贤因应时代之需要，发明新的工具、方法和制度的史实，而做出如下之结论："圣人不期修古，不法常可，论世之事，因为之备。"此即本于《易经》中"变易"的观念。

一个有智慧的管理者不必效法旧制度，不会迷失在自己过去成功的光环下，过去的经验当然值得参考，但更应该研究当前和未来经营环境中新的挑战（包括机会和威胁），并根据自身企业的优势和弱点，以拟定出最佳

---

① 趋，同趋字。

② 《韩非子·五蠹》原文："是以圣人不期修古，不法常可，论世之事，因为之备。宋人有耕者，田中有株，兔走触株，折颈而死。因释其耒而守株，冀复得兔，兔不可复得，而身为宋国笑。今欲以先王之政，治当世之民，皆守株之类也。"

的策略，做出万全的准备①。Spencer Johnson 所著《谁动了我的奶酪？》(*Who Moved My Cheese*？）一书中以寓言的方式，借由两个小老鼠在迷宫里找乳酪的过程，来说明人们在面对工作中或生活中的变化，可能会有的反应②。作者肯定有备无患，而又能以积极正面态度来面对变化的人，并且分析一些人在面对世事变动时迟疑不决、坐以待毙、顽固不变的心态，这与《韩非子》中"守株待兔"的故事异曲同工之效。

三、经文解释

【卦辞】已日乃孚，元亨利贞，悔亡。

【彖辞】革，水火相息；二女同居，其志不相得，曰革。已日乃孚，革而信之。文明以说，大亨以正，革而当，其悔乃亡。天地革而四时成，汤武革命顺乎天而应乎人，革之时大矣哉！

革卦卦辞是说："变革总是要经过一段时间，产生成果了，才会受到多数人的信服，此时才能得到大的亨通，变革之时利于守住正道，才不会做出让自己后悔的事。"王弼注："夫民可与习常，难以适变；可与乐成，难与虑始。故革之道，即日不孚，'已日乃孚'也。"一般民众对现状是习惯了，因而认为是常态，是故他们很难适应变革所带来的冲击。变革若成功后，产生了大家可共见其成效，而愉快地享受其成果。但是在变革之初，要与众人一起思考变革的方法，并且立即得到众人的信服而达成共识，是很难的。在变革的进行到一定的阶段，而收到显著的成效后，才能得到大多数人的信服。

已日的"己"字，不同版本用不同的字而做不同之解释：

---

① 此乃策略规划 SWOT（Strength，Weakness，Opportunity and Threat）分析方法之大意。

② Spencer Johnson，*Who Moved My Cheese？ An Amazing Way to Deal with Change in Your Work and in Your Life*，G.P.Putnam's Sons，New York，1999.

1. "己日"："己"是十个天干"甲、乙、丙、丁、戊、己、庚、辛、壬、癸"中的第六位。若以天干来记时日的一个循环则己日是刚好前半段的五日已过，而后半段的五日刚开始，是"交变"之时，表示变革的时机已成熟，此时才进行变革，比较容易得到众人的信服。"己日乃孚"另一解释是表示变革过程中已进行过半，而有一些成果出来了，所以得到多数人的信服。蛊卦卦辞曰："蛊：元亨，利涉大川。先甲三日，后甲三日。"以天干记日，故笔者采用此解。"己"之后是"庚"，庚有更改之义。根据《康熙字典》对"庚"字的解释：《玉篇》："庚犹更也。"《易·巽卦》"先庚三日，后庚三日吉。"《周易本义》："庚，更也；事之变也。先庚三日，丁也；后庚三日，癸也。丁所以丁宁于其变之前，癸所以揆度于其变之后。"另外也有人将"己日乃孚"解读成，你自己的时机到了才得到大众信服。

2. "已日"：做已经解，即已经有成果之时。王弼注作此解。

3. "巳日"："巳"是地支的第六位。十二地支为："子、丑、寅、卯、辰、巳、午、未、申、酉、戌、亥。"

卦辞："元亨，利贞，悔亡。"元者、大也；贞者，正也。变革之时要能得大亨通，而且利于守正道，才能无悔。变革要政通人和才容易成功，只要理由正当光明为众人所认同，并且顺循正道而进行，就可以减少阻碍。若能如此，则即使是失败，也是无怨无悔。变是权，权变虽有其必然性，却不能失去代表常道的"经"。六十四卦的卦辞，只有革卦有"悔亡"两字，因为变革必遭受阻力和挫折，吃力还不讨好，所以改革者于变革的过程中经常遭受挫折，而屡屡生出悔意。要能"悔亡"，则必须掌握住"元亨，利贞"的指导原则。

彖辞曰："革，水火相息；二女同居，其志不相得，曰革。"革卦上卦为兑、为泽、为水，下卦为离、为火。泽中静止的水很易为火烤干，而在下之火也容易被在上之水浇熄灭。朱熹认为："息，灭息也；又为生息之义。灭息而后生息也。"革有"相灭和相生"这两层意义 [1]，先要熄灭破除旧的才

---

① 清吴汝纶《易说》卷二。

能创造生长新的，所谓"有破才有立"是也。"从破到立，是一个飞跃。不断地破和立，就是不断地飞跃。破是飞跃的开始，立是飞跃的落脚点。所以，破是为了立。破了旧的，必须立新的。破，不是我们的目的；立，才是我们的目的。只破不立，只有始没有终，这是违反事物发展的客观规律的。"①然而真正的变革，应视为由旧到新的一个转变过程，此过程可以是无声无息的转移或演进（migration or evolution），也可以是大刀阔斧的转型或革命（transformation or revolution）。改变的幅度若过大，阻力必然随之而增，最后不见得能收到预期的成效。渐进式的改革，若施之得当，则能举重若轻，反而能累积许多相关的小变而形成大变。

由人伦来看，兑为少女、离为中女，同性相斥，他们最终会嫁给不同的人，而离开家门，故曰："其志不相得"。王弼注："凡不合，然后乃变生，变之所生，生于不合者也，故取不合之象以为革也。"这是说两个组织或两个人若目标不一致或是性格文化不合（合不是相同，而是配合的意思），其间的关系就会起变化。变化产生了，就得去了解不合的原因。此卦有水火不相容，和少女、二女不合的卦象，故名为革。

《彖》曰："己日乃孚，革而信之。"变革要等待一段时间才能看出其成效，而为人所信服。彖辞又曰："文明以说，大亨以正，革而当，其悔乃亡。"要得人信服才能从事改革，此时应该正大光明地说明变革的重要性、正当性和必然性，才能说服众人，使其心悦诚服的遵从变革下的新制度和新方向。变革是会遇到很多阻碍，很容易让主事者和参与者反悔。变革若能正确而当时，阻碍必会减少，才不会后悔。商鞅在秦国施行变法改革时，为了先取信于民，用了一个"徙木立信"的方法：

令既具，未布，恐民之不信己，乃立三丈之木于国都市南门，募民有能徙置北门者予十金。民怪之，莫敢徙。复曰："能徙者予五十金。"有一人

① 1959 年 3 月 15 日《人民日报》社论，http：//news.xinhuanet.com/ziliao/2005–01/10/content 2440696.htm

徒之，辄予五十金，以明不欺。卒下令。^①

　　商鞅在秦国进行变法时，其变法的法令虽然已经准备好了，但是因为怕人民不相信政府这次改革的决心，所以没有马上公布。他让人在国都的南门树立了一个三丈长的木头，宣布能将它搬到北门的人，便能得到十金的赏赐。大家看了都觉得奇怪，认为政府何时曾给百姓提供过这么好的事，而且政府以往经常说话不算话，这个件事一定有诈，所以没有人敢去搬这个木头。于是商鞅再下令说："能搬此木头到北门的人有五十金的重赏。"重赏之下必有勇夫，后来有一位力气大的勇士出来把这木头搬到北门，于是商鞅马上发给他五十金，表明政府公布的法令一定说到做到，决不欺骗百姓，有了人民的信任，最后商鞅才正式下达了变法的命令，从此之后官方命令一出，人民一定相信而遵行。

　　孔子曾与子贡讨论"民生、国防和人民对政府信任"这三件事之先后缓急。孔子认为民信先于民食，而民食又先于国防。此段对话出自《论语·颜渊第十二》：

　　子贡问政。子曰："足食，足兵，民信之矣。"子贡曰："必不得已而去，于斯三者何先？"曰："去兵。"子贡曰："必不得已而去，于斯二者何先？"曰："去食。自古皆有死，民无信不立。"

　　彖辞曰："天地革而四时成，汤武革命顺乎天而应乎人。革之时大矣哉！"这是说自然界的变革有一日的昼夜，有一个月中的晦朔^②和月亮的盈亏，一年则有春夏秋冬四季的变化，还有有春分、秋分、夏至、和冬至等二十四气节。此外三十年为一世，所谓"三十年风水轮流转"，这又是一个更大的变动。古代统治阶级把改朝换代说成是天命的变革，而称之为革命。

---

① 《史记·商君列传》。
② 晦是农历每月的末一天，朔是农历每月的第一天。

"商武革命"是指商汤和周武王革命的史实，中国历史上首次改朝换代的革命是商汤攻伐夏桀，推翻夏朝取而代之。到了周武王时经长期的准备，兴兵革命推翻了暴虐的商纣，建立周朝。这些革命所以能成功，是因为商汤、武王能顺应天下的形势，在得到人民的支持之后才有所行动。如何掌握革命的时机是很大的学问啊！《六韬·文韬·文师》引姜太公之言曰："天下非一人之天下，乃天下人之天下也。同天下之利者，则得天下。"太公积极地协助周文王、周武王修德以得民心，终于灭商兴周，便是根据"天下乃天下人之天下"这个观念，而订立出"顺天应人"的最高策略。

【大象】泽中有火，革。君子以治历明时。

革卦上卦为兑、为泽；下卦为离、为火。故有泽中有火之意。草泽若缺雨水而草木干燥（尤其在秋天时），则很容易起火灾，大火一起，烧光、革除了泽中之草木，草木化成灰烬，来年春风吹又生。是故"革"有剧烈的变化和生生不息双重的意义。君子了解变革的重要性，所以会研究历数季节的变化，明了掌握变革的时机和程序，而谨慎行之。

【序卦传】井道不可不革。故受之以革。革物者莫若鼎。

水井要经常清洗疏浚，才能保持水源的清洁卫生，所以井卦☷之后接着是革卦。井卦有言"改邑不改井"代表水井有经常不变的特性，吴汝纶认为"法久生弊"[1]，这是指法令制度实施久了，便容易僵化，而渐渐与时代环境脱节，乃至于非改不可。鼎可以用来烹饪改变食，是最能变化食物性质的器皿，鼎又是古时候代表改朝换代所制作的器物。

【杂卦传】革，去故也；鼎，取新也。

---

[1] 清吴汝纶易说《卷二》。

革是除去旧的事物，鼎是取纳新的东西。革卦和鼎卦（☲）互为综卦，相反相成，成语"革故鼎新"即源于《杂卦》中的这一句话。依赖法治或制度，而有法久生弊的现象；信任人治，久了也会出现人谋不臧的问题。所以得革故，而立新。

【爻辞】初九，巩用黄牛之革。

【小象】巩用黄牛，不可以有为也。

在革卦之初，虽有革之因，然而未至革之时，故不可轻举妄动，要用坚固的黄牛皮约束、巩固起来，不可以妄有作为。牛之革，坚韧不可变，代表此时位之下，可以守成，而"不可以有为"也。"初九"以时言为初，以位言是在下，与在上的"九四"又不相应，故不宜变革。应该利用沉潜的机会，去打好变革的基础。

【爻辞】六二，己日乃革之，征吉，无咎。

【小象】己日革之，行有嘉也。

到了改革时机成熟的时日，再进行改革，则改革的行动才会有好的结果。王弼注："阴之为物、不能先唱，顺从者也。不能自革，革已乃能从之。""六二"爻以阴爻居阴位，不适宜率先提倡改革，只适合顺从改革之首领，不适宜自动自发的去改革，只有在改革已见成效时，才会顺从在上位者之引导而改变。

此处所谓的"征"，指的未必是大幅度的变革，而可能是实验性质的改革。很多改革可以先从一个地方、一个单位试行，以了解其利弊得失，进而去其弊而谋其利，使其完善之后，再推而广之。"六二"以阴爻居阴位，又居下卦之中，乃中正之位。"六二"与"九五"阴阳相应。为下卦离卦之主爻，能明下情而知上意，故能将下情上达，作为变革下情上达，上令下布之意见领袖，故曰："征吉，无咎。"

【爻辞】九三，征凶，贞厉。革言三就，有孚。

【小象】革言三就，又何之矣？

变革的道路是极其凶险的，在当变之际，若故步自封或旁生枝节，是危厉的。一旦启动改革的机制，仍须在此过程中经过不断地尝试和调整，并且和利害相关的人或组织再三的沟通、议论和解说，才能得众人的参与和信服，而获致最后的成功。沟通的要诀，就是要先聆听各方的意见和其所担心的问题。各种变革方法所产生的利与弊，应经过再三的讨论和辨证，才能取其利而避其害。变革总是会给不同的人和组织带来不同程度的利和害，一旦做成了变革的决议，每个人对改革的第一个反应经常是"这项改革会对我有什么影响？对我有没有什么好处和坏处？"此时只有再三地与大家沟通、沟通、再沟通，变革之理念和方法，才能降低众人的疑虑，因而逐渐地对变革产生的信心，于是就不会三心二意，而无所适从了。

"就"是成的意思，变革要成功，只是靠喊口号是没用的，要真正地去做，说到做到、剑及履及、不怕失败、勇往直前，才会得到众人的信服。李习之曰："重卦之内，至于三位，则有小成①，变改之理。如干之九四，则曰：'乾道乃革'，革之九三曰：'革言三就'是也。"②在进行重大变革时，我们也要分阶段去规划和实施，我们当然要有中长期之规划，不可只图近利，然而在短期之内也要搭配一些唾手可得的成果和实效，经由一些小的成就，增加和维持众人对改革的信心和支持。

"九三"居下卦之极，以阳爻居阳位，已有过刚之象。再加上"九三"爻的前面有两个阳爻（即"九四"和"九五"），阳往前行而遇到阳爻在前，会窒塞不通，所以爻辞曰："征凶。"改革时虽然需采取非常的手段，然而过刚的方式，常常会产生反效果。若能刚中有柔，则在推动之时较易成功。

---

① 《易经》三划成卦，为八卦，又称为小成卦。八卦重叠共六爻，为六十四卦，又称为大成卦。

② 清吴汝纶《易说》卷二。李习之，即是李翱，唐朝人，为《复性书》一文之作者。

尚秉和在《周易尚氏学》的〈说例〉中有言："吴挚父[①]《易说》，于大畜（䷙）云：'凡阳之行，遇阴则通，遇阳则阻。故初二皆不进，而三利往。'于节（䷻）云：'《易》以阳在前为塞，阴在前为通。初之不出，以九二在前，二则可出而不出，故有失时之凶。'此实全《易》之精髓，为二千年所未发。愚于《易》理粗有所入，实以此数语为之阶。"

　　【爻辞】九四，悔亡。有孚，改命吉。
　　【小象】改命之吉，信志也。

　　信，训为伸。已脱离旧势力，新的气象将至，不可反悔。必得革除旧势力的源头（命），才能伸展改革者的志向。

　　【爻辞】九五，大人虎变，未占有孚。
　　【小象】大人虎变，其文炳也。

　　改革当从领导人自身做起，不去占卜，也知道会得到众人的信服，以诚信服人（王弼注："未占而孚，合时心也。"）改革者应对内对外不断地沟通改变之必要，言出必行而合乎时代和人心，自然能够取信于民。

　　【爻辞】上六，君子豹变，小人革面。征凶，居贞吉。
　　【小象】君子豹变，其文蔚也。小人革面，顺以从君也。

　　王弼注："居变之终，变道已成，君子处之，能成其文。""上六"是在变革的最终阶段，此时变革的成效已经呈现出来了，君子在处理这种情境的重点，是要将原先大刀阔斧的变革，加以深化、细致化和制度化（institutionalization），使变革的成果像"豹变"一样，有繁密的文理，故其

---

　　① 吴挚父，即吴汝纶，为尚秉和之师。

成效能够维持久远。

君子革心，诚于中，形于外。小人则只是表面服从改革，心中并没有真正的改革信念，此时不可妄动，去进行另一波的改造。应稳固住改革已收到的成效，并且不时地做一些小幅度的调整和渐进式的改善（continuous improvement）。孔颖达认为："革道已成，宜安静守正，更有所征则凶，居而守正则吉，故曰'征凶，居贞吉'也。"[①]

成功的变革首先必须将现状加以解冻（unfreezing），改变（changing）至另一状态，之后将新的改变再巩固冻结（refreezing），以使其维持长久。上六在变革的程序上即是"再冻结"的阶段。也就是将大刀阔斧的变革加以制度化，以求其稳定性和长久性。

王弼认为在改革之后，应建立新的制度，王弼鼎卦注中对革卦有更深一层的解释："革去故而鼎取新，取新而当其人，易故而法制齐明。吉然后乃亨，故先'元吉'而后'亨'也。鼎者、成变之卦也。革既变矣，则制器立法以成之焉。变而无制，乱可待也。法制应时，然后乃吉，贤愚有别，尊卑有序，然后乃亨，故先'元吉'，而后乃'亨'。"

四、总论

近代管理学者，研究变革管理之学者皆将变革视为一个程序。作《易》者早就有此认知，革卦的六爻将变革划分为下面六个阶段：

1. 按兵不动，了解状况，稳住基本盘面。

2. 掌握变革的时机，争取高阶主管的认同，对变革做翔实的规划。

3. 开诚布公，与利害相关的人与组织再三的沟通，以争取多数人的支持，然后才发动变革，勇往直前。

4. 变革已经得到一些成效，而得到众人的信服，此时可以更进一步从组织、文化和制度上做更进一步的改造，以深化变革的效果。

---

① 孔颖达《周易正义》。

5.重大的变革一定要有组织中最高领导人的决心和支持才可能成功。没有在上位者的支持，许多在下位者便会采取观望的态度，不会充分的配合。然而更重要的是改革要从管理者自身做起。

6.变革已成，一则要将其制度化以求稳定，一则要不断地改进，不可停滞不前。一段时间之后，当渐进式的改善已无法适应时代的需要之时，就应该启动另一波的变革。

这六个阶段与传统变革管理的三个阶段有相似之处，但更为精密。传统变革管理的三个阶段是[1]：（1）解冻：先将现状加以的准备和启动阶段，了解推动和抗拒改革的各方势力；（2）改革阶段：从各方面进行改革，以改变组织的现状态；（3）巩固冻结阶段：改变既成，应将其成果制度化以求稳定，使其能维持能长久。

一位新上任的总经理，新官上任三把火，但又理不出一个头绪让其属下感受到变革的必要性，于是他把一个拥有数万名员工的企业弄得上上下下皆无所适从，于是人人自危。半年后董事会撤换了他，董事会的理由是："本公司不需要为改变而改变的负责人，我们需要的是以改变而带来改善的领导人。"[2]改变的极端便是企业再造，而其另一端便是渐进式的改善。一个领导人物必须视企业所面临的挑战和人心思变的程度来决定变革的策略，变革的深浅，和进行变革的快慢。

清末戊戌政变期间光绪皇帝"诏书日数下"，一天不知道下了多少道诏书，这就是"欲速则不达"，这五个字是戊戌政变失败的主因。再者每一道诏书都是对付旧的势力。所谓"强龙不压地头蛇"，要懂了这句话戊戌政变就成功了。据袁世凯的日记，谭嗣同去东城法华寺夜访袁世凯，透露慈禧联合荣禄，要废除光绪；并说皇上希望袁世凯起兵勤王，诛杀荣禄及包围慈禧住的颐和园。两日后，袁世凯回到天津，将谭嗣同的计划向荣禄报告。戊戌

---

[1]　Kurt Lewin, *Field Theory in Social Sciences*, New York：Harper and Row, 1951.

[2]　高希均《八个观念改善台湾》,《联合报》2004 年 8 月 20 日, http：//udn.com/NEWS/READING/X5/2195754.shtml

政变的失败是由于主导改革者一不识时，二不识人。在那保守的环境中"诏书日数下"，这是不识时。找袁项城（袁世凯）那纨绔子弟，他怎么能担当大任，这是不识人。不识时又不识人，再怎么能号召也要失败[①]。《老子》说过："治大若烹小鲜。"小鲜没做好有多种原因，可能是小鲜选的不对，是烹法不恰当，或是欲速则不达。《论语》记载子夏为莒父宰甫，向孔子问为政之道。子曰："无欲速；无见小利。欲速则不达；见小利则大事不成。"在此数位时代，科技突飞猛，社会瞬息万变，改革不得不快。然而变革若是过猛，则众人难以适应，而生反抗之心，同时也容易因思考不周全，而生出许多弊端。

前"行政院长"孙运璇认为："做一个政务官，不是讨好人民，而是要去思考，什么才是对人民好的，然后要尽力沟通，要去说服人民。"政务官"最重大的责任，就是要思考台湾的下阶段，设定目标及步骤，负责任地执行"。孙运璇推动的许多事，包括偏远地区的电源开发、规划中正机场、铁路电气化，设立"工研院"、在石油危机时以一次涨价来防止预期上涨的心理以抑制通货膨胀等，在当时都是极具争议，也曾引发各方面的反弹。但他着眼台湾长期发展，人民的长远福祉，坚持到底。甚至最早要引进半导体，都还得费尽力气"独排众议"。当时的他也不全然清楚台湾未来发展会如何，他尊重各行各业专家的意见，并以其工程专业的知识做判断，及预估十年后、二十年后的台湾可能需要什么才可以在世界上站住站稳。这些长远的规划和建设，分别是他在各职位上达成的。孙运璇曾任台湾电力公司电机处处长至总经理（1945～1964）、奈及利亚电力公司总经理（1964～1966），"交通部长"（1967～1969），"经济部长"（1969～1978）和"行政院长"（1978～1984）。孙运璇于1984年因中风辞去"行政院长"之职。如今，他的远见让台湾在二十世纪八十和九十年代维持稳定的经济成长。他的思考，从来是"台湾的下一步"，而非自

---

① 根据毓鋆师 1979 年口述资料。

己"官场的下一步"。他从来没有忘记，政府的存在是为了人民①。孙运璇并不喊什么口号，只是向前看，踏实地一步一步地去做，其所带来的变革，事后评估起来，是有革命性的贡献。

魏文侯二十五年（即公元元前 421 年）任命西门豹为邺令（今河北磁县、临漳一带），为了增加农业灌溉用水，即发动人民开凿了十二个引水的渠道，引漳河之水来灌溉民田。当时人民修筑渠道发出了很多怨言。西门豹说："民可以乐成，不可与虑始。今父老子弟虽患苦我，然百岁后期令父老子孙思我言。"② 此项水利工程完成后，邺这个地方得到引水灌溉的利益，当地的人民的生活都获得重大的改善。司马迁赞曰："故西门豹为邺令，名闻天下，泽流后世，无绝已时，几可谓非贤大夫哉！"

《诗经·小雅·小旻》曰："如彼筑室于道谋，是用不溃于成。"比喻想盖个房子而向很多人征询意见，由于人多口杂，难有定论，以至不能成事。《后汉书·曹褒传》汉肃宗引用俗谚曰："作舍道边，三年不成。"也是这个意思。故曰："筑室道谋，三年不成。"变革之际虽应博采众议，但先知先觉者，有时必须独排众议，方能成不世之功。张居正《陈六事疏》曰："天下之事，虑之贵详，行之贵力，谋在于众，断在于独。"如何平衡"谋于众，断于独"二者，是经营者在管理决策时的大学问。

宏基的创办人施振荣为了推动个人电脑产业的创新，力促宏基转型蜕变，由过去的制造业转型为服务业，并依"微笑曲线"③的理论进行再造，全力朝品牌服务与科技应用领域展开投资转移。一路走来，施振荣经历电子产业发展的初期，由内销转外销，累积技术之后上市的自有产品，找到了更大的舞台。二十世纪九十年代，台湾电子产业的蓬勃发展，施振荣坚持走向自创品牌艰辛之路，执行"全球品牌，结合地缘"（global brand, local

---

① 江睿智《做政务官不是讨好人民：台湾的下一步，施政唯一思考》，2006 年 2 月 16 日，《中国时报》，http : //news.chinatimes.com/Chinatimes/newslist/newslist-content/0，3546，110501+112006021600023，00.html

② 司马迁《史记·滑稽列传》。

③ 《施先生的微笑曲线》，http : //www.stanshares.com/StanShares/portal/creation/content.aspx？ sno=15 touch）的策略。其速食式的产销模式，认为电脑要像鱼一样的新鲜，保持低库存就是赢。他又自创主从架构（client-server）的营运架构[①]，授予每个事业体决策权，而以其自身擅长的功能为其他组织服务，这些一连串的变革造就了宏棋不同阶段的盛业。

1989年宏基从三方面进行天蚕变：（1）开始群龙计划：训练具总经理才干的龙头来带公司发展，每个龙头领导一个自负盈亏、责任独立的事业单位（即利润中心制度）。（2）采取精兵主义：建立各部门合理考核制度，淘汰不适任员工，以为健全组织的基础。（3）由追求"高成长"转为追求"绩效"：缩减组织内的层级，力求组织扁平化，以达快速有效之沟通。1997年后，群龙式及分散式管理，出现了资源分散无法整合作战的困境。速食店的企业模式强调现场制作，全球有三十四个装配点，扩充的同时也发现物料管理的人才不足，造成库存的潜在压力，也是危机的开始。原始设备制造商（OEM：Original Equipment Manufacturer）及自创品牌这两种角色之间的冲突，再加上电子产业竞争的加剧，所以又有了2001年的"再再造"，从制造业转型为行销服务业。

施振荣认为环境的变迁，会改变成功的要素，使得以往成功模式和未来成功的模式完全不同；但是变革管理的方法却是不变，其第一步仍是建立愿景与策略，然后透过沟通，使组织由上至下每个人都清楚明了其愿景。如今的台湾除了在经营模式的创新外，更要应用资讯科技的产品与服务为客户带来更高的附加价值，以"客户"为中心，取代过去以"技术"为导向的理念，而"品牌"代表的不仅是企业价值的无形资产，更是实现企业价值的工具[②]。

施振荣经营管理生涯中，大小变革不断。他认为客观环境不同，自身条件也不同，不能如法炮制外国的案例。成长会碰到瓶颈，除了不断投资，在关键时刻要进行变革。他说林海峰下围棋在改变其棋路的过程中时，总

---

① 《主从组织架构》，http：//www.stanshares.com/StanShares/portal/creation/content.aspx？ sno=19

② 《第四阶段创业》，http：//global.acer.com/t chinese/about/milestones 4.htm

会碰到很多问题，这也是一种变革，要更上一层楼，在改变之初先下输几局棋是在所难免。企业在变革的初期其绩效很可能会先往下滑，但却不得不如此，因为不变革，只有死路一条。

这个世上有四种经理人员：

1. 识变于机先，英雄造时势者。
2. 随机而应变，时势造英雄者。
3. 受困后改革，救亡而图存者。
4. 固执而不变，至死而不悟者。

宏碁的主管在其一连串的变革过程中，只能算是做到了上述第二或第三种管理者。

由上到下的变革，是组织或企业的再造；而由下到上的变革，则是革命。《系辞传》曰："穷则变，变则通，通则久。"这"穷、变、通、久"四个字，便是我们在进行变革时应掌握住的四个关键。"穷"经常是变的驱动力和诱因，但是有智慧的人不会等到穷了才求变，而是有先见之明，预知势之盛衰，做到"未穷而求变"，先他人一步及早转型，故能乘势而起。"变"是面对环境变化所做的一种大幅度的调整，变革之际分辨轻重缓急，按部就班地去推行。"通"是指变革要面面俱到，在制度、程序、技术、奖惩绩效和文化上都要有配套的革新措施，如此变革才能亨通。"久"则是指在变革的过程中能调和贯通组织上下内外的长远需求，既能保持其创新的动力和弹性化，而又有一定的章法可循，才能生生不息永续的经营。变革的能力，已成为企业生存的必要条件，是故管理者应有如下认知：

改变必然会发生，而且可能会越来越快。与其被迫改革，不如未雨绸缪。
随时监控信息中所透露出来的变化征兆，有"履霜坚冰至"的警觉性。
能与时偕行，迅速地进行必要的变革与调适。
随时接受环境的挑战，和对自我的挑战，塑造出不断创新的组织文化。

《中庸》中有段话，足供我们在进行变革时之参考：

唯天下至诚，为能尽其性。能尽其性，则能尽人之性；能尽人之性，则能尽物之性；能尽物之性，则可以赞天地之化育；可以赞天地之化育，则可以与天地参矣。其次致曲。曲能有诚，诚则形，形则著，著则明，明则动，动则变，变则化。唯天下至诚为能化。

这段经文之大意如下 [①]：天命之性是真实无妄的，只是经常为私欲蒙蔽了，所以见不到真理，所以做出不正当的事。"唯天下至诚，为能尽其性"，唯有天下最诚的人能将他自己的人性和潜能发挥到极致。"能尽其性，则能尽人之性"，能尽己之性的人，既而能推己及人，以制度和教育等方法，来教化开导他人，使人人都能恢复并发挥其本然之性。"能尽人之性，则能尽物之性"，能尽人之性了，再进一步则能推广其胸怀于天上飞的和海底游的动物及植物等等生灵，并且充分运用"无情"之物质，这就是尽物之性。"能尽物之性，则可以赞天地之化育"，能尽物之性就可以裁成辅相天地所不及，而赞助天地化育之功。"可以赞天地之化育，则可以与天地参矣"，能赞天地之化育，则天位乎上而覆盖万物，地位于下而承载万物，人位于天地之间，与天地并立而成三材（天、地、人）之道。"与天地参"的"参"字，训为参赞。

"其次致曲"比圣人次之的贤人能极尽委婉的曲求，面面俱到，不遗一人、不遗一物。"曲能有诚"致曲则能有诚于心中。"诚则形"诚于中，则见之于动作威仪之间，而形于外。"形则著"则自然日新月盛，而其德愈来愈显著。"著则明，明则动"，开诚布公，勤于沟通，使众人能明白必变之理，而感动人心，愿意配合改革。"动则变，变则化"能感动、激励人心，而认同必变之理，则能领导众人从事变革。变是适宜于道，化是合同于道。至

---

① 根据张居正《讲评大学·中庸》及蒋伯潜《广解四书读本》，前者见陈生玺编著《张居正讲评大学·中庸皇家读本》，上海辞书出版社 2007 年。

诚的力量所引导之变化，不是骤变，而是潜移默化之变，其机甚微，而其效甚着。故曰："唯天下至诚为能化。"此乃变革管理的最高境界。

五、《易经》思维动动脑

1.讨论"穷则变，变则通，通则久。"的道理。一定要到"穷"了才求变革吗？试探讨变革成功的要素？

2.为何人们在很多事物的变革中会有抗拒的心理？但是为什么又对某些事物（如新车、新衣服）喜新厌旧？其或喜或厌之间的原因究竟何在？

3.历代变法或企业再造甚少有成功者，原因何在？试举例说明。

4.管理变革的过程可分那几个阶段？各阶段的管理重点为何？

5.试论在变革之际，沟通的重要性。如何沟通？向谁沟通？